Judith Jannberg knüpft mit »Leben lieben – Liebe leben« an ihren Bestseller »Ich bin ich« an. All die Fragen, die ihr in unzähligen Leserinnenbriefen seit dem Erscheinen ihres ersten Buches 1980 Jahr für Jahr immer wieder gestellt werden, versucht sie in ihrem neuesten Buch zu beantworten. Mit großer Offenheit zieht sie das Resümee ihrer Einsichten zum Thema Liebe. Sie beleuchtet es von der persönlichen, gesellschaftspolitischen und geschichtlichen Seite und räumt mit dem herkömmlichen Liebesmuster gründlich auf. Lebendig und anschaulich schildert sie anhand konkreter, lebensnaher Beispiele die Verkehrung unserer Lebens- und Liebesmoral und gibt Auskunft über Möglichkeiten eines anderen Umgangs mit sich selbst und dem Leben.

Der Reiz dieses Buches liegt in der Offenheit, in der die Autorin von sich erzählt, und in der Intensität, mit der sie ihre Grundsätze vertritt. Ein Lebenshilfebuch also, zugleich aber auch die radikale und schonungslose Auseinandersetzung mit dem christlichen Patriarchat, an dessen Spitze – so die Autorin – gefühlsarme, entfremdete Menschen stehen, die unsere Welt in psychologischer, pädagogischer, politischer und religiöser Hinsicht zerstören.

Judith Jannberg (Pseudonym von Gerlinde Adia Schilcher) lebt heute zurückgezogen auf einem Bauernhof in Österreich, um als freie Schriftstellerin und durch Vorträge ihre matriarchale Gesellschaftspolitik fortzusetzen.

Judith Jannberg

Leben lieben – Liebe leben

Aufgezeichnet von
Renate Luthwig

01.10.92

Fischer Taschenbuch Verlag

Die Frau in der Gesellschaft
Lektorat: Ingeborg Mues

Veröffentlicht im Fischer Taschenbuch Verlag GmbH,
Frankfurt am Main, Oktober 1992

Lizenzausgabe mit freundlicher Genehmigung des
Eigenverlages Renate Luthwig, Ansfelden / Österreich

Umschlaggestaltung: Ingrid Hensinger, Hamburg
Umschlagabbildung: Wolfgang Balk
Gesamtherstellung: Clausen & Bosse, Leck
Printed in Germany
ISBN 3-596-11386-5

Dieses Buch ist auf chlor- und säurefreiem Papier gedruckt

Inhalt

Ein langes Vorwort zu Beginn

In den Weihenächten hatte ich einen Traum: Ich sitze in einer Schulklasse und soll einen Aufsatz über GUT und BÖSE schreiben. Ich weiß, daß ich eine gute, da unbefangene und unbekümmerte Aufsatzschreiberin bin. Ohne lange hin und her zu überlegen, fülle ich Seite um Seite mit all dem, was mir zum Thema in den Sinn kommt. Ich schreibe so, wie ich als Schulmädchen geschrieben habe. Die Feder fliegt über das Papier. Plötzlich komme ich ins Stocken. Ich kann mich nicht mehr konzentrieren, denn die Klassentür steht sperrangelweit offen, und im Klassenzimmer wird es auf einmal unruhig. Da ist ein Hin und Her, ein Kommen und Gehen. Viele Frauen wollen mit mir über das Thema sprechen. Das wäre ja nicht so schlimm. Schlimmer ist, daß alle, die da kommen, von mir Aufmerksamkeit für ihre Anliegen wollen. Unangenehm ist, daß jene, denen ich mich nicht zugewandt habe, ärgerlich auf mich sind. Sie sind mir böse, weil ich ihre Erwartungen nicht erfülle. Als ich trotz der unentwegten Störungen versuche weiterzuschreiben, da kratzt die Feder, da geht die Tinte aus, da ist meine Schreibunterlage verrutscht und plötzlich aus Jute, so daß meine Feder hängenbleibt – der Faden geht mir verloren. Ich werde nervös und fahrig und gerate schließlich in Panik. Als die durch und durch wohlwollenden Prüfer verkünden, daß es in fünf Minuten läuten würde und ich dann »abgeben« müsse, wache ich mit einem quälenden Gefühl auf.

Die Deutung des Traumes war nicht schwer. Er spiegelte haargenau meine Situation der letzten Monate. Gleich nach Fertigstellung von »Radio-Aktiv« ging ich, wie angekündigt, daran, einen Vortrag zu Papier zu bringen, den ich schon viele Male gehalten hatte. Ich wollte diesen Vortrag geradeso niederschreiben wie früher meine Schulaufsätze: unbefangen, kindlich naiv und frisch von der Leber weg. Doch bald verlor ich meine innere Sicherheit, denn durch das viele Diskutieren und das lange Hin- und Hergerede verlor ich mein ursprüngliches Anliegen, den Kern der Aussage, aus den Augen, wurde befangen und unruhig. Ich kam vom Hundertsten ins Tausendste und sah zum Schluß »den Wald vor lauter Bäumen nicht«.

Mit jedem Gespräch wuchs mein Anspruch, ein möglichst umfangreiches, komplexes »Werk« zu schaffen. Ein Ding der Unmöglichkeit! Ich begann, meinen Text mit dem Bewußtsein der anderen zu lesen und zu beurteilen und wurde unzufrieden. Hinzu kam, daß ich, seitdem ich meine Geschichte öffentlich gemacht hatte, so etwas wie ein öffentliches Eigentum geworden zu sein scheine. Täglich kommen Briefe, Einladungen, bestätigende und kritische Rückmeldungen, Lebensgeschichten, Anfragen und Bitten. Alle wichtig und dringlich. Fast jede Woche kommen Besuche. Nicht der schönen Landschaft wegen, sondern weil sie von mir – was weiß ich? – was wollen. Ging ich so gründlich, wie sie verlangten, auf sie ein, war ich hinterher erschöpft. Wies ich sie zurück, dann hatte ich ein schlechtes Gewissen und war hinterher auch erschöpft. »Gehupft wie gesprungen!«

Ich gestehe: Ich bin faul – schreibfaul! Ich liebe es, diesen Mangel mit dem Hinweis zu rechtfertigen, ich hätte als »Nebenerwerbsbäuerin« genug zu tun und immerhin, ich sei Sprecherin und keine Schreiberin. Und sprechen würde ich ja ohnehin genug – maulfaul sei ich nicht. Mit dieser Feststellung gelang es mir, einen weiteren persönlichen Mangel zu vertuschen: Mir fehlt es an Arbeitsdisziplin und Ordnungssinn. Menschen, die sich von Ver-Ordnungen frei gemacht haben, müssen sich eine eigene Ordnung schaffen. Freiberufler-innen, die nicht mittels eines vorgegebenen Zeitplans und Arbeitspensums diszipliniert werden, müssen eine eigene Arbeitsmoral schaffen und sich eine gewisse Selbstdisziplin auferlegen. Außerdem kann ich mir als Sprecherin noch eher Sprachschlampereien erlauben. Ich mache diese mit meiner Lebhaftigkeit wett. Als Schreiberin muß ich die Worte viel genauer wählen. Auf meinem Schreibtisch ist ein heilloses Durcheinander: Briefe, Manuskripte, Notizen, Tagebücher... Das äußere Chaos ist der Spiegel meines inneren Durcheinanders. Es gab so viele Wichtigkeiten, und immer schob sich eine andere Wichtigkeit vor die Arbeit an meinem Buch. Zerrissen, zersplittert und zerfranst in viele kleine Hilfsaktionen kam ich nicht mehr zur Ruhe. Mein Helfersyndrom, das mich jeder hilfesuchenden Person verpflichtete, ging mit meiner Undiszipliniertheit eine unheilige Hochzeit ein.

Ich war so müde – sterbensmüde! Eine un-heimliche Lähmung hielt mich in Fesseln; eine Art Leichenstarre ließ mich fruchtlos, stumpf und dumm werden. Käfer, die sich bedroht fühlen, pflegen sich totzustellen. Totstellen war die unbewußte Reaktion auf die lebensbedrohliche Selbst-Überforderung. Irgendwann im Laufe meiner Geschichte hatte ich mein instinkthaftes Gespür für Menschen und deren Glaubwürdigkeit und Zuverlässigkeit verloren. In trottelhafter Arglosigkeit und fahrlässiger Vertrauensseligkeit öffnete ich mich allen Dahergelaufenen und glaubte nur an das Gute im Menschen und allen »auf's Wort«. Ich erlitt schweren Schaden, wollte es besser machen, wechselte den Pol und landete... im Gegenteil: Statt zu spüren, wem ich mich zuwenden sollte, zu wem ich reden dürfte und bei wem ich mich zurückhalten und schweigen müßte, zog ich es vor, mich ganz zurückzuziehen und alles, was ich wußte, zu ver-schweigen. Das war's dann auch nicht...

Die Angst, wieder etwas falsch zu machen, verstärkte die »Leichenstarre«, die mich monatelang nicht verlassen wollte. »Vermeidungsverhalten« konstatierte ich, als ich zur Kenntnis nehmen mußte, daß ich Angst vor einer weiteren Veröffentlichung hatte. »Wer seine Geschichte nicht kennt, ist gezwungen, sie zu wiederholen.« Wer seine Geschichte kennt, kann aus dem Teufelskreis der Wiederholungen aussteigen, es besser und somit wieder gut machen. Ich erkannte, daß ich meine Mitte und eine Linie finden mußte, und entdeckte, daß der vielzitierte Mittelweg keine statische Linie ist. Die sogenannte goldene Mitte ist nichts Unverrückbares im Sinne eines kirchlichen Dogmas. Für mein Problem hieß das: Ich mußte lernen, daß kein selbstauferlegtes Gesetz mich von der Notwendigkeit befreien konnte, ständig meine Prioritäten neu zu definieren und in jedem Augenblick neu zu entscheiden: reden oder schweigen, nach außen oder nach innen gehen, für mich oder für andere dasein, mich öffnen oder mich verschließen. All das muß nach dem inneren Gespür, den äußeren Verhältnissen, von

Person zu Person, von Ort zu Ort, von Zeit zu Zeit (manchmal von Minute zu Minute) aufgespürt werden. Die Mitte ist jederzeit und allerorts eine andere.

Aus meinem Inneren drängte die Fülle. Mein Gewissen erinnerte mich daran, daß Begabungen nicht Privateigentum, sondern Aufgaben sind. Mein schmerzender Halswirbel, die verspannten Schultern und der wehe Rücken mahnten mich, als sanften Akt der Notwehr »alle den Buckel runterrutschen zu lassen«. Wollte ich nicht einerseits in pausenlosem Einsatz für andere und durch schrankenloses Drauflosreden mich ausschöpfen und leer zurückbleiben, andererseits nicht in der Pose der Erstarrung verkommen, mußte ich mein eigenes Maß finden. Wollte ich nicht zwischen den beiden Polen – Aufgabe (ich habe eine Aufgabe zu erfüllen) und Aufgabe (ich gebe auf) – aufgerieben werden, mußte ich handeln!

Nun habe ich mich entschlossen, zu reden UND zu schreiben. Ich will mich weiterhin – wenn auch maßvoll – in Vorträgen zeigen UND mich auch schreibend mitteilen. Ich will schweigen über Dinge, die ich noch nicht weitergeben darf, weil sie noch nicht geglaubt werden und weil damit »Schindluder« getrieben werden könnte. Ich will spüren, WEM ich WAS und WIEVIEL sagen darf. Ich will weiterhin spontan, impulsiv und frisch von der Leber weg sprechen UND beim Schreiben Ordnung, Überblick und Struktur bewahren. Ich will meinen freien, ungebundenen Tagesablauf behalten UND Arbeitsdisziplin üben. Ich will mich weiterhin für einige Besuche öffnen, aber lernen, mich rechtzeitig abzugrenzen UND gegebenenfalls auch zurückzuziehen. Ich will mein Vorhaben durchführen, alle meine Vorträge schriftlich zu veröffentlichen, aber nicht alle auf einmal, sondern nach und nach: Es wird einige Bücher geben.

»Warum schreibst du Bücher?« werde ich oft gefragt, vor allem dann, wenn ich mich gegen Schriftgelehrte und gegen Lesesucht ausspreche. – Ich mache das Buch für mich! Mit dem Hinweis auf meine Bücher, in denen ich meine Erfahrungen und Gedanken ausgeführt habe, erspare ich mir die zeit- und energieraubende Beantwortung der fast immer gleichlautenden Fragen, die mündlich und schriftlich beinahe pausenlos an mich gerichtet werden. Ich sehe ein, daß Fragende ein Recht auf Antwort haben; ich habe jedoch auch recht, wenn ich mich aus Energiespargründen nicht ständig wiederholen will. Ich sammle meine Gedanken und Erfahrungen der Ordnung und des Überblicks wegen schriftlich. »Indem wir lehren, lernen wir.« Ich muß mir meine eigenen Erfahrungsextrakte – meine Zaubersprüche – immer vor Augen halten, um sie nicht zu verlieren und mich nicht wieder zu verlieren.

»WAS IST MEIN MOTIV?« Motiv heißt Beweggrund. Ja, jemand und etwas bewegt mich, so daß ich in Bewegung geraten bin. Ich bin seit vielen Jahren in Be-WEG-ung. Ich bin auf dem Weg, und ich bin unterwegs. Wer auf dem Weg ist, bewegt sich auf sein Ziel zu und geht gleichzeitig von jemandem oder etwas WEG. Weggehen ist Ent-Scheidung. Wenn ich mich ent-scheide, mache ich einen Schritt ins unbekannte Neuland und scheide gleichzeitig von jemandem oder etwas. Ich muß wegkommen von dem, was mich festhält. Ich trenne mich, lasse los, lasse jemanden oder etwas stehen oder für mich sterben, damit ich Raum und Zeit schaffe für Neues. Das ist der alltägliche Tod, so wie ich Tod und Wiedergeburt in der Natur erlebe. Die Bewegung wird von derselben Kraft initiiert, die Babys durch den Geburtskanal und um Lichtmeß den Saft in die Bäume treibt. Diese treibende Kraft, die alles im Universum bewegt, jene Aktivität, an der wir alle teilhaben, fälschlicherweise »männliches Prinzip« genannt, spüre ich wie das Pochen und Ticken, wie die Unruh einer Uhr, in mir.

Ich bin eine Feuerfrau – im Frühling, wenn alles in der Natur aufbricht, geboren. Wen wundert es, wenn ich – selbst aufgebrochen – die Lebenlieber-innen[1] bei ihrem Aufbruch anfeuern und den

1 »Lebenlieber-innen«: Hier das erstemal, danach wo's paßt, wähle ich die weibliche Mehrzahl für die Gesamtheit dieser Menschen, auf die ich mich beziehe. Begründung: Noch im Grammatikalischen wird sichtbar, was auf den anderen Ebenen vergessen worden ist: Das Männliche ist ein integrierter Bestandteil der ungeteilten, ganzen, gesamten Weiblichkeit aller. Den Bindestrich zwischen Lebenlieber und -innen setze ich, um erstens die Aufmerksamkeit auf diese Tatsache zu lenken, und zweitens, um die Betonung auf das dem weiblichen Geschlecht Innewohnende zu legen. Das Wesentliche ist INNEN!

Lebensverweiger-innen einheizen will? In der ländlich derben Sprache meiner Heimat sagt man: »Feuer unterm Arsch anzünden.«

Ich bekenne freiwillig, daß ich ein alter Drache, ein feuer- und funkensprühendes Ungeheuer bin (ungeheuer bin ich nur jenen, die lichtscheu sind). Mit dem, was mir sonnenklar ist, will ich Licht ins Dunkel bringen. Jede Bewegung braucht lebendigen Grund und Boden, damit sie ihr lebensorientiertes Ziel erreichen kann. Eine Bewegung nur um der Bewegung willen ist nichts, und eine Bewegung aus einem falschen oder nur ideologischen[2] Grund muß zu einem falschen Ziel führen. Grund und Ziel müssen identisch sein. Ich sagte immer und sage immer wieder: Die Wahrheit ist im GRUNDE einfach! Wir müssen nur radikal genug sein, um uns selbst und allen Personen und allen Dingen auf den GRUND zu gehen. Die Wahrheit ist überall zu finden. »Es liegt auf der Hand.« Die Handlinien sagen dieselbe Wahrheit wie die Iris (der Augen-Blick) und das Horoskop (das Gebot der Stunde). Die Wahrheit spricht und springt uns an, wohin wir unseren Blick auch wenden. Sind wir wahrhaftig und mutig genug, so werden wir diese unsere gegenwärtige Wahrheit überall erkennen. Ich liebe es, mich mit einem Baum zu vergleichen. Aus meinem Daseins-Grund beziehe ich mit all meinen Wurzeln meine Wahrheit, bringe mich selbst zum Wachsen und zum Blühen und lasse nach der Reife meine Früchte fallen. Dieses Buch ist demnach ein weiteres »Abfallprodukt« meines fortschreitenden Reifungsprozesses. Alles, was ich zu berichten weiß, ist auf meinem eigenen Mist gewachsen. Ihr wißt, daß ich in meinem Leben viel Mist gebaut habe. Dieser ist zu Humus, zu einem fruchtbaren Bestandteil des Erdreichs geworden, auf dem eine neue und gesündere Lebenspraxis gewachsen ist. Nehmt von meinen Früchten soviel, wie ihr davon mögt. Laßt liegen, was euch zuviel ist oder unverdaulich scheint. *Kostet* und prüft, ob euch meine *Kost* bekommt, und spuckt aus, was euch davon nicht schmeckt. Die Quellen, aus denen ich schöpfe, sind dieselben, die auch euch zur Verfügung stehen: die eigene, bewußtgemachte Freud- und Leiderfahrung. Die

2 »Ideologie« = »Lebensfremde Denkweise«

Führten hitzige Diskussionen: Die Elternschaft der Kindertagesstätte Moltkestraße und die Vertreter der Stadt bei der Begehung des Freigeländes, das beschnitten werden soll. Aufn.: Freter

Gunther von Hinüber - von den Vorzügen des Freigeländes überzeugen, von dem ein Seitenteil, etwa ein Viertel der Gesamtfläche, für einen eventuellen Kindergarten-Neubau geopfert werden müßte. „Hier können sich die Kinder noch frei entfalten. Hier können sie sogar noch Fahrradfahren lernen, abseits der gefährlichen Moltkestraße",erklärte Gunilt Krüger, Leiterin der Tagesstätte, mit Nachdruck. Auch könnte ein solches Riesenprojekt, das zweifellos entstehen würde, die kindliche Aggressivität fördern und die Individualität gefährden.

Die in der Öffentlichkeit wegen ihrer heftigen Kritik ins Kreuzfeuer geratenen Elternvertreter betonten, generell gen und vor allem die Interessen jener Eltern zu berücksichtigen, deren Kinder auf der Straße ständen. Der Sozialdezernent appellierte an die Kompromissbereitschaft der Eltern, auch wenn der Wunsch nach optimalen Voraussetzungen für ihre Kinder nachvollziehbar sei. Von Hinüber: „Der Rat wird am Montag eine Absichtserklärung formulieren. Darin wird auch ein Prüfauftrag unter Berücksichtigung aller Möglichkeiten und Alternativen enthalten sein. Wir haben die Pflicht, alle Aspekte zu prüfen. Und Sie können sicher sein, daß wir diese erfüllen. Aber ohne Ihnen alle Illusionen nehmen zu wollen: Ich sehe in der Standortfrage keine andere Lösung."

Ur-[3]Fahrungen meiner Seelenverwandten. Ur-Innerungen an die, die ich in früheren Verkörperungen war. Ur-Innerungen meiner Seelenverwandten, an die, die sie in älteren Verkörperungen waren. Intuition. Meditation. Tiefe Trancezustände. Inspiration: das, was ich aus der Luft gegriffen und an den Haaren herbeigezogen, geprüft und aussortiert habe. Träume. Innere Bilder. Märchen. Legenden. Sagen. Matriarchale Mythen. Tarot. Die Natur in all ihren Erscheinungsformen und ihren Gesetzen. Viele Zeichen und die alltäglichen kleinen und großen Wunder. Muttersprache. Alle Arten von Ein-Fällen und Zu-Fällen. Kenntnisse aus der Frühgeschichte, Archäologie, Medizin, Philosophie, Biologie, Zoologie usw. Von den »... Ologien« glaube ich nur das, was sich mit meinen Erfahrungen deckt. Das Wichtigste beim Lesen ist das Aus-Lesen. Wie Aschenputtel bitte ich die Tauben – die heilen, heiligen Geister, unsere Großen Mütter –, mir beim Lesen zu helfen: »Ihr Turteltäubchen und all ihr Vögelein unter dem Himmel, kommt und helft mir lesen. Die Guten ins Töpfchen, die Schlechten ins Kröpfchen!«

Hilfreich bei der Wahrheitssuche sind mir meine Begabungen – die Gaben, das Erbgut meiner Großen Mutter, übermittelt in matrilinearer Erbfolge, aufgezeichnet als inneres Manuskript in meinen Genen. Eine wilde Entschlossenheit, im Vollsinn leben zu lernen. Aus all dem wächst ein untrügerischer Instinkt für GUT und BÖSE oder NÜTZLICH und SCHÄDLICH (was dasselbe ist).

Hilfreich ist mir mein unbändiger Freiheitswille im Gefolge meiner leidenschaftlichen Liebe zum Leben. Hilfreich ist mir mein unerschütterlicher Glaube an die grundsätzliche Unzerstörbarkeit von Leben und der Glaube an eine Gesetzmäßigkeit, nach der alles Lebendige geordnet ist und sich vollenden muß. Hilfreich ist mir

3 Die Vorsilbe ER (mhd. er-, ahd. ar-, ir-, er-) ist das in unbetonter Stellung bei Verben abgeschwächte Präfix UR-. Wie dieses bedeutet es eigentlich »heraus, hervor«, dann aber auch »zum Ende hin« und bezeichnet daher übertragen das Einsetzen eines Geschehens oder die Erreichung eines Zieles. In Anbetracht der Tatsache, daß die Vorsilbe er- eigentlich ur- bedeutet, welche den Anfang UND das Ende eines Geschehens kennzeichnet, werde ich immer dann, wenn es zu meiner Aussage paßt, anstelle von ER- das muttersprachliche UR- einsetzen.

meine so oft und vielfach geschmähte weibliche Logik, derzufolge ich nicht in einer vorgegebenen und ausgeleierten Linie denke, sondern kreuz und quer und rundherum. Ich bringe alle Urkenntnisfäden nach ihren Entsprechungen untereinander in Zusammenhang (ich spinne!). Ein starkes Wollen, verbunden mit tiefem Wünschen, ein sehnsüchtig ziehendes Gemüt, verbunden mit einem starken Tatendrang, bringen mir zum richtigen Zeitpunkt – per Zufall – alles, was ich gerade eben brauche.

Ich erwähnte schon: Bei allem, was ich erzähle, stütze ich mich auf die für mich einzige gültige Autorität. Urfahrung! Ich bin Tagfahrende UND Nachtfahrende. Ich bin Empirikerin und lerne durch »Versuch und Irrtum«. Mein Leitspruch lautet: »Probieren geht über Studieren!« Meine subjektiven Urfahrungen, verglichen mit und überprüft an den Urfahrungen der Menschen meiner Art, ergeben gleichartiges Objektives.

Man sagt, die Geschichte sei die Lehrmeisterin der Menschheit. Was hat die Menschheit daraus gelernt? Unterm Strich – nichts! Das mag wohl daran liegen, daß die geschriebene Geschichte gefälscht ist. Meine persönliche Geschichte ist meine persönliche Lehrmeisterin. Was habe ich gelernt? Viel! Der Unterschied mag der sein, daß es Menschen gibt, die tausendmal die gleiche Erfahrung machen, und solche, die Tausende von Erfahrungen machen. Zu den letzteren gehöre ich. Ich spreche nicht als Blinde von der Farbe. Der Sinn des Lebens (»Sinn« hieß ursprünglich: »streben reisen, fahren«) hat sehr wohl etwas mit den Urfahrungen unserer Sinne zu tun. Ich spreche als eine, die ihre Sinne zum Wahr-nehmen benutzt. Wahr-nehmen heißt, die Wahrheit so zu nehmen, wie sie ist, und nicht, wie sie uns vorgestellt wird.

Da ich weder Künstlerin noch Schriftstellerin, Journalistin oder Wissenschaftlerin bin und daher nicht den Anspruch habe, »Literatur« oder ein Sachbuch zu machen, rede ich so, wie mir der Schnabel gewachsen ist. Ich benutze Muttersprache in Reinkultur, indem ich die meisten Worte im wortwörtlichen Sinn und gesäubert von später voreingenommenen patriarchalen Fälschungen benutze. Bei einigen gebe ich die Urklärung in Klammern dazu, andere kennzeichne ich durch ein Verweiszeichen. Gefälscht nenne ich ein Wort dann, wenn der ursprüngliche Sinn des Wortes einen sogenannten Bedeutungswandel erfahren hat und damit auf die fragwürdige patriarchale Ethik übertragen wurde. Das etymologische Wörterbuch gibt in den meisten Fällen Auskunft über die WAHRE Bedeutung eines Wortes (gr. »etymos« = »wahrhaft, wirklich«). Volkstümliche Redewendungen, alte Sprichwörter, Gleichnisse und bildliche Ausdrucksweisen sind mir lieber als modische Fremdworte oder gelehrte und gekünstelte Redewendungen. Wenn sich ein deutsches Wort nicht auf seinen Ursprung zurückführen läßt oder wenn es besser paßt, benütze ich jedoch auch ein gebräuchliches Fremdwort, denn »alle Menschen waren einmal gleicher Zunge«, und alle Sprachen sind Muttersprachen. Unsere Sprache stammt von den Großen Müttern und deren Stammeskulturen. Muttersprache und deren wahrer und wirklicher Bedeutungsinhalt halten sich reiner und beharrlicher im alltäglichen, volkstümlichen Gebrauch als in der neuzeitlichen Gelehrtensprache. Ich benütze Zitate, wie sie mir in den Sinn kommen. Die meisten begleiten mich ein Leben lang, denn sie stammen aus dem Stammbuch meiner Kindheit. Von den meisten Sprüchen, die ich mir nur deshalb gemerkt habe, weil sie mich ansprachen, weiß ich den Autor nicht. Literaturangaben kann ich keine machen, weil ich nie systematisch gelesen habe und deshalb auch keinen Stichwort-Zettelkasten besitze; weil ich außer Märchen kaum mehr lese und weil ich fast keine Bücher kenne, hinter denen ich voll und ganz stehen kann. Am wichtigsten sind mir ohnehin die verschiedenen Lexika, allen voran das etymologische.

Einige Themen werde ich nur andeuten können, werde diese jedoch an einer anderen Stelle oder in einem meiner nächsten Bücher näher und genauer ausführen. Vieles werde ich wiederholen. Das tue ich bewußt und mit Absicht. Ich schätze den einprägenden Wert von sinnvollen Redewendungen, Erkenntnisextrakten und Spruchweisheiten. Beim Wiederholen geht es mir wie als Kind, als ich mich nahezu ohne Unterlaß mit anderen Kindern im Kreisspiel drehte und, den jeweiligen Singsang leiernd, mir den Sinn der Botschaft einprägte. Die Wiederholung von wichtigen Inhalten bereitet Lust. Diese Lust regt mein Lernen an. Der Reiz besteht im steten Wiederholen bestimmter Kernsätze – ich nenne sie meine »Zaubersprüche« –, wodurch deren Inhalte sich nicht nur im Kopf drehen, sondern spiralig nach innen wachsen und sich mit der verborgenen Weisheit in mir kurzschließen. Um mich und mein Wissen zu festigen, ist mir jedes geeignetes Mittel recht. Wahrscheinlich hat jede Person ihre eigenen Spruchweisheiten. Meine Zaubersprüche haben Kraft. Ihre magische Wirkung wirkt von außen nach innen und von innen nach außen.

Eines weiß ich jetzt schon: Ich werde mit diesem Buch unzufrieden sein, wie ich mit den schon herausgekommenen Büchern unzufrieden bin. Jene, die mich sehr gut kennen, ebenfalls, denn ist schon die Sprechsprache ein dürftiges Mittel, um die ganze Vielfalt und Buntheit einer Person, einer Sache oder eines Themas aufzufächern, um so weniger ist die Schreibsprache dazu imstande. Das größte Problem ist mir, ein richtiges Maß zwischen dem weiten Bogen des Großen, Ganzen und dem Detail zu finden. Wollte ich das ganze Thema ausleuchten, müßte ich mich kürzelhaft und abstrakt ausdrücken, doch dies wäre unpersönlich und ginge auf Kosten der Nachvollziehbarkeit. Wenn ich mich jedoch in den Schilderungen von konkreten Begebenheiten, die ja die Grundlage für die Erkenntnisextrakte sind, und in praktischen Beispielen ausbreite, dann ginge das auf Kosten des Gesamtzusammenhangs. Ich werde es so machen wie ein Fotograf, der sowohl eine Gesamtaufnahme als auch kleine Ausschnitte von einer Landschaft macht und beides nebeneinanderstellt. Immer wenn es nötig ist, werde ich ein persönliches Erlebnis, eine spezifische Urfahrung als Ausgangspunkt einer Betrachtung anführen.

Im übrigen appelliere ich an eure Urfahrungen und eure Urkenntnisse; an eure Wahrnehmungsfähigkeit und an eure innere Weisheit. Ich weis und weiß, daß jeder Mensch alle Weisheit und alles Wissen – mehr oder weniger offenkundig – in sich trägt. Darüber Bescheid zu wissen, läßt mich bescheiden sein.

Meine Zielgruppe:

Ich werde also sprechen UND schreiben!

Sprechen werde ich, um mich zu zeigen, um Rede und Antwort zu stehen. Um die Stimmigkeit meiner Worte mit meiner Identität überprüfen zu lassen. Um die Suche nach meinen Seelen-Verwandten fortzusetzen. Um von der unsichtbaren Wechselwirkung von Geben und Nehmen und von den mitunter gescheiten Fragen inspiriert zu werden. Um von Zeit zu Zeit Kenntnis zu bekommen vom Bewußtseins- und Entwicklungsstand der anderen. Um etwaigen Gefahren ins Auge zu schauen und angemessen reagieren zu lernen.

Schreiben werde ich, um Raum zu schaffen für die Höhe, Breite und Tiefe eines Themas. (Etwas, was während eines zeit- und raumbegrenzten Vortrags nicht möglich ist.) Um Kraft zu sparen. Um Orientierungssuchenden Wegweiser zu sein. Um meine wild streunenden Gedanken und lässigen Redereien in ein übersichtliches Ordnungsgefüge zu bringen. Um mehr bei mir als bei anderen zu sein. Um die in der Kürze einer Rede eventuell auftretenden Mißverständnisse richtig- und die Zusammenhänge herzustellen.

Der Gefahr, beim Schreiben in ein unpersönliches Theoretisieren zu rutschen, werde ich entkommen, indem ich mir meine »Zielgruppe« bildlich vorstelle. Dazu gehöre in erster Linie ich, dann meine nächsten Freund-innen (meine Stamm-Gäste), dann jene, die ich aus Vorträgen, und jene, die mich aus meinen Büchern kennen. Jene, die mir schreiben und auf Antwort hoffen (vorzugsweise jene, die mir sagen und schreiben, ich hätte ihnen »aus der Seele« gesprochen, was besagt, daß sie noch ihre Seele haben und daß sie eventuell Seelenverwandte sind). Am besten kann es mir gelingen, euch zu berühren, wenn ich mir, wie in einem langen Brief, alles von der Seele schreibe und mir dabei euch, eure bewegten Gesichter und eure wachen Augen vorstelle und mein Wissen abrufe, daß alles, was ich zu sagen habe, auch in euch – wenn auch verborgen – ruht. Ich will euch schriftlich ansprechen. Dabei muß mir gewärtig sein, daß dieser persönliche, lange Brief nicht nur gutwilligen und wohlwollenden Empfängern in die Hände fallen wird. Meine Angst vor Namen- und Gesichtslosen ist nicht unbegründet. Mit meiner radikalen Wahrheit mache ich mich angreifbar und verletzbar. (Tatsächlich wurde / werde ich angegriffen und verletzt.) Doch ich traue mittlerweile dem ausgleichenden Schutz, den ich mir selbst gebe und den mir andere geben können. Ich traue einer Gerechtigkeit, die dafür sorgt, daß die guten Kräfte siegen werden. Der direkten und unmittelbaren Beziehung wegen werde ich als Anrede das vertraut-vertrauliche »Du« oder »Euch« wählen.

Das Wichtigste zuerst: Liebe dich selbst!

Typisch! Das Kapitel über Selbstliebe machte mir die größten Schwierigkeiten, deshalb ist es auch dasjenige, das ich als letztes fertigstellte. Daß ich es dennoch an den Anfang setze, hat einen einfachen Grund: Selbstliebe ist das Wichtigste!

»Liebe dich selbst!« – die wichtigste Entdeckung meines Lebens und die Kernaussage dieses Buches – ich konnte ihr bis vor kurzem noch immer nicht ganz folgen. Der Virus Nächstenliebe hat tief gegriffen. Der Glaube, daß jeder Notleidende ein Recht auf mich hätte und ich mich gemäß dem »Gleichheitsgrundsatz« an der Mehrheit der Schwachen zu orientieren hätte, war noch immer nicht vollends ausgerottet. Immer neue Wurzeln wuchsen nach, die mir den Nährstoff für meine Lebenskeime entzogen. Die Reste des verinnerlichten Nächstenliebeglaubens trieben immer wieder neue Blüten. Eine erst jüngst entdeckte lautet etwa so: Solange es jemandem in meiner Nähe schlechter geht als mir, habe ich ihm zur Verfügung zu stehen. Ich habe so lange zu helfen, bis es allen meinen Lieben so gut geht wie mir. In Anlehnung an den Grundsatz »Eigentum ist Diebstahl«, der die private Bereicherung einiger weniger auf Kosten der Mehrheit kennzeichnet und den auch ich angesichts kapitalistischer Ausbeutung für richtig halte, glaubte ich, daß es mir nicht besser gehen dürfe als anderen. Trotz leidvoller Erfahrungen stellte ich meine Anliegen und Bedürfnisse immer wieder in den Hintergrund, wurde an dieser Schwachstelle meines Bewußtseins angegriffen, fühlte mich in meiner Gesundheit angegriffen, wurde auf mich selbst zurückgeworfen und auf diese Weise gezwungen, das Naturgesetz, sich selbst die erste Wichtigkeit zu geben, tiefer zu begreifen. Erst wenn wir etwas in der Tiefe begriffen haben, haben wir die Situation in der *Hand* und sind fähig, richtig zu *handeln*.

Selbstliebe ist nicht Egoismus oder Narzißmus. Ich bin nicht

»verliebt ich mein eigenes Ich«. Dieses ist mittlerweile viele Tode gestorben. Ich bin schon lange nicht mehr die, die zum Beispiel in »Ich bin Ich« beschrieben ist. Nun habe ich begriffen: Die Energie, mit der ich mein Leben gesund erhalte, steht mir zu. Sie ist kein Diebsgut; ich bestehle niemand, denn ich lebe aus eigener Kraft.

Ich liebe meine Seele. Sie ist mein kostbarstes Gut. Mein Reichtum besteht nicht in beweglicher Habe, sondern in der beweglichen Energie, von der ich so viel schöpfe, wie ich zum Gedeihen brauche. Meine Stärke baut nicht auf der Schwäche meiner Mitmenschen auf und umgekehrt: Die anderen sind nicht deshalb schwach, weil ich stark bin, sondern weil sie sich selbst nicht wichtig genug nehmen. Ich habe ein Recht auf Gesundheit, Wohlbefinden, Eigenmacht und persönliche Stärke, mit der ich weiterhin helfend eingreifen darf, soll und muß – ich darf jedoch nicht immer mit meiner Energie helfen wollen. Ich muß lernen, etwas (Energie) für mich zu behalten. Die beste Hilfe ist, ein »leuchtendes Beispiel« zu sein und die Erfahrung, wie man zum »Leuchten« kommt, mitzuteilen. Seit Jahren begleitet mich ein Bild. Es kommt und geht wieder. In letzter Zeit tauchte es immer häufiger auf. Es zeigt den »Lebenslauf« der jungen Wasserschildkröten von ihrem Brutplatz im Sand, hin zum offenen Meer, dem einzigen Ort, der ihnen Sicherheit, Schutz und Lebensraum gewährt. Der Lauf der Schildkröten ist ein Wettlauf mit dem Tod, denn über ihnen kreisen Raubvögel, die nur darauf warten, daß sich unten etwas zu regen beginnt, um herunterzustoßen.

Ich bin so eine Schildkröte – in meinem Bewußtsein erst sechzehn Jahre jung. Seit 1972 renne ich um mein Leben. Das Ur-Meer, meine Urheimat rechtzeitig zu erreichen, einzutauchen in die rettende All-See(le), ist das Ziel. Umzingelt von Gefahren jeglicher Art, festgehalten vom Leid meiner Schwestern und Geschwister, die allzu saumselig auf ihrem Weg trödeln, sich auf Umwege begeben, in die Irre laufen oder angegriffen, verletzt und beschädigt darniederliegen, stehe ich nahezu jeden Augenblick meines Lebens vor der Entscheidung, ihnen oder mir selbst meine Aufmerksamkeit, Kraft und Zuwendung zu geben. Meine Bindung an Geschwächte, die fähig wären, sich selbst zu helfen, bindet meine Energie.

»Rette sich, wer kann!« »Die Ratten verlassen das sinkende Schiff!« »Hinter mir die Sintflut!« Diese vom Selbsterhaltungstrieb initiierten und an sich heilvollen Sätze, jedoch durch das ansteckende Leichengift der Nekrophilie verseucht, ihres wahren Sinnes beraubt und ins Gegenteil gekehrt, drohen meine Entschlußkraft und meinen Lebenswillen zu lähmen. Unwillkürlich werde ich unsicher; willkürlich richte ich mein Augenmerk wieder auf mein Ziel: ICH WILL LEBEN!

Im Goldenen Zeitalter gab es auf der ganzen Welt ein einziges Gebot. Große Mütter, ausgestattet mit Eigenmacht und persönlicher Autorität, geboten das Naturgesetz des Lebens. Es war ungeschrieben, genauer, es war nicht auf Papier geschrieben. Wozu denn auch? Da die Menschen es lebten, war es ihnen auf den Leib geschrieben: Ein gesunder, wohlgearteter Mensch trug die Zeichen seiner pfleglichen Sorgfalt und Liebe zu sich selbst für aller Augen sichtbar an sich. Ein gesunder Leib, eine starke Ausstrahlung, die die Gestalt einer heilen Persönlichkeit umgab, sprach »selbstredend« für sich. Der Heiligenschein, mit dem die Christen die Bildnisse ihrer Märtyrer und getreuen Anhänger umgeben, ist plumpe Nachahmung.

Martyrium, Leid, Elend, gewaltsamer Tod sind die sichtbaren Zeichen für Mißachtung des Gebotes und Nichteinhaltung des Naturgesetzes. Da jede Krankheit – zumindest spirituell – ansteckend ist, galt es, die Warnung »Hütet euch vor den Gezeichneten« ernst zu nehmen. Jede Schädigung der Seele zieht unweigerlich eine Schädigung des Leibes nach sich. Jeder, der sich selbst schadet, schadet auf dieselbe Weise, wenn auch unbewußt und unbeabsichtigt, seinen Nächsten. Spätestens nach dem Auftauchen der Körpergebrechen war bekannt, daß das Lebensgesetz gebrochen wurde und in der Seele ein Bruch stattgefunden hat. Daher war Heilung, einem Gebrechen an die Wurzel zu gehen und den gebrochenen Glauben wieder geradezurichten. »Gerade-richten« ist die ursprüngliche Definition von Gerechtigkeit. Sie will sagen: Du warst nicht liebevoll mit dir, hast dich nicht gut genug geschützt, dich nicht bewahrt, deshalb bist du geknickt, gekrümmt und gebrochen, geh in dich und schau auf dich!

Ein Menschenkind wieder aufzurichten und das, was auf Abwege geraten ist, wieder zurechtzuweisen, ist die eigentliche Gerechtigkeit. Diese war Pflicht und Recht der Großen Mütter.

»Erkenne dich selbst!« war als Mahnung für jeden Eintretenden am Eingangstor des Orakelheiligtums zu Delphi zu lesen. Delphi heißt bezeichnenderweise »Gebärmutter«. An einem der wichtigsten geodätischen Punkte der Erde sprach dort einst eine Priesterin ihre Weissagungen.

»Erkenne dich selbst!« ist die abgeschwächte verhüllende Form des alten »Liebe dich selbst«. Dieses, noch von den matriarchalen Ureinwohnern, den Pelasgern und Karern, so ganz selbstverständlich gelebte Liebesgebot wurde, wie so vieles andere auch, von ihren indogermanischen Invasoren als Erkenntnistheorie in ihren abstrakten Philosophiebegriff übernommen. Auf einer kognitiven Dissonanz, dem »mißtönenden Widerspruch« zwischen dem theoretischen Anspruch und der (selbst)mörderischen Praxis der hellenistischen Griechen, wurde die Kultur des Abendlandes begründet. Wenn ich angeprangert werde, mit einer »Radikalität« den »Untergang des Abendlandes« zu verschulden, gebe ich lakonisch zur Antwort: Dieses Abendland wird an sich selbst zugrunde gehen, damit uns und unserem Land ein neuer Morgen blühen kann. Es wird an diesem Widerspruch, in dem Selbsterkenntnis gepredigt und Selbstentfremdung und Zerstörung praktiziert wird, zugrunde gehen MÜSSEN. So wie bei einem Mißklang, der nach Auflösung zur klanglichen Einheit hinstrebt, wird erst danach Harmonie sein.

Kein Kulturkreis schrieb (schreibt) und sprach (spricht) soviel über Erkenntnis, Leben und Liebe wie der abendländische. Kein Kulturkreis hat soviel ausgeklügelte Zerstörung zu verantworten wie der des Abendlandes. An dessen Auswirkungen hat mittlerweile die ganze Erde zu leiden. An den »Segnungen« der Zivilisation wird sie zu Grunde gehen und hoffentlich nicht zugrunde gehen. »Selbsterkenntnis ist der erste Weg zur Besserung!« riefen wir uns als Kinder zu, wenn einer von uns eine unbedachte Selbstbezichtigung entschlüpfte. (Ich: »Meine Güte, bin ich blöd!« Darauf meine Freundin: »Selbsterkenntnis ist der erste Weg zur Besserung!«)

Die Wichtigkeit, die das Selbst für einen Menschen hat, läßt sich nur mehr am Sprachgebrauch erkennen. Meines Wissens gibt es kein Wort, das in so vielen Zusammensetzungen vorkommt wie das Wort »Selbst –«.

Nach Meyers Taschenlexikon ist das Selbst der »Begriff für einen zentralen Bereich der Persönlichkeit, der das seiner selbst bewußt werdende (Selbstbewußtsein) und gleichzeitig sich selbst zum Objekt werdende Subjekt« bezeichnet.

Nach dem etymologischen Duden ist die Herkunft des Wortes »selb« nicht sicher geklärt. Nach meinem Dafürhalten besteht kein Zweifel, daß das Selbst die Seele, das immaterielle Sein, »die Selbsterscheinung dessen, was als Körper äußerlich erscheint«, ist.

Das zusammengesetzte Hauptwort »Selbstliebe« scheint aus dem allgemeinen Sprachgebrauch weitgehend verschwunden zu sein, nicht jedoch die Vorformen, die zur Selbstliebe führen: Selbsterkenntnis, Selbsterfahrung, Selbstbewährung, Selbstschutz, Selbstentfaltung, Selbstverständnis, Selbstbestimmung, Selbstbehauptung, Selbstvertrauen, Selbstachtung, Selbstbefriedigung, Selbsthilfe, Selbstverwirklichung... sind nichts anderes als die stufenweise Ausfächerung des Grundbegriffes Selbstliebe.

»Kümmere dich um dich selbst, schau auf dich selbst, scher dich um deine eigenen Angelegenheiten«, hörte ich als junges Mädchen, als ich eine Nachbarin wegen ihrer Hartherzigkeit ihren Kindern gegenüber ausschimpfte.

Als ich dann in der Krise in der Mitte des Lebens wirklich auf mich selbst schaute und mich um mich selbst zu kümmern begann, sagte man mir, ich sei selbstsüchtig. »Die tut, was ihr paßt!«

Heute sage ich: Oja, ich bin süchtig nach meinem Selbst und tue nur das, was mir paßt, und ich habe nur mit Menschen zu tun, die zu mir passen. Wenn sich nur wirklich jede um sich selbst kümmern und auf sich schauen würde, wenn tatsächlich jede ihr Selbst suchen, verstehen, erkennen, erfahren, finden, bewahren, schützen, behaupten, entfalten, achten, ihr trauen, helfen und es wirklichen würde, dann... was wäre das für eine schöne heile Welt!

Ratten handeln klug, wenn sie das sinkende Schiff rechtzeitig verlassen. Was hätte ein Schiff oder eine Mannschaft davon, wenn sie mit dem Schiff untergingen? Was nützte es den Wasserschildkröten, wenn auch die Helferin eine Beute der Raubtiere würde?

Was hätte eine in der Sintflut Ertrinkende davon, wenn der Retter, an den sie sich klammert, mit ihr untergehen und ersaufen würde?

Wohin ich schaue, überall sehe ich Menschen, die getrieben sind von der Suche nach Zärtlichkeit, Geborgenheit, Verständnis, Anerkennung und »wahrer Liebe«. Alle warten geduldig oder verzweifelt bis an ihr Lebensende. Sie begehren von anderen, was sie sich nur selbst geben können. So wie sie den Nächsten wichtiger nehmen als sich selbst, so erwarten sie auch, vom Nächsten wichtiger genommen zu werden, als sie sich selbst wichtig nehmen. Welch hoffnungsloses Unterfangen! Als Gefangene in diesem Teufelskreis sind wir so lange gezwungen, uns im Rad des Leidens zu drehen, bis wir die Spur wechseln und begriffen haben: Leben ist Lieben, und Liebe ist Leben. Um wirklich selbständig und im Vollsinn des Wortes leben zu können, mußte ich lieben lernen und zuallererst mich selbst.

Ich tu, was mir paßt, und ich will nur mehr mit Personen zu tun haben, die (zu) mir passen. Aus diesem Grund frage ich bisweilen Menschen, die meine Nähe suchen, weil sie mit mir an sich »arbeiten« wollen: »Liebst du dich?« Die Antwort ist meist ein schnelles »Ja«. Fühle ich ihnen jedoch »auf den Zahn«, dann stellt sich heraus, daß sich deren Libido, das ist der jedem Menschen eigentümliche Liebestrieb, gegen sie gewandt hat und in meist unbewußtem Selbstbetrug, in Selbstverachtung und punktuellem Selbsthaß und Selbstzerstörung pervertiert ist. Begreif doch! Du bist die wichtigste Person in deinem Leben. Von allen Menschen auf der Welt kennst du dich am besten, lebst du doch am allerlängsten mit dir zusammen. Du weißt daher am besten, was dir guttut und was dir schadet. Deine Lebenszeit und deine Lebenskraft gehören dir. Du hast sie bekommen, um von all dem, was du bist, hast und kannst, ein bißchen mehr zu werden, zu bekommen und zu erfahren.

Wer – um Himmels willen! – soll dich achten, wenn du selbst dich nicht achtest? Wer soll dich wichtig nehmen, wenn du selbst dich nicht wichtig nimmst? Wer soll dich verstehen, wenn du dich selber nicht verstehst? Wer soll dir Geborgenheit geben, wenn du dich selbst nicht birgst und schützt?

Wer soll dich erkennen und anerkennen, wenn du selbst nicht bereit bist, dich zu erkennen und anzuerkennen? Wer soll dich heilen, retten, erlösen, wenn du es nicht selbst tust? Nicht nur, daß du dir damit selbst etwas – nein alles! – vorenthältst und verweigerst, du bist auch unfähig, anderen das zu geben, was sie begehren. Aus dem einfachen Grund: weil es dir fehlt und weil du nur das teilen und weitergeben kannst, was du selbst bist, hast und kannst.

Selbstliebe ist die Grundvoraussetzung, um andere lieben zu können. Wenn du selbst dich nicht liebst, wirst du immer bedürftig sein. Wenn du dich dir selbst nicht zuwendest, wirst du immer hungrig nach und abhängig von der Zuwendung der anderen sein. Das kann so weit gehen, daß du bereit bist, jeden Preis zu bezahlen, und dich für ein bißchen Zuwendung verleugnest, verrätst und verkaufst. Jedes gute Wort, jeden freundlichen Blick und jede noch so kleine Liebesgeste wirst du gierig, wie ein ausgetrockneter Schwamm, aufsaugen und sehr bald feststellen müssen, daß die Zufriedenheit nicht anhält. In weiterer Folge wirst du zu einem saft- und kraftlosen Sehnsuchtsbündel, das die Suche nach sich selbst und die Liebe aus dem und zum Selbst auf Nebenschauplätze verlagert. Auf diese Weise wird die Suche zur SUCHT. »I can get no satisfaction!« Er, sie, es SUCHT. Alles sucht Befriedigung der Grundbedürfnisse. Die ganze Menschheit sucht Freude, Liebeslust und Lebenssinn. Sie sucht am falschen Ort – die gewünschte Zufriedenheit bleibt aus oder hält nicht lange an, die Suche verselbständigt sich und wird zur Suchkrankheit. Hinter allen Süchten steht ein einziger Wunsch – ein starker Trieb –, das zu finden, was verschwommen ist oder verloren scheint: das Selbst! Hinter allem Suchen steht unbemerkt und unausgesprochen Selbstsucht. Auch wenn die ganze Welt gegenteiliger Meinung zu sein scheint: Selbstsucht ist die gesunde, ursprüngliche Wurzel, aus der die falschen Süchte kompensatorisch erwachsen.

Weil hier nicht der Platz ist, auf alle Süchte einzeln einzugehen, und weil Eifersucht und Sehnsucht nicht unter den landläufigen Suchtbegriff fallen, will ich mich hier nur mit deren Wesen befassen.

Eifersucht:

Man sucht mit heftigem Bemühen bei anderen, was man selbst verloren hat oder verloren glaubt. Mit Eifer muß man versuchen, jemanden festzuhalten, der die einzige Quelle für Identität, Macht und Lust zu sein scheint. Eifersucht ist Verlustangst. Eine »halbe Portion«, welche eine andere »Hälfte« zur Komplettierung der eigenen Identität und als Füllsel für die eigenen Minderwertigkeitsgefühle braucht, wird heftig und panikartig reagieren, wenn Gefahr besteht, daß diese verlustig geht.

Wer nicht gelernt hat, sich selbst zu lieben und in allen Bereichen für sich selbst zu sorgen, wird mit aller Kraft, mit allen Mitteln und Tricks, mit Terror und auch mit Gewalt versuchen, die ergänzende Hälfte festzuhalten.

Eifersucht ist ein Krankheitszeichen (»Krank vor Eifersucht«), das auf mangelnde Selbstliebe hinweist. Der Schwerpunkt patriarchaler Gesellschaftssysteme liegt auf Haben statt auf Sein. Dieses Haben- und Besitzenwollen bezieht sich vor allem und zuerst auf Personen. In unserem »aufgeklärten Zeitalter« ist Sklavenhalterei offiziell abgeschafft, der Privatbesitz eines Menschen wird jedoch mittels Ehegelübde und Trauschein legalisiert. Treue dem »Besitzer« gegenüber wird zu einer unabdingbaren Tugend erklärt. Das Kleinfamiliensystem entspricht dem Staatensystem; es ist der Exerzierplatz für die Einübung patriarchalen Glaubens, Denkens, Fühlens und Handelns. »Die Familie ist die Keimzelle des Staates.«

Eine Person, die sich nicht selbst liebt, ist lieblos. Nur Lieblose können Lebendiges zum Besitz degradieren. Die Perversion der Perversionen jedoch ist, die Suchtkrankheit Eifersucht zum Liebesbeweis zu erklären und, wie im folgenden Reim, zur Tugend zu erheben: »Eifersucht ist Liebespflicht – wer nicht eifert, liebet nicht.« Lebenlieber-innen mögen sich aus ihren Erfahrungen ihren eigenen Reim machen.

Sehnsucht:

Eine Sehne ist ein »verbindendes Band«, das jedoch, je nachdem an wen oder was man es knüpft, zur »Fessel« oder »Kette« werden kann. »Nur wer die Sehnsucht kennt, weiß, was ich leide!« Mein halbes Leben lang suchte ich nach dem rettenden Band, das mich vereinsamten, heimatlosen, aus dem Nest gefallenen Vogel wieder mit – wem oder was? – verbinden sollte. An was sollte ich anknüpfen, mit wem ein Bündnis schließen, an wen mich binden? Weil es normal schien, schloß ich mit einem Mann den Ehebund; mein Sehnen wurde zur Kette, die Sehnsucht blieb unbefriedigt und suchte sich neue Ziele. Bedürftig durch und durch, hungrig und durstig nach Anerkennung, Rückmeldung, Geltung, Achtung und Respekt, suchte ich an allen Orten, bei allen möglichen Menschen – vergebens. Sehnsucht war die Sucht, welche sich an Unbekannt richtete. Jemand oder etwas sollte mir die Suche nach mir selbst abnehmen und die Sehnsucht nach mir selbst befriedigen. Je hungriger ich war, desto weniger bekam ich! Je gieriger ich auf einen Besuch oder einen Anruf wartete, desto hartnäckiger schwieg mein Telefon. Je depressiver ich war, desto größer wurde der Bogen, den die Leute um mich machten. Als ich so nach und nach meine eigene beste Freundin wurde und ich mich achten konnte, weil ich den Mut aufbrachte, gegen den Widerstand aller das Weite zu suchen, als ich begonnen hatte, es mir unter meiner Haut wohnlich einzurichten, geschah das, was ich damals als Wunder betrachtete, heute jedoch als das Ergebnis von Ursache und Wirkung sehe. Wenn ich Selbstzufriedenheit, Freude und Lebenslust ausstrahle, dann habe ich eine ähnliche Wirkung wie eine Glühlampe auf Mücken oder ein Scheinwerfer auf einen Fischschwarm. Erst als ich mir gab, was mir fehlte, und in mir fand, was ich außerhalb suchte, war mein Hunger gestillt. Sagte ich früher: »Ich liebe dich!« und meinte unbewußt damit »Liebe mich, denn ich brauche dich!«, so sage ich heute zu meinen Liebsten »Ich brauche dich nicht, aber ich liebe dich, denn ich habe meine helle Freude an dir!« Heute, da ich mein Bündnis mit dem Leben besiegelt und mich wieder an meine Große Mutter rückgebunden habe, weiß ich, daß Sehnsucht nichts anderes ist als die Suche nach dem Band, das uns mit den universellen Energien und an unsere Ahnen bindet, damit wir mit deren Hilfe den Sinn des Lebens und Liebens erfüllen können.

»Es gibt nichts, was es nicht gibt, und alles, was es in mir gibt, darf es geben.« So lautete mein Zauberspruch, mit dem ich meinen Selbsterkenntnisprozeß einleitete. In mir darf es nichts geben, was nicht ich als erste wissen soll. Alles, was mich betrifft, auch das Ungeartete und Unangenehme, muß ich kennenlernen. Um mich zu ändern und meine Probleme zu lösen, mußte ich vorerst den Selbstbetrug vom unschuldigen Mädchen, dem nur von den anderen übel mitgespielt wurde, aufgeben. Zuerst mußte ich mein mich beschönigendes Selbstbild zerstören und mich so sehen, wie ich wirklich bin. Dieser Prozeß ist immer noch im Gange. Mein jeweiliger Ist-Zustand ist die Ausgangsbasis, von der aus ich zu dem von mir und der Natur gewünschten Soll-Zustand gelangen kann.

»Kind, was tust du dir an?«, so klingt eine, gewöhnlich nur mehr in anklagender Leerformel gebrauchte Frage. Frage dich nicht floskelhaft, sondern mit echtem Interesse an der Antwort. Diese könnte etwa so klingen: Ich nehme mich nicht wichtig, beachte die Zeichen meiner Seele und meines Körpers nicht, lade mir zuviel auf meine Schultern, schlucke Dinge, die ich besser rechtzeitig ausspucken sollte, trau meinen Sinnen nicht, vertraue dafür allem, was in mich eindringt...

Frage weiter: Was versäume ich? Antwort: Ich gönne mir nicht die Zeit für die Dinge, die ich gerne tun würde und die ich brauchte, um zur Ruhe und Besinnung zu kommen. Ich versäume es, mich rechtzeitig von unfruchtbaren Beziehungen zu verabschieden... Und weiter: Frage: Was fehlt mir? Geborgenheit und Schutz, um mich ungestraft und unbeschadet kennenlernen, entfalten und entwickeln zu können...

Eine modische deutsche Redensart lautet: »Ich krieg's nicht geregelt!« Wer soll dir dein Leben regeln, wenn du es nicht tust?«

Es ist vor allem eine Spezialität der Frauen, in der Leideform zu verharren und auf Anstöße, Führer und Erlöser zu warten, die ihnen das Leben regeln. Die deutsche Grammatik unterscheidet zwischen der Leideform, dem Passivum, und der Tatform, dem Aktivum. Das menschliche Verhaltensspektrum pendelt zwischen den beiden Polen der Leide- und Aktivform. In der Leideform steckenbleibend, lenken Frauen nicht, sie werden gelenkt. Sie bestimmen nicht, sondern werden bestimmt. Sie gehen nicht weiter, deshalb werden sie übergangen. Sie handeln nicht, daher werden sie (wie?) behandelt. Sie wenden nicht (zum Guten für sich), sondern werden verwendet. Sie nutzen ihre Kraft und Energie nicht für sich, sondern werden benutzt...

Bedürfnisse – die Passivform, sind immer auch Fähigkeiten – die

Aktivform. Immer wenn dir ein Bedürfnis bewußt wird, ist gleichzeitig – wenn auch meist unbemerkt – die entsprechende Fähigkeit dazu wach. TU, WAS DICH FREUT! Freude ist ein guter Indikator für Wachstum. Finde heraus, was dir guttut. Ich meine damit nicht nur den momentanen, kurzfristigen Genuß, den eine Ersatzbefriedigung gewährt, sondern die Güte – die Qualität – einer Gewohnheit, die dir mittel- und langfristig zum Guten gereicht. Es geht dir gut, wenn DU gut gehst.

Menschens-Kinder! Wir wissen doch, daß wir alle bis zu einem gewissen Grad mehr oder weniger große Kinder sind. Habt doch Erbarmen! In mir wohnt ein ganzer Kindergarten – alle unreifen, unfertigen, guten und unguten Persönlichkeitsteile. Ich nenne den bewußten Teil meiner Gesamtpersönlichkeit, die Mutter. Diese Mutter, die ich bin, hat die Fähigkeit und Aufgabe, den mir innewohnenden Kindern mit entschiedenem Willen und weiser Geduld und Liebe zu ihrem Wachstum zu (ver)helfen und ans Tageslicht zu führen. Meine kleinen Kinder in mir brauchen viel Schutz, Fürsorge, Anerkennung und pflegliche Sorgfalt. Sie wollen nicht immer so, wie ich es will. Sehr oft sind sie klüger als ich, daher tu' ich gut daran, ihnen Stimmrecht zu geben und sie erst mal anzuhören, ehe ich eine Entscheidung treffe. Ich unterscheide zwischen meinen »braven« Kindern – meinen ungeweckten guten Geistanlagen, Fähigkeiten und Begabungen, die ich zu wecken, zu fördern, zu schulen und in Freiheit zu entlassen habe, auf daß sie ihren Beitrag am Großen und Ganzen leisten können, und den »schlimmen« Kindern – die unguten Gewohnheiten, schädlichen Verhaltensweisen, fehlerhaften, krankhaften Anlagen und Untugenden. Diese habe ich zurechtzuweisen, zu heilen und zu pflegen, damit sie nützliche Mitglieder meines Organismus und der Gesamtheit werden können.

Ich appelliere an deine Erfahrung mit Kindern. Ist es dir je gelungen, ein Kind mit Schimpf, Verachtung, Unterdrückung oder Ignoranz zu einem zufriedenen, glücklichen Wesen zu machen? Ein Kind ist schlimm (dran), weil ihm etwas fehlt. Einem Kind, dem etwas fehlt, geht es schlecht. Mit deinem Kind hast du vielleicht die Erfahrung gemacht, daß es augenblicklich aufhört zu randalieren, wenn du ihm deine Aufmerksamkeit gibst und auf es eingehst. Vielleicht gehörst du zu jenen Müttern, die ihre unglücklichen, schlimmen Kinder in die Arme nehmen und fragen: »Sag', was fehlt dir, daß du keinen Frieden geben kannst? Was brauchst du?« Ein Kind ist nur durch Anhörung, Zuspruch, Gaben und Hilfen zu einer dauerhaften Verhaltensänderung zu bringen. Was du bei deinen leiblichen Kindern akzeptierst, das gilt auch für deine dir innewohnenden schlimmen Kinder, die unreifen, unvollständigen und fehlerhaften Persönlichkeitsteile – die vielen Unarten, schlechten Gewohnheiten, schlimmen Neigungen und Anfälligkeiten.

Was wir den Kindern zugestehen, das müssen wir zuallererst unseren Seelen- und Körperorganen zugestehen. Sie sind schließlich die »Werkzeuge«, durch deren reibungslose Zusammenarbeit die Gesamtpersönlichkeit zur Reife und Vollendung kommen kann. »Spurensicherung« – Kenntnisnahme von meinem eigenen Gut UND Böse – nenne ich diesen Prozeß, mich selbst gründlich in allen liebsamen und unliebsamen Aspekten kennen- und liebenzulernen.

Nach einer Zeit der Selbstvernachlässigung mag das Liebesaufkommen dir selbst gegenüber für deine Verwandten, Freundinnen und Bekannten ungewohnt, unbequem, ärgerlich, ja empörend sein. Dir werden Prügel – Wachstumsbremsklötze – vor die Füße geworfen. Wachstumsverweigerer pflegen mit Schuldzuweisung zu reagieren. Die üblichen Sätze sind: Du bist eine Egoistin! Du kreist nur um dich selbst! Du machst deine Selbstverwirklichung auf Kosten der anderen! ... Ich kenne diese Sprüche! Diese und ähnliche Bemerkungen haben den einzigen Zweck, dir ein schlechtes Gewissen einzuimpfen, damit du deine Wachstumsenergie von dir abziehst und wieder zum »nützlichen Idioten« für andere wirst.

Wenn's so weit ist, dann erinnere dich: Dein Leben gehört dir! Jeder Mensch hat sein Leben zu leben. Leben ist Zeit und Energie. Es ist von allergrößter Wichtigkeit, was du aus deiner Lebenszeit machst und wofür du deine Energie einsetzt.

Wenn ich in einem Vortragssaal »Rede und Antwort stehe«, dann höre ich oft den etwas kleinlaut klingenden Satz: Ja – wenn ich soviel Energie hätte wie du...! Meine Antwort ist: Auch mein

Tag und meine Nacht haben nur vierundzwanzig Stunden. Ich habe nicht mehr Grundenergie als du und alle anderen auch. Uns ist allen die Möglichkeit gegeben, soviel Energie zu schöpfen, wie wir für unser Lern- und Lebensziel benötigen.

Die Gerechtigkeit, Fügung und Führung, an die ich glaube, sorgt dafür, daß alles, was leben will, auch die dazu nötigen Mittel und Wege findet. Wenn ich mich zur Zeit kraftvoller fühle als du, dann deshalb, weil ich mich selbst wertschätze und liebe. Ich wende keine Kraft auf, um irgendein Gefühl, das zum Ausbruch drängt, zu unterdrücken, zweitens wende ich keine Zeit und keine Kraft mehr auf, um gegen jemand oder gegen etwas zu kämpfen, und drittens weiß ich heute besser denn je, auf wen und was ich mich beziehen darf, damit Geben und Nehmen in einem wechselwirkenden Verhältnis zueinander stehen. Ich lasse es niemals mehr zu, daß Wachstumsverweigerer zu meinen Wachstumsverhinderern werden.

Selbst und Ich

In einem kulturvergleichenden Lexikon las ich: »Der Beginn der Kosmogenese[4] wird in fast allen Kulturen als Trennung eines göttlichen Urpaares gedacht.« Das Urpaar, unsere Eltern – die Schöpferin YIN und der Former YANG – sind die zwei polaren Energien[5], aus denen sich der Kosmos aufbaut. Diese göttlichen Kräfte, entgegengesetzt und doch im Ziel gleichgerichtet, durchziehen, tragen und gestalten sämtliche Universen. Das sind die Energien der Urelemente, durch deren Zusammenwirken alles Leben entsteht, sich hält und »stirbt«, um sich zu erneuern.

Wasser und Erde, die »unteren« Energien, gelten als das mütterliche, empfangende Prinzip. Feuer und Luft, die »oberen« Energien, gelten als das zeugende Prinzip. »Unten« und »oben« sagt

4 Wissenschaft von der Entwicklung des Kosmos.
5 »Energie« = gr. »en-ergeia« = »wirkende Kraft«

man wahrscheinlich deshalb, weil der Betrachter, nur die physische Existenz der Kräfte betrachtend, auf der Erde oder im Wasser – also unten – steht und ins Licht und in die Luft – nach oben – schaut. »Unten und oben« ist jedoch bedeutungslos, da ja der Geist, das Bewußtsein der Elemente, als Quintessenz ALLES unsichtbar durchdringt und ÜBERALL wirkt. »Unten« und »oben« werden nur »gedacht«, so wie eine Trennung der vier ELemente – unsere ELtern, im Urtext der Bibel »ELohim« genannt – nur »gedacht« wird, denn in Wirklichkeit gehören und wirken sie zusammen. Das muß so sein, denn sonst gäbe es längst kein Leben mehr.

So fängt es immer an: Erst wenn das, was zusammengehört, getrennt, dann wird gewertet und danach ein Pol unterdrückt oder bekämpft. »Oben« und »unten«, in eine wertende Rangordnung gebracht, sind Kategorien, die der Teile-und-herrsche-Absicht der Machthaber dienen. Die Trennung oder das Zweiteilen all dessen, was zusammengehört und zusammenwirkt, wird »gedacht«, damit schrittweise in Gedanken, Worten und Werken durch diese Unter-Teilung eine Bewertung in zuerst positiv (bejahend) und negativ (verneinend), danach in Gut und Böse durchgeführt und in weiterer Folge das Untere als »Böses« unterdrückt, bekämpft und zunichte gemacht werden kann.

Bei dieser Unter-Teilung ist auffallend, daß das weibliche Prinzip – Wasser und Erde – als das Dunkle, Negative und Böse und das männliche Prinzip – Licht und Luft – als das Helle, Positive und Gute gelten. Das dergestalt unterbewertete weibliche Bewußtsein wird folgerichtig Unter-Bewußtsein oder verneinend das Un-Bewußte genannt, um es wie Un-Personen oder Un-Kraut verachten und ausrotten zu können. Bei Sigmund Freud wird die schöpferische weibliche Kraft versächlicht: ES gilt als dunkler, gefährlicher und unheimlicher Ort der bösen Triebe. ES gilt als tierisch und irrational, während das männliche Bewußtsein als das eigentliche, als das zu kultivierende dargestellt wird.

Menschen, die sich »aufgeklärt« nennen und sich für die Emanzipation des Weiblichen einsetzen, definieren die Polarität wertfrei und befreien somit das weibliche Prinzip vom Makel des Bösen, Tierischen, Negativen und Triebhaften. Sie sagen, daß negativ und positiv Hilfsbegriffe seien, welche lediglich die Gegensätzlichkeit der Kräfte bezeichnen, die, da sie die gleiche reale Gültigkeit haben, auch gleich gut sind.

Das sowohl allgemein als auch fachsprachlich vielfach verwendete Adjektiv »positiv«, das den Gegensatz von »negativ« wiedergibt, wurde im 18. Jh. aus spätlat. »positivus« = »gesetzt, gegeben« entlehnt. Allgemein bedeutet es »gesetzt, gegeben, bejahend, zutreffend«, dann auch »bestimmt, gewiß«. In der Mathematik gilt es im Sinne von »größer als Null«. In der Fotografie bezeichnet »Positiv« die der Natur entsprechende Licht- und Schattenverteilung eines, über das Negativ gewonnenen seitenrichtigen, der Natur entsprechenden Bildes. Negativ von lat. »negare« heißt »nein sagen, verneinen, bestreiten«. Ab dem 16. Jh. heißt es zusätzlich noch »ergebnislos, ungünstig, schlecht«. Interessant! Die für das menschliche Auge unsichtbaren Wirkkräfte der Natur werden verneint und später sogar als »ergebnislos, ungünstig und schlecht« dargestellt, während das Positiv als »gesetzt, gegeben« vorausgesetzt wird. Eine totale Umkehrung.

Nur im technischen Gebrauch werden die Worte negativ und positiv wertneutral verwendet, während sie im allgemeinen eine deutliche Wertung haben. Was würde wohl ein Mathematiker sagen, wenn man die Zahlen, die kleiner sind als die Null, bestreiten oder gar als ungünstig und schlecht bezeichnen würde? Oder – ein Fotograf, wenn man das Negativ in der Fotografie bestreiten und als ergebnislos, ungünstig und schlecht verneinen würde? Die Wahrheit ist: So wie bei der Fotografie, welche die Doppelgestalt der Natur abbildet, wobei das Negativ, das die Natur seitenrichtig wiedergibt, ZUERST da sein muß, damit das Positiv sich herausentwickeln kann, so ist es auch mit den unsichtbaren, eigentlichen Wirkkräften und deren sichtbaren Auswirkungen mit dem weiblichen und dem männlichen Prinzip, den Frauen und den Männern. Zuerst ist das unsichtbar wirkende Selbstbewußtsein, das weibliche Prinzip. Das Negativ bedingt das Positiv. Das Negativ ist das Objektive, es ist richtig. Das Positiv ist das Subjektive.

Ungerechtfertigterweise wird die Wertneutralität der kosmischen Kräfte auf den patriarchalisierten Menschen und dessen Kultur übertragen. Die Folge ist, daß mit der Übertragung das vom Menschen und durch dessen freien Willen hervorgebrachte

Böse ebenfalls wertneutral betrachtet wird, was leicht als Rechtfertigung für das Böse dient, zumindest aber Verwirrung oder stumpfen Fatalismus hervorruft. Wertneutral darf man nur die selbstregulierende Natur, die Ökologie, nicht aber die von fehlbaren Menschen er-zeugte fehlerhafte Kultur betrachten. Darüber demnächst mehr.

Die nur »gedachte« Trennung der göttlichen Ur-Elemente hat ihre Entsprechung in der ursprünglich nur gedachten und danach vollzogenen Trennung des menschlichen Bewußtseins in Selbstbewußtsein und Ichbewußtsein. Jeder Mensch kann sich selbst und die äußere Welt auf zwei unterschiedliche Weisen, von zwei Bewußtseinsebenen her, wahrnehmen.

Das menschheitsgeschichtlich ältere ist das Selbstbewußtsein. Es wird auch matriarchales, mystisches, magisches oder schlicht weibliches Bewußtsein – auch Mondbewußtsein und Nachtbewußtsein – genannt. Das altmodische Wort für Selbst ist Seele, daher kann man auch von Seelenbewußtsein sprechen. Im Selbst sind alle Erfahrungen und ist alles Wissen von Anfang an eingespeichert. Die Folterknechte der Inquisition haben im Beisein der ersten Schulmediziner die Frauen, welche als Hexen bezichtigt wurden, in alle Bestandteile zerlegt, um »den Sitz der Seele« herauszufinden. Mit Recht vermuteten sie, daß die sprichwörtliche – teils begehrte, teils gefürchtete – Weisheit den Weibern »aus der Seele sprach«. Sosehr sie die Frauen auch peinigten und den weiblichen Körper bis aufs Blut marterten, die Seele konnten sie nicht finden, aus dem einfachen Grund, weil sie als spirituelles Organ unsichtbar, nirgends und überall ist. Das entsprechende physische Organ ist das Blut, das in den Religionen der alten Völker »in besonderer Weise als Trägerin des Lebens, der Seele und der Lebenskraft« galt.

Das Selbst ist »sprachlos«, es ist nicht passiv, sondern nach innen aktiv, in-aktiv. Durch konzentrierte Wachheit nach innen kann aus dieser Quelle mittels Ahnung, Innerung, Phantasie, Imagination, Intuition, Inspiration und Eingebung alles, jegliche Urfahrung und jegliches Wissen, was sich jeder von uns von Wiedergeburt zu Wiedergeburt selbst vererbt hat, »abgerufen« werden.

Das Selbstbewußtsein, unsere Seele, ist die schöpferische Instanz. Lust und Liebe. Blau. Sein. Essenz. Intensität. Spiel. Das Persönliche. Das Objektive. Sinnlichkeit. Fähigkeit zu Fürsorge und Schutz. Nacht. Mond. Mystik. Stammhirn oder Reptilienhirn. Rechte Gehirnhemisphäre. Linke Körperhälfte. Herz. Blut. Die spirituellen Sinne. Räumliches, zeitloses, ganzheitliches, zusammenhängendes, weites, zyklisches Wahrnehmen und Denken. Lebensschöpferische Kreativität. Zusammenschau. Intelligenz. Rück-Sicht und Vor-Sicht, dies alles sind weitere Merkmale und Entsprechungen. Über die Wahrnehmung nach innen, durch Identifikation mit dem »Betrachtungsgegenstand« und mit Hilfe dieser wirkenden Kraft, können wir mit allen weisen Wesen des Universums in Verbindung treten. Offen zum Selbst und offen zu allen anderen Seelen, sind wir für Eingebungen jeglicher Art empfänglich. Wenn das Selbst auch keine Sprechsprache, keine Worte und keine Sätze hat, so äußert es sich dennoch, und zwar über Bilder, Gefühle, Symbole und Träume. Noch ehe wir über das Tagesbewußtsein etwas wahrnehmen, lange bevor ein Verstandesmensch etwas kapiert, hat es eine »Seele von Frau« schon im Gespür. Die Bewußtseinsforschung weiß darum und nennt diese innere Urkenntnisfähigkeit »prä-logisches Denken«.

Jedes individuelle Selbst ist einzigartig und unaustauschbar, weil es keine zwei ganz gleichen Menschen gibt. Obwohl jedes Selbst einzigartig ist, bilden dennoch alle Selbste zusammen eine Einheit. Die »Einheit in der Vielheit«, oder die Allseele, sind die herrschenden Begriffe für dieses scheinbar widersprüchliche Phänomen, daß man sich als Eins, eins mit allem fühlen kann. Das Selbst ist der Urgrund der Persönlichkeit, die Mitte der eigenen Existenz und das »Reservoir des Ich«. Das Selbst ist der Persönlichkeitskern, der, in jedem Zellkern zusammengeballt, die gesamte Erbinformation eingespeichert hat. Persona – die Stimme des Gewissens – nennt man das, was »durch die Maske des Ich hindurchtönt«.

Dem Selbstbewußtsein gegenüber und leider oft entgegengesetzt ist das Ichbewußtsein. Es wird auch Tages- oder Sonnenbewußtsein, intellektuelles, rationales oder männliches Bewußtsein genannt. Weitere Merkmale, Zuordnungen und Entsprechungen sind: Haben. Zeitliche Existenz. Exzessivität. Das Politische. Das Subjektive. Männlich. Rot. Tag. Sonne. Linke Gehirnhemisphäre. Rechte Körperhälfte. Die fünf Körpersinne. Zeit. Wille. Technisches, mechanisches, rationales, mathematisches, kombinierendes, analytisches, folgerichtiges Denken. Intellekt. Rationalität. Verstand. Lesen. Reden. Schreiben. Zielgerichtetes Handeln. Das Ichbewußtsein ist sowohl menschheitsgeschichtlich als auch individualgeschichtlich jüngeren Datums. In einem gesunden Menschen korrespondiert das Ich flexibel mit dem Selbst und der Außenwelt, nimmt mit den physischen fünf Sinnen Eindrücke auf, um diese gemeinsam mit dem Selbst zu prüfen, zu deuten und einzuordnen. Durch gezieltes Training kann das Ich eine große Kapazität und eine enorme Lernfähigkeit erwerben. Es kann Umweltsignale aufnehmen, verstehen, analysieren und nur rückgebunden an das Selbst sinnvoll verarbeiten.

Bei einem entwickelten, gesunden und kreativen Menschen ist das Selbst »das Reservoir des Ich«, denn »das Ich verhält sich zum Selbst wie ein Glas Wasser zum Ozean« – ist doch das Selbst, die See(le), die göttliche Instanz und Kraftzentrale, so etwas wie eine Nährmutter für das Ich. Aus der Fülle des Selbst sucht sich das Ich das für den Moment Wesentliche zu fassen und in Begriffe zu bringen, um es auszudrücken und mitzuteilen. Das Selbst schöpft, das Ich teilt mit. Das Selbst bestimmt, das Ich führt aus. Das Selbst ist das Sein, das Ich das Haben.

Aus Urfahrung weiß ich: Wenn einer soeben kometenhaft auftauchenden Idee – dem Gedankenblitz – dem Fremden, kein Name, keine Kontur und kein Ausdruck gegeben wird, dann geht sie – die Idee – wieder verloren. Sie zieht wie ein Nebelfetzen vorüber, tanzt als Irrlicht vor meinen inneren Augen, um wieder zu verlöschen, wie ein halb in Urinnerung gebliebener Traum. Ideen, Urkenntnisse und Urfahrungen, Lichter, die uns aufgehen, sind nichts, wenn sie nicht Gestalt annehmen und wirksam werden können. Die Macht liegt in der plötzlichen Integration von Ich- und Selbstbewußtsein. Wenn das soeben Aufgetauchte und das Bekannte ineinandergreifen, dann ist man wieder um ein Stück vollständiger geworden.

Eine klare Identität hat jemand, dessen Ich-Inhalte mit den

Selbst-Inhalten deckungsgleich sind. Authentisch, echt ist, wer aus der inneren Quelle schöpft und Nichtent-Sprechendes zurückweist. Das Selbst ist die Fundgrube, das Füllhorn, für alle guten und schlechten Urfahrungen und Taten sämtlicher Inkarnationen. Es ist die Büchse von Pandora, deren Name »alle Geschenke« bedeutet. Innere Bilder, Ahnungen, tiefe Gefühle und Träume, sind die »Sprache«, mit der das Selbst gnadenlos und unerbittlich Auskunft gibt über das wahre, alle Zeiten umfassende Sein.

Und nun – was tut jemand, dem aus dieser Quelle nicht nur angenehme Ur-Innerungen kommen? Was geschieht, wenn anstelle von eitel Freude, Lust, Liebe, lachende Heiterkeit und Glückseligkeit ungute Ur-Innerungen wie Angst, Trauer, Schmerz, Entsetzen, Leid, Weh, Wut und Zorn auftauchen? Wie macht jemand, der unangenehme Gefühle, Schuldbewußtsein und bedrohliche Träume nicht leiden kann, weil er sein wahres Selbst nicht kennenlernen und die drängenden Botschaften nicht wahrhaben will? Zumachen. Verdrängen. Unterdrücken. Ausgrenzen. Abspalten. Die Quelle verschütten und die Gefühle abtöten. Aber!!! – wer sich von seinen schmerzlichen Urinnerungen und seinen unangenehmen Gefühlen abschneidet, trennt sich gleichsam auch von seiner persönlichen Geschichte, seinen freudvollen Urinnerungen, lustvollen Erfahrungen und der ganzen Palette angenehmer Gefühle. Freude ja! Angst nein! – das geht nicht. Gefühle lassen sich nicht aussortieren. Wer offen ist, fühlt alles; wer sich verschließt, fühlt nichts! Wer seine Gefühle »abtötet«, tötet sich selbst. Wer die Quelle zumauert, ist getrennt von seiner Seele und damit von seinen Erbinformationen sowie gleichermaßen von dem Strom der universellen Energien.

Ein Freund erzählte mir einmal, er unterscheide vier Kategorien von Menschen im Umgang mit Problemen.

1. Ich kenne keine Probleme, weil ich nichts fühle.

2. Mein Problem ist, daß ich keine Probleme habe, denn ich habe das Fühlen verlernt.

3. Mein Problem ist, daß ich die Ursache meiner Probleme nicht kenne, denn ich fühle viel Leid und möchte das ändern.

4. Ich habe meine Probleme gelöst, also bin ich ein glücklicher Mensch.

Die Ersteren sind die allerärmsten unter der Sonne, denn sie leben eigentlich nicht. Die Letzteren gibt es (noch) nicht, weil es, solange es Leid gibt, auch Mit-Leid geben wird. In matriarchalen Kulturen, die eng an die Blutseele, das heißt an die weibliche Erbfolge geknüpft waren, stimmte und bestimmte das Selbst, und das Ich führte aus. In patriarchalen Kulturen beherrscht das Ich-Bewußtsein das Selbst-Bewußtsein, ebenso wie das Männliche das Weibliche beherrscht. Während das Selbst über den Wald meditiert, zählt das Ich die Bäume. Während Frauen den Baum als das Sinnbild der Göttin ehren, bestimmt der Mann den Nutzwert des Holzes. Die einen gehen in den Wald, die anderen ins »Holz«.

Wenn ein Bewußtseinsforscher, sich vorsichtig ausdrückend, behauptet: »Das Ich verhält sich wie ein wetteiferndes Individuum, wie ein unabhängiger Geist, der seinen Partner behindert«, dann beschreibt er damit gleichsam die Sozialstruktur der Geschlechterverhältnisse. Wie in der Bewußtseinsstruktur eines Individuums, so auch in der Sozialstruktur der Gesellschaft. So wie sich das Ich zum Selbst verhält, so verhalten sich im Durchschnitt Männer zu Frauen. Das gegenseitige Verhältnis der beiden Bewußtseinslagen hat seine Entsprechung im sozialen Geschlechterverhältnis. Individuum ist die Bezeichnung für ein Einzelwesen, das nicht weiter geteilt werden kann, ohne seine Eigenart zu verlieren. Daß »so ein Individuum!« umgangssprachlich im verächtlichen Sinn gebraucht wird und daß jemand, der nicht mit den Wölfen heult und der gegen den Strom schwimmt, als »eigenartiger Mensch« abgestuft wird, ist bezeichnend für die Tatsache, daß in sich gespaltene, vom Selbst abgekoppelte Ich-Menschen den Ton angeben. Eigenartigkeit ist auf diese Weise keine Tugend, sondern auf unangenehme Weise verdächtig; das Ungeteilte wird mit Schimpf und Schande belegt.

Klar: Aus dem Blickwinkel eines Gespaltenen kann ein Mensch, der ungeteilt und unteilbar seine ganze Eigenart bewahrt hat, nur etwas Verächtliches sein.

Man kann seine Gefühle abtöten, man kann nach innen und außen »dicht machen« und damit sein Selbst aus den Augen und aus dem Sinn verlieren. Man kann seine Seele verraten, verkaufen oder auf meditierende Weise, mit einem höflichen »Leben? Nein danke!« ans Nirwana, das ewige Nichts, zurückgeben. Wie immer – Tatsache ist, daß es mehr seelenlose Menschen gibt, als ich für möglich halten wollte. Seelenlose sind tot, obwohl sie physisch funktionieren. Sie sind lebendige Leichname. Selbstlosigkeit wird zwar als erstrebenswerte Tugend gepriesen, ist jedoch nur ein anderes Wort für Seelenlosigkeit. Seelenlose Computer sitzen an den Schalthebeln der Macht und regieren die Welt. Selbstlose lassen sich – ohnmächtig, wie sie sind – manipulieren, regieren und nach Belieben mißbrauchen. Seelenlose sind gefühllos und daher lieblos. Ihre mangelnde Liebesfähigkeit, den Verlust ihrer Eigen-Macht, gleichen sie mit Macht ÜBER andere aus. »Ein jeder gibt den Wert sich selbst.« Wer seine Existenz nicht mehr als Ganzes wahrnehmen, wer sich nicht mehr fühlen und keine Liebe empfinden kann und wer kein Selbstwertgefühl hat, sieht sich gezwungen, den Wert seines Daseins aus seinem materiellen und intellektuellen Besitz und aus der Macht, die er über andere Menschen hat, zu beziehen. Wer kein Gefühl und kein Wissen von seiner spezifischen Identität hat, ist gezwungen, sich eine Ersatzidentität zu »besorgen«. Seelenlose brauchen eine Krücke, mit der sie sich definieren können, um wer und was zu sein. Die Ehehälfte, der Beruf, eine Ideologie oder eine Gruppe sind solche Krücken. Seelenlose brauchen ihren Beruf, brauchen eine Anstellung, einen Arbeitsmarkt, sie brauchen die Institution Ehe, einen Namen, Titel, Erfolg, Geld, Macht, ein großes Auto... Als Ersatz für ihr eigenes Selbst brauchen sie jemand oder etwas, mit dem sie sich identifizieren können. Wer bist du? »Kunsttischler«... Wer bist du? »Die Frau von XY«... Wer bist du? »Der Direktor von...« Wer bist du? »Julius Meinl«... Was bist du?« »Katholik«... Was bist du? »Porschefahrer«... Was bist du? »Sannyasin«... Wo stehtst du? »Um die Ecke vis-à-vis vom Apollokino« (Die Antwort meint das Auto, das man an der Straßenecke abgestellt hatte)...

Wie du dir, so du mir: Was Gespaltene, was Seelenlose sich selbst angetan haben, das tun sie teils unbewußt, teils bewußt auch anderen an. Unterdrücken. Verdrängen. Spalten. Zerteilen. Zerstückeln... Sie wollen, daß das, was sie selbst verloren haben, auch die anderen nicht mehr haben sollen. Ihr Selbst! Ihr Sein! Ihre Seele! Ihr Fühlen und Lieben! »Laßt die Emotionen draußen«, sagt sachlich ein Seelenloser, der, auf sein unmoralisches Handeln angesprochen, sich auf den Sachzwang beruft. Er läßt seine eigenen Emotionen »draußen« und fordert, daß alle die Emotionen »draußen« lassen. Jemand, der Angst vor seinen eigenen drängenden Gefühlen hat, fürchtet sich vor kräftigen Lebensäußerungen und Liebesimpulsen der Mitmenschen.

»Sei nicht so hysterisch!« (gr. »hystera« = »Gebärmutter«). Hysterie gilt als Krankheit, die erfolgreich bekämpft wird. Bekämpft werden nicht nur unsere Seelenäußerungen, bekämpft wird auch die Gebärmutter, das weibliche Schöpferorgan, die physische Entsprechung für das spirituelle und emotionale Schöpferische der Frau. Das psychische und physische Schöpferorgan sind das Hauptangriffsziel Gefühls- und Gebärmutterloser. Hysterektomie (Gebärmutterausschneidung) ist Bestandteil der Teile-und-herrsche-Ideologie seelenloser Gynäkologen. Mit offensichtlichen und unterschwellig wirkenden Machtmitteln, Rededuellen, dem sprachlichen Schwertkampf und mit Psychopharmaka wird das Seelenleben abgeschnitten, mit dem Skalpell die Gebärmutter und die Eierstöcke. Es gibt kaum eine Frau um die Fünfzig, die noch ihre Gebärmutter ihr eigen nennen kann. Es gibt kaum eine Alte, die spirituell und emotional schöpferisch sein kann.

Wenn Seelenlose etwas darstellen und Macht ausüben wollen, müssen sie ihr Ich künstlich aufblähen und es mit allen erdenklichen Schein-Vorzügen ausstatten. Ich-Menschen, abgekoppelt von ihrem Selbst, sind auch abgekoppelt von den Lebens- und Liebenswerten, deshalb sind ihnen die Produkte ihres Ich-Bewußtseins so überaus wichtig. Deshalb erleiden wir auch den technisch-zivilisatorischen *Fortschritt* als ein behendes, stetes *Fortschreiten* vom Leben. Ich-Menschen, abgekoppelt von der schöpferischen Instanz, sind auch abgekoppelt von der universellen Lebensenergie, deshalb wollen und können sie nicht allein sein. Deshalb brauchen sie seelenvolle Menschen um sich, die sie anzapfen, aussaugen und ausschöpfen können.

»Hinter jedem erfolgreichen Mann steht eine Frau!« Ich habe diesen »Volksmund« auf den derzeitigen Stand gebracht. Was heißt hier »eine« Frau? Hinter jedem erfolgreichen Mann stehen mindestens zwei, drei, vier oder noch mehr Frauen: Die Mutter. Die Ehefrau. Die Freundin. Die Sekretärin. Die Stenotypistin. Die Assistentin – ein ganzer Mitarbeiterinnenstab...

Wessen Persönlichkeitskern heil ist (»heil« heißt »ganz«), ist kern-gesund. Wer ungeteilter Meinung, eindeutig, ohne Zwiespalt und Zwei-fel, unbeirrt als »ganzer Mann« oder als »Vollblutweib« geführt vom Ge-Wissen, mit Selbstbewußtsein und Eigen-Sinn den (eigenen) WEG geht, findet unweigerlich Mittel und Wege, um ans Ziel zu kommen. Selbst ist die Frau. Selbst ist der Mann!

Wessen Persönlichkeitskern gespalten ist, wird krank und geht schließlich VOR die Hunde. Dies ist des »Pudels Kern« der gewollten, geplanten und gezielt ausgeübten Machtergreifung der lebensverweigernden, liebesunwilligen, zerstörungswütigen irdischen UND außerirdischen Intelligenzen. Viele Märchen und Sagen berichten, wie es dem Bösen gelingt, sich der zweifelnden Seelen zu bemächtigen. Von der »falschen« Schlange Gebissene werden zu Vampiren. Ein Vampir ist ein funktionierender Leichnam, der sich vom Blut lebendiger Seelen nährt. Jeder Ausgesaugte wird seinerseits zum Blutsauger. Wer das Blut aussaugt, eignet sich damit die Kraft der Seele an. Wer die Seele in Besitz genommen hat, besitzt den ganzen Menschen, samt seiner Kraft, seinem Wissen, seiner Macht und potentiellen Göttlichkeit. Alle Seelen zu besitzen hieße, Macht über die ganze Welt zu haben.

Mit der Übertragung der Wertneutralität von unten – oben, Selbst – Ich, links – rechts, weibliches – männliches Prinzip, Negativ – Positiv auf die Zivilisation, wird »das Kind mit dem Bade ausgegossen«. »Das Böse gibt es nicht, es ist nur die Kehrseite des Guten... Wer das Gute will, muß das Böse in Kauf nehmen... Das Böse ist lediglich der Schatten des Guten...«, wird mir entgegengehalten, wenn ich auf Machtmißbrauch, Schändung, Gewalt, Vergewaltigung, Lüge, Betrug und Zerstörung in der Makrostruktur der Gesellschaft und deren Quelle, die Mikrostruktur im Bewußtsein der Menschen, hinweise. Es ist zum Aus-der-Haut-Fahren... Wenn das so wäre, wie man uns neuerdings glauben machen will, dann dürften wir Unterdrückung, Gewalt, Mord und Totschlag nicht böse nennen. Wir müßten uns in die bestialische Willkür gemeiner und brutaler Machtausübung dreinfügen, dürften nichts sagen, uns nicht wehren und nicht schützen. Wir müßten stillschweigend alle Übel hinnehmen und gottergeben bei den Schandtaten zusehen. In der Konsequenz müßten wir des weiteren, wenn wir ein Mehr an Gutem anstreben und wirklich machen, auch ein Mehr an Übel in Kauf nehmen. Entweder sind die Menschen, die so ein Gerede in Umlauf bringen, wirklich so dumm, oder ihre Lehrmeinung über die Wertneutralität von Gut und Böse ist eine neue Variante – eine Art Übertrick – des patriarchalen Verwirrspiels, um ihre eigene Schlechtigkeit und Bösartigkeit vor sich selbst und vor der Wahrnehmung der anderen zu vertuschen. Indem sie das Böse als naturgegebenes Gegenüber des Guten darstellen, gelingt es ihnen, all die sehend und hellhörig gewordenen Menschen zu täuschen und den »Aufmüpfigen« den Mund zu stopfen. Der neuen Bewegung, die angefangen hat, all das Unheil und die ganzen Mißstände aufzudecken, wurde damit ein Riegel vorgeschoben. Damit und dadurch gelingt es ihnen, ihre »Pferdchen« weiter auf Trab zu halten, den Energieraub zu legalisieren und sich die Energiezufuhr zu sichern.

»Wenn etwas böse ist, dann nenne es böse und friste dem Frevel nicht Übel« – so ungefähr heißt es in der Edda, dem nordischen Sagenkreis. Edda heißt »Urmutter«. Wieder war es eine Urmutter, die meine Wahrnehmung und Urfahrung bestätigt hatte.

Liebe deinen Nächsten

Ehe die Jahwereligion und das sich daraus entwickelnde Christentum mit Feuer und Schwert Fuß fassen konnte, gab es nur ein einziges Gebot: »Liebe dich selbst.« So einfach dieses Gebot klingt, so komplex ist es in seiner vielfältigen Ausfächerung. Liebe dich heißt: erkenne dich, lebe dich, achte dich, lobe dich, nimm dich wichtig, geh' in dich, öffne dich, zeige dich, entfalte dich, bewahre dich, entwickle dich, teile dich (mit) und werde wirklich. Es heißt weiter: Sei dir nahe, dann bist du dir die Nächste. Erkenne, daß du ein Teil im Ganzen, ein Mikrokosmos im Makrokosmos bist. Spüre, wer und was dir am nächsten ist, und du wirst es ohne Aufforderung und ohne Anstrengung, ohne Gebot und ohne Zwang lieben. Du wirst das, was dir am nächsten und nahe ist, aus freiem Herzen lieben, weil du gar nicht anders KANNST.

Nun ist bekannt, daß die Juden und später die Christen von der matriarchalen Weisheit nur das unverfälscht übernommen haben, was ihren Absichten förderlich war. Einige Teile der alten Lehre haben sie mit neuen Vorzeichen versehen, einige haben sie gekürzt, andere wiederum durch willkürliche Ergänzungen entstellt und verfälscht. Die Änderungen an den alten Glaubensinhalten hatten den Zweck, die Menschen an die neue Gesellschaftsstruktur, in der Männer sich zu den Ersten erhoben hatten, anzupassen. Das matriarchale Liebesgebot »Liebe dich selbst« wurde durch das »Liebe deinen Nächsten« ergänzt, und der Nächste wurde an den Anfang gestellt. Das Gebot wurde willkürlich verfälscht, um lebens- und liebevolle Menschen als Energiespender für Leb- und Lieblose nutzbar zu machen.

Nicht nur, daß dieses Gebot nach Belieben ausgelegt werden kann, weil es eine zweideutige Botschaft in sich birgt, gekoppelt an die anderen Glaubensinhalte hat es für Frauen eine persönlichkeitsschwächende und für Männer und deren Politik eine herrschaftsstabilisierende Wirkung.

Daß die Fälschung von vornherein eine böswillige Absicht der Erfinder des Christentums gewesen sein muß, ist daran zu erkennen, daß sie aus einem einfachen Satz, der in schlichter Weise alle Liebesgebote in sich vereinigt, einen Doppelsatz mit einer neurotisierenden Doppelbotschaft gemacht haben. Wären sie guter Absicht gewesen, dann hätten sie das eindeutige matriarchale Liebesgebot unverändert übernommen. In diesem Doppelsatz haben sie die Liebe zum Nächsten – nach dem Motto: »Das Wichtigste zuerst« – an den Anfang gestellt. Allein vom Satzbau her ist ersichtlich, daß zuerst, am Anfang, an der Spitze, der Nächste zu stehen hat.

Liebe deinen Nächsten WIE dich selbst? Dieses WIE kann man auf zweierlei Arten deuten: Einmal »in gleicher Weise«, dann heißt es: »Liebe deinen Nächsten und in gleicher Weise dich selbst.« Ein andermal kann das WIE auch »in weiterer Folge« heißen – so die alt-patriarchale Auslegung. Heraus kommt dann »Liebe deinen Nächsten und in weiterer Folge dich selbst.« Das ist doch ein Unterschied!

Während die erste Interpretation angeblich auf alle Menschen abzielt, geht die zweite Auslegung eindeutig nur an die Adresse der Frauen. Welch Ungleichgewicht ergibt sich im sogenannten »Liebesaustausch« zwischen Frau und Mann? Ich behaupte, daß Frauen in der Regel ein größeres Liebespotential haben und daß Männer als Nicht-Mütter von vornherein eine Quelle der Liebe verschüttet haben. Nehmen wir an, wir würden alle Äußerungen im Alten und Neuen Testament, welche die Frauen zum Dienst am Mann verpflichten, ignorieren und uns auf die Deutung »Liebe deinen Nächsten und in gleicher Weise dich selbst« beziehen, so wäre – trotz besten Willens beider – noch immer keine Harmonie im Liebesenergieaustausch zwischen Frau und Mann gegeben. Stell dir eine Waage mit zwei Schalen vor – eine Liebeswaage –, auf die jeder der zwei Partner sein gesamtes Liebesaufkommen für den anderen legt. Sie wird bei den meisten Paaren nicht in der Waage bleiben. So wie mit Hilfe des Taichi-Symbols[6] völlige Gleichheit, Gleichrangigkeit und Gleichberechtigung zwischen Frau und Mann vorgegaukelt wird, so soll die Neuinterpretation des Nächstenliebegebotes, so wie sie in der Humanistischen Psychologie vertreten wird, uns ebenfalls daran hindern, tiefer zu forschen und radikaler den Personen und Dingen auf den Grund zu gehen. Das pseudotröstliche Gleichberechtigungsangebot soll uns aufsässig gewordene Frauen beschwichtigen. So versöhnlich die moderne Interpretation für nach Selbstverwirklichung Strebende auch klingen mag, sie ist eine zweifache Lüge. Erstens besteht eine »Kognitive Dissonanz« (Kluft zwischen theoretischem Anspruch und der herrschenden Praxis der Interpreten), und zweitens wird mit der angeblichen Gleichrangigkeit geflissentlich die Erstrangigkeit der Frau vertuscht. Die Aktion, in der uns das »Zuckerl« in Form eines Sonderangebotes zum Fraß vorgeworfen wird, soll uns schnell abspeisen, damit wir nicht auf die Idee kommen, aus der Erstrangigkeit unser persönliches und politisches Erst-Recht ab-

6 Siehe das Kapitel »Geschlechterbeziehung«.

zuleiten. »Gleiches Recht für alle« hieße dann nämlich nicht Angleichung der Frau an die Rechte und Gesetze der Männer, sondern Männer müßten sich an dem Naturrecht und dem Naturgesetz, das die selbst wirklichende Frau vollständiger und umfassender verkörpert, orientieren.

Frau und Mann sind von vornherein kein harmonisches Gefüge zweier gleich starker Partner, deshalb ist auch das Liebespotential von Frauen und Männern ungleich. Die jahrhundertelang wie mit einem Preßlufthammer eingehämmerte Beteuerung, daß der Mann der eigentliche Mensch und die Frau eine Abart, ein »kastrierter Mann«, sei, ist nicht mehr aufrechtzuerhalten. Im Zuge der allgemeinen Emanzipation, die sich auf den im Gesetz verankerten Gleichheitsgrundsatz stützt, wird den Frauen gleiches Recht – allerdings das Recht der Männer – zugestanden.

Kompromißbereit gestehen uns demokratische Männer gönnerhaft die Gleichberechtigung zu, betrügen uns damit um unsere eigentliche, naturwüchsige Überlegenheit und Macht und den daraus resultierenden Führungsauftrag.

Frauen, die mit Männern im Gleichschritt »marsch« gehen, werden geduldet. Sie müssen dem Staat, dem Gemeinwesen und den Zielen des Patriarchats auf direkte, unmittelbare Weise »gewisse Opfer« bringen. Sie sind das neue Ideal. Frauen, die sich für die Familie im wahrsten Sinn des Wortes »aufopfern«, tun dasselbe, nur indirekt und mittelbar. Sie galten als das alte Frauenideal. Die »*gewissen* Opfer« sind nichts anderes als das Opfer des *Gewissens*: der Seele, der Eigenart, des Eigenwillens, des Eigensinns und der Eigenmacht. Das Gebot fordert: Nicht dem Gewissen der eigenen inneren Natur und deren Gesetzmäßigkeit zu folgen, sondern dem Schulwissen und den Gesetzen des Staates und der Kirche. Daß die Männerkultur durch »Triebverzicht« (Lebenstriebverzicht!) möglich geworden ist, darüber ist man sich einig. Daß das Nächstenliebegebot als ethische Grundlage eigens dazu dient, Frauen und fühlende Männer ihrer Liebesenergie zu berauben, um damit die Männergesellschaft, Wirtschaftsmacht und Zivilisation aufzubauen und die staatstragenden Gewalten zu nähren, bleibt unbeachtet. Auch die Idee, daß die geraubte Liebesenergie dergestalt pervertiert wird, um Kriege zu führen, die Erde und ihre Bewohner zu zerstören, um die gewollte Endlösung des Patriarchats herbeizuführen, ist noch weitgehend unbekannt.

Theoretisch gilt das Nächstenliebegebot auch für Männer. Es scheint jedoch so etwas wie ein insgeheimes Abkommen und ein stillschweigendes Übereinkommen zu geben, demzufolge bestimmte Männer das Recht, ja sogar die Pflicht haben, ihr Ich, angepaßt an die Über-Ich-Ideologie, wichtiger zu nehmen als ihr Selbst: als Frauen, Kinder, Tiere, Pflanzen – alles Lebendige. Das ungeschriebene Gebot, an dem sich Ich-Menschen orientieren, lautet: »Schau auf dich, pflege dein Ich, alles andere ›kümmert‹ dich nicht.«

Die ins Gegenteil verkehrte Botschaft des ursprünglichen Liebesgebotes, dieses fast unerträgliche Liebe-deinen-Nächsten-Gefasel, ist ein einziger Aufruf zu Lüge und Heuchelei. Alle Welt redet, schreibt, predigt, plappert, stammelt, säuselt, flüstert, dröhnt und theoretisiert über Liebe. »Kinderlein, liebet einander« – hin, »ich liebe dich so sehr« – her. Beschwörende, mahnende Worte, Lippenbekenntnisse, Eiapopeia-Liebesgetue, Almosengehabe! Diese Heuchelei hat im endzeitlichen Liebesgefasel – angefangen bei den »Blumenkindern« bis hin zu den esoterischen Hokuspokusschulen – den Gipfel erreicht. »Ich liebe dich«, begrüßten sich die Hippies, »Liebet einander« predigen die Kirchen, und die Esoteriker schulmeistern. Alles Fiktion – ein »So tun als ob«!

Tatsächlich kann niemand auf ein Gebot, eine Empfehlung oder einen Befehl hin eine andere Person wirklich lieben. Liebe läßt sich nicht gebieten, befehlen oder bestellen, genausowenig, wie sie sich abbestellen läßt. Wer das Wesen von Liebe nicht begreift, wer es nur mit dem Kopf und noch dazu falsch versteht, kann nur eine Vorstellung von Liebe, aber nicht das Gefühl von Liebe entwikkeln. Wer das Wesen von Liebe nicht an und in sich spürt und mit sich selbst lebt, ist außerstande, für andere Liebe zu empfinden. Wer deren Wirkungsweise an sich nicht zuläßt und daher keinen inneren Größenzuwachs bekommt, der hat nichts übrig und kann auch nichts ab- oder weitergeben.

Der Traum, den wir als Kinder hatten, begann mit dem Satz: »Wenn ich groß bin...« Heute weiß ich, daß wir nicht unsere Körpergröße meinten, sondern unsere Seelen-Größe, das »Produkt« von Liebe. Jeder Mensch kann anderen nur das zuteil werden lassen, was er IST. Genauer: Die Liebe eines Menschen ist ein integrierter und untrennbarer Bestandteil der Gesamtpersönlichkeit. Die Liebe zu anderen ist ebenso wahr, groß, stark, lebendig, mächtig, intensiv, feurig, impulsiv... (setz die Reihe nach Belieben fort), wie wahr, groß, stark, lebendig, mächtig, intensiv, feurig und impulsiv du SELBST als Liebende bist. Ist der Liebende groß, wahrhaftig, lebendig und machtvoll, so wird seine Liebe groß, wahrhaftig, lebendig und machtvoll sein. Die Liebe eines Lügners und Betrügers ist lügnerisch und betrügerisch. Ein unreifer Mensch liebt unreif und ein Unterdrücker unterdrückerisch. Ist man jämmerlich, kleinmütig und zaghaft, dann wird die Liebe jämmerlich, kleinmütig und zaghaft sein. Wer sich selbst nicht echte, fördernde, bewahrende und erneuernde Liebe gibt, wird immer hungrig sein. Diesen Hunger nennt er Liebe. Das »Ich liebe dich« aus dem Mund von Hungernden heißt eigentlich »Liebe mich, denn ich brauche dich«.

Liebe kann mächtig sein. Sie ist in ihrer wahren Form tatsächlich eine Himmelsmacht. Weil sie sich nach dem Gesetz der Sympathie mit allen irdischen und überirdischen Liebenden und allen irdischen und überirdischen Liebesenergien verbindet. Alle reinen Energien sind Liebesenergien. Gott ist die Liebe? Die Elemente, die Urgöttinnen sind die Liebe. Jeder Mensch kommt mit der Gabe und der Fähigkeit zu lieben auf die Welt. Liebe ist Glaubens-, Gedanken-, Gefühls- und Körperenergie. Liebe ist jene *Macht*, die *macht*, daß ein Mensch freiwillig, gerne und lustvoll wie ein Kind das lernt, was ihm zur Ganzwerdung fehlt. Mangelnde Liebesfähigkeit wird durch falsche Macht kompensiert. Wird diese Energie blockiert und nicht zum eigenen und darüber hinaus für der Nächsten Vollendungsstreben benützt, dann verkehrt sie sich und fließt in jenen »Kanal«, den ein falscher, verinnerlichter Liebesglaube aufgetan hat. Dann wird sie zur Zerstörungsmacht, die macht, daß sich Menschen aufgeben und die Erde draufgeht. Depression ist nach innen gerichtete Aggression. Haß ist ins Gegenteil verkehrte Liebesenergie.

Infolge der Selbst-Begrenzung der Menschen ist auch der Energiehaushalt der Erde begrenzt. Doch: Jeder Mensch könnte über sich hinauswachsen und über sein Selbst so viel Energie aus dem universellen Reservoir schöpfen, wie er für seine Ganzwerdung und Selbstwirklichung bräuchte. Die Energie, die Lebenliebende und Liebelebende schöpfen und dringend bräuchten, um weiterzukommen, fließt, umgeleitet durch das Nächstenliebegebot, in die Lebensverächter, Wachstumsverweigerer und nekrophilen Machthaber. Was die allerorts damit machen, ist nicht mehr zu übersehen. Mutter Erde ist ausgeschöpft, ihre Rohstoffe gehen zur Neige. Ihr Magnetfeld ist in den letzten Jahren um 15 Prozent schwächer geworden. Die mütterlichen Menschen sind vor lauter Nächstenliebe erschöpft, ihre Rohstoffe gehen zur Neige, und sie werden spürbar schwächer. Das christliche Nächstenliebegebot ist in der Praxis eine Aufforderung, den Vampiren und Werwölfen der nekrophilen »Herren der Welt« freiwillig Energie zur Verfügung zu stellen, damit diese ihr Werk vollbringen können: totale Vernichtung der Erde und ihrer Lebewesen.

Die von den christlichen Patriarchen vorgenommene Verkehrung des »Liebe dich selbst« in »Liebe deinen Nächsten« findet ihre Übersteigerung im »Liebe deinen Übernächsten«, dem unausgesprochenen Credo der linken Brüder, die in steter Rivalität zu den rechten Vätern um die Energiequellen – die Mütter – buhlen. Verlangen die konservativen Patriarchen »nur«, daß die Familie: Ehe, Mann und Sohn wichtiger zu nehmen sind, so fordern die »fortschrittlich« demokratischen Junggenossen Opferbereitschaft für alle Welt. Zu ihren Kindern und zum Mann haben die meisten oft noch eine sinnliche Beziehung. Mit unserer Familie, mit dem alten, schwachen und kranken Nachbarn, den Kollegen und Freunden haben wir konkrete soziale Kontakte. Diese nachbarlichen Nächsten kennen wir meist von Angesicht zu Angesicht, so daß wir wenigstens die Chance hätten zu prüfen, wem wir unsere Energie schenken und was sie damit machen. Intellektuelle, Kommunisten, Sozialisten und Linkskatholiken und deren Ableger scheuen – scheint's – persönliche, sinnliche Kontakte. Selbstliebe nennen sie »individualistisch«, einen hautnahen Einsatz für die Nächsten »unpolitisch«. Sie fordern vollen Einsatz für ihre Ideologie, sie mobilisieren Engagement, das sich allerdings meist in

»Bürokratie« für namen- und gesichtslose Übernächste erschöpft. »Aus den Augen, aus dem Sinn!« Die Sinnlichkeit ist ihnen in den Kopf gestiegen. Sie wird zur abstrakten Theorie, die mit dem Schlagwort »Solidarität« Kräfte bindet und ins Out kanalisiert.

Im Klartext heißt das: Engagiere dich – je abstrakter, desto besser – für Ideen, die den brüderlichen Machthabern dienen. Gib deine Aufmerksamkeit jenen, die möglichst weit von dir entfernt sind. Dich selbst und jene, die dir nahe sind, laß ruhig an deiner Lieblosigkeit verhungern – mit einem »Hunderter« für die Hungernden in Afrika kannst du dein schlechtes Gewissen beruhigen. Dir selbst und deinen Kindern kannst du weiterhin die Lebenslust und Lebensliebe »aberziehen«, wenn es sein muß, auch mit tätlicher Gewalt. Wichtig ist, daß du mittels des Aufklebers auf deinem Auto demonstrieren kannst, daß du »Ein Herz für Kinder« und mindestens 20 Schilling gespendet hast. Deine Ehefrau und alle, die »unter dir« sind, darfst du weiterhin unterdrücken – mit dem Scheck für die Unterdrückten in irgendwo ist das schon ausgeglichen. Deine Frau, deinen Mann, deine Kinder usw. darfst du weiterhin ausbeuten, aber dem Großgrundbesitzer in Südamerika muß das Handwerk gelegt werden. Schau nach dem Rechten in Polen, im Irak oder sonstirgendwo. Das Unrecht, das du dir selbst und deinen Angehörigen antust, ist privat und geht niemanden was an. Deine eigene, kranke Mutter schiebe in ein Pflegeheim ab, für den kranken Nachbarn, das Leid deiner Kinder und das der Tiere und Pflanzen sind andere zuständig. Hauptsache ist, daß du auf der Spenderliste für die Leprakranken einer Südseeinsel erscheinst und Mitglied des Tierschutzvereins bist. Politisches Engagement und Geldspenden für weit entfernte Gruppen beruhigen das Gewissen, ersetzen den Einsatz und das Engagement, das dich selbst und deinen Nächsten ein Stück weiter bringen könnte.

Solange wir nicht anfangen, uns selbst zu lieben, sind wir unfähig, andere zu lieben. Beim jetzigen Stand liegt es daher nicht in unserer Macht, alle Menschen – alles, was es gibt – in gleicher Weise zu lieben. Sehr wohl aber liegt es in unserer Macht, mit uns selbst wahrhaft und zu allen Menschen in gleicher Weise ehrlich zu sein und nach Befragen über die eigene Wahrheit – wie immer diese im Augenblick auch aussieht – Auskunft zu geben. Ununterbrochene liebevolle Wahrheit ist das Gebot, das jeder befolgen kann. Es liegt nicht in unserer Macht, allen Notleidenden mit unserer Energie zu helfen. In unserer individuellen Macht liegt es jedoch, das ursprüngliche Liebesgebot »Liebe dich selbst« zu befolgen, unser Bewußtsein weit zu machen, uns langsam in immer weiteren Kreisen auszudehnen und die gleichgearteten Nächsten daran teilhaben zu lassen.

Die Fälschung des matriarchalen Liebesgebotes ist ein Betrug an Frau UND Mann. Liebeswillige, liebesfähige Menschen werden um ihr Eigenes und Eigentliches betrogen. Die Frau, von Natur ganzheitlich angelegt und dem Mann überlegen, verinnerlicht ein reduziertes, falsches Bild von sich. Ihr Minderwertigkeitsgefühl hindert sie, ihre Liebesmacht voll zu entfalten. Der Mann, von Geburt an eine unvollständige Frau, verinnerlicht ein falsches, überhöhtes Bild von sich, das ihn lebenslänglich zum bedürftigen Kind macht, das nach Herrschaft streben muß. Auf Grund seiner ansozialisierten Fehleinschätzung wird er seinen angeborenen Mangel immer wieder durch patriarchale Macht kompensieren und über die Frau Gewalt haben wollen. Während das Nächstenliebegebot – egal, mit welchem der beiden Schwerpunkte es auch gedeutet wird – die Frau zwingt, ihn lebenslänglich mit ihrer Energie dienend zu nähren, anstatt sie für ihre Persönlichkeitsentwicklung und die Entwicklung ihrer wachstumsorientierten Kinder einzusetzen, wird der Mann in eine lebenslängliche Wachstumsverweigerung gedrängt und da drinnen einzementiert.

Frau ist nicht gleich Frau
Mann ist nicht gleich Mann

Ob in privaten Gesprächen oder im Vortragssaal – immer, wenn ich von uns Frauen und unserer Situation und Position in der männlichen Gesellschaft spreche und dabei der Deutlichkeit wegen grob vereinfache, werde ich garantiert schon nach den ersten fünf Minuten eingebremst. »Du übertreibst. Du verallgemeinerst.

Du bist einseitig. Männer sind auch Menschen. Frauen sind auch böse. Und Margaret Thatcher??? Mein Freund ist viel weiblicher und sanfter als die meisten Frauen. Die Männer werden ja von Frauen erzogen...«

Stop! Stimmt! Du hast recht! Ich weiß das ebensogut wie du. Um ein Gespräch fortsetzen zu können, muß ich eine Begriffs- und Tatsachenerklärung vornehmen. Ich tue dies, indem ich die grob umrissenen Grundtypen, wie sie sich darstellen, aufzeige und beschreibe. Grob vereinfachen und schwarz/weiß zeichnen muß ich deshalb, weil ich nicht alle Schattierungen, Mischformen, Grauzonen und fließenden Übergänge beschreiben kann, dies wäre ein hoffnungsloses Unterfangen.

Den grob umrissenen Rollenangeboten für Frauen und Männer stelle ich das elementar entgegengesetzte Bild der Selbstwirklicher-innen gegenüber.

- Das Weibchen: Das Weibchen ist durch und durch feminin. Die Feminine entspricht ziemlich genau dem traditionellen Wunschbild, das sich der Mann von einer Frau macht, und der Vorstellung, wie man als Frau zu sein hat. Sie spielt die gesellschaftlich funktionale Rolle der Hausfrau und Mutter. Sie schlüpft in eine Schablone, lernt eine Rolle, so wie eine Schauspielerin, die auf der Bühne nicht sich selbst, sondern ein einstudiertes Wesen darstellt. Sie lebt nur einen Teil ihrer mitgebrachten und von Geburt an grundgelegten Fähigkeiten, Talente und Begabungen. Sie lebt die Hälfte dessen, was sie sein könnte, und diese Hälfte gibt sie hin. Sie richtet ihre Energie nicht auf sich selbst, sondern auf die ewigen Kinder, auf die eigenen, auf ihren Mann und alle, die da mühselig und beladen sind. Ihre Funktion besteht im Kinderkriegen und der lebenslänglichen Betreuung und Versorgung derer. Indem sie durchgängig ihre Kinder und das Kind im Manne ver-sorgt, versorgt sie indirekt den Staat, dem sich ihr Mann und ihre Kinder als brave Staatsdiener verpflichtet haben.

Sie hat Angst vor der Freiheit. Sie hat verlernt, sich selbst zu nähren. Das Angebundensein und mit dem Nötigsten versorgt zu werden, ist ihr eine bequeme Gewohnheit geworden. Die Rolle dient ihr als Ersatz für die eigene fehlende Identität. Sie ist die Frau von…, die Mutter von… und weist Eigenberechtigung, Eigenverantwortung, Freiheit, ja selbst Gleichberechtigung, entschieden zurück. Sie glaubt, ohne die Ersatz- und Pseudosicherheit, die ihr diejenigen geben, denen sie sich verpflichtet hat, nicht leben zu können und verpflichtet diese dann ein Leben lang für sich.

Selbstlos ist sie, weil sie ihr Selbst nicht kennt und anerkennt. Ichlos ist sie, weil sie nicht den Mut und den Willen aufbringt, ihre Rohstoffe in eine eigene Lebensform zu bringen.

Ich wollte es lange nicht zur Kenntnis nehmen, aber es ist wohl so: Die Mehrheit der Frauen verkörpert dieses vom Patriarchat gewünschte und geförderte Weibs-»Bild«. Dieser Frauentypus gleicht einem kolonialisierten Land: Sahel – einstmals blühendes, fruchtbares Land und die Kornkammer Roms – wurde von den Weißen kolonialisiert und die Bevölkerung durch Gewaltandrohung und Gewaltanwendung gefügig gemacht. Land und Leute wurden ihrer Ressourcen beraubt. Land und Leute zeigen heute »das Antlitz des weißen Mannes«. Der weiße Mann hat Land und Leuten seinen Stempel aufgedrückt. Das einstmals fruchtbare Land ist ausgeschöpft, wurde Hungerzone und zum Notstandsgebiet erklärt.

- Die »emanzipierte« Karrierefrau: Physisch – in Kleidung, Haltung und Gebaren durchaus feminin, hat sie sich einer psychischen Geschlechtsumwandlung unterzogen. Vielleicht wollte der Papa einen Jungen aus ihr machen? Vielleicht wollte sie nicht so eine »dumme Kuh« wie ihre Mutter werden. Sie ist diejenige, die sich kampflos in die Reihen der Männer einfügt, oder sie arbeitet sich kämpferisch die Karriereleiter hoch. Im Kopf ein Mann geworden, schafft sie vielleicht den Aufstieg in die Spitzen der Gesellschaft, die sie durch des Mannes Gnaden auch erreicht. Sie ist die Alibifrau im Parlament, in der Gesellschaft, im Wirtschaftsgremium, im Kunstverein usw. und das Aushängeschild für scheinbare Frauenfreundlichkeit und Gleichberechtigung. Staatlich vereidigte Feministinnen verwalten in diversen Ämtern die »Frauenfrage«. »Ich stehe im Leben meinen Mann«, sagt sie ichbewußt und gebärdet sich männlicher als ein Mann. Sie hat sehr oft im Beruf – und noch öfter zu Hause – »die Hosen an« und liebt Pantoffelhelden, die sie mit ihrem starken Willen oder mit ihren weiblichen Reizen – je nachdem – nach Belieben dirigiert. Sehr gepflegt und sich durchaus ihrer physischen Reize bewußt, genießt sie es, wenn Männer zu ihr aufschauen. Sie verleugnet ihre Mütterlichkeit, will ohnehin keine Kinder (»unverantwortlich bei der Überbevölkerung und in dieser unsicheren Zeit«) und verhöhnt die »dummen Weiber«, die selbst schuld sind, wenn sie sich alles gefallen lassen.

Auch die Karrierefrau lebt nur die Hälfte ihrer Möglichkeiten, und diese lebt sie verkehrt, indem sie sie an die Männergesellschaft verkauft. Sie ist nicht die Rohstofflieferantin, wie die von ihr verachtete Hausfrau und Mutter – sie liefert Fertigprodukte. Sie nennt sich zwar stolz emanzipiert, verlagert jedoch die Abhängigkeit von einem Vater, Ehemann oder Freund auf ihre Chefs und deren Institutionen. Sie ist die dem Manne ebenbürtige, gleichberechtigte, tragfähige Stütze der Gesellschaft.

- Die Frauenbewegte: »Emanzipation! Gleichberechtigung! Frauen aller Länder, vereinigt euch! Hinein in die Institutionen; laufen wir ihnen den Rang ab! Nur mit politischer, wirtschaftlicher und sozialer Macht können wir unsere Interessen durchbringen…«

Und was sind ihre Interessen? Mindestens die Hälfte des Bruttosozialproduktes, die Hälfte der Sitze und Stimmen in Parlament, Kirche, Universität, Wirtschaft, Kunst, Wissenschaft und Forschung. Nach dem Modell der Geschlechterparität muß der Gott der Göttin weichen. Sie sagt: »Gleiches Recht für alle.« Das Recht bleibt unhinterfragt und wird unverändert übernommen. Sie versteht sich als Angehörige einer Frauenbewegung, die jedoch in Wirklichkeit eine Mädchenbewegung ist, und nicht nur, weil Mütter, Mutterschaft, Muttersein und Mütterlichkeit auch von diesen Frauen bestenfalls als notwendiges Übel betrachtet wird. Für die Kinder – man kann nicht ganz darauf verzichten – soll der Staat sorgen: Kinderkrippen, Tagesheimstätten, Vergesellschaftung der Erziehung, Kindergeld, Sozial- und Notstandshilfe… sind die angestrebten Ziele. Nach deren Doppelbotschaft wird der Männerstaat bekämpft, seine sozialen und kulturellen Einrichtungen und Dienstleistungen jedoch in Anspruch genommen. Eine Hand teilt Ohrfeigen aus, und die andere öffnet sich für Subventionen, Beihilfen, finanzielle Unterstützung... Wenn schon nicht die Hälfte des Kuchens zu kriegen ist, dann wenigstens alle Krümel, deren man habhaft werden kann. Ihre Energie geht im Kampf um Gleichberechtigung und in der Abwehr, der Reaktion, verloren. Damit nährt sie indirekt die Institutionen, denn: »Die Opposition stärkt die Position.« Auch Frauenrechtlerinnen sind im wortwörtlichen Sinn des Wortes selbstlos. Ihr Ich-Bewußtsein beziehen sie aus der Ideologie der internationalen Frauenbewegung. Eine Gruppenidentität ersetzt die persönliche Identität. Ich-Stärke und Wertgefühl ziehen sie aus den Scheinerfolgen im Gleichberechtigungskampf. Sie nennen sich Frauenbewegung und tatsächlich: Sie sind fast pausenlos in Bewegung – sie drehen sich wie die Spielmaus im Laufrad. Der Rechtsstaat und alles, was er zu bieten hat – Haben, Geld, Macht, Titel, offizielle Zustimmung, Anerkennung und Würdigung –, ist auch für sie unverzichtbar.

In den letzten Jahren scheint die allgemeine Identitäts-Verwirrung zuzunehmen. 1979 habe ich mich das erste Mal in der Öffentlichkeit als Hexe bezichtigt. Seit meinem Auftritt im Fernsehen und dem Erscheinen meines Buches »Ich bin eine Hexe« sprießen die selbsternannten Hexen wie Schwammerl aus dem feuchten Waldboden. Jede, die etwas auf sich halten möchte und mit dem New-Age-Strom der Zeit schwimmt, will, wenn schon keine Hexe, dann wenigstens eine Schamanin, Magierin oder Heilerin sein. Ein Hexen-Workshop genügt. Fünfzehn Teilnehmerinnen gehen als frischgebackene Hexen daraus hervor und machen hernach ihrerseits wieder einen Workshop, der wieder Hexen produziert. Ins Hirn geschaufeltes, »auswendig« gelerntes Wissen, eingeübter Hokuspokus: Tanz-Magie, Handauflegen, Meditation, Astrologie, Orakelfirlefanz, Medienschulung, Ritual- und Pendeltechniken... sind der schnelle Weg und der billige Ersatz für »inwendiges« Lernen. Die attraktive Hexenidentität wird übergezogen wie ein Kleid. Das alte zerschlissene Marxisten-, Alternativ-, Frauenrechts- oder Bhagwankleid kommt in den Fundus. Die Mode wechselt von Saison zu Saison, von Ideologie zu Ideologie, von Trend zu Trend. Dergestalt maskiert, haben sie nur eine Rolle durch die andere ersetzt. So kommt es zu den vielen Rollen der Frau; das ist die sprichwörtliche »Situation der Frau in der Gesellschaft«.

- Die Selbstwirklicherin:

Wie nenne ich sie – jene, die es vollends ausgereift noch nicht gibt, jene, die jedoch im Werden begriffen ist? Jene, deren Kontur sich abzuzeichnen beginnt? Jene, die aus ihrem Selbst schöpft und in spiraliger Bewegung nach innen und in gleicher Weise nach außen wächst. Jene, die unbeleckt von Modeströmungen, unbemerkt von der offiziellen Öffentlichkeit – zeitlos, alterlos – aus ihren Erfahrungen lernend, ehrlich mit sich selbst, geführt von den Himmlischen, einmal in Bewegung geraten nicht mehr aufzuhalten ist. Der Weg ist Leben-Lieben-Lernen und hat ein Ziel: Voll-endung! Voll-komm!-enheit!

Wie nenne ich sie? Vollfrau? Vollblutweib? Vollperson? Oder sag' ich kosmische Frau? (Wenn das Wort »kosmisch« nicht schon so verbraucht wäre.) Sie ist noch nicht in Erscheinung getreten, aber sie ist auf dem Weg. In der alten Zeit wurde sie, die, wie ursprünglich alle, die nach dem Ebenbild der Urgöttinnen geschaffen waren und deren Wesen am vollkommensten in sich vereinten, wie diese »Göttin« genannt. Sie war eine Große, deren Größe jedoch nicht in ihrer Körperlänge oder Fülle bestand, sondern in ihrer inneren Güte. Güte zu verstehen im Sinne von Qualität: Seelengröße, Herzensgüte, gepaart mit Urkenntniskraft. Nenne ich sie Qualitätsfrau? Sie ist die Überleberin, die Leberin und Lieberin. Sie ist die Fruchtbarkeitsgöttin, deren Fruchtbarkeit sich nicht nur auf ihre Leibesfrüchte beschränkt. Kreativität in allen Dimensionen ist ihr Merkmal. Sie ist Jungfrau, Mutter und Alte in einer Person. Sie ist die wahre Selbst-Bewußte, mit einer klaren, entschiedenen und eindeutigen Identität. Daher braucht sie keine der bestehenden Ideologien als Krücke. Ihre Heimat findet sie bei Mutter Erde und nicht in den Vaterländern, deshalb ist sie in keiner der Institutionen zu finden; kein patriarchales Medium wird über sie berichten. Ihre Geschwister sind jene, die aus demselben Stamm sind. Auch wenn sie keinem Verein, keiner Organisation und keiner Kirche angehört, ist sie nie einsam. Sie ist eine Eins. Selbst und Ich (ich selbst), innen und außen, sogenannt weibliches und sogenannt männliches Prinzip lebt sie in einem ausgeglichenen Mischverhältnis, einer gesunden Ausgewogenheit. Sie ist in der Mitte und findet das richtige Maß, wobei Mitte und Maß keine statische Größe, sondern ein situativ angemessenes Verhalten hervorbringen. Sie ist nirgendwo einzuordnen und von niemandem zu vereinnahmen. Ihre ansteckende Freiheit und ihre gesunde Ausstrahlung ist ihr Kennzeichen. Erkannt kann sie nur von jemandem werden, der Entsprechendes in sich trägt und dadurch Wahrnehmungsorgane entwickelt hat. Auch wenn die neue, ganzheitliche, kosmische Frau erst im Werden begriffen ist, so zeichnen sich doch schon ihre Konturen ab. Junges Grün, zarte Triebe und so manche kleinen Knospen strecken sich zum Licht. Manche Knospen sind schon entfaltet, einige sogar in voller Blüte. Es ist schon gut so, daß diese Frau in der schützenden Verborgenheit blüht und sich dem Zugriff der Zerstörer entzieht. Sie ist ein Kind des Lichts, weiß sich zu schützen und wird die anderen Kinder des Lichts finden und mit diesen, auch ohne Territorium, die Gemeinschaft der Lebenden begründen und die alte Ordnung wieder herstellen.

- Der Patriarch: »Der Herr im Haus bin ich!« Mag er auch außerhalb des Hauses nur eine kleine Randfigur sein, seinem überdimensionalen Ich, dem vielzitierten »Männlichkeitswahn«, tut das keinen Abbruch. Während der Ehe mit meinem Patriarchen kreierte ich ein Gebet: »Dem Himmel sei Dank, daß ich keinen gütigen Patriarchen, sondern einen von der offensichtlichen Sorte erwischt habe. Auf diese Weise wußte ich jederzeit, daß er der Herr ist und ich die Sklavin bin und konnte mich dadurch rechtzeitig befreien!«

Den Faust-auf-den-Tisch-Patriarchen kann jeder erkennen. Der Macho mit seinem eindeutigen Herrschaftsgehabe, der Chauvi mit der Pseudoüberlegenheit sind leicht zu durchschauen. Schwieriger ist dies beim »gütigen« Patriarchen. Einem, der es so gut meint und in väterlicher, scheinbar wohlwollender Weise seine Frau zu einem kleinen, unfähigen, hilflosen Dummchen macht und ihr keinen Grund zum Klagen gibt, muß man dankbar sein. Ebenso jenem, der als Wolf im Schafspelz seine bessere Hälfte scheinbar zur Göttin erhebt, auch wenn er dies nur tut, um sie so besser dirigieren und ausbeuten zu können. Kennst du »Onkel Toms Hütte«? Onkel Tom war ein Negersklave, der, weil er das fragwürdige Glück hatte, einem »gütigen« Herrn zu gehören, vergaß, daß sich ein Mensch nur in Freiheit entfalten kann. Er vergaß, daß er ein Sklave war, und arrangierte sich mit den Verhältnissen. Man weiß ja: »Glückliche Sklaven streiken nicht.« Sie müssen sich »glücklich schätzen«, daß es ihnen besser geht als den meisten anderen. Unterdrückung ist nicht immer handfeste und sichtbare Gewalt. Emotionale, intellektuelle und spirituelle Gewalt hinterlassen keine Knochenbrüche und eingeschlagenen Zähne. Ihre Auswirkungen sind unsichtbar und hinterlassen ihre Spuren in der Seele. Meiner Einschätzung nach ist der Patriarch in der zweifachen Ausführung nach wie vor das gängige Manns-»Bild«.

- Der Softie: Der Ruf der »neuen« Frau, nach dem »neuen«, weiblichen Mann, blieb nicht ungehört. Da war er plötzlich: weich, gefügig, sanft, biegsam, mit Neigung zur Depression und flehendem Dackelblick, der jedes Herz zum Schmelzen bringt. Er signalisiert, daß er die eigentliche Frau sowie die bessere Mutter sei. Seine emanzipierte Freundin oder Frau schickt er ins »feindliche Leben« Geld verdienen, er läßt sich als Hausmann feiern und hochjubeln. Das Kind im Manne lebt er in allen Schattierungen. Er ist verspielt, schonungs- und schutzbedürftig, sensibel und kokettiert mit seiner künstlerischen Ader. »Was kann ich dafür, wenn andere Männer chauvinistisch, gewalttätig, brutal und machthaberisch sind. Mache mich nicht verantwortlich fürs Patriarchat – ich leide ja selbst am meisten darunter.« Der Wolf hat sich einen – diesmal anderen – Schafspelz übergezogen, weil er im neuen gewaltlosen Gewand, als Nutznießer an den Privilegien, die ihm seine Väter und großen Brüder geschaffen haben, effektiver mitnaschen kann. Clever wie er ist, wittert er schneller als der Chauvi-Typ, wie er den sprichwörtlichen Mutterinstinkt einer Frau für sich aktivieren kann. Damit kommt er ohne Anstrengung in den Genuß von weiblicher Fürsorge und entkommt somit seiner Eigenverantwortlichkeit. Der Softie hat sich seinerseits einer psychischen Geschlechtsumwandlung unterzogen. Von seinem Selbst weit entfernt, identifiziert er sich lediglich mit einer weiblichen Rolle, weil er so bequemer durchkommt, oder weil er glaubt, daß es sich so gehöre. Der Softie-Typ findet sich in Variationen in der sogenannten Alternativ-, Grün- und Friedensszene und ist Hauptrepräsentant der New-Age-Bewegung. In der neuen Priesterschaft der Esoterik schmückt er sich mit der Rolle des Medizinmannes, Schamanen, Druiden, Sufi, Derwischs und Heilers. Sanftes Lächeln, leise Stimme, verklärter Blick, sanftes Liebesgeflüster und Weisheitsgelaber sind seine Stilmittel; Rauschebart, bunte Kleider und Modeschmuck sind einige seiner Attribute. Sanfter, gewaltloser Seelenfang ist sein Ziel.

- Der Selbstwirklicher:

Das männliche Gegenüber zur Qualitätsfrau, der Selbstwirklicherin, ist der Selbstwirklicher. Ich denke, daß er im selben Ausmaß im Werden ist wie die Qualitätsfrau. Er kündigt sich an durch seinen guten Willen, seine Wachstumswünsche und seine Bereitschaft, anstelle des langen Marsches durch die Institutionen und Rollen, den intensiven Weg der Selbsterfahrung zu gehen. Er ist der Blaue-Blume-Sucher, der, wenn er aufrichtig und wahrhaftig mit sich selbst ist, die Chance hat, in und durch die Beziehung zur Qualitätsfrau und zur Qualitätsgruppe, ein Heros zu werden. Der Selbstwirklicher ist daran zu erkennen, daß er seiner selbst bewußt ist. Auf dieser Stufe der Entwicklung unterscheiden sich Frau und Mann nur mehr durch ihre spezifisch persönlichen Eigenarten und physischen Geschlechtsmerkmale. Die Polarität und Entfremdung in ihm, damit die Polarität und Entfremdung zu ihr, ist aufgehoben. Das ist der Beginn des Friedens. Er ist eine Eins. Sogenannt männlich und weiblich lebt er in einer der Situation angemessenen und gesunden Mischung. Seine ganzheitliche Existenz ist von der ganzheitlichen Existenz der Frau abhängig. Den leibhaftigen Gott kann es erst geben, wenn es wieder leibhaftige Göttinnen gibt. Erst mit dem Wiedererscheinen von Gött-innen und Gott findet der Geschlechterkrieg ein Ende.

»Und er erkannte sie«

– steht irgendwo in der Bibel. Als junges Mädchen fragte ich einmal einen Katecheten, was dieser Satz bedeute. »Sexuelle Liebe, Beischlaf, Geschlechtsakt« war die Antwort.

Was die Bibelschreiber von ihren matriarchalen Vorfahren übernommen und wortgetreu aufgeschrieben hatten, das wurde von den patriarchalen Interpreten kurzerhand abgewandelt. Selbsterkenntnis und Kenntnis des Urweiblichen wurde auf Sexualität und diese wiederum auf den Penis-vaginalen-Geschlechtsakt reduziert. Eine von Glauben, Wissen und dem Gefühlsbereich abgespaltene Sexualpraxis wird demnach »Liebe« genannt.

Als Dreizehnjährige schüttelte ich, von der Antwort unbefriedigt, den Kopf, mußte mich jedoch vorläufig zufriedengeben. Heute weiß ich, daß der rätselhaft anmutende Ursprungssatz »Und er erkannte sie« die eigentlich männliche Liebe – die heroische Art zu lieben – ist. Klarer als in diesem Satz konnte und kann das Wesen von Liebe nicht ausgedrückt werden. Ihm wurde lediglich die Bedeutung der herabgekommenen »Liebes«-praxis unterschoben oder aufgesetzt. Um eine Frau wirklich und ganz lieben zu können, müßte man sie erkennen. Um sie erkennen zu können, müßte der Mann seine ihm innewohnende Weiblichkeit erkennen, anerkennen, lieben und leben. Weil man jedoch nur lieben kann, was man von sich selbst kennt, ist Selbsterkenntnis die Voraussetzung. »Erkenne dich selbst.« Die Botschaft an Männer gerichtet lautet: Erkenne dein eigenes weibliches Ur-Teil, identifiziere dich mit deinem weiblichen Selbst, und du hörst auf zu urteilen, zu teilen und zu herrschen. Das Ende des Teilens, das Verschmelzen der getrennten Bewußtseinsbereiche ist der Beginn von Heilung.

Die berühmt-berüchtigte Urangst des Mannes vor der Frau hat ihre Wurzeln in der Angst vor der ihm unbekannt gewordenen Frau, die er selbst einmal war und die er verborgen im Innersten noch ist. Diese unbewußte, uneingestandene Angst überträgt er auf die Frau – sein Gegenüber. Sie ist die leibliche Verkörperung seiner eigenen, ihm unheimlichen, fremden Weiblichkeit.

Nun weiß jeder, irrationale Angst hat man vor jemandem oder

etwas, das unbekannt und fremd ist, das unsicher macht und somit irgendwie bedrohlich ist. Wer der Angst nicht nach- und an die Wurzel geht, wird alles versuchen, sie in den Griff zu bekommen. Man beherrscht seine Angst, indem sie abgespalten und unterdrückt wird. Die Urangst vor der Frau ist am wirksamsten in den Griff zu bekommen, indem man die angstmachende Frau unterdrückt, beherrscht, besetzt und in den Griff bekommt. Die meisten Männer haben Angst vor dem Urweiblichen in sich selbst, sie haben Angst vor der Urweiblichkeit der Frau, das ist der Grund für die weltweite Frauenunterdrückung.

Der archaische, mythische Heros, der die Fahrt in die Unterwelt wagte, um MIT dem – nicht GEGEN den – Drachen zu kämpfen, galt als wahrer Held. Der moderne matriarchale Mann, der die Fahrt in sein Unterbewußtsein wagt, um mit dem Todes- und Wiederauferstehungsaspekt seiner eigenen Weiblichkeit seinen Kampf auszufechten, ist der wahre Held. Sein Mut besteht nicht darin, den Drachen zu töten, das wäre lächerlich – den Tod kann man nicht töten. Heldenmutig ist es, von Angesicht zu Angesicht ringend, die Weisheit des Drachens anzunehmen und sich mit ihm auszusöhnen. Nur patriarchale Helden töten das Ur-weibliche in sich, verdrängen die Botschaften ihrer Selbst und werden für dieses zweifelhafte Heldentum verehrt. Ein matriarchaler Held erkannte sich selbst in seiner Ganzheit. Er nahm seine Begabungen UND Mängel zur Kenntnis und handelte entsprechend. Nur so einer konnte eine Frau in ihrer Ganzheit erkennen. Einmal erkannt, hatte er auch keine Angst mehr vor ihr. Da er keine Angst hatte, brauchte er sie auch nicht in seine Gewalt zu bekommen. Dieses umfassende Erkennen und Anerkennen ist umfassende Liebe. Eine Frau, die man dergestalt liebt, muß man nicht ver-ehren, nicht kriegen und haben. Man muß sie nicht be-sitzen – im wörtlichen und im übertragenen Sinn des Wortes. Man könnte sich an ihr freuen, sie achten und ehren, von ihr und durch sie lernen und neidlos akzeptieren, daß durch sie – nur durch sie – Geburt und Wiedergeburt garantiert ist. Die Grundlage für diese umfassende Liebe ist die Erkenntnis, daß man entweder nur ALS ganze Frau oder DURCH eine ganze Frau unsterblich und weiters, daß das pure Männliche einsam und zum Sterben verurteilt ist.

Die Eliminierung von Tod und Wiedergeburt – bei unbewußter Wiederholung schlechter Gewohnheiten als ewiger Kreislauf und bei Wiedergutmachung als Spirallauf zu verstehen – war DIE Haupt- und Staatsaktion des Patriarchats. Das Auslöschen dieser so natürlichen und selbstverständlichen Gegebenheit aus den Lehren und aus dem Bewußtsein machte erst die Verachtung, die Unterdrückung der Frauen und die weltweite Herrschaft der Männer möglich.

Akzeptierten sie, daß ihre seelisch-geistige und körperliche Existenz – noch mehr, daß ihre Entwicklungschancen – von Müttern abhängig sind, müßten sie großes Interesse an deren Selbstwirklichung, an der Menschenqualität und einer möglichst großen persönlichen UND politisch-sozialen Machtentfaltung der mütterlichen Frauen haben. Egal, ob sie in einem männlichen oder weiblichen Körper wiederkämen, in jedem Fall müßten sie akzeptieren, daß eine Mutter für sie nur Gutes tun kann, wenn sie selbst voll Güte ist, denn sie vermag nur das weiterzugeben, was sie selbst ist, hat und kann. Sollte er als Frau wiederkommen, dann müßte er doppelt an einer allgemeinen Achtung Frauen gegenüber interessiert sein, denn erstens braucht er die Qualität der Mutter, um selbst gütige Mutter zu werden, und zweitens würde der positiv prägende Einfluß einer erfahrenen Mutter nicht viel fruchten, wenn das weibliche Prinzip im allgemeinen und die Weiblichkeit in jeder Person im besonderen keine gesellschaftliche Wertschätzung fände.

Mögen doch alle das Offensichtliche zur Kenntnis nehmen: Nur Frauen sind Schöpferinnen und Gebärerinnen von Leben. Die gesamte Natur ist – da schöpferisch und gebärend – weiblich. Das Männliche existiert überall nur als integrierter Bestandteil der Gesamtheit. Die Evolutionsgeschichte beweist, daß die Natur sich zu helfen weiß, wenn der große Lebensplan, wonach sich alles vollenden muß, bedroht ist. Was auch immer geschehen ist und auch noch geschehen wird: Weibliche Fruchtbarkeit ist unzerstörbar, ewig und unsterblich. In jedem Fall – so oder so –: Das Leben setzt sich durch!

Am Anfang – zuerst! – war und ist die Frau

Der Beginn der Menschheit ist weiblich. Jeder Mann war am Beginn der Menschheitsgeschichte ein ganzes Weib: »Weiblich und männlich schuf Elohim SIE« – die ganze Frau. Bis zum heutigen Tag ist jeder Mann am Beginn seines individuellen Lebens noch weiblich. Nicht nur geistig-seelisch, auch körperlich. Am Ur-Grund, in der tiefsten Schicht seiner Persönlichkeit, befindet sich sein weibliches Ur-Teil, dessen Erbinformation ihm per Mutation aus dem Bewußtsein geschwunden ist. Das unterdrückte Ur-Teil »spricht« das Urteil, den »Wahrspruch«. Dieses nichtweltliche, richterliche Urteil ist nichts anderes als die selbst eingespeicherte Erbinformation über alle guten und bösen Taten und alle Versäumnisse. Kein irdischer oder himmlischer Richter spricht das Urteil, sondern das weibliche Ur-Teil teilt den Wahrspruch mit. Es sagt, was die Ursache für die Abspaltung war, wonach er nur mehr ein Teil des ehemaligen Ganzen wurde und was es wieder geradezurichten gilt.

Selbst die männliche Wissenschaft beweist nun, was wir immer schon wußten. In den ersten Lebenswochen des Embryo hat jeder Mann eine ganzheitlich weibliche Hormon- und Genitalanlage, aus der sich erst danach die männliche Hormon- und Genitalanlage herausbildet. Der Anthropologe, Biologe und Psychologe Rainer Knußmann beschreibt in seinem Buch »Der Mann, ein Fehlgriff der Natur« in einfacher und auch für Nichtstudierte verständlicher Sprache die Abläufe und Reaktionen im Körper, die bewirken, daß ein männliches Wesen entsteht und ununterbrochen dafür sorgen, daß es auch männlich bleibt. Seit langer Zeit ist bekannt, daß die Geschlechtschromosomen der Frau aus zwei X-Chromosomen und die des Mannes aus einem X- und einem Y-Chromosom bestehen. Irgendwann hat eines der beiden Chromosomen eines gleichartigen Paares (die gesamten Chromosomenpaare sind gleichartig) beträchtliche Teile verloren, und es blieb nur mehr ein »Y« als verstümmelter Rest des vollen weiblichen »X«. Man wollte jedoch nicht zur Kenntnis nehmen, daß der Mann seine Existenz einem defekten Frauenchromosom verdankt. Dann kamen jedoch weitere und genauere Entdeckungen hinzu, die diese Tatsache nicht mehr leugnen ließen. Bekanntgemacht wird dies bis heute nicht. Auf dem Y-Chromosom befindet sich ein ganz bestimmtes Gen, das für die männliche Geschlechtsbestimmung entscheidend ist. Dieses Gen ist verantwortlich für die Produktion eines Eiweißes, das es nur im männlichen Körper gibt und das H-Y-Antigen heißt. Antigen deshalb, weil es im weiblichen Körper Unverträglichkeitsreaktionen hervorruft, ähnlich wie die Übertragung von Blut einer falschen Blutgruppe. Antigene heißen alle Stoffe, die Abwehrreaktionen im Körper hervorrufen (Krankheitserreger, Gifte...).

Das H-Y-Antigen bewirkt, daß sich aus der weiblichen Keimdrüsenanlage ein Hoden entwickelt. Fehlt das H-Y-Antigen, so entsteht daraus ein Eierstock, ohne daß es eines speziellen Stoffes bedarf. Der Mann ist also eine Sonderform, die dadurch zustande kommt, daß dieses H-Y-Antigen die Entwicklung der eigentlich weiblichen Keimdrüsenanlage in männliche Richtung umstimmt. Jedes menschliche Individuum ist primär weiblich. Wenn das H-Y-Antigen die weibliche Keimdrüse in einen Hoden umgekrempelt hat, muß dieser Hoden erst noch dafür sorgen, daß auch der übrige Mensch männlich wird. Tut er dies nicht, entsteht trotz Hoden ein weiblicher Körper. Deshalb produziert der Hoden zwei entscheidende Stoffe: den sogenannten Oviduktrepressor, der die Entwicklung von Eileitern und Gebärmutter unterdrückt, und das männliche Hormon Testosteron, das die Aufgabe hat, den gesamten Organismus männlich zu gestalten. Das Testosteron muß über die Blutbahn in alle Zellen transportiert werden. Es muß in jeden Zellkern eindringen (was nur mit Hilfe eines weiblichen Eiweißes möglich ist) und ihn dazu zwingen, seiner Zelle zu befehlen, zur Ausprägung männlicher Merkmale beizutragen. Manchmal kommt es vor, daß das weibliche Eiweiß streikt und das Testosteron nicht in den Zellkern gelangt. Es kreist dann in der Blutbahn und kann nichts ausrichten. Und siehe da: Es entsteht ein weiblicher Organismus mit Brüsten, Schamlippen und Scheide. Gebärmutter und Eileiter fehlen, da der Oviduktrepressor ja vorher schon in Aktion war. Und statt Eierstöcken stecken Hoden im Leistenkanal, denn das H-Y-Antigen war ebenfalls schon tätig. Versuche an Säugetieren, bei denen die Geschlechtsbestimmung grundsätzlich wie beim Menschen abläuft, schließen die Beweiskette: Man kastrierte weibliche XX-Keime und männliche XY-Keime – das heißt, man nahm ihnen die Keimdrüsenanlage weg.

Es entwickelten sich stets Individuen mit weiblichen Geschlechtsorganen, freilich ohne Eierstöcke, denn die Keimdrüsenanlagen waren ja entfernt worden. Dies besagt, daß es zur Entstehung eines weiblichen Organismus gar keiner Keimdrüsen bedarf. Das weibliche Bild stellt vielmehr den unmittelbar im Erbgut festgelegten Bauplan des Menschen dar. Der Mann dagegen ist eine Sonderform, ein »Irrläufer der Evolution«, der irgendwann als Abwandlung des weiblichen Bauplans entstanden ist.

Am Anfang war die Frau. Weiblich UND männlich in einem weiblichen Körper verkörperte sie den ganzen Menschen. Am Ende der Zeiten, zu »guter Letzt«, wird auch der Mann nicht darum herumkommen, sein weibliches Ur-Teil und Urteil anzunehmen, geradezurichten, was gekrümmt und verbogen ist, um seinerseits ein Ganzer zu werden.

Die polymorphe Perversion des Kleinkindes

Die Menschheitsgeschichte wiederholt sich in der persönlichen Geschichte jedes Individuums. Wollten wir von der frühen Menschheit und dem verlorenen Paradies wissen, bräuchten wir nur zu beobachten, wie und was Kinder in den ersten, »entscheidenden« Lebensjahren instinkthaft tun. Wir müßten sie gewähren lassen, dürften nicht reglementierend, zensurierend, strafend, manipulierend und besserwisserisch eingreifen, weil wir es nicht besser wissen. Es genügte, ihre Grundbedürfnisse zu kennen, diese zu »stillen«, und sie würden uns zeigen, wie lustvolles Leben-Lieben-Lernen geht. Lernen gehört zur Wortgruppe »leisten« und hieß ursprünglich »einer Spur nachgehen, nachspüren«. So ist es. Kleine Kinder gehen ihrer eigenen Spur – ihrem Gespür – nach, wenn man sie läßt. Sie spüren in sich hinein, folgen ihrer Eingebung und tun eigentlich nur wieder das, was sie schon immer getan hatten: Sie streben nach Urkenntnis. Alles wollen sie kennenlernen. Urkenntnis ist ein durch und durch sinnlicher Vorgang. Sie lernen ihren Körper – ihre neue »Wohnstätte« – und ihre alte Seele begreifen. Sie tun dies sowohl im wortwörtlichen als auch im übertragenen Sinn des Wortes. So weit Ärmchen und Beinchen, Näschen, Augen, Ohren und Zunge reichen, wird alles »erfaßt« und auf seine Tauglichkeit hin geprüft. Sie schauen mit den Augen, mit ihren Händen und mit dem Mund. So ein ganz Kleines zeigt uns das Liebes-Gebot der Matriarchate in Reinkultur. Es erkennt sich und liebt sich so, wie es ist. Lernen ist lustig! Lustvoll lernen sie. Dieses Lernen ist ein wahres Kinderspiel. LEBHAFT bewegen sie Muskeln, Gliedmaßen, Lippen, Zunge... Mit den Stimmbändern bewegen sie lebhaft ihre Laute und Töne. Für die meisten unbemerkt, bewegen sie lebhaft ihr Lebenslicht, die »Wellen« ihrer persönlichen Ausstrahlung. Lust ist der Motor, der Antrieb, zum Lernen. Mit Lust leisten sie sich selbst und damit dem Großen und Ganzen einen guten Dienst (ahd. »leisten« = »nachkommen, erfüllen, ausführen, tun«).

Nur mit dem Ver-Lust der Liebe zum Lebenlernen, so wie Kinder sie uns zeigen, konnte das Patriarchat entstehen. Nur durch »Triebverzicht« entstanden die »kulturellen Leistungen« der Zivilisation. Bezeichnend für die herrschende Einstellung zur Lust und ihrer Handhabung ist, daß im etymologischen Duden nur mehr die pervertierte Form von Lust im Sinne von »lüstern, Lüstling, Lustmord« überliefert ist. Diese herabgekommene, auf Sex reduzierte Lust leitet sich von germ. »lutan« = »sich niederbeugen, niederfallen« und litauisch »lindnas« = »gebeugt, gedrückt« ab. Ich denke, daß die ursprüngliche, lebensorientierte, im Kind noch lebendige Lust sich jedoch von Licht herleitet (lat. »lux« = »Licht«; »luzid« = »licht, hell«; »Luster« von franz. »lustre« = »Glanz, Schimmer«; »Luxurieren« = »üppig, wuchern, wachsen«; »Lustrieren« = »reinigen, weihen, prüfend mustern«). Wie sehr reine Lust geleugnet wird und strahlende Lust verteufelt wurde, ist daran zu erkennen, daß in der Etymologie der deutschen Sprache kein positiver Bedeutungszusammenhang zwischen Licht und Lust hergestellt wird, üblerweise jedoch »Luzifer«, der

Lichtträger oder Lichtbringer, als das personifizierte Böse gilt. Prüfend mustern, begreifen, sehen, schauen, hören, horchen, saugen, schmatzen, plappern, schnattern, lachen, glucksen, gicksen, kichern... sind Ausdruck für lustvolles (Kennen)Lernen des eigenen Organismus. Kennenlernlust zeigt sich in vielerlei Gestalten und richtet sich an viele Gestalten. Sie ist polymorph. Streicheln, kosen, küssen, drücken, necken, kuscheln, tändeln, zärteln, balgen, zupfen, beißen, knabbern, schlecken... ist lustvolles (Kennen)Lernen anderer Organismen. Die Liebeslust zeigt sich in vielerlei Gestalten und richtet sich an viele Gestalten. Die Lebens- und Liebeslust ist vielgestaltig. Sie ist vom Ursprung und von der Natur her – wie liebende Menschen auch – vielgestaltig.

Wie kann es anders sein? Der Superpatriarch und Sexualneurotiker Sigmund Freud bezeichnete die vielgestaltige Lust und Liebe eines Kleinkindes als »Polymorphe Perversion« und legte mit diesem Terminus technicus ein für allemal die Bewertungskriterien für die kindliche Lebenslust fest. Nach ihm nennen alle Fachmänner und jene, die ihnen Glauben schenken, das ganzheitliche Liebesleben eines Kleinkindes pervers. Liebeslustlose Männer, die sich – wenn überhaupt – nur im Genitalbereich spüren können, erheben sich zum Maß aller Dinge. Um als normal und gesund anerkannt zu werden, müssen kleine Kinder so »lieben« lernen, wie Nekrophile es ihnen vorschreiben. Statt daß Kinder ihrer eigenen Spur nachgehen und ihren Bedürfnissen nachkommen, sind sie gezwungen, der Spur der Liebeskranken zu folgen und deren Geboten und Befehlen nachzukommen. Kinder haben zu spuren! Ein Kind stellt sich die Welt so vor, wie sie ihm vorgestellt wird. Der patriarchale Liebesbegriff leitet Liebe aus Sexualität ab. Nach Freud ist Zärtlichkeit »zielgehemmte Sexualität«. Ein andermal heißt es: »Wer den Beischlaf nicht anzielt, der bleibt im infantilen Kompromiß Zuneigung und Zärtlichkeit«, sich selbst und anderen gegenüber stecken und ist abartig. Nach meiner Ansicht müssen wir wieder so zärtlich und vielgestaltig lieben lernen wie die Kinder, damit wir »ins Himmelreich eingehen« können. Erst lichtvolle Lust und Liebe läßt uns eine Ausdehnung erlangen, die es möglich macht, uns mit den Großen Müttern zu identifizieren, um dadurch reich zu werden.

Die heilige Daseinsberechtigung der Bedürfnisse

Jedes Menschenleben ist vierdimensional, jedes hat vier Grundbedürfnisse, ohne deren Befriedigung es nicht überleben und im Vollsinn des Wortes nicht leben kann. Diese unterscheiden sich von den wirtschaftlich künstlich eingeimpften, falschen Bedürfnissen grundlegend. Jeder Mensch braucht »Lebensmittel« für Leib, Logos, Seele und Spiritus. Diese sind unbedingt nötig, damit eine gesunde, sich langsam und spiralig ausdehnende Entwicklung in ALLE Dimensionen menschlichen Seins gewährleistet ist. Die Grundbedürfnisse sind alle von vornherein da, sie können jedoch erst nach und nach, im Zuge der Sprachentwicklung, artikuliert werden. Eines nach dem anderen meldet sich zu Wort, und zwar immer dann, wenn wir Worte dafür haben und das jeweils notwendigste Bedürfnis gestillt ist und Kraft frei wird für das nächste. Wird ein Grundbedürfnis nicht befriedigt, dann steht die Entwicklung still; wird ein Grundbedürfnis durch künstliche Ersatzmittel »befriedigt«, ist Fehlentwicklung die Folge. Jegliches Lernen, die Entfaltung eines jeden Menschen zu dem, wozu er im Grunde angelegt ist, hängt davon ab, ob diese Grundbedürfnisse befriedigt werden oder nicht. Ersatzbefriedigungen sind Betrug am Organismus. Die Mangelerscheinungen werden zugedeckt und/oder verschoben. Am überschaubaren Entwicklungsweg eines Kindes – vom Neugeborenen zum Schulkind – lassen sich die Lebensbedürfnisse am deutlichsten veranschaulichen.

Ein Baby kommt zur Welt. Soll es nicht erfrieren oder verhungern, muß zuerst für sein *leibliches* Wohl gesorgt werden: ein warmes Bad, Tücher, Nahrung, Schutz, Geborgenheit, Hautkontakt... Das dringendste Bedürfnis ist die Sicherung der nackten Existenz. Das körperliche Leben muß garantiert sein, soll die Seele nicht gleich wieder »hinübergehen«. Dann braucht ein Baby auch Lebensmittel für seine *Seele:* liebevolle Annahme, Freude über seine Ankunft, Zuwendung, Ehrlichkeit, gute Worte, freundliche Blicke und Gesten, aufrichtige Rückmeldung auf seine Einzigartigkeit, deutliche Orientierung und Führung. UND es braucht die Sicherheit, daß diese seelischen emotionalen Zuwendungen keine einmaligen Gaben, sondern von beständiger Art sind.

Danach melden sich sehr bald die *mentalen,* logischen Bedürfnisse. Ein Kind braucht Lebensmittel für sein Denken, seine Wahrnehmung, seine Benennungs- und Beziehungswünsche und für seine Vernunft. »Man soll ein Kind von klein auf in Worten baden.« Ein Kind braucht richtige Informationen und muß aufgeklärt werden – und zwar über alle Personen und alle Dinge des Lebens, die sich in seinem Blickfeld befinden. Diese Auskünfte braucht es als Bestätigung für sein mitgebrachtes, offenbares und als Anregung für sein noch ungeoffenbartes, schlummerndes Wissen. Ein Kind braucht die Sprache, mit der es alles, was es gibt, beim Namen nennt, um sich be-haupten zu lernen. Und es braucht die Sicherheit, daß die Worte wahr und die Informationen richtig sind, damit sie seiner Entwicklung auch wirklich dienen.

Die *spirituellen* Bedürfnisse eines Kindes äußern sich im Verlangen nach Märchen. Im sogenannten »magischen Alter« von etwa drei Jahren will es als Wesen, das in den zwei Wirklichkeiten von Tag und Nacht, Diesseits und Jenseits lebt, wahr- und ernstgenommen werden. Es fragt nach den Dingen hinter den Dingen. Es will Bestätigung und Rückmeldung auf seine überzeitliche und außerräumliche Existenz. Woher komme ich? Wohin gehe ich? Geschichten über Fabelwesen, über Zwerge, Gnome, Elfen, Hexen, Teufel, die »Engel« im allgemeinen und das »Schutzengerl« im besonderen, sind die dürftigen Ersatzmittel, die übliche Schmalkost, die anstelle der Wahrheit verabreicht wird. Spirituelle Bedürfnisse können nicht durch Geschichten über die Jenseitswelt – sei es in Form von Märchen, Sagen, Mythen oder biblischen Geschichten – befriedigt werden. Selbst die richtigen Informationen über den Sinn des Lebens und des Todes, über die Großen Mütter und das Zusammenwirken der universellen Energien... stillen dieses Bedürfnis nicht, denn der Konsum von Information ersetzt nicht das Tun. Die Auskunft ÜBER Religion – und ist sie noch so wahr – genügt nicht. Allein die konkrete Erfahrung der Rückbindung an die göttlichen universellen Energien und Energieträger und der Austausch mit ihnen stillt dieses Grundbedürfnis.

Ein Kind braucht FESTE BRÄUCHE, jeder Mensch braucht FESTE und Rituale, durch die FEST gemacht wird, was man zum Gedeihen BRAUCHT.

Das Neugeborene hat zwar einen kleinen Leib, ist jedoch in seinem Seele-Logos-Geist-Kern alt und eine mehr oder weniger ausgereifte Persönlichkeit. Es ist dem Erwachsenen, der es vordem war, näher als einem kleinen Hascherl, das alles erst von Anbeginn zu lernen hat. Daher ist klar, daß die vier Grundbedürfnisse, jede Ebene seines Menschseins betreffend, von vornherein allesamt gleichzeitig gegenwärtig sind.

Der Satz »Hast du Töne?!« ist heute nur mehr als Ausdruck des Erstaunens im Gebrauch. Wortwörtlich und auf mein Thema bezogen fragt der Satz, ob das Kind schon die Worte hat, um sein Bedürfnis anzumelden. »Hast du Töne?!« wäre angebracht bei einem Kind, das zwar noch keine Worte hat, aber durch Greinen, Jammern, Weinen – also mittels Tönen – sein Bedürfnis kundtut. Man sagt, daß erst Worte und Begriffe ins Dasein rufen – dies deshalb, weil sich die Menschen von heute vorrangig durch Sprache verständigen und die »Sprache« des Körpers, der Seele und des Spiritus in der Regel nicht mehr wahrgenommen und verstanden wird.

Die vier Grundbedürfnisse sind auch unsere Grund-Fähigkeiten. Sie entsprechen den vier Elementen, wurden von den Matriarchinnen und werden von mir wieder Urgöttinnen genannt. Ihr Zusammenwirken läßt Leben entstehen, bestehen und vollenden. Der Fünfstern symbolisiert das Zusammenwirken der vier zu einem ewig Seienden. Jedes Lebewesen »trägt die Gött-innen in sich«. Wir alle sind Töchter und Söhne der Göttinnen. In einigen wirken die Kräfte stärker, in anderen schwächer – je nachdem, wie durchlässig UND fest oder wie gespalten, zersplittert UND blokkiert jemand ist.

Wenn ich anfangs sagte, daß sich als erstes Bedürfnis das leibliche meldet, dann könnte ich genausogut sagen, es meldet sich das Körperbewußtsein – oder poetischer ausgedrückt: Göttin Diana »spricht«, sie will in der neuen Verkörperung wirklich werden. Mit den seelisch emotionalen Bedürfnissen meldet sich das Seelenbewußtsein – Göttin Tiamat. Erst wenn ein Mensch Worte kennt, können sich Beziehungs-, Orientierungs-, Informations- und Intelligenzbedürfnisse, kurz: Logosbedürfnisse und -fähigkeiten im wortwörtlichen Sinn zu »Wort« melden. Göttin Hera, das Logosbewußtsein wirkt im und durch das Menschenwesen. Die spirituellen Bedürfnisse und die entsprechenden ungeoffenbarten Fähigkeiten waren wie die anderen drei von vornherein da. Göttin Lucia ist die treibende Kraft, die das »alte« Wesen im Jenseits sterben und gleichzeitig im Diesseits als Baby das Licht der Welt erblicken läßt.

Die Reihenfolge der Bedürfnisse ergibt sich aus der Tatsache, daß kein Lebewesen Kraft, Zeit und Muße hat, um z. B. dem Verlangen nach Anerkennung seiner Einzigartigkeit nachzugehen, wenn es essen und trinken muß, weil es sonst stirbt. Alle Aufmerksamkeit wird auf das bloße Überleben konzentriert. Wenn ein Mensch keine Geltung, keine emotionale Heimat, kein sicheres Zugehörigkeitsgefühl und keine Liebe hat, ist es ihm unmöglich, tiefe soziale Beziehungen zu knüpfen. Alle Kraft fließt in die Sicherung des Bedürfnisses, selbst erkannt und anerkannt zu werden. Ja, und um die sogenannte Sinnfrage – woher? und wohin?, um das Jenseits – kann und darf sich nur kümmern, wer mit seinen Kümmernissen im Diesseits zurechtkommt. Das GESUNDE Verlangen nach Orientierung im Jenseits meldet sich dann, wenn man sich im Diesseits zurechtzufinden gelernt hat.

Wir sind es gewöhnt, die Menschen in Altersklassen, in Kinder, Jugendliche, Erwachsene und Alte einzuteilen. Als ob die gezählten, diesseitigen Jahre etwas über die tatsächliche Reife und als ob das Kopfwissen etwas über die Güte eines Menschen aussagen würden! In Wirklichkeit sind wir alle – ALLE, die wir gegenwärtig auf Erden leben – Kinder. Wir sind Erden-Kinder. Wir sind Menschen-Kinder, wobei der Schwerpunkt durchwegs auf »Kinder« liegt. Um zum Er-Wachsenen auszureifen, müßten wir wachsen können und dürfen. Um wachsen und reifen zu können, müßten wir um alle unsere wahren Bedürfnisse wissen oder sie aufspüren dürfen. Zumindest müßten wir die echten von den suggerierten unterscheiden lernen und die echten befriedigen.

Das, was ich über die Grundbedürfnisse des Kleinkindes aufgezeigt habe, gilt somit für alle Menschenkinder auf Erden. Egal, ob sie 80 cm oder 186 cm groß und egal, ob sie sieben, einundzwanzig, fünfunddreißig oder siebzig Jahre alt sind. Alle Menschen haben einen natürlichen Hunger nach Lebensmitteln für Leib, Seele, Logos und Spiritus. Dieses brennende Verlangen ist die Ursehnsucht, die, wenn sie ungestillt bleibt, uns leiden macht. Erst wenn das heiße Begehren befriedigt und die Sehnsucht gestillt ist, erst wenn wir uns nicht mehr mit billigen Nahrungsmitteln und mit Surrogaten abspeisen lassen, sondern mit VOLLwertkost VOLL werden und ausreifen können, erst dann können wir uns mit-teilen und damit das Gute mehren. Erst dann können wir Erden-Menschen-Kinder uns vollenden. Erst dann sind wir weder Kind (engl. »kind« = »Geschlecht«) noch Ge(h)schlecht, sondern vollendet und göttlich.

Wenn wir auch alle – was unsere Unvollkommenheit betrifft – mehr oder weniger große oder alte Kinder sind, so unterscheidet sich dennoch ein Kind bis zum Alter von etwa vierzehn Jahren von einem Menschenkind, das schon älter ist. Erstere können, weil sie sogenannte »Nesthocker« sind, noch nicht oder zumindest nicht in allen Bereichen schon für sich selbst sorgen. Letztere könnten dies, zumindest stünde es in ihrer Macht, es zu lernen. Ob sie es auch tun, ist eine andere Sache. Somit braucht ein jedes kleine Kind etwas größere Kinder (erwachsene, mütterliche Menschen), die für es Sorge tragen. Daß ein »Nesthocker« so bald wie möglich fliegen, Futter suchen und Nest bauen lernt, dafür sorgt die weiße Liebe der Mutter. Daß er in den Himmel fliegt und sich in Liebe mit allem Lebendigen »vereinigen« lernt, dafür sorgt die rote Liebe der Mutter. Daß er die Macht des Fliegens auch benützt und ausnützt, daß er also fliegt, wenn er fliegen kann, daß er Futter sucht, Nest baut und in den Himmel fliegt, wenn er dazu imstande ist, dafür sorgt die schwarze Liebe der Mutter, indem sie ihn schlichtwegs seiner Natur überläßt. Was ein Mensch (ver)mag, alles, was in seiner Macht steht, selbst zu tun, das muß er tun. Das ist Naturgesetz.

Jedes Jahr, jeden Monat, jede Woche gewinnt ein Kind eine neue Fähigkeit und lernt eine neue Fertigkeit. Auf diese Weise werden Bedürfnisse nach und nach zu Fähigkeiten und Fertigkeiten. Den Erwachsenen zeichnet aus, daß seine Bedürfnisse gleichermaßen – wenn vielleicht auch noch schlafende und ungeweckte – Fähigkeiten sind. Wenn sich bei einem Erwachsenen ein Bedürfnis meldet, dann ist sicher, daß gleichzeitig eine gleichermaßen starke Fähigkeit aktiv zu werden wünscht. Die Freude an den eigenen Fähigkeiten, die Lust, diese übend zu erproben, ist die beste Art, Fehler auszugleichen und die Beschädigung an der Seele zu heilen. Erwachsen sein heißt, daß die Notwendigkeit der Anerkennung durch andere nicht mehr in der kindlichen Form und Stärke zu existieren braucht. Selbstheilung beginnt mit der Urkenntnis, daß die Verlassenheitsängste entweder nicht mehr realistisch oder gerechtfertigt sind, wie es als Kind der Fall war, oder nicht existenzbedrohend, weil Erwachsene sich andere Bezugspersonen suchen können. Das Tun befriedigt ebenso wie das Bekommen. Geben und Nehmen ist gleich. Geben UND Nehmen beseligt. Dies zu wissen und zu praktizieren, bedeutet Ausstieg aus dem abhängigen Nesthockerdasein und dem ewig hungrigen Kleinkindverhalten. Auf diese Weise ist es möglich, auch Liebesdefizite der Kindheit auszugleichen. Wenn du erkannt werden willst, dann erkenne dich, und danach wirst du andere erkennen und anerkennen. Wenn du verstanden werden willst, dann verstehe dich selbst, und du wirst andere verstehen. Wenn du geliebt werden willst, dann liebe dich, und du wirst jene, die dir am nächsten und nahe sind, lieben können. Wenn du Be-Achtung und Achtung brauchst, dann beachte und achte dich, und du wirst die anderen beachten und achten lernen. Wenn du Orientierung und richtige Informationen brauchst, dann frage deine Urfahrungen und orientierte dich an allem und allen, was heil ist, und du wirst wissen und andere lehren und heilen können. Alles, was du dir selbst gibst, was du hast und mehrst, kannst du auch anderen geben. Alles, was du anderen gibst, kommt dir zurück, wenn auch nicht im Eins-zu-Eins-Verfahren.

Was du bist und was du an inneren Reichtümern hast, wirst du gerne aus »vollem Herzen« teilen. Dieses Teilen und Mitteilen ist ein mütterlicher Liebesakt. Wenn du selbst unbefriedigt bist, werden deine Gaben »halbherzig« – das heißt, ohne Wert – sein. Zum Unterschied von der vernichtenden »Teile-und-Herrsche-Praxis« der Väter garantiert diese mütterliche Fruchtbarkeit jene wunderbare Mehrung, nach der am Ende alle mehr haben und keiner arm zurückbleibt.

Panerotik

»Pan« heißt übersetzt »all, ganz, gesamt, völlig«. Ehe Sigmund Freud den Begriff »Polymorphe Perversion« erfunden hatte, wurde die allumfassende Liebesfähigkeit (die auch Babys zu eigen ist) Panerotik genannt. Ganzheitliche Menschen liebten eben ganz, all, gesamt, völlig.

Gegen den Strom der Zeit schwimmend und an meinem Ursprung angelangt, gleiche ich in meinem Liebesleben wieder dem Baby, das ich war, nur mit dem Unterschied, daß sich meine heutige Liebesmoral nicht mehr nur und noch nicht instinkthaft wie bei einem Kleinkind äußert, sondern meinem bewußten, zur Regel gewordenen Willen entspricht. Am Ursprung meines und meiner Leben war meine Liebe von einem allumfassenden Begehren und einer allumfassenden Liebesfähigkeit getragen. So wie ein Apfelbaum, der, in seiner Kindheit beschnitten, gestutzt, okkupiert, durch allerhand Manipulationen »kultiviert« und künstlich hochgezüchtet, nur mehr für das Auge schönes, aber fad schmekkendes und gehaltloses Tafelobst trägt, im Alter jedoch wieder verwildert und wieder kleine, aber wohlschmeckende und gehaltvolle Äpfel abwirft, so bin auch ich wieder wild, urwüchsig und gehaltvoll geworden. Am Ende eines langen Irrweges bin ich in einem großen Spirallauf wieder zum Ursprung zurückgekehrt. Mein Leben und mein Lieben hat wieder viele Gesichter, Gestalten, Formen und Ausfächerungen. Aller Menschen Liebe ist von der Anlage her vielgestaltig sinnlich und erotisch. (Doch die meisten Menschen geraten beim Gedanken an *Pan*erotik in *Pan*ik). Unser aller Lust ist weder auf genitale Geographie oder einen Sexualakt à la Playboy noch an ein bestimmtes Geschlecht oder an biologische Fortpflanzung gebunden. Wir alle kommen mit einem natürlichen Begehren nach einer Beziehung zu allen lebendigen Kreaturen auf die Welt: zu uns selbst, zu Frauen, zu Männern, zu Kindern, zu Pflanzen, zu Tieren, zu Steinen und Gestirnen, zu Licht, Wasser und Wind. Es gibt keine Begrenzung, wenn wir unmittelbare Zuneigung empfinden. Vom Standpunkt einer reinen Lebenslust aus betrachtet, steht es uns frei, zu allen Geschöpfen eine liebende Beziehung zu unterhalten und in innige Kommunikation zu treten – je nachdem, was sie uns bedeuten.

Um eine von Lust und Freude getragene Beziehung zu allem Kreatürlichen herzustellen, mußte ich mich selbst als eine Quelle der Lust und Freude entdecken und anerkennen. Selbstbefriedigung, ein häßliches Wort? In Unschuld betrachtet, will es sagen, daß das Selbst, die Seele jene Instanz ist, die befriedigt wird und befriedigen kann. Ich lebe Selbstbefriedigung auf allen Ebenen. Ich lebe und liebe mich.

Kaum zu glauben, mit wieviel Liebenswertem ich umgeben bin und wen und was ich alles lieben kann. Wie wunderschön zu spüren, wer und was mich alles liebt. Ich liebe die Sonnenstrahlen, die mich wärmen und auf der Haut ein erotisches Prickeln hervorrufen. Ich liebe das Meer und den See, die mich schweben lassen und deren Wasser meine Glieder sanft streichelnd umspülen. Ich liebe den lauen, zärtlichen Frühlingswind in meinem Gesicht und die kräftige Brise, die meinem nackten Körper eine kleine Gänsehaut macht. Ich liebe das weiche Moos, das zarte Fell meiner Kaninchen, das noch feuchte Vlies meiner neugeborenen Lämmer. Ich bette meinen Kopf auf den atmenden Körper meiner Ziege und stecke meine Nase in das nach Heu duftende Fell meiner Katze. Ich spüre ein kleines, angenehmes Schauern, wenn sich eine meiner Tauben auf meinen Kopf setzt oder mich meine Zicklein mit ihrer rauhen Zunge am Genick abschlecken, während ich im Gras sitze und sinniere. Ich liebe die Biene, die in meinem Haar krabbelt, die weiche Nase meines Schafes, die sich in meine Handmulde einbettet. Ich liebe den Stern, der mich nachts, wenn ich im Freien schlafe, herausfordernd anfunkelt und mich zu einem sprachlosen Zwiegespräch auffordert. Ich liebe klare Seen und die herbe Schönheit der Berggipfel. Ich liebe Stürme und Gewitter, klirrende Kälte und ebenso flimmernde Hitze. Ich genieße das, und alles bereitet mir Vergnügen. »Schau, wie schön!« jauchzt nicht nur mein Kopf. Auch meine Seele, mein Körper und alle meine Sinne jubeln es.

Schönheit und Güte ist ein und dasselbe; *schön* ist das, was fest und *schon* fast vollkommen ist. Seitenlang könnte ich aufzählen und beschreiben, was mir alles durch und durch sinnliche Freude,

Genuß und Vergnügen macht. Stundenlang könnte ich erzählen, was mich alles liebt und mich lieben macht. Die wahllose Aufzählung meiner »Liebesabenteuer« könnte darüber hinwegtäuschen, daß es bei all meinem Lieben und den Liebesobjekten so etwas wie eine heilige Rangordnung gibt. Etwas kann schön sein, ein anderes ist jedoch schöner, ein drittes ist am schönsten, aber es gibt eines, was am allerschönsten ist. Dieses Allerschönste ist mein Allerliebstes und auch mein Allerkostbarstes. Dieses will ich hüten und bewahren, denn meine Lieblingserzieherin, Tante Albine, schrieb mir 1949 ein Gedicht ins Stammbuch, das ich – spät, aber wenigstens doch jetzt – beherzigen möchte:

»Woran dein Herz im stillen hängt,
laß es nur niemand hören!
Du sprichst es aus und alles drängt,
dein Glück dir zu zerstören!«

Etwas nur ästhetisch zu finden, oder das Schöne sinnlich wahrzunehmen, ist nur eine Sache der Betrachtungsweise. Es gab eine Zeit, wo ich meinen Schönheitssinn von meinen Kopf-Sensoren bestimmen ließ. Schön war, was »man« schön zu finden hatte. Man hatte die Natur wie ein Gemälde, mit gebührendem Abstand zu betrachten. Ein Sonnenuntergang auf einer Postkarte war kitschig. Einen prachtvollen Sonnenuntergang am Meer oder in den Bergen mit staunenden Worten zu bewundern war sentimental. Das Streicheln des Windes und das Wiegen des Wassers galt nichts. Liebkosungen von Tieren hatte man zurückzuweisen, oder man ließ sie gnädig über sich ergehen. Das ehrliche Lob einer Freundin zählte nicht viel, nur das Kompliment eines Mannes hatte Bedeutung. Nur seine Küsse und Berührungen galten als sinnlich und erotisch. Entspannung hatte ich nur im Orgasmus mit einem Mann zu erwarten. Wir nehmen nur das wahr, was wir wissen. Wir »wissen« nur das, was wir glauben, und die meisten glauben das, was man sie glauben macht. So ist es, und so kommt es, daß ich ausgelacht werde, wenn ich sage, ich glaube, daß es meiner Haut egal ist, von welcher reinen Schönheit sie berührt und gestreichelt wird und meine Augen gleichgültig an den Plakatschönheiten à la »Schönheit kommt aus der Parfümerie« vorbeischauen und z. B. einem Wetterleuchten und dem wetterleuchtenden, bewegten Gesicht meiner Freundin die gleiche Gültigkeit zumessen. Erotischer Genuß ist eine Sache des Glaubens, der inneren Einstellung und der entsprechenden Betrachtungsweise.

Die Liebe zur Natur war eine unsinnliche Idee und erschöpfte sich in hohlen Worten, bzw. im Gebrauch von umweltschonenden Waschmitteln und dergleichen. Ich mußte erst auf die Idee kommen, daß meine Liebe zur Natur nicht abstrakt, theoretisch und platonischer »Natur« ist, sondern durch und durch sinnlich. Mein Kopf mußte meinen Sinnen die Erlaubnis geben, die Küsse der Sonnenstrahlen, die Ganzkörpermassage des Flusses und die streichelnden Liebkosungen des Windes als prickelnde, erregende und spannende Erotik und einen langen Spaziergang im Nieselregen, der mir sanft über Haar, Gesicht und Körper schmeichelt, als sinnlichen Entspannungsmoment zu genießen. Mein Kopf gab den Sinnen das Freizeichen, diese und viele andere erregende und entsprechende Sinnesgenüsse als Liebesakt der Natur zu betrachten. Kein Zweifel: Die Natur – die Gött-innen in ihren vielen Gestalten – lieben mich!

Indem ich mich mit Sonnenstrahlen, Tauben, Sternen, liebenden Menschen … identifiziere, lerne ich zu lieben und liebe ich das Lernen! Ich bin empfänglich für die kleinen Liebesfreuden, die in der Summe ein großes Ergebnis zeigen. Ich bin verschwenderisch mit kleinen Liebesbezeigungen, die in der Gesamtheit Großes bewirken. So betrachtet ist Leben-Lieben-Lernen tatsächlich ein Kinderspiel. So ist es zu verstehen, wenn geschrieben steht, daß wir, wenn wir werden wie die Kinder, ins Himmelreich eingehen können.

Ver-sagung oder »Du bist ja nur frustriert«

Alle Menschen werden von klein auf in ihren Grundbedürfnissen frustriert[7]. Die Frustration der Grundbedürfnisse ist Berechnung der irdischen und außerirdischen Intelligenzen des Patriarchats zwecks leichterer Beherrschung und Ausbeutung der Untertanen. Die instinkthaft geäußerten, berechtigten Wünsche und Sehnsüchte der Menschenkinder nach ganzheitlicher, gedeihlicher Entwicklung und entsprechender Führung werden von den Handlungsbevollmächtigten des Patriarchats »auf Täuschung bedacht und berechnet« – gezielt vereitelt. In welchem Ausmaß wir alle in unseren Grundbedürfnissen frustriert sind, das möge jede und jeder anhand meiner Auflistung an sich selbst überprüfen. Wie immer – eines ist klar: Uns allen wurden und werden in Permanenz lebensnotwendige Wachstumsansprüche ver-sagt, und zwar im übertragenen und im wörtlichen Sinn des Wortes.

Im übertragenen Sinn: Erziehung passiert per Imitation und Identifikation. Ein Erziehungsklima, erzeugt von Menschen, die selbst unterdrückt, frustriert, halbiert, rollenfixiert usw. sind, wirkt – auch ohne, daß etwas gesagt werden muß – unterdrükkerisch, frustrierend, halbierend und rollenfixierend. Die unterschwelligen Botschaften werden durch feinste Schwingungen übertragen. Ein leidender Gesichtsausdruck, die wortlos zugeknallte Tür, eine wegwerfende Handbewegung sprechen selbstredend für sich UND den Unterdrückten, Halbierten und Frustrierten. Uns wurde und uns wird nicht gegeben, was wir wirklich brauchen. Statt dessen wurden und werden wir mit Tausenden von Konsumartikeln ersatzbefriedigt und »abgespeist«. Unbe*friedigte* Menschen sind unzu*frieden, fried*los und können unmöglich *Frieden* halten und *Frieden* geben. So ist der Spruch »Der Krieg ist der Vater aller Dinge« zu verstehen.

7 »Frustration« ist lat. »frustrare« = »täuschen, auf Täuschung bedacht, berechnet«.

Im wörtlichen Sinn: Ver-sagen ist die Verkehrung von sagen[8]. Jeder Mensch kann nur sehenlassen, zeigen und weitergeben, was er selbst IST, hat und kann. Wer sich selbst nicht sehen will, kann sich auch nicht zeigen. Wer sich nicht zeigt, so wie er ist, weil er anstelle eines Selbstbewußtseins eine falsche Ich-Identität hat, kann die Wahrheit, die ein Kind spontan äußert, nicht ertragen und noch weniger akzeptieren. »Kinder sind das Spiegelbild deiner Seele.« Weil für die meisten Personen das klare Spiegelbild bedrohlich und unerträglich – ja selbstbildgefährdend – ist, muß der Spiegel »blind« gemacht werden. Wer sich nicht so zeigt wie er ist, muß zwangsläufig ein Ver-sager sein.

Bezugspersonen – selber Versager – versagen in der Erziehung; sie ver-sagen im buchstäblichen Sinn, den ihnen anvertrauten Kindern die spontan geäußerten Bedürfnisse und jene aufkeimenden Fähigkeiten, die unerwünscht sind. Statt mit einem passenden, wahren Wort, den aus urwüchsiger Quelle stammenden Persönlichkeitsausdruck eines Menschenkindes zu bestätigen und zu bekräftigen, wird das gleichlautende, aber schon inhaltslos gewordene oder gefälschte Wort eingesetzt, um es in Frage zu stellen und es in seiner Persönlichkeit zu schwächen. »Der Ton macht die Musik.«

Der Anfang der patriarchalen Geschichte ist gekennzeichnet durch das gefälschte Wort. Am Anfang jeglicher Erziehung zu einem patriarchalen Menschen steht das täuschende Wort, dessen wahrer Inhalt mit einem falschen Inhalt ausgetauscht worden ist.

»Hab' dich nicht so! Stell' dich nicht so in den Mittelpunkt!« mahnt eine Mutter und macht damit von vornherein deutlich, daß du kleines Kind, das du dich selbstbewußt in den Mittelpunkt deines Interesses stellst, dich nicht selbst haben sollst. Wem gehörst du? Wer soll dich haben? Zuallererst sollst du dem Vater Staat gehören, denn gleich nach der Geburt bekommst du eine Nummer und wirst beim Standesamt als zukünftiger Staatsdiener und potentieller Steuerzahler registriert. Dann gehörst du dem Christengott, mit dem über deinen Kopf hinweg ein Taufbund geschlossen

8 Heute im Sinne von »Versagung der Bedürfnisse«. »Sagen« gehört im Sinne von »sehen lassen, zeigen« zu der unter »sehen« dargestellten Wortgruppe.

wird. (»Fest soll mein Taufbund immer steh'n, ich will die Kirche hören. Sie soll mich allzeit gläubig sehen und folgsam ihren Lehren.«) Mami sagt, du gehörst ihr ganz alleine – nein, du bist Papis Sonnenschein. Dann gehörst du der Oma, dem Opa, der Tante... und schließlich deinem Mann und deinen Kindern, die allezeit und immer im Mittelpunkt deines Interesses zu stehen haben. Allen *gehörst* du, nur nicht dir selbst. Das *gehört* sich so, sagt man!

»Nimm dich nicht so wichtig!« Damit werden dir deine Lebensimpulse, die du instinktiv zuerst an dich selbst richtest, abgewürgt. Mit diesen Worten und der dazugehörigen Haltung wird dir dein selbstbewußter Lebensausdruck ver-sagt. Dir wird eingebleut[9] (es soll dir in Fleisch und Blut übergehen), daß du dich keinesfalls, dafür deine Nächsten um so wichtiger nehmen sollst. Wenn du daraufhin deinen inneren Halt verlierst und haltlos zu weinen beginnst, dann hörst du: »Beherrsch' dich doch!« Wenn dir BeHERRschung nicht liegt, wenn du trotzdem traurig bist und das angstvolle Weinen über den drohenden Verlust deiner Integrität kein Ende nehmen will, wenn du »es« (dein Selbst – deine Tränen) laufen lassen und dich zum Ursprung deines Kummers gehenlassen willst, dann hörst du: »Laß dich nicht so gehen!« Vielleicht fragt deine Oma mit besorgtem Blick auf deinen unendlichen Schmerz: »Kind, wohin soll das führen?« Sie fragt in unbewußter Anlehnung an das alte Wissen von der Fähigkeit des Organismus, den Gefühlshaushalt selbst zu regulieren und z. B. reichen Tränenfluß als Reinigungsmittel einzusetzen. Feuchtigkeit ist fürs Wachsen gut. Alle ungeweinten Tränen unseres Lebens müssen irgendwann einmal geweint werden. Hinter der Trauer ist der Zorn. Alle ungeschrienen Schreie müssen geschrien werden. Alle unterdrückte Wut muß einen Ausgang finden, um Lebensbedrohendes und Lebensschädigendes auszuschalten, unschädlich zu machen und fernzuhalten.

»Frustration erzeugt Aggression.« Findet diese, von vitalem Interesse getragene Verteidigungs-Aggression, die nach Art der Tiere instinktiv auf Selbsterhaltung abzielt, keinen Ausgang und keinen Zielpunkt, dann wendet sie sich gegen den Frustrierten und

9 germ. »bleut« ist »Blut«

wird zur Selbstzerstörungskraft. Depression ist nach innen gerichtete Aggression. Hinter der Stichflamme des wahrhaft heiligen, da heilenden Zornes wartet die Lebenslust.

Die Frage der Großmutter ist nur rhetorisch, denn in Wahrheit will niemand die Antwort wissen. Tatsächlich würde dich dein ängstliches Weinen auf deinen Grund und somit auf den Grund – die Ursache – deines Schmerzes führen. Wenn du den Grund wüßtest und mit deinem heiligen Zorn in Berührung kämest, dann wärest du mit deiner Lebenskraft in Berührung und wüßtest entsprechend zu handeln.

Du bist voll kindlicher Naivität und alter Klugheit, die du mitgebracht hast und ungeniert offenbarst. Du zeigst dich in allen Facetten und sprichst aus, was dir in den Sinn kommt, denn »Kinder und Narren sagen die Wahrheit«. Mit dem unwirschen Satz: »Sprich, wenn du gefragt wirst« und etwas später mit dem Hinweis »Sei schön brav und halt den Mund!« lernst du verstehen, daß du weniger Schwierigkeiten hast und vielleicht mehr bejahende Zuwendung bekommst, wenn du schweigst. Und du verstummst! Und du schweigst – vielleicht dein Leben lang. Jedes kleine Kind ist noch fest von sich überzeugt. Frag' in eine Kinderschar hinein: »Wer ist am schönsten?« Alle werden wie aus einem Mund rufen: »Ich!« »Wer kann am besten tanzen, singen, einen Vogel zeichnen oder eine Kuh malen?« Alle, alle können das am besten. Jedes ist das schönste. Ohne miteinander zu rivalisieren, ist jedes Kind das beste. Frag eine Hauptschulklasse oder eine Gruppe Erwachsener dieselben Fragen. Ich kenne keine Frau – und sei sie eine Schönheitskönigin –, die sich in ihrer natürlichen, ungeschminkten Form und ohne künstlichen Aufputz durch und durch schön findet. Ich kenne keinen Erwachsenen, der auf Anhieb zu singen oder zu tanzen beginnt und ohne Hemmungen einen Vogel zeichnen oder eine Kuh malen würde, es sei denn, er ist offiziell gekürt oder qualifiziert. »Gib nicht so an!« hörten wir als Kinder, wenn wir, da wir schon keine Rückmeldung auf unsere Eigenart und mitgebrachten Talente bekamen, selbst Angaben über uns machten, um uns nicht aus dem Bewußtsein zu verlieren. Und wir gehorchten! Keine Angaben über uns von seiten der Bezugspersonen, keine Angaben über uns von uns selbst. Die Ergebnisse sind Verhaltensunsicherheit und Identitätsschwierigkeiten, die schließlich zum Identitätsverlust – der Ursache aller Krankheiten – führen.

Hab dich nicht so! Sei nicht so hysterisch! Laß dich nicht so gehen! Gib nicht so an! Halt die Ohren steif! Sei artig! Halt den Mund! Halt's zusammen! Reiß dich zusammen! Du wirst schon noch spuren! Du sollst folgen! Du sollst gehorchen!... Wer könnte bei diesem ohrenbetäubenden Dauer-Konzert von Befehlen und Mahnungen die eigene Spur spüren, der inneren Stimme gehorchen und dem Ge-Wissen folgen? Wer könnte artig – seiner eigenen Art treu – bleiben?

Einer der vergifteten Pfeile aus dem Versager-Sprachköcher meiner Widersacher in der Zeit meines Aufbruchs lautete: »Du bist ja nur frustriert!« Ohne daß ich vorerst wußte, was das heißen soll, zuckte ich die ersten Male »schuldbewußt« zusammen. Etwas später konterte ich mit dem Bekenntnis: »Ja, ich bin frustriert! Mir wurden in meinem Leben viele Bedürfnisse versagt.« Mit meiner Antwort bezog ich mich auf den allgemeinen Sinn des Wortes »versagen« und klammerte den eigentlichen, mich peinlich berührenden Vorwurf aus. Dieser lautete nämlich komplett: »Die ist frustriert, weil sie keinen abbekommen hat.« Und wozu ich einen abbekommen sollte, wird im Anschlußsatz klar: »Die gehört nur einmal richtig durchgebumst.« Diesen Klartext wagte mir keiner ins Gesicht zu sagen. So etwas wird hinter meinem Rücken gesprochen. (Ob mir mein Rücken unter anderem deshalb so weh getan hat, weil ich Derartiges und Ähnliches auf meinen Buckel genommen und auf mir habe sitzen lassen?) Männer, die so etwas sagen, können jederzeit »bumsen«. Sie sind sogar stolz auf die ihrem Selbst entfremdete, von Liebe abgespaltene und automatisch funktionierende Knopfdruck-Sexualität. Denen müßte man sagen, daß ihre Vergewaltiger-Mechanik ohnehin nicht gefragt ist. Aber nicht nur »Primitive«, auch Männer aus der »gehobenen Schicht« neigen dazu, starke Frauen, die ihnen aufrecht begegnen, die ihnen auf eigen-artige Weise die Wahrheit sagen und zeigen oder gar auf die Anwesenheit oder Akzeptanz eines Mannes keinen Wert legen, als Frustrierte abzuqualifizieren. Auch jene fühlen sich von einer starken Frau bedroht und sehen kaum ein Versagen bei sich, sondern nur bei der Frau, der sie somit eine geheimnisvolle Krankheit, zumindest aber Mangelhaftigkeit vorwerfen. »Die ist ja nur frustriert!«

Es gab viele Männer, die mich »begehrten«. Ich traf jedoch keinen, der mich in meiner Ganzheit erkannt hätte. Die einen »liebten« meinen Körper und mißachteten meine Innerlichkeit. Die anderen »liebten« meine Seelen-Regungen und fürchteten sich vor meinem regsamen Leib und meiner Aktivität. Männer von der Sorte meines Exmannes fanden meine Beine, meinen Busen und sonstwas »aufregend«, demzufolge im sogenannten »Liebesspiel« jenen Körperteilen viel Aufmerksamkeit zuteil wurde. Während meiner Laufbahn als potentielle Geliebte bedeutender Männer traf ich auch jene, die mich »platonisch liebten«. In unzähligen Gesprächen, Briefen und Gedichten verehrten sie meinen wachen Geist, bewunderten meine spontanen Lebensäußerungen und fanden meine Intelligenz »beachtlich«. Mein letzter Dichter-Geliebter wollte mir wahrscheinlich ein ganz originelles Kompliment machen, als er, in einer zärtlichen Schmusestunde, meinen Kopf streichelnd, nahe meinem Ohr flüsterte, daß er am liebsten meine »Schädeldecke abheben« und meinen »Geist streicheln« wolle. Ich fühlte mich seltsamerweise gar nicht geschmeichelt, sondern reagierte auf seine sicher gutgemeinte Artigkeit fast ähnlich betroffen und beleidigt wie auf jene, deren Aufmerksamkeit sich ausschließlich auf meine physischen »erogenen Zonen« konzentrierten. Oh, wie kam ich mir damals schlecht vor, weil ich von diesem Mann auch an meinem Körper gestreichelt und auch leiblich geliebt werden wollte. Ein Satz, irgendwo aufgelesen, dröhnte mir beschämend laut in den Ohren: »Die Gier der Weiber ist unersättlich.« War ich, die ich wegen meiner Zurückhaltung in meiner Jugendzeit »Inselweib« genannt wurde und in meiner Ehe als »frigid« galt, nun unersättlich und gierig nach Sex? Bin ich etwa von einem abnormalen Extrem ins andere gefallen? Nach Auskunft der Mannmänner war ich verklemmt, da unfähig, mich angesichts ihrer Lieblosigkeit »fallenzulassen« und mich ihnen »hinzugeben«. Da liebte ich nun einen superweichen Mann, einen, der ganz anders schien als die Männer, die ich bislang kannte, bei dem ich mich freiwillig und gerne fallengelassen hätte, und der – gerade der – hatte Angst vor Sex, fürchtete meine physische Sinnlichkeit und machte einen weiten Bogen um die weiblichsten Teile meines Körpers. Und wieder, wie so oft, suchte ich die Ursache bei mir, unterdrückte meine Lust und wurde – verklemmt. Schmerzen im »sakralen Bereich«, dem Kreuzbein, wiesen auf einen zwischen den Wirbeln eingeklemmten Nerv hin. Mir dämmerte, daß diese schmerzliche Verklemmung mit meiner Verspannung im Beckenbereich und diese mit der Hochspannung zu tun haben mußte, in der ich mich befand. Die anregenden Gespräche und das intensive Zusammensein mit dem geliebten Mann beschleunigten meinen Energiefluß. Der fand jedoch keinen Ausgang, keinen Zielpunkt und keine Entladung. Da mir Selbstbefriedigung von klein auf versagt war, und da mir versagt war, in orgiastisch ekstatischer Lust zu explodieren, explodierte ich eines Tages in einem Zornanfall: »Du bist um keine Spur besser als die anderen Männer! Teile und herrsche! Mein Körper ist mir genauso heilig wie mein Geist und meine Seele. Ich laß mich nicht aufteilen in eine ›Seele von Frau‹ und einen Klumpen Fleisch. Immer wollt ihr Macht über mich gewinnen. Indem ihr mich in meine Bestandteile zerlegt und danach nur einen Teil als begehrenswert herausstreicht und den anderen mißachtet, glaubt ihr, mich unsicher und abhängig machen zu können. Als ungeteilte Ganze bin ich wohl für keine Sorte Mann annehmbar. Mein Exmann hatte sich meine körperliche und mentale Energie zunutze gemacht und aus diesem Grund meine emotionalen (Du bist hysterisch!) und spirituellen (Du spinnst!) Regungen unterdrückt und mies gemacht, und du, du begehrst zwar meine Seelenkraft und meine spirituelle Energie, machst aber dafür meine körperliche Sinnlichkeit verächtlich und stellst meine radikalen Gedankengänge in Frage.«

»Die ist ja nur frustriert!« O ja, ich war frustriert auf allen Linien und in allen Bereichen – ich war auch sexuell frustriert. Ihr habt mich mit inhaltlosen Liebes-Worten getäuscht. Und ich – ich habe euch aufs Wort geglaubt. Mein Bedürfnis war, von einigen von euch – wenigstens von meinen Allerliebsten – als Ganze und nicht zerstückelt erkannt zu werden. Ich meine dieses »Urkennen«, wie es in der Bibel wenigstens als Wort noch enthalten ist. Ihr habt mich mit einem falschen Liebesbegriff getäuscht. Ab dem Zeitpunkt, da ich nicht mehr das unsichere, sich minderwertig fühlende Frauchen war und mir mein Körper genauso heilig wie mein Geist und meine Seele war; ab da, wo ich nicht mehr das sich passiv hingebende Weibchen spielte, sondern mein eigenes Liebesfeuer flammen und prasseln ließ und mich unreduziert als eigenmächtiges Vollweib zeigte, reagiertet ihr als »Schlappschwanz«. Ihr konntet nicht... mir das Wasser reichen und nanntet mich »phallisch kastrierend«.

»Phallus« ist das männliche Glied in Erektion. »Kastrieren« heißt entmannen. »Phallisch kastrierend« ist ein Fachausdruck der Psychologie, angewandt auf Frauen, die durch ihr selbstsicheres Auftreten einen Mann in seiner erektierten (= angeschwollenen) Männlichkeit unsicher machen und schließlich Impotenz hervorrufen können. Ihr, die ihr uns »frustriert« oder »phallisch kastrierend« schimpft, ihr seid Versager. Weil wir aufwachen, die lächerliche Hilflosenrolle, die ihr uns zugeteilt habt, wie eine Schlangenhaut abstreifen, zu unserem innersten Wesenskern vordringen und euch als reife, starke und auch sexuell potente Frauen begegnen, deswegen sind wir doch nicht krank oder makelhaft oder gar auf Kastration aus. Im Gegenteil! Echte Stärke baut nicht auf der Schwäche des anderen auf, sie macht sie höchstens sichtbar und kann hilfreich sein, das schwache Selbst des Partners zu stärken.

In eurem Männlichkeitswahn versagt ihr euch selbst die Tiefe und die Fülle eines durch und durch lustvollen Lebens. Ihr versagt euch den Mut zur Freiheit und zu einer inneren Macht, die sich nicht in Herrschaft über jemanden und für Geld und Haben, sondern im Einsatz für die eigenen Lebens- und Liebeswerte äußert. Mit der krampfhaften Aufrechterhaltung eures Gespaltenseins versagt ihr euch ein allumfassendes Leben und Lieben und vergeudet eure Kraft im ewigen Kampf gegen eure Ängste und für die Sicherung eures »Oberwassers«. Ich weiß doch, wie anstrengend es ist und wie einsam jemand ist, der immer obenauf sein und alles unter Kontrolle haben muß. Wir Frauen hören immer: »Gib dich hin!« Wie wäre es, wenn ihr euch hingeben würdet? Opfert euren erigierten Männlichkeitswahn. Ihr müßtet das von falschen Identifikationen aufgeschwollene Ich opfern, um zu eurem Selbst zu gelangen. Auch ihr kommt nicht darum herum, haarscharf der Angst entlang – durch Versuch und Irrtum – an die Wurzeln eurer wunden Punkte zu kommen. Wir Frauen hören immer: »Laß dich fallen!« Wir verstehen! Dieses »Fallenlassen« ist beschränkt auf den Beischlaf, und selbst da nur so weit, bis die Grenzen eurer Ängste erreicht sind. Wie wäre es, wenn ihr euch fallen lassen würdet? Der wahrhaft »brave« Mann (engl. »brave« heißt »tapfer«) ist daran zu erkennen, daß er sich in seine Tiefe fallen läßt. Laßt euch fallen – dorthin, wo eure tiefsitzenden Ängste, Zweifel, aber auch euer persönlicher Lebenskern auf Erlösung wartet.

Teile und herrsche

Es gab eine Zeit, in der ich noch glaubte, ich könne meiner Sache, dem weiblichen Prinzip und den Frauen, dienen, wenn ich meine Position als Redakteurin im Fernsehen benütze, um die »weibliche Sicht« der Dinge in das Fernsehprogramm einzubringen. Welch hoffnungsloses Unterfangen! Setzte ich der männlichen Schmalspurlogik meine spiralige Denkweise entgegen, so wurde ich vom leitenden Chef mit dem zensurierenden Hinweis, ich könne nicht »wissenschaftlich denken«, eingebremst. Wollte ich bei der Eingrenzung eines Sendeschwerpunktes neben den die Herren interessierenden Detailfragen den Gesamtzusammenhang eines Themas mitberücksichtigt wissen, dann hörte ich ein verächtliches: »Die Gerlinde sieht immer nur das Große und Ganze.« Für meine Sicht der Dinge gab es kein Denkschema, kein Ohr, keine Aufmerksamkeit und kein Interesse. Um nicht mich aufgeben zu müssen, habe ich das Fernsehen aufgegeben. Habe ich für eine Zeitung oder eine Zeitschrift einen Artikel geschrieben, dann wurde dieser »entschärft«, indem er auseinandergenommen und Teile davon gestrichen wurden. Gab ich ein Interview im Hörfunk oder im Fernsehen, dann gelang es den diversen Journalisten durch geschickte Ton- und Bildschnittechnik, das Gegenteil von dem, was ich tatsächlich meinte UND sagte, über den Lautsprecher bzw. über den Bildschirm zu bringen. Um mich und meine Inhalte nicht weiterhin der Gefahr der Verstümmelung auszusetzen, gebe ich seit zwei

Jahren weder einer Zeitung noch dem Hörfunk oder dem Fernsehen ein Interview.

»Divide et impera!«: »Entzweie und verbiete«, ist kein harmloses Zitat aus dem Mund eines absoluten Herrschers der Vergangenheit. Der Leit- und Leidspruch »Teile und herrsche« zieht sich als roter Faden wie eine Blutspur durch 6000 Jahre patriarchale Herrschaft und durch alle Bereiche des Lebens. Teile und herrsche – entzweie und verbiete – ist Glaubensbekenntnis, Wahlspruch, Theorie und Praxis, worauf sich die Schreckensherrschaft der Väter begründet und aufrechterhält. Jene Zweiten, die in sich entzweit sind, streben danach, alles, was ganz ist, zu spalten, denn sie können nur Macht über jemand oder etwas haben, wenn sie das in der Natur vorhandene Große und nur als Ganzes Machtvolle spalten, zerlegen, zerreißen, zerstückeln und auf diese Weise schwächen. Indem jedes einzelne Teil beherrscht wird, gewinnt man Macht über das Ganze.

»Teile freiwillig dein Fleisch und Blut, teile deinen Glauben, deine Gedanken, dein Wissen, deine Gefühle – teile mit –, und dieses Teilen ist Liebe und wird zur Himmelsmacht.« Das ist das mütterliche, göttliche, natürliche Gesetz der Fruchtbarkeit. Das ins Gegenteil verkehrte Prinzip lautet: »Teile gewaltsam und herrsche mit Gewalt«; »Entzweie, was zusammengehört, und verbiete, was der lebendigen Entwicklung dient«. Der Spalt im Bewußtsein der Machthaber und die Schwerpunktverlagerung auf den Ich-Pol haben ihre Entsprechungen auf allen Ebenen des Lebens. Wie sich die Zerrissenheit der Welt und ihrer Phänomene im Alltag auswirkt, in welcher Weise man sich damit der Seele bemächtigt hat und was diese Seelenspaltung für den einzelnen bedeutet, darüber möge jeder für sich nachdenken.

Damit klar wird, was ich meine, hier ein kleiner Streifzug durch die Splitterwelt: Geteilt wird Zeit von Raum. (Es ist geRAUMe Zeit her, daß Zeit und Raum eine Einheit waren). RAUM: Die freigiebige Weite matriarchalen Tod- und Wiedergeburt-Glaubens wird vom herrschenden Zeitbegriff überwältigt und verdrängt. ZEIT gehört im Sinne von »Abgeteiltes und Abschnitt« zu der idg. Wurzel »*dà* [i]« und heißt »teilen, zerschneiden, zerreißen«. »Dämon« (»böser Geist«) steht im größeren Zusammenhang des Begriffes Zeit und leitet sich von grch. »daiesthai« = »[ver]teilen« her. Zeit wird durch die patriarchale Zeitrechnung auf dämonische Weise in Vergangenheit, Gegenwart, Zukunft, in Jahre, Monate, Tage und durch Uhren in Stunden, Minuten und Sekunden zerhackt, damit der Lebensrhythmus gestört und die Menschen geschwächt werden.

Abgespalten wird das Ich vom Selbst. Getrennt wird der Tod vom Leben; Leben vom Lieben; Liebe von Beischlaf; Beischlaf von Empfängnis; Empfängnis von Schwangerschaft; Schwangerschaft von Geburt; Geburt von Mutterschaft; Mutter vom Kind; die Jungen von den Alten... Zerrissen werden die Frauengemeinschaften, die heiligen Bündnisse der Frauen. Getrennt wird das Private vom Politischen; das Unsichtbare vom Sichtbaren; die Geisteswissenschaft von den Naturwissenschaften; die Seele vom Körper. Statt miteinander zu reden – »beim Reden kommen die Leut z'amm!« –, führt man Auseinandersetzungen. Statt eins zum anderen zu fügen, wird diskutiert[10]. Statt ein Ganzes mit allen Sinnen zu begreifen, wird analysiert[11]. Der Organismus wird in Organe zerlegt; das ganzheitliche Gesundheitswesen in Spezialbereiche und Spezialistentum zersplittert. Die Geschichte der Frauen (Prähistorie) von der patriarchalen Geschichte (his-story) abgespalten; und so weiter und so fort. »Macht euch die Erde untertan« sagt einer, der sich »dein Gott« nennt und seine unerhörte Grausamkeit, mit der er seinem »auserwählten Volk« befahl, gegen die matriarchalen Ureinwohner des Landes Kanaan vorzugehen, die Ganzheitsreligion auszurotten und alle Greueltaten im Alten Testament dokumentieren ließ. »Indem ihr der an Macht orientierten Nützlichkeit eine willkürliche Festlegung von Gut und Böse unterschiebt, könnt ihr das vom ursprünglichen Glauben abgespaltene Denken beeinflussen und die Herren der Welt werden«, lautet im Klartext dieser Befehl des Jahwe.

Die Spaltung beginnt im Persönlichkeitskern und setzt sich fort in der Auf-, Unter- und Zweiteilung im Bewußtsein und hat den

10 »Diskutieren« = lat. »discutere« und heißt »zerschlagen, zerteilen, zerlegen«.

11 »Analyse« = gr., mlat. »analysis« und heißt »Auflösung, Zergliedern«.

Gipfel des Schreckens in der Atomkernspaltung, mit deren Hilfe die ganze Erde gesprengt werden soll.

Ich höre schon die Kritiker sagen: »Was hat die gegen das Teilen? Zellteilung entspricht einem Naturgesetz und ist die Voraussetzung für Leben.« Selbstverständlich! Liebe ist nichts anderes als teilen. Es gibt ein lebensvolles, natürliches Teilen, dem gegenüber ein gewaltsames, unnatürliches Zerreißen, Zerschmettern und Zerstückeln steht. Ob das Teilen liebevoll oder unheilvoll ist, das zeigt das Ergebnis, das, was am Ende herauskommt. Natürliches, mütterliches Teilen ist Mehren. In diesem mütterlichen Teilungsvorgang ist der Tod lediglich das Absterben von etwas Überlebtem, Unfruchtbarem oder Schädlichem. Dieser Tod ist ein Bestandteil des Lebens, er ist die Voraussetzung für etwas Neues, Schöneres, Besseres, Kräftigeres und Nützlicheres. Das Ergebnis des patriarchalen Teile und Herrsche ist ein Weniger. Es macht kleiner, geringer und schwächer. Am Ende dieses unheilvollen Teile und Herrsche steht ein Tod als Punkt ohne Wiederkehr.

Die Macht der Frauen bestand im Urkennen und Urfassen der Gesamtzusammenhänge. In der Gesamtschau und im Bescheidwissen über die Unantastbarkeit dessen, was wir heute Ökologie nennen, war die Bescheidenheit der matriarchalen Frau begründet, die sie vor Machtmißbrauch bewahrte. Wir gehören alle zusammen. Alles Lebendige ist miteinander und ineinander verwoben, fließt ineinander, bedingt einander und löst einander ab.

Eines ist ohne das andere nicht möglich. Alle Lebewesen sind beseelt und sind gleichwertig, wenn auch nicht gleichrangig. Zu Achtung, Ehrfurcht, schützender Sorgfalt und Liebe ist nur fähig, wer alles als beseelt und zusammengehörig betrachtet und sich selbst als Teil des Ganzen akzeptiert. Oder andersherum: Wem sein Leben lieb ist, der wird danach trachten, daß er das Leben in anderen Erscheinungsformen nicht schwächt und schädigt, weil er dadurch sich selbst schwächt und schädigt. Leben nährt sich von Leben und nährt wiederum Leben. Das Wissen darum, daß wir alle – Pflanze, Tier, Mensch, die heiligen Geister, Sterne, Sonnen... – auf Gedeih oder Verderb aufeinander angewiesen sind, begründet die Weisheitsreligion der Frauen. Und diese Religion begründete das Goldene Zeitalter der Matriarchate.

Als junge Mutter habe ich dreimal meine Zellen, mein Fleisch und Blut geteilt und damit meinen schon als Seele-Geist-Kern vorhandenen Kindern eine neunmonatige Wohnstätte gegeben, um sie leibhaftig werden zu lassen. Später teilte ich mit ihnen meine Zeit, meine Kraft, meine Erfahrungen, mein Wissen und meine Fähigkeiten. Als einundfünfzig Jahre alte Mutter teile ich noch immer. Ich teile mit! Und wieder: Der Zweck der Teilung ist, das Wissen zu mehren und das Zerstückelte wieder ganz zu machen. Die Medien-Männer teilen ihre Nachrichten mit, sie »sorgen« für Unterhaltung, und der Zweck ist geteilte Aufmerksamkeit und Zerstreuung, das Ergebnis ist Zweifel an der eigenen Erfahrung und Wahrnehmung; ist Schwächung der Persönlichkeit; das Ziel ist die Dienstbarmachung des »Menschenmaterials«.

Der Atomphysiker teilt den Atomkern – das Ergebnis ist Schwächung und Vernichtung. Er sagt zwar, das geschähe »zum Wohl der Menschheit«, doch wie wohl uns dabei ist und was wohl(?) dabei herausschaut, das ist vielen seit Tschernobyl aufgegangen, das hat sich herumgesprochen und ist nicht mehr zu übersehen.

Die Liebe ist ein kleiner Tod

Eine Freundin kam zu mir und klagte: »Warum hat mich mein Freund verlassen? Wir hatten es endlich so schön miteinander. Wir hatten eben begonnen, uns zu lieben, nachdem wir so lange mißtrauisch miteinander waren. Warum nur? Warum?« Meine tröstenden, das Problem einkreisenden Worte waren: »Wenn du dir die Frage *warum* ehrlich beantwortest, dann wirst du als erstes zur Kenntnis nehmen müssen, daß das, was *war, um* ist. Nicht du und dein persönliches Versagen ist schuld. Das Drama kenne ich. Es zeichnet sich gegenwärtig als Grundmuster in vielen Mann-Frau-Beziehungen ab. Frauen wie du und ich entdecken, daß die patriarchale Liebesideologie nichts taugt, und suchen nach einer authentischen und ehrlichen Form, in der wir uns unverstellt zeigen und uns nicht mehr künstlich dümmer, hilfloser und schwächer stellen müssen, als wir sind. Junge Männer, wie dein Geliebter, taumeln freudetrunken und unschuldsvoll in die Intimität. In der Nähe zur unverstellten Frau kommt er mit der Frau in sich selbst (seinem Selbst) in Berührung. Mit dem Ausmaß des Erkennens kommt das Erschrecken: Sein vom Männlichkeitswahn aufgeblähtes, rational überheblich zensurierendes Ich – vollgestopft mit Ideologien – droht die Kontrolle zu verlieren. Das Selbst rührt sich, denn es bekommt Nahrung, und es will Anhörung. Sein Selbst ahnt die kosmische Verbindung der Frau und will Verschmelzung mit ihr und damit mit den kosmischen Energien. Sein Selbst fordert das Ich zur Hingabe auf. Seine Seele hat Sehnsucht nach dem Ursprung und nach (Er-)Lösung des inneren Konfliktes, der sich aus der Spaltung und der Spannung zwischen Selbst und Ich ergibt. Das Ich jedoch, dominant und privilegiert, will die Kontrolle nicht aufgeben. Es fragt: »Was ist danach? Beherrscht sie mich dann? Wer bin ich dann? Weiblich? Eine Frau? Will ich eine Frau sein? Was ist, wenn ich sie als ebenbürtig – noch mehr, wenn ich sie gar als überlegen anerkennen müßte? Was geschieht dann; was meiner männlichen Überlegenheit, meinen Privilegien, meiner Bequemlichkeit und meiner Sicherheit?« Der innere Kampf endet zuungunsten des Selbst. Er identifiziert sich mit dem patriarchalen Männlichkeitsideal und »pfeift seine Liebe zurück und trainiert sich seine Liebe ab«. Er flüchtet in anspruchslosere Beziehungen. Danach rationalisiert er seine Flucht vor ihrem und seinem Selbst: »Kein Besitzanspruch! Will nicht in die Verantwortung genommen werden! Keine Bindung! Keine Dauerbeziehung! Keine Zweierbeziehung! Freie Liebe!«

Anstelle von Liebe tritt Sexualität pur. Ich habe in der Zeit, als mir das mit meinen letzten zwei Männern widerfuhr, andere Männer interviewt: Sag, wie hast du die Liebe erfahren? Ein Redaktionskollege: »Liebe ist eine Kinderkrankheit, die immerwährende Immunität nach sich zieht.« Ein Tontechniker: »Gefühlssalat.« Ein Intellektueller: »Ein Haufen Irrationalitäten mit Hollywoodausstattung.« Ein Medizinstudent: »Liebe ist lediglich eine biochemische Reaktion der Ovarien auf die männlichen Keimdrüsen.« Ein humanistisch Gebildeter zitierte einen alten Griechen:

»Liebe – ein schmerzliches Verfallensein an eine Macht außerhalb des Ich.« Ein alter Softie-Freund: »Durch die Liebe zu meiner Freundin hätte ich mich besser kennenlernen können, aber ich hatte nicht den Nerv dazu.« Ein Installateur, der meinen verstopften Ausguß reparierte: »Gefährlich! Gefährlich!« Eine Zufallsbekanntschaft: »Komm mit aufs Zimmer, ich zeig's dir.« Um zu ihrem Selbst zu kommen, müßten sie das Ich sterben lassen. Deshalb wird Liebe »ein kleiner Tod« genannt.

»Wer's glaubt, wird selig«?

> »Laß die Wurzeln unseres Handelns Liebe sein,
> senke sie in unser Wesen tief hinein.
> Laß doch alles hier auf Erden Liebe werden.«

»Glauben« heißt in einem Lexikon »innere Sicherheit, die keines Beweises bedarf« und in einem anderen »etwas für lieb heißen und gut halten«. Dieses »Etwas« ist nicht näher definiert. Ich glaube jedoch, daß es gerade auf dieses »Etwas« ankommt. Der Inhalt, die Bedeutung, der Wert oder Unwert dieses »Etwas« bestimmt das Ziel unseres Handelns. Dieses »Etwas« ist kein wertneutrales Weder-Noch, sondern ein Entweder-Oder. Menschen, die in ihrem Selbst wohnen, spüren diese »innere Sicherheit«, die keines Beweises bedarf. Für lieb gehalten und gutgeheißen werden von selbstsicheren Menschen ausschließlich Lebens- und Liebeswerte, Werte, die dem Leben dienen. Selbstbewußte bedürfen keines Beweises von seiten einer wissenschaftlichen Kompetenz. Beweis ist das eigene Sein und Werden. Sie spüren, ahnen, schauen, sehen, hören und horchen, daß alles Leben vom Licht kommt, sich von Licht nährt und wieder zu Licht wird. Licht ist die impulsgebende Schöpferkraft. Licht ist reine Lebens- und Liebesenergie. Alle Pflanzen neigen sich dem Licht zu. Die meisten Tiere suchen das Licht. Menschen, wenn sie kein »lichtscheues Gesindel« sind, ebenfalls. Dem sichtbaren Licht geht seine unsichtbare, spirituelle

Entsprechung voraus. Das ist der jedem Menschen innewohnende Lebensfunke, der das Lebenslicht, von den Griechen noch »Philosophisches Feuer« genannt, zündet. Die wenigsten können das innere Feuer sehen. Klar, denn dieses ist das Bewußtsein von Feuer. Bewußtsein kann man nicht sehen, man kann es – wenn schon – nur schauen. Es ist der Geist von Licht (lat. »Spiritus«), der in uns brennt, glüht, uns in Liebe entflammen läßt, unsere Ideen zündet, uns ein Licht aufgehen läßt und uns den göttlichen Funken beschert.

Dieses innere Licht ist unser Glaube. Feuer, Licht, Leben, Liebe, Glaube und Spirit ist ein und dasselbe. Wer akzeptiert, daß alles Leben vom Licht kommt, dem ist auch sonnenklar, daß der Glaube die impulsgebende und richtungsweisende Energie unseres Seins und Werdens ist.

Am Anfang ist der Glaube. Am Anfang ist das Licht. Am Anfang war das Wort? Nur die patriarchale Geschichte beginnt mit dem geschriebenen Wort. Mit dem gefälschten Wort konnten die Widersacher unseren Glauben besetzen und ihm eine andere – eine ihrem destruktiven Machtwillen entsprechende – Bedeutung unterschieben und in die von ihnen gewünschte Richtung lenken. Konsequenterweise wird seither der Geist von Licht mit dem Geist, dem Bewußtsein von Intelligenz, Wort, Sprache, Verstand und Logik verwechselt. »Geistvoll« gilt daher seitdem nur ein denkender Mensch und kein Glaubender. In der Folge gilt seitdem Glaube und Wissen als unvereinbares Gegensatzpaar. Man sagt: »Glauben heißt nix wissen.« Kraft des sinnübertragenen Wortes gelang es, uns von dem, was ursprünglich sonnenklar war und unserer direkten Wahrnehmung entsprach, zu entfremden und uns zum auf patriarchale Werte übertragenen Sinn der Worte und Werte zu ver-führen. Menschen, die sich von ihrem Selbst und damit von der direkten Wahrnehmung der Liebeswerte entfernt haben, wissen nicht mehr, was sie für lieb halten und was sie für gut heißen sollen. Selbstlose Menschen haben die innere Sicherheit über ihr Sein und Werden und die Güte der Lebens- und Liebeswerte verloren. Sie sind mit ihren sehnsüchtigen Bedürfnissen auf Worte und Werte angewiesen, die ihren Impulsen eine Richtung geben – sie brauchen eine Definition dieses »Etwas«. (»An irgendwas muß der Mensch ja glauben!«) Das Bedürfnis zu glauben wird nach dem Gesetz von Angebot und Nachfrage reguliert. Angeboten werden Worte, die ihres ursprünglichen Lebens-Liebes-Sinnes beraubt wurden, einen Bedeutungswandel in patriarchale Werte erfahren haben und die patriarchale Glaubensinhalte transportieren. Die alles entscheidende »Gretchenfrage« ist die nach dem Glauben. Es ist von existentieller Bedeutung, WAS wir für lieb halten und gutheißen. Entweder – oder; unser Gedeih ODER Verderb hängt davon ab, woran wir glauben. Das wußten auch die Widersacher der matriarchalen Liebesreligion. Deshalb war es das A und O der Machthaber, von unserem inneren Lebenslicht, von der Wurzel unseres Seins – von unserem Glauben – Besitz zu ergreifen. Sie mußten gewußt haben: Wenn es gelingt, unser Bewußtsein zu spalten und uns in den Spalt einen falschen, ihren Herrschaftsinteressen dienlichen Glaubenskeim einzupflanzen und uns dazu zu bringen, diesen Keim gutzuheißen – noch mehr, ihn für lieb zu halten –, dann gelingt es ihnen auch, unserer Liebesenergie habhaft zu werden. Man mußte nur unseren Glauben ändern, dann konnte man auch uns ändern. Wenn man von unserem innersten Wesen Besitz ergreift, dann sind wir ganz und gar besetzt und besessen. Der Glaube ist die Ur-Sache, die unser Handeln zur Wirkung bringt.

Für jene, die noch immer nicht glauben wollen, daß der Glaube das Denken, Fühlen und Handeln bestimmt, gebe ich ein einfaches, leicht nachvollziehbares Beispiel: Stell dir vor, du sitzt mit Freunden in einer fröhlichen Runde. Gegen Mitternacht wirst du müde – es ist Zeit, nach Hause zu gehen. Du verabschiedest dich und langst in deine Tasche, um den Haustürschlüssel herauszuholen. O Schreck! Der Schlüssel ist nicht da. »Ich habe den Schlüssel verloren!« Plötzlich beginnen deine Gedanken um den Verlust des Schlüssels zu kreisen. Du bist von dem Gedanken »beherrscht«, wieder in den Besitz des Schlüssels zu kommen. Wie komme ich jetzt ins Haus? Wo habe ich den Schlüssel zuletzt gehabt? Was tun? Wo erreiche ich jetzt noch einen Schlosser? Bei wem könnte ich jetzt noch übernachten? Die gute Stimmung von vorhin ist futsch. Was fühlst du? Unbehagen. Aufregung. Ärger. Sorge.

Angst. Diese deine Gefühle bildest du dir nicht ein, die sind echt. Du fühlst sie wahrhaftig. Was tust du? Vielleicht telefonierst du, oder du durchwühlst zum zehnten Mal deine Taschen? Was immer du tust, deine ganze Aktivität richtet sich darauf, in dein versperrtes Haus, in dein Bett und zur dringend benötigten Nachtruhe zu kommen. Vielleicht nimmt dich eine Freundin für diese Nacht bei sich auf?... Noch einmal drehst du das Innere deiner Tasche nach außen – und siehe: Da ist er ja! Der Schlüssel ist da, er hatte sich lediglich im Futter deiner Tasche »versteckt«.

Der Schlüssel war immer da, du hast ihn nur nicht gesehen. Du hast nur GEGLAUBT, er sei verloren. Es war jedoch ein falscher Glaube, wie es sich herausstellte. Was denkst und fühlst du jetzt? Erleichterung. Befriedigung. Freude. Was tust du? Du gehst beruhigt nach Hause und legst dich zufrieden ins Bett. Was hat deine Aufregung und dein hektisches Rotieren ausgemacht? Der falsche Glaube, daß der Schlüssel verloren sei. Was hat dich beruhigt und zufrieden zu Bett gehen lassen? Die Gewißheit, daß der Schlüssel wieder da ist und immer da war.

Ein anderes, weniger harmloses Beispiel für die Macht des Glaubens ist ein perverses, in Amerika durchgeführtes Experiment: Mit einem Verbrecher, der zum Tode verurteilt war, wurde ein »wissenschaftlicher Versuch« durchgeführt. Ihm wurde gesagt, daß er, statt auf dem elektrischen Stuhl zu enden, durch einen Schnitt in die Pulsader verbluten sollte. Danach wurden ihm die Augen verbunden, und die Wissenschaftler ritzten die Schlagader am Handgelenk, ohne daß die Haut verletzt wurde. Aus einem Schlauch ließen sie warmes Wasser über die geritzte Stelle strömen, so daß beim Delinquenten der Eindruck entstand, daß tatsächlich sein Blut verströme. Während des Vorganges unterhielten sich die Ärzte über die Körpersymptome des »Verblutenden« und zwangen somit seine Gedanken in Todesrichtung. Der Mann glaubte und »spürte« selber, wie sein warmes Blut ausrann, wie er schwach und noch schwächer wurde. Er starb nach kurzer Zeit, ohne einen Tropfen Blut verloren oder auch nur im geringsten eine körperliche Schädigung erfahren zu haben.

Was will ich mit diesen Beispielen sagen? Egal, was du glaubst, ob es richtig oder falsch ist – dein ganzer Organismus richtet sich danach. Wir alle richten unser Handeln nach dem, was wir glauben. Der Glaube, welchen Inhalts er auch ist, ob er richtig ist und aus der inneren Sicherheit kommt, oder ob er falsch, eine falsche Sicherheit vorgebend, ver-innerlicht wurde, der Glaube dirigiert unbewußt unser Handeln und zeitigt das Ergebnis. Und jetzt übertrage dieses Beispiel auf eine ähnliche, von dir gemachte Erfahrung, in der du den gesetzmäßigen Ablauf leicht überprüfen kannst, weil der Glaube – die Ursache! – und die Reihenfolge der Wirkung, bis hin zum Ergebnis, überschaubar sind.

Das Gesetz von Ursache und Wirkung ist deshalb oft so schwer nachzuvollziehen, weil die Ursachen zeitlich und räumlich von deren Auswirkungen oft so weit auseinanderliegen und deshalb in einem Menschenleben-Dasein mit dem Tagesbewußtsein nicht überschaut werden können.

Als der Bischof Bonifatius die heiligen Eichenhaine schlagen wollte, reagierten die heidnischen Eingeborenen mit Entsetzen. »Feuer wird vom Himmel fallen!« warnten sie. Bonifatius, dem es unter anderem darum ging, die religiöse Scheu vor der Natur und ihren mächtigen Lebewesen als »Humbug« zu verhöhnen und zum Aberglauben zu statuieren, hatte scheinbar recht, denn als die Baumriesen fielen, fuhr kein Blitz vom Himmel, um die Baumfrevler auf der Stelle zu bestrafen. Heute, Jahrhunderte später, bringt niemand mehr die Verkarstung weiter Landstriche, die Ozonlöcher, die Klimaveränderungen und das ungefilterte Eindringen ultravioletten Lichts mit Bonifatius' Befehl, dem Auftakt zum Baumsterben, in Zusammenhang. Unsichtbares Feuer fällt vom Himmel. Was sind kosmische Strahlungen anderes?

Vor dem Hintergrund deiner eigenen Liebes-Erfahrung überprüfe nun deinen Liebesglauben. Was hat man dich über das Leben und über die Liebe glauben gemacht? Welche Werte, Worte, Sprüche und Glaubensinformationen hat man dir eingegeben? Was alles hast du über Liebe verinnerlicht, wirkt von innen und bestimmt von innen her dein Handeln? Patriarchale Lebens- und Liebesdefinitionen in Gedanken, Worten und Werken sind ohne Zahl. Sie prasseln unentwegt, wie ein Bombenhagel, auf unser Bewußtsein ein. Sie sind wie Viren, die uns überfallen und sich in uns einnisten, wenn wir dafür anfällig sind. Hier eine kleine Auswahl gängiger Kalendersprüche: »Man lebt nur einmal hier auf Erden.« »Nach dem Tode ist alles vorbei.« »So war es immer und so wird es immer sein.« »Das Leiden gehört nun einmal zum Leben dazu.« »Die Erde ist ein Jammertal.« »Das Leben ist wie eine Hühnerleiter – kurz und beschissen.« »Man vergibt sich nichts, wenn man klein beigibt.« Die Bibel, die unheilvolle erste Vor-Schrift, lehrt: »...und sie sollen EIN Fleisch werden.« »Unter Schmerzen sollst du deine Kinder gebären.« »Dein Verlangen soll nach dem Manne sein, und er soll dein Herr sein.« Daraus ergeben sich weitere Variationen: »Warte nur, bis du heiratest, dann wird alles wieder gut.« »Man muß zu einem Mann aufschauen können.« »Eine Frau ohne Mann ist wie ein Topf ohne Deckel.« »Warte nur, bis der Richtige kommt.« »Warte nur, bis du verheiratet bist, dann wirst du schon sehen, wo es langgeht.«

Du sagst »nur Worte«. Was ist die unterschwellige Botschaft? Unter der Schwelle deiner bewußten Wahrnehmung verinnerlichst du: Gib dein Sein, dein Werden und dein Vollendungsstreben auf. Du entkommst dem Leiden nicht. Jegliches Fragen und Suchen ist sinnlos. Statt nach Kenntnis dessen, was du bist, strebe nach Geld, Macht und Ruhm und mach es dir so bequem wie möglich... nimm alles, was du kriegen kannst, wenn es sein muß, mit List oder Gewalt. Das Heil ist nur an der Seite eines Mannes zu finden. Komplett bist du nur mit ihm. Glück gibt es nur an der Seite eines Mannes. Der Mann ist der Frau überlegen, er kennt den Weg und kennt das Ziel, und ohne ihn kann sie das Ziel nicht finden.

Am Anfang des Patriarchats war das gefälschte Wort, und siehe! – das Wort ist Fleisch geworden und hat mitten unter uns gewohnt. Das Phänomen der sich selbst erfüllenden Prophezeiung hat sich bewahrheitet. Die gegenwärtige »Wahrheit« der Lebens- und Liebespraxis bestätigt »Gottes Wort«.

Bitte vergegenwärtigt euch, welch ungeheure Macht, welch enorme Kraft, wieviel Aufwand, Geld, Suggestion, Gewalt und Gewaltandrohung aufgebracht und angewandt wird, um uns einerseits die »innere Sicherheit, die keines Beweises bedarf« zu nehmen und uns andererseits statt dessen falsche Glaubensinhalte einzuflößen, verkehrte Lehren einzutrichtern und uns schlechte

Gewohnheiten einzuüben. Bitte bedenkt, daß dieser Aufwand kein einmaliger Gewaltakt ist. Wir sind umzingelt: Wir sind von außen und innen besetzt. Übersieht nicht, daß kleine Kinder, da ihre Existenz von der Gunst der Erwachsenen abhängig ist, für Bewußtseinsgifte besonders anfällig sind. Bedenkt, daß wir alle hilflose, suchende Kinder sind, die gezwungen werden, die herrschende Meinung über Liebe zu verinnerlichen. Und schließlich erinnert euch: Die herrschende Meinung über Liebe ist die Meinung der herrschenden, lieblosen Männer. Ihr wißt, daß die Nachrichtensysteme, daß fast alle Medien in der Macht von Lebensverächtern und Liebesverweigerern sind und daß diese – wie Todesmühlen – Tag und Nacht arbeiten, um uns den falschen Liebesglauben immer wieder von neuem zu suggerieren, aufzufrischen, zu ver-stärken und aufs neue zu ver-festigen. Ihr wißt, daß die Nachrichten aus der Medien-Welt ganz subtil – mit Symbolen, Allegorien, Legenden, Farben und Musik werbend – »unterschwellig« direkt das Unterbewußtsein ansprechen. Die Nach*richten* aus aller Welt fordern unentwegt auf, sich danach zu *richten,* was über Leben, Liebe, Geist und Glaube vermittelt wird. Die Angehörigen der Männerreligionen und die Angehörigen der sogenannten Geisteswissenschaften (Philosophie, Psychologie, Geschichte, Staat, Recht, Politik...) sind die Ideenlieferanten, sie sind die Ausführer und die Zwangs-Vollstrecker der falschen Glaubensinformationen in einer Person.

Die Angehörigen der Naturwissenschaften sind die Zuständigen für die zwar oft zweifelsfreien Forschungsergebnisse, aber meist zweifelhaften Auslegungen der diesseitigen Phänomene. Geisteswissenschaften und Naturwissenschaften sind zwar getrennt, arbeiten jedoch – was die falschen Ziele betrifft – Hand in Hand. Die Trennung der Geisteswissenschaften von den Naturwissenschaften hat einen Zweck: Wir sollten die Sicherheit aus der eigenen Wahrnehmung, die sichtbaren Phänomene betreffend, nicht auf die entsprechenden unsichtbaren Phänomene umlegen. Analogiedenken soll verhindert werden, damit die Wahrheit nicht ans Tageslicht kommt. Beispiel: Jede Bäuerin und jeder Bauer kann mit eigenen Augen sehen, daß es zuerst eine Henne geben muß, die das Ei legt, die Jungen ausbrütet, betreut, beschützt, verteidigt, lehrt... Jedermann kann sehen, daß ein Ei, das nicht ausgebrütet wird, faulig wird und daß ein Junges, das nicht beschützt und ins Leben eingeführt wird, bald ein gefundenes Fressen ist. Was immer ein Natur-Wissenschaftler den »einfachen« Bauersleuten über »Henne und Ei« erzählen und vorphilosophieren mag, sie glauben das, was sie mit eigenen Augen sehen. Was sehen sie? Zuerst ist die Henne da. Selbst wenn das Ei zuerst dagewesen sein sollte, von wem käme es, wenn nicht von einer Henne, die es legte. Egal, ob das Weibliche im Ei oder in der Henne zuerst in Erscheinung tritt – ohne das Weibliche irgendwo am Anfang gibt es kein Ei. Ohne Henne gibt es kein Hühnerleben. Analog zum sichtbaren Phänomen der Naturwissenschaft gilt im unsichtbaren spirituellen Bereich – auf der Ebene der Geisteswissenschaft – dasselbe: Am Anfang steht das ganze dreifaltige weibliche Lebens-Prinzip: Glaube, Liebe, Mut! Zuerst ist die Frau da. Selbst wenn das Ei – das Ungeoffenbarte ! – zuerst dagewesen sein sollte, woher käme es, wenn nicht wieder von einem mütterlichen Ganzen? Eine Frau müßte es austragen, betreuen... Es wundert mich, daß nach jahrtausendlang geübter Hirnakrobatik die Endlosdiskussion über: wer war zuerst da – »Henne oder Ei?« noch immer nicht zu Ende philosophiert ist. Und wieder wundert's mich nicht, denn die ganze Anstrengung läuft darauf hinaus, die einfache Wahrheit möglichst spitzfindig und gelehrt, mit einer bis zur Unkenntlichkeit entstellten Sprache zu verschleiern, einfach denkende Gemüter zu verwirren und die Tatsache, daß am Anfang das Weibliche, daß die Erste die Frau ist, aus dem Bewußtsein der Menschen zu tilgen. Nur mit der zuerst »gedachten« und dann vollzogenen Trennung der sichtbaren Natur von der unsichtbaren Natur konnte es gelingen, den Glauben zu einem leeren Gefäß zu machen, in das beliebiger Inhalt gefüllt werden kann. Das Patriarchat »liebt« es, seine Inhalte einzufüllen, die wir danach für lieb halten sollen.

Mittlerweile ist auch offiziell bekannt, daß die Wissenschaftler vom sogenannten »Wunschdenken« beeinflußt und bestimmt werden. Die eigenen Wünsche der Wissenschaftler projizieren sich in ihr Denken. Die männliche Logik wird dabei durchaus bewahrt. Die Prämisse, der Vordersatz eines logischen Schlusses – unbewußt ausgesucht und vom Wunschdenken geleitet – bestimmt das Ergebnis. Man beweist, was man möchte, daß es sei. Und da die »Beweise« als sogenanntes gesichertes Wissen von den Bildungs-Konsumenten verinnerlicht und ins Bewußtsein eingespeichert werden, bestimmen diese auch das Denken, Fühlen, Handeln und schließlich die gesamte Lebenspraxis. Die konkreten Auswirkungen bestätigen dann die vorausgeschickte Annahme. Beispiel: Wer beweisen will, daß, solange es Leben, auch Leiden gibt, daß also das Leiden ein unbedingter Bestandteil von Leben ist, braucht nur die friedliche Epoche der Matriarchate zu ignorieren und seine Beweiskette mit dem Beginn der patriarchalen Geschichte anzusetzen, bzw. mit dem Glauben an »Gott den Herrn«, der den Befehl gab, sich die Erde untertan zu machen. Die Folge dieses verkürzten und verdrehten Glaubens ist zwangsläufig ein verkürztes und ein zum Leiden verdrehtes Leben. Die Folge einer verkürzten, verdrehten Geschiche ist eine verkürzte, zum Leiden verdrehte Lebensgeschichte. Die Beweiskette ist in sich schlüssig. Der Beginn des Patriarchats ist von Leid gekennzeichnet. Das Ende ebenfalls. Das Ergebnis bestätigt den Vordersatz.

Ein anderes Beispiel: Die Annahme »...und sie sollen EIN Fleisch werden...«, kombiniert mit dem Zusatz »Dein Verlangen soll nach dem Manne sein und er soll dein Herr sein«, transportiert den falschen Glauben, daß die Frau mit ihm, ihrem Herrn, verschmelzen und eins werden soll. Die diesbezüglichen Gedanken ziehen bei ihr das Gefühl nach sich, daß es irgendwo auf der Welt den Richtigen für sie gibt, daß dieser ihre Ergänzung sein wird und die Einswerdung mit ihm die allein seligmachende Liebe ist. Tatsächlich, sie werden eins. Doch wie sieht diese Einswerdung in der Praxis aus? Das anfangs kleine Flüßchen – Rhein genannt – speist sich aus vielen, vielen Zuflüssen, die ihre Namen verlieren und in ihm verschwinden. Nur durch die vielen Zuflüsse kann er zum mächtigen »Alt-Vater-Rhein« werden. Das anfangs kleine, schmächtige Männchen XY speist sein Ego aus vielen Energie-Flüssen von XX Frauen, die ihre Namen verlieren und in ihm verschwinden. Nur so konnte er zum übermächtigen

Altvater, Direktor, Doktor XY... werden. Sie verschwindet in ihm – selig sind sie beide nicht.

»Wer's glaubt, wird selig?« Der sogenannte »allein seligmachende« Glaube der Männerreligionen, die die Welt beherrschen, hat keine wohlgeratenen, glücklichen, heilen Menschen hervorgebracht. Ich glaube an die seligmachende Wirkung einer Einswerdung nach dem Modell von Mutter Erde: Ungeteilt Weiblich und Männlich in einem weiblichen Fruchtkörper.

ICH BIN DIN und DU BIST MIN

Eines der maßgeblichen Transportmittel für den falschen Liebesbegriff ist die sogenannte Liebesliteratur. Da sagt doch einer ganz zu Beginn und in Anlehnung an das vorausgegangene Zitat aus dem Buch der Bücher folgenden Vers. Er sagt's, schreibt's und setzt damit den Auftakt für alles weitere Liebesgeschwafel, das sich vom billigen Schundheft über den Hollywoodschinken bis zur »hohen« Liebesliteratur hindurchzieht:

»du bist min, ich bin din:
des solt du gewis sin.
du bist beslozzen in minem herzen,
verloren ist daz slüzzelin:
du muost immer darinne sin.«

Da dieser einfache und kurze Vers, in tausend- bis millionenfacher Weise variiert, in jeder Generation und in jedem Menschen von Tag zu Tag – immer wieder aufs neue – den falschen Liebesglauben suggeriert und damit beinahe unausrottbar einzementiert, ist es der Mühe wert, sich diesen Vers aus der Nähe anzuschauen und die eigentliche Botschaft zu entschlüsseln.

Ob der Dichter Walther von der Vogelweide oder Dietmar von Aist oder sonstwie heißt – sicher ist, daß der Autor ein Mann war. Vielleicht war er ein Ritter oder ein fahrender Sänger, sicher ist, daß er von der Gunst seines Fürsten abhängig war. Nun versetze ich mich in die Lage einer zu erwerbenden Jungfrau und stelle mir jetzt bildlich vor, wie ein schmucker Junker – (vielleicht mit einer Laute in der Hand) – auf mich zukommt und mit siegessicherem Wohllaut in der Stimme verkündet: »du bist min.« »Oh, was fällt dir ein? Ich und eine Leibeigene? Du irrst. Ich gehöre mir und niemandem sonst. Ich bin eine freie Frau, nimm das gefälligst zur Kenntnis, ja?« Da sieht er, daß er zu forsch war, lenkt geschickt ein und beeilt sich rasch hinzuzufügen: »Ich bin din.« »Aha! Jetzt sieht die Sache anders aus. Du willst mich nicht geschenkt, du willst dich mit mir austauschen. Versteh' ich das richtig so? Laß mal sehen, was du anzubieten hast, damit ich bei einem Tausch nicht schlechter davonkomme. Oh, du bist schön. Das bin ich auch. Ich weiß, wer ich bin und was ich kann. Weißt du's auch? Wer bist du? Was hast du mir zu bieten, was ich nicht habe? Was kann ich von dir lernen, was ich nicht kann?« Ehe er auf meine Fragen eingeht, kommt schon der nächste Hammer: »des solt du gewis sin.« Ich bin für Sekunden sprachlos. Ganz schön frech dieser Kerl. Der will gar nicht tauschen, der will mich haben. Sein Ausgangsangebot war möglicherweise nur ein Köder? Ehe ich mir über die Doppelbotschaft Klarheit verschaffen kann, kommt es aber noch dicker. Mit unerschütterlicher, muskelspielender Entschlossenheit verkündet er: »du bist beslozzen in minem herzen.« Jetzt wird mir mulmig. So ist das also: Ohne Beratung, ohne meine Antwort abzuwarten, ist die Besitznahme eine beschlossene Sache, denn daß er nicht auf Tausch aus ist, daß er mich für sich haben will und daß dies auf immer sein soll und daß ich darüber hinaus Gefangene seines Herzens sein soll, davon künden die nächsten Sätze: »verloren ist daz slüzzelin, du muost immer darinne sin.« Da gibt es nur eins: Am Absatz kehrt und schleunigst Reißaus nehmen! So würde ich heute reagieren. Als junges Mädchen wäre ich vielleicht begeistert gewesen von der draufgängerischen Art, mit der einer kurz, bündig und entschlossen mir seine »Liebe« unterbreitet. Ich hätte mich vielleicht »im Sturm erobern« lassen. Sicher aber wäre ich »bezaubert« gewesen, wie jene Germanistin, die empört den Saal verließ, weil ich mich in einem Vortrag über dieses »zarte Gedicht – das innigste Beispiel deutscher Liebeslyrik« – lustig gemacht hatte.

Geschlechterbeziehung

»Es gab ein Wesen, formlos und doch vollendet,
schon ehe Himmel und Erde bestanden.
Still war es, gestaltlos;
Abhängig von nichts, unwandelbar.
Ewig kreisend, ohne Hindernis.
Man kann es die Mutter aller Dinge nennen.
Seinen Namen kenne ich nicht.
Geschrieben heißt es TAO.« (Laotse)

Im Taoismus, einer weiblichen, auf dem Tao beruhenden Philosophie, deren »Wurzeln sich im prähistorischen China verlieren«, gibt es ein Symbol, Taichi genannt. Taichi heißt übersetzt »das Allererste, Eine«. Es ist ein Kreis, in dem die polaren Kräfte der Elemente, Yin–Yang, durch Schwarz–Weiß (manchmal Blau – Rot) sichtbar gemacht sind.

Yin gilt als das weibliche, Yang als das männliche Prinzip. Am Anfang war das ganze Weibliche, das »Allererste, Eine«. Das Weib war noch ungeteilt. Es war noch weiblich und männlich in einem weiblichen Körper, so wie die Erde, unsere Mutter, in einem weiblichen Körper weiblich und männlich ist. Das Symbol gibt Auskunft über die Harmonie des Makrokosmos, die in prähistorischer Zeit, als das Symbol entstanden ist, der Harmonie des Mikrokosmos entsprach. Es drückt die völlig ausgewogene Ineinanderfügung des heute sogenannten Weiblichen und des heute sogenannten Männlichen in allen damaligen Menschen, Tieren, Pflanzen und Dingen aus. Im Prinzip und für die Harmonie in der Natur stimmt das Bild. In der heilen Natur stehen die Kräfte in einem harmonischen Spannungsgefüge. Das Symbol stimmte für damals, für den einstigen paradiesischen Zustand der Erde. Es stimmt NICHT für heute, jetzt und uns, denn seit dem Paradiesverlust hat sich das Kräfteverhältnis der schöpferischen Wasser-Erde-Energien und der formenden Licht-Luft-Energien verschoben. Oder andersherum: Weil die Urfrau, die »Allererste, Eine«, aus dem Gleichgewicht gekommen ist und ihre Kräfte verschoben hat, hat es eine Teilung in Geschlechter gegeben. Seitdem sie, die »Allererste«, nicht mehr »Eine« war, seitdem die aus ihr entlassene Aktivität sich im Mann verkörpert und seitdem er sich nicht mehr an sie rückgebunden, sondern sich gegen sie und das Lebens- und Liebesprinzip gewandt hatte, haben wir das Paradies verloren.

Am Taichi-Symbol und seiner gegenwärtigen Auslegung und Handhabung wird deutlich, wie die Begriffe von Schwarz – Weiß, willkürlich zu negativ – positiv, böse – gut, dann zu weiblich – männlich und schließlich zu Frau – Mann gewandelt wurden. Ebenso willkürlich wird das Symbol, das für die ursprüngliche kosmische Harmonie in der Seelenlage der »Allerersten, Einen« stand, ungeprüft übernommen und ungerechtfertigterweise auf die derzeitige Geschlechterbeziehung übertragen. Das Symbol wird mißbraucht, um die Ergänzungstheorie von neuem, nur diesmal auf der Basis der formalen Gleichberechtigung mit dem Mann, zu dokumentieren. Dieses Symbol ist für das Frau-Mann-Verhältnis NICHT anwendbar. So gleichmäßig, harmonisch umschlungen, einander bedingend, wie das Bild es zeigt, können Frauen und Männer bei bester Voraussetzung nicht zusammen und miteinander sein. Menschen, die »Krone der Schöpfung«, Menschen als die höchstpotenzierten Energieträger auf Erden, haben in sich das Gleichgewicht verschoben, so daß auch die irdische Natur aus dem Gleichgewicht geraten ist. Alle Menschen, die ganze Erde – wir alle – stehen unter einer Überspannung, die sich irgendwann wird entladen müssen.

In Anlehnung an das Symbol sagen nach Gleichberechtigung strebende Menschen: Männer und Frauen seien zwar »andersartig, jedoch gleichwertig«. Das stimmt grundsätzlich, weil alle Lebewesen gleichwertig sind. Frauen und Männer SIND jeweils anders und gleichwertig; sie sind jedoch nicht in gleicher Weise vollständig. Daher sind Frauen und Männer nicht gleichrangig.

Hierarchie heißt »heilige Rangordnung«: Das Wort, in seiner ursprünglichen Unschuld betrachtet, drückt aus, daß alle Lebewesen nach dem Grad ihrer Unversehrtheit, gemäß ihrer Entwicklungs-Stufe geordnet, zueinander in Beziehung stehen. Das jeweils Geringere hat dem jeweils Vollständigeren in Demut[12] zu folgen

12 »Demut«: Das ahd. »dio muoti« = »dienstwillig; dienende Gesinnung«.

und zu dienen.[13] Das jeweils Größere (er)zieht – es zieht – und das jeweils Geringere folgt (nach), um per Identifikation und per Imitation dem Größeren gleich zu werden.

Daß diese Rangordnung, nach der der Mann der Frau folgte, einmal allen klar und selbstverständlich gewesen sein muß, ist noch in der Sprache abzulesen. Die Worte »Knecht«, »dienen«, »Dienst« und »Demut« sind in den Lexika nur im Zusammenhang mit Männern erwähnt. Als Restinnerung ist uns der vom Christentum einverleibte »Knecht Ruprecht« bekannt. Er war wohl der Knecht »der Percht«, dieser »sagenumwobenen, mächtigen Göttin der Germanen«. Die Percht ist gleichgestellt mit »Beralte, Brigit, Birgit« (= Die Glänzende), und diese sind wiederum identisch mit der in Schweden bis heute am 13. Dezember gefeierten Lucia und mit der in der Steiermark bekannten »Lutzelfrau«. Sie alle waren lichtvolle Gestalten, Lichtträgerinnen, Liebes- und Lebensspenderinnen, die in der dunklen Zeit des Jahres ihr Lebens-Licht in die Stuben und Herzen der Menschen brachten. In ihrem Gefolge befanden sich ihre dienstwilligen »Gefolgsmänner«, später »Klaubauf«, »Klabauter-mann« oder »Krampus« (der Gekrümmte, Gebückte) genannt.

Evolution heißt »herauswickeln«. Aus dem jeweils Unvollkommeneren wickelt sich ein etwas Vollkommeneres heraus. Jetzt denkt ihr, daß ihr mich bei einem Widerspruch ertappt habt, denn ich bin es, die darauf pocht, daß am Anfang die Frau war und danach erst der Mann auf den Plan getreten ist. Also ist doch der Mann der Entwickeltere? Ist schließlich doch er die »Krone der Schöpfung«? Nein! So reibungslos und linear, so lückenlos wie eine Perlenkette funktioniert die Evolution nicht. »Muta« heißt »verändere«! Mutationen sind sprunghaft auftretende und dann konstant weitergegebene – also erbliche – Veränderungen in der Erbsubstanz. In jeder Generation gibt es kleine, fast unmerkliche Änderungen im Erbgefüge. Diese Änderungen sind nachweislich fast immer zum Nachteil der Spezies. Nach Mutationen fehlt in

13 Das altgerm. »dienen« mit der Bedeutung »Gefolgsmann« ist im Gotischen »þius« = Knecht = »Lehrling, Geselle, Edelknabe« bewahrt und erscheint als erster Bestandteil in der unter Demut behandelten Zusammensetzung.

der Regel etwas, was vorher noch vorhanden war. Es fehlt eine Urinnerung, eine Auskunft oder Erb-Information. Wenn etwas fehlt, sind Fehler die Folge. Fehler treten zuerst in den spirituellen Organen auf und in der Folge auch in den entsprechenden physischen Organen. Organ heißt »Werkzeug«. Ein Organ ist ein Werkzeug, das dem Gesamtorganismus zu dienen hat, damit er reibungslos funktionieren kann, um das Ziel Selbstwirklichung und Vollendung zu erreichen.

Jedes physische Organ hat eine ihm vorausgehende, unsichtbare Entsprechung. Sokrates würde diese »präexistente Idee« nennen; Plato würde »Urbild« und Aristoteles »Ur-Idee« dazu sagen. C. G. Jung spricht von »Archetypen«. Gebärmutter und Mutterbrust (= »Mamma«) sind die materialisierten, sichtbaren Werkzeuge mütterlichen Gewissens (Glaubens), Denkens, Fühlens und Handelns.

Vor langer, langer Zeit gab es Frauen, die wollten sich nicht mehr an die himmlischen Energien, die vier Urgöttinnen und die vorausgegangenen Großen Mütter binden. Die Identifikation mit diesen war ihnen zu mühsam, Zurechtweisungen unangenehm und Korrekturen zu anstrengend – Muttersein zu lästig. In weiterer Folge hatten sie die »Idee«, ein Wesen ins Leben zu rufen, es zu tragen und zu entbinden, nicht mehr für lieb gehalten; sie hatten den Gedanken an ein Kind nicht mehr gutgeheißen. Sie dachten, daß diese Aufgabe jene übernehmen sollten, die dies gerne täten, und daß es für sie Wichtigeres zu tun gäbe. Dem falschen Glauben entsprangen falsche Gedanken, und diese waren die Grundlage für ihr falsches Fühlen und Handeln: Statt Kinder haben sie Ideen »geboren«, die ihnen angeblich das Leben leichter machen sollten. Was immer sie taten, sie taten es konsequent und nachhaltig anders als die Mütter. So nach und nach ging ihnen der Instinkt, die Urinnerung an und die Fähigkeit zur Mütterlichkeit verloren. Sie wurden andere, nicht-mütterliche Wesen. Die Urinnerung an die, die sie einmal waren, wurde blaß. Schließlich hatten sie keinen »blassen Schimmer« von Mütterlichkeit, sie mutierten und verloren ihre Gebärmutter. Wie kann ich das, das, was aller Wahrscheinlichkeit vor Millionen von Jahren geschehen ist, nachvollziehbar machen? Wie soll ich das, was so unglaublich anmutet, vermittelnd darstellen, daß es wenigstens als nicht auszuschließende Möglichkeit – wenigstens gedanklich – als »Hypothese« geprüft und angenommen werden kann? Vielleicht so: Der menschliche Blinddarm hatte einmal die Aufgabe, pflanzliche Nahrung (Gras) zu verdauen. Als die Menschen aufhörten, rein vegetarisch zu leben, wurde der Blinddarm funktionslos. Er bildete sich zurück und wurde zum Krankheitsherd. Die Gebärmutter hätte die Aufgabe, den Lebenskeim aufzunehmen, zu nähren und die reife Frucht auszustoßen. Wenn Frauen aufhörten, Lebenskeime aufzunehmen, zu nähren und auszustoßen, würde die Gebärmutter funktionslos, bildete sich zurück und würde zum Krankheitsherd und/oder verschwände ganz. Die weibliche Brust hätte die Aufgabe, den Hunger und den Durst des neugeborenen Kindes zu stillen und so weiter...

Fähigkeiten und Begabungen sind »Seelenorgane«. Gaben sind immer auch Aufgaben am Großen und Ganzen. Fähigkeiten wollen und müssen gepflegt, entwickelt, geübt und für das Wohl des Gesamtorganismus eingesetzt werden. Werden sie nicht gepflegt, entwickelt, geübt und für die Gesamtorganisation eingesetzt, dann bilden sie sich zurück, werden zum Krankheitsherd oder verschwinden ganz.

Mütterlichkeit ist eine Gabe, die in der Aufgabe besteht, die unentwickelten Kinder zu erkennen, anzuerkennen, deren Grundbedürfnisse zu stillen, sie zu führen und zu lehren und – wenn sie reif sind – »auszustoßen«. Wenn die Fähigkeit zur Mütterlichkeit nicht gelebt wird, bildet sie sich zurück, wird zum Krankheitsherd oder verschwindet ganz.

Mutationen sind mit Krankheiten vergleichbar. Der Unterschied ist, daß bei Mutationen die Veränderung im Organismus sprunghaft passiert, während sie bei Krankheiten in der Regel prozeßhaft verläuft. Sind Mutationen und Krankheiten »ein Weg«? Ja schon, aber bestenfalls ein Umweg. Vorausgesetzt, daß das, was fehlerhaft und als Fehler erkannt, korrigiert, und das, was fehlt, zurückgewonnen wird, kann auch ein schmerzlicher Umweg zum Ziel führen. Große Schmerzen können einem Menschen »auf die Sprünge« helfen. Leiderfahrung kann Bewußtseins-Sprünge nach vorne bewirken, die Verhaltensänderungen nach sich ziehen, derzufolge sogar ein krankes oder rückgebildetes Organ wieder funktionsfähig werden kann.

Dauerhaftes Fehlverhalten eines einzelnen Menschen beantwortet der Mikrokosmos Organismus mit Krankheit oder Mutation. Dauerhaftes Fehlverhalten einer Spezies beantwortet der Makrokosmos mit Krankheiten und Mutationen. Mit Mutationen sowie mit Krankheiten hilft sich die Evolution, um über einen Umweg zu ihrem Ziel zu kommen.

Männer sind rückgebildete Frauen. Männer sind Mutanten[14]. Männer können in Beziehung zu der Frau, die sie einmal waren, am besten durch verschmelzende Liebesbeziehung zu der im Werden begriffenen Qualitätsfrau, die abgesprungene Erbinformation wiederbekommen. Durch Liebe zur und durch Identifikation mit der gebärenden Natur könnten sie das Verlorene zurückgewinnen. Gelingen ihnen die Rückbindung und der Anschluß an ihr weibliches Selbst nicht, werden sie zum Krankheitsherd der Menschheit und der Erde, und/oder sie verschwinden ganz.

Sprechender und anschaulicher als das Yin-Yang-Symbol drückt die Sechserkarte im Tarot das Geschlechterverhältnis der Liebenden aus[15]. Auch wenn sich die Anhänger der New-Age-Bewegung, als Ausdruck ihrer Sehnsucht nach Harmonie, mit dem Yin-Yang-Symbol schmücken und wie C. G. Jung sich mit seiner Animus-Anima-Theorie um eine gerechtere Ordnung der Geschlechterbeziehung bemühen, sie erweisen uns damit keinen guten Dienst. Mit ihren Versöhnungsangeboten stellen sie nicht Klarheit her, eher verschleiern sie die Tatsache, daß Frauen noch die vollständigere Naturanlage haben. Hinter dieser meiner Aussage verbirgt sich kein Sexismus mit geänderten Vorzeichen. Ich bin weit davon entfernt, Männer zu diskriminieren oder gar zu unterdrücken, zumal mir die Entfremdung der heutigen Frau von der einstmals Ganzen bewußt ist und ich von der ehrlichen Gutwilligkeit und dem redlichen Bemühen vieler Männer überzeugt bin.

Das Patriarchat ist kein Matriarchat, bei dem lediglich das »M«

14 Siehe das Kapitel »Am Anfang war die Frau«.
15 Siehe mein Buch »Ich bin eine Hexe«, Seite 84.

mit dem »P« vertauscht wurde. Matriarchale Mütter herrschen nicht. Sie sind machtvoll, bemächtigen sich aber nicht ihrer Kinder. Sie hatten politische und soziale Macht, setzten diese jedoch FÜR und nicht GEGEN das Gedeihen ihrer Stammesangehörigen ein. Das griechische Wort »archaios«, das im Wort Matri-archat steckt, bedeutete ursprünglich »am Anfang stehend, anfänglich, aus alter Zeit stammend«, so wie es in Archäologie, archaisch, Arche (Anfang, Urgrund, Prinzip) noch enthalten ist. Mit der Machtergreifung der Väter wurde auch das Wort »Matriarchat« in Besitz genommen und gemäß ihrer Herrschaftsformen auf »Patriarchat« umfunktioniert und der ursprüngliche Bedeutungsinhalt auf »Herrschaft« übertragen und erweitert.

Wir tun uns nichts Gutes, wenn wir aus Angst die Augen vor der Wirklichkeit verschließen. Meine Absicht ist, die Verhältnisse so darzustellen, wie sie sind, und nicht, wie manche sie gerne hätten. Um zu einem gewünschten Sollzustand zu kommen, müssen wir zuerst den Ist-Zustand akzeptieren. Mir geht es darum, jene Männer, die sich erhöht, und jene Frauen, die sich erniedrigt haben, auf ihr natürliches, wirkliches Maß zurückzuführen. Verinnerlichte falsche Minderwertigkeitsgefühle, die Spezialität der Frauen; ein künstlich hochgezüchteter Männlichkeitswahn, die Spezialität der Männer, sind die Hauptursachen für Wachstumsblockaden und den berühmt-berüchtigten »Krieg der Geschlechter«.

Bei der Skizzierung der Unterschiede ist mir bewußt, daß ich grob vereinfachen muß, was in Wirklichkeit viele Schattierungen, Abweichungen und Ausnahmen hat. Wer, so wie ich, nicht in männlich verkürzten Folgerichtigkeiten denkt, sondern in großen Analogie-Zusammenhängen; wer nicht absurde Abstraktionen, sondern konkrete, für alle sichtbare und überprüfbare Tatsachen zum Ausgangspunkt seiner eigenen Überlegungen nimmt; wer zur Kenntnis genommen hat, daß es nur EINE objektive Wahrheit gibt und daß diese Wahrheit auf allen Ebenen des Lebens ihre Entsprechungen hat, wird meine Grundaussage nachvollziehen können.

Die Frau war zualler*erst* da. Sie war die *Erste* – sowohl in der Menschheitsgeschichte, die nicht erst bei den hellenistischen Griechen beginnt, als auch in der Individualgeschichte, die nicht erst bei der Geburt im jetzigen Leben beginnt. Die Frau hat von ihrer Natur-Anlage, von ihren potentiellen Möglichkeiten, dem Mann etwas voraus. Wie im Körper, so im Bewußtsein.

Wie im Bewußtsein und im Körper, so in den Genen. Wie überall, so in den Keimzellen. Wie im Spirituellen, im Psychischen, im Physischen, in den Genen und den Keimzellen, so im Sozialen und Politischen. Die Frau ist die Gegebene, er ist der aus ihr Gewordene. Das Weibliche ist das Ganze, das Männliche ist ein integrierter Teil des Ganzen. Er hat teil am Ganzen in der liebenden, verschmelzenden Beziehung zum Weiblichen. Sie ist unsterblich, weil sie Leben aus sich hervorbringen kann. Er ist sterblich, denn er kann sich nicht fortpflanzen, weil ihm die dazu nötigen Organe fehlen. Unsterblich wird er nur, indem er durch Identifikation mit dem weiblichen Ganzen seine Mütterlichkeit wiedergewinnt. Sie repräsentiert die Seele, das Selbst, er das Ich. Sie hat zwei X-Chromosomen. Er hat nur mehr ein X-Chromosom und ein zweites, dem ein Teil abgesprungen und dadurch zum Y geworden ist. Sie hat ein physisches Nährorgan – die Brust, er nur mehr die Ansätze dazu. Sie hat ein physisches Schöpferorgan – die Gebärmutter, er nur mehr Reste. Ihre Orgasmusfähigkeit ist multidimensional. In Dauer, Häufigkeit und Intensität übertrifft sie die des Mannes bei weitem. Mit ihren mütterlichen Eigenschaften verkörpert sie das schöpferisch-bewahrende Lebensprinzip; er repräsentiert wohl die Lebensaktivität, die, wenn rückgebunden an das weibliche Prinzip, zum menschlichen Fortschritt führt, von ihm abgekoppelt jedoch zum Zerstörungsprinzip wird. Sie ist im Durchschnitt widerstandsfähiger, ausdauernder und belastbarer. Ihre durchschnittliche Lebenserwartung ist höher als seine. Sie ist von bestimmten Erbkrankheiten verschont. Sie hätte die Fähigkeit zur personalen Eigenmacht, die sie – würde sie sie entwickeln – zu sozialer und politischer Macht befähigen würde, er hat sich mit Gewalt und Hinterlist eine künstliche angeeignet. Sie schöpft neues Leben, welches sie durch viele Jahre hegt und pflegt, er ist im Zweifel bereit, es durch die Betätigung des Abzugshahns eines Gewehres auszulöschen und durch die Erfindung und den Einsatz von neuen Technologien aufs Spiel zu setzen.

Unterwegs werde ich oft gefragt, welchen Stellenwert Männer in der Natur haben. »Es muß doch einen Sinn haben, daß es Männer gibt!« Ich gebe mit Hilfe von Muttersprache, welche die »etymologische« – das heißt, die »wahre« – Bedeutung der Worte bewahrt hat, die Antwort: Männer sind gleichwertig, doch ANDERSartig. ANDRO ist das griechische Wort für Mann. Griech. ANDROID heißt »Automat in Menschengestalt«. ANDROsteron ist das männliche Hodenhormon. Ein ANDROgyn ist ein Mann, der sich in geschlechtlicher Beziehung weiblich fühlt. Ein GynANDER ist ein Zwitter (»*zwei*fach«), d. h. ein Mensch mit vorwiegend weiblichen und auch männlichen Anlagen.

Das deutsche Ordnungszahlwort (!) ANDER hieß ursprünglich »der *Zweite*«. Von der alten Verwendung von »ander« im Sinne von »der Zweite« zeugt das ahd. / mhd. »anderhalb« und das heute noch im Gebrauch befindliche »ander(t)halb« (»eineinhalb, eigentlich das zweite halb«). HALB hieß ursprünglich genaugenommen ein nicht abgeschnittenes Fast-Ganzes. (Z. B. lautet das lateinische Wort für Halbinsel »paeninsula«, genaugenommen »Fastinsel«. Ehren*halber* erfüllen Männer *halb*wegs ihre Pflicht. Sie tun dies für sich und allent*halben* und werden auf diese Weise *Halbgötter*.)

Vom Anfang seines Erscheinens an war der Mann der ANDERE. Er ist der von der ganzen Frau, der Ersten, der nicht abgeschnittene Fastganze, Zweite. Seine spezifische Eigenart ist Feuer und Luft. Seine Gaben sind Aktivität und das verbindende, wahre Wort. Seine persönliche Aufgabe ist es, durch Rückbindung an das Ganze und Identifikation mit einem Ganzen selbst wieder ein Ganzer zu werden. Seine Aufgabe für die Gemeinschaft ist, mit Hilfe seiner an die Lebens- und Liebeswerte gebundenen Aktivität der gedeihlichen Entwicklung allen Lebens seine »Stoßkraft« zu geben. Durch seine Unternehmungslust wird er Müdes antreiben, Schwaches tatkräftig unterstützen, handelnd in das Geschehen der Gemeinschaft eingreifen, zielstrebig allem Lebendigen zum Wachstumsziel helfen und Gefährdetes, Hilfloses, Schwaches und Krankes schützen.

Dank seiner Begabung hat er das »*Zeug* in sich«, mit Hilfe des Wortes die Wahrheit zu bez*eugen*, ein lebendiges *Zeugnis* abzulegen über den Sinn des Lebens und der Liebe, und schließlich – nicht zuletzt – ist er *Zeuge*, wenn ein Wesen sich wiederverkörpern will und von der Frau, die er liebt, ins Leben gerufen wird.

Welche Chance hat ein Mann? Ist er ein braver, das heißt »tapferer« Mann, dann läßt er sein Ich mit den falschen Identifikationen eines »kleinen Todes« sterben, taucht in seine eigene Unterwelt und versöhnt sich mit dem Drachen, seinem eigenen weiblichen Ur-Teil. Danach ist er ein GANZER Kerl (eigentlich »freier, reifer, alter Mann«) aus echtem Schrot (»abgeschnittenes Stück, Schnitzel, Fetzen«) UND KORN (der »ungeteilte Fruchtkern als das Innerste, das Wesentlichste, das Beste«), Lebensfreude und Liebeslust ausstrahlend, wird er, der »strahlende Held«, als matriarchaler Heros zu erkennen sein.

In alter Zeit wurde er von einer reinen Jungfrau[16] geKÜRT[17] und zum Gemahl erKORen. Konnte er ihrer Prüfung standhalten, überreichte sie ihm einen Apfel als Zeichen ihres Wohlwollens. Der reife Apfel ist das Symbol für ihre eigene Reife. Als Samenbehälter, der seinen eigenen Samen in sich trägt, ist er auch das Sinnbild für Parthenogenese (Jungfrauengeburt). Der »heiligen Hochzeit« stand dann nichts mehr im Wege. In der ekstatischen, verschmelzenden Liebesumarmung, eins mit ihr und eins mit sich selbst, wurde er Zeuge, wie sie aus eigener Kraft ihr Ei teilte und dem neuen Lebenskeim aus der mütterlichen Linie Einlaß gab. War er von hohem (Entwicklungs-) Stand und (Seelen-) Adel[18], so hatte er berechtigte Hoffnung, heiliger (heiler) König[19] zu werden. Die Erbprinzessin wurde zur Königin, indem sie in mütterlicher Erbfolge das reiche geistige Erbe ihrer Großen Mütter und das Erbreich von der irdischen Mutter übernahm. Ihre Würde (Wert) war an ihrer strahlend reinen, keuschen KORona (= Strahlenkranz, Krone) zu erkennen. Der Verschmelzungsprozeß in der »heiligen Hochzeit« mit einer Königin als Gattin[20] machte ihn

16 Jungfrau: griech. KORE
17 Kür: Prüfung, Wahl
18 Adel leitet sich von »edel« her
19 König leitet sich von GYN (griech.: Frau) her
20 Gattin = Göttin; Gatte = Gott

zum heiligen König, einem HALB-Gott. König heißt RE. Das lat. »RE« hat die Bedeutung von »zurück«. Die Identifikation und stete Rückgebundenheit an die bewußte Frau, die sich ihrerseits mit ihrer Großen Mutter identifiziert und an die heilen Geister gebunden hatte, war das Merkmal der idealen Geschlechterbeziehung und die Garantie für Friede und Harmonie.

Da so oft von Identifikation die Rede ist, weil Identifikation die ursprünglichste Form der Bindung ist und weil alles Heil oder Unheil davon abhängt, an WEN und WAS wir uns binden, ist es an der Zeit, den Begriff Identifikation zu klären.

Identifikation heißt »Gleichsetzung; Feststellung der Identität, Wiedererkennen; Seelische Bindung an einen anderen Menschen; Verschmelzung«. Nach Sigmund Freud spielt sich der Prozeß der Identifikation bezeichnenderweise ganz oberflächlich auf der Ich-Ebene ab. Er schreibt: »Identifikation ist eine Angleichung eines Ichs an ein fremdes, in deren Folge dieses erste Ich sich in bestimmten Hinsichten so benimmt, wie das andere, es nachahmt, gewissermaßen in sich aufnimmt.« Und: »Die Identifizierung strebt danach, das eigene Ich ähnlich zu gestalten wie das zum Vorbild genommene.«

Mit dieser Definition beschreibt er eigentlich nur das, was ich Nachahmung oder »Mimikry« nennen würde. Identifikation ist jedoch ein tiefer Verschmelzungsprozeß des Ich mit dem eigenen oder fremden Selbst, auf daß ein Wiedererkennen des Verlorenen und eine seelische Bindung daran entstehen kann.

Anstelle des weiblichen Selbst empfiehlt Freud eine Identifikation mit der Konstruktion eines patriarchalen Ideals – Über-Ich genannt – und fordert: »So unterwirft sich das Ich dem kategorischen Imperativ seines Über-Ich.« Der durch und durch patriarchale Sigmund Freud war, wie wir wissen, vom Gedanken beherrscht, der Knabe möge seine Mutter und sein Selbst eliminieren und sich ausschließlich mit dem Vater als Repräsentanten des gesellschaftlichen Vaterideals identifizieren.

In deutlicher Absetzung vom Freudschen Vaterlandsideal bin ich der Meinung: Indem sich ein liebender Mann per Identifikation ihr gleichmacht, indem er sich in sie einfühlt, kann er sich wiedererkennen. Indem er sich selbst wiedererkennt, hat er Zugang zum »Himmelreich«, der göttlichen und universellen Liebe, zur gesamten Lebensinformation. Nur durch die Bereitschaft zum freiwilligen Ich-Opfer, dem »kleinen Tod«, kann er in einen Verschmelzungsprozeß eintauchen, der ihn als Wiederauferstandenen, im Selbstbewußtsein Geborenen wieder auftauchen läßt. Er wird einen Geschmack von der himmlischen Glückseligkeit bekommen, und – ihr wißt! – wer den Himmel gesehen hat, der weiß, wohin er will und muß. Wer mit dem Kosmos in Berührung war, wird – wenn auch nicht durchgängig spüren – so doch wissen, was höhere Urkenntnis ist. Wer einmal dort war, wird immer Heimweh nach dorthin haben und wird wie der Unschuldsknabe Octavian im Rosenkavalier singen: »Wo war ich schon einmal und war so selig? Dorthin muß ich zurück und müßt ich sterben auf dem Weg dorthin!«

Auch Eichendorff wußte – scheint's – ein Lied davon zu singen:

»Es war, als hätt' der Himmel die Erde still geküßt,
daß sie im Blütenschimmer von ihm nur träumen müßt.
Die Luft ging durch die Felder. Die Ähren wogten sacht.
Es rauschten leis' die Wälder, so sternklar war die Nacht.
Und meine Seele spannte weit ihre Flügel aus,
flog durch die stillen Lande, als flöge sie nach Haus.«

Laß ihn doch zu Grunde gehen!

»Es ist jedes Menschen Pflicht und Notwendigkeit, auf sein Selbst zu kommen!« sagte ich einmal anläßlich eines Frauentreffens an der Sommeruni in Berlin. Daraufhin eine Frau: »Eben! Genau das tu' ich ja. Seit Jahren mache ich Selbsterfahrung, doch jetzt ist es soweit – ich fürchte, daß meine Ehe draufgeht.« »Laß sie draufgehen! Was ist mehr wert? Eine Ehe oder die Eheleute? Was ist dir wichtiger? Das Stück Papier deines Ehevertrages, dein Eheversprechen, eine Institution … oder Menschen aus Fleisch und Blut: du, dein Mann, deine Kinder? Ich weiß, man sagt, die Ehe müsse um jeden Preis aufrechterhalten werden, und tatsächlich – überall sehe ich zwar aufrechte Ehen, doch die Eheleute und deren Kinder sind gebückt, gekrümmt und gebrochen. Die Ehen sind intakt, doch die Menschen sind kaputt. Das ist der Preis. Da kann doch etwas nicht stimmen?!« »Du hast recht. Wenn ich ehrlich bin, dann geht's mir gar nicht um die Ehe, nur – wenn ich so weitermache, habe ich Angst, daß mein Mann zugrunde geht.« »Laß ihn doch zu Grunde gehen!!!«, rief ich zu meinem eigenen Erstaunen in den Saal. Die erschrockenen Gesichter klärten sich, als ich weitersprach: »Bitte, laß ihn doch auf seinen Grund gehen. Das ist doch genau das, was wir uns wünschen. Dort, am Grund, wo du ihn nicht hinlassen willst, könnte auch er sein Selbst finden und erfahren. Er könnte erfahren, wie sich das Leid an der Gefangenschaft in einem mörderischen System der falschen Werte und Normen anfühlt und was die Liebe zu sich selbst, die Freude an den kleinen Freiheitsschritten und die Lust am Leben mit ihm macht. Dort, am Urgrund seiner Persönlichkeit könnte er den Grund seines Daseins finden, ganz sicher fände er den Grund seiner Ängste. Die Angst und das Leidgefühl wäre das Leit-Gefühl, das ihn auf den Grund geleitet. Dort am Grund könnte er sich finden und gründlich aufzuräumen beginnen. Zwischen dir und ihm gibt es ein unsichtbares Gummiband. Jede Wegbewegung deinerseits erzeugt in ihm ein schmerzendes Ziehen. Auch ein Gummiband ist nicht unendlich dehnbar, irgendwann gibt es Spannungen. Es droht die Zerreißprobe. Entweder du bleibst stehen oder gehst gar zurück oder er geht mit. Und wenn er geht, kommt es darauf an, daß er selbstmotiviert SEINEN Weg geht. Aus diesem Grund kommt er nicht darum herum, zu Grunde zu gehen.«

Alle Frauen wünschen sich einen Mann, der sie versteht und auch fühlt, wie es ihr geht. Viele wünschen sich Männer, die ihren Schmerz über ihre eigene triste Lage und über den bedauernswerten Zustand der Erde zulassen und den Leidensdruck als Vehikel für Verhaltensänderungen benützen würden.

Nach dem Erscheinen von »Ich bin Ich« schrieb mir ein Nationalrat a. D.: »Dieses Buch könnte von meiner Frau geschrieben sein... Du hast mir einen Spiegel vorgehalten. Ich wußte nicht, daß ich ein Doktor Mannmann bin. Meine Frau hat sich nie beklagt... Der Vorsprung, den ihr habt, ist eure Leiderfahrung. Euer

Leidensdruck zwingt euch zu euren Freiheitsbewegungen. Eine Männerbewegung in der Art der Frauenbewegung gibt es nicht...«

Woran liegt das? Geht es ihnen wirklich so gut? Nein, ich weiß und ich werde auch immer daran erinnert: »Aber! Die Männer sind auch arm!« Fühlen sie ihr Leid nicht? Wenn ja, warum?

Es muß auch an den Frauen und ihren Doppelbotschaften liegen. Ihr wünscht euch zwar einen fühlsamen Mann, beschwichtigt jedoch jede noch so kleine Aufregung. Ihr tröstet ihm jedes Anzeichen von Betroffenheit weg und streichelt ihm jeden Anflug von Trauer und Leiden fort. Ihr reagiert peinlich berührt und fühlt euch verunsichert, wenn er einmal unbeherrscht sein Angerührtsein zeigt, und wundert euch dann, wenn er eines Tages nichts mehr fühlt, wie ein Automat seinen Geschäften nachgeht und dem Wirtschaftswachstum mehr Bedeutung zumißt als dem Menschenwachstum. Er ist kein Kind – vor allem ist er nicht DEIN Kind.

Einerseits habt ihr Gefallen an dem hilfsbedürftigen, verspielten »Kind im Manne«, denn es gibt euch ein Gefühl des Gebraucht-Werdens und bietet eine Ablenkung von der eigenen Identitätsnot. Andererseits beklagt ihr, daß sich das Kind im Manne hilflos an eure Kittelfalte hängt und auf jeden kleinen Emanzipationsschritt ängstlich reagiert. Einerseits wünscht ihr, daß sich euer Mann für Lebens- und Liebesziele engagiert, andererseits wollt ihr auf die materiellen Annehmlichkeiten seines Robotens nicht verzichten und die soziale Sicherheit, die er zu bieten hat, nicht aufgeben.

Und er: Einerseits zeigt er sich interessiert an einer selbständigen, unabhängigen Frau, andererseits möchte er die Annehmlichkeiten eines gefügigen Hausmütterchens nicht aufgeben. Einerseits sucht er selbst nach neuen Wegen, weil auch er »die Nase voll« hat, andererseits strengt er sich immer noch mehr an, um zu mehr Geld, Prestige und Macht zu kommen. Einerseits spielt er das betreuungs- und schonungsbedürftige Kind, andererseits kehrt er nach Belieben die Rolle des »der Herr im Haus bin ich« heraus. Alles Doppelbotschaften!

Du hast Angst, deinen Mann zu Grunde gehen zu lassen. Was hat die Angst mit dir zu tun? Immerhin ist es deine Angst. Frage dich, welch falsches Machtgefühl dich veranlaßt und welch fadenscheiniges Bedürfnis dahintersteckt, ihn nicht sich selbst zu überlassen. Als Nur-Mann, das heißt als die Hälfte dessen, was er sein könnte, braucht er dich, Nur-Frau, die du die Hälfte dessen bist, was du sein könntest. Wenn er am Grunde seiner Existenz seinen weiblichen Kern findet, dann könnte es ja geschehen, daß er seine Gespaltenheit heilt und ein Ganzer wird. Als ganzer Mann würde er dich vielleicht nicht mehr brauchen. Ich denke, daß die meisten Frauen ihre Daseinsberechtigung davon ableiten, daß sie gebraucht werden und unabkömmlich sind. Es käme einer Existenzbedrohung gleich, wenn sie auf sich selbst zurückgeworfen, den Sinn des Lebens darin suchen müßten, für sich selbst und die Entwicklung ihrer eigenen Persönlichkeit zu sorgen. Das Für-andere-Dasein und Gebrauchtwerden ist Ersatzbefriedigung und Ablenkung von ihrer eigenen Identitätsnot.

Laßt sie doch zu Grunde gehen, auf daß sie endlich spüren, was Weiblichsein heißt, was unser Schmerz: die Zerstörung von Leben, was unser Sehnen: die Friedlichkeit, die aus der Zufriedenheit kommt, und was unsere Hoffnung und unser Anliegen ist: wieder gut machen.

Ehe, Heirat, Partnerschaft

Ehe, Heirat und Partnerschaft scheinen vordergründig für Frauen nach wie vor von besonderer Wichtigkeit zu sein. Unterwegs werde ich oft gefragt, wie ich zu Partnerschaft, Heirat und Ehe stehe und was ich von »Beziehung« halte. Meine Antworten sind kurz und bündig die: Liebe ja – Ehe nein! Liebe ihn oder sie, behaltet jedoch euer Wohl UND Wehe im Auge. Liebe ihn oder sie, aber nicht um jeden Preis. Der Verlust deines Selbst kommt dich teuer zu stehen. Liebe ihn oder sie, aber opfere, verrate oder verkaufe nicht deine unsterbliche Seele (eine alte Märchenweisheit). Liebe nicht mehr, als du geliebt wirst. Heirat ist eine noch junge Errungenschaft des Patriarchats. Das Wort alleine spricht für sich und macht das Anliegen und den Beweggrund sichtbar: Es leitet sich von dem mhd. Wort »hirat« ab und bedeutet ursprünglich »Hausbesorgung«. Das Grundwort ist das Substantiv »Rat« (Hei-Rat) und bedeutete »Versorgung, Hilfe, Mittel« und steckt auch in Hausrat, Vorrat und Unrat. Daraus entwickelte sich der Wortgebrauch im Sinne von »Besorgung von notwendigen Mitteln« und weiterhin im Sinne von »Beschaffung, Abhilfe und Fürsorge«. Das Bestimmungswort »Hei« geht auf germ. »hiwa« zurück und bedeutete »Haus, Hauswesen, Haushaltung und Hausgesinde«. Heirat war eine Einrichtung des Patriarchats, um die Rohstoffe, die Energie der Frau und deren Hab und Gut dem Mann als dem Oberhaupt der Familie und Diener des noch jungen Staates zur Verfügung zu stellen. Eine Frau wurde angeschafft, um eine Familie, die »Keimzelle« des Staates, zu gründen, um die für die Zivilisation notwendigen Mittel sicherzustellen.

Liebe ja – Partnerschaft nein! »Part« heißt »Teil«. Schon im Wort und dann erst recht im Zusammenleben wird klar, daß es bei Partnerschaft um Teilhaberschaft geht. Daß die Zusammenfügung zweier Teile auf Dauer das Ziel des Lebens verfehlt und den Sinn der Liebe verkehrt, davon zeugen jene Lebensgemeinschaften, in denen sich zwei Hälften aneinanderklammern und sich an der Ganzwerdung behindern. Entlarvend sind Sätze wie: »Wir ergänzen uns so wunderbar« und der Hinweis auf die »Ehe-Hälfte«. Es gibt Männer, die, allerdings nur mehr augenzwinkernd und im Halbspaß, sagen: »Sie ist meine bessere Hälfte«, sie geben damit die – allerdings in den Untergrund verbannte – Wahrheit kund.

Be*ziehung*? Ja! Es kommt jedoch darauf an, WER, WEN, WOHIN *zieht*. Wo du hingehst, dort will auch ich hingehen!? Gerne! Vorausgesetzt, du gehst so wie ich den Weg der Selbsterfahrung und Selbstwirklichkeitswerdung.

Gleich und gleich gesellt sich gern!
Gegensätze ziehen sich an!

Ein Widerspruch? Nein! Auf den ursprünglichen, tieferen Sinn ihrer Aussage überprüft, lassen diese beiden Sätze erkennen, daß jeder seine eigene Gültigkeit hat, daß beide unabdingbar zusammengehören und sich wechselseitig bedingen.

»Gleich und gleich gesellt sich gern« – weil nur unter Gleichen Verstehen, Begreifen, Heimatlichkeit, Geborgenheit, Trauen, Austausch, Förderung möglich oder zu hoffen ist. Die Gleichheit bezieht sich auf das zeitlose Alter, den Reifegrad, den Entwicklungs- und Bewußtheitsstand und die Gesinnung der Liebesperson. Gleichheit heißt, daß den Liebenden ihr innerstes Selbst in gleichem Maß bewußt ist. Die Tiefe und das Ausmaß des Selbstbewußtseins (zum Unterschied vom Ichbewußtsein) bestimmt den Reifegrad, die Tiefe und das Ausmaß der Liebe. Ausfüllende Liebe ist daher nur unter Ebenbürtigen möglich. Nur seelisch Ebenbürtige können sich »das Wasser reichen«.

»Gegensätze ziehen sich an!« Daß das Naturgesetz der Polarität auch beim Menschen wirkt, ist grundsätzlich gut, vorausgesetzt, sie führt nicht zu Ergänzung, die in dauernder Abhängigkeit und schließlich im Hälftendasein endet. Gegensätzliche Menschen ziehen einander an, um voneinander und durch einander zu lernen, was der andere schon zur Reife gebracht hat und was zur eigenen Ganzheit fehlt. Die Gegensätzlichkeit bezieht sich auf wirklich gewordene Persönlichkeitsaspekte und kann als Sprungbrett für individuelles Lernen und Weiterkommen, das in der eigenen Komplettierung mündet, genützt werden. Gegensätzliche Liebende mit Vollendungsstreben hängen aneinander, und in gewisser Weise sind sie auch voneinander abhängig. Diese Abhängigkeit ist jedoch nur ein Übergangsstadium, das sich von selbst auflöst, wenn das per Identifikation erworbene Lernziel erreicht ist.

Erste Liebe

Buben und Mädchen, jeweils auf die Hälfte ihrer Möglichkeiten reduziert, sind frustriert. Sie hungern und dürsten, fühlen sich unzulänglich, unzufrieden und unbefriedigt. Ihnen fehlt etwas. Wenn sie nur wüßten, was. Sie suchen. Was denn nur? Nach der sogenannten Latenz in der Reife sind die unterdrückten Seelentriebe nicht mehr zu überhören. Mädchen und Buben, in getrennten Spielwelten aufgewachsen, sind einander fremd. In dem Ausmaß, in dem sie von sich selbst entfremdet worden sind, haben sie sich auch voneinander entfernt. Weil das Fremde gewöhnlich einen besonderen Reiz hat und weil die Sehnsucht ein Ziel sucht und weil romantische Liebe das einzige Angebot ist, haben Mädchen und Buben eine besondere Anziehung füreinander. Die eigenen unterdrückten Triebe erzeugen ein ziehendes Sehnsuchtsgefühl. Er hat und trägt sichtbar zur Schau, was sie verborgen in sich trägt, in ihr geweckt und von ihr gelebt werden will – ihre sogenannte Männlichkeit. Sie zeigt auf wunderbare Weise das, was in ihm rumort und wachgeküßt werden will – seine in ihm verborgene sogenannte Weiblichkeit. Sie denkt und sagt »Ich sehne mich nach deiner Stärke, deinem mutigen Draufgängertum und deiner Überlegenheit« und weiß nicht, daß es ihre eigene Stärke und überlegene Handlungsfähigkeit ist, auf das sich ihr Sehnen richtet. Er sagt »Ich liebe deine süße Weichheit, deine Innigkeit, Lieblichkeit und milde Güte« und hat keine Ahnung, daß seine eigene Weichheit, Innigkeit, Milde und Güte gelebt werden will. Das, was so sehnsüchtig macht und am Gegenüber so fasziniert, ist geheimnisvoll und vertraut zugleich, ist es doch das, was sich so zart und doch so beharrlich im eigenen Inneren regt, aber noch keinen Namen und keine Gestalt hat.

Buben und Mädchen – je reduzierter, je gegensätzlicher, desto stärker – ziehen einander an. Sie sind unzertrennlich wie die hohlen Hälften der Magdeburger Halbkugeln, die zwölf Rösser nicht mehr zu trennen vermögen. Ich habe lange gebraucht, diese starke Anziehung – Geschlechterpolarität genannt – zu verstehen und dazu einen eigenen Standpunkt zu finden. Habe ich doch selbst erlebt, wie gewaltig der erste Aufprall, wie aufregend, wie rauschhaft und wonniglich diese erste innige Begegnung ist. Wie sollte ich dieses ungewöhnlich starke Glücksgefühl anders nennen als Liebe? Was gab es sonst noch für ein Wort dafür?

»Kein Feuer, keine Kohle kann brennen so heiß,
wie heimliche Liebe, von der niemand was weiß.
Keine Rose, keine Nelke kann blühen so schön,
Als wenn zwei verliebte Seelen beieinander tun stehn.«

Nach so langem Darben in der Verborgenheit schien es mir wie eine Offenbarung, jemandem gegenüberzustehen, der mir seine ganze Aufmerksamkeit gab und mir seine Liebe zu Füßen legte. So etwas war ich nicht gewohnt, und doch war mir, als ob der Respekt, den er mir gab, und die Anerkennung, die ich bekam, mir zustünden. Ich fühlte, ich hatte ein Recht darauf. Nie zuvor hatte mir jemand Dinge über mich gesagt, von denen ich irgendwie fühlte, daß sie wahr sind. Nie zuvor hörte und glaubte ich, daß ich schön, klug und interessant bin. Er hatte meine Klugheit aus mir herausgelockt. Meine Seele begann zu blühen. Ich fand, es müßte ein Zauber im Spiel sein – oder war er der Prinz, der mir verheißen war? Endete nicht jedes Märchen und jeder Liebesroman mit dem vielversprechenden Satz »Sie wurden ein glückliches Paar und lebten bis an ihr seliges Ende«... oder »Da hatte alle Not ein Ende«? Woran lag es, daß wir kein glückliches Paar wurden und daß alle Nöte nicht nur nicht zu Ende waren, sondern verstärkt wieder auftraten und viele neue hinzukamen? Es mußte an mir liegen, oder an wem oder was?

Erst sehr spät erkannte ich, daß mir etwas widerfahren war und mir bei jeder Liebesbegegnung von neuem widerfahren ist, was ich heute positive Projektion nenne: Ich erlebe zwei Arten von Erkennen. Entweder ich bekomme von einer Sache, die mir Probleme macht, einen blassen Schimmer, und langsam beginnt mir dann auch die Wahrheit zu dämmern, oder mich trifft ein plötzlicher Erkenntnisblitz, der schlagartig den verdunkelten Problemraum ausleuchtet, so daß ich die Wahrheit einer Situation blitzartig erkennen kann. Was es mit meinen »Lieben«, die ich zuerst einerseits als so wunderbar und so wahr und so wirklich erlebt hatte, danach andererseits so sehr in Frage stellen mußte, weil das Ende, die Auswirkungen so unbefriedigend, ja zerstörerisch waren, was es damit auf sich hatte, wurde mir mittels Erkenntnisblitz bewußt. Das Aha-Erlebnis wurde ausgelöst, als ich 1979 ein Lied von der Frauenmusikgruppe »Schneewittchen« hörte. Angi Domedy sang:

»Ich hab' eine große Sehnsucht,
ich sehn' mich so nach MIR...
Ich habe mich verloren.
Du hast mich mir genommen,
mit deiner Auslöschpolitik...
Ich sehn' mich so nach MIR.
Ich freu' mich auf mein Lachen.
Ich freu' mich auf meine Ideen.
Ich freu' mich auf meine Phantasie...
Ich habe eine große Hoffnung,
und diese Hoffnung bin ICH.
Ich hätt' mich dir geschenkt,
das war nicht mein Problem.
Ich wollt' aber mit dir wachsen,
und nicht an dir untergeh'n.«

Danke, Angi! Das war's! Projektion! Ich hatte projiziert. Blind und taub für meine eigenen Phantasien und Ideen, »flog« ich auf seine Phantasien und Ideen. Er phantasierte kühn, verwirklichte seine Ideen, meine wimmerten mit unterdrückter Stimme und blieben unbeachtet. Er setzte seine Pläne in die Tat um, während meine Lebensentwürfe nicht gefragt waren und unverwirklicht blieben. An ihm erkannte ich, was in mir als »blinder Fleck« unbemerkt blieb. An ihm liebte ich, was in mir von mir geliebt werden wollte. Auf ihn warf ich meine unerhörten Eigenschaften. Ihn durfte ich dafür lieben – mich selbst dafür zu lieben war ungehörig. Er tat dasselbe. Auch er liebte und begehrte seine eigenen mütterlichen Eigenschaften an mir. Der Unterschied zwischen seiner und meiner Liebesprojektion war jedoch, daß ich auch meinen unterdrückten »männlichen« Teil leben wollte, er jedoch kein Interesse an seinen »weiblichen« Teilen hatte. Ich wünschte mir so sehr, er würde seine weibliche Natur zur Geltung bringen, er jedoch boykottierte das Geltendwerden meiner männlichen Natur. Wir wurden kein glückliches Paar. Vielleicht heißt der märchenhafte

Schlußsatz »...Und sie lebten glücklich bis an ihr Ende« richtiger »...Und sie lebten glücklich erst am Ende«? So eine Frohbotschaft hatte auch das Christentum für alle Mühseligen und Beladenen bereitgestellt. Warten! Vielleicht brauchte ich nur zu warten, daß auch er seine »Kinder« in sich entwickelte?? Wenn... dann...! Wenn wir auf Urlaub fahren, dann... Wenn er fertig studiert hat, dann... Wenn wir eine neue Wohnung haben, dann... Wenn die Kinder aus dem Gröbsten heraus sind, dann... Das ersehnte »dann« schob sich immer länger hinaus. Warten. Geduld. Bitten. Flehen. Schimpfen. Drohen... Lesen: Aha! Aufklärungsgespräche. Entwicklungshilfe an seinem Selbst. Feministische Literatur kiloweise am Nachtkästchen und in seinem Kopf... Er: »Aber ich liebe dich ja.« Lippenbekenntnisse! Er liebte zwar seine Karriere, seine zunehmende Macht, aber nicht sich selbst, noch weniger mich. Er sprach unentwegt von Liebe und meinte unentwegt Sex. Langsam dämmerte mir: Der will am Ende gar nicht lieben, wozu dann noch warten?

»War das alles?« ist die Frage, die die Krise in der Mitte des Lebens kennzeichnet. Die Kinder, der Mann, das Häuschen im Grünen, das kann doch nicht alles sein? Da war doch noch was! Als ich noch klein war, wußte ich noch... Wenn ich einmal groß bin, dann... Wie viele Lieben man auch neu beginnt, jede ist am Beginn eine »Erste Liebe«. Die Menschen, jedes Leben, auch jede Liebe hat eine relativ sorglose Kindheit. Auch die Kindheit der Liebe beginnt »paradiesisch«. Da jede Liebe nach dem Muster romantischer Liebe, die den Sinn von Liebe verkennt und verkehrt, angetreten wird, muß das anfängliche Paradies zwangsläufig in der Tragödie enden. In Variationen spielt sich das Drama von »Herz, Schmerz«, soweit mein wahrnehmendes Auge und meine Spürnase reichen können, in allen Beziehungen ab.

Das ungeschriebene Drama, genannt »romantische Liebe«, beginnt da, wo die Liebesromane enden. Die Liebesromane enden dann, wenn die beiden sich gekriegt haben – in Wahrheit, wenn er sie oder sie ihn gekriegt hat. Das romantische, romanhaft glückliche Ende ist der unglückliche Anfang des offiziell totgeschwiegenen Liebes- und Lebensdramas. Es endet in der Verwirrung oder in der Resignation. Das kann nicht anders sein, denn der Lebensplan der Natur hat ein anderes »Happy-End« vorgesehen als das patriarchale Liebeskonzept. Um das von der Natur vorgesehene »Happy-End« zu erreichen, müßten sich beide – jeder für sich – vorerst einmal selbst kriegen.

Romantische Liebe

> Sommer wars als sie einander fanden
> und sie wollten ewig sich in Liebe wiegen
> doch als sie ihre Flügelein
> aneinander banden
> erhob sich bang die Frage:
> können zwei Vögelein so besser fliegen?

Die Liebesvorstellung in unseren Breiten stammt aus der Zeit der römischen Weltherrschaft. Die römischen Eroberer haben seinerzeit mit dem Land auch die Ureinwohner der besetzten Gebiete unterworfen und in Besitz genommen. Landnahme war gleichzeitig immer auch Menschenraub, denn »Land und Leute« bildeten eine Einheit. Mit den Menschen haben sich die Machthaber auch Teile derer Kultur rechtswidrig angeeignet und diese für ihre Machtzwecke abgeändert. Das Machtgefährdende wurde unterdrückt oder ausgerottet; Elemente, die den Machtinteressen dienten, wurden entweder übernommen, wie sie waren, und/oder durch Hinzufügen männlicher Symbole ergänzt.

Die Ureinwohner der Apenninenhalbinsel waren die matriarchal organisierten Etrusker. Auf etruskischen Wand- und Vasenmalereien sah ich geflügelte Wesen mit eindeutig weiblicher Gestalt. Ein Bild beeindruckte mich besonders: Es zeigte schön gekleidete und geschmückte Frauen, die offensichtlich ein Fest feierten, denn einige hielten Instrumente und andere Kelche in Händen. Alle hatten sie Blumenkränze im Haar. Einige tanzten, andere sahen den Tanzenden zu. Mitten unter und über ihnen schwebten ätherische Gestalten. Diese unterschieden sich, was Haartracht, Kleidung und Schmuck betrifft, von den tanzenden, liegenden, sitzenden und kauernden Frauen nur dadurch, daß sie Flügel hatten. Wenn zwei oder drei im Namen der Großen Mütter zusammen sind, dann sind diese – allerdings unsichtbar – mitten unter ihnen.

So wie die Römer das römische Vaterrecht an die Stelle des Mutterrechts gesetzt, das Gemeinschaftseigentum durch Privatbesitz verdrängt und anstelle der matrilinearen Erbfolge die männliche Erbfolge eingeführt hatten, so mußte auch die matriarchale Liebesreligion bis zum 1. Jh. dem Mithrasglauben[21] und danach dem römisch-katholischen Glauben weichen. Schon vor Konstantin, dem ersten christlichen Kaiser, wurden – wie auf Erden, so im Himmel – die im Volksglauben fest verankerten Liebesgöttinnen vermännlicht. Was für die Etrusker noch die liebenden Großen Mütter waren, wurde bei den vaterrechtlichen Römern zu einem einzigen männlichen Gott: Amor! Beispielgebend waren wohl die Griechen, von denen sie die Philosophie übernommen hatten, denn diese hatten schon vor den Römern ihre Muttergöttinnen einer Geschlechtsumwandlung unterzogen. Das Ergebnis ist der geflügelte Gott Eros.

Eros ist der Namensgeber für die Erosliebe, so wie Amor die Symbolfigur für romantische – eigentlich romanische – Liebe ist. AMOR ist die Wortumkehrung für ROMA. SORE (hebr.) ist die Wortumkehrung von EROS und bezeichnet eine »gestohlene, erschwindelte Ware und den daraus erzielten Erlös« (!). Wortumdrehungen und Silbenumstellungen wurden gelegentlich von den alten Kulturen, z. B. den Ägyptern, praktiziert, um die Mysterien vor Verrat zu bewahren. Wie viele andere auch, so haben die Griechen und Römer auch diesen Brauch übernommen, um die Wahrheit zu verschleiern.

Als Attribute ihrer aggressiven Liebesaktivität bekommen sowohl Eros als auch Amor Pfeil und Bogen in die Hand. Amor schießt den Pfeil ab, der mitten ins Herz trifft. Die Getroffene fällt alsdann augenblicklich in »Liebe«. Das Pfeilgift des patriarchalen Liebesglaubens wirkt sofort und zieht nachhaltige Lähmung der eigenen Liebesaktivität nach sich. Nicht mehr die Jungfrau hatte

21 Mithras wurde angeblich schon mit einem Dolch (!) bewaffnet geboren

prüfend zu wählen, wer ihr Kind (be)zeugen sollte; der Mann hatte sie zur Frau und als Sexobjekt zu »nehmen«. Nach dem Schuß gilt ihre Liebe nicht mehr ihr selbst und den heilen Geistern[22] – nicht mehr mit ihnen soll sie sich identifizieren, sondern mit ihm, dem männlichen Erreger und seinem unheilen, aggressiven Geist. Pfeil, Speer, Lanze und Schwert sind die patriarchalen Symbole für destruktive männliche Gedanken-, Wort- und Beziehungsenergie. Auch das heutige Tarot hat diese als Symbole übernommen. Aber auch Penis und Spermium werden durch Schwert, Dolch, Pfeil und Messer symbolisiert (Schwert in der Scheide, die Pfeilform der männlichen Samenzelle).

In matriarchalen Kulturen galten Federn und Flügel als Symbol für Hera-Energie – Beziehung durch Gedanken- und Wertenergie. Aus dem Grund wurden die Liebesgöttinnen und Großen Mütter, die gedanklich mit ihren Kindern in Beziehung stehen, mit Flügeln dargestellt.

Mittlerweile hat sich die romantische Liebe mittels Feuer und Schwert in der gesamten westlich zivilisierten Welt durchgesetzt und ausgebreitet. Bis zum heutigen Tag wird die größte Anstrengung unternommen, um das Thema Nr. 1 – die Ideologie der romantischen Liebe – aufrechtzuerhalten und uns treffsicher immer wieder von neuem mit dem Pfeilgift des falschen Liebesglaubens, das den Mann zum Aktivisten und die Frau zu seinem Opfer stilisiert, zu infizieren. Es gibt keinen noch so abwegigen Roman, in dem die roman(t)ische Liebe nicht eine Rolle spielt. Meist ist sie sogar das Hauptthema. Jede auftauchende Alternative wird als abnormal, abwegig und ungesund gebrandmarkt und wie Unkraut aus dem Bewußtsein ausgerottet. Die von klein auf frustrierten Grundbedürfnisse fügen sich nahtlos zu den angebotenen Liebessurrogaten. Grundbedürfnisse und romantische Liebesangebote werden nach den Marktgesetzen von Angebot und Nachfrage reguliert. Da die romantische Liebe die ins Gegenteil verkehrte Mutterliebe ist, darf es nicht wundernehmen, daß die Menschen unbefriedigt bleiben. Unbefriedigte Bedürfnisse sind wie ein Loch, in das romantische Liebesgaben gegossen werden. Da diese Liebes-

22 Geist = »Erreger« = die Urreger

gaben ohne nährende Substanz, ohne fördernde Kraft und ohne selbstwirklichende Macht sind, bleibt der Hunger ungestillt, der Durst ungelöscht, die Selbstentfaltung und Selbstwirklichung auf der Strecke. Die Menschen werden krank. Liebeskrank! Merkmal ist ein stetiges Gefühl von Unzufriedenheit, Friedlosigkeit, Unruhe und als Folge rastlose Suche – Sucht!

Liebeskrankheit ist eine Mangelkrankheit wie Vitaminmangel oder Eisenmangel. Die Liebeskrankheit ist, obwohl sie als solche nicht erkannt und nicht benannt wird, die Zivilisationskrankheit Nummer eins. Sie kann durch ver-lieben vorübergehend zum Stillstand gebracht werden, tritt jedoch mangels tiefer Befriedigung sehr bald wieder in Erscheinung. Häufiger Partnerwechsel kann das unweigerliche Ende wohl hinauszögern, aber nicht verhindern. Langfristig führt sie zu Angst, Resignation, Apathie, Agonie und schließlich zum emotionalen Tod. Physische Krankheiten sind das auf der Körperebene sichtbare Ergebnis eines falschen Glaubens. Alle Krankheiten haben spirituelle Ursachen. Das dem seelischen Empfinden entsprechende Organ ist das Herz. Seit alters her gilt das Herz als Sitz der Liebesgefühle. Zahlreiche Redewendungen weisen darauf hin. Ferner gilt das Herz auch als Sitz des Mutes. »Courage« (lat. »cor«, gr. »kardia«) heißt »Herz«. »Mut« ist das altägyptische Wort für »Mut-ter«. »Herz« wird außerdem im Sinne von »Innerstes, Bestes, Liebstes« gebraucht. Herzerkrankungen und Herzkreislauferkrankungen sind analog zur Liebeskrankheit die Zivilisationskrankheit Nummer eins.

»Was fehlt dir?« fragt der Psychologe oder Psychotherapeut, weil dein Herz schwer ist, weil du so oft herzzerreißend weinen mußt und nicht mehr herzlich lachen und von Herzen froh sein kannst. Dir fehlt Liebe. In deiner Partnerschaft mangelt es dir an Liebe; dir fehlt der Mut, die Besonnenheit und die Entschlossenheit, dir selbst eine gute Mutter zu sein und dein Leben selbst in die Hand zu nehmen. An eben diesem Aspekt der Liebe, an Mut, fehlt es den Liebeskranken. Der aktiv strebende, begehrende Pol der mütterlichen Liebe – Mut, Besonnenheit – Courage! – ist das Angriffsziel des männlichen Zeit-»GEISTES« der Liebe. Dir fehlt Liebe, und der Arzt empfiehlt entweder mehr Verständnis für und Kooperation mit deinem Partner oder er verordnet dir ein Nervenberuhigungsmittel.

»Was fehlt dir?« fragt der Psychosomatiker, an den du dich wendest, weil du unter Herzstechen, Herzdrücken, Herzflattern, Herzrasen und Herzbeklemmung leidest. Die Frage ist rein rhetorisch, denn weder will er wirklich wissen, was dir fehlt, noch weißt du darüber Auskunft zu geben. Nachdem der EKG-Befund keine Auffälligkeiten zeigt, schickt er dich zum Psychiater. Du wechselst vielleicht den Arzt oder deinen Partner oder beide. Deine Herzbeschwerden kommen jedoch wieder. »Was fehlt dir?« fragt der Herzspezialist. Du hast Atemnot, Schweißausbrüche, Erstikkungsgefühle und Ohnmachtsanfälle. Der Herzspezialist weiß nicht, was dir fehlt. Er kennt die Ursache deiner Krankheit nicht.

Dir fehlt Liebe. Die Liebe, die du dir selbst schuldig geblieben bist. Dir fehlt Treue, Vertrauen, Achtung und Geltung, weil du dir untreu bist, kein Vertrauen in dich hast, mit dir achtlos bist und daher auch keine Selbstachtung für dich aufbringen kannst. Dir fehlt die Courage, für dein Leben und Lieben Verantwortung zu übernehmen. Die Wurzel für dein Übel ist dein falscher Liebesglaube. Du hast alle Zeichen deiner Seele, die Warnsignale deines Herzens, übersehen oder nicht richtig gedeutet. Du hast unbewußt viele Fehler gemacht, und nun ist dein Herz fehlerhaft: Du hast Herzrhythmusstörungen, Herzkranzerweiterung oder Angina pectoris. Dir fehlt Liebe, und der Fachmann verschreibt dir ein Herzstärkungsmittel. Etwas anderes weiß er nicht. Günstigenfalls gelingt es, das Symptom (gr. »Zufall«) zu verschieben. Der Fehler fällt einem anderen Schwachpunkt deines Organismus zu, er wechselt das Organ, wie du vordem deine Liebespartner und die Ärzte gewechselt hast. Schlimmstenfalls wiederholt sich auf der Körperebene das, was auf der Seelenebene schon geschehen ist: Defekte (Schwächung), Rhythmusstörung (Neurose), Lähmung, Infarkt (lat. »in farcire« = »hineinstopfen«). Romantische Liebe ist eine Farce!

»Liebe geht durch den Magen!« Der Magen ist Sitz des Sonnengeflechtes, das Hirn, die »Schaltzentrale der Seele«. Als spiritueller Magen ist er subtiles Energiezentrum und zentrales Medium für Liebesmagie und will keine, wenn auch noch so raffiniert zubereitete Liebesfüllsel. Er braucht Liebes-Lebensmittel, die den spirituellen Hunger nach Identifikation und Verschmelzung mit etwas Größerem befriedigen und die Sehnsucht nach Ekstase, Versöhnung, Urfüllung und Vollendung stillen. Viele Menschen sagen, sie liebten ihre »zweite Hälfte«. Das alte, vertrocknete, Hand in Hand über die Kurpromenade wandelnde Ehepaar scheint glücklich und zufrieden zu sein. »Wie geht's Ihnen, gnädige Frau?« – »Danke, man muß zufrieden sein!« MAN muß! Das Selbst wird durch das Man ersetzt. Das vergilbte, gemeinsam durchs Leben wandelnde Ehepaar hat sich arrangiert. Ihre Lebensgemeinschaft ist eine Symbiose. Eine Symbiose ist das Zusammenleben zweier Menschen verschiedener Art, das – zum Unterschied tierischer Symbiosen – für beide nicht von Vorteil ist, weil sie beide Partner – halbe Teile – bleiben und ihre Ganzwerdung verfehlen. Oberflächlich betrachtet, scheinen sie zufrieden zu sein, in Wirklichkeit haben sie resigniert. Das ist Hospitalismus in der Ehe. Jedes kleine Kind, das von zu Hause weg muß und ins Krankenhaus gebracht wird, ruft nach der Mutter, schreit und tobt verzweifelt. Stundenlang, oft tagelang. Irgendwann kann es nicht mehr, es sieht ein, daß alles Schreien und Toben keinen Zweck hat. Die Mutter kommt doch nicht. Es wird still und fügt sich in sein Schicksal – nicht, weil es nun »vernünftig« geworden und zufrieden ist, sondern, weil es resigniert hat. Ein in Gefangenschaft geratenes Tier schreit, faucht und sucht einen Ausweg. Stundenlang, tagelang, oft wochenlang. Irgendwann sieht es ein, daß alles Schreien und jedes Suchen nach einem Fluchtweg erfolglos ist. Es gibt auf und fügt sich stumpf und hoffnungslos in die Situation. Es hat resigniert. Verwechselt nur ja nicht Resignation mit Zufriedenheit!

Liebe nicht mehr, als du geliebt wirst

Als sich mein letzter Geliebter – in »Ich bin Ich« »Vincent« genannt – von mir verabschiedete und mit der Bemerkung, ich sei ihm »zu stark«, er hätte Angst, seine Identität zu verlieren und müsse erst nachlernen und nachwachsen, um mir ebenbürtig begegnen zu können, seine Liebe zu mir »zurückpfiff«, fiel ich aus allen Wolken, unsanft auf den Boden der Tatsachen. Während er sich beharrlich und konsequent abmühte, die Trennung aufrechtzuerhalten und sich seine Liebe zu mir »abtrainierte« – wie er es nannte –, besann ich mich auf einen für derartige Fälle wirksamen Zauberspruch: »Im Zweifel allein«, was mir zu diesem Zeitpunkt keine Schwierigkeiten mehr machte. Da er sich so ehrlich und liebevoll verabschiedet hatte, hegte und pflegte ich jedoch meine Liebe zu ihm weiter, ohne auf Gegenliebe hoffen zu können.

Auf seine Frage, wie ich ihn, der sich so ausgesprochen distanziert habe, noch immer lieben könne, antwortete ich stolz: Meine Liebe sei frei und unabhängig. Meine Liebe braucht keine Gegenliebe. Sie brauche keine Erlaubnis, keine Aufforderung und keine Erwiderung. Ich sei frei zu lieben, wen und soviel ich wolle. Niemand könne mir meine Liebe verbieten – auch er nicht. Ich sei doch nicht so blöd wie er und renne lieblos durch die Gegend... Er war zufrieden und ich auch. Was heißt zufrieden? Ich war mächtig stolz auf meinen heroischen Verzicht, meine Unabhängigkeit und meine »Würde« – wie ich es nannte. Auf diese Weise empfand ich mich als Königin und nicht als Bettlerin. (In Wahrheit drohte ich bettelarm und würdelos zu werden, wie es sich später herausstellte.) Damals »geisterte« der Begriff »positives Denken« durch alle Hirne, auch durch meines. Kein böser Gedanke an ihn, über sein feiges Kneifen und seine immer böser werdenden Worte durfte mir in den Sinn. Wenn sich eine kleine Verächtlichkeit einschleichen wollte, dann wurde sie flugs durch einen »positiven!« Gedanken ersetzt. »Ach, der kann nicht anders. Er hat Identitätsschwierigkeiten. Ich muß ihm helfen. Er ist wenigstens ehrlich – ehrlicher als alle anderen –, was will ich mehr?« Meine Liebesgedanken richteten sich an einen, der er in der Anlage wohl ist, den er aber erfolgreich unterdrückte und längst nicht mehr lebte. Ich hatte nur seine guten Seiten im Sinn und übersah großmütig die anderen. Er wurde immer anmaßender und frecher, indem er mich zum Beispiel immer häufiger mitten in der Nacht anrief, weil er eine ebenbürtige Gesprächspartnerin für seine schlimmen Seelenzustände brauchte (er war ja so arm, weil er mich nicht mehr lieben durfte). Ich wurde immer ein- und mitfühlender und immer duldsamer. »Versetz dich doch in meine Lage!« Ich versetzte mich in seine Lage – und wo war ich mitten in der Nacht? Nicht bei mir und IN mir zu Hause, nicht in meinem Bett, um mich zu erholen, sondern bei ihm. »Fühl' dich doch ein in mich! Denk dich in mich hinein!« Ich tat es, tat es immer wieder und anhaltend. Wo war ich? Nicht bei und mit mir, sondern bei ihm. Schließlich waren meine Gedanken und Gefühle mehr bei ihm – in seiner armseligen, tristen Lage – als bei mir, die ich viele Gründe hatte, mein Alleinsein zu genießen und fruchtbar zu machen. Ich bin nicht sicher, ob alle Menschen wissen, daß unsere Gedanken- und Gefühlskraft dort ist, wo wir sie hinschicken; daß wir tatsächlich dort sind, auch wenn unser Körper am Schreibtisch sitzt oder im Bett liegt. Je verletzlicher und schwieriger er sich darstellte, desto nachsichtiger und freigiebiger wurde ich. Ich habe mich damals aus »Schwäche zu ihm« schwach gemacht und erniedrigt, um ihm das angenehme Gefühl von Stärke zu geben.

Das ging eine Zeitlang so dahin, bis ich entdeckte, daß meine Liebesgedanken nur um ihn und sein Wohlergehen kreisten und ich, mich grob vernachlässigend, von Tag zu Tag, auf rätselhafte Weise, immer müder und erschöpfter wurde. Er als »freier Dichter« war ein Nachtmensch, ich mußte morgens auf, schon der Kinder wegen. Obendrein ließ ich es großmütig zu – aus »Liebe«, versteht sich! –, daß er, der bedauerte, ein Monomane zu sein, in seinen Gedichten, die von Zeit zu Zeit mit der Post kamen, mich für seine schlimmen Seelenzustände und die Unfähigkeit, an seinem großen Werk zu arbeiten, verantwortlich machte. Die Kommunikationsform – Post oder Telefon –, den Zeitpunkt, die Dauer und den Inhalt der Gespräche bestimmte er. Vor physischer Nähe und meiner unbekümmerten Aktivität hatte er Angst. Er bestimmte und ich reagierte.

Nun: Männer pflegen, wenn sie lange genug unter einem Baum sitzen – wie weiland Buddha – oder eifrig die esoterische Literatur studieren, eines Tages als Erleuchtete wieder aufzustehen. Frauen geht bisweilen ein Licht auf. Und wenn sie dieses Licht nicht unter den Scheffel stellen, gesellen sich so nach und nach andere kleine Lichter dazu, bis sie helle genug sind, daß sie die Wirklichkeit so sehen, wie sie ist und nicht, wie sie es gerne hätten. Als er eines Nachts wieder einmal anrief und mich aus dem Schlaf holte, um mir von seinen Schwierigkeiten als Dichter in der Gesellschaft zu erzählen, hörte ich mich zu meinem eigenen Erstaunen – bisher die »Liebe in Person« – die Worte sagen: »Ab nun ziehe ich meine Liebesenergie von dir zurück und lasse dich auch innerlich los.« Seine Reaktion war verblüffend. Sie zeigte mir, daß ich mit meinem Entschluß, ihn nicht mehr mit meinen Gedanken, Gefühlen und Worten zu nähren, ins »Schwarze« getroffen hatte. Das, was ich später »Schwarze Liebe« nennen sollte, war mir aufgegangen. Er, der immer so souverän gelassen und betont sachlich mit mir zu reden pflegte, plärrte ungewöhnlich aufgeregt und lauthals ins Telefon: »Das wirst du nicht tun!« Mein erster Gedanke war: Das Motiv zum täglichen Frauenmord! Es ist in jeder Tageszeitung nachzulesen – »weil sie ihn verlassen wollte«. Nun ist Vincent ein feinsinniger, kultivierter Mensch. Sein drohend hervorgestoßenes »Das wirst du nicht tun« kam jedoch aus derselben Angst, die einen anderen zum Mörder werden läßt: Wenn sie die Frauen als Liebesenergiespenderinnen verlieren, sind sie verloren. Das ahnte er oder wußte es gar, daher seine ungewöhnlich unbeherrschte und überaus heftige Reaktion.

Wenn mir ein Licht aufgeht, dann darf ich es nicht ausgehen lassen. Das muß ich hüten, wie ein heiliges Herdfeuer. Erkenntnisse, die nicht sofort in die Tat umgesetzt werden, sind nichts wert oder – was noch schlimmer ist – sie werden zum Gefahrenherd. Dies wußte ich schon, und noch etwas wußte ich: Das Umsetzen einer Einsicht in die Praxis, das Übertragen einer Erkenntnis ins tägliche Handeln, ist der schwierigste Teil eines Lernprozesses. So schnell wie es sich hier liest, gelang es mir nicht, die alte eingefleischte, unfruchtbare Liebesgewohnheit in eine neue Fruchtbarkeit für alle

Beteiligten zu wandeln. Immerhin, es ist mir gelungen, mich nicht nur äußerlich, sondern auch das innerliche Band sauber von ihm zu lösen, ohne es abrupt abschneiden, ihn verdrängen, vergessen oder ihn gar hassen zu müssen. Ich liebe ihn, so wie ich die zwei anderen Männer, die ich irgendwann einmal zu lieben begonnen hatte, immer noch liebe. Ich liebe sie auf eine andere Weise, nur diese Liebe fühlt sich ganz anders an und zeigt eine andere Wirkungsweise. Ich liebe sie mit meinem schwarzen Liebesgesicht. Um Ordnung in mein Liebeschaos zu bringen und die dahinterliegende Gesetzmäßigkeit aufzuspüren, mußte ich meine Kenntnisse abrufen und zu Hilfe nehmen, um mein Bewußtsein neu einzurichten und danach übend zu handeln und handelnd zu üben.

Hier die Essenz der »Lichter«, die meine alte Liebespraxis um eine Dimension erweiterte und meine neue begründet:

1. Aller guten Dinge sind drei!

Liebe ist, so wie alles auf der Welt, nach dem Dreifaltigkeits- oder Dreieinigkeitsgesetz geordnet. Alles Lebendige, auch Liebe, entwickelt sich in periodisch spiraligem Geschehen, nach Art eines Dreierschrittes von Werden über Sein zur Umwandlung.

Die drei heiligen Farben der Matriarchate waren Weiß, Rot, Schwarz. Sie symbolisieren die Jungfrau – die Mutter – die Alte; deren Aufgaben sind: aufnehmen – nähren – ausstoßen; fördern – bewahren, schützen – sein lassen; ganz werden – teilen – umformen. Auch Pflanzen blühen, reifen, ziehen sich zurück (um wieder aufzustehen). Tiere wachsen, mehren sich und sterben[23], um in anderer Gestalt wiederzukommen.

Was uns getrennt erscheint, weil die durchschnittliche Bewußtseinskapazität nur kleine Ausschnitte des Ganzen wahrnehmen kann, ist in Wirklichkeit alles – wie in einer riesigen Kugel – allgegenwärtig. Vergangenheit – Gegenwart – Zukunft; Gegenwart – Zukunft – Vergangenheit; Zukunft – Vergangenheit – Gegenwart ist eins. So wie die Jungfrau potentiell Mutter und Alte ist, so hört die Alte nicht auf, Jungfrau und Mutter zu sein, weil mit dem Titel nicht die Körperfunktion, sondern der Reifezustand gemeint ist.

23 »sterben« heißt übersetzt »starr werden«

Die Göttin erscheint in drei wechselnden Gestalten: Zum Beispiel wurde Göttin Mutter Erde in Griechenland im Frühling als Kore, die weiße Jungfrau, im Sommer als Demeter[24], die rote Mutter, und im Herbst als Hekate oder Persephone, die schwarze, alte Todesbotin geehrt. Göttin wurden in der alten Zeit alle Wesenheiten mit vollkommenem mütterlich liebendem Bewußtsein genannt, auch irdische Frauen. Modell und Vorbild waren die Urgöttinnen, die Ur-Elemente. Urgöttinnen sind sie, weil sie immer schon da waren, unvergänglich sind und ihr Zusammenwirken alle Universen durchdringt. Sternen-, Sonnen- und Planetengeister galten ebenso als Göttinnen wie die vollendeten, körperlosen Großen Mütter und jene lokalen Muttergrößen, denen wegen ihres segensreichen Wirkens schon zu ihrer körperlichen Lebzeit ein Kult eingerichtet wurde. Da jeder Kulturkreis für die Ur-Elemente eigene Namen hatte und jeder Stamm seine eigenen spezifischen Ahnengeister und lokalen Muttergestalten ehrte, sind so viele verschiedene Namen im Umlauf. Bei oberflächlicher Betrachtung mag diese Namensvielfalt verwirrend sein. Im Grunde geht es jedoch nur darum, die Urelemente – die nicht personifizierten vier Urgöttinnen – von den personifizierten Großen Müttern zu unterscheiden. Die Urgöttinnen sind das, was in der Philosophie die »unverursachte Ursache« genannt wird, die Großen Mütter sind die Gewordenen. Die Liebe einer Göttin – ob im Himmel oder auf Erden – hat, wie sie selbst, drei Gesichter: das weiße: prüfend, aufkeimend, fördernd; das rote: mehrend, einigend; und das schwarze: grenzüberschreitend oder seinlassend. Wie auf Erden, so im Himmel: Auch die Elemente – die vier Urgöttinnen – zeigen sich im Jahreskreislauf in ihren symbolischen drei Tiergestalten: Das Element Feuer zeigt sich im Frühling als Widder, im Sommer als Löwe und im Herbst als schwarzes Pferd (heute Schütze). Das Element Erde zeigt sich im Frühling als Stier, im Sommer als Hase[25] (heute Jungfrau) und im Herbst als Stein-

24 Griech.: »meter« = »Mutter«

25 Wie an Muttersprache, an Mythen, Märchen und anderen Überlieferungen verwirrungstiftende Manipulationen vorgenommen wurden, so auch am Tierkreis. Anstelle der Tiere des Tierkreises wurden andere Namen gesetzt. Das ist

bock. Das Element Luft zeigt sich im Frühling als Hund (heute Zwilling), im Sommer als Biene (heute Waage) und im Herbst als Krokodil oder Schlange (heute Wassermann). Das Element Wasser zeigt sich im Frühling als Krebs, im Sommer als Skorpion, im Herbst als Fische.

Der Winter als Jahreszeit scheint in das Dreifaltigkeitsschema nicht hineinzupassen. Er gilt im Patriarchat als »paradoxe[26] Zeit«. »Widersinnig« muß die Jahreszeit des Umwandlungszustandes jenen sein, die Tod und Wiedergeburt leugnen. Der Winter entspricht dem Zustand des Übergangs von der Alten zur Jungfrau. So wie ein Weiterleben im Bewußtsein und eine körperliche Anwesenheit der Seele »der allgemein üblichen Meinung« entgegensteht, so wird auch der Winter als Ausnahmezustand im Jahreszeitenzyklus nicht verstanden und daher als paradox empfunden. Ein altes Lied macht die vierte Dimension und die Funktion des Winters deutlich: »Der Winter sei willkommen, sein Kleid ist rein und neu. Den Schmuck hat er genommen, den Keim bewahrt er treu.«

2. Schwarz ist heilig

Schwarz im allgemeinen und die schwarze Göttin im besonderen wird vom Patriarchat entweder verdrängt oder totgeschwiegen, abgespalten und beherrscht oder zum negativen (bösen!) Prinzip erklärt und bekämpft. Schwarz gehört jedoch zu Weiß und Rot, wie der Tod zum Leben und das Jenseits zum Diesseits. Somit ist schwarze Magie, in gleicher Weise wie weiße und rote, heilig, vorausgesetzt, sie dient dem Heil. Weiß, Rot und Schwarz sind die drei heiligen Symbol-Farben der Matriarchate und stehen für Werden, Sein und (Ver-)Gehen.

Da die von ihrer ursprünglichen Weiblichkeit abgespaltenen Männer den Tod nicht als Transformation begreifen, ihn daher aus dem Bewußtsein verdrängen, haben sie auch Angst vor ihm. So wird z. B. die indische Todesgöttin Kali als grauenhaftes Ungeheuer dargestellt und »Zerstörerin« genannt. »Kali« heißt jedoch nichts anderes als schlicht und einfach »schwarz«. Die Inder nen-

erwiesen. Zu beweisen gilt es noch, daß das Zeichen Stier mit dem Zeichen Hase (heute Jungfrau) vertauscht worden ist.

26 »paradox« = »widersinnig«

nen sie »Die Unzugängliche«. Unzugänglich ist sie jedoch nur patriarchal identifizierten Menschen. Über Kali steht geschrieben: »So wie alle Farben in Schwarz verschwinden, so verschwinden alle Namen und alle Formen in ihr.« Aus demselben Grund gilt die Todeszahl 13 im Patriarchat als Unglückszahl. Deshalb darf auch die Jesus-Mutter Maria, die christliche Nachbildung der matriarchalen dreifaltigen Göttin, nur als Jungfrau und Mutter in Erscheinung treten. Als Alte, die mit ihrem schwarzen Liebesgesicht die Liebesunwilligen sich selbst und ihrem Schicksal überläßt, wäre sie den Männern ungeheuer, wie Kali. Die Göttin in ihrer schwarzen Gestalt ist die kosmische Mischerin. Sie ist die wahre All-Chemistin. Ein Kinderkreisspiel, das an ein Ritual erinnert, nennt sie »schwarze Köchin«, der in Mutterkulturen Achtung gegeben wird. »Ist die schwarze Köchin da? Nein, nein, nein. Dreimal muß ich ummarschier'n, das viertemal den Kopf verlier'n, das fünftemal muß sagen: Du bist schön und du bist schön und du die Allerschönste.« Die als Allerschönste ausgewählte geht aus dem Kreis, reicht dem Kind außerhalb des Kreises die Hand, und beide umschreiten den Kreis gegen den Uhrzeigersinn und wiederholen den Singsang so lange, bis sie die nächste Allerschönste ausgemacht haben. Am Ende bilden alle Kinder eine lange Schlange, die sich in den Schwanz beißt. In der Mitte bleibt ein Kind übrig. Alle singen ein letztes Mal: »Ist die schwarze Köchin da? Ja, ja, ja. Da ist sie ja, da ist sie ja. Hui! Hui! Hui!« Mit überraschender Freude wird die schwarze Köchin begrüßt und gefeiert. In der heutigen Version wird sie mit »pfui, pfui, pfui« ausgeschimpft.

Die meisten mögen den Tod nicht, weil sie das Leben nicht mögen. Mannmänner verachten den Tod, so wie sie alte Frauen verachten. Für sie ist der Tod kein erneuerndes Durchgangsstadium, sondern vernichtende Endgültigkeit, so wie für sie der Gedanke, daß Frauen das physische und geistige Durchgangstor sind und ihr Wiederkommen davon abhängt, »vernichtend« ist. Daher wird der Tod auch als schauriges Knochengerüst mit einer Sense und wie Kali als Schreckensgespenst dargestellt.

Schwarz ist die Wurzel und der Ursprung aller Farben. Schwarz ist gar keine Farbe, sondern die Einheit aller Farben, die sich im Gegensatz zu Weiß nicht auffächern läßt. Schwarz gilt in der

Psychologie als das »kollektive Unbewußte«, eine verschleiernde Umschreibung für die »Kollektivseele« (All-Seele) – die im Selbst als Urinnerung eingespeicherte Gleichgerichtetheit im Denken, Fühlen und Wollen, mit den Göttinnen, den Repräsentantinnen des Lebensgesetzes. Schwarzes Licht ist komprimiertes, unsichtbares Licht – dichteste, konzentrierteste Energie. Die Dichte der Schwärze ist identisch mit schwarzem, ungeteiltem, unvermischtem (reinen) Bewußtsein. Um das heilige Schwarz erfolgreich bekämpfen zu können, wurde es verteufelt und mit »Finsternis« gleichgesetzt oder verwechselt. Schwarz ist jedoch der REINE Gegensatz von Finsternis, denn Finsternis ist die Abwesenheit jeglichen Lichtes. Die schwarze Göttin oder besser: die Göttin mit ihrer schwarzen Gestalt ist der REINE Gegensatz der finsteren Gesellen, die bar jeder Ausstrahlung sind. Sie ist das Gegenteil des lichtscheuen Gesindels. Schwarze Liebe ist das REINE Gegenteil von finsterem Haß.

3. Schwarze Liebe

Schwarze Liebe ist demnach nichts anderes als Rücknahme von weißer und roter Liebesenergie. Schwarze Liebe hat das Wachstum der geliebten Person im Auge, und sie weiß um die Chance des Wehes. Eine schwarze Liebende zieht sich aus Liebe zu sich selbst und aus Liebe zum Werden der geliebten Person zurück. Die schwarz Liebende weiß, daß sie jenen, die schon selbst für sich sorgen können, und vor allem jenen, die ihre Liebe mißbrauchen, keine Energie geben darf. Würden sie sonst für sich Verantwortung übernehmen und je er-wachsen werden?

»Herr, vergib ihnen, denn sie wissen nicht, was sie tun.« Dieser dem Herrn Jesus zugeschriebene Satz kann meiner Erfahrung nach nur ein Fragment einer ursprünglich, auch die schwarze Liebe miteinbeziehenden, älteren Lehre sein. Erstens: Die Göttinnen geben allen jenen, die nicht wissen, was sie tun. Sie geben Energie, Einfälle, Zufälle... Zweitens: Die Gött-innen hören auf zu geben, wenn die Menschen nicht wissen WOLLEN. Und drittens: Die Gött-innen ziehen sich vollends zurück, wenn die Menschen zwar wissen, aber nicht ihrem Wissen entsprechend handeln.

Die schwarz Liebende weiß um die Not der geliebten Person,

wird ihr jedoch aus genannten Gründen diese Not zumuten. Schwarze Liebe ist eine Zu-Mut!-ung, sowohl für die geliebte Person als auch für die Liebende. Es gehört viel Mut dazu, einen geliebten Menschen dem Naturgesetz und seinem Schicksal zu überlassen. Die Chance ist groß, doch es gibt keine Gewißheit, daß die geliebte Person bereit ist, aus ihrer Leiderfahrung zu lernen. Daher ist die schwarz Liebende die mater dolorosa – die Schmerzensmutter – mit dem Tränengesicht, die ihre geliebten Kinder seelisch abnabelt, indem sie sie losläßt und sich selbst überläßt. Jede Liebes-Beziehung, jede Gemeinschaft und Gruppe, schließlich jede Kultur steht und fällt mit der geglückten Entlassung eines Wesens in die Selbständigkeit, Eigenverantwortung und Individualität. Dies entspricht der NATUR des Liebens. Über die Künstlichkeit des Liebens mögen andere berichten.

Es ist an der Zeit und hier ist der Platz, an dem ich zwei Richtigstellungen vornehmen muß. In »Ich bin eine Hexe« zitiere ich einen Spruch, der sehr oft mißverstanden wird, weil er mit schwarzer Liebe unvereinbar scheint. Auf Seite 149 steht: »Tu keinem weh und tu, was du willst.« Dieser Satz stimmt nach wie vor, muß jedoch so verstanden werden, daß eine gute Hexe niemals aktiv zerstörerisch gegen jemanden vorgehen wird, sondern ihre Kräfte und ihre Aktivität zu ihrem eigenen Wachstum und zum Wachstum ihresgleichen einsetzt. Zieht sie ihre Kräfte ab, dann wird sie – wohl oder übel? – eine Kurskorrektur oder ein Weh hervorrufen. Um kein Mißverständnis aufkommen zu lassen, müßte es genauer heißen: »Tu aus Haß keinem weh, und tu, was du willst.« Der Schwerpunkt der schwarzen Liebe liegt immer bei »Liebe«. Schwarz kann und darf nur lieben, wer auch weiß und rot zu lieben vermag. Die zweite Korrektur: In der »Hexe» habe ich fälschlich schwarz – »schwarze Magie« – nur im Sinne von »Zerstörung« gebraucht. »Finstere«, »böse« oder »zerstörerische Magie« wären die im Text passenden, richtigen Worte.

»Wir dürfen dir nicht mehr tragen helfen; wir überlassen dich deinem Schicksal[27]«, sagen jene, welche die Geschicke fügen und

27 Griech. »heimarmene« = »Schicksal« und bedeutet »Notwendigkeit« und »die Ordnung von und Verknüpfung von Ursachen«

uns, wenn es nicht anders geht (wenn wir nicht richtig gehen), fallen lassen. Auch unsere Großen Mütter sind an die Wachstumsgesetze, von denen das Gesetz von Ursache und Wirkung eines ist, gebunden.

Schwarze Liebe zerstört nicht böswillig. Sie wendet um und wandelt. So, wie schon nach der Sommersonnenwende das weiße Licht ab- und das schwarze Licht zunimmt; so, wie im Herbst kein großes Zerstörungswerk mittels Kraftaufwand beginnt, sondern das große Sterben in der Natur dadurch eintritt, weil sich die Sonnen-Energie langsam zurückzieht, so ist auch die schwarz Liebende keine Totschlägerin, die voll Zerstörungswut dreinhaut und alles Leben vernichtet. Sie wendet sich ab, zieht sich langsam zurück, um die große Wandlung und Auferstehung zu ermöglichen.

4. Geben ist seliger als Nehmen?

Geben ist nur im subjektiven Empfinden seliger[28] als Nehmen. Objektiv – in der Gesamtheit der Natur – stehen Geben und Nehmen in einem harmonischen Wechselverhältnis. Geben und Nehmen sind eins. Was wir der Erde nehmen, das müssen wir ihr auch – wie auch immer, ob durch Dank, unsere Aufgaben oder durch unsere Früchte und unseren organischen Abfall – zurückgeben. Was sie an Energie ausgibt, muß sie von irgendwoher zurückbekommen. Was wir, die wir der Erde Stelle und Funktion einnehmen, an Energie verbrauchen, müssen wir von irgendwoher zurückbekommen, weil wir sonst sterben müssen.

Bäume und Menschen stehen in einem Sauerstoff-Kohlendioxyd-Austausch. Land und Leute befinden sich in einem Verbundsystem. Alle Energie – auch die des Menschen – ist nicht unerschöpflich und unbegrenzt. Ökologie – die Beziehung der Lebendigen zueinander und zur Umwelt – ist ein wunderbar gefügtes, großes Geben und Nehmen. Wer wahllos gibt und nicht darauf achtet, daß er Gleichwertiges zurückbekommt, darf sich nicht wundern, wenn er kraftlos und erschöpft zurückbleibt. Geben beseligt – doch nur, wenn wir unsere Gaben an Lebendiges und Lichtvolles weitergeben, von dem uns Lebendiges und Lichtvolles zurückkommt.

28 »Selig« von ahd. »salig« = »wohlgeartet, gut, glücklich, gesegnet, heilsam«

Das matriarchale Gebot »Liebe dich selbst!«, einst auf der ganzen Welt wirksam, findet sich noch im Hinduismus, der, so wie alle Männerreligionen, Teile der alten Weisheitsreligion übernommen, dafür andere Teile verdrängt und das Ganze durch falsche Hinzufügung entstellt hatte. »Es ist besser, die eigene Pflicht schlecht, als die der anderen gut zu tun.« Dieser Spruch drückt aus, wie man das Gesetz von Ursache und Wirkung positiv beeinflussen kann. Dadurch, daß jeder, in jedem seiner Leben, seine Wachstums-Pflicht sich selbst gegenüber erfüllt, kann er seine alte Schuld abtragen; dafür sorgen, daß er sich keine neue Schuld auflädt und damit aus der langen Kette der Reinkarnation aussteigen. Falsch ausgelegt, führte das Gebot zu Egoismus und dem Kastenwesen. Pflicht leitet sich von »pflegen« her, und immer kommt es darauf an, welchen Glauben, welche Gedanken und welche Beziehungen man pflegt.

Das sogenannte Gestaltgebet, Bestandteil der Gestalttherapie, welches den gesunden Soll-Zustand einer Beziehung charakterisiert, hat einen ähnlichen Inhalt: »Ich bin ich, und du bist du. Ich bin nicht auf der Welt, um deine Erwartungen zu erfüllen, und du bist nicht auf der Welt, um meine Erwartungen zu erfüllen. Ich bin ich, und du bist du. Wenn es etwas gibt, was wir beide in gleicher Weise gerne tun – wunderbar! Falls es nichts gibt, ist uns beiden nicht geholfen.« Beide Sprüche zielen weder auf Egoismus noch auf Rechtfertigung sozialer Mißstände ab, sondern auf Selbstbewahrung und Selbstwirklichung. Beide sind ein Beispiel für schwarze Liebe.

Ich wiederhole: Es gibt eine einzige Pflicht anderen gegenüber, der wir gerecht werden können, ohne uns zu verraten. Unbedingte Wahrhaftigkeit; Ehrlichkeit; Auskunft und Orientierung über die eigene Erfahrung geben, wenn diese gefragt und dienlich ist. Ein Mensch, der nicht gelernt hat, sich selbst zu lieben, ist außerstande, jemand anderen zu lieben. Seine »Liebe« würde sich in hohlen Worten, sinnlosem Gehabe und almosenhaften, auf Materielles beschränkten Gaben erschöpfen. Beim gegenwärtigen Stand unserer Entwicklung steht es nicht in unserer Macht, alle Menschen in gleicher Weise weiß und rot zu lieben. Selbst wenn wir den besten Willen und die entwickeltste Liebesfähigkeit dazu hätten, unsere Kapazität reichte nicht. Einer, der sagt, daß er alle Menschen in gleicher Weise liebt, und damit den herrschenden Liebesbegriff meint, der schwarze Liebe ausklammert, ist ein Heuchler oder Lügner. Die Christen sagen, ihr Gott sei »die Liebe« und können nicht begreiflich machen, wie er, wenn das stimmte, das große Elend auf Erden zulassen könne. Ich sage, die Göttinnen sind die Liebe und berufe mich auf die Dreifaltigkeit der Liebe, in der schwarze Liebe als integrierter Bestandteil Lebens- und Liebesunwillige um ihretwegen sein läßt, damit diese über Leiderfahrung und durch Leidensdruck zum Wiedergutmachen motiviert werden. Aus Liebe zu allen Lebenlieber-innen werden die Lebens- und Liebesunwilligen fallengelassen.

6. Der heiße Draht

Glaube und Wille sind keine abstrakten, ethisch-sittlichen Begriffe. Glaube und Wille haben eine spezifische, eine konkrete und einzigartig wirkende Kraft. Ebenso sind Gedanken und Gefühle einzigartig wirkende Kräfte. Glaubens-, Willens-, Gedanken- und Gefühlsinhalte werden mittels dieser spezifischen Energie »drahtlos«, wie Telegrafie, übermittelt. Wenn ich mich mit jemandem verbunden fühle und an diesen Jemand denke, dann habe ich einen unsichtbaren »direkten Draht« zu der Person, an die sich meine Gedanken und Gefühle richten. Dieser Verbindungsdraht ist keine Einbahn. Ich mag über diesen »heißen Draht« tausend liebevolle Gedanken, hundert gute Wünsche und süße Liebesgefühle schicken – sie kommen an, auch wenn der Empfänger im Kopf nichts davon weiß. Fühlen wird er es vielleicht. Und selbst wenn er nichts fühlt, so wird er dennoch, wenn auch ahnungslos, von dieser Kraft genährt. Was ich an Kraft hergebe, das fehlt mir. Das wäre nicht schlimm, wenn ich zum Ausgleich, im Austausch, Angemessenes zurückbekäme. Schlimm wäre nicht einmal, wenn über den heißen Draht des zweibahnigen Energiestroms gar nichts zurückkäme, weil der Empfänger in der Situation gerade eben nichts übrig hat, denn Geben und Nehmen passiert nicht immer im Eins-zu-Eins-Verfahren, nach dem Motto: »Soviel ich dir, soviel du mir.« Was ich an guten Gedanken, Gefühlen und Wünschen ausschicke, kommt mir manchmal unverhofft, jedoch meist, wenn ich es gerade dringend benötige, zu einem anderen Zeitpunkt oder von ganz anderen Personen zurück.

Schlimmer ist, wenn meine Offenherzigkeit zu einer Person einen einseitigen Liebesgedanken-, Gefühls- und Hoffnungsstrom aussendet und von der anderen Seite nie etwas Gleichwertiges zurückkommt, weil der Mensch, den ich mit meiner Liebe nähre, nie etwas für mich übrig hat. Erst recht von Übel und äußerst gefährlich ist es, wenn über den zweibahnigen Draht verächtliche Gedanken, Neid, Haß und Resignationsgefühle bei mir landen und mich in zerstörerischer Weise – ohne daß ich es bewußt wahrnehmen kann – beeinflussen.

Die wirkenden Kräfte sind der Treibstoff. Was damit befördert wird, bestimmt der Mensch, der sich ihrer bedient. Gute Gedanken, Wünsche, Gefühle, Glaubens- und Willensinhalte sind wirksame, fördernde Machtmittel für das Gedeihen. Böse, schlechte, verneinende und zersetzende Gedanken bewirken das Gegenteil. Das ist Magie.

Die Rache ist mein

Wie und wodurch es mir gelungen ist, das unheilvolle Beziehungsband zwischen Vincent und mir sauber zu entknoten und zu lösen und wodurch ich dazu gekommen bin, das schwer belastete Wort »Rache« und das im kriegerischen Sinne überlieferte Zitat: »Aug um Aug, Zahn um Zahn« friedlich für mich zu deuten und zu gebrauchen, das will ich hier erzählen.

»Aug um Aug, Zahn um Zahn« lautet der sicherlich abgeschriebene, alttestamentarische Racheschwur. »Aug um Aug« konnte im ursprünglichen, unblutigen Sinn nur heißen: zuerst der Tatsache ins Auge schauen, daß es zwischen uns noch was zu klären gibt, dann sich selbst gerade in die Augen schauen und, einsichtig geworden, Aug um Aug, also von Angesicht zu Angesicht, und von Mund zu Mund, (Sp)Rache üben.

Die Zeit, wo ich mir – um mir meinen Mund nicht zu verbrennen – meinen Teil nur gedacht hatte, war vorbei. Ich wußte: In und aus der Welt ist etwas erst dann, wenn es ausgesprochen ist. Und: »Man muß das Ding beim Namen nennen.« Zum Reden braucht man den »Keppelzahn« und, um mit der ganzen Zumutbarkeit herauszurücken, den nötigen »Biß«. Ohnehin geladen und von gewissen Bissen (Gewissensbissen) geplagt, las ich in jener Zeit in einem Wiener Hausflur – mit heftigem Widerwillen – einen dieser blöden katholischen Kalendersprüche, die zwecks Suggestion dort aufgehängt und regelmäßig ausgetauscht werden: »Verzeihen statt nachtragen« stand salbungsvoll auf einem Plakat, und auf einem anderen: »Sei nicht so vorwurfsvoll.« Aha! Ich soll verzeihen, nicht nachtragen... Während der Heimfahrt kreisten die beiden Sinnsprüche in meinem Kopf, versuchten Platz zu greifen und lösten eine heftige Abwehr aus. »Was ist los mit dir?« fragte mich eine Freundin, die meine Aufregung bemerkte. Während sich die Worte von meinen Lippen lösten, begann sich mein Gedankenknäuel zu lösen. Das täte euch so passen! Alles sollen wir auf unsere Schultern nehmen – als ob wir nicht genug am Hals, als ob wir an der eigenen Schuld nicht genug zu tragen hätten –, wir sollten auch die eure auf den Buckel nehmen. Schuld ist nicht gleich Schuld. Es gibt echte Schuld und Dinge, die uns ungerechterweise zur Last gelegt werden: falsche Schuld. Es genügt nicht, die eigene Schuld zu erkennen und die Fehler, die dazu führten, zu korrigieren. Die falsche Schuld muß entlarvt und die falschen Schuldgefühle müssen abgeschüttelt werden, damit wir wieder frei und aufrecht gehen und leben können. Falsche Schuld erzeugt falsches schlechtes Gewissen. Jene, die uns mit solchen Sprüchen kommen, wissen, daß sie uns – indem sie uns alle Schuld zuweisen – damit manipulieren, unsere Kräfte binden und uns auf diese Weise schwach machen und unter Kontrolle halten können.

Ihr sagt, ich soll verzeihen! Gerne! Nur – um zu verzeihen, muß ich euch erst eurer Fehler zeihen[29]. Um zu vergeben, muß ich euch euren Schuldanteil, den ihr mir angelastet habt, zurückgeben.

Ent-schuldigung, das Ende einer Schuldigung, ist erst dann möglich, wenn mir mein UND dein Schuldenanteil bewußt ist. Klarheit herstellen, das Verhältnis bereinigen und reinen Tisch

29 »zeihen« = »zeigen, kundtun«

machen kann ich erst dann, wenn ich den ganzen Mist, der sich zwischen dir und mir angehäuft hat, genau untersucht, deinen von meinem unterschieden, mir meinem Mist zu Herzen genommen und das »ES« beim »es tut mir leid« gespürt habe und deinen Mist an die richtige Adresse gebracht habe. Ich muß klagen UND anklagen. Um ver-zeihen zu können, muß ich dich zuerst zeihen. Wenn du die Flucht angetreten und dich entzogen hast, muß ich dir deinen Mist NACHTRAGEN.

»Jeder soll den Mist vor seiner eigenen Tür kehren.« Was, wenn er seinen Schuldanteil nicht an- und auf sich nehmen will? Wohin mit dem, was ich nicht auf mir sitzen lassen kann, weil es mich bedrückt und handlungsunfähig macht? VORWERFEN!

Ob er das, was ich ihm vorzuwerfen habe, auf sich und hoffentlich zu Herzen nimmt, oder ob er es links liegen läßt, ist seine Sache. Hauptsache, ich bin die falsche Schuld los, fühle mich erleichtert und kann mich gezielt der Lösung meiner Probleme zuwenden.

Beim jeweils bewußteren Teil einer »Partnerschaft« liegt die Aufgabe, den gordischen Beziehungs-Knoten zu lösen und die Lösung auch für den anderen, weniger bewußten Teil, sichtbar und ruchbar zu machen, weil sonst »das Übel zum Himmel stinkt«.

Im Englischen heißt »Rache« – »return«. Rache heißt und ist »Rückgabe«. Rache mittels Sprache ist Rückmeldung. »Rouch« heißt in der Kabbala »die vermittelnde, verbindende Kraft«, Rauch, Luft, Logos ist Heraenergie und das Transportmittel für Gedanken. Rauchzeichen machen Geistinhalte sichtbar und »ruchbar«. Erinnyen, die matriarchalen Rachegöttinnen, sind Urinnerungsgeister, die so lange quälen und keine Ruhe geben, bis alle Schuld gesühnt ist und Versöhnung stattgefunden hat. Innerlich begann ich mit Vincent abzurechnen[30]. Nicht auf-rechnen, sondern ab-rechnen, damit die Schuld abnimmt, stand mir im Sinn. Damals das erstemal, danach sehr oft, sah ich mich gezwungen, mit Bezugspersonen, zu denen ich ein »gestörtes Verhältnis« hatte, eine Abrechnung zu machen, um die Beziehung zu entstö-

30 »rechnen« hieß ursprünglich »ordentlich, genau; unbehindert«

ren oder ganz zu lösen. Die Art und Weise, wie ich dabei vorging, wurde von meiner Gruppe als Anstoß für eigene Schuldentflechtungen aufgegriffen. Wir verwenden Abrechnungen als wirksame Lösungsmittel und betrachten »Rache« als Möglichkeit, von selbstschädigenden Abhängigkeiten, verinnerlichten Rollen und falschen Autoritäten Abschied zu nehmen. Wir rechnen ab, um uns aus Unmündigkeitsverhältnissen zu Vater, Mutter, Ehemann, Ehefrau, Kindern, Freunden, Chefs... zu lösen, um falsche Schuldgefühle loszuwerden, die echte Schuld auf uns zu nehmen und zu korrigieren und verhängisvolle Beziehungen zu entflechten, uns mit Liebespersonen auseinanderzusetzen, auf daß auf einer fruchtbaren Ebene eventuell wieder ein Neu-Zusammensetzen möglich ist. Wir rechnen ab, um Kräfte, die durch Abwehr oder Verdrängung gebunden waren, freizusetzen und schließlich, um Energien, die nach dem Prinzip der kommunizierenden Gefäße »abgesaugt« werden können, zu bewahren. Ehe wir »abrechnen«, müssen wir uns vor Augen halten, daß es keinen Menschen gibt, der nur schlecht oder nur gut ist – beziehungsweise der nur Schlechtes oder nur Gutes tut. Wenn ich eine »totgelaufene« Beziehung kläre, sage ich mir vor: »Ich muß dich in mir töten, damit ich dich als Ungebundenen wieder auferstehen lassen kann. Dies ist nur aus dem Bewußtsein meiner und deiner Verfehlungen möglich. Ich bin verantwortlich für meine Fehler und du für deine. Ich muß unbehindert von deinen Wünschen Ordnung schaffen, um korrigieren und neuerliche Abhängigkeiten vermeiden zu können, um mein und dein Wachstum zu ermöglichen.«

In meinen Abrechnungen mit ehemaligen Liebespersonen achte ich auf eine saubere, gerechte Trennung zwischen dem, was in unserer Beziehung für mich förderlich, und dem, was schädigend war. Rache, so wie ich sie meine, ist die einzige Möglichkeit, aus einer eventuell schon lange währenden Schuldverflechtung auszusteigen.

Eine Abrechnung ist ein erweitertes, umfassenderes Feedback-Geben vor dem Hintergrund offener und ehrlicher Kommunikation. Abrechnungen, so wie ich sie mache und beschreibe, sind ein Ausdruck schwarzer Liebe, wobei – wie immer, wenn schwarze Liebe angebracht ist – der Schwerpunkt auf Liebe liegen muß. Nicht Zerstörung und Vernichtung des Partners ist das Ziel, sondern das Offenlegen der eigenen und der anderen Fehler. Ob der Beweggrund wirklich Liebe – Sorge um das Gedeihen – und nicht Haß, ob es um Gültigkeit und Geltung und nicht um Ver-Geltung geht, das muß jeder, der dieses »Instrument« benutzt, an und für sich überprüfen. Der Dank, den wir einander schuldig sind, darf auf keinen Fall fehlen.

Da durch den physischen Tod die Schuldverflechtungen nicht automatisch aufhören, sind Abrechnungen auch mit Bezugspersonen, die »das Zeitliche gesegnet« haben, »drüben« jedoch als Seelen weiterleben, angebracht und wirksam. Dasselbe Gesetz, das karmisch verstrickte Menschen wieder zueinander führt, veranlaßt auch verstorbene Bezugspersonen, sich unsichtbar in der Nähe ihrer »Schuldner« und »Schuldiger« aufzuhalten. In dem Zustand, in dem sie sich als »Entleibte« befinden, haben sie einen klareren Überblick über ihre Verfehlungen im Erdenleben als in der Leibhaftigkeit. Ich habe die Erfahrung gemacht, daß viele Seelen dringend nach Entschuldigung verlangen, damit ihre Bewußtseinsqualen – das ist die Hölle! – gelindert werden. Wir bieten ihnen unsere schwarze Liebe in Form einer Abrechnung an, damit »die arme Seele Ruhe hat«.

Und hier ist mein Schlüssel, mit dem ich mir zu einer höheren Ebene des Bewußtseins Zugang verschaffte. Dies Modell dient uns, um eine Abrechnung vollständig und wirksam zu machen:

1. Ich nehme dir übel, was du mir angetan hast
2. Ich nehme dir übel, was du an mir versäumt hast
3. Ich habe mich an dir schuldig gemacht
4. Ich bin dir schuldig geblieben
5. Ich bin dir dankbar
6. Ich kann dir anbieten
7. Ich wünsche mir von dir
8. Ich brauche von dir

Hier das fingierte Beispiel einer Abrechnung mit einer Mutter. Es setzt sich aus verschiedenen Elementen zusammen, die ich teils aus eigenen, teils aus den typischen Erfahrungen vieler Frauen kenne.

ICH NEHME DIR ÜBEL, WAS DU MIR ANGETAN HAST

Du hast mich gezwungen, »blind« zu gehorchen. Du hast mich gezwungen, das zu tun, was du für richtig gehalten hast, und keine Widerrede geduldet. Du hast mich gezwungen, mein Haar so zu tragen, wie es dir gefallen hat, obwohl du gewußt hast, wie sehr ich mich dafür geschämt habe und wie oft ich von den anderen deshalb ausgelacht worden bin. Du hast aus Feigheit immer zu den anderen gehalten (Vater, Oma, Lehrer, Verwandte, Nachbarn...) und auch mich zu Lüge und Heuchelei veranlaßt. Du hast nie zu mir gehalten und mich vor ungerechten Beschuldigungen in Schutz genommen. Du hast dich oft von Papa beschimpfen, demütigen und wie eine Leibeigene behandeln lassen und deine Wut dann an mir abreagiert. Du hast mich wie ein kleines dummes Äffchen behandelt und alle meine Phantasien, Ideen und Wünsche mit dem Satz »Das kannst du sowieso nicht« verhindert und zunichte gemacht. Du hast deine Mutlosigkeit und Resignation auf mich übertragen, mich gezwungen, alles Unrecht hinzunehmen und dadurch meine Lebenslust verringert. Gute Schulnoten waren dir wichtiger als meine Phantasie und mein Einfallsreichtum beim Spielen. Eine saubere Wohnung war dir wichtiger als eine saubere Beziehung zu Vater und mir. Ordnung in äußeren Dingen war dir wichtiger als Ordnung in deinem und unserem Gefühlsleben. Du hast mich mit deinen Schimpfworten gedemütigt und verletzt. Du hast mir mit deinem Leidensgesicht und deiner gequälten Haltung vermittelt, daß ich an allem schuld sei, und hast auf meine Fragen nie ehrlich geantwortet (z.B., wenn du in der Küche leise vor dich hin geweint hast). Du hast mich dumm, überempfindlich oder hysterisch geschimpft und mich mit einem Spielzeug oder Apfelstrudel »abgespeist«. Du hast meine ursprüngliche Wildheit gezähmt, meine unbekümmerte Redeweise geknebelt und mir meine Spontanität abtrainiert. Du hast mein später mangelndes Durchsetzungsvermögen nicht wahrgenommen oder geduldet und meine schlimme Neigung – mich schweigend anzupassen – gefördert.

ICH NEHME DIR ÜBEL, WAS DU AN MIR VERSÄUMT HAST

Du hast versäumt, aufrichtig und ehrlich zu sein und dadurch verhindert, daß ich mich orientieren konnte. Du hast versäumt, deine Fehler und Irrtümer zu bekennen. Du hast es nie für notwendig gehalten, dich für ein Fehlverhalten zu entschuldigen. Du hast mir nie von deinen wahren Kümmernissen und Sorgen erzählt. Du hast mir nie förderlichen und lobenden Ansporn für meine Begabungen gegeben. Du hast mir kaum gute Worte und Zuneigung gegeben, und wenn, dann nur, weil ich besonders brav, das heißt unauffällig, selbstgenügsam und dir keine Belastung war. Du warst fast nie zärtlich zu mir und hast mir nie deine Liebe gezeigt. Und wenn, dann auch nur für »besondere Leistungen«. Du hast dich nie um meine seelischen Bedürfnisse gekümmert und meine Sorgen nie ernst genommen. Du warst mir kein gutes, förderndes Vorbild und hast mir nie gezeigt, was und wie eine mutige, starke und unabhängige Frau ist. Du hast mir keine Lebenslust und Lebensfreude vorgelebt und versäumt, diese in mir zu fördern. Statt dessen hast du mich Duldsamkeit und mich »dreinfinden« gelehrt. Freude sollte/durfte ich nur an Ersatzbefriedigungen (ein neues Kleid, eine teure Uhr...) haben. Du hast mir nie die wahren Werte des Lebens gezeigt, sondern ein falsches Weltbild eingeprägt und mir Konkurrenzverhalten beigebracht (ein besseres Zeugnis als Roswitha, ein schöneres Kleid als Eva, ein gepflegterer Garten als die Nachbarn, ein teureres Auto als Onkel Ernst...)

ICH HABE MICH AN DIR SCHULDIG GEMACHT...

Indem ich dir – als ich es schon besser gewußt habe und es auch hätte wagen können – meine Wahrheit nicht gesagt habe. Ich hätte mich gegen Unrecht wehren können und müssen. Indem ich geschwiegen habe, wenn ich deine »Spiele« durchschaute und somit dein falsches Selbstbild genährt und deinen Selbstbetrug unterstützt habe. Indem ich dir meine Wut und Verachtung bis heute nicht gezeigt und dich so im Glauben gelassen habe, daß alles gut ist, was du machst. Indem ich meine Verzweiflung über dich und unsere Familienverhältnisse nur mit meiner Freundin besprochen und es dir nicht selbst gesagt habe. Dadurch habe ich oft einen fruchtbaren Anstoß verhindert. Indem ich dir so oft (von Jahr zu Jahr mehr) meine wahren Wünsche und Bedürfnisse verschwiegen und somit deine Interessenlosigkeit unterstützt habe. Indem ich dir (speziell in den letzten Jahren) Stärke vorgegaukelt habe, anstatt dir meine Bedürftigkeit zu zeigen, und somit deine falschen Prinzipien bestätigt habe. Indem ich dir nicht gesagt habe, wie ekelig ich deine Unterwürfigkeit finde. Indem ich dir oft aus Feigheit und Bequemlichkeit recht gegeben habe, obwohl meine Gedanken und Gefühle ganz anders waren. Indem ich dich manchmal dem Papa gegenüber »ausgespielt« und mich dann an deinem Ärger und deiner Ohnmacht gefreut habe. Indem ich dir manchmal böse Gedanken geschickt habe.

ICH BIN DIR SCHULDIG GEBLIEBEN

Ich bin dir schuldig geblieben zu sagen, was ich an dir gerne mag: Deine Augen, wenn die letzten Reste von Lebendigkeit herausleuchten. Deine weichen, geröteten Wangen. Deinen ernsten Mund, wenn du nachdenklich bist. Deine schönen langen Haare. Deine feingliedrigen Hände. Daß du dich an den ersten Frühlingsblumen so freuen kannst. Dein manchmal so herzerfrischendes Lachen. Deine Liebe zu Tieren und Pflanzen. Daß du damals so rührend für die verletzte Amsel gesorgt hast. Daß du so stolz den selbstgenähten Rock vorgeführt hast. Daß du mir Geschichten aus deiner Kindheit erzählt hast. Daß du Kräuter gesammelt und verschiedene Säfte und Salben gemacht hast. Ich bin dir auch meinen Dank für all das Gute, das du mir getan hast, schuldig geblieben.

ICH BIN DIR DANKBAR

Für deine leibliche Fürsorge. Für jedes deiner ehrlichen und guten Worte. Für jedes Lob, das mich ein Stückchen hat wachsen lassen. Für deine fürsorgliche Pflege, wenn ich krank war. Für die gemeinsamen Singstunden. Für die schönen Wanderungen und die lustigen Abende beim Kartenspiel. Für deinen zärtlichen Blick, als du mich das erste Mal in den Zug zur Oma gesetzt hast, und für das so liebevoll zurechtgemachte Proviantpaket. Für das neue Fahrrad, das du dir heimlich vom Haushaltsgeld abgespart hast. Für deinen Wutausbruch – Weihnachten 1981 – Onkel Ernst gegenüber. Für deine stolzen Blicke, wenn ich auf der Flöte gespielt habe. Für dein Mitfühlen und deinen Trost, wie Minka gestorben ist. Für die Rührung in deinem Gesicht, wenn du deine Kindheitserinnerungen erzählt hast. Dafür, daß ich trotz deiner vielen Ängste und Besorgnisse zum Zeltlager nach St. Wolfgang mitfahren durfte. Für deine Toleranz, als ich mir mit Vierzehn einen eigenen Freundeskreis suchte.

ICH KANN DIR ANBIETEN

Meine Offenheit, meine Ehrlichkeit, meine Wahrhaftigkeit, meine Aufrichtigkeit, meine Aufmerksamkeit, meine Erfahrungen, Erkenntnisse und Lernergebnisse.

Meine Offenheit für dich und deine Wahrheit. Meine Ehrlichkeit, indem ich dir immer und jederzeit ehrliche Rückmeldung gebe. Meine Wahrhaftigkeit, indem ich meinen Besuch sofort abbreche, wenn ich feststelle, daß kein fruchtbarer Austausch mehr möglich ist und meine Anwesenheit nur mehr aus falscher Höflichkeit und schlechtem Gewissen stattfinden würde. Meine Aufrichtigkeit, indem ich dir aufrecht mein Wohl und Wehe zeige und bei deiner Freude und deinem Leid mit dir bin, solange es für uns beide gut ist und sofern ich Zeit, Kraft und Energie übrig habe und diese nicht gerade für mich und mein Kind brauche. Meine Erfahrungen, Erkenntnisse und Lernergebnisse dann, wenn du sie für dein Wachstum und Weiterkommen nützt.

ICH WÜNSCHE MIR VON DIR

Deine Offenheit und den direkten Ausdruck deiner Gefühle. Deine Ehrlichkeit zu dir selbst und zu mir. Deine Wahrhaftigkeit, damit ich dir trauen kann. Dein Interesse an dir selbst, an deinem Wohlbefinden und an deiner Lebenslust, damit ich dein Interesse an mir glauben kann. Deine Würde, damit ich dich achten kann. Deinen Respekt, damit ich mich auch mit meinen Fehlern und Irrtümern zeigen kann. Deine Achtung vor Leben.

ICH BRAUCHE VON DIR

Um mit dir eine offene und ehrliche Beziehung haben zu können, brauche ich deine Abrechnung. Ich brauche deine Vorwürfe, deine Schuldeinsicht und Entschuldigung. Ich brauche dazu deinen guten Willen zum Wiedergut-machen, zum Wachsen und Lernen. Wenn du mir das nicht geben willst, dann muß und werde ich mich von dir verabschieden, denn: ich bin ich und du bist du. Ich lebe mein Leben und du das deine. Ich bin für mich verantwortlich, und du bist für dich verantwortlich.

Dieses Beispiel ist nur ein Muster und muß daher sehr allgemein gehalten sein. Jede Abrechnung sieht anders aus, weil jeder Mensch ein anderes Schicksal hat. Wir, die wir solche Abrechnungen schon gemacht haben, wissen – wollen wir gründlich und wirksam sein –, daß oft Wochen, ja Monate dazu gebraucht werden. Die zwanghafte Verdrängung schlimmer und unangenehmer Erfahrungen wirkt oft so nachhaltig, daß sich manche von uns große Zettel bereitlegen, um sofort eine Eintragung machen zu können, wenn eine Erinnerung auftaucht. Je konkreter wir sind, je praxisbezogener die Beispiele sind, desto besser. Punkt 8 »Ich brauche von dir« ist der heikelste und schwierigste. Ehe du diese Frage »was brauche ich« untersuchst, beachte folgendes: Du bist kein Kind mehr. Das heißt, du kannst dir deine Liebespersonen selbst auswählen und bist nicht mehr auf die Zuwendung von Mama, Papa und in weiterer Folge vom Ehemann als Papaersatz und der Freundin oder Ehefrau als Mamaersatz angewiesen. Wir übertragen allzuoft die Kindheitssituation – das Angewiesensein auf ein bis zwei Bezugspersonen – in die Gegenwart. Das, was wir als kleines Kind, das noch nicht für sich selbst sorgen kann, unerläßlich gebraucht haben, brauchen wir zwar als Erwachsene immer noch, aber nicht von einer bestimmten Person allein. Das meiste können wir uns selbst geben. Jeder Mensch braucht Liebe, Achtung, Anerkennung, Respekt, Geltung, emotionale, intellektuelle und spirituelle Rückmeldung, Zuwendung, Bestätigung, Sicherheit und Geborgenheit. Jedoch: kein einzelner Mensch kann alle Bedürfnisse des anderen befriedigen, und wir können keinen Menschen zwingen, uns das zu geben, was wir brauchen. Indem wir glauben, nur eine Liebesperson kann uns das geben, was wir brauchen, machen wir uns unmündig, abhängig und beherrschbar.

Prüfe, ob du das, was du zu brauchen glaubst, nicht besser unter »Ich wünschte mir von dir« einordnen kannst und ob es nicht andere Menschen gibt, die dir das, was du brauchst, geben können. Am besten bist du dran, wenn du Punkt 8 ganz ehrlich mit »ich brauche nichts Lebensnotwendiges von dir« beantworten könntest, denn dann bist du frei und kannst nötigenfalls die Trennung vollziehen. Wenn du deine Abrechnung mit Liebespersonen machst, wirst du hoffentlich Trauer, Ärger, Schmerz, Weh und Ach erleben und dein aufrichtiges Danke spüren. »Es« tut dir leid. Je mehr du von diesem »Es« spürst und je intensiver du es spürst, desto gründlicher und wirksamer wird dir deine Lösung gelingen. Eine sogenannte »sachliche Auseinandersetzung« ist ein intellektuelles Spielchen, das du dir ersparen kannst. Wenn du in deinem Garten neben dem Gemüse keinen Löwenzahn haben willst, weil dieser die Nährstoffe entzieht, dann wirst du diesen auch nicht oberflächlich abzupfen, sondern mit der ganzen Wurzel – mit »Stumpf und Stiel« ausrotten, weil er sonst immer wieder nachwachsen würde. Es scheint so zu sein, daß wir nicht darum herumkommen, allem auf den Grund zu gehen und in allen Bereichen gründlich Ordnung zu machen.

»Im Zweifel allein«

– und »das Wichtigste zuerst«, so lauteten die Zaubersprüche, die mir helfen sollten, eine Zweierbeziehung oder eine Gemeinschaft aufzugeben, wenn diese unfruchtbar oder zerstörerisch geworden sind und meine Eigenberechtigung, Selbständigkeit und seelische Gesundheit bedrohten.

Um einen drohenden inneren Zwiespalt zu verhindern oder einen schon bestehenden zu heilen, mußte ich lernen, mich schleunigst zurückzuziehen, um mit mir wieder einig zu werden. Alleinig sein ist das Gegenteil von Ein-Sam-sein. »Einsam« ist die seit dem 15. Jh. gebräuchliche Ableitung von »allein« und wurde besonders durch Luthers Bibelübersetzung verbreitet. Ein*sam* – ein

Same – ist eine männliche Geschlechtszelle, die zum Unterschied von der weiblichen Eizelle nicht teilungsfähig ist und sich nicht mehren kann.

Einsam ist ein Mensch, der keine Eins, kein Individuum ist und sich nicht mit-teilen kann. Einsamkeit ist Isolation[31].

Als ich noch glaubte, ich könnte nur mit einem Partner vollständig sein und ohne den Anschluß an die offizielle Gesellschaft sei ich isoliert, war mir das Alleinsein ein unerträglicher Gedanke und ein unzumutbar scheinender Zustand. Alleinsein mit mir empfand ich zwar noch erträglicher als allein in einer Beziehung, in einer Bezugsgruppe oder unter Menschenmassen, doch ich erachtete diesen Zustand als das Bessere von zwei Übeln. Alleinsein lernen erlebte ich vorerst wie eine selbstauferlegte Hausaufgabe, die ich – je nachdem – manchmal »gut«, manchmal »befriedigend«, sehr oft jedoch nur »genügend« oder gar »nicht genügend« erledigte. In der Zeit meines Umbruchs in dieser und dem Durchbruch in die jenseitige Welt geschah es einmal, daß ich auf dem Weg zur Arbeit einen Hauch Parfum in die Nase bekam: »Givenchy«! Das war das Eau de Cologne meines Ex-Mannes. Mir wurde auf der Stelle übel. Seitdem ich endgültig zur Kenntnis nehmen mußte, daß mir von ihm nichts Gutes kommt, konnte ich dieses Parfum nicht mehr riechen, weil ich ihn nicht mehr riechen konnte. Ein Schwall von üblen Erinnerungen an die »fesselnde« Zweisamkeit mit ihm »übermannte« mich. Da sah ich auch den Herrn, von dem der Geruch ausging. Ein drahtiger Nadelgestreifter mit Diplomatenköfferchen hatte es vor mir eilig. Als ich ihn überholte, sah ich sein Gesicht: undurchdringliches Pokerface, leere Augen, ein Typ à la beinharter Geschäftsmann. Beim Weitergehen entwickelten meine Gedanken ein Selbstgespräch: Stell dir vor, der da oder einer von dieser Sorte ist dein Angetrauter – »bis daß der Tod euch scheidet«. »Ewig dein.« Wo der hingeht, da mußt auch du hingehen. Stell dir vor, jeden Abend legt sich so einer neben dir ins Bett und macht seine Rechte an deinem Körper und an deiner Seele geltend, denn »das Weib sei dem Manne untertan« und schließlich – dazu hat man ja eine Frau. Stell dir vor, du brauchst Licht, weil du noch

31 »Isolation« = »Herauslösen aus dem Gesamtzusammenhang«

ein paar Zeilen ins Tagebuch schreiben willst – er aber kann bei Licht nicht schlafen. Licht aus! Du willst das Fenster offen haben, weil du frische Luft brauchst – er aber will nur bei geschlossenem Fenster schlafen. Fenster zu! Du hast deine Freundinnen eingeladen, weil dir das offene und ehrliche Gespräch mit deinesgleichen so unerläßlich wichtig ist. Er sagt wegwerfend: »Kaffeekränzchen« und macht dir Vorwürfe, weil du sie von »seinem« Geld bewirtest. Die Kinder haben ein eigenes Zimmer, er hat ein Arbeitszimmer, du mußt dich, wenn du allein sein willst, in die Küche – ins »Reich der Frau« – zurückziehen.

Da – ganz langsam – rollte eine mächtige Welle heißer Dankbarkeit heran und breitete sich in mir aus. Aber – du bist ja allein. Du DARFST allein sein. Du mußt nicht, du KANNST allein sein. Du kannst es halten, wie du willst. Du bist deiner mächtig, du hast die Macht der Wahl. Du kannst wählen, ob du alleine, zu zweien oder mit vielen sein willst. Du kannst dir aussuchen, wen du in deine Wohnhöhle und in dein Bett einlädst, und es liegt an dir, diesen oder diese zu bitten, wieder zu gehen, wenn es genug ist. Erinnere dich, wie sehr du dich in der Zeit deiner Ehe nach einem eigenen Zimmer, nach Ruhe und deinen kleinen Heimlichkeiten gesehnt hast. Glaub nicht, du bist einsam. Denk niemals, du bist isoliert. Sag nie mehr, du mußt Alleinsein als Aufgabe bewältigen. Glückliche! – du darfst allein sein. Du kannst dir aussuchen, mit WEM du WAS und WIEVIEL tun möchtest. Du bist frei!

Ich hab' kapiert: Das Alleinsein ist nicht nur Auf-gabe, sondern eine köstliche Gabe, ein Geschenk, ein Verdienst. Warum nur hat man mir weisgemacht, eine allein lebende Frau würde »vereinsamen«, und eine Geschiedene befände sich in einer »Isolation«? (Klar: Das klingt wie Isolationshaft. Eine Frau sollte beim Wort und der Vorstellung von Scheidung und Mannlosigkeit das Grauen packen; sie sollte derartige Wünsche möglichst schnell vergessen.) Warum habe ich dem patriarchalen Mythos von der vereinsamten Frau so lange geglaubt und mich entsprechend dazu so lange unbehaglich gefühlt, obwohl ich andere, durchaus behagliche Erfahrungen damit hatte? Der Glaube macht es. Wieder einmal war es die Macht des Glaubens, die mein Denken, Fühlen und Befinden gesteuert hatte. Es macht einen Unterschied zu sagen:

»Gib mir meine Ruhe« oder »Laß mir meine Ruhe« (»Laß mich in Ruhe«). Die erste Formulierung drückt aus, daß ich der Ruhe bedarf und kein Recht hätte, sie mir ungefragt und unerlaubt zu nehmen. Irgend jemand, auf dessen Erlaubnis ich angewiesen bin, sollte sie mir geben oder erlauben. In der zweiten Formulierung weiß ich um das Recht auf Ruhe und weise einen, der sie stören will, zurück.

Die Entschiedenheit, mit der ich heute sagen kann: »Bitte, laß mich in Ruhe!« gehört zu meinen wichtigsten Lernergebnissen meines neuen Lebens.

Ruhe: das Nachlassen der Spannung. Stille um mich und in mir. Trödeln. Gammeln. Faulenzen. Schweigen. Sinnieren. Beschaulichkeit. Die Hände in den Schoß legen und Löcher in die Luft starren. Tun im Nichtstun. Ohne Druck und Absicht fließen lassen. Sinken. Steigen. Weich und weit werden. Sich ausdehnen bis... »Nur in stillen Wassern spiegeln sich die Sterne.«

Was tun, wenn uns andere nicht geben oder lassen, was unseres ist und was wir manchmal dringender benötigen als Essen und Trinken? »Mütterlein hat viel zu tun, darf nicht rasten, darf nicht ruh'n!« Es gehört zum »System«, uns nicht zur Ruhe kommen zu lassen, denn im Schweigen könnten wir die innere Stimme hören, könnten wir zu unseren Sinnen – zur Besinnung – kommen. Wer auf seine eigene Stimme horcht, ihr ge-horcht, könnte ein ungehorsamer Untertan werden.

Jeder weiß, daß Schlafentzug eine der grausamsten Foltermethoden ist. Hat je jemand daran gedacht, daß der Entzug von Ruhe und Rückzug eine nicht minder grausame Foltermethode unserer Alltags-Widersacher ist? Ich weiß, daß ich krank werde, wenn ich immer im Getriebe, immer in der Außenaktivität, immer unter Leuten und mit anderen beschäftigt bin. Neurosen sind nichts anderes als Rhythmusstörungen. Da ich weder eine Neurose noch eine Kreislaufstörung davontragen wollte, bin ich dazu übergegangen, von meinem unbedingten Recht auf mich und meine Zeit Gebrauch zu machen, ohne vorher um Erlaubnis zu fragen. Meine Gänse, Enten und Hühner sitzen wochenlang auf ihren Eiern. Ein-, höchstens zweimal am Tag stehen sie auf, um schnell ein paar Schluck Wasser zu trinken und einige Körner zu picken. Sie sitzen, brüten und strahlen eine beneidenswerte, tiefe Ruhe aus. Wenn ich mich ihrem Nest nähere, dann fauchen sie mich wütend an. Sie schlafen nicht, und sie dösen nicht. Sie sind auch nicht hellwach. Sie wirken durchaus konzentriert. Sie sind dunkelwach. Ich beneide sie um diesen Instinkt, mit dem sie so selbstverständlich ihr Naturrecht leben. Es ist angestammtes Mutterrecht, lange, ausdauernd und dunkelwach über etwas zu brüten, was langsam ausreifen muß, soll es irgendwann ausschlüpfen können und lebensfähig sein.

Langeweile? »Gut Ding braucht Weil'« – ein besser Ding braucht lange Weile. Mir geht es wie meinen Gänsen. Von Zeit zu Zeit muß ich mich zurückziehen, um das fruchtbare Chaos – das saftige Gebrodel in mir – durch gehaltvolle Ruhe und wohltemperierte Brutwärme in eine feste, lebendige Form zu bringen. Manchmal brüte ich lange vor mich hin. Das form- und namenlose Tohuwabohu bekommt nur langsam Konturen, Festigkeit und Gestalt. In diesem Zustand bin ich für andere unbrauchbar. Niemand hat etwas von mir, wenn ich nur physisch anwesend bin, weil mir der Sinn nach etwas anderem steht. Ich kann euch zwar mein Ohr leihen, aber was habt ihr von meinem Ohr, wenn meine Sinne – meine Gedanken und Gefühle – mit etwas anderem beschäftigt sind? Wenn ich an einer Ungereimtheit, an einem Problem, an einer Last oder an einem Fehler »laboriere«, wenn ich mich uneins und unrein fühle, dann muß ich mit mir erst ins reine kommen, um mich in aufrichtiger Weise und mit ganzem Herzen euch wieder zuwenden zu können. Offene und ehrliche Kommunikation ist die Garantie für den Zusammenhalt und das Bestehen meiner Gemeinschaft. Wie könnte ich euch Aufmerksamkeit, Interesse, Freundlichkeit, Heiterkeit und Gelassenheit vorheucheln, wenn mir nach Nachdenklichkeit, nach Grübeln, Seufzen, Weinen zumute ist?

Man sagt, daß Frauen launisch seien. »Laune« leitet sich von »Luna« her. Tatsächlich beobachte ich, daß wir, die wir begonnen haben, wieder im Rhythmus und nach den Gesetzen der Natur zu leben, um Neumond herum »unsere Tage« haben. Zu Neumond habe ich MEINE Tage. Diese Tage gehören mir. Zu Neumond steht mein Verlangen verstärkt nach Ruhe, Stille, Einkehr, Reinigung und Erneuerung. Nehme ich mir nicht, was ich brauche – Ruhe –, tue ich nicht, was Naturrecht und Naturpflicht ist – Einkehr halten –, dann habe ich üble Laune. Dann bin ich mit meinem zuwideren Gesicht und meinem mürrischen Benehmen für alle Menschen unzumutbar.

In goldenen Zeiten zogen sich alle erwachsenen Frauen in ihre Mondhütte zurück, um IHRE Tage in Stille zu feiern, sich reinigend zu erneuern und ihre guten Vorsätze festzumachen. »Wie im Himmel, also auch auf Erden« – so wie sich am Himmel das Weibsgestirn Mond jeden Monat (= Mond) zurückzieht, so taten Mütter und potentielle Mütter, ebenso taten deren Gebärmütter. Wie im weiblichen Körper, so in der Weibsseele. So wie sich die Gebärmutterschleimhaut ablöst, das unbefruchtete Ei ausscheidet und sich danach eine neue Schleimhaut mit einem neuen Ei aufzubauen beginnt, so geschah es auch in den Seelen der Frauen. Unfruchtbare, alte und unbefruchtete Glaubensinhalte, schlechte Gedanken und Gewohnheiten, schlimme Neigungen und selbstschädigende Verhaltensweisen wurden erkannt, benannt, gebannt, gelöst, abgestreift und ausgeschieden, auf daß sich danach ein neuer Nährboden aufbauen konnte und sich neue Glaubensinhalte und gute Gedankenkeime einnisten konnten. Die selbstregulierende monatliche Körperhygiene hatte ihre Entsprechung in der von Frauen bewußt vollzogenen Seelenhygiene[32]. Dies ist der als »Jungbrunnen« überlieferte Erneuerungsprozeß. Die Reinigung der Seele und des Leibes fand in ritueller Form statt.

Ritual: Worte in konzentrierter Andacht gesprochen haben Macht. Eine dem Wortinhalt entsprechende konzentrierte Handlung potenziert diese Macht. Bewußt vollzogene Handlungen, die im Gleichklang mit der Natur und in Rückbindung an die Großen Mütter durchgeführt werden, steigern diese Macht zur Magie. Durch spirituelle Reinigung und Rückbindung an die heilen Geister wird profanes Tun heilsam. Ein Ritual ohne Kenntnis WIE, an WEN und WAS ich mich binde, ist inhaltslos. Ein Ritual des Rituals wegen ist ein Happening oder eine Performance oder auch nur platter Hokuspokus. Wenn Rituale pur zur Religion werden, dann

32 gr.: »hygieia« – »Gesundheit; eigentlich gut lebend«.

passiert im besten Fall nichts, im schlimmsten Fall »ruft« ihr durch eure unreine Ausstrahlung, Unwissenheit und eure nicht lupenreinen Beweggründe die falschen Geister. Und diese Geister, die ihr da ruft, »werdet ihr nicht los«. (Auch davon mehr im nächsten Buch.)

»Ich wasche meine Hände in Unschuld«, heute ein sinnloses Gerede, ist ein Bruchstück einer ehemaligen rituellen Reinigung, ein Überbleibsel aus jener Zeit, in der sich Menschen innerlich und in Form einer entsprechenden Symbolhandlung von ihrer Schuld reinwuschen. Indem sie ihre linke und rechte *Hand* wuschen, setzten sie eine rituelle *Hand*lung, um sich von selbstschädigenden *Hand*lungen zu reinigen und damit ihre Unschuld wieder herzustellen.

Die in der Stille und Dunkelheit des sich erneuernden Mondes sich erneuernde und verjüngende Frau war für alle Männer tabu. »Tabu« bezeichnete ursprünglich »alle jene gottgeweihten, heiligen Dinge, die aus religiöser Scheu, dem tatsächlichen oder sprachlichen Zugriff des Profanen verboten sind«.

Die profanen männlichen Geschichtsschreiber und Völkerkundler begriffen entweder diese heilige Handlung der Frauen nicht, denn sie war ja ein Frauenmysterium, über das nicht gesprochen werden durfte, oder sie verstanden, und ihr Machtwille verbot es ihnen, die ganze Wahrheit zu sagen. Oder sie sahen, daß sich die Frauen zu Neumond in eigene dafür vorgesehene Hütten zurückzogen, erhielten auf ihre Fragen die Antwort, daß diese Frauen ihr Blut hätten und sich reinigen würden, und schlossen im Stile des typisch männlichen Größenwahns, daß Frauen, statt selbst zu gehen, geschickt würden und daß sie statt der für jede heilige Handlung notwendigen Seelenreinigung nur ihren Körper gewaschen hätten. Jedermann kann nur sehen, was er sehen will und was er von sich weiß. Nicht der Mann hat das Tabu auferlegt. Es war die Frau, die durch ihr eigenmächtiges Handeln signalisierte: Ich bin »unberührbar«. Dies sind MEINE Tage. Das innere Geschehen während dieser Tage ist für dich Mann nicht nachvollziehbar, daher entzieht sich auch das innere Geschehen deiner Kenntnis. Ich bin für Andersartige nicht begreifbar und nicht erreichbar – ich bin tabu.

Männer hatten von jeher Angst vor dem weiblichen Blut und seiner geheimnisvollen Mondmagie. Aus diesem Grund wurde es noch in der Zeit des großen Holocaust an den Frauen ängstlich vermieden, deren Blut zu vergießen. »Hexen« wurden selten geköpft, gevierteilt, gerädert und zu Tode geschleift. Das geschah vorzugsweise mit unangepaßten Männern. Hexen wurden verbrannt. Es ist das erstemal in der Geschichte des Patriarchats, daß wir für unsere Entscheidung, die »Hexe« in uns zu leben, nicht »dran glauben« müssen. Ich kann ungestört glauben, tun und lassen, was ich will. Dies muß ich mir vorsagen, wenn ein falsches schlechtes Gewissen auftaucht, wenn ich mich von Zeit zu Zeit noch tiefer in mein Selbst und in die Einschicht der Natur zurückziehe und mich damit dem Zugriff des Profanen entziehe.

Kommunizierende Röhren

Auf dem Weg von Dortmund nach Waltrop sah ich links und rechts der Autobahn riesige Kohlenhalden. Ich sah Birkenbäumchen, die sich mit ihren Wurzeln tapfer am lockeren Kohlengestein festhielten. Die Kohlenberge müssen also schon lange da liegen. Ich fragte Monika, wozu Kohle abgebaut wird, wenn sie dann jahrzehntelang da liegenbleibt? Sie sagte mir, daß die bewachsenen Halden nur der Abraum der abgebauten Kohle sind.

Etwas später machte ich einen Spaziergang. Ich suchte Wasser, um mich zu er-holen; Seelen-Kraft zu holen war mein dringendes Bedürfnis. Ich fand Wasser – Kraft bekam ich keine. Land und Wasser sind erschöpft. Aus dem See, an dessen Ufer ich saß, ragten bizarre Baumskelette. Kein Leben rührte sich. Es war ein Bild, das ich nur in Science-fiction-Filmen vermutete. Die toten Bäume – Mahnmale und Denkmäler für den Raubbau an Mutter Erde. Wie oft in solchen Situationen des Urkennens – wie schlimm es um Mutter Erde bestellt ist – überfiel mich Trauer. Anders als sonst, wenn wilder Zorn mich beutelte und meinen Entschluß »das muß anders werden« anstachelte, zog mich diese Trauer in keine gute und fruchtbare Tiefe, sondern in eine schwere, dumpfe und verzweifelte Leere. Ich fühlte mich tot, leer, stumpf – ich war müde und ausgebrannt wie dieses Land. Wir waren plötzlich verwandt. Ich fragte die Frau, bei der ich zu Besuch war, was das tote Wasser und die umgestürzten Bäume zu bedeuten hätten.

»Die Kohle ist abgebaut, daher ist das Land unter das normale Niveau eingesunken. Der vermeintliche See ist Grundwasser.« Depression nennt man ein in sich eingesunkenes Gebiet. Depression war das Merkmal der Menschen, mit denen ich an diesem Wochenende zu tun hatte. Depressiv sind die Leute, die hier wohnen. Darüber kann auch die Hektik, die Geschäftigkeit, die Sucht nach Vergnügen, die aufgesetzte Lustigkeit und »Power« nicht hinwegtäuschen. Ich mußte danach alle Kraft und all mein Wissen zusammennehmen, mußte willkürlich meine Hoffnung und Zuversicht stärken, um nicht in den Sog zu geraten, der mich in die Depression, in die Schwere und Aussichtslosigkeit zu ziehen drohte. Da ging mir die tiefe Bedeutung der Redensart, die »Land und Leute« in einem Atemzug erwähnt, auf. »Gerhard, was ist Kohle?« fragte ich. »Umgewandelte Sonnenenergie!« Man hat dem Land die Energie gestohlen, danach ist es eingebrochen und siecht matt und kraftlos vor sich hin.

»Land und Leute« – Menschen, Pflanzen und Tiere sind auf Gedeih und Verderb aneinander gebunden. Alle Lebewesen bilden mit dem Boden, auf dem sie sich im wahren Sinn des Wortes »niedergelassen« haben und auf dem sie heimisch sind, eine Einheit. Jeder Hain, jedes Wäldchen ist eine Persönlichkeit; jeder Berg hat einen Geist und eine Seele. Der »Berggeist« in den Märchen und Sagen ist nichts anderes als das (Selbst=)Bewußtsein eines Berges, der sich sensiblen Menschenkindern als einzigartiges Individuum zu erkennen gibt. Es ist nicht von ungefähr, vielmehr ist es Zu-Fall, wo wir geboren sind. Oft haben wir dort, wo wir uns »niedergelassen« haben, in einem vorhergehenden Leben, etwas verloren, was wir eben nur dort wieder zu suchen und zu finden haben, oder wir haben dort – an Menschen, Tieren, Pflanzen und Heimatboden – etwas wiedergutzumachen.

Wie bei den Röhren der »kommunizierenden Gefäße« haben Land und Leute den jeweils gleichen Energiespiegel. Kommunizierende Gefäße sind unterschiedlich groß und untereinander verbundene Röhren. Werden sie mit Flüssigkeit gefüllt, so ist der Spiegel in allen Röhren gleich. Ist nur eine Röhre leck, sinkt das Wasser auch in allen anderen Röhren unter das Niveau.

Alle Welt spricht von der ökologischen Krise. Wir alle haben längst verstanden, was mit dem Schlagwort von der Erschöpfung der Ressourcen gemeint ist und was es heißt, wenn die Beziehung der Lebewesen zueinander auf tödliche Weise gestört ist. Was alle Welt unter den Energiehilfsmitteln versteht, ist jedoch nur die physische Gestalt der Energie: Kohle, Erdöl, Erdgas ... Ich denke jedoch, daß die Erschöpfung der Lebenskraft weitaus verheerendere Folgen hat, als wenn es eines Tages kein Benzin oder keine Kohle mehr geben sollte. Verstandesmäßig ist uns längst klar, daß jene Pflanzen- und Tierarten, die auf Nimmerwiedersehen verschwunden sind, im Gesamtbeziehungsnetz der Lebewesen eine empfindliche und gefährliche Lücke zurücklassen. Nun können Verstehen und Begreifen manchmal zweierlei sein.

An jenem Tag am toten See – umgeben von Baumleichen und schwermütigen, stumpfen und hoffnungslosen Menschen – ist mein Verstehen mit dem Begreifen zusammengewachsen. Ich war für einige Tage in das Verbundsystem des Ruhrgebietes eingetaucht, war ein Bestandteil von ihm und spürte mit meiner Seele, mit meinem Körper und mit all meinen Sinnen – innen und außen, im Kopf und im Bauch – das Grauen und Entsetzen über die Saft- und Kraftlosigkeit, die sich breitmacht, wenn das ökologische System – das Beziehungsnetz der Lebewesen zueinander – im Zusammenbrechen ist, weil sich die Lebenlieber-innen nicht mehr gegen die Todessüchtler durchsetzen können. Die Gedanken und Gefühle von Resignativen und Lebensmüden strömen in Wellen dahin wie Wind und Wasser. So wie die physische Luft von Staub und Schmutzteilchen vernebelt und verseucht und das Wasser eine trübe Sauce ist, so sind die Gedanken, die Lebensmüde aussenden, vernebelt und verdreckt, und die Gefühle sind eine trübe Sauce. Schwere Gedanken hängen als spirituelle Dunstglocke über dem Land, und die Menschen greifen sie aus der Luft und nehmen sie in sich auf. Ein *Fluß* von Trübsinn fließt als spirituelle Beein*fluss*ung zwischen den Wesenheiten. Gleich und gleich gesellt sich gern;

Gedankenströme gleichen Inhalts verstärken sich. Der eine denkt »Scheißleben«, der andere »Es hat sowieso alles keinen Sinn mehr!«, und schon haben sich die beiden Gedanken »gefunden« und gesellen sich zu den anderen x-Millionen Gedanken von derselben Beschaffenheit. Trifft ein derart mächtiger Gedankenstrom von Lebensverneinung auf einen lebensbejahenden Gedanken, dann wird letzterer einfach aufgesogen, weil er schwächer ist. Stell dir vor, du wirfst ein Steinchen ins Wasser. Kleine Wellen breiten sich in immer größer werdenden Kreisen aus. Jemand anderer wirft einen größeren Stein ins Wasser. Dessen Wellen werden höher und stärker sein. Da, wo sich die Wellen begegnen, werden die kleineren Wellen von den größeren »geschluckt«. Sie werden absorbiert, einfach ausgelöscht.

An diesem Wochenende rührte mich die Tapferkeit der Frauen, mit der sie dem Sog in die Depression standzuhalten versuchten. Einige kannte ich schon lange. Sie hatten, so wie ich, angefangen, sich an die universelle Energie rückzubinden. Sie versuchten, immer wieder Kraft zu schöpfen, blieben jedoch meist leer, denn weder brachten sie die Konzentration auf, um zu ge-danken, noch hatten Land und Leute etwas für sie übrig. Selbst wenn es der einen oder anderen gelang, in die tiefen Wellen des lebensfreundlichen Kraftstromes einzutauchen und sich mit Energie aufzutanken, so mußte sie nach kurzer Zeit feststellen, daß sie bald wieder wie »ausgeronnen« war. »Ich weiß nicht, was los ist. Selbst der Schlaf bringt mir keine wirkliche Erholung mehr. Oft wache ich am Morgen müder auf, als ich mich am Abend zuvor niedergelegt habe.« Solches und ähnliches bekam ich immer wieder zu hören. Wißt ihr eigentlich, was in der Nacht, während ihr schlaft, vor sich geht, ohne daß eure bewußte Wahrnehmung davon Kenntnis hat? Es ist nicht gleichgültig, ob ihr alleine, zu zweien oder zu mehreren schlaft. Es ist nicht ohne Bedeutung, mit wem wir in emotionaler Beziehung stehen. Mit unserem Gedanken- und Gefühlsfluß beeinflussen wir einander. In unseren Verbindungen mit Eltern, Kindern, Ehepartnern, Verwandten, Berufskollegen und Freunden gleichen wir den »kommunizierenden Röhren«. Du magst eine noch so große, starke und breite »Röhre« sein, weil du die Fähigkeit hast, dir zu (er)holen; die Kraft wird dir ausrinnen, wenn auch nur eine »Röhre« aus deinem emotionalen Beziehungsnetz undicht ist. »Du bist nicht ganz dicht!« meinte einst wohl einen Menschen, der, weil er im Zwiespalt lebt, im Bewußtsein bzw. im Persönlichkeitskern gespalten und deshalb UNDICHT ist, ständig Kraft verliert und auf diese Weise im Geiste schwach und irre wird.

Es ist von größter Bedeutung, BEI wem du schläfst und von allergrößter Bedeutung, MIT wem du schläfst. Was den Energiespiegel betrifft, ist es fast dasselbe. Im Beischlaf bist du am weitesten geöffnet. Wer immer neben, über oder unter dir liegt – wenn du ungeschützt bist, wenn der andere energieloser ist als du, oder wenn er sich in destruktiven Gedankenkreisen bewegt –, kann dich anzapfen, ähnlich wie ein Dieb, der mit einem Röhrchen Treibstoff aus dem Tank eines nebenstehenden Autos absaugt. Deine Glaubens-, Gedanken- und Gefühlsenergie wird von jenem Energiestrom, an dem der andere angeschlossen ist, aufgesogen und in Anspruch genommen, ohne daß ihr beide davon wißt.

Immer wird sich derjenige auffüllen, der innerlich leer ist und sich mehr verausgabt. Es wird jener sein, der entweder selbst schon seelisch tot ist oder der seine Energie an schon Totes abgibt. In jeder Verbindung und in jedem Bündnis – wie und mit wem immer dies geschlossen wurde – verhält sich die Energie so wie die Flüssigkeit in den »kommunizierenden Röhren«. Das Niveau steigt oder fällt – je nachdem, wie schöpferisch oder erschöpft die an das Verbundsystem angeschlossenen Personen sind. Sie hängt an ihm. Er hängt an ihr. »Wir hängen aneinander.« Da kann einer noch so viel Daseinsfreude, Hoffnung und Mut haben, wenn der Partner sich (seine Energie) verausgabt und voll Schwermut, Hoffnungslosigkeit und Unlust ist, dann werden beide unter das Niveau sinken. Beide werden depressiv! Nicht nur physische Krankheiten sind ansteckend!

Es gehört zu meinen Alltagsgewohnheiten, lange Spaziergänge zu machen. Ob bei mir zu Hause oder auf Reisen, wo immer ich bin, wo ich geh' und steh', da trete ich in eine lautlose Kommunikation mit den Bäumen, Pflanzen und Tieren, dem Bach, dem See, dem Berg, den Sternen... Ich »rede« mit jenen, denen ich auf meinem Weg begegne. Ich kenne die meisten Bäume und viele Kräuter mit Namen. Über fremde Berge und Wasser informiere ich mich. Ich spreche sie an, begrüße sie, sage ihnen, daß sie schön, stolz, edel ... sind, daß mir ihre Tapferkeit, mit der sie ihren Standpunkt halten, imponiert, ich drücke mein Bedauern aus über diverse Kerben und Wunden, die ihnen geschlagen worden sind, ich weine auch manchmal, z. B. über das Baumsterben, das in Wirklichkeit ein Baummorden ist. Ich habe Mitleid mit verdreckten Bächen und Flüssen ... Ihr mögt euch ruhig über mich lustig machen – das stört mich nicht. Ich sag's trotzdem: Wenn ich in meiner Lebensfreude getrübt bin, dann bitte ich die Bäume, mir von ihrer Kraft zu geben. Ich bitte die Vögel, das Wasser, die Winde ... »Woher nimmst du die Kraft?« werde ich oft gefragt. Im »Schutz mächtiger Bäume« sammle ich Kraft, ehe ich zum nächsten Vortrag gehe. Nicht nur vor Regen, Schnee, Eis und Wind schützen uns die Bäume. Wir unterschätzen ihre Macht. Es ist eine besondere Art von Schutz, die so ein tausendjähriger Riese zu geben hat. Was ich im Austausch gebe, ist Nahrung für so ein Pflanzenwesen. Die verbrauchte Luft, die ich ausatme, entspricht den verbrauchten Glaubens- und Gedankeninhalten, die ich loswerden möchte und so einem mächtigen Riesen als Dünger für sein Wachstum zu Füßen lege. Und ich danke für die erhaltene Kraft, den Trost und die empfangene Inspiration.

Es gab eine Zeit, in der Erde, Pflanzen, Tiere und Menschen viel mehr Kraft hatten. In den noch kraftvollen Zeiten brauchten Menschen nur ganz wenig Pflanzen zu essen, um satt zu werden. Weil diese noch außerordentlich gehaltvoll waren, genügte es, ganz wenig davon zu nehmen. Wer den Unterschied zwischen »Normalkost« von Billa oder Aldi und Vollwertkost aus eigenem biologisch-dynamischen Anbau kennt, weiß, was ich meine. Abgesehen vom gesundheitlichen Standpunkt haben Vollwertlebensmittel einen Sättigungswert, der weit über dem der »Normalkost« liegt. Wer kennt nicht den Unterschied zwischen einem im Glashaus und von künstlich hergestellten Nährlösungen hochgezüchteten Salat und einem aus frisch gepflückten Wildkräutern von der kunstdüngerfreien, kraftvollen Wiese?

Menschen, die ihre Seele verloren haben und nicht mehr selbst schöpferisch sind, halten ihre Funktionstüchtigkeit durch das Absaugverfahren aufrecht. Das sichert ihnen den nötigen Treibstoff für ihre Dienstleistung an den Drahtziehern, damit diese wiederum das Zerstörungswerk vollenden können. Die Tatsache, daß sich die Energie wie die Flüssigkeit in den »kommunizierenden Röhren« verhält, ist der eigentliche Hintergrund für den Spruch: »Hinter jedem erfolgreichen Mann ...«

Mutter Erde ist ausgelaugt, erschöpft und nahezu aller Energien beraubt. Die Mütter dieser Erde sind ausgelaugt, erschöpft und nahezu aller Energien beraubt. Noch lebt die Erde; noch atmet und pulsiert sie – wenn auch nur mehr schwach. Wenn doch alle begreifen würden, daß sie ein Lebewesen und daß sie unsere Mutter ist! Wäre sie kein lebendiger Organismus, dann wäre sie längst zerbröselt, zerbröckelt und vermodert, so wie die sterbliche Hülle eines totgefahrenen Frosches. Wäre nicht sie unsere Mutter, wer dann würde uns beherbergen und nähren? Wenn doch endlich alle begreifen würden, daß die Energiequellen der Erde und der Mütter nicht unerschöpflich sind. Soll sich die Erde wieder erholen; sollen Pflanzen wieder so kräftig werden, wie sie waren; sollen Tiere wieder so mächtig werden, wie sie uns der Tierkreis vorstellt, dann müssen wir Menschen mit dem Raubbau an den Energien aufhören. Sollte der Energieraub nicht aufhören, was wahrscheinlich ist, dann kommen wir an jene Nahtstelle des Schicksals, die »Punkt ohne Wiederkehr« genannt wird.

Wie nun, wenn einige oder viele oder fast alle ihre Lebensgewohnheiten nicht ändern WOLLEN? Sind wir dann – da wir doch alle zusammenhängen – nicht alle verloren? An dieser Stelle meiner Überlegungen bäumt sich in mir ein Gerechtigkeitsempfinden auf, das ich, weil es sich grundlegend vom herrschenden Gerechtigkeitsbegriff unterscheidet, nur als interplanetarisches oder gar interuniverselles Bündnis aller Lebenliebenden im Diesseits und im Jenseits bezeichnen möchte. Dieses Bündnis kann, muß und wird die Kraft aufbringen, das, was in den letzten Jahrtausenden schiefgelaufen, auf Abwege und aus dem Gleichgewicht geraten ist, wieder geradezurichten. Dies ist die Gerechtigkeit, an die ich glaube. Ich setze auf dieses Bündnis, das jedoch nur dann seine volle Kraft entfalten kann, wenn jene, denen ihr Heil und das Heil der Erde am Herzen liegt, ihr Herz von den Wachstumsverweigerern, den Energieräubern und Zerstörern vollends lösen und sich voll und ganz in das Verbundsystem von Leben und Lieben binden. Sie müßten sich in den ökologischen Kreislauf ihrer inneren und der äußeren Natur einbinden. Nur so kann ein lebensnotwendiges Biotop entstehen, das sich in konzentrischen Kreisen und immer größeren und kraftvolleren Wellen ausbreitet.

BIOTOP
Ein Biotop ist eine Örtlichkeit, die durch lebende Organismen, die sich fruchtbar aufeinander beziehen, gekennzeichnet ist und die sich selbst erhält.

Was ist die kürzeste und prägnanteste Definition von Leben? Regeneration! Wiederherstellung! Ich wünsche mir, alle Lebenlieber-innen würden ganz fest an die ihnen eigentümliche Regenerationsfähigkeit glauben. Der Glaube versetzt Berge? Es geht mir nicht darum, Berge zu versetzen, die mögen bleiben, wo sie sind. Mein Glaube begründet sich nicht auf diffuse Gedankenspielereien nach dem Motto »glauben heißt nix wissen«. Er hat sein festes Fundament auf dem Erfahrungs-Wissen, daß jedes Lebewesen und alle lebenden Organismen die Fähigkeit haben, sich zu regenerieren. Wenn ihr glaubt, daß Krankheit, Leid, Schmerz, Elend, qualvolles Siechtum und schließlich Tod ohne Wiederkehr zum Leben dazugehört, und wenn ihr meint, das war immer so und wird immer so sein, dann dürft ihr euch nicht wundern, wenn ihr an euren Krankheiten und Schmerzen leidet und eines mehr oder weniger qualvollen Todes sterbt. Wenn wir unsere Gedankenkraft darauf richten, was wir alle wissen, nämlich, daß sich alles Leben selbsttätig regeneriert, daß uns täglich – ich weiß nicht, wie viele – Zellen absterben, dafür aber neue zum Leben kommen, wenn wir unseren Glauben an das Wissen von der Regenerationsfähigkeit alles Lebendigen binden und darauf setzen, dann ver-setzen wir zwar keine Berge, aber setzen uns in die Lage, uns wiederherzustellen. Dann setzen wir unsere Lebensorganisation und unseren Lebensplan darauf fest. Dieses festgesetzte Wissen könnte unser »Jungbrunnen« sein, aus dem wir trinken, um uns stetig zu erneuern.

»Wohl in dem Schneegebirge, da fließt ein Brünnlein kalt, und wer das Brünnlein trinket, bleibt jung und wird nicht alt.«

Wieder denke ich daran, daß ich wohl tu', was ich kann, daß ich mich jedoch nicht darauf verlassen darf, daß auch andere sich ändern. Es gibt keine Gewähr, daß die dürftigen Rechtsmittel zur Erhaltung der Umwelt politisch auch durchgesetzt und zeitgerecht auch wirksam werden könnten. Schon deswegen, weil mit der Korrektur – wenn überhaupt – nur außen in der Umwelt angesetzt wird und die Korrektur in der Innenwelt kaum bis nie Gegenstand des allgemeinen Interesses ist. Man spricht allerorts von Umweltschutz, von Innenweltschutz ist nie die Rede. Über dieses Säumnis darf auch das New-Age-Gerede von der Bewußtseinsveränderung und der »Schaffung neuer Paradigmen« nicht hinwegtäuschen. Änderung wird propagiert und gefordert, zum Teil passiert sie auch, aber völlig wirkungslos nur im Kopf. Vielfach wird dabei übersehen, daß es müßig ist, auf ein Gesetz oder auf Verhaltensänderungen bei anderen zu warten, weil jeder nur soviel Kraft und Macht hat, die eigene Innenwelt zu schützen, zu säubern, zu pflegen und zu heilen. Daß die anderen – wer immer das auch sein mag – sich ändern, das haben wir nicht in der Hand. Es liegt nicht in unserer Macht, jemanden gegen seinen Willen zur Lebensliebe zu bringen. Sehr wohl aber liegt es an uns, an unserem Willen und in unserer Macht, im eigenen Organismus – vom innersten Persönlichkeitskern ausgehend – ein individuelles, höchst persönliches, privates Biotop aufzubauen. Indem wir den Spalt in unserer Seele heilen, im Kern gesund werden und unsere Gedanken, unsere Gefühle und unseren Körper zur Integration bringen, und jeder sein eigenes wandelndes Biotop wird, können wir den Lebenswillen von Pflanzen, Tieren und dem Land, das wir bewohnen, anregen. Viele leibhaftige, wandelnde Biotopmenschen (wenn ich das so nennen darf) schließen sich zusammen und bilden ein immer widerstandsfähigeres, durchsetzungskräftigeres und ausgedehnteres Biotop. Diese Zellvermehrung auf der Menschenebene und übertragen auf die Pflanzen- und Tierebene ist die Hoffnung, auf die ich setze!

Loben oder ver-loben

»Eigenlob stinkt!
Aber nur dem Neider!«
(Goethe)

Es ist noch nicht lange her, daß ich eine meiner letzten Abhängigkeiten von der Welt des Patriarchats gelöst habe. Ich war in den meisten Bereichen schon frei, war Mitglied von Nichts und Niemand, gehörte keinem Verein, keiner Organisation, keiner Religion, keiner Philosophie und keiner Ideologie mehr an. Ich hatte meine Lebens-, Sozial- und Krankenversicherung aufgelöst und alle wachstumshindernden Versprechungen zurückgenommen. »Versprochen ist versprochen!« Ich hatte euch einmal etwas versprochen, was für mich jetzt nicht mehr stimmt und was ich deshalb nicht mehr halten kann. Ich hatte mich ver-sprochen. Sorry! Einmal hatte ich euch die Treue versprochen und bin dabei mir selbst untreu geworden. Um mich nicht wieder zu verlieren, gilt die Treue jetzt nur mehr mir und meinesgleichen. Was suchte ich trotzdem in der Welt der Traumfabriken, Seminar- und Symposion-Gesellschaften, Tagungswochenenden – und Konferenzgeselligkeiten? Was brauchte ich und meinte dies in der Kaffeehaus- und Künstlerkultur zu finden? Was war der Magnet, der mich anzog; was das Amalgam, das mich anhaften ließ? Ich hatte ein starkes Bedürfnis nach Seelendünger. Ich brauchte Zustimmung als Bekräftigungsmittel für meine Seelentriebe: Lob! Wo und wieviel ich auch suchte, man gab mir kaum oder nie Zustimmung für das, was ich originell und wertvoll an mir fand; man gab mir kein Lob für meine zarten Glaubens- und Gedankenkeimlinge. Man blieb mir zwar die Achtung schuldig, aber ich erzwang mir mit meiner Streitbarkeit wenigstens Be-Achtung. »Du mit deinem Geltungsstreben«, rügte mich eine ehemalige, auf Bescheidenheit trainierte Freundin. Ja, ich hatte ein Geltungsbedürfnis. Alle gesunden Menschen haben eines. Wir alle brauchen Geltung für unser SEIN. Wir wollen als das gelten, was wir sind, nicht mehr und nicht weniger. Ich brauche Geltung als eine nach Selbstwirklichung Strebende und nicht als eine, die sich für Mann, Familie, Karriere und eine Politik für oder gegen den Staat aufopfert!

»O du meine Güte!« So viele Schmähungen, teils verhohlene, teils unverhohlene Mißachtungen, Hohn und beharrliches Totgeschwiegenwerden einerseits; so viel Lobhudelei, fadenscheinige Schmeicheleien, Dienstbeflissenheit, Werbeverhalten, Höflichkeitsgetue, Ritterlichkeit, Flirt- und Bettabenteuerangebote und fragwürdige Karriereverheißungen andererseits habe ich mir gefallen lassen. Mit unverwüstlicher Hartnäckigkeit sagte ich: »Ich werde euch noch dazu bringen, meine wirklichen Fähigkeiten anzuerkennen und mir den Respekt zu geben, der mir gebührt.«

Eine verhängnisvolle Neigung zur Fehleinschätzung patriarchaler Macht und eine gewisse Selbstüberschätzung, was meine Einflußmöglichkeiten betrifft, brachte mich in Versuchung, es »denen zu zeigen« und um offizielle Geltung zu ringen. Was ich übersah, war, daß erstens diese Gesellschaft nicht meine Heimat ist, und zweitens, daß ja aller Herren Länder Vaterländer sind. Mit Selbstwirklicherfrauen ist nirgendwo Staat zu machen; kein Staat kann sie dulden. Eines Tages sah ich ein, daß ich als Unangepaßte von der vaterländischen Front nichts als permanenten Kampf oder Vereinnahmung zu erwarten hatte, und räumte kampflos das Feld. Ich hatte mich doch wieder gefunden, daher hab' ich in der offiziellen Gesellschaft nichts verloren, folglich auch nichts zu suchen. Mutter Erde und alle mütterlichen Menschen sind meine eigentliche Heimat, sagte ich mir vor. Mittlerweile ist mir auch klargeworden, daß meine Schwestern und Geschwister – die Kinder des Lichts – kein eigenes Territorium haben. Lichtträger – lebensenergische Menschen – wohnen in der Diaspora[33]. Da und dort traf ich sie auf meinen Reisen. Ich erkannte sie und wurde erkannt. Mein Geltungsbedürfnis und das Verlangen nach Zugehörigkeit wurde gestillt. Der Durst nach Billigung wurde gelöscht. Jetzt erst sah ich, daß es mir nie um amtlich beglaubigte Zustimmung ging, sondern um Rückmeldung auf mein ehrliches Bemühen um Wahrheit, Gerechtigkeit und Freiheit und um die Bestätigung, daß zumindest einige Körner meiner Saat aufgehen.

Mein Verlangen nach unverstellter und unverfälschter Spiege-

33 »Diaspora«: gr. »die Zerstreuung von Religionsgenossen unter Andersgläubigen«.

lung hatte ich an die falsche Adresse gerichtet. In einem dreckigen Spiegel wird man sich immer dreckig sehen, auch wenn man selbst relativ rein ist. Ich wollte feedback – ehrliches Lob und ehrliche Kritik. Was ich bekam, war Verstellung, Projektionen, Höflichkeit, Diplomatie – mit anderen Worten: Heuchelei!

Offene und ehrliche Kommunikation ist das erste Gebot in meiner Bezugsgruppe. Die einzige Forderung, auf der ich unbedingt bestehe, ist: Ehrlichkeit! Da innere Reinheit mein größtes Anliegen, regelmäßige Seelenhygiene Bestandteil meines Alltags, Gedankenklarheit, saubere Verhältnisse und geklärte Beziehungen zu meinen ersten Wichtigkeiten zählen, kann ich auch Spiegel für andere sein. Weil ich mir selbst auf den Grund gegangen bin, die Leidensstationen der Frauen und die Fallgruben und Fangstricke des Patriarchats aus eigener Erfahrung kenne, darf ich Frauen bei ihrer Seelenarchäologie begleiten. Da ich meiner selbst bewußt und an Leib und Seele gesund bin, darf ich andere bei ihrem Selbstheilprozeß unterstützen. Als ich solches und ähnliches einmal in einem Vortragssaal sagte, rief mir eine Frau zu: »Eigenlob stinkt.« Ehe ich zu reagieren imstande war, gab eine andere Frau die Antwort: »Ja! Aber nur dem Neider!«

Meine Sehnsucht nach ehrlichem, angemessenem feedback richtet sich an das dichte Beziehungsnetz, in das ich mich eingebunden habe – meinen Stamm. Unser Bündnis ist vergleichbar mit einem Bund Blumen. Jede Blume hat eine andere Gestalt, eine andere Farbe, einen anderen Duft und eine andere Kraft. Jede blüht zu einer anderen Jahreszeit. Jede ist auf ihre Weise einzigartig. Bei aller Individualität – eines haben wir gemeinsam: Wir wollen wachsen, unsere Kraft entfalten und uns in aller Pracht zum Blühen bringen. Pflanzen brauchen ihre Zeit zum Wachsen. Aus Angst vor schlechten Trieben, Schädlingsbefall und der Überwucherung durch Unkraut legten wir lange Zeit den Schwerpunkt unserer aktiven Wachsamkeit und Spiegelung auf zurechtweisende Rückmeldungen. Kein Mangel und kein Fehler durfte uns entgehen.

Wiederum verfehlten wir das Ziel. Was wir übersahen, war, daß es ein ganz einfaches, natürliches Mittel gibt, die eigene Abwehrkraft zu stärken und die Wachstumsimpulse anzuregen: Lob! Wir haben einander zuwenig gelobt. Eine schlechte Gewohnheit erlaubt den meisten, offiziell gekürte Stars zu ver-ehren und Männer anzuhimmeln. »Gewöhnliche« Frauen für punktuell Außergewöhnliches zu achten, das junge Mädchen für seine Treue sich selbst gegenüber zu loben... scheint ein Vergehen wider die Normalität zu sein. Diese »Normalität« will das Liebesaufkommen unter den Lebenlieber-innen drosseln, um das machtvolle, übermacht-gefährdete Lebensbündnis zu verhindern.

Seitdem ich das weiß, achte ich mehr denn je darauf, den kleinen Schönheiten und Weisheiten, dem aufblitzenden Mutterwitz, zaghaften Mutschritten und zarten Seelenregungen mehr Bedeutung zu geben und das, was mir auf der Zunge liegt und was auch ich mir leider allzuoft nur denke, auszusprechen. Ich möchte und muß viel mehr loben. Seit diesem Erlebnis dränge ich verstärkt darauf, daß wir uns neben der unerläßlichen Kritik auch viel häufiger unsere Wahrnehmung über die vielen »Artigkeiten« sagen. Es ist wichtig, die kleinen Freuden zuzulassen und sie auf direkte Weise, durch Blick, Wort und Geste auszudrücken und mitzuteilen. Schenken wir uns doch die Liebe, die wir füreinander spüren. Geben wir doch einander die Ehre, die uns gebührt. Wenn wir die uns zustehende Ehre geben und bekommen, sind wir für Verehrung unanfechtbar. Wenn wir uns ehrlich gute, lobende Worte geben, den Zärtlichkeitsimpulsen nachgehen, uns wechselseitig, warmherzig in die Arme nehmen und uns damit stärken, dann wird niemand hungrig bleiben und sich Komplimente und billige Anerkennung bei den Verführern holen müssen. Da können wir auf die krankmachende Ver-Liebe und die besitznehmerische Ver-Lobung verzichten.

Loben gehört im Sinne von »für lieb halten, lieb nennen, gutheißen« zu der unter »lieb« dargestellten Wortgruppe. Eine alte Rückbildung aus diesem Verb ist das Substantiv »Lob«. Erst ab dem 16. Jh., dem Höhepunkt der Vernichtung der weisen Frauen und des Zwangs, sich unter den »Schutz« eines Mannes zu stellen, wurden aus dem ehemaligen »geloben«, »Gelöbnis und Gelübde« die Worte »verloben« (feierlich zur Ehe versprechen), »Verlöbnis und Verlobung« gebildet. An anderer Stelle habe ich schon gesagt, daß die Vorsilben »ver« und »er« vor einem Mutterwort auf einen

Bedeutungswandel im Sinne dessen, was das Patriarchat für gut heißt, erfahren hat. »Bedeutungswandel« und »Sinnübertragung« sind verharmlosende Umschreibungen dessen, was wirklich geschehen ist, denn in allen Fällen – das kann jeder anhand eines Lexikons überprüfen – wurde der ursprünglich ethisch wertvolle Sinn des Wortes umgedreht, entartet und in sein Gegenteil gekehrt. Der Wortinhalt wurde den verkommenen Sitten und Unwerten der patriarchalen Herrenmenschen angepaßt, und die mit Gewalt neu eingeführten Gepflogenheiten wurden durch die umgewandelte Bedeutung der Worte legitimiert. Die Rückentwicklung der Sprache vollzog sich in steter Wechselwirkung mit der Rückentwicklung der Menschheit. So wie die Menschen im Laufe der Geschichte nicht vollkommen, sondern verkommen sind, so ist der volle Inhalt der einzelnen Worte ebenfalls verkommen. Jedoch: Der Urquell der Wahrheit liegt in unserer Wahrnehmung und Erfahrung, welche die Muttersprache in ihrer Wurzel noch bewahrt hat und nicht in der herrschenden Sprache. Die Worte und die Sprache sind ein Mittel, um Erfahrungen zu bezeichnen. Sie wurde mißbraucht, um willkürliche Auslegungen, Halbwahrheiten und Lügen zu verbreiten.

Meine Generation pflegte sich noch zu ver-loben, ehe sie sich das Ehe-ver-sprechen gab. Ein Verlöbnis hatte den Sinn, die Zusammen-»Hörigkeit« zu demonstrieren. Verlobung war ein Bestandteil der Erwerbung. Der Verlobungsring war eine Art Kassablock (Anzahlung für die erworbene Ware geleistet!). Wenn auch heute die offizielle Verlobung aus der Mode gekommen ist – das Ver-Loben im wörtlichen Sinn findet immer noch statt. Einer der Gründe, warum gerade Frauen dafür anfällig sind, ist: Wir loben einander zu wenig. Ein aufrichtiges, liebevolles Lob ist für Menschenkinder wie ein Mairegen für Pflanzen. Lob bringt Menschenkeime zum Lauben, Sprießen, Wachsen und Keimen. Lob ist ein Verstärkungsmittel. Ehrliches, berechtigtes Lob ist das stabile Fundament, das berechtigte Kritik tragen kann. Lob ist wie ein Sonnenstrahl, der die Blumen öffnet, ist wie das Mondlicht, das die Blumengeister tanzen läßt. Lob ist Seelenspeise, ist Lebens- und Liebesmittel. Lob ist ein Ausdruck von weißer und roter Liebe, welche die schwarze Liebe erträglich und annehmbar macht.

Affenliebe

Vor Jahren, als ich in der emotionalen Eiseskälte des Großstadtklimas fast erstarrt wäre und mich die mörderische Anonymität beinahe um meine neu erwachte Identität gebracht hätte, sah ich einen Filmbericht über den afrikanischen Dschungel. Von dem Film weiß ich nichts mehr, nur zwei Szenen blieben mir bis heute in der Innerung. Mit fasziniertem Interesse schaute ich auf eine Affenmutter, die mit Hingabe ihr Affenkind lauste. Gerührt über die menschlich anmutende Zärtlichkeit und Geduld in Haltung, Blick und Gestik dachte und sagte ich damals, daß ich die allgemein geschmähte Affenliebe nie mehr belächeln oder gar mit Schimpf abtun würde, denn so manche Mutter, ich inklusive, könnte sich von so einer Affenmutter abgucken, wie liebevolles Pflegeverhalten geht.

Nun, solche und ähnliche Szenen sind uns aus dem Zoo bekannt. Sie verfehlen nie ihre Wirkung, was die üblichen Menschenansammlungen vor Affenkäfigen beweisen. Eine andere Szene fesselte meine Aufmerksamkeit und rührte mich im tiefsten Inneren an. Mitten im springlebendigen Auf und Ab, ungerührt vom laut schnatternden Hin und Her der Affenbande, saßen, eng aneinandergeschmiegt, zwei ausgewachsene Affen. Sie taten nichts. Sie saßen nur da und hielten sich gegenseitig fest und weich in den Armen. Die Theorie der selektiven Wahrnehmung ließ mich vermuten, daß der Kameramann ein ähnliches Liebesdefizit gehabt haben muß, wie ich es damals hatte, denn die Kamera blieb ungewöhnlich lange auf das Paar gerichtet. Eine minutenlange Einstellung machte es möglich, daß diese überaus zärtliche und herzerwärmende Liebeshaltung Raum greifen und intensiv wirksam werden konnte. Wie einfach das ist, dachte ich mir und nahm mir vor, die Lehre des Affenpaares und meine Betroffenheit anzunehmen. Beim nächsten Kälteschock würde ich, statt mich am Riemen zu reißen oder still vor mich hin zu weinen, mich mit meiner Freundin hinsetzen und sie halten und mich halten lassen, so lange, bis uns beiden in der Seele warm würde. So tat ich's und siehe! – es funktionierte. Danach hielt ich hartnäckig an dem Glauben fest, daß Tiere wohl die besseren Menschen seien und die sprichwörtlich verhöhnte Affenliebe, gemessen an dem ganzen Agape-, Caritas-, Eros-, Minne-, Liebesgefasel und Getue, eine runde Sache und die eigentliche Liebe sei. Liebe ist nicht etwas, was sich im Kopf oder in den Genitalien abspielt. Liebe ist halten, wärmen, trösten, aufrichten, pflegen, schützen, bewahren... dies alles, solange wir Kinder, oder so wie Kinder, kleinmütig, hilflos, trost- und schutzbedürftig sind, um dann, wenn wir wieder bei Kräften, groß, stark und voll Selbstvertrauen sind, losgelassen zu werden. Daß das Loslassen auch ein Bestandteil der Affenliebe sein muß, ist daran zu erkennen, daß frei lebende Affen – wiewohl sie im Rudel leben – durchaus in die Lage gebracht werden, für sich selbst zu sorgen. Keine Affenmutter versorgt ihr oder ein Kind über die Zeit. Jede Tiermutter wäre überfordert, wenn sie Jahr für Jahr ihre an Zahl zunehmenden Jungen in immerwährender Abhängigkeit hielte.

Vor drei Jahren mußte ich den Glauben an die Affenliebe als eine »runde Sache«, anwendbar auch auf Menschen, eines sanften Todes sterben lassen. Das kam so: Über mehrere Jahre konnte ich meine Freundin im Umgang mit ihren Kindern beobachten und »studieren«. Das Beobachten, Prüfen und Lernen per Imitation und Identifikation hatte ich mein Leben lang geübt und bis heute nicht aufgegeben. Da ich selbst als Kind ohne familiäre Nestwärme und fürsorgliche Mutterliebe aufgewachsen bin, war ich stets auf das angewiesen, was mir Menschen, die etwas besser konnten als ich, vorzeigten.

Meine Freundin ist die liebevollste, zärtlichste, geduldigste, konsequenteste Mutter, der ich je begegnet bin. Ihre vorbildliche Liebe so hautnah zu erleben, war mir, solange ich sie kenne, Freude, Genuß und Lernanregung. Sie schien mir meinen Glauben an die von mir so positiv bewertete Affenliebe voll zu bestätigen. Das offensichtliche Gedeihen ihrer Kinder war das sichtbare Ergebnis und gleichermaßen Bestätigung meiner Privattheorie. In einem langen, heißen Sommer vor drei Jahren »wohnten« wir sechs Wochen in einer abgelegenen Bucht. Tag und Nacht unter freiem Himmel, umspült vom Meer, fernab von Zivilisation und Coca-Cola-Kultur. Da geschah etwas, was mir mehrere Lichter gleichzeitig aufgehen ließ. Bei den sonst so rundherum zufrieden scheinenden Kindern brach ein Verlangen aus, das sich mit dem trockenen Begriff »Spirituelle Bedürfnisse« nur unzulänglich kennzeichnen läßt.

In dieser Bucht waren wir ganz allein. Es gab keine Ablenkung, keine Zerstreuung – nichts von dem, was die Kinder sonst zu Hause rund um die Uhr beschäftigt. Sie genossen diese Art zu leben, schätzten die Ruhe und Stille und lehnten von sich aus die diversen Ausflugsangebote und Einladungen ab. Sogar die mitgebrachten Spielsachen blieben die ganze Zeit unberührt im Kofferraum des Autos. Unsere Aufmerksamkeit war frei für das in einem ganz langsamen Rhythmus sich bewegende Naturgeschehen. Der Sonnenaufgang, der Monduntergang, das Meer in seinen wechselnden Farben, Strömungen und Stimmungen, die Fische, Krabben und Vögel, die verschiedenen Winde, der mal heiße und mal kalte Sand, die Flora, der Hügel, die Felsformationen im wechselnden Licht und so weiter – alles lebte, pulsierte und »sprach« zu uns. Von Tag zu Tag wurden die Kinder sensibler, offener, wacher, sehender und hellhöriger für all die großartigen Kleinigkeiten rundherum.

Mir dämmerte die Bedeutung des Satzes »Unter jedem Dach ein Ach!« Vor der Gründung befestigter Siedlungen, ehe die Menschen in sich selbst undicht geworden, sich in viereckige Häuser verschanzten und sich von der Natur zu entfremden begannen, schliefen alle, die noch frei waren, unter freiem Himmel. Es macht einen gewaltigen Unterschied, ob man die zweite Existenz – die Essenz des Lebens, den Schlaf – auf Beton zubringt, umgeben von totem Material, eingehüllt vom Mief trostloser Gedankenenergie, oder ob man auf einem atmenden Fleck Erde, eingehüllt von reiner Sternenenergie, in die Gefilde der Seelen eingeht.

Ich bin sicher, es war die Stille, die Weite, die Nähe zu den himmlischen Kräften, das seelenregende Mondlicht, die Sterne, die wir abends, einen nach dem anderen, auffunkeln und des Morgens wieder verlöschen sahen, die vielsagenden Träume, die wir uns allmorgendlich erzählten und für uns deuteten und das aufs Wesentliche beschränkte Leben, daß in den Kindern ein Hunger aufbrach, der durch Essen, Spielen, Sich-umarmen und Halten nicht zu stillen gewesen wäre. Sie ließen sich durch nichts »abspeisen« und begannen zu fragen. Warum? Warum harpunieren Menschen die Fische, wenn sie gar keinen Hunger haben? Warum haben diese Männer Spaß am Töten? Warum müssen die Kiefern weinen (als wir die wegen der Harzgewinnung beschädigten Bäume sahen)? Warum werfen die Menschen so viel Dreck ins Meer? Warum sterben so viele Pflanzen und Tiere aus? Warum wird so viel künstliches, giftiges und unnützes Zeug gemacht? Warum machen die Menschen wissentlich ihre Erde kaputt? Warum kommt die Sandale, die von der Strömung ins offene Meer hinausgetrieben wurde, nach einer Woche, genau an denselben Platz, wo sie fortgeschwommen ist, wieder zurück? Warum denken die Menschen nicht nach? Warum reden sie nicht über die wichtigen Dinge miteinander? Warum wollen sie nicht fühlen und spüren? Warum können sie nicht mehr ehrlich und echt lieben? Warum müssen Menschen sterben? Und was ist, wenn wir tot sind – ist dann alles aus? Das ist nur ein kleiner Ausschnitt aus den vielen, vielen Fragen. Damals kam ich mit meiner Lust, mit Kindern zu philosophieren, voll auf meine Rechnung. O nein, wir sprachen keineswegs über Plato, Kant, die Erkenntnistheorie und »das Ding an sich«. Wir sprachen über die Liebe, die uns aus der Natur entgegenkommt, und über den Haß und die Zerstörungswut, mit der die Menschen diese Liebe erwidern. Damals begriff ich, daß Philosophie nicht die Liebe ZUR Weisheit sein kann, sondern eine Liebe ist, die aus einer in der Seelentiefe aufgespürten Urkenntnis vom weisen Zusammenwirken der unendlichen Energien in ihren vielen Gestalten ist. Die Neugierde der Kinder war grenzenlos. Ihre Fragen regten mich an zur Grenzenlosigkeit. Zum Unterschied von Erwachsenen, die aus »Furcht vor der Erkenntnis«, wegen der daraus entstehenden Handlungskonsequenzen, oft ins abstrakte Theoretisieren ausweichen oder nach dem Motto »was ich nicht weiß, macht mich nicht heiß«, mit dem Fragen und Antwortsuchen aufhören, waren diese Kinder ganz heiß darauf, alles über das Leben und den Tod zu erfahren. Sie hatten ein wahrlich »brennendes Verlangen«, den Dingen hinter den Dingen auf die Spur zu kommen. Umarmt, eingehüllt und »gehalten« von den unwägbaren Fließbewegungen der wirkenden Elementarkräfte, schwangen wir uns zu einer Liebe auf, derer gegenwärtig wahrscheinlich nur wenige Menschen – keinesfalls aber Tiere – fähig sind. Das können Affen nicht. Diese, nur diese Liebe ist es, die uns zu ganzen Menschen und darüber hinaus »gottähnlich« macht.

Da ging mir auch die Bedeutung des Drei-Affen-Symbols auf. Ein Affe hält seine Hände vor die Augen, ein zweiter hält sich die Ohren zu, und der dritte verschließt sich den Mund. Nicht sehen, nicht hören und nicht sagen, was unsichtbar, unhörbar und unsagbar ist, das ist Affenart. Menschenaffen halten es so. Affenmenschen halten es ebenso. Verhaftet- und Gebundensein an die nur physische Existenz – essen, trinken, schlafen, arbeiten, bumsen; kein Organ, keine Fühlfäden haben für seelenstoffliche Mondgeheimnisse –, das ist Menschenaffenart und Affenmenschenart.

In diesem Sommer begriff ich endgültig, daß ich Affenliebe weder unterbewerten noch überbewerten darf. Affenliebe ist weder Überbefürsorgung des Nachwuchses, denn Affenmütter geben ihren Kindern, was sie brauchen und entlassen zum Unterschied von den meisten Menschenmüttern ihre Kinder rechtzeitig in die Freiheit; noch ist Affenliebe ein für Menschen erstrebenswertes Modell, denn Affen haben keine spirituellen Organe, die in den Himmel reichen. Echte, wohlgeartete Menschenliebe beinhaltet alles das, was auch Tiermütter ihren Kindern geben; ihr wichtigstes beigegebenes Kennzeichen und das Merkmal der Menschenliebe ist jedoch Philosophia, jene seelenfördernde Kraft, die aus der Urkenntnis von und dem Unterscheidungsvermögen zwischen Gut und Böse kommt. Diese Liebe bewirkt, daß wir dorthin gehen, wohin wir immer wollten.

Das Verlangen der Kinder nach spiritueller Liebe und Führung äußerte sich auch im Wunsch nach Liedern, Gesang und Märchen. Wir sangen alle Lieder, die wir kannten, fanden neue und horchten mit neuen Ohren auf die Texte. Speziell des Abends, wenn die Sterne kamen und der Mond sich auf der glatten Meeresoberfläche spiegelte, konnten sie nicht genug bekommen. Eng aneinandergekuschelt erzählten wir Märchen um Märchen und sangen wir die alten Lieder, deren wahre Inhalte sich uns auf wunderbare Weise offenbarten. »Wo man singt, da laß' dich ruhig nieder, böse Menschen haben keine Lieder.«

Eines Tages begann in mir ein längst vergessen geglaubtes Lied zu summen, das danach verlangte, wahrgenommen und entschlüsselt zu werden. Es war ein christliches Weihnachtslied. Als ich es als kleines Kind das erste Mal hörte, lautete der Text so: »Still, still, still – weil's Kindlein schlafen will. Maria tut es niedersingen, ihre keusche Brust darbringen...« Die »keusche Brust« wurde von der späteren Liedgeneration wegzensuriert und in »ihre große Lieb' darbringen« umgewandelt. Tatsächlich ist die »keusche Brust« und die »große Lieb'« dasselbe, nur daß die keusche Brust deutlicher macht, von welcher Art und Qualität diese Liebe ist, um sie GROSS nennen zu können. Wenn ich davon ausgehe, daß die Jungfrau Maria, als Mutter Gottes, die Nachläuferin und eine Nachahmung einer matriarchalen Jungfrau UND Großen Mutter ist, wenn ich für das Wort »keusch« seine alte, wahre Bedeutung einsetze: bewußt, und wenn ich die Mutterbrust (lat. »mamma«), als Symbol für (Hunger und Durst) Stillen betrachte, dann drückt diese Liedstelle genau das aus, was mir in diesen Tagen durch den Sinn ging: Zu einer GROSSEN Liebe ist nur eine keusche Mamma, eine Jungfrau, die sich selbst gehört, fähig. Ich zitiere aus dem etymologischen Wörterbuch: »Das Adjektiv (mhd. ›kiusche‹, ahd. ›kuski‹) wurde im Rahmen der frühmittelalterlichen Christianisierung aus dem got. ›kuskeis‹ übernommen. Es heißt ›der Lehre bewußt‹.« Daß es sich dabei nicht um die christliche Lehre gehandelt haben kann, ist daraus zu schließen, daß erstens die Sprache und die Wörter – auch dieses – älter sind als das Christentum, zweitens, daß sich das Christentum der bestehenden Sprache und Lehren bedient hatte und daß drittens die in Gotland (Schweden) ansässigen Goten aller Wahrscheinlichkeit zuallerletzt christianisiert worden sind.

Das lateinische »conscius« heißt ebenfalls nur »mitwissend, eingeweiht, bewußt«. Erst später entwickelte sich daraus die heute gebräuchliche Bedeutung »tugendhaft, sittsam, enthaltsam, rein«, wobei wieder zu fragen ist, WAS heute für eine Tugend gehalten wird, was als Sitte eingebürgert worden ist, wessen wir uns enthalten sollten und worin die Reinheit heute zu bestehen hat.

Da mein Interesse wach geworden war, forschte ich gleich weiter und siehe – tatsächlich: Das Wort »kuschen« ist aus dem französischen »se coucher« = »sich niederlegen, schlafengehen« entlehnt und erst im 18. Jh. umgangssprachlich im Sinne von »sich ducken, sich fügen« in Gebrauch gekommen. Auch das Wort »kuscheln« steht in einem Bedeutungszusammenhang mit »keusch«. Es ist naheliegend, daß auch der »Kuß« eine enge Beziehung zum althochdeutschen »kuski« hat, denn »die Sitte des Küssens geht wahrscheinlich von der Vorstellung aus, daß bei der Berührung der Lippen oder der Nasen ein Austausch, der im Atem gedachten Hauchseelen stattfindet. Älter als der Lippenkuß ist allem Anschein nach der Nasen- oder Schnüffelkuß, der bei einigen Völkerschaften noch heute üblich ist.«

»Hast du Töne?« Die feinen Schwingungen der Seelen kann nur wahrnehmen, wer entsprechende Seelenorgane hat. Mütter können ganz genau die verschiedenen Nuancen der Töne – auch der lautlosen – eines Kindes »verstehen« und deuten. So manche Mutter wundert sich, warum die Väter kein Ohr für diese feinen Töne und ihre unterschiedlichen Färbungen haben. Ein Kind schreit eben nicht nur, wenn es essen und trinken will, sondern und vielmehr auch, weil sein Bewußtseinshunger nach spiritueller Führung gestillt werden will. Zum Unterschied von Affenkindern will ein Menschenkind AUCH »mitwissend, eingeweiht und bewußt« werden.

Wenn ich dann noch lese, daß »singen« ursprünglich »das feierliche Sprechen von Weissagungen und religiösen Texten« bezeichnete, dann schließt sich der Kreis meiner Wahrheitssuche zu einem harmonisch runden Wahrheitsgefüge. Die Botschaft des Liedes, so wie ich sie für mich entschlüsselt hatte, lautet: Ihr Mütter, wenn ihr eure Kinder zum Lauben, Sprießen und Gedeihen bringen wollt, dann laßt sie still werden, denn erst in der Stille können sie nach innen lauschen. Stillt ihren spirituellen Hunger. Wenn ihr wollt, daß eure Kinder seelisch-geistig GROSS und stark werden, dann singt sie in den Schlaf. Bringt ihnen euer Wissen und eure Weisheit dar. Stillt ihren Hunger nach dem, was jenseits der sichtbaren Welt und was die eigentliche Wirklichkeit ist. Singt ihnen beim Schlafengehen von den göttlichen Wesen, unseren Großen Müttern, den heilen Geistern. Sagt ihnen, wer unsere wahren Eltern sind. Lehrt sie, was Tugend, nämlich Tauglichkeit fürs Leben, und was Sitte ist und worin die Reinheit der Seele besteht. Macht ihnen bewußt, wozu wir auf Erden gekommen sind und daß wir von Mutter Erde und durch sie leben lernen können. Erzählt ihnen vom Leben aller Kreaturen und daß alles, was da kreucht und fleugt, eine Seele hat. Lehrt sie zwischen Gut und Böse zu unterscheiden und dazwischen zu wählen.

Sprecht von der Gültigkeit der Seele und auch davon, wie groß die Gefahr ist, daß wir sie verlieren, verschenken, verkaufen oder verraten. Singt ihnen vom Frieden und der Fruchtbarkeit der Stille. Warnt sie vor dem Unfug, sich mit anderen zu vergleichen, denn da es immer Geringere oder Größere gibt, könnte es eitel oder bitter werden. Sagt ihnen, daß sie Kinder des Universums sind, nicht weniger und nicht mehr als die Bäume und die Sterne, die Blumen und die Tiere. Sagt ihnen, daß sie ein Recht haben, hier zu sein, und daß es ihre Pflicht ist, sich zu entfalten, wirklich zu werden und zu wirken.

Lehrt sie Mutter Erde und die Mütter zu achten und zu lieben, auf daß wir lange leben und es uns wohl(er)gehe. Mit all dem Elend, all der Not, allen Sorgen, Mühen und zerbrochenen Träumen ist sie doch eine schöne Welt. Lehrt sie, sich zu behüten und zu bewahren.

In der blauen Stunde, dem Übergang vom Wachen zum Schlafen, sind Kinder besonders empfänglich für Unter-Weisung, Weis-Sagung und Zurecht-Weisung, denn beim Einschlafen werden die inneren Sinne wach, die tiefer begreifen als Auge, Ohr und Hände. Bedürftig nach Geleitschutz wollen sie sanft hinübergeführt werden in die jenseitige Welt, die ihnen heimatlicher und trauter ist als das Diesseits, weil die silberne Nabelschnur noch nicht unterbrochen ist.

Laßt uns zärtlich aneinanderkuscheln, ehe wir schlafen gehen, und vergessen wir nicht den Gutenachtkuß, auf daß wir den Hauch unserer Seelen austauschen können. Aus Schlafmagie wächst die Bindung. Das, was beim Zusammenschlafen ausgetauscht wird, ist wesentlicher als das, was wir im Tagesgeschehen zusammen tun oder tun-lichst vermeiden. Während des Tages leben wir die Körpersinne, in der Stille der Nacht die spirituellen Sinne. Wünschen wir einander eine GUTE Nacht, denn »der Teufel ruht nicht«! Wünschen wir uns schöne, aufschlußreiche Träume. Der Traum ist geschaffen, um uns, da wo wir blind sind, den Weg zu weisen. Helfen wir einander, die Botschaft der Träume zu verstehen und zu entschlüsseln. »Den Ihren gibt's die Große Mutter im Schlaf.«

Große Mütter

Frauen, die wie ich aus derselben Quelle schöpfen und den Weg der Selbsterfahrung gehen und langsam und spiralig von innen nach außen fahren, indem sie ihr Bewußtsein ausweiten, das Weite suchen und das Patriarchat an sich selbst vergehen lassen, sind einander eher Schwestern und kleine Mütter denn Große Mütter. Wir haben kein Matronenkollegium, keinen irdischen »Rat der Alten«, an den wir uns notfalls wenden könnten. Die Großen Mütter sind uns vorausgegangen – sie sind im Himmel. Der Himmel ist jedoch kein Ort, sondern ein Zustand: weit ausgedehntes, absolutes, reines Bewußtsein. Sie sind unsere Vor-Fahren, die Alt-Vorderen, welche ihr Erdendasein vollendet haben. In der Hierarchie der Evolution sind sie »oben«, und von dort lassen sie sich auf uns herab. Wir können uns von ihnen berühren und rühren lassen, wenn wir offen für sie sind und uns weit genug zu ihnen hin ausdehnen. Wir können uns mit ihnen identifizieren und im liebenden Verschmelzungsprozeß mit ihnen eins werden, wenn wir »rein und keusch«[34] sind. Als halbwüchsiges Mädchen war ich getrieben von einer unbewußten Sehnsucht. In einer Art Sammelleidenschaft war ich ständig auf der Suche nach »guten« Menschen. Gleichaltrige sammelten Briefmarken, Postkarten oder Filmstarposter. Ich suchte Güte, die nicht von der ja-ja-, nein-nein-sagenden, eia-popeia-liebenden, betütelnden Art war, woran man die sprichwörtliche »Güte in Person« zu erkennen glaubte und zu bezeichnen pflegte. Ich suchte Menschen, die gütiger waren als die

34 siehe dazu das Kapitel »Affenliebe«

Frau, die mich geboren hatte, mächtiger als die ver-ehrten Erzieherinnen und Lehrerinnen, erhabener als die Heldinnen der Romane und Filme, größer als Albert Schweitzer...

Wer war die Frau, die mir zeigte, wie leben geht? Wo war sie, die mich als Mentorin und Mäzenin an der Hand nehmen und mir den Weg weisen würde? Ich wollte nicht empfindungslos »Hochachtungsvoll« unter ein Bewerbungsschreiben an die »Sehr geehrten Herren« setzen, sondern hochachtungsvoll FÜHLEN. Ich wollte freiwillig und gerne zu jemandem aufschauen können, der wirklich Großes vollbrachte, der größer war als ich und nicht nur so tat. Ich wollte mich nicht künstlich kleiner, hilfloser und dümmer stellen, als ich war, nur um in den Genuß des »Hochachtungsvoll« zu kommen.

Als ich entdeckte, daß ich zuerst meine Lehrerinnen, dann meinen Mann und danach die anderen geliebten Männer auf einen eiligst errichteten Altar gestellt hatte, um sie dort »anbeten« zu können, als ich einsah, daß ich letztere in meiner Phantasie wie einen Christbaum, mit allen von mir gewünschten, hervorragenden Eigenschaften kunstvoll geschmückt hatte, um wenigstens Achtung zu fühlen – als der Selbstbetrug nicht mehr aufrechtzuerhalten war, der Altar zusammenbrach und die Bäumchen leer, entwurzelt und verdorrt dastanden, da begann meine Suche von neuem. Nachdem die Nicht-Mutter Simone de Beauvoir, die Existentialphilosophin und gleichberechtigte Gefährtin Sartres, für mich als Leitbild unbrauchbar wurde und Luise Rinser, die ich der damals geliebten Simone als mystisch-religiös-moralische Ergänzung zur Seite gestellt hatte, ausfiel, weil sie mir in ihrem katholischen Käfig kein Entwicklungsvorbild mehr war, stand ich wieder alleine und illusionslos da. Da war ich wirklich ganz all-ein. Ich war allein, auf mich selbst zurückgeworfen, doch ich fühlte mich das erste Mal nicht verlassen und verloren – ich fühlte: ICH BIN NICHT MUTTER-SEELEN-ALLEIN! Ich spürte meiner Großen Mutter Seele direkt und dicht bei mir. Diese Berührung war der glückhafteste Augenblick meines Lebens. Oh, daß ich nur jetzt nicht zuviel oder zuwenig, nicht zu schwärmerisch, aber auch nicht zu nüchtern erzähle, was »so eine Schönheit gemacht, die mich zum

Lieben gebracht«. Ich fürchte, der Versuch, mein Erlebnis in Worte zu zwingen, könnte es verändern oder Unverständnis hervorrufen. Ich habe Angst, mit meiner Rechtfertigung die Würde und den Wert meiner Erlebnisse zu schmälern. Ein bißchen ging es mir so wie damals, als ich als Siebenjährige das erste Mal ins tiefe Wasser springen sollte. Ich stand am Badesteg des Thalersees, unter mir die dunkle Tiefe. Ich sah meine Freundinnen gerade oder kopfüber ins Wasser springen und wieder auftauchen. Ich hörte die Versicherungen, daß auch ich wieder hochkommen würde, denn das Wasser hätte einen Auftrieb, und wenn ich nach dem Auftauchen nur recht bald Schwimmbewegungen machen würde, bestünde keine Gefahr, auf Nimmerwiedersehen zu verschwinden. Ich sah und hörte, was man mir sagte, »doch allein, mir fehlte der Glaube«: Möglicherweise bleibe ich – gerade ich – am Ende doch unten... Ich sah mich gezwungen, etwas zu glauben, was ich noch nicht erfahren hatte. Um die Erfahrung zu machen, daß auch mich das Wasser tragen würde, mußte ich es wenigstens ein einziges Mal ausprobieren. Einmal ist nicht keinmal – es könnte tödlich sein. Unbeschreiblich die Angst, mit der ich schlußendlich doch sprang und erlebte, daß das Naturgesetz des Auftriebs auch für mich Gültigkeit hatte. Ich tauchte wieder auf.

Haarscharf meiner Angst entlang, bin ich seitdem in viele, mir unbekannte Wasser gesprungen und um jeweils eine Erfahrung reicher wieder aufgetaucht. Nach jedem Sprung ins Ungewisse mußte ich mich bewegen, um nicht wieder unterzugehen.

Vor vielen Jahren, als ich gelernt hatte, meine Hände in den Schoß zu legen und dabei herausfand, was Tun im Nichtstun eigentlich bedeutet und wie die Süße des Nichtstuns schmeckt, da befand ich mich an einer Grenze, an einer Schwelle, die vergleichbar ist mit der unbekannten, dunklen Tiefe eines Wassers. Da hatte ich ähnliche Todesängste wie als Siebenjährige. Gerade oder kopfüber springen, sinken – und dann? Auch dieses Mal konnte ich nicht wissen, sondern nur glauben, daß es mir gutgehen und daß ich wieder heil auftauchen würde. Es war eine Art Wagnis, die Zonen der Sicherheit zu verlassen und mich ganz allein in eine unbekannte, angsterregende, dunkle Tiefe zu begeben, die – wie sich später herausstellte – gleichzeitig eine helle Höhe war. So mag es wohl der Goldmarie gegangen sein, die in den dunklen Brunnen sprang, die Besinnung verlor und sich im Obstgartenparadies bei Frau Holle wiederfand. Dort unten ist oben, wo man die eigenen dunklen Flecken aufhellen kann und die Alchimie des inneren seelischen Wettermachens begreift. Wenn man die Witterung mit Frau Holle aufnimmt und deren Lehren annimmt, kann man es regnen und schneien lassen. Regen ist fruchtbarmachendes (Sich-) Regen im Sommer. Schnee ist die Fruchtbarkeit bewahrende, kristallisierte Regsamkeit im Winter.

Ich bin dort unten/oben meiner Frau Holle begegnet. Ich habe sie mit prüfender Sorgfalt als diejenige, DIE EINE, die Einzigartige, erkannt: Meine Große Mutter! Meine Reaktion auf ihre Berührung war Rührung: Staunen, Scheu, Scham, Bescheidenheit, und ich war – endlich! – voll echter hoher Achtung. Ich war hochachtungsvoll! »Hohe Frau« nannte ich sie mit Ehrfurcht und weinte vor Glück. Süßer Schmerz: Wie schön, daß ich dich wieder gefunden habe; wie schrecklich, daß ich dich verloren hatte!

Sie war es, die mich schon als ganz Kleine begleitete, als ich verwahrlostes Kind stundenlang alleine den Wald durchstreifte. Damals war mir ihre An-Wesenheit ganz selbstverständlich. Ich horchte auf sie und sprach mit ihr. »Die führt Selbstgespräche – die spinnt«, sagte die Tante im Erholungsheim und setzte mich an den »Katzentisch«. Es sei für die anderen nicht gut, wenn sie mit so einer beisammen sind.

Selbst-Gespräche: ZU und MIT meinem Selbst habe ich seit der Zeit meines Aufwachens oft und viel gesprochen. Ich habe Tagebuch und Nachtbuch geschrieben, habe Selbsterfahrung gemacht und hab' in mir und mit mir aufgeräumt. Ich habe viel Neues ausprobiert und entdeckt und viel Altes, Verbrauchtes und Überholtes ausgeschieden. Ich habe mich in Schwebe getanzt, alte Weisen wiedergefunden, neue gelernt, viel gesungen. Ich habe mich und andere lieben gelernt und wurde wiedergeliebt.

AUS meinem Selbst gingen mir viele Lichter auf, stiegen Träume, tiefe Gefühle, Innerungen, Urkenntnisse und Bilder hoch; über die, die ich einmal war, über die, die ich jetzt bin, und die, die ich sein werde. Ich habe das Gute in mir erkannt. »O du meine Güte« – es ist das Fundament, das tragkräftig genug ist, um das Böse in mir zur Kenntnis zu nehmen, zu tragen und zu korrigieren. Mit der lustvollschmerzlichen Wahrnehmung des Gestern und des Heute kann ich hoffnungsvoll das Morgen ansteuern.

ÜBER mein Selbst bin ich ihr wieder begegnet, die oftmals meine leibliche Mutter war und jetzt meine Große Mutter – meine Himmel-Mutter – ist. Sie ist die *Ahn*frau, die ich über mein *Ahn*ungsvermögen wahrnehmen kann, weil ich ihr *ähn*lich bin.

Über die Großen Mütter – von den Christen »Engel«, von den esoterischen Schulen »spirituelle Führer« genannt – werde ich noch viel erzählen. Über Dämonen, jene, die sich als geistige Führer ausgeben und sich wie Große Mütter gebärden, um uns in ihre Gewalt zu bekommen, werde ich Auskunft geben müssen. Über die Notwendigkeit, zu den Ahnen wieder eine liebende Beziehung herzustellen und die Vorsichtsmaßnahmen, die wir dabei treffen müssen, wollen wir uns nicht in große Gefahr begeben – über all das muß und will ich im nächsten Buch so ausführlich wie möglich berichten. Für diesmal nur so viel: Erst seit ich von der Existenz meiner Großen Mutter weis und weiß, ihre dichte Anwesenheit deutlich spüre, mich mit ihr austauschen, mich auf sie und sie in mich einlassen kann, hat mein rastloses Suchen ein Ende. Sie ist meine GROSSE Liebe, denn sie ist eine wahrhaft Große, und sie zeigt mir und lehrt mich, was große Liebe ist.

»Wenn ich ein Vöglein wär
und auch zwei Flügel hätt,
flög ich zu dir.
Weil's aber nicht kann sein,
bleib ich allhier.«

Die Beziehung zu ihr zieht mich in ihre Richtung. Sie weist mir den Weg, den ich allerdings allein gehen muß. Sie unterweist mich, steht mir zur Seite – gehen muß ich. Sie schützt mich, wenn ich überfordert bin, entzieht mir jedoch ihren Schutz, wenn ich die Fähigkeit habe, mich selbst zu schützen. Sie ist ihren Weg gegangen, ich muß meinen Weg gehen. Es gibt Zeiten, in denen mir der Weg zu mühsam scheint und mir die Erde wie ein Jammertal vorkommt, weil es auch so viel Bejammernswertes gibt. Dann falle ich in kleinkindhafte, bettelnde Haltung, sie möge mich meiner Verantwortung und Aufgabe entheben, mich dem Elend und der Not entziehen und mich zu sich nehmen. Ihre kraftvolle zurechtweisende Antwort ist: Das All ist hier. Du mußt wieder gut machen, besser lieben und leben lernen, und das kannst du nur dort, wo du bist – auf Erden. Mein Trost und meine Zuversicht sind dann:

»Bin ich auch weit von dir,
bin doch im Schlaf bei dir
und red' mit dir.
Wenn ich erwachen tu,
bin ich allein.«

Lasse ich mich vom Biorhythmus des Mondes leiten, dann lebe ich in der »doppelten Realität« des Diesseits und Jenseits. Im Wachen und im Schlafen, immer und überall wo ich bin, ist all-hier. Selig bin ich, wenn ich, meiner Sinne mächtig, den Zustand der Nähe aufrechterhalten und mit ihr in Fühlung bleiben kann. Das gelingt mir am besten, wenn ich, weil im Glauben, Denken, Fühlen und Handeln eins, mit ihr einhellig eine helle Energie ausstrahle, die sich in Wellen fortpflanzt. Je ruhiger, gesammelter und dichter ich bin, desto schneller pulsiert die Energie, desto »länger« sind die Wellen. Mit diesen Licht-Wellen »rufe« ich sie: sie sind der »direkte Draht« zu ihr. Strahle ich Lebensfreude, die aus der Bewußtheit kommt, dann liegen wir auf »einer Linie« und haben dieselbe »Wellenlänge«.

Sie MAG mich, ich MAG sie, wir MÖGEN einander. Das ist das Ver-MÖGEN des innerlich Reichen. Das ist MAGie. Das ist Macht: Das ist Liebesmacht und wahrlich eine Himmelsmacht.

Magie und Mystik, die ungebrochene Bindung an die Elemente und die Großen Mütter war VOR jeglicher Religion. Die Rückbindung an die himmlischen Energien und Großen Mütter wurde notwendig, als wegen Uneinhelligkeit der direkte Draht unterbrochen war und von Zeit zu Zeit der Kontakt wiederhergestellt werden mußte. Magie, Mystik und matriarchale Religion waren VOR der patriarchalen Religion, die nichts anderes ist als eine gewaltsam erzwungene Bindung an die einsamen Väter.

Wenn ich, in eine alte, schlechte Gewohnheit fallend, meine Aktivität zu stark nach außen richte, wenn ich aus dem Rhythmus falle, weil ich es tun-lichst vermeide, mich zu (er)holen, dann gerate ich aus dem Gleichgewicht und werde uneins. Nicht alleinig – mit dem All nicht einig – bin ich einsam.

Einsamkeit macht mich schwerfällig, bedrückt mich und drückt mich zu Boden. Mit Schwere, Trübsinn, Zerrissenheit und Zweifel ist keine (Ver-)Bindung herzustellen. Wenn der Kontakt unterbrochen ist, weil ich mich aus Angst nicht ausdehen kann; wenn ich über einen längeren Zeitraum klumpig und schwerfällig am Boden der Tat-Sachen festklebe, dann packt mich Todesangst. Ich kenne nichts, was schlimmer ist als diese Angst. »Mamma mia! Bin ich denn von allen guten Geistern verlassen?«

»Einsam dann weine ich,
nenne im Seufzen dich,
doch du bleibst fern.
Mutter, o Mutter mein –
bleib nicht mehr fern.«

Ich habe die Erfahrung gemacht, daß mit Betteln und Seufzend-ihren-Namen-Nennen das durchtrennte Band nicht anzuknüpfen ist. Wenn ich sie nicht spüren kann, dann liegt es nicht daran, daß sie sich nicht herabläßt. Nicht sie ist »böse« (auf mich). Deshalb wäre es auch ein Unfug, SIE »wieder gut machen« zu wollen. Ich bin böse (mit mir) und muß MICH wieder gut machen.

»Kommt ein Vogel geflogen, setzt sich nieder auf mein Fuß, hat ein Brieflein im Schnabel – von der Mutter einen Gruß.« Mir hat noch nie ein Vogel im Schnabel einen Brief gebracht. Das nicht, aber ich habe eine feine Wahrnehmung für kleine »Zeichen und Wunder«. Es sind die schon erwähnten Zufälle, Einfälle, Eingebungen und Winke, die mir als tröstlicher Gruß von meiner Mutter zukommen. »Lieber Vogel, fliege weiter, bring ein Gruß mit einem Kuß, denn ich kann dich nicht begleiten, weil ich hierbleiben muß.« So gerne ich manchmal wollte – ich kann und darf noch nicht bei ihr bleiben, denn ich hab' noch so viel zu lernen. Doch, ich habe den Himmel gesehen. Wer den Himmel einmal betreten hat, wird wissen, was die Richtung und wo das Ziel ist. Die Urinnerung hinterläßt einen unverlierbaren Geschmack. Ich kann mich von dieser Erfahrung nähren und weiß, daß ich in Zeiten der Not von ihr gestützt werde.

Ich bin sicher, ohne den Glauben an und das Wissen um meine Große Mutter, ohne ihre Berührung, wäre ich hoffnungslos und apathisch. Ohne ihre liebende Führung würde ich mich verirren. Wie so viele andere, von Sehnsucht nach dem Sinn des Lebens Getriebene, wäre ich neurotisch oder gewalttätig. Möglicherweise wäre das Irrenhaus oder das Gefängnis die Endstation.

»Glauben heißt nix wissen«, sagte man mir als Kind. Das Wissen über Tod und Wiedergeburt wurde uns gestohlen und zerstört. Der Glaube an die Existenz unserer Großen Mütter ebenfalls. Unser Glaube wurde und wird uns genommen, und ein falscher Glaube wurde und wird uns eingepflanzt. Ich bin so frei: Ich glaube, lebe, liebe, lobe und (er-)laube (mir) das, was meiner Gesundheit, meinem lustvollen Sein und meinem gedeihlichen Werden nützlich ist. Ich bin so frei zu glauben, was ICH will. Mein Glaube, daß das Naturgesetz des Auftriebs auch für mich gilt, ließ mich als Siebenjährige ins tiefe Wasser springen. Die Erfahrung des Auftriebs wurde mein gesichertes Wissen. Mein Glaube, daß meine innere Stimme die Wahrheit sagt, und sie sagt mir, daß die Wesenheit, die ich als Kind spürte, meine eigentliche »Mama« ist, ließ mich Grenzen überschreiten, so daß ich sie wahrnehmen und wiedererkennen konnte. Die Urfahrung wurde zum sicheren Wissen. Richtiges Glauben heißt wissen!

Mutterliebe

Das Urbild der Liebe ist die Mutterliebe. Die mütterliche Liebe war nicht nur die erste Art der Liebe, sondern bis vor einigen Jahrtausenden die einzige. Das Gebot der Mütter, ihr angeborener und von klein auf gepflegter Mutterinstinkt, der aufbaut, Schwaches stärkt und schützt, Kleinmütiges ermutigt, Ungestümes besänftigt und Mißratenes ordnend zurechtweist, ist die eigentliche, die wahre, die reine Liebe. Muttermacht ist jene Liebesmacht, die ein Menschenkind in den Himmel zieht, schiebt und drängt.

Um auf mütterliche Weise zu lieben, braucht man keine Kinder zu gebären. Um pfleglich, sorgsam, behütend und förderlich zu sein und gegebenenfalls loszulassen, braucht man nicht physisch weiblich zu sein. Ich kenne Männer, die kompletter, fürsorglicher, hilfsbereiter und auf gesunde Weise liebender sind als so manche Frau mit Gebärmutter und Mutterbrust. »Und meine Söhne?« werde ich gefragt. Auch den Söhnen steht es frei, sich mit Elvis Presley, Ronald Reagan oder mit ihrer hoffentlich selbstwirklichenden Mutter und deren Schwestern oder ihrem mütterlichen Vater zu identifizieren.

Das hervorstechendste Charaktermerkmal, die Hauptbegabung unseres Heimatplaneten ist Mütterlichkeit; die Aufgabe von Erde ist Mutterschaft. Auf dem langen Weg durch Raum und Zeit kommen wir um unser irdisches Dasein auf Mutter Erde nicht herum. Uns herauswickelnd aus einem Geringeren zu einem jeweils Größeren, die Stufenleiter der heiligen Rangordnung emporsteigend zum Erhabensten, was ein Mensch zu werden vermag, kommen wir nicht darum herum, lieben zu lernen nach Art von Mutter Erde. NUR auf Mutter Erde, ausschließlich von ihr und durch sie – auf keinem anderen Planeten und in keinem anderen Sonnensystem sonst, können wir erfahren, was Mütterlichkeit, und lernen, was Liebe ist. Ehe wir das nicht gelernt haben, müssen wir wieder und immer wieder – in welcher Gestalt auch immer – auf die Erde kommen. Das Erdendasein ist zu Ende, wenn wir alle – Weib UND Mann – Große Mütter geworden sind.

Nicht jedem ist bewußt, daß die Erde ein Lebewesen und unsere Mutter ist. Sie ist, wie alles Lebendige, aus Fleisch und Blut. Das Festland ist ihr Körper, die Gewässer sind ihr Seelenstoff; die Lufthülle, die sie umgibt, ist ihr Logos. Sie atmet dieselbe Luft wie wir, ist durchpulst von innerem Feuer, und sie steht in Beziehung zu allen anderen Lebewesen. Die ihr ebenbürtigen Nächsten sind die Planeten ihres Sonnensystems. Niemand leugnet, daß Regenwürmer, Eichen und Hunde Lebewesen sind. In der Hierarchie ist jedoch der Regenwurm unter dem Hund, der Mensch ist über dem Hund. (Es soll jedoch auch solche geben, die »unterm Hund« sind, oder »vor die Hunde gehen«.)

Unser Planet Erde und alle Sterne und Planeten sind keine abstrakten »Prinzipienträger«, wie Graue-Hirnrinden-Helden es uns weismachen möchten. Sie sind hochpotente Energieträger, einzigartige Lebewesen – jedes nach seiner Art – und stehen in der heiligen Rangordnung über dem Menschen. Dazwischen – zwischen den Menschen und den Sternen, im sogenannten Zwischenbereich – befinden sich die Vollendeten, die Göttlichen; jene, die nach ihrem großen Entwicklungsvorbild Mutter Erde »Große Mütter« genannt werden.

Irdische Mütter sind es, die Stelle und Funktion der Erde vertreten. Mutter und Erde sind Entsprechungen; man kann die eine für die andere setzen. Die Gezeiten der Erde – Ebbe und Flut regelt EIN Mond. Die Gezeiten der Frau – Eisprung und Menses (»menses« heißt »Mond«) – ebenfalls. Das Mond-Blut ist ein besond'rer Saft: Es ist Seelenstoff, die Nährlösung für den Lebenskeim. Nach zehn Mondmonaten wird jeder Mensch ins Zeitliche entlassen. Wer am häufigsten und am längsten weiblich ist, hat Mond-Rhythmus im Blut. Wer in der Regel die Regel hat und übereinstimmt mit den Zeiten von Ebbe und Flut, ist in (der) Ordnung. Wer sich in den Zeiten des Neumondes zurückzieht und zu Vollmond voll da ist, stimmt. Wer in sich stimmt und mit den Gezeiten der Natur übereinstimmt, weiß, was stimmt, darf bestimmen und Recht sprechen. Weibliche Gerechtigkeit orientiert sich nach dem Recht und Gesetz der Natur. Das ist Mutterrecht. Was unserer Erde angetan wird, geschieht den Müttern der Erde: Ausgebeutet, ihrer Rohstoffe und Früchte beraubt, den Männern untertan gemacht, beherrscht, ungeliebt, unbedankt, flurbereinigt, geschändet, vergewaltigt, vergiftet, vergast, bis ins Mark erschüttert, ist sie dem Ende nahe. Ihr wird die Lebenskraft gestohlen, die sie für sich und für das gedeihliche Werden ihrer Lebewesen braucht. Nicht nur, daß ihr die Energie genommen und dadurch das Werden blockiert wird, noch schlimmer: mit dieser geraubten Wachstums-, Schutz- und Umwandlungsenergie wird sie und noch Lebendiges zerstört. Wir leben mit Erde im Verbundsystem nach Art der kommunizierenden Röhren. Wir hängen an ihr, hängen auf Gedeih oder Verderb mit ihr zusammen. Wenn die Menschenmütter aufgeben, gibt Mutter Erde auf. Die Frage nach dem Sinn des Lebens ist so leicht zu beantworten. Mich wundert, warum soviel Philosophie und Theologie bemüht wird, um die berühmte »Sinnfrage« zu lösen. Mich wundert's wiederum nicht, denn im Patriarchat soll die Wahrheit spitzfindig und möglichst gelehrt, vermieden und umgangen werden. Der Sinn des Lebens auf Erden ist Mutterliebe zu lernen. Wir sind da, um so leben und lieben zu lernen, wie Mutter Erde lebt und liebt. Wir sind da, um die Mütter zu lieben, allen voran die Großen Mütter und die größte aller Mütter – unsere Erde. Mutterliebe wird meist einseitig aufgefaßt: So, als ob Mütter die ewigen Liebesspenderinnen und Kinder die ewigen Liebesempfänger wären. Auch Mutter Erde gehört sich selbst. Auch ihre Energie ist nicht unerschöpflich. Auch sie hat ein schwarzes Liebesgesicht. Mutter Erde setzt deutliche Zeichen, daß ihre Energie zur Neige geht und daß sie sich bereitmacht für die große Urneuerung. Gegenwärtig findet der größte Reinigungsprozeß dieses großen, rund 24000 Jahre dauernden Weltzeitalters statt. Die überlieferte Sorge der alten Völker war, daß am Ende der Zeiten der Toten mehr wären als der Lebendigen. Auch meine größte Angst ist, daß, wenn es so weit ist, der Nekrophilen mehr sind als der Biophilen und daß wir dem »Gleichgewicht des Schreckens« zu wenig »Gleichgewicht und Freude« entgegenzuhalten haben. Ich bin ein Nachkomme der alten Völker. Ich bin ein Nachkomme – ein Sproß – der Schlange. Das Erbe meiner Großen Mutter ist meine Begabung, mit deren Hilfe ich meinen Beitrag leisten werde, damit, wenn die Krise ihren Höhepunkt erreicht hat und die ganz große Ent-Scheidung fällt, der Lebenden mehr sind als der Toten. Ich will leben! Und ich will, daß Mutter Erde lebt!

Nachwort

Gleich zu Beginn dieser Bucharbeit stellte ich fest, daß das Wichtigste für mich nicht das Schreiben, sondern das Lernen ist. Es gab kein Kapitel, das mich nicht berührte. Vieles wühlte mich auf, rüttelte mich durch, machte mich traurig, wütend... Meine Grenzen und Begrenzungen kamen unerbittlich ans Tageslicht. Manchmal war ich versucht, es wie die »drei Affen« zu machen. Mein Lebenswille, meine Liebe zu allem Lebendigen, das Wissen, wie es um unsere Erde und ihre Kreaturen bestellt ist, und das starke Verlangen gut zu machen, drängten mich jedoch, meine Sinne wach zu halten – mehr noch – tiefer zu spüren, klarer zu sehen, besser zu hören, zu riechen und zu schmecken.

Es hat sich gelohnt! Ich habe viel gelernt, vor allem habe ich mich selbst noch besser kennengelernt. Ich bin meinen Wünschen und Zielen um viele Schritte nähergekommen – ich bin mir nahe! Ein neues Keimen, ein lebendiges Sprießen und viel Hoffnung und Zuversicht sind daraus gewachsen. Dieses will ich schützen, hegen, pflegen und nähren, um mit dieser Kraft in mir, an mir und rund um mich gut zu machen.

Mein besonderer Dank gilt dem Zusammenwirken aller guten Kräfte, mit deren Hilfe dieses Buch wirklich geworden ist.

Mein innigster Dank geht an Dich, Gerlinde. Danke für Deine Kraft, mit der Du Dich für Lebens- und Liebeswerte einsetzt. Für die Klarheit, mit der Du die Dinge hinter den Dingen ausleuchtest. Für Deine Fähigkeit, Weisheit und Wissen zu einen. Für den Mut, mit dem Du alles ungeschminkt beim Namen nennst. Für Deine Mütterlichkeit, mit der Du Deine Schätze (mit)teilst. Für die Liebe, mit der Du alles zum Wachsen und Gedeihen anregst. Für Deine allumfassende Liebe und Freundschaft.

Ganz herzlich bedanke ich mich auch bei Euch, Monika, Melanie, Ute und Michael, für Eure Anteilnahme, das fruchtbare Mit-Wirken und für Eure liebevolle Begleitung.

Zu guter Letzt zwei »dicke Küsse« an meine wunderbaren Töchter. Ihr habt durch Euer Wachsen dieses Buch mitgetragen. Eure Festigkeit und Selbständigkeit ist eine Freude und ein Geschenk für uns alle. Durch die liebevolle Geduld und Euer Verständnis konnten wir so manche Belastungsprobe unbeschadet meistern. Eure Offenheit ließ zu, daß wir aneinander und miteinander reifen konnten. Danke Alexandra! Danke Kerstin!

November 1988, Renate Luthwig

La caída del Imperio Romano
Mirella Romero Recio (Coord.)

POTSDAMER ALTERTUMSWISSENSCHAFTLICHE BEITRÄGE (PAWB)

Herausgegeben von Pedro Barceló (Potsdam), Peter Riemer (Saarbrücken), Jörg Rüpke (Erfurt) und John Scheid (Paris)

Band 53

La caída del Imperio Romano

Cuestiones historiográficas

Mirella Romero Recio (Coord.)

Franz Steiner Verlag

La publicación de este libro ha sido financiada parcialmente por

MINISTERIO
DE ECONOMÍA
Y COMPETITIVIDAD

Bibliografische Information der Deutschen Nationalbibliothek:
Die Deutsche Nationalbibliothek verzeichnet diese Publikation in der Deutschen Nationalbibliografie; detaillierte bibliografische Daten sind im Internet über <http://dnb.d-nb.de> abrufbar.

Druck: Offsetdruck Bokor, Bad Tölz
Gedruckt auf säurefreiem, alterungsbeständigem Papier.
Printed in Germany.
ISBN 978-3-515-10963-5 (Print)
ISBN 978-3-515-10965-9 (E-Book)

ÍNDICE

LA CAÍDA DEL IMPERIO ROMANO CUESTIONES HISTORIOGRÁFICAS

Mirella Romero Recio (Universidad Carlos III de Madrid)

Mucho se ha hablado de la caída del Imperio romano, tanto, que se hace necesario hacer un alto en el camino para reflexionar sobre lo que se dijo, lo que se ha venido sosteniendo y lo que se está afirmando en la actualidad sobre un tema que nunca ha dejado de suscitar interés. Desde que se realizaran las primeras interpretaciones de los autores coetáneos a los hechos hasta los estudios de los historiadores contemporáneos se han mantenido tópicos y se han apuntado nuevas teorías, basadas en un mejor conocimiento de la tardoantigüedad gracias a las aportaciones ofrecidas por la arqueología, la numismática y las disciplinas científicas auxiliares, tratando de arrojar luz sobre unos acontecimientos históricos que cambiaron el diseño político, económico e ideológico mantenido durante siglos. El objetivo de esta publicación, que recoge algunos artículos presentados en un Congreso celebrado en el Instituto de Historiografía "Julio Caro Baroja" de la Universidad Carlos III de Madrid (España) en octubre del año 2011 así como otras aportaciones realizadas por conocidos especialistas, es abordar la revisión de las tendencias historiográficas que subyacen en las interpretaciones que han explicado el fenómeno y el período tradicionalmente denominado como fin del Imperio romano. Una reflexión metodológica resultaba del todo oportuna dado el especial interés que todavía despierta el problema y teniendo en cuenta que aunque las monografías dedicadas a este período histórico son cada vez más frecuentes, no suelen existir revisiones globales que analicen los parámetros historiográficos presentes en su elaboración. Analizar los marcos interpretativos que se han ofrecido anteriormente para explicar el fenómeno creemos que enriquecerá nuestra propia percepción de este convulso período histórico.

Los autores contemporáneos a los hechos ya observaron los cambios que se venían produciendo como catastróficos, a pesar de que se fueron produciendo a lo largo de un período de tiempo muy dilatado. La pérdida de territorios, la debilidad imperial, las transformaciones ideológicas anunciaban la llegada de un modelo diferente que asustaba en unos casos y era bienvenido en otros. Todos se lamentaban de los cambios producidos en las estructuras del Estado y de la debilidad del Imperio frente a los bárbaros aunque lo hicieran desde perspectivas diametralmente opuestas. Como muestran los autores de esta monografía, en el siglo IV Amiano Marcelino esperaba un emperador providencial que contribuyera a la regeneración de un Estado capaz de hacer frente a la amenaza de los bárbaros (P. Barceló) y Libanio veía los cambios promovidos por el gobierno de Diocleciano, el desgaste de las ciudades, de la clase curial, de la retórica y de los templos como la antesala de la caída del Imperio (E. Muñiz). Pero esta última visión no fue ni mucho menos la más difundida (S. Castellanos). Ya en el siglo V, Rutilio Namaciano confiaba en la recuperación de Roma y sus tradiciones frente, eso sí, al pesimismo de los eclesiásticos hispanos que recordaban la libertad, la paz y la seguridad de la que habían disfrutado cuando su diócesis dependía de Roma y no de los germanos (J. Vilella). Por unas circunstancias o por otras, tanto paganos como cristianos añoraron el gobierno imperial de Roma y deploraron los cambios producidos, si bien confiaron en la perduración del Imperio (H. Zurutuza) y no consideraron que el año 476 marcase la desaparición del mismo (M. Clauss). El cristianismo continuaba su imparable expansión y lo hacía desde Roma, sosteniendo las estructuras imperiales. Precisamente la persistencia de los valores propugnados por el imperio y más concretamente de los elementos paganos, serían utilizados como argumento entre los protagonistas de la Reforma protestante, los cuales, con el fin de romper con la Iglesia de Roma, apelaban a la pureza de un cristianismo primitivo no contaminado por las formas paganas que inundaban el catolicismo (C. Martínez Maza).

El triunfo del cristianismo ha permanecido asociado a las interpretaciones del fin del Imperio de manera ineludible. Frente a las explicaciones tradicionales que ensalzaban la expansión de la nueva fe como un triunfo de la verdad que habría de traer la justicia a los hombres, en *The History of the Decline and Fall of the Roman Empire* Edward Gibbon defendía que la aparición del cristianismo contribuyó a un declive del Imperio que el autor percibía como inevitable y fruto de la degradación moral derivada del triunfo del nuevo credo. La teoría – que rescataba una vieja disputa se remonta a la época de Septimio Severo y que fue olvidada durante los siglos de hegemonía cristiana (J. Alvar-J. M. Blázquez) – agitaba hasta tal punto los cimientos de una cultura occidental asentada sobre raíces cristianas y todavía católicas en gran parte de Europa que necesariamente fue rechazada por buena parte de la historiografía tradicional, sobre todo la más cercana a la Iglesia católica, apostólica y romana, como la española (M. Romero Recio). Pero los detractores no pudieron hacer frente de manera contundente a las teorías expuestas por Gibbon, pues supusieron un revulsivo y prendieron con fuerza entre los historiadores desde que se publicara el primer volumen de la obra en el año 1776. El gran especialista en historia de Roma del siglo XIX, Theodor Mommsen, rechazó hasta tal punto el cristianismo que llegó a calificarlo en sus escritos científicos como "religión plebeya" o "secta judía acabada" aunque dedicó una parte de su investigación a cuestiones relacionadas con la época tardorromana y el cristianismo primitivo (S. Panzram).

El debate académico sobre el fin del imperio ha tenido desde Gibbon una gran intensidad y así queda reflejado en algunas contribuciones de este volumen. En Alemanìa, por ejemplo, se han realizado distintas lecturas historiográficas sobre el papel del cristianismo en la caída del Imperio, una de ellas en relación con la expiación que impuso S. Ambrosio a Teodosio en Milán en el año 390 (M. Sandberg). El propio término "caída" que empleamos en el título de esta monografía viene a reflejar una situación trágica y catastrófica, de decadencia y crisis de la Antigüedad, asociada tradicionalmente a las filtraciones de los pueblos bárbaros – juzgados por buena parte de la historiografía como "invasores"–, que se ha ido matizando en los estudios de los historiadores a lo largo del tiempo con vocablos, como "fin", "decadencia", "transformación" o "transición", que suavizan la manera en la que el historiador y el lector se enfrentan a la descripción y análisis histórico de este período y que aboga por una continuidad de las estructuras romanas más allá de su desaparición política en Occidente (S. Castellanos y M.V. Escribano). Nosotros hemos optado por mantener en el título la palabra "caída" precisamente porque el elenco de trabajos recogidos trata de revisar las tradiciones historiográficas en torno a esa visión catastrofista y su contrapartida en las investigaciones más recientes. Éstas han dedicado gran atención a la reflexión sobre el proceso de transformación del mundo romano otorgándole una cronología más dilatada y una entidad propia dentro de la periodización de la Historia Antigua, conocida como Antigüedad Tardía (M.V. Escribano). El interés que ha suscitado el estudio de la sociedad, la economía, la política, la religión o la cultura de este período ha sido enorme despertando al mismo tiempo el interés de historiadores de la Antigüedad y medievalistas que enriquecen desde sus áreas de conocimiento el debate sobre las continuidades y las permanencias en una época de límites sinuosos.

Queremos finalizar esta introducción agradeciendo al Profesor Jaime Alvar el apoyo brindado por la institución que dirige, el Instituto de Historiografía "Julio Caro Baroja", a la realización del Congreso donde se gestaron algunos de los artículos aquí publicados; si bien la versión definitiva de esta publicación ha tomado forma en el seno del proyecto de investigación Almahisto (HAR 2011-27540) financiado por el Ministerio de Economía y Competitividad español. Asimismo, estamos en deuda con el Profesor Pedro Barceló por haber apoyado la publicación de esta monografía en la prestigiosa serie *Potsdamer Altertumswissenschaftliche Beiträge.*

AMMIANUS MARCELLINUS
EIN HISTORIKER IN ZEITEN DER KRISE

Pedro Barceló (Universität Potsdam)

Gunther Gottlieb
octogenario

I. THUKYDIDES UND AMMIAN: ZWEI BRÜDER IM GEISTE

Zweifellos war die Krise, die Griechenland im 5. Jahrhundert v. Chr. erschütterte, der Auslöser, der Thukydides dazu verleitete, das Schwert gegen die Feder einzutauschen und kritisch auf die großen politischen Herausforderungen zu reagieren, die sich vor seinen Augen vollzogen. Ohne etwas aufzubauschen oder wegzulassen, bietet uns der Chronist des Peloponnesischen Krieges eine analytische Sicht seiner eigenen Zeit, indem er neben der Beschreibung und Deutung der dramatischen Ereignisse, die seine Umwelt entscheidend veränderten, deren Ursachen zu ergründen versucht und dabei die Frage stellt, warum die Herrschaft der allmächtig scheinenden Polis der Athener zerbrach. Gleichzeitig beschäftigt ihn der Umgang mit der Macht, ihr Gebrauch und Missbrauch oder anders ausgedrückt das Handeln des Staates und seiner maßgeblichen Repräsentanten.[1]

Wenn Thukydides über die Kausalitäten der von ihm geschilderten historischen Rahmenbedingungen nachdenkt, rekonstruiert er nicht nur die unmittelbare Vergangenheit, sondern setzt sich ebenfalls mit den politischen Werturteilen auseinander, die seiner Gegenwart ihren Stempel aufdrückten, in der sich – angetrieben von einem endlosen Krieg und einem nicht weniger problematischen Prozess der politischen und sozialen Desintegration – der Abstieg der Poliswelt allmählich abzeichnete.

Um die Hegemonie im Delisch-Attischen Bund zu konturieren, bot Thukydides eine überraschende Wortschöpfung auf, die die Machtfülle seiner Heimatstadt durch ein diskreditierendes Adjektiv unterstrich: *Polis tyrannos*. Der Begriff bündelte nicht nur die Vorstellung von einer repressiven Regierung. Im Gegensatz zu den machiavellistischen Äußerungen, die unser Autor Perikles und Kleon in

1 Vgl. H. LEPPIN: Thukydides und die Verfassung der Polis. Ein Beitrag zur politischen Ideengeschichte des 5. Jahrhunderts v. Chr., Berlin, 1999; H. SONNABEND: Thukydides, Darmstadt, 2004; P. BARCELÓ / D. HERNÁNDEZ DE LA FUENTE, Historia del pensamiento político griego: teoría y praxis. De Homero a Aristoteles, Madrid, 2014, 248–252.

den Mund legte, wurde diese Formel im vollen Bewusstsein ihrer extremen Zweideutigkeit ersonnen.[2]

Die paradoxe Fragilität einer „ferngesteuerten“ Volksversammlung, die ihrerseits das gewaltigste Herrschaftsgefüge, das Hellas bisher gesehen hatte, lenkte, lief für Thukydides stets Gefahr, der Verblendung der Macht zu verfallen. *Arché* und *hybris* als Elemente der Machtausübung werden in diesem Kontext als komplementäre Seiten derselben Medaille begriffen.[3] Aber im Gegensatz zu Herodot sah Thukydides, dass die Strahlkraft der *hybris* gegenüber Individuen und Kollektiven keineswegs allein verantwortlich für die Auswüchse von Machtmissbrauch war. Vielmehr erkannte er in den systemimmanenten Folgen jeder Herrschaftsausübung die Ursachen für die Überschreitung jener ethischen und politischen Normen, welche die Stabilität eines Gemeinwesens verbürgten. Daher glaubte er, dass die Niederlage Athens nicht nur der Verführung der Macht geschuldet war, sondern vielmehr das Ergebnis eines unausweichlichen Dilemmas war, die unkontrollierbare Dynamik zu beherrschen, die ihre Handhabung zwangsläufig hervorrief.[4]

Abgesehen von der zeitlichen Distanz zwischen beiden Autoren und der spezifischen Ausrichtung ihrer jeweiligen Epochen, kann einiges, was auf Thukydides zutrifft, ebenfalls auf Ammianus Marcellinus, den Chronisten des Untergangs des römischen Kaiserreichs, übertragen werden, einen vom hellenischen Geist inspirierten Intellektuellen aus Antiochia, der von der weltgeschichtlichen Mission Roms zutiefst erfüllt war und dem wir das bemerkenswerteste historische Werk des ausgehenden Altertums verdanken.[5] Wie Thukydides den durch Herodot vorgezeichneten Weg weiterverfolgte, reihte sich Ammian in die Nachfolge des Tacitus ein, indem er eine historiographische Auffassung von der Bindekraft der Vergangenheit für die Bewältigung der Gegenwart entwarf. Diese hing, laut Ammian, von der ethischen Bewertung der Protagonisten der Ereignisse ab, die seiner *Res Gestae* eine unverwechselbare Prägung verleihen.[6]

Ammian verfasste sein Werk in Zeiten eines tiefgreifenden politischen Wandels, der sowohl den Alltag großer Teile der Bevölkerung als auch die Architektur des Staates betraf. Äußere Gefahren wie etwa die ständige Verletzung der Reichsgrenzen durch die Nachbarvölker oder die Umkehrung der religiösen Werte im Zuge der Durchsetzung des Christentums in Staat und Gesellschaft veränderten die Struktur des römischen Reiches grundlegend. Hinzu kam die Schwächung der kaiserlichen Macht, vor allem in den westlichen Provinzen, sowie eine zunehmende Verarmung zahlreicher Randregionen gepaart mit dem Verlust der Führungsrolle der traditionellen städtischen Eliten, zu denen der Historiker selbst ge-

2 Thuk. 2, 62; 3, 37 ff.

3 Thukydides scheut keinesfalls die dunklen Seiten der athenischen Demokratie. ohne mildernde Umstände darzustellen. Weit davon entfernt sich hinter Rechtfertigungen zu verstecken, ohne zu beschönigen, distanziert er sich vom aggressiven Gesicht des athenischen Imperialismus und fordert einerseits zur Reflexion und andererseits zur Mäßigung auf.

4 P. Barceló: Thukydides und die Tyrannis, in: Historia 39 (1990), 410–425.

5 J. Matthews: The Roman Empire of Ammianus, Baltimore, 1989.

6 K. Rosen (Hrsg.): Ammianus Marcellinus, Darmstadt, 1982, 105–130.

hörte. In ähnlicher Form wie das klassische Athen schien auch das römische Kaiserreich im Zeitalter Ammians von unzähligen Feinden und Bedrohungsszenarien umgeben: Innenpolitische Auseinandersetzungen beschleunigten den Zerfall der bisher bewährten sozialen Kohäsionsmechanismen, während beträchtliche Bevölkerungsschichten in zunehmendem Maße den erhofften Schutz der staatlichen Institutionen entbehren mussten und sich damit dem Gemeinwesen immer mehr entfremdeten.[7]

II. INNERER WANDEL

Aus der Sicht Ammians kreiste das Regelwerk der maßgeblichen historischen Prozesse, die seine Zeit prägten, stets um die Modalitäten der Machtausübung und den Umgang mit den Ressourcen des Staates, was sich vornehmlich in den Handlungen seiner wichtigsten Vertreter manifestierte. In diesem Kontext kam dem Verhalten der Kaiser, der Würdenträger des Hofes, der militärischen Befehlshaber, der Senatoren und der Spitzen der Verwaltung eine Schlüsselrolle zu. Eine starke Dosis von Individualisierung gehörte ohnehin zum Repertoire der antiken Gewährsleute, die historische Stoffe dramaturgisch aufgeladen in ästhetisch ansprechender Form darboten, und darin bildete Ammian keine Ausnahme. Es waren seiner Meinung nach bestimmte Persönlichkeiten, die Geschichte gestalteten. Dabei entschied die Höhe ihres politischen und gesellschaftlichen Ranges über die Erfolge beziehungsweise die verhängnisvollen Folgen ihrer tragischen Irrtümer oder Fehlentscheidungen.[8]

Eine solche Situation erkannte Ammian im System der Rechtsprechung, das sich aus seiner Sicht in einer Phase tiefen Niedergangs befand. Die diagnostizierte Verschlechterung der Justizpraxis scheint an die Verminderung der kaiserlichen Macht gekoppelt, deren Ursachen nicht sofort bemerkbar wurden, sondern vielmehr Teil eines Zersetzungsprozesses darstellen, der sich nach und nach offenbaren sollte. Wie aus einer Reihe aussagekräftiger Notizen hervorgeht,[9] ereigneten sich solche Erosionsbewegungen keineswegs abrupt und mit Trompetenklang, sondern sie lassen sich vielmehr als Umriss eines vielschichtigen Prozesses entschlüsseln, der in der constantinischen Epoche begann und bis weit in die zweite Hälfte des 5. Jahrhunderts fortdauern sollte. Weil die *potestas imperatoria* darauf beruhte, dass die richterlichen, militärischen und priesterlichen Vollmachten der Herrscher vom jeweiligen Amtsinhaber aktualisiert werden mussten, führte jede Form von Lähmung in diesen äußerst sensiblen Bereichen nicht nur zu dessen

7 A. DEMANDT: Die Spätantike. Römische Geschichte von Diocletian bis Justinian 284–565 n. Chr., München, 1989 (Handbuch der Altertumswissenschaften III, 6), 212–245.

8 P. BARCELÓ: Constantius II. und seine Zeit. Die Anfänge des Staatskirchentums, Stuttgart, 2004, 46–50; W. ENßLIN: Der Kaiser in der Spätantike, in: HZ 177 (1954), 449–468.

9 Es muss betont werden, dass es sich bei den nachstehenden Beispielen lediglich um eine Auswahl des Materials handelt, die zwar repräsentativ ist, jedoch in keiner Weise erschöpfend ausfällt. Bisher sind die verfügbaren Quellen in ihrer Gesamtheit noch keiner systematischen Analyse unterzogen worden.

fortschreitender Entmachtung, sondern gleichzeitig zu einer Beeinträchtigung der eingespielten Mechanismen der Politikgestaltung. Am deutlichsten lässt sich das Ausmaß des Wandels an seinen Bruchstellen beobachten.

Zunächst einmal wurden die richterlichen Kompetenzen des Kaisers, genauer seine direkte Beteiligung an der Rechtspflege, beschnitten. Die Frage stellte sich vor dem Hintergrund der im Gefolge der tetrarchischen Reformen eingeführten administrativen Neuerungen, von denen die Spitzen der Reichsverwaltung erfasst wurden. Hierzu gehörte die Umwidmung des Aufgabenbereiches des *praefectus praetorio*, des nach dem Kaiser einflussreichsten Mannes im Staate.[10] Dieser Entscheidungsträger, der bisher das Kommando über die Praetorianergarde versah und seine Machtstellung der Nähe zum Herrscher verdankte, verlor in constantinischer Zeit seine militärische Befehlsgewalt und verwandelte sich zum mächtigsten zivilen Amtsträger. Den Endpunkt dieser Umverteilung und Akkumulation von Befugnissen in den Händen der Leiter der regionalen Machtzentralen des Reiches markiert der Übergang der letztinstanzlichen Rechtsprechung, bisher ein Vorrecht des Imperators, auf seinen Stellvertreter. Gegen seine Urteile war nun keine Berufung mehr möglich.[11] Durch die Delegierung der richterlichen Kompetenzen schwächten die Kaiser des späten 4. Jahrhunderts ihre Position als Schlichtungsinstanz, indem sie sich entbehrlich machten. Ein wenig beachtetes Zeugnis, das die näheren Umstände dieses Transfers thematisiert, verdanken wir Ammian, der die Umschichtung der Regierungsaufgaben innerhalb der höchsten Machtzirkel des Reiches mit folgender Begründung kommentierte:

> Die Kleinigkeiten privater Rechtsfälle stünden unter der Würde des Kaisers, und so kam dieser, wie er andeutete, zu der Ansicht, die persönliche Untersuchung von Rechtsfällen habe den Anfang damit gemacht, die Hoheit des Amtes zu erniedrigen. Darum hielt er sich nun völlig davon zurück. Allerdings öffnete er damit räuberischem Unwesen Tür und Tor. Es nahm durch die Schlechtigkeit der Richter und Rechtsanwälte, die gemeinsame Sache machten, von Tag zu Tag zu; denn sie verkauften die Rechtsfälle geringerer Leute an Truppenführer oder an die Mächtigen im Palast und erwarben sich so Schätze oder hervorragende Ämter.[12]

Der ammianische Kontext legt nahe, dass es der *praefectus praetorio* Modestus war, der Kaiser Valens davon abriet, zukünftig seiner gewohnten forensischen Tätigkeit nachzugehen, indem er darauf verwies, dass die meisten Gerichtsverfahren Trivialitäten behandelten, die geeignet waren, die Herrscherwürde des ersten

10 A. Gutsfeld: Der Praetorianerpräfekt und der kaiserliche Hof im 4. Jahrhundert n. Chr., in: A. Winterling (Hrsg.), Comitatus. Beiträge zur Erforschung des spätantiken Kaiserhofes, Berlin, 1998, 75–102; C. Kelly: Empire Building, in: G. Bowersock, P. Brown, O. Grabar (Hrsg.), Interpreting Late Antiquity. Essays on the Postclassical World, Cambridge, Mass. 2001, 170–195.

11 CTh. 11, 30, 16.

12 Amm. 30, 4, 2: „Quod infra imperiale columen causarum essent minutiae privatarum, ille ad humilitandam celsitudinem potestatis negotiorum examina spectanda instituisse arbitratus, ut monebat, abstinuit penitus laxavitque rapinarum fores, quae roborabantur in dies iudicum advocatorumque pravitate sententium paria, qui teniorum negotia militaris rei rectoribus vel intra palatium validis vendidtantes aut opes aut honores quaesivere praeclaros.“

Mannes im Staate zu beschädigen. Aufschlussreich daran ist, dass die Abdrängung des Kaisers aus der Mitte der Rechtspflege kritisch gesehen wird. Sie habe, so Ammian, keine Besserung der Lage, sondern vielmehr das Gegenteil bewirkt, letztlich sogar die Zunahme der Korruption gefördert. Auf die Stellung des Kaisers bezogen, bedeutete eine derartige Kompetenzverschiebung, dass in dem Maße, wie sich zivile Befugnisse in den Händen seines Stellvertreters häuften, die Autorität des Staatsoberhauptes durch den Rekurs auf andere Quellen des kaiserlichen Machtreservoirs kompensiert werden musste.

Gerade die militärische Leitungskompetenz war im spätrömischen Reich, das aufgrund der zahlreichen Usurpationen und Kriege gegen Grenznachbarn sich einer ständigen Infragestellung gegenübersah, in besonderer Weise gefordert. Schon längst beruhte die kaiserliche Herrschaft nicht mehr auf dem Konsens der senatorischen Führungsschichten, sondern wurzelte vielmehr in der Akzeptanz des jeweiligen Thronkandidaten durch eine zunehmend politisierte Armee.[13] Der Kaiser als oberster Feldherr verdankte seine Herrscherstellung der Aktualisierung seines militärischen Oberkommandos. Den Imperatoren des 4. Jahrhunderts waren diese Zusammenhänge durchaus bewusst. Immer wieder traten sie inmitten ihrer Soldaten auf, vollzogen Ernennungen und Beförderungen bewährter Offiziere, leiteten persönlich militärische Operationen oder feierten Triumphe über innere und äußere Feinde.[14] Die Biographien Constantins, Constantius' II., Julians, Valentinians und Theodosius' I. sind beredte Beispiele dafür. Diejenigen, die in Konflikt mit den militärischen Eliten des Reiches gerieten, wie etwa Constans, bezahlten die Vernachlässigung ihrer Imperatorenpflichten mit ihrem Leben. Dies galt auch für Julian und Valens, die für das Scheitern von Militäroperationen gegen auswärtige Völker verantwortlich waren.[15]

Mittels einer programmatischen Rede, die Ammian Kaiser Valentinian anlässlich der Proklamation seines Sohnes Gratian zum neuen Augustus des Westens 367 halten lässt, werden die diesbezüglichen Herrscheraufgaben umrissen. Darüber hinaus erhalten wir ein klares Zeugnis dafür, was vom ersten Mann im Staate im Hinblick auf die Gewährleistung der Sicherheit des Reiches erwartet wurde:

> Du trägst nun, mein Gratian, das Kaisergewand, wie wir alle gehofft haben. Durch meine Entscheidung und die unserer Kameraden ist es dir unter günstigen Vorzeichen übertragen worden. Rüste dich nun in Anbetracht der Last dringender Umstände als Kollege deines Vaters und Onkels und bereite dich darauf vor, unerschrocken mit den Abteilungen der Fußsoldaten über das Eis der Donau und des Rheins zu gehen,

13 Zur Funktion der Armee in der späten Kaiserzeit vgl. G. ALFÖLDY: Das Heer in der Sozialstruktur des römischen Kaiserreiches, in: G. Alföldy, Römische Heeresgeschichte. Beiträge 1962–1985, Amsterdam, 1987, 26–42; A. DEMANDT: Die Spätantike. Römische Geschichte von Diokletian bis Justinian 284–565 n. Chr., München, 1989 (HdAW III 6), 255–272; Y. LEBOHEC: L'armee roimaine sous le Haute-Empire, Paris, 1990.

14 M. WHITBY: Emperors and Armies. AD 235–395, in: S. Swain, M. Edwards (Hrsg.), Approaching Late Antiquity. The Transformation from Early to Late Empire, Oxford, 2004, 156–158.

15 Aur. Vict. Caes. 41, 23; Eutr. 10, 9, 3; A. CHAVOT: Opinions romains face aux barbares au IVe siècle ap. J.-C., Paris, 1998, 156 f.

> in nächster Nähe deiner Krieger zu stehen und Blut und Leben entschlossen für die hinzugeben, die du führst, und nichts als nebensächlich anzusehen, was zum Bestand des römischen Reiches gehört.[16]

Der zitierte Text macht deutlich, dass die dringlichste Aufgabe des Kaisers darin bestand, die unbeugsamen Nachbarn in ihre Schranken zu weisen, was in der Diktion Ammians bedeutete, die bedrohten Reichsgrenzen intakt zu halten, ein Vorhaben, das aber immer schwerer zu realisieren war. Die Handhabung der Modalitäten, wie die kaiserliche Herrschaft ausgeübt und dabei die Integrität des Reichsgebietes bewahrt werden sollte, wird zur Kardinalfrage spätantiker Politik. Sie führt uns zwangsläufig zum Thema der Beziehungen zwischen dem Reich und seiner Peripherie.

III. *EXTERNAE GENTES* INNER- UND AUßERHALB DES REICHES

Die Beziehungen zwischen den auswärtigen Völkern, die von den antiken Autoren als Barbaren bezeichnet werden – auch Ammian nennt sie – und dem Imperium bilden einen zentralen Aspekt seines Werkes. Obwohl auf den ersten Blick die Rekonstruktion der Außenpolitik leicht zu überblicken scheint, erweist sich ihre sachgemäße Bewertung jedoch als überaus komplex und dies nicht nur wegen der propagandistischen Rhetorik, die den einschlägigen Texten zu eigen ist, die sich mit dieser Thematik befassen.

Kein anderer spätantiker Autor bietet so viele Auskünfte über die *externae gentes* wie Ammian. Betrachten wir die Kriterien, die der Auswahl seines Stoffes zugrunde liegen, unter Beachtung der vielfältigen Perspektiven, bedingt durch die großen Herausforderungen des gebeutelten römischen Staates, so lässt sich erkennen, dass Ammians Berichte in einer Wechselwirkung zwischen den Erfordernissen der kaiserlichen Ideologie und den Notwendigkeiten der Realpolitik stehen.[17] Ohne das Werk Ammians wären unsere Kenntnisse über die Hunnen, Alamannen, Franken, Sarmaten, Limiganten, Goten, Alanen und andere Stämme marginal. Allerdings sollten wir der Versuchung widerstehen, einen rigiden Deutungsrahmen zu entwerfen, der die Gesamtheit des Themas einschließt und es somit übermäßig verallgemeinert. Es ist vielmehr nötig, sich den einschlägigen Fragestellungen punktuell und auf differenzierte Weise zu nähern. Wenn wir bei den Schemata bleiben, die Ammian benutzt, um das Bild fremder Völker zu formen, fällt auf, dass diese – trotz der üblichen Gemeinplätze, die in ihren Charakterisierungen einfließen – beachtlich voneinander abweichen können. Während die

16 Amm. 27, 6, 12: „En", inquit, „habes, mi Gratiane amictus, ut sperauimus omnes, augustos meo commilitonumque nostrorum arbitrio delatos ominibus faustis. Accingere igitur pro rerum urguentium pondere ut patris patruique collega et assuesce impauidus penetrare cum agminibus peditum gelu peruios Histrum et Rhenum, armatis tuis proximus stare, sanguinem spiritumque considerate pro his impendere, quos regis, nihil alienum putare, quod ad Romani imperii pertinet statum."

17 P. Barceló: Roms auswärtige Beziehungen unter der Constantinischen Dynastie (306–363), Regensburg, 1981, 105–108.

Hunnen etwa und in geringerem Maße die Alanen als Antipoden der Zivilisation dargestellt werden, unterscheiden sich die dem römischen Reich näher benachbarten Völker wie die Franken oder die Alamannen lediglich durch politische, wirtschaftliche oder juristische Faktoren wie etwa ihre gänzlich andere Konzeption von Bürgerrecht, ihre Stammesorganisation oder ihren Lebensstandard von den römischen Vorstellungen einer kultivierten Lebensart. Auf dieser Grundlage konnte die Debatte ihrer möglichen Unterwerfung eröffnet werden und sollte sich diese als undurchführbar erweisen, so stand noch die Möglichkeit im Raum, ihre Absorption in den römischen Staatsverband zu erwägen, was etwa im Falle der Hunnen undenkbar blieb.

Ebenso wenig können wir Ammian als eine Art von Steinbruch für selektive Informationen über die Ethnographie der Barbaren verwenden. Würden wir so handeln, dann liefen wir Gefahr, uns im Gewirr jener Gemeinplätze zu verlieren, die Ammian zweifellos verwendet, was aber nur zu Suggestivfragen oder problematischen Werturteilen führen würde, wie etwa seinem angeblichen Antigermanismus beziehungsweise seiner Sympathien und Antipathien, die er gegenüber bestimmten barbarischen Stämmen gehegt haben soll.[18] Jenseits des rhetorischen Überbaus Ammians und der Quellen, die er benutzte, um Gestalt, Charakter und Lebensart dieser Personengruppen zu beschreiben, gibt es belastbare Kriterien, die uns erlauben, einen objektiveren Interpretationsrahmen für die Analyse der Handlungsweise Roms gegenüber den auswärtigen Völkern zu entwerfen.

Um die vielfältigen Verflechtungen der *gentes externae* mit dem Imperium zu verdeutlichen, lassen sich drei Bereiche benennen, die als Axiom der römisch-barbarischen Beziehungen in Erscheinung treten. An erster Stelle ist die Problematik der Grenzverteidigung zu nennen, die mittlerweile nur durch die Kooperation der unmittelbaren Grenznachbarn bewerkstelligt werden konnte. Der zweite entscheidende Faktor war die (sporadische) Integration von reichsfremden Völkern auf römischem Boden, die der Kolonisation brachliegender Ländereien und der Gefahrenentschärfung gegenüber neuralgischen Grenzabschnitten diente, um den Druck auf die Grenzen zu vermindern. Schließlich ist auf die immer wichtigere und ausschlaggebende militärische Mitwirkung der reichsfremden, meist germanischen Truppen im römischen Heer hinzuweisen.

Es sind gerade diese Aspekte, die das Augenmerk Ammians auf sich gezogen haben. Im Bewusstsein der zunehmenden Abhängigkeit des Reiches von seinen Nachbarn räumt er der Erörterung jener außenpolitischen Krisenlagen, die das Handeln der Herrschenden in besonderem Maße herausforderten, einen beträchtlichen Platz innerhalb seines Werkes ein. Obwohl er von einem patriotischen Standpunkt geleitet wird, ist er thukydideisch genug, um seinen Stoff verhältnismäßig neutral darzubieten. Wenn gelegentlich die Postulate der Unparteilichkeit verletzt wurden, so geschah dies aus übergreifenden politischen Gründen, wie die folgenden Fallbeispiele zeigen, die uns in paradigmatischer Weise die Wirkmechanismen der Beteiligten in diesem Wechselspiel von *challenge and response* sowie die Dialektik von Integration und Abwehr beider Welten veranschaulichen.

18 ROSEN, Ammianus Marcellinus, 115–117.

Die erste Episode datiert aus dem Jahre 358 und ihr Protagonist war der Caesar Julian, Befehlshaber des gallischen Heeres. Anlässlich der Darstellung eines seiner Feldzüge lobt Ammian sein Verhalten gegenüber den alamannischen Häuptlingen Suomar und Hortar, die eine Gefahr für die bedrohte Rheingrenze darstellten. Unser Autor bietet das übliche chauvinistische Arsenal der römischen Rhetorik auf, um den Abschluss eines Friedensvertrages zwischen diesen Stämmen und dem Imperium überschwänglich zu feiern, indem er die reichsfremden Antagonisten als Verlierer präsentiert, die um die Gunst des siegreichen Caesar bettelten:[19]

> So unterwarfen jene einstmals stolzen Könige, die sich daran gewöhnt hatten, vom Raub an unseren Landsleuten reich zu werden, ihren gebändigten Nacken dem Joch der römischen Macht. Als ob sie unter Tributpflichtigen geboren und erzogen worden wären, gehorchten sie unseren Befehlen ohne zu murren.[20]

Wenn wir jedoch die Passage hinzuziehen, die dem zitierten Abschnitt vorangeht, stellen wir fest, dass Ammian, obwohl er die Alamannenhäuptlinge als geschlagene und als von der römischen Kriegsmaschinerie zutiefst gedemütigte „Barbaren" darstellt, die Tatsache nicht verbergen kann, dass das vermeintlich dominante Rom sich gezwungen sah, diesen Frieden in einer konfliktbeladenen Zone seines immensen Wirkungskreises schlicht zu erkaufen. Julian entrichtete den alamannischen Häuptlingen Subsidien, damit diese sich künftig von den Grenzen fernhielten.[21] Dass römische Staatsvertreter auf so pragmatische Weise Außenpolitik gestalteten, war keineswegs selten. Sie verteilten widerwillig Gelder aus der Staatskasse, um solche Gefahrenpotentiale zu entschärfen und gleichzeitig das Risiko, das jede militärische Aktion in sich barg, zu vermeiden. Rhetorische Floskeln über die „bittflehenden Barbaren" und die Realität einer kaum noch funktionierenden militärischen Abschreckungsstrategie gehen hier weit auseinander.

Während das im vorigen Fall von Ammian angewandte rabulistische Feuerwerk dazu diente, eine wenig günstige Wirklichkeit gegenüber den Erwartungen an die *maiestas Imperii* zu verschleiern, zeigt uns das folgende Szenario das genaue Gegenteil: Im Verlauf einiger von Constantius II. am Unterlauf der Donau geführten Operationen wird der Terminus *utilitas publica* (hier zu übersetzen als Staatsräson) als argumentative Plattform bemüht, um die unverhältnismäßig repressive Handlungsweise des Kaisers zu rechtfertigen, der eine Säuberungsaktion an der Grenze durchführte, die in einem Massaker mündete (359):

> Die sarmatischen Limiganten (...) waren allmählich aus den Landstrichen entwichen, die für sie im vergangenen Jahr zum allgemeinen Nutzen bestimmt worden waren (...). Nun hatten sie Gebiete in unserer Nachbarschaft in Besitz genommen und schweiften nach ihrer angeborenen Gewohnheit frei umher. Wenn sie nicht vertrieben würden, könnten sie alles in Verwirrung bringen. (2) Da der Kaiser glaubte, dass

19 BARCELÓ, Roms auswärtige Beziehungen, 40–42.

20 Amm. 17, 10, 10: „Ita reges, illi tumentes quondam immaniter rapinisque ditescere assueti nostrorum Romanae potentiae iugo subdicere colla iam domita et velut inter tributarios nati et educati, obsecundabant imperiis ingravate."

21 Amm. 17, 10, 8: „cum munerandos venisse ex more."

diese Verhältnisse immer schlimmere Ausmaße annehmen würden, wenn man die Sache aufschöbe, ließ er von allen Seiten her eine große Anzahl tüchtiger Soldaten zusammenziehen und rückte ins Feld aus (...). (4) An den Ufern der Donau lagerte das Heer in Zelten, und der Kaiser beobachtete die Barbaren, die schon vor seiner Ankunft Freundschaft nur heuchelten (...) (5) Unverzüglich sandte er [Constantius II.] daher zwei Tribunen mit je einem Dolmetscher zu den Limiganten und versuchte, durch vorsichtige Fragestellungen in Erfahrung zu bringen, warum sie, nachdem ihnen auf ihre Bitten hin Frieden und Vertrag zuteil geworden seien, ihre Wohnsitze verlassen hätten, sich überall herumtrieben und entgegen dem Verbot die Grenzen beunruhigten (...) (8) Er [der Kaiser] ließ in der Nähe von Acimincum einen Wall errichten und eine hohe Aufschüttung in Form einer Rednertribüne herstellen. Schiffe mit einer Besatzung von kampfbereiten Legionären erhielten den Befehl den Flusslauf (...) zu überwachen, damit sie, falls sie bemerkten, dass die Barbaren in Aufruhr gerieten, ihnen (...) unversehens in den Rücken fallen könnten, wenn deren Aufmerksamkeit sich auf anderes richtete.[22]

Die dabei ergriffenen Maßnahmen, von Brutalität und Treulosigkeit durchtränkt, forderten eine große Zahl von Opfern unter den wehrlosen „Barbaren". Eine günstige militärische Situation ausnutzend, zögerte der ansonsten von Ammian als unkriegerisch verpöhnte Constantius II. nicht, den Stamm der sarmatischen Limiganten zu vernichten[23], um so eine potentielle Gefahr an einem neuralgischen Grenzabschnitt auszumerzen. Ein solches Verhalten nahm Ammian billigend in Kauf, der keine tadelnde Silbe gegenüber seinem Verursacher verlauten ließ. Offenbar rechtfertigte hier der Erfolg die angewandten Mittel:

Die Rebellen wurden nämlich in die Enge getrieben; die einen wurden niedergemacht, der Rest durch den Schrecken auseinandergetrieben. Während sie zum Teil durch nutzlose Bitten die Hoffnung auf Leben zu erwirken suchten, wurden sie mit verdoppelten Hieben niedergehauen. Nachdem alle vernichtet waren, bliesen die Trompeten zum Rückzug.[24]

22 Amm, 19, 11, 1: „Limigantes Sarmates, quos expulisse paternis avitisque sedibus dominos suos ante monstravimus, paulatim posthabitis locis quae eis anno praeterito utiliter sunt destinata, (…) regiones confines limitibus occupasse, vagarique licentius genuino more (ni pellerentur), omnia turbaturos. (2) Quae superbius incitanda prope diem imperator dilato negotio credens, coacta undique multitudine militis ad bella promptissimi, nec dum adulto vere ad procinctum egressus est (…) (4) (…) Sub pellibusque exercitu diffuso per Histri fluminis margines, barbaros observabat ante adventum suum amicitae velamento. (5) Confestim itaque missis ad Limigantes duobus tribunis cum interpretibus singulis explorabat modestius percunctando, quam ob rem relictis laribus post pacem et foedera petentibus attributa ita palarentur per varia limitesque contra interdicta pulsarent. (8) Proinde vallo prope Acimincum locato, celsoque aggere in speciem tribunalis erecto, naves vehentes quosdam legionarios expeditos alveum fluminis proximum ripis observare sunt iussae, (…), ut si barbaros tumultuare sensissent, aliorsum intentos post terga pervaderent improvisi."

23 Die Ausrottung der Limiganten war aus strategischen Gründen motiviert. Sie hatten sich in einem Raum angesiedelt, der als neuralgisch für die Sicherheit des Kaiserreiches galt. Dazu P. BARCELÓ: Constantius II. und die Limiganten: Einige Präzisierungen zu Amm. Marc. XIX 11, Klio 74 (1992), 422–430.

24 Amm. 19, 11, 15: „Urgebantur enim rebelles aliis trucidatis, aliis terrore disiectis, quorum pars spem vitae cassis precibus usurpando multiplicatis ictibus caedebantur, postque deletos omnes in receptum canentibus lituis."

Die nächste Episode erhielt aufgrund des Gleichgewichts der Kräfte zwischen dem Imperium und seinen Grenznachbarn eine gänzlich andere politische Gewichtung. Kaiser Valens war es in den sechziger Jahren des 4. Jahrhunderts gelungen, ein Abkommen mit den Goten zu schließen, die sich am Unterlauf der Donau niedergelassen hatten. Er sah sich dazu gezwungen, obwohl die reichsfremden Stämme aus Sicht des Kaiserhofes einen Unruhefaktor in einer für die Sicherheitsbedürfnisse des Reiches empfindlichen Zone darstellten (27, 5–10).[25] Aber die herrschenden Machtverhältnisse ließen wohl keine andere Lösung zu. Bei der Kommentierung der von der Reichsregierung ergriffenen Maßnahmen preist Ammian die *prudentia* des Kaisers, der dank eines behutsamen Truppeneinsatzes ein riskantes militärisches Abenteuer vermied, ohne sich auf eine unnötige Konfrontation einzulassen. Die einschüchternde Wirkung der römischen Kriegsmaschinerie hatte dieses Mal noch ausgereicht, um den Frieden beziehungsweise die Stabilität an einem gefährdeten Grenzabschnitt zu wahren.[26]

> Nach den verschiedenen Ereignissen dieser drei Jahre war es aus mehreren Gründen an der Zeit, den Krieg zu beenden: erstens, weil die Furcht der Feinde infolge der lang andauernden Anwesenheit des Kaisers zunahm, zweitens, weil die Barbaren infolge der Unmöglichkeit des Handelsverkehrs so sehr äußersten Mangel am Notwendigsten litten, dass sie immer wieder Bittgesandtschaften schickten, und Verzeihung und Frieden verlangten. Der Kaiser war zwar unerfahren, erwies sich jedoch als nüchterner Beurteiler der Verhältnisse, bevor er, durch verderbliche Verlockung der Schmeichler verführt, den Staat ins Unglück stürzte, das ewige Trauer zur Folge hatte. So beschloss er in Anbetracht des Nutzens für den Staat, den Goten Frieden zu gewähren.[27]

Die positive Einschätzung der Donaupolitik aus den Jahren 367–369 ist als Kontrast zu den Geschehnissen in Hadrianopel zu betrachten, als sämtliche römischen Amtsträger, vom Kaiser abwärts, kläglich versagten und den massiven Zuzug und die Niederlassung gotischer Kontingente auf römischem Boden nicht verhindern konnten (378). Eine derartig eklatante Beschämung der römischen Waffenehre hatte man seit Valerians Gefangennahme im Perserkrieg (260) nicht mehr erlebt. Politisch schmerzlicher war aber die infolge des verlorenen Waffengangs eingetretene Verschlechterung der politischen Landkarte: Die Goten besetzten Pro-

25 B. STALLKNECHT: Untersuchungen zur römischen Außenpolitik der Spätantike (306–395 n. Chr.), Bonn, 1969.

26 P. HEATHER: Der Untergang des römischen Weltreiches, Stuttgart, 2007, 96–100; E. FABER: Von Ulfila bis Rekkared. Die Goten un ihr Christentum, Stuttgart 2014, 63–66; 130–137.

27 Amm. 27, 5, 7–9: „Aderant post diversos triennii casus finiendi belli materiae tempestivae: prima quod ex principis diuturna permansione metus augebatur hostilis; dein quod commerciis vetitis ultima necessariorum inopia barbari stringebantur, adeo ut, legatos supplices saepe mittentes, venialem poscerent pacem. Quibus imperator rudis quidem, verum spectator adhuc aequissimus rerum, antequam adulationum perniciosis illecebris captus rem publicam funeribus perpetuo deflendis affligeret, in commune consultans pacem dari oportere decrevit.“

vinzialgebiete, die dadurch der Souveränität Roms faktisch entglitten.[28] Bei der Thematisierung der traumatischen Wirkung der römischen Niederlage, der Kaiser Valens zum Opfer fiel, bietet Ammian eine objektive Diagnose der Gründe, die zur Katastrophe geführt hatten: Die mangelhafte strategische Koordination des Feldzugs auf römischer Seite, ein unheilvolles Streben nach Ruhm, das Valens zu einer übereilten, verhängnisvollen Konfrontation verleitete, und nicht zuletzt die exzessive Gier und Gewaltbereitschaft der römischen Grenzkommandeure Lupicinius und Maximus, denen es vollkommen misslang, die ohnehin explosive Stimmung im Gotenlager zu entschärfen, sondern die im Gegenteil jede Möglichkeit zu einer friedlichen Lösung vereitelten:

> Als die über den Strom gekommenen Barbaren von Mangel an Lebensmitteln heimgesucht wurden, erdachten jene allgemein verhassten Heerführer ein niederträchtiges Geschäft. Sie brachten so viele Hunde auf, wie es ihre Unersättlichkeit vermochte, und gaben je einen für einen Sklaven, und unter diesen wurden sogar Verwandte von Häuptlingen fortgeführt.[29]

Die Rückschläge, die am Ende der 70er Jahre des 4. Jahrhunderts sich als Konsequenz der gotischen Überschreitung der Donau einstellten, waren für Ammian das unheilvolle Resultat einer gescheiterten Politik, die, anstatt mit Mäßigung und Integrationsmaßnahmen auf die teilweise berechtigten gotischen Forderungen zu reagieren, stets das Gegenteil davon tat. Folgerichtig weist er die Verantwortung dafür den Vertretern der römischen Staatsmacht zu.[30] Unser Chronist legt nahe, dass es für die Interessen des Imperiums besser gewesen wäre, freiwillig und geordnet den von den Hunnen bedrängten Goten die Grenzen zu öffnen, als, wie es dann wirklich geschah, zu versuchen, aus deren verzweifelter Lage engstirnige Vorteile zu ziehen, indem man aufgrund eines fatalen Tunnelblicks die Lösung der Probleme gründlich verfehlte. Ammians Analyse beweist eine bemerkenswerte Offenheit und Freiheit im Urteil in einer überaus sensiblen auswärtigen Angelegenheit, die vitale Interessen des Reichs tangierte.

Bei der kompromisslosen Kritik an den Ursachen der verhängnisvollen römisch-gotischen Auseinandersetzungen offenbarte Ammian eine pragmatische Sichtweise auf die Krisen seiner Zeit. Wenn auch die römische Überlegenheit gegenüber den Grenznachbarn, wie zahlreiche Einzelfälle gezeigt hatten, bei weitem nicht so groß war, wie es die traditionellen Floskeln der Panegyriker nahelegten, zweifelte kaum jemand an der Wirkmächtigkeit der vorhandenen politischen und ökonomischen Ressourcen. Man glaubte daran, dass das Imperium sich langfristig über die gegenwärtigen Widrigkeiten erheben würde. Gelegentliche Rück-

28 STALLKNECHT, Außenpolitik 74–87; HEATHER, Untergang 218–227; R. SANZ SERRANO: Historia de los Godos. Una epopeya histórica de Escandinavia a Toledo, Madrid, 2009, 73–94.

29 Amm. 31, 4, 11: „Cum traducti barbari victus inopia vexarentur, turpe commercium duces invisissimi cogitarunt, et quantos undique insatiabilitas colligere potuit canes, pro singulis dederunt mancipiis, inter quae (et filii) ducti sunt optimatum propinqui."

30 In diesen Kontext fügen sich die fruchtlosen Maßnahmen des Theodosius ein, die Autorität des Reiches in den thrakischen Gebieten, die von den gotischen Kontingenten überschwemmt worden waren, wieder herzustellen.

schläge überspielte man mit dem Andenken an die glorreichen Taten der Vergangenheit und mit der mehrfach gezeigten Regenerationsfähigkeit der römischen Potentiale. So ähnlich dachte auch Ammian, der Beispiele aus der Vergangenheit, die trotz der Rückschläge letztlich zugunsten Roms ausgingen, ins Feld führte, um sich über die Folgen des gotischen Übergewichts an der Donaugrenze hinwegzutrösten.[31]

Dennoch sollte sich nach der Niederlage von Hadrianopel der Umgang sowohl mit den aufrührerischen Grenznachbarn als auch mit den reichsfremden Truppen, die unter eigener Führung in römischem Dienst standen, grundlegend ändern. Die Lösung der damit verbundenen Probleme sollte sich zur größten politischen Herausforderung für den Zusammenhalt des Reichs entwickeln.[32] In diesem Kontext bildete das Jahr 387 eine Zäsur. Damals erhielt der aus der germanischen Militärelite stammende Arbogast ohne kaiserliches Zutun das Amt eines *magister militum*. Überraschend an dem Vorgang war, dass diese Berufung ohne vorherige Konsultation des Kaisers erfolgte und auch nachträglich nicht von diesem legitimiert wurde. Die militärische Führung hatte die Zügel der Macht ergriffen und, unter Umgehung ihres Oberkommandierenden, ein Mitglied der germanischen Militärelite an die Spitze der Armee gesetzt und dabei den Kaiser zum Statisten degradiert.[33] Damit wurde die kaiserliche Autorität entscheidend geschwächt. Denn durch die Entwöhnung der Herrscher, militärische Hoheitsrechte auszuüben, wurden gerade jene Kräfte, die das Machtvakuum ausnutzten, proportional dazu gestärkt. Die danach immer mehr vom Heer isolierten Regenten vermochten nur über eine stets kleinere und von militärischen Machtmitteln entblößte Umgebung zu gebieten. Die Kontrolle über weite Teile des Reichs glitt ihnen aus den Händen. Dies traf auf alle Kaiser des 5. Jahrhunderts zu, die der Westhälfte des Imperiums vorstanden. Wie sehr Arbogasts Amtsführung einen Traditionsbruch bedeutete, belegt eine Szene, die sich innerhalb der Palastmauern ereignete: Der Heermeister ermordete eigenhändig im Consistorium einen Vertrauten des Herrschers, der unter dem kaiserlichen Purpurmantel vergeblich Schutz gesucht hatte; anschließend zerriss er vor den Augen des Hofes das von Valentinian II. ausgefertigte Entlassungsdekret.[34] Arbogast blieb im Amt, der desavouierte Kaiser musste um sein Leben fürchten. Es sollte nicht mehr lange dauern, bis der machtbewusste Arbogast sich seiner entledigte und postwendend einen Kaiser seiner Wahl als Nachfolger einsetzte: Eugenius.

Die wichtige Rolle, die Arbogast einnehmen sollte, wird vom Kirchenhistoriker Orosius bestätigt, der über die überbordende Persönlichkeit eines herausra-

31 Amm. 31, 5, 10–17.

32 Die kontinuierliche Pflege der Beziehungen zwischen politischer Macht und Militär stellte die stärkste Garantie des Überlebens dar. Siehe P. BARCELÓ: Constantius II. und seine Zeit. Die Anfänge des Staatskirchentums, Stuttgart, 2004, 189.

33 P. GRATTAROLA: La morte dell'imperatore Valentiniano II, RIL 113 (1979), 359–370; E. FLAIG: Für eine Konzeptualisierung der Usurpation im spätrömischen Reich, in: F. Paschoud, J. Szidat (Hrsg.), Usurpationen in der Spätantike, Stuttgart, 1997 (Historia ES 111), 21 ff.

34 Zos. 4, 53.

genden Vertreters der germanischen Militärelite eine kurze, aber beredte Notiz überliefert:

> Nach dem Tod des Augustus Valentinian erdreistete sich Arbogast alsbald, den Eugenius zum Tyrannen wählen zu lassen, und erhielt (in ihm) einen Menschen, dem er den Titel des Kaisers aufbürden konnte. Er selbst, ein Barbar, sehr stark an Denkkraft, Rat, Tapferkeit und Macht, sollte die Herrschaft ausüben. Von überall her zog er unzählige und unbesiegte Truppen zusammen, indem er sich auf römische Besatzungseinheiten und barbarische Hilfstruppen stützte, dort kraft der Befehlsgewalt, hier aufgrund seiner verwandtschaftlichen Beziehungen.[35]

Das Urteil des Orosius ist von besonderem Interesse, da er geläufige Dichotomien der Barbarentopik andeutet und sie mit der Persönlichkeit Arbogasts in Verbindung bringt, die allerdings keine negative Bewertung erfährt. Leider lässt sich diesem Bild Arbogasts keine Darstellung Ammians gegenüberstellen, da unser Historiker das Ende seiner *res gestae* in das Jahr 378 setzte, ein Umstand, der uns noch beschäftigen wird.

In dem Maße, wie der Kaiser von der Ausübung seiner militärischen Aufgaben ferngehalten wurde, die stets die Grundlage seiner Herrschaft dargestellt hatten, wuchs der politische Einfluss jener Kreise, die sich diese Kompetenzen aneigneten. Dass sich nun eine wachsende Zahl von germanischen Heermeistern wie Arbogast, Merobaudes, Ricimer, Aetius, Stilicho oder Odoaker in den Vordergrund schoben, war die Kehrseite dieses Prozesses der Machtverlagerung.[36] Die Heermeister übten faktisch die Herrschaft im Reich aus, indem sie den jeweils regierenden Kaiser ins zweite Glied zurückdrängten.[37] Trotzdem entstand kein Machtvakuum, sondern es entwickelte sich ein Transfer von Leitungsaufgaben zum Nachteil des Staatsoberhaupts. Die Isolierung der Herrscher ging zu Lasten ihrer Politikfähigkeit. Ab dem Ende des 4. Jahrhunderts schmolz die effektive militärische Befehlsgewalt der Imperatoren der westlichen Reichsteile dramatisch. Sie verkam zu einem Torso. Ohne die Kontrolle über die Armee mündete die Autorität des Kaisers in eine Sackgasse.

IV. BEGRENZUNGEN DER KAISERLICHEN MACHT

Die bisher untersuchten Konfliktfelder spiegeln vor allem die im weströmischen Kaiserreich vorherrschenden politischen Verhältnisse wider, wo Heermeister, Bischöfe, regionale Aristokratien und römischer Senat in Konkurrenz zum Kaiser

35 Oros. 7, 35, 11: „Mortuo Valentiniano Augusto Arbogastes Eugenium tyrannum mox creare ausus est legitque hominem, cui titulum imperatoris inponeret; ipse acturus imperium uir barbarus, animo consilio manu audacia potentiaque nimius, contraxit undique innumeras inuictasque copias, uel Romanorum praesidiis uel auxiliis barbarorum alibi potestate alibi cognatione subnixus."

36 Vgl. hierzu die Eloge des Claudian auf Stilicho, der den magister militum auf das Niveau des Kaisers hebt (de consulato Stilichonis I, 376–385).

37 J. MARTIN: Spätantike und Völkerwanderung, München, 1995 36 f.; DEMANDT, Spätantike, 261 f.

traten und sich einen Wettbewerb um die Monopolisierung zentraler Staatsaufgaben lieferten, was dem Kaiserhof einen erheblichen Verlust an Ansehen und Regierungseffizienz einbrachte.[38]

Anders verlief die Entwicklung im östlichen Reichsteil, wo das seit Justinian wieder erstarkte byzantinische Kaisertum seine Machtgrundlagen sowie den territorialen Bestand des Reiches behaupten konnte.[39] Wenn das östliche Erfolgsmodell jedoch nicht als Vorbild für die westliche Reichshälfte taugte, so lag dies nicht allein an den Auswirkungen der Barbareneinfälle, die im Westen deutlich gefährlicher ausfielen als im Osten,[40] sondern dessen Unübertragbarkeit war auch die Folge der tiefgreifenden Autoritätskrise, die das westliche Kaisertum erfasst hatte und seine Regierungsfähigkeit beträchtlich einschränkte.

Die Beobachtung antiker und moderner Krisen lehrt, dass abrupte Transformationsprozesse von Gewalt, Ungerechtigkeit und Unsicherheit begleitet werden – aber ebenso zeigt sich, dass nicht immer Anarchie und allgemeines Chaos am Ende stehen müssen. In der Auflösungsphase des weströmischen Reiches verschlechterten sich die prekären Lebensbedingungen der meisten Menschen keineswegs dramatisch, als die kaiserliche Autorität kollabierte.

So führte etwa die Übertragung von juristischen Kompetenzen auf den *praefectus praetorio*, wiewohl sie dem Kaiser zum Nachteil gereichte, keineswegs zum Zusammenbruch der Rechtsprechung. Ammians Kritik geht in dieser Hinsicht sicher zu weit. Wir können auch nicht ausschließen, dass diejenigen, die davon betroffen waren, in diesen Maßnahmen zur Dezentralisierung der Entscheidungsprozesse eine positive Entwicklung sahen.[41] Ähnliches ließe sich über die Neugliederung der Reichsverteidigung sagen, und zwar insofern, als dass die größeren Kompetenzen und Verantwortlichkeiten der *magistri militum* diesen erlaubten, effizienter auf kritische Situationen an den bedrohten Grenzen zu reagieren als in der Vergangenheit. Stilicho, Aëtius, Rikimer oder Odoaker[42] vermochten

38 Zur politischen und sozialen Wandlung der westlichen Provinzen des Reiches vgl. MARTIN, Spätantike, 37–48; HEATHER, Untergang, 294–493.

39 Der östliche Teil des Reiches unterschied sich hinsichtlich seiner territorialen Zusammensetzung und religiösen Prägung deutlich vom westlichen Reichsteil, vgl. J. HALDON: Das byzantinische Reich. Geschichte und Kultur eines Jahrtausends, Düsseldorf, 2002, 15–38; A. CAMERON: Procopius and the Sixth Century, London, 1985; H. LEPPIN: Justinian. Das christliche Experiment, Stuttgart, 2011.

40 HEATHER, Untergang, 405 ff.

41 T. HONORÉ: Law in the crisis of empire 379–455 AD. The Theodosian dynasty and its quaestors. With a palingenesia of laws of the dynasty, Oxford, 1998, 11–20; P. PORENA: Le origini della prefettura del pretorio tardoantica, Rom, 2003.

42 T. STICKLER: Aetius. Gestaltungsspielräume eines Heermeisters im ausgehenden Weströmischen Reich, München, 2002; T. JANSSEN: Stilicho. Das weströmische Reich vom Tode des Theodosius bis zur Ermordung Stilichos (395 – 408), Marburg, 2004; A. GOLTZ: Barbar – König – Tyrann. Das Bild Theoderichs des Großen in der Überlieferung des 5. bis 9. Jahrhunderts, Berlin, 2008, 217–218.

dank ihrer Fähigkeiten Gefahrenlagen zu meistern, an denen die jeweiligen Kaiser vermutlich gescheitert wären.[43]

Es sollte auch mitbedacht werden, dass die offizielle Einführung eines monotheistischen Glaubenssystems die überfällige Reform überholter Kultinstitutionen überlagerte. Es bleibt eine offene Frage, bis zu welchem Grad die ersten christlichen Imperatoren sich über die gewaltige Reichweite der Veränderungen bewusst waren, die sich durch die religiöse Neuorientierung des Reiches vollzog. In dem Maße, wie der Kaiser einen Verlust seiner religiösen Führungsposition verzeichnete, entfaltete sich komplementär dazu eine von der klerikalen Führungsriege getragene Dynamik, die eine umfassende Umstrukturierung der kultischen Sphäre einleitete.[44]

Die Beziehungen zwischen dem Herrscher und seinem engsten Umfeld erachteten die antiken Autoren als entscheidend für die Beurteilung seiner Regierung.[45] In diesem Kontext bedeutete die fortschreitende Entmachtung der kaiserlichen Prärogativen keineswegs das Ende der Politikgestaltung, sondern machte lediglich ein verändertes Politikverständnis sichtbar. Vor allem im Westreich beobachten wir eine Stärkung der zentrifugalen Kräfte: die germanischen Militäreliten,[46] die lokalen Aristokratien,[47] die Bischöfe[48] und nicht zuletzt der römische Senat,[49] der eine Renaissance erlebte und sich zeitweilig zum Schiedsrichter zwischen den antagonistischen politischen Gruppierungen emporschwingen konnte. Auf der

43 Im Sonderfall der Provinz Hispania ging der Kommandeur, der für die Verteidigung dieses Gebietes eingesetzt worden war, Gerontius, sogar so weit, einen neuen Kaiser auszurufen, Maximus: vgl. Soz. h. e. 9, 12–13; Oros. 7, 42; HEATHER, Untergang, 15–72.

44 G. DAGRON: La romanité chrétienne en Orient. Héritages et mutations, London, 1984; P. BROWN: The Rise of Western Christendom.Triumph and Diversity AD 200–1000, Cambridge, 1996; P. BARCELÓ: Das römische Reich im religiösen Wandel der Spätantike. Kaiser und Bischöfe im Widerstreit, Regensburg, 2013, 53–67; 158–161.

45 Der Historiker Aurelius Victor, Caes. 42, 25 führt zur Regierungstätigkeit des Constantius II. folgendes aus: „Und um in Kürze der Wahrheit zu genügen: wie es nichts Vortrefflicheres gibt als den Kaiser selbst, so nichts Abscheulicheres als die meisten seiner Gehilfen."

46 SANZ: Historia de los Godos, 95–288.

47 J. F. MATTHEWS: Western Aristocracies and Imperial Court, 364–425 A. D., Oxford, 1975; F. D. GILLIARD: Senatorial bishops in the fourth century, HThR 77 (1984), 153–175; J. DRINKWATER, H. ELTON (Hrsg.): Fifth-century Gaul. A crisis of Identity?, Cambridge, 1992.

48 G. BOWERSOCK: From emperor to bishop. The self-conscious transformation of political power in the fourth century A.D., CPh 81 (1986), 298–307; A. DEMANDT: Grenzen spätrömischer Staatsgewalt, in: F. Paschoud, J. Szidat (Hrsg.), Usurpationen in der Spätantike, Stuttgart, 1997 (Historia ES 111), 155–163; M. R. SALZMANN: The Making of a Christian Aristocracy. Social and Religious Change in the Western Roman Empire, Cambridge, Mass., 2002; R. VAN DAM: Bishops and Society, in: A. Casiday, F.W. Norris (Hrsg.), The Cambridge History of Christianity. Constantine to c. 600, Cambridge, 2007, 343–366.

49 M. T. W. ARNHEIM: The Senatorial Aristocracy in the Later Roman Empire, Oxford, 1972; B. LANÇON: Rome dans l'Antiquité tardive. 312–604 après J.-C., Paris, 1995, 83–104; D. SCHLINKERT: Dem Kaiser folgen. Kaiser, Senatsadel und höfische Funktionselite (comites consistoriani) von der Tetrarchie Diokletians bis zum Ende der konstantinischen Dynastie, in: A. Winterling (Hrsg.), Comitatus. Beiträge zur Erforschung des spätantiken Kaiserhofes, Berlin, 1998, 133–159.

anderen Seite machte die mit dem Verlust der traditionellen Kompetenzen einhergehende neue Rolle des Kaisertums als bloße Repräsentationsinstanz seine Entbehrlichkeit deutlich. Wenn der Kaiser nicht gebraucht wurde, was sollte dann aus dem Imperium werden?

Der in theodosianischer Zeit schreibende Historiker Ammian war nicht der Einzige aus der Riege der traditionell gesinnten Intellektuellen, der diese Entwicklung mit Sorge betrachtete. In einer seiner berühmtesten Passagen äußerte er sich über die historische Rolle der Kaiserherrschaft folgendermaßen:

> Zum Jüngling und Manne gereift hat es [das römische Volk] in allen Gegenden des Erdkreises Lorbeeren und Triumphe geerntet. Schließlich schon dem Greisenalter nahe und zuweilen allein durch seinen Namen überlegen, hat es sich einem ruhigeren Leben zugewandt. Darum hat die verehrungswürdige Stadt, nachdem sie den übermütigen Nacken vieler Völker bezwungen und ihnen Gesetze als ewige Fundamente und Stützen der Freiheit gegeben hatte, wie eine besonnene, kluge und reiche Mutter den Kaisern als ihren Söhnen die Verwaltung ihres Erbteils anvertraut.[50]

In dieser Aussage schwingt die Hoffnung mit, dass durch einen energischen Herrscher die Heilungskräfte des Reiches gestärkt werden könnten. Bei derartigen Gedankenspielen, die eine von der Mehrzahl der Gebildeten geteilte deterministische Sichtweise von Geschichte offenbaren, wonach es keine Alternative zu dem durch das Kaisertum verkörperten Ordnungssystem der alten Welt zu geben schien, schimmert die Unhaltbarkeit des vehement verteidigten Modells durch. Es ist anzunehmen, dass Ammian seine Historien noch in der Amtszeit des Theodosius veröffentlichte. Hätte er sie später, also unter der Regierung des Arcadius und Honorius, abgefasst, wäre sein diesbezügliches Urteil vermutlich düsterer ausgefallen. Zu diesen Herrschern passt der aus der modernen Verfassungstheorie stammende Satz: *le roi règne, et il ne gouverne pas*. Damit war auf Dauer die auf dem Imperiumsgedanken gegründete Ordnung der alten Welt kaum aufrechtzuerhalten.

Den Epilog zu diesem Prozess bildet die zeitgenössische Rezeption der Absetzung des letzten weströmischen Kaisers. Im *liber pontificalis* findet sich für das „Epochenjahr" 476, das ins Pontifikat von Simplicius (468-483) fällt, keine Erwähnung der Absetzung des Romulus Augustulus durch den *magister militum* Odoaker. Das endgültige Ende des weströmischen Kaisertums erschien derart folgerichtig und unspektakulär, dass der Chronist dieses Ereignis für zu wenig relevant hielt, um in seine Aufzeichnungen aufgenommen zu werden.[51]

Ungeachtet der unterschiedlichen Nuancen der untersuchten Quellen offenbart ihre Zusammenschau ein politisches Koordinatensystem, das den Zerfall der kaiserlichen Macht dokumentiert, genauer: die Erosionsprozesse, die dazu führten,

50 Amm. 14, 6, 4–5: „In iuvenem erectus et virum ex omni plaga, quam orbis ambit immensus, reportavit laureas et triumphos; iamque vergens in senium et nomine solo aliquotiens vincens ad tranquilliora vitae discessit. Ideo urbs venerabilis post superbas efferatarum gentium cervices oppressas latasque leges fundamenta libertatis et retinacula sempiterna velut frugi parens et prudens et dives Caesaribus tamquam liberis suis regenda patrimonii iura permisit." Zur imperialen Ideologie vgl. F. KOLB: Herrscherideologie in der Spätantike, Berlin, 2001.

51 MARTIN, Spätantike, 48. Vgl. auch den Beitrag von M. CLAUSS in diesem Band.

dass die Kaiser des 4. und 5. Jahrhunderts wesentliche Teile ihrer schiedsrichterlichen, militärischen und religiösen Kompetenzen sukzessive einbüßten. Trotz der unleugbaren Hinweise, die es dafür gibt, thematisieren dennoch die antiken Autoren kaum die weitreichenden Konsequenzen dieses Phänomens. Daher müssen wir dessen Ursachen aus der Rückschau rekonstruieren und gelangen erst mittels einer systematischen Quellendurchsicht zu diesem Ergebnis. Dies soll keineswegs heißen, dass den Intellektuellenkreisen der Spätantike diese Zusammenhänge unbekannt geblieben wären. Offenkundig war jedoch die starke Fixierung auf die Wirkmächtigkeit der Tradition so sehr ausgeprägt, dass die zeitgenössischen Beobachter die daraus abzuleitenden Implikationen ignorierten.

Bildete Ammian eine Ausnahme? War er überzeugt davon, dass die regenerative Kraft des Imperiums ausreichen würde, die drohende barbarische Lawine durch eine geschickte Anwendung von Integrations- und Assimilationsstrategien aufzuhalten? Wie stellte er sich das Zusammenleben zwischen den Germanen, die seit Hadrianopel wie ein Wirbelsturm auf römischem Boden gewütet hatten, und der Mehrheit der autochthonen Bevölkerung vor?

Die wachsende Bedeutung der germanischen Stämme, die sich innerhalb der Grenzen angesiedelt hatten oder diese fortwährend bedrohten, sofern sie noch außerhalb siedelten, entwickelte sich zu einer Überlebensfrage für das römische Reich. Von ihrem Verhalten als Soldaten im Dienste Roms, als auf römischem Boden niedergelassene Verbündete oder als innerhalb der Grenzregionen installierte Siedler, hing das Schicksal des Imperiums immer mehr ab. Die gotische Invasion der thrakischen Provinzen galt für Ammian als Bruch des zwar prekären, aber lange geltenden Gleichgewichts der Kräfte, das unter großen Anstrengungen immerhin Jahrhunderte gehalten hatte und nun eine schwere Hypothek für den Fortbestand des Reiches darstellte: Das spätere Eindringen von Ost- und Westgoten, Franken, Vandalen und anderen germanischen Stämmen in die gallischen, hispanischen oder italischen Territorien, deren spektakulärer Höhepunkt sicherlich die Plünderung Roms im Jahre 410 gewesen sein dürfte, zeichnet sich in diesem Kontext als Fortsetzung und Intensivierung des Zerfallsprozesses ab, der mit dem Ableben von Kaiser Valens in der Schlacht von Hadrianopel begonnen hatte.

V. FOLGEN DES GOTISCHEN EINFALLS IN THRAKIEN UND DAS ENDE DER *RES GESTAE*

Die Sicht Ammians auf die jüngere Geschichte wird von zwei bei allen Unterschieden doch komplementären Aspekten bestimmt. Auf der einen Seite stehen seine enorme Leidenschaft, sein Moralismus, seine beachtlichen analytischen Fähigkeiten sowie die Überzeugungen eines erregbaren Patrioten, der die Fehlentscheidungen der Reichsführung für die Übel seiner Gegenwart mitverantwortlich macht. Auf der anderen Seite fühlt sich Ammian, zermürbt durch die Ansammlung von Rückschlägen, die das geschwächte Reich erlitt, gefangen in einem Gefühl der Ohnmacht, weil er die Unmöglichkeit von dauerhaften Lösungen für die Probleme und Krisen erkennt, die seine Welt zu ersticken drohten. Ähnlich wie

Thukydides zeichnet unser Chronist das Bild eines von den herbstlichen Stürmen durchgerüttelten Staatswesens, dessen Zukunftsperspektiven düsterer werden und kaum noch zu prognostizieren sind, sogar für einen so bedingungslos von der Sendung Roms überzeugten Enthusiasten, wie es Ammian ohne Zweifel war.

Für Ammian wie für viele seiner Zeitgenossen bildete die dominante Stellung Roms gegenüber den Völkern auf der anderen Seite von Rhein und Donau – ein anderes Thema waren die wesentlich komplexeren Beziehungen zum Perserreich – einen der Eckpfeiler der *raison d'etre* des Imperiums und seiner universellen Mission. Sie gründete auf dem Organisationsvermögen, den vielfältigen Ressourcen sowie der überwältigenden militärischen Überlegenheit, die so oft unter Beweis gestellt worden war. Auch wenn Rückschläge auftraten, gelang es Rom am Ende immer wieder, sich gegenüber seinen Gegnern durchzusetzen.

Die Erfahrungen der Vergangenheit hatten bis auf wenige Ausnahmen gezeigt, dass kriegerische Auseinandersetzungen zugunsten Roms ausgingen, das anschließend die Friedensmodalitäten nach Maßgabe der eigenen Interessen festlegte. Diejenigen, die sich gegen die imperialen Vormachtsansprüche auflehnten, wurden bekriegt, besiegt, versklavt, mehr oder weniger friedlich auf Reichsboden angesiedelt oder verblieben als abhängige Verbündete außerhalb der Reichsgrenzen unter der wachsamen Kontrolle des römischen Heeres, den Bedingungen unterworfen, die der jeweilige Kaiser auferlegte. Ein verklärtes Gefühl der Überlegenheit gegenüber den Nachbarn, nicht nur in zivilisatorischer, sondern auch in politischer und wirtschaftlicher Hinsicht, bildete das von den römischen Eliten geteilte Wahrnehmungsparadigma. In diesem Kontext war Ammian keine Ausnahme. Wenn sich unser Historiker der patriotischen Redewendungen der imperialen Propaganda bediente, um die römisch-barbarischen Beziehungen zu charakterisieren und dabei die Handlungsweise der Kaiser als Konzessionen oder gar als Gnadenakte gegenüber den potenziell unterlegenen Völkern umdeutete, so blieb er damit in der eigenen Selbsttäuschung gefangen. Darin drückte sich der herrschende Geisteszustand eines Teils der römischen Gesellschaft aus, die die Augen vor der alles andere als hehren Wirklichkeit verschloss, statt die tatsächlichen Widrigkeiten zur Kenntnis zu nehmen. Doch darin erschöpfte sich Ammians Beitrag zur Deutung der politischen Verhältnisse seiner Zeit keineswegs. Wie wir sehen werden, hat er sich einen Rest kritischer Distanz bewahrt und diese auch in der Anlage seiner *res gestae* zum Ausdruck gebracht.

Die Völker, die außerhalb der Grenzen oft genug ein prekäres Dasein fristeten, wurden deshalb für Barbaren gehalten, weil ihnen das fehlte, was nach römischen Maßstäben den Kernbereich der eigenen Identität ausmachte. Gelang es den *externae gentes* am Wohlstand des Reiches und an der römischen Lebensart zu partizipieren, so erfolgte diese Annäherung unter dem Zwang der Verhältnisse, das heißt, die an der Tür des Reiches klopfenden Fremden mussten sich den ersehnten Zugang erkämpfen. Nichts geschah aus Einsicht oder Freiwilligkeit. Die römischen Eliten zeigten sich nicht übermäßig sensibel im Umgang mit ihren Nachbarn, die meist lediglich eine Verbesserung ihrer dürftigen Lebensverhältnisse erstrebten. Sie verstanden weder die dramatische Situation, die sich außerhalb der Grenzen im letzten Drittel des 4. Jahrhunderts zusammenbraute, noch waren sie im Stande, prophylaktische Maßnahmen zu ergreifen, um sie entsprechend abzufedern. Bei der Beobachtung dieser Zusammenhänge erleben wir eine paradigmatische Änderung der Leitlinien der auswärtigen Politik. Die entscheidenden Impulse werden nun immer mehr von barbarischem Boden ausgehen und das Reich somit zwingen, darauf zu reagieren.[52]

Wie die meisten Imperien reagierte Rom zu spät und mit wenig Phantasie auf die Herausforderungen seines Wertesystems. Die Leitlinien römischer Regierungskunst waren darauf ausgerichtet, die Disproportion in den Beziehungen zwischen Reich und Peripherie, seit jeher das Hauptziel des römischen Imperialismus, zu konservieren. Das Primat römischer Interessen, als Grundsatz der Außenpolitik, galt dabei als unverhandelbare Bedingung und unverzichtbare Garantie, um das erwünschte Ungleichgewicht der Kräfte zu erhalten, das heißt, um die römische Dominanz zu zementieren. Eine solche Einschätzung der Herrschaftsideologie wurde von den intellektuellen Kreisen, zu denen Ammian zählte, aus Überzeugung geteilt. Das ist der Grund, dass, wenn diese Autoren über Episoden berichteten, die um die *externae gentes* kreisten, sie dies in einer pathetisch triumphalistischen Weise taten, die gerade deshalb so anachronistisch klang, weil sie spätestens seit Hadrianopel völlig fehl am Platze war.

Es entging der kritischen Wahrnehmung der Zeitgenossen nicht, dass die Folgen von Hadrianopel die Koordinaten der bisherigen territorialen Ordnung empfindlich verrückt hatten: Das Reich verlor damals die Kontrolle über strategisch wichtige Gebiete, die nun unter gotische Herrschaft gerieten. Bis zu diesem Zeitpunkt galt die feste Überzeugung, dass die römische Überlegenheit die Regeln der Außenpolitik bestimmte. Dies wurde immer verwirklicht unter Anwendung von Kriterien wie Belohnung beziehungsweise Bestrafung benachbarter Völker, die auf der eigenen unangefochtenen Hegemonie gründeten, was jedoch gegen Ende des 4. Jahrhunderts plötzlich außer Kraft gesetzt worden war. Nun waren die Goten in der Lage, mit dem gebeutelten Imperium auf Augenhöhe zu verhandeln, eigene Bedingungen zu stellen oder sogar Vorteile zu erzielen, was in früheren Zeiten undenkbar erschien.

Je deutlicher sich der radikale Wandel der auswärtigen Politik, der zum Nachteil der bisher unbestrittenen Vormacht Roms vor sich ging, offenbarte, desto beharrlicher versuchte die offizielle Propaganda ihn zu verdecken. Themistios, einer ihrer wichtigsten Wortführer, leugnete nicht nur die für das Reich negativen Folgen des mit den Goten abgeschlossenen *foedus* von 382, den zu unterschreiben sich Theodosius verpflichtet sah, sondern präsentierte ihn als Erfolg kaiserlicher

52 Die Aufnahme fremder Bevölkerungsteile vor Hadrianopel ereignete sich üblicherweise nach einer militärischen Expedition, die mit der Versklavung oder der Umsiedlung der Besiegten endete. Sie wurden dann angesiedelt, um brachliegende Gegenden zu kultivieren, nah oder fern der Grenzen, je nach den Bedürfnissen der Regierung. Der Eintritt in das Imperium wurde mittels eines Vertrags (foedus) nach der Kapitulation (deditio) geregelt, der den juristischen, politischen, wirtschaftlichen und sozialen Status der auf römischem Boden geduldeten Fremden festlegte.

Diplomatie. Durch Rekurs auf die Schemata der römischen Großmachtideologie zeichnete er eine politische Idylle, die von der Realität Lügen gestraft wurde:[53]

> Wir sahen, wie die Anführer und Häuptlinge der Goten nicht etwa durch Täuschung ein Übergabefähnchen brachten, sondern wie sie auf Schwert und Eisen verzichteten, aufgrund deren sie bis zu jenem Tag überlegen gewesen waren, und wie sie die Knie des Kaisers umschlangen, demütiger als einst Thetis, wie Homer sagt, die Knie des Zeus umfasst hat, als sie ihn um ihres Sohnes willen anflehte, bis sie einen gnädigen Wink erhielten und eine Stimme vernahmen, die nicht Krieg entfachte, sondern voller Gnade, Friedfertigkeit und Wohlwollen war und das Unrecht gänzlich verzieh.[54]

Es drängt sich der Eindruck auf, dass Ammian als Historiker und kritischer Beobachter des politischen Panoramas seiner Zeit nicht bereit war, die negativen Konsequenzen der gotischen Machtbildung auf römischem Boden nach dem Vorbild anderer Autoren zu ignorieren oder gar mit wohlklingenden Sätzen, die an das römische Überlegenheitsgefühl appellierten, zu verschleiern. Es war vielleicht diese tiefe Frustration, Frucht eines unbestechlichen Geistes, die ihn dazu verleitete, den Endpunkt seines Werkes keineswegs zufällig oder willkürlich zu setzen. Angesichts der außerordentlich problembehafteten Gegenwart entschied er sich bewusst dazu, die Nachwirkungen von Hadrianopel weder zu beschönigen noch in den Chor der Panegyriker der offiziellen Propagandamaschinerie einzustimmen. Im politischen Denken Ammians markierte der Verlust von Gebieten, die vormals unter römischer Herrschaft gestanden hatten, die Grenze dessen, was das Imperium ertragen konnte. Nirgendwo in seinem Werk wird die Fieberkurve des verletzten Patrioten so explosiv ansteigen wie in jenen Passagen, die über den Friedensvertrag zwischen Kaiser Jovian und dem Perserreich berichten (363), der die Abtretung römischer Provinzen jenseits des Tigris an das Perserreich festschrieb. Bei der Niederschrift dieser unrühmlichen Episode kennt Ammians Empörung keine Grenzen:

> Hartnäckig forderte der Perserkönig seine Gebiete, die ihm, wie er selbst sagte, von Maximian vor langer Zeit entrissen worden waren (...). Er verlangte Arzanene, Moxoene, Zabdicene ferner Rehimena und Corduene zusammen mit fünfzehn Kastellen, dazu Nisibis, Singara und die äußerst günstig gelegene Festung Castra Maurorum. Wir hätten lieber zehnmal kämpfen sollen, um nichts davon aufzugeben, doch setzte die Menge der Schmeichler dem furchtsamen Kaiser zu (...). Ohne jegliches Zögern lieferte er alles aus, was gefordert wurde, und konnte dabei nur mit Mühe durchsetzen, dass Nisibis und Singara ohne ihre Einwohner in persischen Besitz übergingen und dass von den anderen Kastellen wenigstens die römischen Besatzungen in unser Gebiet zurückkehren durften (...). Nach der Bestätigung dieser schmachvollen Abmachung sollte während einer Waffenruhe nichts unternommen werden, was dem Vertrag widersprach.[55]

53 FABER: Von Ulfila bis Rekkared, 154–147.

54 Them. or. 16, 210 b–c.

55 Amm. 25, 7, 9-13: „Petebat autem rex obstinatius, ut ipse aiebat, sua dudum a Maximiano erepta, ut docebat autem negotium, pro redemtione nostra quinque regiones Transtigritanas: Arzanenam et Moxoenam et Zabdicenam itidemque Rehimenam et Corduenam cum castellis quindecim et Nisibin et Singaram et Castra Maurorum, munimentum perquam opportunum. et

Um wie viel höher muss Ammians Enttäuschung gewesen sein nach der Erkenntnis des im Gefolge von Hadrianopel abgeschlossenen Gotenfoedus des Jahres 382, das die faktische Abtrennung vitaler Teile vom Rumpf des Imperiums vorsah, die strategisch wesentlich wichtiger waren als jene Randbereiche in Mesopotamien, die im Jahre 363 den Persern in die Hände gefallen waren. Möglicherweise war die daraus resultierende Wirkung und der erzwungene territoriale Rückzug, beschönigt und verschleiert durch die offizielle Propaganda, der Auslöser, der Ammian zu einer irreversiblen Distanzierung von der politischen Berichterstattung veranlasste. Aus seinem Vergleich zwischen Cannae und Hadrianopel kann nicht gefolgert werden, wie dies einige Historiker tun,[56] dass er überzeugt gewesen sei, Rom werde sich in ähnlicher Weise wie nach der Niederlage gegen Hannibal wieder erholen. Cannae war in der Tat der Wendepunkt in einem Konflikt, der danach zu Lasten Karthagos entschieden wurde. Ammian, der sich den realen Möglichkeiten des politischen Betriebs seiner Zeit bewusst war, hegte jedoch wenig Hoffnung in die Regenerationsfähigkeit des angeschlagenen Reiches. Als er seine *res gestae* fast zwei Jahrzehnte nach der verhängnisvollen Schlacht niederschrieb, sah er keine Anhaltspunkte für eine Besserung der verfahrenen Lage. Vermutlich war gerade dieser Pessimismus in Anbetracht der düsteren Zukunftsperspektiven die tiefere Ursache für sein aufschlussreiches Schweigen nach Hadrianopel.

cum pugnari deciens expediret, ne horum quidam dederetur, adulatorum globus instabat timido principi Procopii metuendum subserens nomen eumque affirmans, si redit congnito Iuliani interitu cum instacto milite, quem regebat, nouas res nullo renitente facile moliturum. hav perniciosa verborum ille assiduitate nimia succensus sine cunctatione tradidit omnia, quae petebantur, difficile hoc adeptus, ut Nisibis et Singara sine incolis transirent in iura Persarum, a munimentis vero alienandis reverti ad nostra praesidia Romana permitterentur. (...) Quo ignobili decreto firmato, ne quid committeretur per indutias contrarium pactis."

56 H. LEPPIN: Theodosius der Große, Darmstadt, 2003, 38–39.

LIBANIO Y LA CRISIS DE LA CIVILIZACIÓN

Elena Muñiz Grijalvo (Universidad Pablo de Olavide, Sevilla)

La idea de crisis y decadencia del Imperio Romano está presente en la obra de muchos autores antes del siglo V d.C. No es necesario esperar a la obra de Zósimo, por ejemplo, con toda su carga de patetismo, para encontrar en otros autores parecidos toques de desesperación y desgarradores lamentos ante la suerte de un imperio que, invariablemente, parece estar siempre a punto de sucumbir.

La obra del rétor Libanio de Antioquía es buena muestra de ello[1]. Autor de sesenta y cuatro discursos, cuarenta declamaciones y un sinfín de cartas, Libanio recurrió en numerosas ocasiones al elenco de tópicos habituales para referirse a la crisis de un imperio cuyo colapso final parecía estar cerca, por distintos motivos, a lo largo de todo el siglo IV. Durante el reinado de Constancio, por ejemplo, "Roma casi proclamaba a gritos el desmembramiento de su Imperio" (18.36)[2]. Pocos años después, la prematura muerte de Juliano puso de manifiesto que "el Imperio de los descendientes de Eneas [...] camina sobre una base nada firme. Incluso, es posible que se venga abajo, aunque no soplen vientos muy violentos" (17.3). Y fue de nuevo la muerte de su héroe, el joven Juliano, la que provocó un arranque de ayes que culminaba así: "¡Ay de la ruina general de la ecúmene!" (17.27).

Tampoco faltó en la obra de Libanio la enumeración de los síntomas que habitualmente acompañan a las descripciones de la decadencia y final de una estructura política: la patria estaba enferma, la maldad campaba a sus anchas, las tormentas y los terremotos se habían generalizado, hambrunas y epidemias se daban por doquier, los templos se incendiaban, los enemigos del imperio bailaban de alegría[3].

El objetivo de este trabajo es traspasar, en la medida de lo posible, los umbrales del tópico y constatar que las numerosas alusiones de Libanio a la crisis del Imperio – general o parcial – no constituyen un todo invariable a lo largo de su obra.

1 El estudio de la obra de Libanio, injustamente casi olvidada durante buena parte del siglo XX, ha sido retomado con éxito y entusiasmo a partir de los años 70, cf. la detallada bibliografía reciente en: P. L. Malosse: Actualité et perspectives de la recherche sur Libanios, en: U. Criscuolo, L. de Giovanni (ed.): Trent'anni di studi sulla Tarda Antichità: bilanci e prospettiva, Nápoles, 2009, 229–244. El mismo Malosse es el responsable del Centre Libanios, sito en la universidad Paul Valéry de Montpellier, que tiene al día la bibliografía, ediciones, traducciones y todo tipo de iniciativas sobre este autor: http://recherche.univ-montp3.fr/libanios. Además, hay que tener en cuenta la reciente publicación de H.-G. Nesselrath: Libanios: Zeuge einer schwindenden Welt. Standorte in Antike und Christentum, Bd. 4, Stuttgart, 2012.

2 Todas las traducciones son de A. González Gálvez (Biblioteca Clásica Gredos).

3 Patria enferma: 2.63, 69; 17.13; 18.22, 24. Maldad: 17.29. Desastres naturales: 17.30; 18.291. Enemigos contentos: 17.30; 18.286.

Se trata más bien, en mi opinión, de un discurso que va cambiando en función de determinadas variables: el contexto en el que se inserte dicho discurso, la situación del autor en el momento en que escribe cada una de sus obras, y la intención de cada uno de los comentarios que dedica a la crisis. Según la coyuntura de cada momento y, aún más, según los intereses del autor en ese momento, el énfasis recae en uno u otro aspecto de la decadencia imperial. No obstante, como intentaré mostrar en las páginas que siguen, detrás de los cambios de énfasis y de tono en la descripción de la crisis, asoma el criterio fundamental en el que se basa Libanio para hablar de crisis: la ruina de las clases curiales y de la retórica como forma de vida y como instrumento de ascenso social.

Vale la pena advertir antes de comenzar que, en general, aquello que Libanio identificaba como crisis y decadencia general del Imperio, no era más que la serie de cambios que se había desencadenado como consecuencia del cambio de rumbo del Imperio a partir del reinado de Diocleciano. Los amargos lamentos del rétor sobre la agonía a que estaban sometidas las ciudades[4], la opresión fiscal y la carga de trabajo que asfixiaba a curiales[5] y campesinos, los excesos de la administración central, la decadencia de la retórica y de la lengua griega como parte de la formación básica de los cargos públicos[6] (en favor de otras habilidades como la

4 Para la situación de las ciudades en el siglo IV sigue siendo imprescindible A. H. M. JONES: The Greek city from Alexander to Justinian, Oxford, 1940; cf. además G. DAGRON: Naissance d'une capitale. Constantinople et ses institutions de 300 à 451, París, 1974; B. WARD-PERKINS: The cities, en: Cambridge Ancient History XIII, Cambridge, 1998, 371–410; J. H. W. G. LIEBESCHUETZ: The decline and fall of the Roman city, Oxford, 2001; C. KELLY: Ruling the Later Roman Empire, Cambridge (Mass.)–Londres, 2004. Cf. también M. FRANCESIO: L'idea di città in Libanio, Stuttgart, 2004.

5 En las obras que Libanio dedicó a los curiales (orr. 48, 49, y parcialmente 11), la imagen recurrente es la de una clase curial arruinada y decadente. Pero no hay que olvidar que Libanio constituye prácticamente la única fuente literaria que trata el asunto entre sus contemporáneos. Como señala M. FORLIN PATRUCCO: Crisi di potere e autodifesa di classe: aspetti del tradizionalismo delle aristocrazie, en: A. GIARDINA (ed.): Società romana e impero tardoantico, Roma, 1986, 245–260, no debe caerse en la trampa de imaginar la Antioquía del siglo IV tomando al pie de la letra sus lamentos, ni de hacer extensiva la ruina que describe Libanio a todas las ciudades orientales. Resultan imprescindibles por ello los estudios monográficos sobre ciudades; en lo que respecta a Antioquía, son esenciales P. PETIT: Libanius et la vie municipale à Antioche au IVe siècle après J.-C., París, 1955, y J. H. G. W. LIEBESCHUETZ: Antioch. City and imperial administration in the Later Roman Empire, Oxford, 1972; cf. también I. SANDWELL: Religious identity in Late Antiquity, Cambridge–Nueva York, 2007, 34–47.

6 La obra de H.-I. MARROU, Histoire de l'éducation dans l'Antiquité, París, 1948, marcó época en la definición y la estima de la educación grecorromana. El peso de esta obra, unido a las duras críticas de los rétores y sofistas del siglo IV, ha determinado la visión actual del cambio de modelo educativo: cf. G. DOWNEY: Education in the Christian Roman Empire: Christian and Pagan theories under Constantine and his successors, Speculum 32 (1957), 48–61; C. GIUFFRIDA, M. MAZZA (ed.): Le trasformazioni della cultura nella Tarda Antichità, Atti del Convegno tenuto a Catania Università degli Studi, 27 sett.–2 ott. 1982, 1985; E. L. BOWIE: The importance of the sophists, YCS 27 (1982), 29–59; G. W. BOWERSOCK: Hellenism in Late Antiquity, Cambridge, 1990; P. J. PENELLA: Greek philosophers and sophists in the Fourth Century A.D. Studies in Eunapius de Sardis, Leads, 1990; A. CAMERON: Christianity and the

taquigrafía, el dominio de las leyes y el latín) y, por supuesto, la mala situación de los templos paganos, podrían haber sido calificados por muchos habitantes del Imperio como otros tantos motivos de satisfacción, porque eran precisamente muchas de esas cosas las que habían dado nuevo impulso a la marchita estructura imperial de antes de Diocleciano. No cabe duda de que, al menos, la ya mayoritaria población cristiana del Imperio jamás habría definido la mayor parte de aquellos cambios como "decadencia". Y sin embargo, como veremos, Libanio aseguraba que la suma de todos ellos constituía la antesala de la caída del Imperio.

En otras ocasiones, incluso, prefirió emplear otra fórmula que, a sus ojos, resultaba sin duda aún más trágica: lo que Roma estaba viviendo en el siglo IV era la "crisis de la civilización". Por eso las personas sensatas suplicaban al emperador Juliano que "detuviera la ruina de la civilización"; y también por eso, una vez muerto Juliano, cualquier persona con sentido común debería estar gimiendo por la suerte del mundo civilizado (18.291). En la obra de Libanio se da constantemente esta identificación de la parte con el todo, es decir, la enumeración de la serie de cambios que hemos visto como rasgos inequívocos de una crisis generalizada que necesariamente habría de conducir al final del Imperio. Cuando la llama "crisis de la civilización", Libanio pone de manifiesto además su íntima convicción de que el deterioro de las ciudades, de la clase curial, de la retórica y de los templos equivale a la debacle del mundo civilizado. Como es obvio, ese mundo civilizado no era en absoluto representativo de todo el Imperio. No obstante, el constante juego de identificaciones entre el todo (el Imperio) y algunas de sus partes (las ciudades de cultura griega en época altoimperial o, lo que es lo mismo a ojos del rétor, la verdadera "civilización") está presente en muchas de las obras de Libanio.

*

La idea de decadencia y la serie de tópicos que habitualmente la acompaña es una vieja conocida de la literatura grecolatina y, si se quiere, de la literatura en general. Desde la famosa adaptación que hizo Hesíodo del mito oriental de las edades, muchos fueron los autores que se declararon convencidos de estar viviendo el peor de los presentes, calificándolo o no como "edad de hierro": "nuestra historia pasa ahora de ser un reino de oro a otro de hierro y corrosión", dice

rhetoric of Empire. The development of christian discourse, Berkeley, 1991; J. BOUFFARTIGUE: L'empereur Julien et la culture de son temps, París, 1992; varios artículos de U. CRISCUOLO ilustran la opinión que merecía a los rétores orientales el cambio de orientación de la demanda: Giuliano e l'Ellenismo. Conservazione e riforma, Orpheus 7 (1986), 272–292; id.: Libanio, i Latini e l'Impero en: F. CONCA, I. GUALANDRI, G. LOZZA (ed.): Politica, cultura e religione nell'Impero Romano (secoli IV–VI), Collectanea 7, Nápoles, 1993, 153–169. En todas estas obras se dibuja al profesor de retórica típico del siglo IV como alguien fundamentalmente descontento por gozar de cada vez menos predicamento.

Dion Casio refiriéndose a la sucesión de Marco Aurelio por su hijo Cómodo (72.36.4)[7].

De manera más específica, varios autores habían mostrado su preocupación por la salud de la civilización griega en época imperial, como es el caso de Dion de Prusa. Dion se lamentó en varias ocasiones sobre la corrupta administración central, que estaba provocando profundas heridas en la estructura ciudadana. En particular, fueron los gobernadores corruptos el blanco principal de sus críticas[8].

Pero, pese a los ilustres precedentes que podrían citarse, el total abandono en manos del pesimismo más descarnado sobre la situación de la cultura griega y de ciertos sectores de la aristocracia fue mucho más propio de los autores de los siglos IV y V. No es de extrañar que fuera así. Como recuerda Woolf, la situación de amplios sectores de la aristocracia había empeorado objetivamente a partir de las reformas de Diocleciano; por no hablar de la situación de las letras clásicas, que tuvieron que competir, entre otras cosas, con la nueva manera de entender la Historia propia del cristianismo[9]. Es fácil por eso encontrar toda una panoplia de argumentos apocalípticos en la obra de Amiano Marcelino, de Zósimo, de Olimpiodoro, que veían cómo ante sus ojos agonizaba el Senado de Roma, muchas ciudades eran saqueadas, los bárbaros presionaban por el norte…

Para ciertos sectores de la población imperial, los motivos de queja eran recurrentes: la situación del ejército, de las ciudades, la realeza, los gobernadores provinciales, la elocuencia y, por supuesto, el culto a los dioses[10]. Los argumentos, que aparecen repetidos hasta la saciedad en la obra de varios autores, eran siempre los mismos; tanto es así, que incluso han llegado a ser identificados como bandera ideológica de un supuesto "partido pagano", que agruparía a los descontentos con el presente y a los partidarios del retorno a la situación de antes de Constantino[11].

Pero, pese a la evidente recurrencia de todos los tópicos que ilustraban la decadencia del Imperio, lo que pretendo mostrar es precisamente que estos argumentos no constituyeron un todo indisoluble, que fueron utilizados con distintos fines por los diferentes autores que los esgrimieron como argumentos de la crisis. Para ello, la obra de Libanio, principal valedor de estas ideas en la literatura griega del siglo IV, constituye un punto de referencia extraordinario, pues ni si-

7 Agradezco esta referencia a J. M. Cortés Copete. CF. F. GASCO: La crisis del siglo III y la recuperación de la Historia de Roma como un tema digno de ser historiado, Studia Historica 4–5 (1987), 167–171.

8 Dion. 34.15; 38.33–8; 43.11–12; 45.4–5. Una comparación entre Libanio y los autores de la Segunda Sofística en el siglo II en: S. SWAIN: Sophists and emperors: the case of Libanius en: S. SWAIN, M. EDWARDS (ed.): Approaching Late Antiquity. The transformation from Early to Late Empire, Oxford, 2003, 351–401.

9 G. WOOLF: Rome. An empire's history, Oxford, 2012, 241–242.

10 Tal es exactamente la enumeración que hacía Libanio en or. 14.42.

11 La existencia de un partido pagano fue propuesta por PETIT: Libanius (n. 5), 204–212 y sigue siendo aceptada en la actualidad por autores como Malosse o Soler; pero cuenta también con muchos detractores, la más reciente Sandwell, que ofrece un breve estado de la cuestión: SANDWELL: Religious identity (n. 5), 213–214.

quiera en su propia obra permanece invariable la descripción de la crisis. De hecho, resulta hasta cierto punto fácil establecer una correlación entre el contexto propio de cada obra, la situación personal del autor y la importancia que otorga a cada uno de los tópicos. En las páginas que siguen, trataré de poner de relieve esta correlación en el caso de los discursos II y XVIII del rétor de Antioquía.

*

El discurso II "A quienes lo llamaron insolente" fue escrito entre los años 380 y 381, o lo que es lo mismo, cuando Libanio, como él mismo afirma (2.2), había cumplido los sesenta y siete años de edad. Por muchos motivos, la fecha de composición del discurso resulta crucial para este trabajo. El discurso fue compuesto, en apariencia, para salir al paso de las acusaciones que algunos conciudadanos hacían a Libanio, tachándolo de "insolente" por atreverse a ensalzar el pasado y a criticar la situación presente. El discurso tiene una primera parte (1–25) en la que, bajo el pretexto de indagar los motivos que pudiera haber para llamarle insolente, el rétor realiza con bastante poco pudor un panegírico de sí mismo. En la segunda parte (26–74) Libanio emprende una comparación entre el pasado, a todas luces idealizado, y el presente, que describe de la manera más pesimista que se pueda imaginar, centrándose en una serie de temas religiosos y políticos, pero sobre todo económicos. Como toda comparación, ésta debía resultar odiosa a muchos de sus contemporáneos, que se dedicaron a difamarlo (si damos crédito al pretexto retórico que aduce el rétor como causa principal para escribir su obra).

Pese al aparente disgusto de Libanio, lo cierto es que la obra fue escrita en uno de los grandes momentos de su vida. La buena fama que le rodeaba debió difundirse de manera especial en aquellos años iniciales del reinado de Teodosio, con el que, en términos generales, el rétor mantuvo una buena relación[12]. Tanto fue así, que de manera excepcional el emperador permitió, a petición de la curia de Antioquía, que el hijo ilegítimo de Libanio, Cimón, se convirtiera en heredero de la fortuna paterna a la muerte de su padre (1.195–196). Es interesante tener presente la posición que ocupaba Libanio en Antioquía y en la corte imperial en esos momentos. Desde mi punto de vista, como veremos, es eso precisamente lo que explica el orden de prioridades y el énfasis que otorga a sus reivindicaciones.

En su introducción al discurso II, Martin consideraba que el elenco de "misères du temps" que enumeraba Libanio en este discurso se quedaba en un plano muy abstracto y convencional[13]. En mi opinión no es así. Veamos un breve resumen de las principales quejas del autor sobre el presente.

Libanio comenzaba sus quejas con una declaración de intenciones. Al parecer, se le reprochaba que denunciara la situación presente y que fuera diciendo que antes "las ciudades eran afortunadas, mientras que ahora la fortuna les es adversa" (26). Su interés principal, como puede verse a lo largo de todo el discurso, eran las

12 U. CRISCUOLO: La difesa dell'Ellenismo dopo Giuliano: Libanio e Teodosio, Koinonia 14 (1990), 5–28.

13 J. MARTIN: Libanios. Discours II–X, París, 1988, 10.

ciudades. Para ser más exactos, lo que más le interesaba era la deprimente situación económica de diferentes sectores sociales, que describía a continuación, a veces entrando en detalles. Así, se lamentaba de la extrema pobreza de los templos y de la rapacidad de quienes los despojaban de sus exvotos y del producto de sus tierras (30–31); y de la miseria en que se hallaban inmersos los campesinos, asfixiados por las exacciones fiscales (32). Arremetía a continuación contra la situación de los curiales, diezmados por las cargas agobiantes a que los sometieron las reformas a partir de Diocleciano, hasta el punto de que "nadie entregaría a su propia hija a un decurión, ya que ninguno la odia tanto" (36). Y redondeaba este panorama económico abrumador recordando la penosa situación de los soldados, que "pasan hambre, soportan frío y no tienen ni siquiera un óbolo" (37).

A continuación, Libanio señalaba como motivo fundamental de toda aquella pobreza extrema la corrupción de los distintos cargos de la administración central e incluso de los mandos del ejército. Muchos se abalanzaban sobre los cargos de la administración central y provincial "para obtener ganancias"; peor aún, quienes ambicionaban un alto cargo no eran en absoluto "los mejores" (41), como antaño, sino "quien puede comprarlo" (42). Éste era el pretexto que sirvió al rétor para enlazar con la última parte de su obra, la desgraciada situación de la retórica, que había pasado de ser la llave que daba acceso a los cargos públicos, a ser mero objeto de burla (44), reemplazada además por otras habilidades: la lengua itálica, el conocimiento de las leyes y la taquigrafía (45–46), todas ellas despreciadas sin tapujos por Libanio.

El discurso termina resumiendo la larga lista de quejas del rétor en forma de petición a un interlocutor imaginario (que serían los que le criticaban):

> Pon fin a la ruina que sufre cada uno y acabarás con mis comentarios sobre ella [...]. Devuelve su antiguo vigor y lozanía a las ciudades y me oirás cantar la palinodia. Restituye la retórica al lugar que antaño le correspondía y reclámame entonces la alabanza del momento presente (64).

Y, un poco más adelante:

> En suma, ¿qué es lo que queda? Suplicar a los dioses que extiendan su mano protectora sobre los templos, los campesinos, los soldados, las curias, la lengua de los helenos (74).

Parece evidente que la principal preocupación de Libanio en este discurso era la penosa situación de las curias y de los curiales. Como explica Swain en un artículo sobre la relación entre los sofistas y los emperadores, lo propio de los intelectuales griegos era que la defensa de su profesión fuera de la mano de la defensa de su ciudad, y que el intelectual local se ocupara esencialmente de asuntos locales[14]. En un momento de buenas relaciones con la corte imperial, y probablemente agradecido a la curia de Antioquía por las gestiones que se hicieron a favor de su hijo Cimón ante el emperador, Libanio optó decididamente por la temática local, defendiendo ante todo los intereses de los curiales.

14 SWAIN: Sophists, 393.

Aparecen, además de los problemas de las curias, otros temas en el discurso. Pero el enfoque es siempre cívico: cada uno de los argumentos que se exponen para lamentarse de la situación presente del Imperio y hacer funestos presagios sobre su decadencia, puede relacionarse en realidad con la estructura ciudadana. Un claro ejemplo de ello son las quejas que tienen que ver con la situación religiosa. Libanio no se duele de la situación general del paganismo, del abandono de los dioses y creencias tradicionales, ni de la escandalosa falta de piedad. Lo que le subleva es recordar cómo la situación religiosa anterior a Constantino favorecía claramente a las ciudades y a sus habitantes, mientras que, tras el cambio de rumbo de la política religiosa de la casa imperial, todos aquellos beneficios ya no iban a redundar en las ciudades nunca más. Antes, las ciudades eran afortunadas (26) por una serie de hechos que el sofista enumera, comenzando por la religión:

> He dicho que antiguamente había frecuentes sacrificios, que los templos estaban repletos de oferentes, que había también banquetes, música de flauta, canciones, coronas y riqueza en cada templo, y que todo ello, en su conjunto, servía para auxiliar a los necesitados (30).

El presente, en cambio, era poco o nada favorable para el mantenimiento de la piedad tradicional, y aquello repercutía muy negativamente en la vida ciudadana:

> ¿Acaso también hoy pueden verse los templos de tal manera? Mejor dicho ¿se podría ver tanta pobreza en algún otro sitio? Hay quienes con gran placer dedicarían exvotos en honor de los dioses, pero saben que, si los llevan allí, pasan a ser propiedad de otros, puesto que el extenso terreno que es propiedad de cada uno de los dioses, lo labran otros y de las ganancias no participan en absoluto los altares (31).

Que el interés primordial de Libanio en este discurso era la recuperación de las condiciones materiales que habían hecho posible en el pasado que las curias fueran órganos prestigiosos, lo demuestra la única alusión que se hace en la obra al emperador Juliano. Como veremos más adelante, en los discursos julianeos Libanio compuso un mito sobre el emperador adaptado a sus necesidades y a sus ideales; y ese mito tenía multitud de matices, desde la perfección moral, a la profunda piedad religiosa, pasando por toda una serie de temas que detallaremos dentro de un momento. Pues bien: ninguno de esos temas estaba presente entre las añoranzas que expresaba Libanio en el discurso II. Tan solo hay un motivo por el que Juliano estaba presente en la descripción del pasado glorioso que hizo Libanio: porque había purgado los servicios administrativos centrales, eliminando un enorme número de cargos que le parecían inútiles, y haciendo posible así que todos los despedidos dieran "esplendor a las ciudades" integrándose en sus curias (58).

De lo dicho se deduce que la selección de motivos que hizo Libanio como integrantes de la "misère du temps" no es en absoluto convencional, como proponía Martin[15], sino que responde con bastante exactitud a sus preocupaciones principales como sofista ciudadano.

15 Ver: supra p. 37.

La descripción de la crisis que aparece en el discurso XVIII es muy diferente de la que hemos visto esbozada en el discurso II. Es lógico que sea así: el contexto del discurso XVIII o *Epitafio de Juliano* no tiene absolutamente nada que ver con la situación que propiciaría más adelante la composición del discurso II. El XVIII se compuso pocos años después de la inesperada muerte de Juliano en el campo de batalla, durante la expedición contra Persia[16]. Aquella muerte significaba una gran pérdida para Libanio, dadas las esperanzas que había depositado el rétor en el joven emperador como revulsivo de la adversa situación de las letras griegas y de las tradiciones cívicas en general. El discurso, uno de los dos que compuso Libanio directamente en memoria de Juliano, respeta las reglas del género literario elegido, el epitafio, y se convierte además en una detalladísima – e idealizada – biografía del emperador[17].

La muerte de Juliano desencadenó en Libanio una serie de emociones que quedaron plasmadas en el *Epitafio*. La nostalgia de otros tiempos, que es sin duda una constante en la obra de Libanio, experto *laudator temporis acti*, toma aquí la forma de ideal político sobre la realeza[18]. En el *Epitafio* se rendía tributo no solo a Juliano, sino a las normas retóricas clásicas sobre el panegírico y, sobre todo, a una ideología política propia de los primeros siglos del Imperio. Y así, a la manera clásica, que se enseñaba en manuales retóricos como el de Menandro, el elogio de las hazañas de Juliano estaba vinculado a las virtudes cardinales de todo buen emperador: la valentía, la justicia, la templanza, la sabiduría[19]. Como el Trajano de Dion de Prusa o los buenos gobernantes de Plutarco, el Juliano que aparece en el

16 Las fechas de composición que habitualmente se manejan para el Epitafio son el 365 (defendido entre otros por A. F. NORMAN: Libanius. Selected Works I, Londres, 1969, xxxiv) y el 368 (PETIT: Libanius, 185 ss.). Los argumentos en pro y en contra de cada una de estas fechas, y una propuesta decidida y bien argumentada por la primavera-verano del 365 como fecha probable, en A. GONZÁLEZ GÁLVEZ: Libanio. Discursos III, Madrid, 2001, 35–38. Una propuesta más reciente a favor del 368, basada en los terremotos que se mencionan en la obra, en P. VAN NUFFELEN: Earthquakes in A.D. 363–368 and the date of Libanius, Oratio 18, CQ 56, 2 (2006), 657–661.

17 La enorme cantidad de información que contiene el discurso sobre los reinados de Constancio II y Juliano, el interés de los recursos retóricos y, sobre todo, la posibilidad de ahondar en la ideología del autor, han propiciado multitud de estudios sobre este discurso en particular, entre ellos: E. BLIEMBACH: Libanios, or. 18. Kommentar (111–308), Diss. Würzburg, 1976; I. BENEDETTI: Giuliano in Antiochia nell'orazione funebre per Giuliano di Libanio, Athenaeum 59 (1981), 166–179; P. RIVOLTA: Miti letterari e programmi politici nelle orazioni "giulianee" di Libanio, Clio 21 (1985), 525–546; I. BENEDETTI: Studi sulla guerra persiana nell'orazione funebre per Giuliano di Libanio, Pavía, 1990; R. SCHOLL: Historische Beiträge zu den julianischen Reden des Libanios, Stuttgart, 1994; H.-U. WIEMER: Libanios und Julian, Studien zum Verhältnis von Rhetorik und Politik im Vierten Jahrhunder n. Chr., Munich, 1995; U. CRISCUOLO: Giuliano nell'Epitafio di Libanio, en: Giuliano imperatore, Lecce, 2000, 267–291.

18 E. MUÑIZ: El ideal imperial en la obra de Libanio, Habis 31 (2000), 355–363.

19 Men.Rh.2.372–373.

Epitafio era un compendio de la teoría política grecorromana de los seis siglos anteriores[20].

De ese modo, por ejemplo, pese a ser un usurpador, para Libanio Juliano era el emperador legítimo por varios motivos (que equivalen a otros tantos argumentos utilizados por distintos intelectuales a lo largo de los siglos): por su linaje, por el apoyo del ejército y de las ciudades, por la especial comunicación que mantenía con los dioses, y sobre todo por la excelencia de su carácter y sus capacidades sobrehumanas. En cuanto a sus poderes y competencias, estuvieron siempre subordinados a las leyes.

Pero, por encima de todas las cosas, Libanio buscaba convencer a su auditorio de que Juliano dio muestras durante toda su vida de un carácter ejemplar, construido sobre la base de las virtudes clásicas. Mucho antes de acceder al trono en solitario, Juliano había dado ya muestras de una capacidad de trabajo inigualable, de un amor por la *paideia* que no restaba fuerza a sus virtudes como estratega y como soldado, y de un carácter abierto y sencillo. Aquella forma de ser no hizo más que afianzarse y mejorar apenas fue nombrado emperador. Como augusto, Juliano mostró siempre un comportamiento intachable, de una austeridad casi ascética, pero era al mismo tiempo extremamente cordial y agradable para todos. Y, por supuesto, su reinado se guió siempre por los grandes faros que debían dirigir las acciones de todo buen monarca: la ecuanimidad, la clemencia y la *philanthropia*, como compendio de todas las demás virtudes. En pocas palabras, el Juliano que aparece en el *Epitafio* es, en buena medida, una mezcla de tópicos retóricos y de lugares comunes de la teoría política, aderezada con toques legendarios que no hacían más que solidificar el mito creado por Libanio[21].

En paralelo a esta maniobra de mitificación, Libanio construyó también una imagen de la crisis del Imperio como el verdadero negativo de todo lo que caracterizaba al joven emperador. Por eso, la crisis en el discurso XVIII es, en primer lugar, una crisis religiosa, pero es también una crisis de las formas de gobierno, de educación, de justicia, militar y, sobre todo, una crisis de valores:

> ¡Ay de las demás virtudes, cómo habrían cobrado vigencia! ¡Ay de la justicia, que nuevamente había descendido a la tierra desde el cielo y que de nuevo al cielo partió desde aquí! Poco diferimos de quienes viven en continua penumbra [...] Respetables son ahora los que disertan públicamente contra los dioses [...] De los templos, unos están asolados y otros, a medio terminar [...] Algunos filósofos sufren ultrajes físicos [...] Maestros de retórica [...] son expulsados de sus puertas (de los gobernadores) [...] Toda la raza bárbara ... de nuevo afilan sus espadas[22].

20 Los estudios sobre teoría política en época imperial son demasiado numerosos para intentar siquiera citar los más importantes; una excelente visión de conjunto en M.ª J. HIDALGO DE LA VEGA: El intelectual, la realeza y el poder político en el Imperio Romano, Salamanca, 1995.

21 Que la realidad no se correspondía con esta ficción, queda patente cuando se revisa, por ejemplo, la obra legislativa de Juliano, que desde luego no apuntaba en la dirección que habría deseado Libanio, cf. R. ANDREOTTI: L'opera legislativa ed administrativa del Imperatore Giuliano, NRS 14 (1930), 236–273; P. ARINA: La legislazione di Giuliano, AAN 96 (1985), 197–239.

22 18.284–290.

La selección de tópicos sobre la crisis de la civilización y el orden de prioridades en que aparecen estos tópicos en el discurso XVIII responden pues, en mi opinión, a la necesidad de servir de contrapunto al ideal de buen emperador. Dicho esto, es innegable que también responden a las preocupaciones principales del rétor, igual que lo hacía su ideal de buen emperador. El *Epitafio* entero está entreverado de alusiones cruciales a la crisis de las curias ciudadanas y a la necesidad que tenía el buen emperador, para ser considerado como tal, de asumir como primera tarea el cuidado de las ciudades[23]. Así, en opinión de Libanio, Juliano había reformado la corte y la administración central, en último extremo, para beneficiar a las ciudades (18.141–3). Su política exterior, que muchos habrían calificado de agresiva y poco previsora, quedaba plenamente justificada cuando se comprendía que lo único que pretendía era vengar la ruina de las ciudades (18.164). Más interesante aún: la controvertida reforma educativa de Juliano no aparece en el *Epitafio*, más que de manera muy indirecta y para mencionar una única consecuencia digna de mención, el nombramiento de "buenos gobernadores":

> Como entendía que la retórica y los ritos sagrados de los dioses eran hermanos [...] A esta misma política pertenecía su costumbre de poner las ciudades bajo el mando de los que sabían expresarse y de acabar con la costumbre de que fueran pilotos de las provincias unos bárbaros que, capaces de escribir con rapidez pero carentes de cerebro, habían hecho volcar el casco de la nave [...] A partir de entonces el prado de la sabiduría volvió a florecer[24].

En pocas palabras, el reinado de Juliano permitió frenar, siquiera por un momento, la decadencia de la verdadera civilización, que Libanio había ido describiendo y desgranando en su discurso. Una crisis que, a sus ojos, derivaba en último extremo de la difícil situación de las tradicionales aristocracias ciudadanas, como revela la introducción del relato del reinado de Juliano. Poco antes de ser nombrado César y de acceder así por vez primera al poder imperial

> Una misma súplica salía de la boca de las personas sensatas; que aquel joven se convirtiese en señor del Estado, que detuviera la ruina de la civilización [...] También él lo deseaba, pero no por afán de lujo y poder, ni por ostentar la púrpura, sino para devolver a las provincias, a costa de su propio sacrificio, todo aquello de lo que habían sido despojadas [...] Él aspiraba, no a gobernar, sino a que las ciudades fueran prósperas.[25]

23 A una conclusión similar llega M. Forlin Patrucco: Tradizione e attualità nel lessico politico di Libanio, Clio 21.2 (1985), 199–214: "il tema della città come catalizzatore dell'attività pubblica dell'uomo di cultura... raggiunge gradi di altissima concentrazione nelle orazioni dedicate a Giuliano, dove sembra costituire la cifra di una azione politica tesa a restaurare le condizioni di potere locale" (p. 206). La importancia que tenía para Libanio la ayuda a las ciudades por parte de los altos cargos, en A. Pellizzari: Salvare la città: lessico e ideologia nell'opera di Libanio, Koinonia 35 (2011), 45–61.

24 18.157–160.

25 18.21–23.

LA SITUACIÓN DE LA ITALIA IMPERIAL EN EL SIGLO V UN PROBLEMA HISTORIOGRÁFICO

Hugo Zurutuza (Universidad de Buenos Aires)

INTRODUCCIÓN

La problemática planteada por este Congreso Internacional me llevó a hacer una referencia sobre uno de los *Seminari internazionali del Centro interuniversitario per la storia e l'archeologia dell'alto medioevo,* en el que participé, titulado *Le trasformazioni del V secolo, L'Italia, i barbari e l'Occidente romano*, realizado en Poggibonsi (Siena) en octubre de 2007, cuyas actas fueron publicadas por Brepols en 2010, publicación, cuyos curadores son Paolo Delogu y Stefano Gasparri, reconocidos especialistas italianos[1].

Precisamente Paolo Delogu en su "Introduzione. Il V secolo come problema della storiografia"[2] considera que la idea de promover un congreso focalizado sobre el siglo V no nace de una renovada tendencia a presentar los siglos como entidades históricas significativas en sí mismas, sino en el hecho que en un tiempo más o menos coexistente con el siglo V acontecieron importantes eventos políticos y militares, como las invasiones bárbaras y el tan revisitado "fin del imperio romano de Occidente", que tradicionalmente han sido considerados como un momento de cambio de dirección, una encrucijada de la historia de Europa occidental, con transformaciones institucionales y culturales del orden imperial romano y la llegada a escena de otros y nuevos actores sociales.

Todos son indicadores de procesos que en el siglo V van tomando consistencia o al menos adquieren una visibilidad acentuada y denuncian mutaciones en curso también al interior de la misma sociedad romana, en las formas de vida y en las prácticas culturales más características de su tradición.

Es una época que todavía ofrece a los estudiosos señales contradictorias. Frente a los aspectos que claramente expresan la disgregación del orden precedente, son también consistentes los factores de resistencia de varios elementos que constituían aquel orden: las relaciones formales mantenidas con los bárbaros establecidos en las provincias con la autoridad imperial, de Occidente a Oriente, la capacidad política de los sectores hegemónicos provinciales de educación romana -la solidaridad cultural entre élites desarrollada por siglos por el poder imperial- y ahora su colaboración con los jefes bárbaros, la centralidad del asentamiento urbano, no obstante la pérdida de su monumentalidad y deterioro edilicio, la continuidad de las comunicaciones y de los transportes a través del Mediterráneo,

1 P. DELOGU, S. GASPARRI (ed.): Le trasformazioni del V secolo. L'Italia, i barbari e l'Occidente romano. Atti del Seminario di Poggibonsi, 18–20 ottobre 2007, Turnhout 2010.

2 P. DELOGU: Introduzione. Il V secolo como problema della storiografia, en: P. DELOGU, S. GASPARRI (ed.): Le trasformazioni del V secolo, p. 7.

de sur a norte, de Oriente a Occidente, incluso la idea de la perennidad del imperio romano enunciada enfáticamente por Rutilio Namaciano en su *De reditu suo*[3].

En el exordio de su diario de viaje en verso Rutilio Namaciano, consecuencia del momento en que se decide dejar una Roma agitada material y psicológicamente a poquísimos años de la profanación de los visigodos del 410 y dirigirse a su patria gala devastada por *longa bella* de vándalos, suevos, alanos, burgundios y visigodos y por las revueltas *bacaudae*, enuncia su celebérrimo himno de fe en la eternidad de la *Urbs,* y en el *ordo renascendi.* Al referirse a la autoridad y a la unidad del imperio, considera al senado y al *ordo senatorio* referentes prioritarios, en el marco de una visión político-ideológica totalizante, que excluye o intencionalmente omite el rol del emperador[4].

Estamos entonces frente a una exaltación de la función del senado romano, inspirada en una publicidad filosenatorial proveniente del siglo precedente, la cual, como es notorio, estaba impregnada de una sistemática obra de elaboración de estrategias eficaces para la defensa de las prerrogativas político-institucionales y de los privilegios socio-económicos de los senadores. Actitud que al mismo tiempo consintió en recomponer la incierta solidaridad de clase al interior del *ordo* y también y sobre todo a través de esa solidaridad, de relegitimar ideológicamente y políticamente las pretensiones de gobierno y de *leadership* social.

El viaje de Rutilio se presenta como un tributo constante, con evidentes fines propagandísticos, a la prosperidad de las grandes familias del orden, que continuaban también en los años sucesivos de la ocupación goda de la península, y a la invariabilidad del modelo de vida senatorial, del *priscus mos*, que habría superado más o menos indemne el shock de la invasión bárbara.

El poema describe un itinerario costero por mar desde Roma (417) hasta la Galia, aún cuando los fragmentos conservados sólo llegan hasta el puerto de Luna (actual Luni, al norte de Pisa). Rutilio Namaciano confía en la recuperación de Roma y de sus tradiciones y proclama su misión histórica: *Feciste patriam diversis gentibus unam*, y *Ordo renascendi et crecere posse malis*

Esta contradicción entre idealizaciones sugeridas y realidades concretas que afectan este período, explicaría los aún hoy vigentes debates en torno a la naturaleza y al significado de los grandes hechos que acaecieron en el siglo V, al interior del más vasto discurso sobre las transformaciones del mundo antiguo o, en términos más usuales, sobre el pasaje de la Antigüedad al Medioevo. Debates

3 Claudio Rutilio Namaciano nació al sur de la Galia y, como Sidonio Apolinar, pertenecía a una de las grandes familias provinciales galas. Su padre Lacanius había sido gobernador de Tuscia (Etruria y Umbria), tesorero imperial (comes sacrarum largitionum) y prefecto de Roma (praefectus urbi). Rutilio también realizó su carrera dentro de la administración imperial y llegó a ser secretario de estado (magister officiorum) y prefecto de Roma en el 414. Era un pagano convencido que pertenecía al círculo del orador Quinto Aurelio Simmaco. La única obra conocida de Rutilio Namaciano es el poema De reditu suo, también conocido como Iter Gallicum, escrito en dísticos elegíacos. Nos ha llegado en forma fragmentaria.

4 S. RODA: Nobilità burocratica, aristocrazia senatoria, nobilità provinciali, Rutilio e l'ideologia senatoria, en: A, GIARDINA, A. SCHIAVONE (ed.): Storia di Roma, Parte quarta: L'Impero tardoantico, Torino, 1999, p. 599 y ss.

que son animados en los últimos veinte años, cuando todas las posiciones tradicionales sobre los últimos tiempos del imperio romano en Occidente han sido radicalmente puestos en discusión a la luz de nuevos criterios de interpretación de los grandes fenómenos sociales y de nuevas concesiones sobre las reglas del discurso histórico.

Sobre el fondo de estos debates historiográficos sobre las vicisitudes del último siglo del imperio romano en Occidente, la idea de Delogu se expresa con la constatación -según su criterio de historiador italiano- que no se posee para Italia una indagación de conjunto similar a la realizada para la Galia en el Congreso curado en 1992 por Drinkwater y Elton, o el volumen de Javier Arce sobre España o a las viejas y nuevas indagaciones sobre el África vándala.

Por lo tanto, coincidimos con Delogu que Italia constituye un caso interesante, sea porque era la última provincia occidental conservada por el Imperio que perdía poco a poco el control de las otras y porque en ella los fenómenos de resistencia o de transformación debían presentar un comportamiento original, sea por las investigaciones históricas o las mismas excavaciones arqueológicas realizadas en los últimos decenios que han enriquecido y precisado el conocimiento de muchos aspectos de la vida social y económica específicas, relativas al siglo V, que como consecuencia presenta hoy una caracterización más rica y detallada.

Por otra parte este nuevo Congreso que hoy nos convoca sobre "la caída del Imperio romano" puede ser la ocasión para verificar la evolución crítica de las posiciones historiográficas y la posibilidad de desarrollar refiguraciones menos antitéticas de los eventos que en el período en cuestión tuvieron lugar.

El siglo V representa sin duda un momento nodal en la edad tardoantigua, en la cual, sinérgicamente, operan, de una parte, fuerzas desestructurantes del sistema político-institucional imperial y la *civilitas* tardorromana[5], por otra, permanecen y evolucionan hacia fenómenos endógenos de transformaciones de elementos propios del pasado[6].

Reiteramos como Rutilio Namaciano había exaltado como privilegio el ser nacido en Roma o residir, más genéricamente, en la región del Lacio. Si la aristocracia senatorial romana había sabido superar el precedente saco de Roma alaricano y el *De reditu suo* representa la respuesta ideológica al trauma del 410, ya no era posible usar los mismos términos adoptados por el poeta galo cuando la furia vandálica se impuso en Roma. El poeta galo había representado el sueño de la "Roma eterna", sueño que era el manifiesto programático de la aristocracia senatorial romana.

5 S, MAZZARINO: Aspetti sociali del IV secolo: ricerche di storia tardo-romana, Roma, 1951, p. 26–31.

6 E. CALIRI: Gruppi di potere e condizionamenti politici nel V secolo, en: P. DELOGU, S. GASPARRI (ed.): Le trasformazioni del V secolo, p. 37.

¿EL 476 Y LA DESAPARICIÓN DEL IMPERIO ROMANO DE OCCIDENTE?[7]

Todavía, el cuadro que ofrecen las fuentes parece sugerir que sólo en dos o tres generaciones después de la cesación de la serie de los emperadores de Occidente, se habría comenzado a considerar que los episodios del 476 hubieran contribuído a mutar de manera decisiva el cuadro geopolítico de la época.

Esto no significa que la deposición de un emperador, y aún más, la falta de sustitución con otro soberano no haya sido advertida en los ambientes más influyentes de la Roma de su tiempo, es decir al interior del senado ciudadano, como un hecho y como la condición para determinar desarrollos políticos inéditos y no necesariamente catastróficos.

Recordemos algunos episodios de los años previos. Cuando Glicerio (473–474) se convirtió en el antepenúltimo emperador de Roma la sucesión al trono era ya un serio conflicto entre el Imperio romano de Oriente y la influencia cada vez más manifiesta de las potencias bárbaras que dominaba el Imperio de Occidente. Glicerio, *comes domesticorum* durante el mandato de Olibrio (472), fue nombrado por un príncipe burgundio, Gundebaldo, sin el consentimiento de León I (457–474), emperador de Oriente. Gundebaldo, era sobrino de Ricimero, un antiguo oficial suevo.

Sin embargo. León I se opuso a este nombramiento y apoyó en cambio a Julio Nepote (474–475) para que marchara sobre Roma y lo depusiera. En el verano de 474 éste se hizo con el trono[8].

Es muy posible que Julio Nepote heredara a la muerte de su tío materno en el 468, el cargo de *magister militum dalmatiae*. Lo conservaría hasta 474, año en que fue nombrado emperador.

A los ojos de la corte imperial de Oriente, el último emperador legítimo de Occidente había sido Antemio (467–472). Éste murió asesinado y tanto Olibrio como Glicerio fueron considerados usurpadores, así que León I había decidido, poco antes de su muerte, nombrar a Julio Nepote emperador de Occidente. Es muy posible que el gobernador de Dalmacia, miembro ya de la familia imperial, hubiera sido honrado poco antes con el título de *patricius*. Posteriormente Zenón, el sucesor de León I, confirmó la decisión de su antecesor pero el reinado de Nepote en Italia duró sólo 14 meses.

Julio Nepote fue acompañado en principio por un ambicioso personaje, Orestes. Éste era un noble romano afincado en Panonia, una zona en que desde la década de 430 había desaparecido toda autoridad imperial. La familia de Orestes, como tantas otras nobles en diferentes zonas del imperio, ahora bajo control bárbaro, tuvo que adaptarse a la circunstancias poniéndose al servicio de los nuevos

7 F. MARAZZI: L'ultima Roma antica: Il 476 e la scomparza dell'impero d'Occidente. Roma antica, Bari, 2000, p. 352.

8 J. A. JIMÉNEZ SÁNCHEZ, B. MORANTE MEDIAVILLA: Julio Nepote y la agonía del Imperio Romano, Faventia, 25/2 (2003), pp. 115–137.

poderes. Entre 449 y 452, Orestes se unió al séquito del huno Atila. Colaboró como secretario y embajador, y en dos ocasiones fue enviado a la corte imperial de Constantinopla en misiones de relativa importancia. La presencia de Orestes en esas delegaciones, respondía más que a su dominio de lenguas clásicas o a la confianza que en él depositaba el líder huno, a la utilidad de su red de contactos tanto en Constantinopla como en Italia.

A la muerte de Atila, en el año 453, Orestes buscó fortuna en el imperio romano de Occidente, donde desarrolló su carrera. Veintidós años después, en el 475, recibía del emperador Julio Nepote la codiciada dignidad de *patricius* así como el nombramiento de general de las tropas imperiales destinadas a contener los ataques visigodos y burgundios en el sur de la Galia. Sin embargo, en lugar de cumplir las órdenes recibidas, Orestes se rebeló y marchó contra Julio Nepote. Éste dejó Rávena y huyó a Salona, en Dalmacia, donde tenía la base de su poder, siendo asesinado años después por sus propios partidarios, en 480.

El 31 de octubre de 475, en Rávena, Orestes, el hombre fuerte del momento, proclamó emperador a su joven hijo Rómulo Augústulo.

A finales del verano del 476, una sublevación de las tropas de *foederati* bárbaros residenciados en Italia contra el hombre fuerte del momento, el *patricius* Orestes[9], llevó al supremo comando militar a un oficial germánico, de estirpe escira y conectado con los herulos, llamado Odoacro. Esto determinó la caída en desgracia del emperador Rómulo Augústulo, que era el hijo de Orestes, y su deposición por parte del mismo Odoacro, lo relegó a la bahía de Nápoles, en una suerte de exilio dorado, en *Castellum Lucullanum*, decidiendo no elegir otro soberano en su lugar.

Recurrimos al *Anonymus Valesianus* II. *Ex libris Chronicorum Theodericiana*[10], para ordenar la secuencia de estos confusos acontecimientos:

> (36).- Cuando Zenón Augusto imperaba en Constantinopla, el patricio Nepote llegó al puerto de la ciudad de Roma y depuso del imperio a Glicerio, que fue hecho obispo y Nepote asumió el imperio en Roma[11].
> Enseguida fue a Rávena. El patricio Orestes lo persiguió con un ejército[12].
>
> Nepote, temiendo la llegada de Orestes se embarcó y huyó hacia Salona, donde permaneció durante cinco años; después fue muerto por los suyos. Luego de la salida de aquél, Augústulo fue nombrado emperador y gobernó diez años[13].

9 Los sucesos de 476 giran en torno a la figura de Rómulo Augústulo. Sin embargo, es el producto de las decisiones de otros, en primer lugar, Orestes y Odoacro, algo más lejos en Constantinopla, Zenón, el emperador de Oriente. Además, en la sombra, condenado a la inacción, estaba el depuesto emperador de Occidente, Julio Nepote.

10 En L. A. MURATORI: XXIV de Rerum Italicarum Scriptores, I Tomo XXIV–ParteIV (1913).

11 Igitur imperante Zenone Augusto Constantinopoli, superveniens Nepos patricius ad portum urbis Roma deposuit de imperio Glycerium et factus est episcopus et Nepos factus imperator Romae.

12 Mox veniens Ravennam; quem persequens Orestes patricius cum exercitu.

(37).- Augústulo, llamado Rómulo por sus padres antes de asumir el poder, fue hecho emperador por su padre el patricio Orestes. Llegó imprevistamente Odoacro con fuerza de los esciros y mató al patricio Orestes en Plasencia y a su hermano Pablo en Pineta, fuera de Classes, en Rávena[14].

(38).- Luego entró en Rávena, depuso a Augústulo del trono y compadecido de su infancia reconcedió la vida, porque era bello, le donó una renta de seis mil sólidos y lo envió al interior de Campania para que viviera libre con sus parientes. En cuanto a su padre Orestes, era panonio. Se había unido a Atila en el tiempo en que éste llegó a Italia, fue su notario y ascendió hasta alcanzar la dignidad de patricio[15].

Sin embargo, Jordanes y *Marcellinus comes*[16], sólo indican el exilio campano sin mencionar ninguna suma de dinero:

Odoacer rex Gothorum Roman obtinuit; Orestem Odoacer illico tradica; Augustulum filium Orestem Odoacer in Lucullano Campaniae castello exsilii poena damnavit.

Así, en el 476, en Occidente existían dos emperadores legítimos pero destronados, Nepote, retirado en Dalmacia después de haber sido depuesto en 475, y Rómulo Augústulo, junto a un personaje que detentaba el control militar de la situación, Odoacro, cuya posición, jurídicamente hablando, quedaba incierta, era en efecto *rex* de los grupos militares bárbaros que establecidos en Italia defendían el territorio, pero no revestía un rol institucional definido al interior de la administración romana.

Frente a estos violentos acontecimientos el senado era el órgano que constituía todavía, al menos virtualmente, el símbolo de la *romanitas* y de la legalidad. En la sucesión de emperadores efímeros, impuestos por las levas y por fuerzas bárbaras, el senado representaba la indispensable fundamentación legal de muchas situaciones de hecho consolidadas. En esta perspectiva han sido interpretadas las embajadas senatoriales enviadas a Zenón en 478, y las tres de Teodorico a Zenón y Anastasio.

El senado romano, persistía en representar la legitimidad, la continuidad formal. Por tanto, la familiaridad en el ejercicio del poder, la competencia e incluso el virtuosismo de los mecanismos de gestión, una cultura compartida por las élites, eran prerrogativas propias de estos grupos, depositarios de *semina virtutum*[17].

13 Metuens Nepos adventum Orestis, ascendens navem, petiit ad Salonam et ibi per annos quinque: postea vero a suis occiditur. Mox eo egresso factus est imperator Augustulus. Augustulus imperavit annos x.

14 "Augustulus, qui ante regnum Romulus a parentibus vocatur, a patre Oreste patricio factus est imperator. Superveniens autem Odoacar cum gente Scirorum occidit Orestem patricium in Placentia et fratem eius Paulum ad Pinetam foris Classem Ravennae."

15 "Ingrediens autem Ravennam deposuit Augustulum de regno, cuius infantiae misertus concessit ei sanguinem et quia pulcher erat, donavit ei ut creditor seix milia solidos [et] misit eum intra Campaniam cum parentibus suis libere vivere. Etenim pater eius Orestes Pannonius, qui eo tempore, quando Attila ad Italiam venit, se illi iuxit et eius notarius factus fuerat, unde profecit et usque ad patriciatus dignitatem pervenerat."

16 Marcellinus Comes, Chronicon, en: MIGNE, P.L., LI.

17 Cf. Rutilius Claudius Namatianus, De reditu suo, I, 9.

En la reconstrucción del albo senatorio bajo Odoacro a través de los documentos epigráficos hallados en el Coliseo emerge la presencia de sólo nueve familias, cuyos integrantes estaban repartidos de la siguiente manera: veintiocho *illustres,* seis *spectabiles*, cincuenta y cuatro *clarissimi.*[18] La clave de lectura prosopográfica parece ser la más apropiada para intentar comprender los andamiajes políticos de esta época.

Se ha buscado individualizar coherencia de ideales y de acción en estos grupos en la trama de acuerdos y alianzas, evidenciando el rol guía de los *Anicii-Probi* y de los *Caeionii Decii*, con sus diferentes orientaciones sea desde el punto de vista religioso, sea en las relaciones con el imperio de Oriente y con el elemento bárbaro.

En tal perspectiva la elección al trono imperial de Petronio Máximo (455) y Olibrio (472), por ejemplo ha sido leída como el triunfo de los *Anicii*, mientras que la de Mayoriano (457–461) como resultado del suceso de la línea de los *Decii*. Incluso, las nuevas vicisitudes que llevan a la deposición de Rómulo Augústulo y a la afirmación de Odoacro están encuadradas en esta óptica, hipotetizando que el rey hérulo fue apoyado preliminarmente por los *Decii*, cuya orientación filobizantina buscaba, sino eliminar, al menos suavizar las relaciones con el Imperio de Oriente y sólo en un segundo momento, por los *Anicii*, por la exigencia de un reconocimiento de la propia posición institucional de emperador Zenón, frente a la necesidad de extender el consenso también entre los cristianos. Es significativo destacar que el primer cónsul de Odoacro en el 480 *fuera Flavius Caecina Decius Maximus Basilius junior*.

Aunque pueda resultar paradójico, fue el senado de Roma, la institución que más se identificaba con la tradición del estado romano, quien se activó de manera decisiva para que la posición de Odoacro fuera encuadrada de manera aceptablemente legítima y que esta postura tuviera una aceptación favorable en Constantinopla.

En 477 el senado, en una deliberación afirmó que en Occidente no había necesidad de un emperador, en cuanto la institución imperial estaba bien representada por el soberano que residía en Constantinopla y que la presencia de Odoacro bastaba para garantizar la estabilidad política y la seguridad militar en Italia. En la misma circunstancia se decide que una misión de senadores debía concurrir a la corte imperial para ver a Zenón, situación que sucede en 478 cuando a fin de obtener la sanción de la nueva situación itálica, y también la concesión a Odoacro de la condición de *patricius*, la cual habían detentado en los decenios precedentes los hombres fuertes del imperio de occidente como Ricimero u Orestes entre otros muchos.

18 Anonymus Valesianus, en: L.A. MURATORI: El Anonimo II o Theodericiana (= XXIV de Rerum Italicarum Scriptores, 1913).

ENTRE UN *IMPERATOR* Y UN *REX*

La línea del senado parece haber sido aquella de escoger no a favor de una abolición de la soberanía imperial occidental, sino por una solución de transición, que podía racionalmente aparecer como la menos comprometida, en la espera de desarrollos futuros, incluso de renegociar con Oriente pero a partir de una situación de menos debilidad, respecto de la ese momento crítico.

Los escenarios políticos del bienio 476–478 sirven todavía para abrir posteriores reflexiones, que observan el rol de Roma, en cuanto capital y metrópoli del imperio y de las fuerzas que operaban en su interior.

La ubicación de la residencia de los emperadores lejos de la *Urbs*, ya a partir del fin del siglo III (en Italia, primero en Milán y después, en 402, en Rávena) indujo a muchos historiadores a pensar que Roma quedo afuera del *agón* político, perdurando sólo como cabeza de la cristiandad occidental. Esto contrasta con los eventos que hemos tomado en consideración. En la ciudad operaba todavía la institución senatorial, que en el transcurrir de situaciones particulares y delicadas, ejercita y con suceso, funciones de referente político al máximo nivel, en un complejo escenario que define los conflictos recurrentes que caracterizan el final del siglo V.

Tradicionalmente, los sucesos acaecidos en torno al 476 han sido interpretados y descriptos como el último capítulo de la historia del imperio Romano de Occidente. En aquellos días, sin embargo, pocos veían en estos hechos el final de un imperio que parecía destinado a perdurar para siempre como la Roma eterna. Más bien debieron considerarlo como un nuevo episodio en la larga y turbulenta secuencia de golpes de facto e intentos de usurpación protagonizados por miembros de la aristocracia senatorial, altos funcionarios imperiales y jefes del ejército; algunos bárbaros, pero la mayoría bárbaros.

La clave de acceso para la comprensión de los fenómenos de "continuidad" y "renacimiento" ideológicos senatoriales distinguen también el siglo V y la primera mitad del siglo VI.

CONCLUSIONES

Rutilio escribía en un período en que síntomas difusos inducían a esperar que a breve o mediano plazo las graves dificultades en que el Imperio de Occidente se debatía podrían ser superadas y la perspectiva, por cierto ilusoria, todavía no percibida como tal, de que el renacimiento se convirtiera en la señal de la clase senatorial, justificaba plenamente la reafirmación de los dogmas de la ideología clarísima.

Pero en los decenios que inmediatamente seguirán la ilusión rutiliana de *revival* senatorial debía encontrarse con una amarga realidad de progresiva clausura de la mayor parte de los espacios de poder en un imperio siempre más condicionado por las relaciones con los nuevos protagonistas no romanos de la escena política occidental.

Pero la fuerte restricción cualitativa y cuantitativa de los espacios de poder senatoriales en torno a la mitad del siglo V no parece traducirse, como habría sido lógico y comprensible, en una irreversible crisis de la ideología: y esto quizás es el dato más singularmente interesante de la entera vicisitud del *ordo* en el momento de la consumación de *la caduta senza rumore dell'Impero occidentale.*

Podríamos destacar entonces el orgullo de la supervivencia del *ordo* durante el siglo V. En efecto, el aparato ideológico tradicional ha pasado indemne (en las formas adecuadas y correctas del siglo IV) a través de las vicisitudes del Imperio occidental, y constituye el ámbito donde la aristocracia senatorial desarrolla la extraordinaria capacidad de tomar a pleno, en el fermentado laboratorio político de los siglos V y VI, la oportunidad que a ella se le presentaba periódicamente de reasumir roles de gobierno y de reconquistar el prestigio de la clase dirigente.

Así, como Chastagnol cabalmente ha demostrado sobre la base del elocuente y concreto testimonio de las inscripciones de las gradas del Coliseo, la nobleza senatorial sabe explotar la elección política de Odoacro, hacerla el principal sostén de su poder, asumiendo de tal modo el prestigio social de la única verdadera *nobilitas* y recuperando en el gobierno y la administración gran parte del peso perdido en los años precedentes.

La condición socio-política de privilegio del orden senatorial romano e itálico se perpetuó del resto, como es bien notado, también bajo el reino de Teodorico, que garantizó al senado y a los *clarissimi* igual espacio político.

Finalmente, se puede así decir que la declinación itálica irreversible del sistema senatorial debe tener inicio recién en la segunda mitad del siglo VI, después de la reconquista bizantina y la invasión longobarda.

El *ordo*, que la tradición reconocía nacido con Roma y para gobernar Roma, sobrevive, alimentando una tradición hábilmente rectificada para ser funcional a los tiempos nuevos, a la disolución del sistema político que había sido la razón de su nacer y de su existir.

BIBLIOGRAFÍA

J. ARCE: Bárbaros y Romanos en Hispania. 400–507, Madrid, 2005.

A. CHASTAGNOL : Le sénat romain sous le règne d'Odoacre. Recherches sur l'Epigraphie du Colisée au Ve. siècle, Bonn, 1966.

P. DELOGU, S. GASPARRI (ed.): Le trasformazioni del V secolo. L'Italia, i barbari e l'Occidente romano. Atti del Seminario di Poggibonsi, 18–20 ottobre 2007, Turnhout, 2010.

J. DRINKWATER, H. ELTON (ed.): Fifth Century Gaul: a Crisis of Identity?, Cambridge, 1992.

A. GIARDINA, A. SCHIAVONE: Storia di Roma, Parte quarta: L'Impero tardoantico, Torino, 1999.

A. GIARDINA: Italy and Italians during Late Antiquity, en: P. DELOGU, S. GASPARRI (ed.): Le trasformazioni del V secolo. L'Italia, i barbari e l'Occidente romano. Atti del Seminario di Poggibonsi, 18–20 ottobre 2007, Turnhout, 2010.

P. HEATHER: The Fall of Rome. A New History, London, 2005.

J. H.W.G. LIEBESCHUETZ: Decline and Fall of the Roman City, Oxford, 2001.

S. MAZZARINO: La fine del mondo antico, Milano, 1988 (1959).

W. POHL: Il V secolo e le trasformazioni del mundo romano, en: P. DELOGU, S. GASPARRI (ed.): Le trasformazioni del V secolo. L'Italia, i barbari e l'Occidente romano. Atti del Seminario di Poggibonsi, 18–20 ottobre 2007, Turnhout, 2010.

B. WARD PERKINS: The Fall of Rome and the End of Civilization, Oxford, 2005.

C. WICKHAM: Framing the Early Middle Age. Europe and the Mediterranean, 400–800, Oxford, 2005.

C. WICKHAM, Le trasformazioni del V secolo, en: P. DELOGU, S. GASPARRI (ed.): Le trasformazioni del V secolo. L'Italia, i barbari e l'Occidente romano. Atti del Seminario di Poggibonsi, 18–20 ottobre 2007, Turnhout, 2010.

H. ZURUTUZA, H. BOTALLA: Vivere iuxta regulam: prácticas sociales y modelos culturales cristianos, en: P. DELOGU, S. GASPARRI (ed.): Le trasformazioni del V secolo. L'Italia, i barbari e l'Occidente romano. Atti del Seminario di Poggibonsi, 18–20 ottobre 2007, Turnhout, 2010.

INCESSABILES LACRIMAS FUNDENS. LOS TESTIMONIOS PATRÍSTICOS ALUSIVOS A LAS PRIMERAS PRESENCIAS GERMÁNICAS EN LA *HISPANIA* DEL SIGLO V[1]

Josep Vilella (Universidad de Barcelona)

Cuando, en otoño del 409, tuvo lugar la entrada de pueblos germánicos en suelo ibérico, se inició en *Hispania* una dilatada coexistencia entre hispanorromanos y germanos, no únicamente étnica[2]. Además de seguir vigente la vieja antítesis entre romanidad y barbarie en un Imperio que, en última instancia, se definía como exactamente lo contrario de todo aquello representado por la fiereza, a partir de la legislación teodosiana que establece la exclusividad del cristianismo niceno, el catolicismo adquirió gran relevancia como elemento diacrítico y propio del orden imperial o civilizado, sobre todo al hacerse efectiva una conversión mayoritaria de la aristocracia romana[3].

En su *Contra Symmachum*, escrito en el 401–402[4], Prudencio continúa mostrando la tradicional animadversión hacia los extranjeros[5] al compararlos con los cuadrúpedos y los seres mudos: *sed tantum distant Romana et barbara, quantum quadrupes abiuncta est bipedi uel muta loquenti*[6]. Unos años antes, en su *Contra Parmenianum Donatistam*, Optato de Milevi[7] afirma: *non enim respublica est in*

1 Grup de Recerques en Antiguitat Tardana (Universitat de Barcelona). Este estudio se ha realizado en el marco de los proyectos de investigación HAR2010–15183/HIST del MICINN y 2009SGR–1255 de la AGAUR. Las ediciones de las fuentes aparecen indicadas, entre corchetes, en su primera cita. Cuando corresponden a grandes colecciones con volúmenes numerados, remitimos a ellas mediante las abreviaturas usuales. En los demás casos, mencionamos el nombre del editor, junto con la ciudad y el año de publicación – o la revista.

2 Ver: J. VILELLA: *Hispania* entre el Imperio romano y las monarquías germánicas, en: Los visigodos y su mundo, Madrid, 1997, p. 27–49; J. VILELLA, P. MAYMÓ: Religion and Policy in the Coexistence of Romans and Barbarians in *Hispania* (409–589), RomBarb 17 (2000–2002), p. 193–236.

3 Ver: M. R. SALZMAN: The Making of a Christian Aristocracy. Social and Religious Change in the Western Roman Empire, Cambridge, Mass. – London, 2002, p. 178–230.

4 Ver: I. LANA: Due capitoli prudenziani. La biografia – la cronologia delle opere – la poetica, Roma, 1962, p. 2 y 23–24.

5 Ver: P. COURCELLE: Histoire littéraire des grandes invasions germaniques, Paris, 1964³, p. 20–28 y 253; F. PASCHOUD: *Roma aeterna*. Études sur le patriotisme romain dans l'Occident latin à l'époque des grandes invasions, Roma, 1967, especialmente p. 323–335. Cf.: Y. A. DAUGE: Le Barbare. Recherches sur la conception romaine de la barbarie et de la civilisation, Bruxelles, 1981 [Collection Latomus 176], p. 375–377; B. LUISELLI: L'idea romana dei barbari nell'età delle grandi invasione germaniche, RomBarb 8 (1984–1985), p. 33–61.

6 Prudentius: C. Symm., 2, v. 816–817, p. 239 [CCSL 126].

7 PCBE, I, p. 795–797, Optatus 1.

ecclesia, sed ecclesia in republica, id est in imperio Romano[8]. En un Imperio en el cual la Iglesia era el segundo poder público[9], el saqueo de Roma por Alarico en el 410 originó, por supuesto, gran turbación entre los eclesiásticos de la Gran Iglesia[10]. Agustín reaccionó ante la catástrofe y en su *De ciuitate Dei* desprecia el orden político romano-terrenal[11]. Sin embargo, este posicionamiento doctrinal o teórico no tuvo traducción en la realidad cotidiana: el mismo obispo de Hipona pidió la intervención del brazo secular en contra de sus rivales donatistas[12]. Tras la desaparición de la administración imperial en Occidente, deberá pasar mucho tiempo hasta que, ante nuevas coyunturas, vuelvan a fraguarse otras ententes entre el poder secular y el religioso, no muy distintas de las alcanzadas en tiempos teodosianos: Clodoveo[13] y Recaredo[14] constituyen sus grandes paradigmas.

Tomaremos seguidamente en consideración la documentación que la patrística facilita en relación con los personajes hispanos que vivieron durante los convulsos años que siguen a las irrupciones germánicas en suelo ibérico. Nos centraremos en la "primera generación" de invadidos, en el segmento cronológico comprendido entre el 409 – cuando los bárbaros pasan los Pirineos de la mano de Geroncio[15] – y el 456, año de la muerte del primer rey suevo católico – Rechiario – y que prácticamente coincide con el inicio del declive del Reino galaico y la coetánea ocupación de *Hispania* por Tolosa, período, este último, que concluye con la trascendental batalla de Vouillé en el 507. La coexistencia de germanos y población hispanorromana no implica necesariamente que en ella siempre prevaleciera el antagonismo, pero resulta evidente que, como en casi todo el Occi-

8 Optatus Mileu.: C. Parm. Donat., 3, 3, p. 74, l. 3–5 [CSEL 26]. Cf. 3, 3, p. 75, l. 10–11: "et cum super imperatorem non sit nisi solus deus."

9 Ambrosio había impuesto penitencia pública al mismo Teodosio I. Ver: J.-R. PALANQUE: Saint Ambroise et l'Empire romain. Contribution à l'histoire des rapports de l'Église et de l'État à la fin du quatrième siècle, Paris, 1933, p. 227–244.

10 Ver: n. 5.

11 Ver: la obra fundamental de F. G. MAIER: Augustin und das antike Rom, Tübingen, 1955 [Tübinger Beiträge zur Altertumswissenschaft 39], especialmente p. 145–167 – el Imperio como "Verkörperung" de la Ciudad Terrena. Cf. asimismo, entre una ingente bibliografía: B. LOHSE: Augustins Wandlung in seiner Beurteilung des Staates, en: F. L. CROSS (ed.): Third International Conference on Patristic Studies held at Christ Church, Berlin, 1962 [Studia Patristica 6, IV], p. 447–475; R. A. MARKUS: *Saeculum*: History and Society in the Theology of Saint Augustine, Cambridge, 1970, especialmente p. 31–44. Ver además: R. M. MARINA: San Agustín. La Ciudad de Dios (libros I–VII), Madrid, 2007 [Biblioteca Clásica Gredos 364], p. 19–29.

12 Cf. Augustinus: Ep., 185, p. 1–44 [CSEL 57].

13 Ver: G. TESSIER: La conversion de Clovis et la christianisation des Francs, en: La conversione al cristianesimo nell'Europa dell'alto medioevo, Spoleto, 1967 [Settimane di Studio del Centro Italiano di Studi sull'Alto Medioevo 14], p. 149–189; F. MONFRIN: La conversion du roi et des siens, en: M. ROUCHE (dir.): Clovis. Histoire et mémoire, I [Le baptême de Clovis, l'événement], Paris, 1997, p. 289–320.

14 Ver: C. GODOY, J. VILELLA: De la *fides Gothica* a la ortodoxia nicena: inicio de la teología política visigótica, en: A. GONZALEZ, J. M. BLAZQUEZ (ed.): Los Visigodos: historia y civilización, Murcia, 1986 [Antigüedad y Cristianismo 3], p. 117–144.

15 Ver: J. ARCE: El último siglo de la España romana: 284–409, Madrid, 1982, p. 151–162.

dente, acarreó una notable conflictividad, la cual constituye uno de los factores más relevantes del "affreux" siglo V[16]. Estructuramos nuestra exposición en seis apartados estrechamente relacionados: 1) hispanos fugitivos; 2) un caso singular, Orosio; 3) Avito y el protomártir; 4) un baluarte de romanidad; 5) Idacio y su Crónica; 6) Toribio y su ímpetu ortodoxo.

1. HISPANOS FUGITIVOS

Aunque Idacio[17] – obispo probablemente de *Aquae Flauiae*, Chaves[18] –, un galaico de este crítico período, afirme que los hispanos sobrevivientes se resignaron a la servidumbre[19] – e incluso recurra al Apocalipsis[20] para ilustrar lo sucedido a raíz de la irrupción bárbara en su *lacrimabile tempus*[21] –, también atestiguamos, sobre todo en textos de autores cristianos, actuaciones y reacciones en contra de la aceptación de la nueva coyuntura y de sus consecuencias. Tras la derrota y ejecución de Dídimo[22] y Vereniano[23] – los parientes, probablemente primos, del emperador Honorio que habían encabezado la oposición armada a los contingentes de Constantino III[24] –, sus hermanos Lagodio[25] y Teodosiolo[26] huyeron, respectivamente, a las cortes de Teodosio II y Honorio[27]. Por su parte, la familia de Flavio Merobaudes[28] también se dirigió a Ravena[29]. Nacido en la

16 Así lo califica A. PIGANIOL La chute de l'Empire romain, Paris, 1982², p. 7. Ver: E. A. THOMPSON: Romans and Barbarians. The Decline of the Western Empire, Madison, 1982, especialmente p. 152–160; B. WARD-PERKINS: La caída de Roma y el fin de la civilización, Madrid, 2007 [traducción del original inglés, 2005, por M. Cuesta y D. Hernández de la Fuente], especialmente p. 32–46. J. ARCE: Bárbaros y romanos en *Hispania* (400–507 a. D.), Madrid, 2005, especialmente p. 63–67 y 281–284, defiende una interpretación más amable.

17 Ver: J. VILELLA: Idacio, un cronista de su tiempo, Compostellanum 44 (1999), p. 39–54.

18 Idacio sólo dice que se halla en Chaves en el año 460, cuando es capturado en dicha ciudad por Frumario – PLRE, II, p. 486–487, Frumarius– y regresa a la misma después de tres meses de cautiverio –Ydatius: Cont. Chron. Hieron., a. 460, 196, p. 112 [R. W. BURGESS, Oxford, 1993]; a. 460, 202, p. 114. En relación con las otras sedes propuestas para Idacio, ver: A. LÓPEZ FERREIRO: Estudios histórico-críticos sobre el priscilianismo, Santiago de Compostela 1878, p. 186; M. MACÍAS: Cronicón de Idacio, Orense, 1906, p. 10–11. Ver: n. 145.

19 Ydatius: Cont. Chron. Hieron., a. 411, 41, p. 82: "Spani per ciuitates et castella residui a plagis barbarorum per prouincias dominantium se subiciunt seruituti."

20 Ydatius: Cont. Chron. Hieron., a. 410, 40, p. 82.

21 Id.: Cont. Chron. Hieron., praef., 5, p. 74. Cf. praef., 6, p. 74: "miserabilis temporis."

22 PLRE, II, p. 358, Didymus 1.

23 PLRE, II, p. 1155, Verenianus.

24 Ver: J. F. DRINKWATER: The Usurpers Constantine III (407–411) and Jovinus (411–413), Britannia 29 (1998), p. 269–298, p. 271–287 y 292–296.

25 PLRE, II, p. 654, Lagodius.

26 PLRE, II, p. 1099, Theodosiolus.

27 Zosimus (historicus): Hist. noua, 6, 4, 4, p. 8 [F. PASCHOUD, Paris, 1971–1989]; Sozomenus: Hist. eccl., 9, 12, 1, p. 403 [GCS 50].

28 PLRE, II, p. 756–758, Fl. Merobaudes.

29 Apollinaris Sidonius: Carm., 9, v. 296–301, p. 92 [A. LOYEN, Paris, 1960].

Baetica, este *spectabilis*[30] – quizás *illustris* – es autor de un poema sobre Cristo – el *De Christo* – en 30 hexámetros dactílicos, y de varios fragmentos de poemas y panegíricos[31]. En el 435, el Senado y los dos emperadores – Teodosio II y Valentiniano II – le erigieron una estatua de bronce en el foro de Trajano por su valía literaria y militar[32].

Llegaron fugitivos a las Baleares. A causa de la *clades*, el judío Inocencio dejó la Península Ibérica y fue a las islas[33], al igual que, según parece, Consencio, quien también se dirigió al archipiélago en busca de la tranquilidad[34]. Lo que sucedió en las Baleares ante las irrupciones germánicas en la Península Ibérica parece comparable con lo ocurrido en Giglio o Sicilia ante el saqueo de Roma: al respecto resultan significativos diferentes testimonios, en particular un pasaje del *De reditu suo* de Rutilio Namaciano referido a la antigua *Igilium*[35]. De todas maneras, la mayoría de los refugiados romanos navegaron hacia el sur, a África, caso de Piniano[36] y Melania[37], quienes no consiguieron vender algunas propiedades suyas hispanas hasta el 419[38]. Viajaron asimismo a Oriente – no sólo a Palestina – muchos occidentales que huían de los bárbaros: Jerónimo dedica pasajes explícitos y desgarradores a esta cuestión, a la cual, según indica, se refiere con lágrimas en los ojos[39].

Después de la entrada germánica del 409, también algunos obispos abandonaron *Hispania* y alcanzaron África: así lo indica Agustín en la respuesta que, en el 429, da a Honorato[40], un obispo númida. Éste había consultado al hiponense cómo debían actuar los miembros del clero ante la inminente amenaza vándala. Al respecto, responde que las iglesias no pueden quedarse sin pastores[41] y, como ejemplo a no imitar, se refiere a la reacción que, anteriormente, habían tenido varios obispos hispanos: *ita quidam sancti episcopi de Hispania profugerunt prius*

30 En el 443, se documenta en la Península Ibérica como magister utriusque militiae, puesto en el que sucede a su suegro Asturio – PLRE, II, p. 174–175, Fl. Astyrius: Ydatius: Cont. Chron. Hieron., a. 443, 120, p. 96.

31 Ver: A. LOYEN: L'oeuvre de Flavius Merobaudes et l'histoire de l'Occident de 430 à 450, REA 74 (1972), p. 153–174.

32 CIL VI, 1724; Apollinaris Sidonius: Carm., 9, v. 301, p. 92; Ydatius: Cont. Chron. Hieron., a. 443, 120, p. 96. Ver: T. OLAJOS: L'inscription de la statue d'Aétius et Merobaudes, en: Fifth International Congress of Greek and Latin Epigraphy, Oxford, 1971, p. 469–472; S. BODELÓN: Merobaudes: un poeta de la Bética en la corte de Ravena, MHA 19–20 (1998–1999), p. 343–368.

33 "Et Innocentius qui Hispaniarum cladem nuper effugiens, cum familiis suis, ad hanc insulam uenerat" (Seuerus Minor: Ep. de conu. Iud. apud Minor. ins. mer. s. Steph. facta, 18, 4, p. 38, l. 265–266 [J. AMENGUAL, Palma de Mallorca, 1992] [BHL 7859]).

34 Consentius: Ep., 12*, 6, 2, apud Augustinus: Ep., p. 73 [CSEL 88].

35 Rutilius Namatianus: De reditu suo, 1, v. 325–336, p. 17 [É. WOLFF, Paris, 2007].

36 PLRE, I, p. 702, Valerius Pinianus 2.

37 PLRE, I, p. 593, Melania 2.

38 Vita s. Melaniae, 37, p. 196 [SC 90] [BHG 1241].

39 Hieronymus: Comment. in Ezechielem, prol., p. 3 [CCSL 75]; 3, praef., p. 91; 7, praef., p. 277. Cf.: Id. Ep., 126, 2, p. 144 [CSEL 56]; Id.: Ep., 128, 5, p. 161 [ibid.].

40 PCBE, I, p. 570, Honoratus 16.

41 Augustinus: Ep., 228, p. 484–496 [CSEL 57].

plebibus partim fuga lapsis partim peremptis partim obsidione consumptis partim captiuitate dispersis[42]. A pesar de que estas huidas no puedan detallarse, ni cuantitativa ni cualitativamente, la simple participación en las mismas de miembros del *ordo senatorius* y del estamento episcopal pone claramente de manifiesto que entre los fugitivos abundaban personas de familias encumbradas socialmente[43].

Serían clérigos escapados los obispos y diáconos hispanos que asistieron al concilio de Cartago del 418[44], un sínodo plenario de las provincias africanas presidido por el *primatus* Aurelio[45]. Podemos deducir la evasión de Eucario[46], un *presbyter ex Hispania* del cual sabemos que vivía en *Calama – Numidia –* entre el 416 y el 426/427: Agustín explica las curaciones de que fue objeto gracias a las reliquias del protomártir[47]. También habría salido de la Península Ibérica Pedro[48], otro presbítero hispano que, entre el 418 y el 419, está atestiguado en la *Mauritania Caesariensis*; su amistad con el exdonatista Vicente Víctor[49] tiene relación con la redacción del *De natura et origine animae* por Agustín. Orosio narra que, antes del 417/418, *plurimi Hispani* abandonaron la Península, e incluso especifica que los mismos bárbaros facilitaban, a cambio de poco dinero, la salida a todo aquel que así lo deseara, siendo muchos los hispanos que pagaban y huían de esta manera[50].

2. UN CASO SINGULAR, OROSIO

Tras su ordenación presbiteral y siendo joven, Orosio[51], según indica él mismo en sus *Historiarum aduersum paganos libri*, padeció la presencia de bárbaros desconocidos (*ignotos primum barbaros uiderim*) y, al respecto, actuó "evitando a los que eran hostiles (*infestos declinauerim*), halagando a quienes tenían el poder

42 Id.: Ep., 228, 5, p. 488, l. 3–5.

43 Así se constata en las huidas atestiguadas en Roma ante la llegada de Alarico. Ver: COURCELLE, Histoire, p. 56–67.

44 "Cum Aurelius episcopus simul cum Donatiano Teleptensi primae sedis episcopo prouinciae Bizacenae et aliis ducentis tribus coepiscopis suis, tam ex prouincia Bizacena quam Mauritania Sitifensis, Tripolitana, Numidia, Mauritania Caesariensi et Hispania, in concilio consedisset, adstantibus diaconibus" (Conc. Carthag. [418], prooem., p. 69 [CCSL 149]). En estos concilios cartagineses, nunca se atestiguan obispos de la Mauritania Tingitana: ni siquiera es seguro que existieran sedes episcopales en esta provincia a principios del siglo V.

45 PCBE, I, p. 105–127, Aurelius 1.

46 PCBE, I, p. 360, Eucharius.

47 Augustinus: De civ. Dei, 22, 8, p. 822, l. 279–285 [CCSL 48]: "Eucharius est presbyter ex Hispania, Calamae habitat, uetere morbo calculi laborabat; per memoriam supradicti martyris, quam Possidius illo aduexit episcopus, saluus factus est. Idem ipse postea morbo alio praeualescente mortuus sic iacebat, ut ei iam pollices ligarentur; opitulatione memorati martyris, cum de memoria eius reportata esset et super iacentis corpus missa ipsius presbyteri tunica, suscitatus est."

48 PCBE, I, p. 871–872, Petrus 4.

49 PCBE, I, p. 1173–1174, Vincentius Victor 62.

50 Orosius: Hist. adu. pag., 7, 41, 4–5, p. 121–122 [M.-P. ARNAUD-LINDET, Paris, 1990–1991].

51 Ver: J. VILELLA: Biografía crítica de Orosio, JbAC 43 (2000), p. 94–121. Este galaico había adquirido una considerable formación, tanto cristiana como pagana.

(*dominantibus eblanditus*), tomando precauciones ante los infieles (*infideles praecauerim*) y esquivando a los que estaban al acecho (*insidiantes subterfugerim*)"[52]. Sigue explicando, aunque con intencionada ambigüedad, que, a causa de unos hechos que no quiere indicar, huyó (*prima qualiscumque motus perturbatione fugienti*) de su tierra por vía marítima y que entonces fue perseguido con piedras y dardos por algunos bárbaros, de quienes escapó (*euaserim*), cuando ya estaba a punto de ser atrapado (*manibus etiam paene iam adprehendentes*), gracias a una repentina niebla[53].

No obstante, en su *Commonitorium de errore Priscillianistarum et Origenistarum*, asegura que salió de su patria sin haberlo decidido y sin que tuviera ni intención ni necesidad de hacerlo y que sólo le movió cierta fuerza oculta hasta ser traído a la costa africana, donde recobró la consciencia y se dio cuenta de que estaba llamado a ir hasta Agustín[54]. Cuando, en África, Orosio escribe este opúsculo en contra de los herejes de su tierra, ya sabía que Agustín se oponía a que los clérigos huyeran de los bárbaros[55]. La versión que el hispano daría al africano es la que éste indica en sus *epp.* 166[56] y 169: le dijo que, debido a su prestigio, se había dirigido apresuradamente hasta él, desde la costa del Océano de la parte más alejada de la Península Ibérica (*ab ultima Hispania, id est ab Oceani litore*), para aprender[57]. Aunque su salida precipitada de la *Gallaecia* después del 409 no implica que no tuviera previsto ir a tierras lejanas para formarse doctrinalmente y, en consecuencia, ocupar después un lugar preeminente entre los eclesiásticos galaicos[58], respecto a Orosio resulta significativo que, en su *Commonitorium* – compuesto en forma de carta y dirigido a Agustín –, indique que ha efectuado su redacción a partir de lo que ha podido recordar (*hoc, sicut retinere potui, breuiter expositum est*)[59], hecho que pone de manifiesto que llegó indocumentado a África, lo cual apunta asimismo a una repentina huida relacionada con los bárbaros: Orosio no preparó su ida a Hipona.

En el *Commonitorium* – escrito después del 409 y antes del 415[60] –, muestra sin ambages su animadversión hacia los bárbaros. Utilizando un lenguaje me-

52 Orosius: Hist. adu. pag., 3, 20, 6, p. 173. Cf.: 3, 20, 9, p. 173–174; 7, 38, 3, p. 112; 7, 40, 10, p. 120; 7, 41, 1, p. 120–121.

53 Id.: Hist. adu. pag., 3, 20, 7, p. 173. Cf.: 5, 2, 1, p. 86; 5, 1, 15, p. 85; 5, 2, 8, p. 87. Ver: n. 69 y 87.

54 Id.: Common. de errore Prisc. et Orig., 1, p. 158, l. 22–25 [CCSL 49].

55 Ver: n. 41–42.

56 Augustinus: Ep., 166, 2, p. 547, l. 11–12 [CSEL 44].

57 Id.: Ep., 169, 13, p. 621, l. 14–15 [ibid.]. Agustín repite que Orosio realiza el viaje únicamente a causa de su interés por las Escrituras.

58 Así lo hicieron los dos Avitos, quienes, al parecer, se habían puesto de acuerdo para emprender una actividad doctrinal conjunta relacionada con los postulados priscilianistas acerca del alma: después del 399 y antes del 415, uno de ellos se dirige a Jerusalén y otro a Roma. Ver: VILELLA: Biografía, p. 94–95. Mediante su Commonitorium de errore Priscillianistarum et Origenistarum y la esperada respuesta de Agustín, Orosio parece seguir el ejemplo de los Avitos.

59 Orosius: Common. de errore Prisc. et Orig., 4, p. 162, l. 126.

60 Ver: VILELLA: Biografía, p. 97, n. 37.

tafórico, pide a Agustín que arranque y corte (*erue atque succide*) los sembrados o los injertos malignos de los demás[61] y que siembre (*sparge*) la verdadera semilla entre ellos, quienes deben ser regados por Agustín (*de tuis fontibus rigaturis*). Poniendo a Dios por testigo, sigue diciendo al obispo de Hipona que tiene confianza en que éste incrementará su obra (*incrementum operis tui spero*) para que aquella tierra (*terra illa*), que ahora produce frutos ingratos al ser mal cultivada (*insincere culta*), prospere algún día hasta el céntuplo una vez esté generosamente fertilizada, siempre y cuando, a través de Orosio, Agustín la visite (*apud me mandando et replendo uisitaueris*) con aquel maná que tiene guardado, reiterando su deseo de que, por medio de Agustín, Dios corrija con la palabra a quienes ha castigado con la espada[62] – clara alusión a los bárbaros. Le indica asimismo que los galaicos han sido más desgarrados por falsos doctores que por los más sanguinarios de los enemigos (*dilacerati grauius a doctoribus prauis quam a cruentissimis hostibus sumus*)[63].

La relación que Orosio establece entre la situación religiosa y la política de su *Gallaecia* vuelve a plasmarse en la parte final del *Commonitorium*, cuando dice que él ha sido enviado y Agustín elegido (*te electum me missum esse*) para dar a conocer (*proferenda*) los medios para curar a tan grande y singular pueblo, pues, de la misma manera que dicho pueblo ha sido herido por pecar, también se le debe, después de la herida, la curación (*sic post plagam cura debetur*)[64]. Esta exposición-consulta de Orosio, relativa al panorama religioso galaico, será contestada por Agustín durante el invierno del 414–415 o a inicios de la primavera del 415: se trata del *Ad Orosium contra Priscillianistas et Origenistas*. Entonces Orosio ya se disponía a viajar a Palestina por petición de Agustín. Después de permanecer varios años sin comunicarse con Jerónimo, ahora el obispo hiponense estaba interesado en fortalecer sus relaciones con aquél, sobre todo frente a Pelagio[65]. Al llegar a Palestina durante la primavera del 415, Orosio encontró, en el círculo de Jerónimo, al presbítero bracarense Avito[66], quien había salido de su

61 Hace alusión a los galaicos que se habían alejado de la ortodoxia, básicamente a los priscilianistas.

62 Orosius: Common. de errore Prisc. et Orig., 1, p. 157–158, l. 11–20. Cf.: Augustinus: Ep., 166, 2, p. 547, l. 7–12; Id.: Ep., 169, 13, p. 621, l. 16–19.

63 Orosius: Common. de errore Prisc. et Orig., 1, p. 158, l. 28–29. Cf.: Augustinus: Ep., 166, 2, p. 547, l. 7–12; Id.: Ep., 169, 13, p. 621, l. 16–19.

64 Orosius: Common. de errore Prisc. et Orig., 4, p. 162–163. Cf.: Augustinus: Ep., 166, 2, p. 547, l. 7–12; Id.: Ep., 169, 13, p. 621, l. 16–19.

65 Ver: VILELLA: Biografía, p. 100–105.

66 En el caso de que correspondiera a un mismo personaje el nombre Avito que figura en tres cartas de Jerónimo –Hieronymus: Ep., 79, 1, p. 88, l. 12–17 [CSEL 55]; Id.: Ep., 106, 2, p. 248–249 [ibid.]; 86, p. 289, l. 4–5; Id.: Ep., 124, direct., p. 96 [CSEL 56]; 1, p. 97, l. 3–5–, podría coincidir con el galaico que, a través de Orosio, escribe a la Iglesia bracarense – ver n. 82. La ep. 79 fue redactada después del 398, probablemente en el 400: F. CAVALLERA: Saint Jérôme. Sa vie et son œuvre, I, 1, Louvain-Paris, 1922 [Spicilegium sacrum Lovaniense. Études et documents 1–2], p. 184, n. 1 y I, 2, p. 47. Muy imprecisa resulta la cronología de la ep. 106: CAVALLERA: Saint Jérôme, I, 2, p. 46–47. La ep. 124 se data en los años 408/409: CAVALLERA: Saint Jérôme, I, 1, p. 314, n. 1 y I, 2, p. 47 y 132. Si no se trata de un único

provincia antes del 409[67] y tenía una edad avanzada – y un buen conocimiento del griego[68] – cuando entabló relación con su compatriota, quien le informaría de la situación existente en *Hispania*[69].

3. AVITO Y EL PROTOMÁRTIR

Cuando el enviado de Agustín ya estaba preparando su partida de Palestina, Avito conoció el hallazgo del cuerpo del protomártir Esteban[70], cuya tumba se encontró el 19 de diciembre del 415[71]. Entonces, viendo en ello una oportunidad para

individuo, podría identificarse al presbítero bracarense de avanzada edad con alguno de estos personajes. B. ALTANER: Avitus von Braga, ZKG 60 (1941), p. 456–468, ha defendido – en contra de otros autores anteriores – que, en estas cartas, Jerónimo se refiere a un solo personaje que, además, sería el que da a Orosio las reliquias de Esteban junto con los escritos que las acompañan. En su argumentación al respecto, sostiene que el Avito de la ep. 79 es el mismo que el de la ep. 106 porque los dos textos harían alusión a un asiduo corresponsal de Jerónimo, al que Altaner sitúa en Constantinopla. A partir del interés erudito –con probable conocimiento del griego– que se atestigua tanto en el Avito de la ep. 106 como en el de la ep. 124, atribuye también al mismo individuo el testimonio facilitado por esta última carta. De todas maneras, la argumentación de Altaner carece de apoyos firmes, hecho que la debilita considerablemente. En definitiva, si bien es mérito de Altaner el haber intentado dilucidar la posible referencia a un único Avito –nombre muy frecuente– en las cartas conservadas de Jerónimo, ello no puede darse por seguro. En caso de aceptarse la hipótesis de Altaner –autor que apoya, una y otra vez, sus posiciones unitarias en el conocimiento del griego–, sigue igualmente abierta la cuestión de si este Avito es o no el mismo que –después de haberse dirigido supuestamente desde Constantinopla a Palestina– está en contacto con Orosio, identificación, esta última, que el mismo Altaner califica de insegura.

67 De lo dicho por Avito a sus compatriotas – ver: n. 87 –, se colige que éste había salido de la Gallaecia antes de la entrada de pueblos germánicos en la Península Ibérica.

68 Ver: n. 78.

69 Así parece colegirse del hecho de que Avito se refiera – en su carta dirigida, a través de Orosio, a Balconio y a todo el clero y pueblo de Braga, ver n. 83 – a las tribulaciones de los hispanorromanos que coexistían con los bárbaros – ver: n. 86 y 87 –, las cuales debían remediarse mediante las reliquias de Esteban – ver: n. 80 y 89–90–, y a su temor de no poder llegar, en caso de intentarlo, hasta Braga – ver: n. 87. Quizás Orosio contaría a Avito su propia experiencia al respecto, cf.: Orosius: Hist. adu. pag. libri, 3, 20, 6–7, p. 173; 5, 2, 1, p. 86. Ver: n. 53.

70 Auitus Brac.: Ep. ad Palch. episc. Brac. de reliq. s. Steph., 5, p. 188–189 [É. VANDERLINDEN, REByz 4 (1946)] [BHL 7850]. Cf.: Lucianus presb. (et Auitus Brac.): Ep. de inuent. corp. s. Steph. mart., 42–45, p. 212–214 [ibid.] [BHL 7851] –ver n. 78; Augustinus: Tract. in eu. Ioannis, 122, 4, p. 662, l. 14–15 [CCSL 36]; Seuerus Minor: Ep. de conu. Iud. apud Minor. ins. mer. s. Steph. facta, 4, 2, p. 18, l. 41; 20, 4, p. 50, l. 384–385; Augustinus: Serm., 318, 1, 1438 [PL 38]; Id.: Serm., 319, 6, 1441 [ibid.]; Cons. Const., a. 415, p. 246 [MGH aa 9, Chronica minora 1]; Sozomenus: Hist. eccl., 9, 16, p. 407, l. 5–8; Basilius Seleuc.: Serm., 41, 468–469 [PG 85] [BHG 1652–1653]; Ydatius: Cont. Chron. Hieron., a. 415, 50, p. 84; Gennadius: De uir. ill., 40, p. 76 [TU 14, 1a]; 47, p. 78; Marcellinus (comes): Chron., a. 415, p. 72 [MGH aa 11, Chronica minora 2].

71 La versión latina A de la invención de las reliquias de Esteban – ver: n. 78 – señala que la primera aparición de Gamaliel a Luciano fue a las nueve de la noche del 3 de diciembre

ayudar a sus compatriotas[72], Avito se propuso conseguir reliquias y rápidamente las pidió a Luciano[73] – presbítero de Cafargamala que había tenido las apariciones que condujeron al descubrimiento de la sepultura del protomártir[74] –, de quien recibió secretamente polvo de carne y de nervios y huesos enteros pigmentados y perfumados[75]. Interesado por saber y divulgar cómo había sucedido el hallazgo, recabó información de Luciano[76], quien – después de haber redactado, probablemente en griego, un texto explicativo de lo sucedido[77] – le dictó en griego lo

– viernes – del décimo consulado de Honorio – ver PLRE, I, p. 442, Fl. Honorius 3 – y sexto de Teodosio II – ver PLRE, II, p. 1100, Theodosius 6: Lucianus presb. (et Auitus Brac.): Ep. de inuent. corp. s. Steph. mart., 3, p. 192. A partir de esta indicación, resulta que su segunda conversación con el rabino acontece una semana después de la primera, esto es, el 10 de diciembre – Lucianus presb. (et Auitus Brac.): Ep. de inuent. corp. s. Steph. mart., 17–18, p. 200–202 –, y la tercera después de transcurrir otra semana, el 17 de diciembre – Lucianus presb. (et Auitus Brac.): Ep. de inuent. corp. s. Steph. mart., 25, p. 206. Al día siguiente, el 18 de diciembre, Luciano narra sus visiones al obispo Juan de Jerusalén: Lucianus presb. (et Auitus Brac.): Ep. de inuent. corp. s. Steph. mart., 25–35, p. 206–210. Siempre según la versión latina A, el hallazgo de las sepulturas de Esteban, Nicodemo, Gamaliel y Abibas tiene lugar finalmente el día 19 de diciembre – un día después de que Luciano hubiera puesto en conocimiento de Juan sus apariciones: Lucianus presb. (et Auitus Brac.): Ep. de inuent. corp. s. Steph. mart., 25–43, p. 206–214. Cuando Luciano da noticia a su obispo del descubrimiento, Juan ya estaba en Dióspolis, a donde se había dirigido para la celebración de un concilio: Lucianus presb. (et Auitus Brac.): Ep. de inuent. corp. s. Steph. mart., 44, p. 214. Al tener conocimiento de lo sucedido, Juan va, con otros dos obispos que se hallaban en el sínodo, al lugar del hallazgo y las reliquias de Esteban acaban siendo trasladadas a Jerusalén el 26 de diciembre: Lucianus presb. (et Auitus Brac.): Ep. de inuent. corp. s. Steph. mart., 44–48, p. 214; cf. Basilius Seleuc.: Serm., 41, 468–469. Dependen del relato de Luciano las indicaciones cronológicas facilitadas por los Consularia Constantinopolitana y por Genadio en relación con el descubrimiento de los restos de Esteban: Cons. Const., a. 415, p. 246 – donde se confunde la fecha del hallazgo con la de la primera aparición de Gamaliel a Luciano; Gennadius: De uir. ill., 47, p. 78. El hallazgo, en Jerusalén, de las reliquias del profeta Zacarías es casi contemporáneo de la invención de la tumba del protomártir: Sozomenus: Hist. eccl., 9, 16–17, p. 407–408.

72 Auitus Brac.: Ep. ad Palch. episc. Brac. de reliq. s. Steph., 6–7, p. 189.

73 Id.: Ep. ad Palch. episc. Brac. de reliq. s. Steph., 7, p. 189.

74 Lucianus presb. (et Auitus Brac.): Ep. de inuent. corp. s. Steph. mart., p. 190–216. En relación con la mediación-actuación de Luciano en la revelación de la tumba de Esteban, cf. también: Auitus Brac.: Ep. ad Palch. episc. Brac. de reliq. s. Steph., 7, p. 189; 9, p. 189; Augustinus: Tract. in eu. Ioannis, 122, 4, p. 662, l. 14–15; Id.: Serm., 318, 1, 1438; Id.: Serm., 319, 6, 1441; Cons. Const., a. 415, p. 246; Basilius Seleuc.: Serm., 41, 468; Gennadius: De uir. ill., 47, p. 78; Marcellinus (comes): Chron., a. 415, p. 72. Paradójicamente, es al monje Migecio a quien finalmente Gamaliel indica el paraje concreto donde estaba enterrado el protomártir: Lucianus presb. (et Auitus Brac.): Ep. de inuent. corp. s. Steph. mart., 36–43, p. 210–214.

75 Auitus Brac.: Ep. ad Palch. episc. Brac. de reliq. s. Steph., 8, p. 189. Cf. Augustinus: Serm., 318, 1, 1438. Ver: n. 89.

76 Lucianus presb. (et Auitus Brac.): Ep. de inuent. corp. s. Steph. mart., 2, p. 190–192; Auitus Brac.: Ep. ad Palch. episc. Brac. de reliq. s. Steph., 9, p. 189.

77 Avito indica que Luciano escribió un relato del hallazgo de las reliquias de Esteban, relato que, después, el presbítero de Cafargamala le dictó en griego y que fue traducido al latín por el bracarense – ver n. 78. Por su parte, Genadio y el comes Marcelino –quienes dependen de

acaecido, relato que Avito tradujo al latín[78] después del 26 de diciembre del 415[79].

Una vez obtenidas las reliquias, las entregó en seguida a Orosio para que éste las llevara a Balconio, obispo de Braga[80], y, de este modo, el santo – al convertirse en su protector – les permitiera vivir seguros y en paz[81]. Juntamente con los restos sacros, Avito dio a Orosio una carta[82], dirigida a Balconio y a todo el

Avito– señalan que Luciano redactó su texto en griego: Gennadius: De uir. ill., 47, 1a, p. 78; Marcellinus (comes): Chron., a. 415, p. 72 – cf. Cons. Const., a. 415, p. 246. Si bien de lo dicho por Avito parece inferirse que Luciano redactó su texto en griego, la lengua inicial del relato de Luciano no es mencionada explícitamente, habida cuenta de que Avito sólo indica que Luciano le dictó su texto en griego. A partir de ello – y considerando que en Cafargamala se hablaba arameo –, Peeters ha cuestionado que el relato original de Luciano – el cual da origen a muchas otras redacciones en diferentes lenguas, ver n. 78 – fuera escrito realmente en griego. Ver: P. PEETERS: Le tréfonds oriental de l'hagiographie byzantine, Bruxelles, 1950 [Subsidia hagiographica 26], p. 55–58. En relación con las lenguas utilizadas por los eclesiásticos de Palestina, ver: G. BARDY: Grecs et latins dans les premières controverses pélagiennes, BLE 49 (1948), p. 3–20, p. 6, n. 16. Tanto Avito como los Consularia Constantinopolitana denominan carta al texto de Luciano: Auitus Brac.: Ep. ad Palch. episc. Brac. de reliq. s. Steph., 9, p. 189; Cons. Const., a. 415, p. 246. Ver: J. MARTIN: Die *Reuelatio s. Stephani* und Verwandtes, HJ 77 (1958), p. 419–433, p. 423.

78 Auitus Brac.: Ep. ad Palch. episc. Brac. de reliq. s. Steph., 9, p. 189; Cons. Const., a. 415, p. 246; Gennadius: De uir. ill., 48, p. 78. La versión de Avito es Lucianus presb. (et Auitus Brac.): Ep. de inuent. corp. s. Steph. mart., p. 190–216. El texto de Avito – quien también puede haber participado en la composición griega de Luciano, no conservada, ver n. 92 – constituye el documento más antiguo y puro acerca de la invención de las reliquias del protomártir, acontecimiento que gozó de una gran popularidad – cf. Decret. Gelas. de libris recip. et non recip., 5, 5, p. 53, l. 295 [TU 38, 4]– y del cual existen otras redacciones – que proporcionan unos textos muy desnaturalizados– en griego, latín, siríaco, armenio, georgiano y etíope –ver CPL 575. La versión entregada por Avito a Orosio, la denominada A de las latinas –BHL 7851; ver: H. LECLERCQ: Étienne (martyre et sépulture de saint), DACL, V, 1, Paris, 1923, 624–671, 632–639; É. VANDERLINDEN: Reuelatio sancti Stephani (B.H.L. 7850–6), REByz 4 (1946), p. 178–217, p. 180–187–, presenta partes que no se hallan en las restantes y que coinciden – ver n. 92 – con el texto de su carta a Balconio – ubicada antes de A en la tradición manuscrita –, hecho que parece poner de manifiesto que el bracarense adaptó el relato griego e introdujo algunos detalles que le convenían para narrar – y probar– lo sucedido a sus compatriotas. Así se pone de manifiesto, por ejemplo, cuando se refiere a su ascendencia ante Luciano, siendo sólo la redacción A la que alude a la gestión realizada por Avito – ver n. 76 y 91. Debido a la naturaleza que presenta esta traducción-adaptación, resultado final de la actividad de ambos presbíteros, incluimos también a Avito como coautor – entre paréntesis – de esta relación, la única que utilizamos debido al escaso valor histórico que poseen las otras recensiones de la reuelatio. Ver: P. PEETERS: Le sanctuaire de la lapidation de s. Étienne. À propos d'une controverse, AB 27 (1908), p. 359–368, p. 364–367; Id.: Le tréfonds, p. 55–58.

79 La versión latina A de la inuentio, redactada por Avito y entregada por éste a Orosio – ver n. 84 y 91 –, indica que dichas reliquias fueron trasladadas a Jerusalén el día 26 de diciembre – ver n. 71.

80 Auitus Brac.: Ep. ad Palch. episc. Brac. de reliq. s. Steph., 6–8, p. 189. Cf. Gennadius: De uir. ill., 40, p. 76.

81 Auitus Brac.: Ep. ad Palch. episc. Brac. de reliq. s. Steph., 6, p. 189; 10, p. 189.

82 Id.: Ep. ad Palch. episc. Brac. de reliq. s. Steph., p. 188–189.

clero y el pueblo de Braga[83], a la que también adjuntó la versión latina de la narración de Luciano, para dar así mayor credibilidad tanto a la autenticidad de las reliquias como al contenido de la misiva[84].

En esta carta, inicialmente Avito les expresa su deseo y su ruego (*cupio et deprecor*) de que lo recuerden, de la misma manera que él, en Tierra Santa, se sigue acordando todo lo que puede de ellos, indicándoles que se compadece (*compatiens*), con dolor, de sus tribulaciones y que, a causa de la división existente en su patria (*pro discidio patriae uestrae*[85]), llora constantemente (*incessabiles lacrimas fundens*) para que el Señor restituya la libertad (*restituat libertatem*) a sus conciudadanos, a quienes Éste quiso advertir, o conceda la paz a quienes permitió vencer (*praeualere*)[86].

Además, les asegura que, con frecuencia, ha querido ir hasta Braga (*frequenter uolui uenire ad uos*) para sufrir con ellos lo malo o para disfrutar de lo bueno, deseo que dice haberse visto imposibilitado a causa de la expansión de los enemigos (*hoste diffuso*) por toda *Hispania*, indicándoles Avito que, si deja Tierra Santa, teme que no pueda llegar hasta ellos y sufra las penalidades de su osadía irracional donde quiera que sea detenido (*interceptus*)[87].

Les indica que, debido a su deseo y al mérito de los bracarenses, Dios misericordioso se dignó procurar la gracia de su indulgencia al hacer que los obispos africanos enviaran a Palestina al queridísimo copresbítero Orosio – cuya caridad y consuelo, dice, le devolvieron la presencia de todos sus compatriotas –, y les expone que, cuando éste ya estaba preparando el regreso hasta Braga (*reditum ad uos*) con increíble deseo, el bienaventurado Esteban, el primer mártir, auténtica corona de nuestra gloria en Jesucristo, estimó conveniente revelarse y manifestarse (*se reuelare et manifestare*) de modo totalmente evidente mediante señales (*signis*) y con los prodigios (*uirtutibus*) subsiguientes[88].

Seguidamente, Avito refiere que, al haber comprendido la causa de tantas cosas ordenadas por Dios, ha considerado que lo más oportuno es enviar (*praemittere*) el mártir a Balconio (*caritati uestrae*) para que, estando presente como abogado y patrono (*ipse praesens aduocatus et patronus*), se digne asistir las peticiones (*petitionibus*) de quienes le siguen, puesto que, como es sabido, incluso no desdeña orar por los enemigos. Dice a Balconio y a todos los bracarenses que,

83 Id.: Ep. ad Palch. episc. Brac. de reliq. s. Steph., 1, p. 188. Cf. Gennadius: De uir. ill., 48, p. 78.

84 Auitus Brac.: Ep. ad Palch. episc. Brac. de reliq. s. Steph., 9, p. 189; Gennadius: De uir. ill., 48, p. 78. Cf. Cons. Const., a. 415, p. 246.

85 En algunos manuscritos aparece nostrae en lugar de uestrae, cf. Auitus Brac.: Ep. ad Palch. episc. Brac. de reliq. s. Steph., 2, p. 188, in app. crit.

86 Id.: Ep. ad Palch. episc. Brac. de reliq. s. Steph., 2, p. 188. Resulta clara la referencia a los bárbaros.

87 Auitus Brac.: Ep. ad Palch. episc. Brac. de reliq. s. Steph., 3–4, p. 188. Avito parece recoger lo que le habría explicado Orosio – ver n. 53 y 69.

88 Auitus Brac.: Ep. ad Palch. episc. Brac. de reliq. s. Steph., 5, p. 188–189. Cf.: Lucianus presb. (et Auitus Brac.): Ep. de inuent. corp. s. Steph. mart., 42–50, p. 212–216; Cons. Const., a. 415, p. 246; Ydatius: Cont. Chron. Hieron., a. 415, 50, p. 84; Gennadius: De uir. ill., 47, p. 78; Marcellinus (comes): Chron., a. 415, p. 72.

manteniendo constantemente su recuerdo y viendo la disposición tan conveniente emanada por Dios, se apresuró a hacerse merecedor (*promereri*), ante el presbítero a quien Esteban se había revelado, de alguna partícula del cuerpo santo hallado, partes que, reclamadas rápidamente y recogidas en secreto (*festinato expetitam secretoque perceptam*), les hace llegar sin demora[89].

Continúa indicándoles que, de esta manera, por medio del copresbítero Orosio, les envía reliquias del cuerpo de Esteban, esto es, polvo de su carne y de sus nervios (*puluerem carnis atque neruorum*) y, para que se le dé un crédito más fiel y certero, huesos enteros (*ossa solida*) que han sido untados (*pinguiora*) con nuevos pigmentos y olores[90]. Les informa además de que, para evitar cualquier duda, también les transmite, adjuntada a su escrito, la misma carta y redacción del presbítero a quien fueron reveladas estas cosas, carta que, ante sus ruegos y peticiones (*rogante et expetente*) para que se conociera fiel y plenamente la verdad, Luciano le dictó en griego (*dictauit graeco*) y que Avito había traducido al latín (*per me postea in latinum uersa est*)[91].

Por último, les implora (*imploro*) que, puesto que todo esto en verdad sucedió, tengan estos hechos como realmente acaecidos y les indica que tiene la certeza de que, tal y como el mismo mártir se dignó a anunciarse y a manifestarse para la salvación del mundo en peligro[92], con el auxilio facilitado por la presencia de tan gran patrón (*auxilio ex praesentia tanti patroni*), vivirán seguros y en paz si estiman (*diligitis*) tal prenda (*tale pignus*) con una afección digna[93].

89 Auitus Brac.: Ep. ad Palch. episc. Brac. de reliq. s. Steph., 6–7, p. 189. Cf.: Gennadius: De uir. ill., 40, p. 76; 47, p. 78. El obispo de Jerusalén había mandado a Luciano que, en caso de encontrar las reliquias, las custodiara, hecho que evidencia que Juan no estaba dispuesto a que se repartieran – ver n. 75: Lucianus presb. (et Auitus Brac.): Ep. de inuent. corp. s. Steph. mart., 35, p. 208–210. En algunas redacciones de la reuelatio se indica que unas pequeñas partes del cuerpo de Esteban no fueron trasladadas a la iglesia de la Santa Sión de Jerusalén – ver n. 71 –, permaneciendo en poder de Luciano. Por otra parte, la referencia al carácter secreto de la entrega de reliquias que Avito recibe de Luciano podría evidenciar asimismo las malas relaciones que tanto Avito como Orosio mantendrían con Juan.

90 En relación con estos perfumes y pigmentos, cf.: Lucianus presb. (et Auitus Brac.): Ep. de inuent. corp. s. Steph. mart., 22–23, p. 202–204; 45, p. 214.

91 Auitus Brac.: Ep. ad Palch. episc. Brac. de reliq. s. Steph., 8–9, p. 189; Gennadius: De uir. ill., 40, p. 76; 48, p. 78. Cf.: Lucianus presb. (et Auitus Brac.): Ep. de inuent. corp. s. Steph. mart., 2, p. 190–192; Cons. Const., a. 415, p. 246; Gennadius: De uir. ill., 47, p. 78; Marcellinus (comes): Chron., a. 415, p. 72.

92 La expresión "pro salute mundi periclitantis se manifestare" que escribe Avito en su carta a los bracarenses tiene paralelismos en su traducción-adaptación de la reuelatio, cf.: Lucianus presb. (et Auitus Brac.): Ep. de inuent. corp. s. Steph. mart., 8, p. 194; 50, p. 216. Ello pone de manifiesto la impronta dejada por Avito en la versión latina del relato de Luciano, ver n. 78.

93 Auitus Brac.: Ep. ad Palch. episc. Brac. de reliq. s. Steph., 10, p. 189.

4. UN BALUARTE DE ROMANIDAD

El poder romano-católico recuperó posiciones a partir del 416, cuando los visigodos pactaron con Constancio[94] (*magister utriusque militiae* de Honorio) y se comprometieron a luchar contra los otros pueblos germánicos; en el 418, mediante otro *foedus*, tiene inicio el Reino de Tolosa[95]. Entonces, únicamente quedaban en la Península Ibérica los suevos y los vándalos asdingos[96], quienes ocupaban el espacio nordoccidental[97]. La cruzada antipriscilianista que, siguiendo instrucciones dadas por Consencio desde las Baleares, protagoniza Frontón en la *Tarraconensis* se desarrolló cuando esta zona se hallaba, tras la breve estancia visigoda, de nuevo bajo la completa autoridad imperial. Consencio actuó en estrecha colaboración con el obispo de Arlés Patroclo, un amigo y familiar del patricio Constancio, quien ya controlaba todo el Mediterráneo occidental. Patroclo recibió asimismo un claro apoyo del papa Zósimo[98]. Todo ello pone de manifiesto que la recuperación romana también se aprovecha para fortalecer el catolicismo, en concreto por los sectores más próximos a la ortodoxia.

Tras salir de Palestina y permanecer en África – concretamente en Cartago e Hipona – desde la primavera del 416 hasta el 417[99], Orosio se dirigió a Menorca con varios textos y los restos santos[100], aunque sin desprenderse de ninguna porción de las reliquias que había recibido para llevar a Braga[101]. Si bien la breve estancia que efectuó en esta isla antes del 2 de febrero del 418[102] pudo obedecer a varias razones[103], quizás tenía previsto entrevistarse con Consencio, otro activista antiherético y corresponsal de Agustín, a quien quizás habría conocido personalmente en Hipona[104]. La circular de Severo de Menorca sólo dice que Orosio "per-

94 PLRE, II, p. 321–325, Fl. Constantius 17.

95 Ydatius: Cont. Chron. Hieron., a. 418, 61, p. 86. Ver: T. S. BURNS: The Settlement of 418, en: J. F. DRINKWATER, H. ELTON (ed.): Fifth-Century Gaul, a Crisis of Identity?, Cambridge, 1992, p. 53–63.

96 Hacia ellos se dirigen algunos alanos después de ser vencido Addax – PLRE, II, p. 8, Addac.

97 Ydatius: Cont. Chron. Hieron., a. 418, 59–60, p. 86.

98 Ver: É. GRIFFE: La Gaule Chrétienne à l'époque romaine, II, Paris, 1966, p. 146–154.

99 Ver: VILELLA: Biografía, p. 116–120.

100 Id.: Biografía, p. 120.

101 No fueron traídas por Orosio las reliquias de Esteban que llegaron a Uzalis – donde no se documentan antes del 418 –, la primera ciudad africana que dispuso de restos del protomártir. Hipona no los tendrá hasta el invierno del 424–425. Ver: VILELLA: Biografía, p. 117–118, n. 274.

102 Ésta es la fecha de la carta de Severo de Menorca, escrita cuando Orosio ya había partido de la isla: "namque, diebus paene eisdem quibus ego tanti sacerdotii nomen, licet indignus, adeptus sum, presbyter quidam sanctitate praecipuus, ab Hierosolima ueniens, Magonae non longo tempore immoratus est, qui, postquam transuehi ad Hispanias, sicut desiderabat nequiuit, remeare denuo ad Africam statuit" (Seuerus Minor.: Ep. de conu. Iud. apud Minor. ins. mer. s. Steph. facta, 4, 1, p. 18, l. 37–40).

103 La situación político-militar que existía entonces también podría explicar, aunque parcialmente, la ida de Orosio a las Baleares, pero ¿por qué a Menorca?

104 Consencio viaja a Hipona hacia el 415: "iam quidem sancto mihique cunctis animi uirtutibus admirando fratri tuo Alypio episcopo genus petitionis meae breui sermone suggesseram sper-

maneció poco tiempo en *Magona* (Mahón) y que, al no poder trasladarse a las *Hispaniae*, como era su deseo (*postquam transuehi ad Hispanias, sicut desiderabat nequiuit*), decidió navegar de nuevo hacia África"[105]: finalmente, en contra de lo que había asegurado tanto a Agustín[106] como a Avito[107], no viajó a la *Gallaecia*. A pesar de que, en este momento, existiría una general recuperación del Imperio en amplias regiones hispanas, la presencia germánica en el noroeste peninsular debió de ser determinante para Orosio y explicaría que no fuera a su tierra, de la cual había huido a causa, precisamente, de los bárbaros[108].

Durante su permanencia menorquina, Orosio mantuvo relación con eclesiásticos insulares[109]: así se colige del hecho de que deposite en una iglesia de Mahón las reliquias destinadas a Braga cuando decide volver a África[110]. Esta ubicación de los fragmentos santos en Mahón contaría con la colaboración y el asentimiento de Severo, el obispo menorquín – cuyo episcopado prácticamente empezó durante la estancia de Orosio en la isla[111] – autor de la circular que describe los acontecimientos acaecidos entre el 2 y el 9 de febrero del 418[112], a partir de los cuales se produce la conversión de los judíos narrada en la carta-encíclica de Severo, un *libellus miraculorum*. No puede precisarse si Orosio consideró temporal o definitiva la ubicación de estos restos del protomártir en Menorca: tras su regreso a África no existe ninguna actividad atestiguada del presbítero galaico[113]. En cualquier caso, tanto Orosio como Severo sabían que en Menorca también resultaba posible rentabilizar las reliquias del santo, pues podían acabar con otro *discidium*, la coexistencia de judíos y católicos en Mahón, la cual dificultaba en gran medida la legalidad romana vigente.

ans, precum mearum ut apud te esse adiutor dignaretur" (Augustinus: Ep., 119, 1, p. 698, l. 13–16 [CSEL 34]).

105 Ver: n. 102.

106 Augustinus: Ep., 166, 2, p. 548, l. 2–3: "rogaui eum, ut abs te ueniens per nos ad propria remearet (...) eius pollicitationem tenens. Cf. Seuerus Minor.: Ep. de conu. Iud. apud Minor. ins. mer. s. Steph. facta, 4, 1–2, p. 18."

107 Así se colige claramente de lo indicado por Avito: ver n. 80 y 88. Cf. Seuerus Minor.: Ep. de conu. Iud. apud Minor. ins. mer. s. Steph. facta, 4, 1–2, p. 18.

108 Ver: n. 53.

109 Seguramente conoció a Severo, quien inició su episcopado poco después de que Orosio hubiera regresado a África – ver n. 102.

110 Seuerus Minor.: Ep. de conu. Iud. apud Minor. ins. mer. s. Steph. facta, 4, 2–3, p. 18, l. 40–43; 20, 4, p. 50. Cuando Severo redacta su carta encíclica – ver n. 102 –, las reliquias del protomártir se hallaban en una iglesia situada en las afueras de Mahón. Este edificio cultual suburbano pudo haber sido o no el lugar donde las depositó Orosio, habida cuenta de que cabe la posibilidad de un traslado por parte de Severo. El galaico también dejaría en Menorca los escritos que acompañaban a las reliquias –la epístola de Avito a Balconio y la traducción latina del relato de Luciano –, además de, al parecer, otros textos. Cf. Consentius: Ep., 12*, 16, 2, apud Augustinus: Ep., p. 80, l. 2–4.

111 Seuerus Minor.: Ep. de conu. Iud. apud Minor. ins. mer. s. Steph. facta, 4, 1, p. 18.

112 Id.: Ep. de conu. Iud. apud Minor. ins. mer. s. Steph. facta, 31, 1, p. 64.

113 Gennadius: De uir. ill., 40, p. 76, l. 16, únicamente indica que Orosio destacó a finales del reinado de Honorio.

El peso que la ortodoxia político-religiosa tenía en el archipiélago balear, un baluarte del orden imperial, queda bien reflejado en la carta-encíclica que Severo dirige a los obispos para narrar las conversiones de los hebreos menorquines, sin duda para que imitaran lo sucedido en la isla. Entonces, el episcopado había incrementado notablemente su poder terrenal y ya estaban vigentes severas leyes antijudías[114]. Asegura que Mahón era una ciudad *romanis legibus subdita*[115] y que, en la asunción del catolicismo por el *honoratus* Teodoro[116] – quien, además de estar emparentado con un *praeses* de la provincia, había ejercido todos los cargos del municipio y desempeñado el puesto de *defensor ciuitatis*[117] –, resultó decisivo el hecho de poder seguir manteniendo cargos y riqueza (*et securus et honoratus et diues*): para ello debía sentarse *cum episcopis*[118]. Mediante el amparo del brazo secular, en Menorca se consiguió la conversión de los judíos y Frontón[119] desarrolló sus acciones antiheréticas en la *Tarraconensis*[120], coetáneas de las conversiones hebreas. Tanto Consencio como Orosio sabían muy bien la importancia que tenía la autoridad del Imperio para la defensa de su *fides Catholica*.

5. IDACIO Y SU CRÓNICA

Contrariamente a lo que ocurría en las Baleares, en la *infelix Gallaecia*[121] la presencia sueva dificultaba mucho el mantenimiento de la ortodoxia. De todas maneras, Idacio no menciona enfrentamientos concretos entre el 411 y el 425[122], a

114 Resulta significativo que una ley del 409 estipule que deben ser los obispos quienes elijan a los defensores ciuitatum. Cf.: J. JUSTER: Les juifs dans l'Empire Romain. Leur condition juridique, économique et sociale, II, Paris, 1914, p. 261–262; É. DEMOUGEOT: L'évêque Sévère et les Juifs de Minorque au Ve siècle, en: Majorque, Languedoc et Roussillon de l'Antiquité à nos jours, Montpellier, 1982, p. 13–34, p. 22.

115 Seuerus Minor.: Ep. de conu. Iud. apud Minor. ins. mer. s. Steph. facta, 12, 8, p. 28, l. 146.

116 PLRE, II, p. 1088, Theodorus 13.

117 Ver: n. 114.

118 Seuerus Minor.: Ep. de conu. Iud. apud Minor. ins. mer. s. Steph. facta, 16, 14–15, p. 36: "quid times, domine Theodore? Si uis certe et securus et honoratus et diues esse, in Christum crede sicut et ego credidi. Modo tu stas et ego cum episcopis sedeo; si credideris tu sedebis et ego ante te stabo."

119 Ver: J. AMENGUAL: Els orígens del cristianisme a les Balears i el seu desenvolupament fins a l'època musulmana, I, Palma de Mallorca, 1991, p. 264–265.

120 Consentius: Ep., 11*, apud Augustinus: Ep., p. 51–70 [CSEL 88].

121 Así denomina Idacio a su tierra: Ydatius: Cont. Chron. Hieron., a. 463, 215, p. 116.

122 Al referirse a los años 409 y 410, Idacio menciona los estragos cometidos por los bárbaros en Hispania: Ydatius: Cont. Chron. Hieron., a. 409, 38, p. 82 – "barbari qui in Hispanias ingressi fuerant caede depredantur hostili" ; a. 410, 40, p. 82 – "debaccantibus per Hispanias barbaris". Cf.: a. 411, 41, p. 82 – "subuersis memorata plagarum crassatione Hispaniae prouinciis"; a. 411, 41, p. 82 – "Spani per ciuitates et castella residui a plagis barbarorum per prouincias dominantium se subiciunt seruituti". Tras estos pasajes, el cronista no hace referencia a actuaciones violentas de germanos en contra de la población civil hispanorromana hasta los saqueos vándalos del 425 y 428 –Ydatius: Cont. Chron. Hieron., a. 425, 77, p. 88; a. 428, 79,

pesar de recoger, en líneas generales, los principales hechos político-militares de su tiempo: durante estos años, el gobierno romano apoyó a los suevos en contra de los vándalos con la clara finalidad de debilitar la presencia germánica en *Hispania*[123]. Sin embargo, esta política imperial alcanzó escaso éxito y los suevos optaron por el expansionismo[124]. A partir del 429, Idacio documenta nuevas hostilidades entre suevos e hispanorromanos, concretamente al narrar la derrota, cerca de Mérida, del suevo Hermenegario[125] por los vándalos de Genserico, justo antes de que éstos pasaran a África[126]. El obispo cronista, que denomina saqueador (*predantem*) a Hermenegario y malditos (*maledictis*) a quienes iban con él, atribuye esta derrota del suevo a la acción de Eulalia, la mártir emeritense a la cual había injuriado. En la noticia precedente, ya imputaba la muerte del rey vándalo Gunderico a un castigo divino, tras haber confiscado para el arrianismo una iglesia de Sevilla[127]. Tales "intervenciones celestiales" a favor de los católicos evidencian la conflictividad causada por la coexistencia de hispanorromanos y germanos – de los cuales desde el 429 sólo quedaban los suevos en la Península Ibérica –, así como la importancia adquirida por el elemento religioso en este proceso.

A partir del 430[128], vuelven a atestiguarse enfrentamientos entre suevos y galaicos[129], así como acuerdos de paz, más o menos efímeros, entre ambas partes[130]: Idacio se dirigió, en el 431, a la *Gallia*, para interceder ante Aecio[131], el *comes et magister utriusque militiae* de Valentiniano III[132]. Al año siguiente, regresó acompañado del *comes* Censorio[133] a la *Gallaecia*[134] y, en el 433, se alcanzó una paz

p. 88–90. En el 422, el magister militum Castino –PLRE, II, p. 269–270, Fl. Castinus 2 – es abandonado por sus auxiliares godos –los visigodos seguían actuando como federados del Imperio – durante el asedio a los vándalos en la Baetica –Ydatius: Cont. Chron. Hieron., a. 422, 69, p. 86–88: a partir de entonces, el sur de la Península Ibérica ya escapa al Imperio y los vándalos cometen depredaciones, incluso en las Baleares.

123 En el 419, Idacio documenta enfrentamientos entre suevos y vándalos y, al año siguiente, entre estos últimos y Asterio – PLRE, II, p. 171, Asterius 4 –, quien, al parecer, se apoya en los suevos; ante esta presión, los vándalos se dirigen hacia el sur: Ydatius: Cont. Chron. Hieron., a. 419, 63, p. 86; a. 420, 66, p. 86.

124 Ver: P. C. Díaz: El reino suevo (411–585), Madrid, 2011, p. 72–73.

125 PLRE, II, p. 546, Hermenegarius.

126 Ydatius: Cont. Chron. Hieron., a. 429, 80, p. 90.

127 Id.: Cont. Chron. Hieron., a. 428, 79, p. 88–90. Ver: A. Tranoy: Hydace. Chronique, II, Paris, 1974 [SC 219], p. 61–62.

128 Ahora los suevos, con su rey Hermerico, se expanden por zonas con anterior presencia de vándalos asdingos o por regiones que habrían quedado más o menos al margen de la presencia germánica.

129 Ydatius: Cont. Chron. Hieron., a. 430, 81, p. 90; a. 431, 86, p. 90; a. 433, 91, p. 92. Cf. a. 438, 105, p. 94.

130 Id.: Cont. Chron. Hieron., a. 430, 81, p. 90; a. 433, 91, p. 92; a. 438, 105, p. 94 –ver n. 135.

131 PLRE, II, p. 21–29, Fl. Aetius 7.

132 Ydatius: Cont. Chron. Hieron., a. 431, 86, p. 90. Idacio dedica cuatro noticias sucesivas a Aecio antes de mencionar su embajada, la cual es coetánea de otra enviada a los suevos por Teodorico I.

133 PLRE, II, p. 280, Censorius.

sub interuentu episcopali[135]. La expansión que Rechila efectuó hacia el sur peninsular ocasionó nuevos conflictos entre los suevos y el Imperio[136], así como entre aquéllos y la aristocracia romana del mediodía hispano. Cuando, en el 441, Rechila se apoderó de Sevilla[137], el obispo hispalense Sabino fue expulsado de su sede por una facción no especificada (*factione depulso*)[138]. Al referirse al episodio de Vito[139], Idacio vuelve a mencionar acciones violentas de los suevos en la *Baetica*, aunque también de las tropas de auxiliares y godos que acompañaban al *magister utriusque militiae*[140].

En este momento, sólo la *Tarraconensis* escapaba a las incursiones suevas[141]. La presencia de la autoridad imperial en esta zona había quedado todavía más fortalecida mediante la renovación del *foedus* que tuvo lugar con Teodorico I[142]: este filorromanismo visigodo estará, en líneas generales, vigente durante la década de los años cuarenta, y todavía más bajo Teodorico II. Tanto las buenas relaciones entre Ravena y los visigodos como las de estos últimos con la aristocracia galorromana también debieron contribuir a mejorar la situación de la jerarquía católica del territorio suevo. Hijo del pagano Rechila, Rechiario ya ha asumido el catolicismo cuando en el 448 alcanza la realeza[143]: tras su derrota por los ejércitos de Teodorico II, empezó el declive del poder suevo y la paulatina supeditación hispana al poder visigodo[144].

134 Ydatius: Cont. Chron. Hieron., a. 432, 88, p. 90.

135 Id.: Cont. Chron. Hieron., a. 433, 91, p. 92. En este mismo año, Hermerico envía un obispo galaico a Ravena – Ydatius: Cont. Chron. Hieron., a. 433, 92, p. 92 –, al parecer para ratificar el acuerdo de paz, quizás no revalidado hasta el 438 –Ydatius: Cont. Chron. Hieron., a. 438, 105, p. 94; cf. a. 437, 103, p. 94.

136 Id.: Cont. Chron. Hieron., a. 439, 111, p. 94; a. 440, 113, p. 94. Cf. a. 438, 106, p. 94. Rechila se apodera de la Baetica y de la Carthaginiensis: Ydatius: Cont. Chron. Hieron., a. 441, 115, p. 96.

137 Id.: Cont. Chron. Hieron., a. 441, 115, p. 96.

138 Id.: Cont. Chron. Hieron., a. 441, 116, p. 96; a. 458, 187, p. 110. En su lugar, fue ordenado Epifanio. Sabino regresará a su sede desde la Gallia en el 458, tras haber luchado para recuperarla. Idacio dice que tardó veinte años en volver, período que no coincide con las dataciones ofrecidas en las noticias de su Crónica.

139 Ver: PLRE II, p. 1179, Vitus.

140 Ydatius: Cont. Chron. Hieron., a. 446, 126, p. 96–98.

141 En esta provincia, Asturio y Merobaudes se enfrentan a los bagaudas en los años 441 y 443: Ydatius: Cont. Chron. Hieron., a. 441, 117, p. 96; a. 443, 120, p. 96.

142 Ver: M. ROUCHE: L'Aquitaine des Wisigoths aux Arabes (418–781). Naissance d'une région, Paris, 1979, p. 27.

143 Ydatius: Cont. Chron. Hieron., a. 448, 129, p. 98. Ver: L. A. GARCIA MORENO: La conversion des Suèves au catholicisme et à l'arianisme, en: ROUCHE (dir.): Clovis, p. 199–216, p. 199–204. Aunque, inicialmente, estrecha relaciones con los visigodos, Rechiario lleva a cabo una política oscilante hacia el Imperio y sus aliados: Ydatius: Cont. Chron. Hieron., a. 448, 129, p. 98; a. 449, 132, p. 98; a. 449, 134, p. 98; a. 452–453, 147, p. 102; a. 453–454, 153, p. 102; a. 455, 161, p. 104; a. 456, 163, p. 104–106; a. 456–457, 165, p. 106. La actitud sueva acaba comportando que Teodorico II intervenga activamente en Hispania, en nombre de Roma.

144 Ydatius: Cont. Chron. Hieron., a. 456–457, 166–168, p. 106.

De este modo lo narra Idacio, siempre fiel al Imperio y muy vinculado a la dinastía teodosiana, cuyo *Chronicon* fue escrito, según se colige de su prefacio, con posterioridad a su elección episcopal, la cual aconteció en el 427[145]. Iniciado con el reinado de Teodosio I y continuación de las crónicas de Eusebio y Jerónimo, va dedicado a *uniuersis fidelibus in domino nostro Iesu Christo et seruientibus ei in ueritate*[146]. Junto con su romanidad política – establece, por ejemplo, un paralelismo entre la irrupción bárbara en *Hispania* y la entrada de Alarico en Roma[147] –, Idacio defiende una y otra vez la fe ortodoxa, el catolicismo, tanto frente a los bárbaros como a las herejías que existían en su *Gallaecia*[148]. Buena prueba de esta simbiosis político-religiosa, de este orden imperial plenamente asumido, radica en su constante afán por indicar la evolución de la familia teodosiana[149] – la cual, con raíces hispanas, ostentaba la legitimidad imperial –, la sucesión de los obispos romanos[150], o noticias sobre las grandes figuras occidentales[151] y orientales[152] de la catolicidad.

Resulta significativa su inquietud ante las herejías. Cuando unos orientales llegaron a la zona galaica en el 435, Idacio les interrogó[153] acerca de lo que había ocurrido en el Oriente que él había visitado durante su niñez: entonces vio a Juan de Jerusalén, Eulogio de Cesarea, Teófilo de Alejandría y a Jerónimo[154]. Mediante sus respuestas, supo que Juvenal ocupaba la sede episcopal de Jerusalén. No obstante, Idacio también recibió de ellos una serie de informaciones erróneas; en todo caso, no consiguió hacerse una idea cabal de lo que había

145 Indica que su episcopado empezó en el tercer año del reinado de Valentiniano III: Ydatius: Cont. Chron. Hieron., praef., 6, p. 74, l. 47–50. Cf.: praef., 1, p. 72, l. 14–16; praef., 6, p. 74, l. 50; a. 431, 86, p. 90; a. 460, 196, p. 112. Valentiniano III es proclamado augustus el 23 de octubre del 425, ver PLRE, II, p. 1138–1139, Placidus Valentinianus 4. Ver: n. 18.

146 Ydatius: Cont. Chron. Hieron., introd., p. 70.

147 Ambas noticias aparecen una detrás de otra: Ydatius: Cont. Chron. Hieron., a. 409, 34–35, p. 80.

148 Id.: Cont. Chron. Hieron., praef., 6, p. 74; a. 386, 13, p. 76; a. 387, 16, p. 76; a. 399–400, 25, p. 78; a. 405, 30, p. 80; a. 445, 122, p. 96; a. 445, 125, p. 96; a. 447, 127, p. 98; a. 448, 129–130, p. 98; a. 449, 137, p. 100; a. 465–466, 228, p. 118.

149 Id.: Cont. Chron. Hieron., a. 379, 1–2, p. 74; a. 380, 4, p. 74; a. 387, 14, p. 76; a. 389, 19, p. 78; a. 395, 22–24, p. 78; a. 402, 28, p. 80; a. 409, 36, p. 80; a. 414, 49, p. 84; a. 416, 54, p. 84; a. 419, 64, p. 86; a. 424, 71, p. 88; a. 424, 73, p. 88; a. 425, 75–76, p. 88; a. 450, 138, p. 100; a. 450, 138–140, p. 100; a. 455, 154, p. 102; a. 455, 157, p. 104.

150 Id.: Cont. Chron. Hieron., a. 387, 15, p. 76; a. 401, 27, p. 80; a. 412, 44, p. 82; a. 417, 57, p. 86; a. 426, 78, p. 88; a. 434, 96, p. 92; a. 447, 127, p. 98; a. 463, 217, p. 116; a. 468, 242, p. 120.

151 Id.: Cont. Chron. Hieron., a. 382, 8, p. 76; a. 412, 45, p. 82–84; a. 424, 72, p. 88; a. 432, 90, p. 92.

152 Id.: Cont. Chron. Hieron., praef., 3–4, p. 72; a. 380, 5, p. 74; a. 388, 18, p. 76; a. 404, 29, p. 80; a. 406–408, 31–33, p. 80; a. 414–415, 50–51, p. 84; a. 416, 53, p. 84; a. 435, 97, p. 92; a. 436, 100, p. 92–94; a. 442, 119, p. 96.

153 Id.: Cont. Chron. Hieron., a. 435, 97, p. 92.

154 Es muy probable que el viaje de Idacio a Oriente tuviera lugar en el año 407, año en el que sitúa la noticia de que vio allí a Juan, Eulogio, Teófilo y Jerónimo: Ydatius: Cont. Chron. Hieron., a. 407, 33, p. 80; praef., 4, p. 72.

sucedido. Así lo pone de manifiesto cuando narra que, como otros obispos orientales, Juvenal fue convocado a un concilio en Constantinopla[155] y que asistió a este concilio, reunido bajo la presidencia de Teodosio II[156], para destruir la herejía de los ebionitas[157].

A pesar de su gran interés por saberlo, Idacio nunca pudo averiguar si Jerónimo había continuado o no la versión que él poseía de su *Chronicon*[158]: ello evidencia el aislamiento de la *Gallaecia* sueva. El obispo galaico se afanó también por recibir copias de diferentes documentos atinentes a conflictos religiosos. Por ejemplo, una carta de Cirilo de Alejandría a Nestorio de Constantinopla, en la cual, según indica equivocadamente, el alejandrino rebate la herejía ebionita y expone la correcta regla de Fe[159]. El cronista también consiguió reproducciones de cartas de Flaviano de Constantinopla dirigidas a León Magno y escritos de Cirilo a Nestorio acerca de Eutiques – archimandrita de Constantinopla –, además de respuestas de León a Flaviano y cartas y escritos de otros obispos (*cum aliorum episcoporum et gestis et scriptis*), cuyos nombres no son mencionados[160].

6. TORIBIO Y SU ÍMPETU ORTODOXO

Otro galaico contemporáneo de Idacio era Toribio[161], quien, seguramente después de haber recibido ya alguna orden eclesiástica, también salió de su tierra[162], al parecer para formarse doctrinalmente[163]. Regresó a la *Gallaecia* antes del 445, año en el que aparece documentado como obispo de Astorga[164]. Sería después de

155 Se trata del concilio de Éfeso del 431.

156 Teodosio II no presidió ninguna de las reuniones que se celebraron en Éfeso en el 431, únicamente convocó dicho sínodo.

157 Ydatius: Cont. Chron. Hieron., a. 435, 97, p. 92. Idacio denomina ebionita tanto a Nestorio como a Eutiques – ver n. 159–160. Ver: VILELLA: Idacio, p. 44–45.

158 Ydatius: Cont. Chron. Hieron., praef., 4, p. 72, l. 29–39. Cf. introd., p. 70, l. 3–4. El obispo cronista sólo tenía conocimiento de que Jerónimo había vivido mucho tiempo desde que tradujo el Chronicon de Eusebio.

159 Ydatius: Cont. Chron. Hieron., a. 436, 100, p. 92–94. Se trata de Cyrillus Alex.: Ep., 4, p. 25–28 [ACO I, 1, 1]. Cf.: Flauianus: Ep. ad Leonem papam, p. 37, l. 1–2 [ACO II, 1, 1]; Id.: Ep. ad Leonem papam, p. 39, l. 5–8 [ibid.]; Leo I: Ep., 69, p. 52, l. 29–33 (Jaffé 452) [C. DA SILVA-TAROUCA, Roma, 1934]. Ver: n. 157 y 160.

160 Ydatius: Cont. Chron. Hieron., a. 449, 137, p. 100. Ver: VILELLA: Idacio, p. 48. Ver: n. 157 y 159.

161 Ver: Id.: *Mala temporis nostri*: la actuación de León Magno y Toribio de Astorga en contra del maniqueísmo-priscilianismo hispano, Helmántica 58 (2007), p. 7–65.

162 Turibius: Ep. ad Idac. et Cep., 1, 693 [PL 54]; 3, 693.

163 Cf. Id.: Ep. ad Idac. et Cep., 1–2, 693. Aunque no resulte posible saber con certeza dónde estuvo Toribio durante su estancia extragalaica, es probable que, dada la presencia vándala en África, hubiera permanecido en la zona galo-italiana, concretamente en Roma, donde podría haber conocido al mismo León o a personas de su círculo: en este sentido apunta la carta privada enviada por Toribio al obispo romano.

164 Ydatius: Cont. Chron. Hieron., a. 445, 122, p. 96.

conocer las acciones antimaniqueas de León Magno[165] cuando Toribio emprendió una enérgica campaña en contra de las doctrinas y prácticas heterodoxas que existían en el noroeste hispano. Y buena parte de la estrategia de Toribio se basó – tal como ya habían hecho anteriormente otros eclesiásticos católicos – en equiparar a los priscilianistas con los maniqueos, precisamente cuando estos últimos eran objeto de una intensa persecución en la Roma de León. Confeccionó un elenco de los textos apócrifos utilizados por los priscilianistas y un opúsculo de refutación[166]. En tales trabajos, fundamentó la carta[167] enviada a Idacio y Coeponio, otro obispo de la *Gallaecia*, y, por extensión, a todo el episcopado de esta provincia[168]. En ella, contrapone la heterodoxia y desunión imperantes en su tierra con la ortodoxia y unidad que prevalecían en otras partes. Hace hincapié en la vitalidad que tienen las doctrinas heréticas en el ámbito galaico, acrecentada, según dice, por las calamidades de la época (*per mala temporis nostri*), las cuales han comportado interrumpir los concilios eclesiásticos y soslayar las anteriores decisiones sinodales (*synodorum conuentibus decretisque cessantibus*)[169]. Finaliza esta epístola exponiendo que la condena del maniqueísmo-priscilianismo también debía hacerse efectiva en su provincia mediante la celebración de un sínodo que impusiera la ortodoxia católica.

Tras frustrarse su primer intento de reunir un concilio galaico, Toribio escribió con la misma finalidad una carta privada[170] – no conservada – a León, cuyo contenido es posible conocer, parcialmente, a partir de la respuesta[171] del romano,

165 Poco después de haberse celebrado, a finales del 443, el proceso antimaniqueo en Roma, León explica los hechos a los obispos provinciales – a los cuales adjunta la documentación romana – para que imitaran su ejemplo y continuaran, en sus respectivas circunscripciones, la represión de los seguidores de Manés, algunos de los cuales habrían huido de Roma a raíz de la actuación leonina: Leo I: Ep., 7, 1–2, 621–622 (Jaffé 405) [PL 54]. Cf. Id.: Tract., 16, 4, p. 65, l. 111 [CCSL 138]. La legislación civil romana había otorgado a los obispos católicos competencia en las causas relativas al maniqueísmo: Const. Sirmond., 12 (407), p. 916–917 [T. MOMMSEN, I, 2, Berlin, 1904]. Cf. Cod. Theod., 16, 5, 62 (425), p. 877 [ibid.].

166 Turibius: Ep. ad Idac. et Cep., 6, 695; Leo I: Ep., 15, praef., 2, p. 122, l. 7–8 (Jaffé 412) [B. VOLLMANN, St. Ottilien, 1965]; 16, 11, p. 135, l. 326–327. Cf.: praef., 1, p. 122, l. 4–5; praef., 12, p. 125, l. 55–57; Montanus: Ep., 1, p. 362, l. 223–228 [F. RODRÍGUEZ, IV, Madrid, 1984]; Ildefonsus: De uir. ill., 2, p. 118, l. 12–14 [C. CODOÑER, Salamanca, 1972].

167 Turibius: Ep. ad Idac. et Cep., 693–695.

168 Resulta relevante que, para conseguir medidas del episcopado galaico en contra de los priscilianistas-maniqueos, Toribio no se ponga directamente en contacto con su metropolitano – Balconio de Braga, ver n. 80, 83 y 170 – y acuda a la mediación de Idacio y Coeponio. De tal proceder, parece colegirse que la mayoría de los obispos galaicos – con inclusión del bracarense – eran priscilianistas, por acción o por omisión.

169 El dominio suevo y la subsiguiente exclusión de la Gallaecia del Imperio supuso que el priscilianismo galaico – a diferencia de lo que sucedía en la Tarraconensis – se encontrara a salvo de la férrea condena de la que, durante esta época, era objeto, tanto por parte de las autoridades eclesiásticas católicas como de la misma legislación imperial.

170 El envío de esta carta privada y confidencial pone de manifiesto que Toribio no contaba con el apoyo de su metropolitano, Balconio – ver n. 168.

171 Leo I: Ep., 15, p. 122–138.

fechada el 21 de julio del 447[172]: acompañada del memorando de textos apócrifos y del opúsculo de refutación, en ella Toribio volvía a describir la situación religiosa de su tierra y solicitaba la ayuda romana para conseguir la movilización del episcopado galaico en contra del priscilianismo[173]. En su respuesta – a la cual León adjuntó las actas del proceso antimaniqueo romano[174] –, el pontífice indica que, durante mucho tiempo, la severidad de las leyes seculares fue provechosa para la suavidad eclesiástica (*profuit diu ista districtio ecclesiasticae lenitati*), pero que, una vez la irrupción hostil se apoderó de muchas provincias (*multas prouincias hostilis occupauit inruptio*) y los períodos de guerras impidieron (*interclusere*) la ejecución de las leyes, se volvieron difíciles las comunicaciones entre los obispos y empezaron a ser escasos los concilios (*inter sacerdotes dei difficiles commeatus et rari coeperunt esse conuentus*), y que, a causa del desorden público (*publicam perturbationem*), la perfidia encontró libertad[175].

En la parte final de su *ep.* 15, León determina celebrar un concilio general hispano en la *Gallaecia* o, por lo menos, un sínodo provincial galaico, en el cual, según indica explícitamente León, debían imponer su posición Toribio, Idacio y Coeponio: al igual que los otros metropolitanos hispanos, Balconio de Braga también recibiría – a través del asturicense – instrucciones de León al respecto[176]. Según todos los indicios, finalmente se reunieron dos concilios, uno galaico y otro – casi general – con obispos de las restantes provincias hispanas[177]. La celebración de una única y general asamblea episcopal en la *Gallaecia* era prácticamente imposible ante la situación político-militar existente entonces en la Península Ibérica.

*

A pesar de su diversidad, los testimonios patrísticos se muestran unánimes en poner de manifiesto que, para los eclesiásticos hispanos de las regiones invadidas, también constituyó una gran calamidad el primer período de dominio germánico en la Península Ibérica. Tras haberse iniciado ya la coexistencia, siguen considerando a los bárbaros como enemigos, hostiles, sanguinarios. Expresan, reitera-

172 La fecha aparece indicada al final de la carta mediante el consulado de Calepio y Ardabur: ver PLRE, II, p. 250, Calepius, y p. 135–137, Ardabur 1.

173 De la ep. 15 de León se colige que Toribio había expuesto, entre otras, las siguientes cuestiones al romano: el auge que en la Gallaecia volvía a tener el priscilianismo; su antigua condena eclesiástica y civil; el fortalecimiento de la herejía propiciado por los desórdenes político-militares; la corrupción de libros canónicos y el uso de apócrifos; la existencia de obispos priscilianistas en su tierra; el desinterés de los obispos galaicos en colaborar con Toribio, Idacio y Coeponio para condenar el priscilianismo.

174 Leo I: Ep., 15, 16, 9, p. 135, l. 321–322.

175 Id.: Ep., 15, praef., 9–10, p. 124.

176 Id.: Ep., 15, 17, 11, p. 137–138. Cf.: Ydatius: Cont. Chron. Hieron., a. 447, 127, p. 98; Conc. Brac. I (561) [praef.], 2, p. 106, l. 11–18 [C. W. Barlow, New Haven, 1950].

177 Ver: Vilella: *Mala temporis nostri*, p. 60–62.

damente y sin retórica, su pesar ante la nueva coyuntura; desean volver a tener libertad, paz, seguridad. Y no sólo huyen o acuden a la ayuda celestial para remediar la catástrofre, algunos de ellos, embebidos de romanidad, se implican activamente en el plano secular para conseguir restablecer, siquiera en parte, el orden que, pocos años antes, imperaba en sus provincias, cuando toda la *diocesis Hispaniarum* estaba directamente supeditada al poder político que protegía a la catolicidad de sus adversarios, el cual todavía mantenía su vitalidad en zonas que habían quedado al margen del desastre, caso de las Baleares.

CHRISTIANORUM MERITUM! HISTORIOGRAFÍA SOBRE LOS ORÍGENES DE LA INCULPACIÓN CRISTIANA EN LA CAÍDA DEL IMPERIO ROMANO*

Jaime Alvar (Universidad Carlos III de Madrid)
José María Blázquez (Real Academia de la Historia)

> As the happiness of a future life is the great object of religion, we may hear without surprise or scandal that the introduction, or at least the abuse of Christianity, had some influence on the decline and fall of the Roman Empire. The clergy successfully preached the doctrines of patience and pusillanimity; the active virtues of society were discouraged; and the last remains of military spirit were buried in the cloister: a large portion of public and private wealth was consecrated to the specious demands of charity and devotion; and the soldiers' pay was lavished on the useless multitudes of both sexes who could only plead the merits of abstinence and chastity. Faith, zeal, curiosity, and more earthly passions of malice and ambition, kindled the flame of theological discord; the church, and even the state, were distracted by religious factions, whose conflicts were sometimes bloody and always implacable; the attention of the emperors was diverted from camps to synods; the Roman world was oppressed by a new species of tyranny; and the persecuted sects became the secret enemies of their country. Yet party-spirit, however pernicious or absurd, is a principle of union as well as of dissension. The bishops, from eighteen hundred pulpits, inculcated the duty of passive obedience to a lawful and orthodox sovereign; their frequent assemblies and perpetual correspondence maintained the communion of distant churches; and the benevolent temper of the Gospel was strengthened, though confirmed, by the spiritual alliance of the Catholics. The sacred indolence of the monks was devoutly embraced by a servile and effeminate age; but if superstition had not afforded a decent retreat, the same vices would have tempted the unworthy Romans to desert, from baser motives, the standard of the republic. Religious precepts are easily obeyed which indulge and sanctify the natural inclinations of their votaries; but the pure and genuine influence of Christianity may be traced in its beneficial, though imperfect, effects on the barbarian proselytes of the North. If the decline of the Roman Empire was hastened by the conversion of Constantine, his victorious religion broke the violence of the fall, and mollified the ferocious temper of the conquerors. (capítulo 39).

Cuando Gibbon culpabiliza a los cristianos de la caída del Imperio Romano no hacía más que rescatar una vieja disputa olvidada durante los siglos de hegemonía cristiana. Gibbon, representante de la Ilustración, pretendía racionalizar la caída de Roma a través de un recurso aparentemente retórico, pero que habría de gozar de enorme éxito en la historiografía no confesional heredera del movimiento ilustrado. Partía del presupuesto de que la actitud de los romanos, proclive a la incor-

* El presente trabajo se inscribe en los resultados obtenidos en el proyecto de investigación financiado por el Ministerio de Ciencia e Innovación: HAR2011-28461.

poración de cultos extranjeros "produced not only mutual indulgence, but even religious concord."[1]

En la actualidad el argumento religioso para explicar el final del Imperio Romano de Occidente se considera epifenomenológico, según se desprende de la escasa atención que se le presta en los estudios recientes dedicados a la "caída del Imperio Romano", e incluso al margen de su presunta comicidad[2]. Sin embargo, hay elementos en ese proceso histórico de enorme repercusión entre los que el cambio de paradigma religioso no es de escasa importancia[3]. La cuestión no es resucitar la culpabilidad del cristianismo, sino comprender por qué el cambio de paradigma ideológico, que se había producido en medio de graves tensiones, conflictos y disputas, permitió a sus protagonistas reflexionar acerca de lo que estaba ocurriendo y situar en la cuestión religiosa la explicación de los fenómenos que se estaban viviendo. Obviamente, el cambio ideológico se hacía perceptible en manifestaciones multiformes en el seno de un vasto estado cuyas estructuras se habían ido transformando profundamente en el curso de los dos siglos previos al colapso político de Roma.

Es, precisamente, la persistencia en el culto idolátrico por unos, o la invocación de un nuevo dios frente a los cultos tradicionales por otros, lo que se arguye en ese ambiente para la culpabilización de quienes profesaban las creencias contrarias. Probablemente no podía ser de otro modo en un contexto cultural en el que los dioses, y los rituales a ellos vinculados, estaban omnipresentes[4]. La "teodicea de la Buena Fortuna"[5], fundamento del sistema ideológico romano, permitía constatar hasta qué extremo los dioses estaban satisfechos con el comportamiento de sus fieles. Las catástrofes que acechaban al Imperio eran prueba irrefutable de su irritación y, en consecuencia, la lectura que de ello se derivaba es

1 E. GIBBON: History of the Decline and Fall of the Roman Empire, (Gutenberg edition), 1782 (Revised 1845), Vol.1 Chap.2.1.1.

2 A. MOMIGLIANO: After Gibbon's Decline and Fall, Annali della Scuola Normale Superiore di Pisa, classe di lettere e filosofia, serie III, VIII, 2, 1978, 435–454, p. 452, ironiza acerca de la enorme cantidad de causas descubiertas por los historiadores para explicar la caída del Imperio Romano. Véase el artículo de M. MARCOS: El cristianismo y la caída del Imperio Romano, en: G. Bravo (ed.), La caída del Imperio Romano y la génesis de Europa. Cinco nuevas versiones, Madrid, 2001, 103–155. Un planteamiento global y bien estructurado sobre la crisis, pero que no entra en el detalle de nuestro propósito, es el del excelente libro de S. CASTELLANOS: En el final de Roma (ca. 455–480), Madrid, 2013.

3 La cuarta causa del éxito del cristianismo para Harnack consiste en la afirmación de que la religión cristiana y la Iglesia son la realización histórica de la revelación de Dios. Bremmer resume de este modo el pensamiento de Harnack: "The Christians constituted a fraternal community above all peoples and the state; as such, this community could also oppose the state" (J.N. BREMMER: The Rise of Christianity through the Eyes of Gibbon, Harnack and Rodney Stark, Groningen, 2010, p. 31). Desde esta perspectiva es mucho más fácil comprender la interferencia del cristianismo en los asuntos políticos y la posibilidad de construir en su entorno una responsabilidad sobre las causas de la desaparición del Estado en el que florece esa religión.

4 A.M. CAMERON y A.D.E. CAMERON: Christianity and Tradition in the Historiography of the Late Roman Empire, CQ 24 (1964), 316–328.

5 M. WEBER: Sociología de la Religión, elaleph.com, 1999, p. 8.

que la presencia y difusión del nuevo culto no era de su agrado. En efecto, la grandeza de la Historia de Roma solo había sido posible por el concurso aquiescente de sus dioses, por lo que el progreso del cristianismo, contrario a los cultos tradicionales, estaba provocando el abandono divino de sus patrocinados. Cabía en el seno de la religión romana la posibilidad de incorporar nuevos dioses sin provocar desafección en los ancestrales; de hecho, los dioses tradicionales ya habían experimentado a lo largo de la República la progresiva incorporación de otras divinidades en su espacio religioso en incluso en su mismísimo panteón. No sin recelos, incluso con manifiesta hostilidad[6], los competidores se habían ido acostumbrando a compartir la devoción de sus fieles, el humo de sus sacrificios y las dádivas con las que expresaban su fidelidad.

No deja de ser sorprendente la capacidad de los romanos para buscar soluciones a los conflictos que les resultaban de difícil remedio. Ante la supuesta incapacidad de sus propios dioses no tienen inconveniente en buscar alianzas que desde nuestra perspectiva ningunean a los dioses tradicionales, como cuando se recurre a la *Mater Deum* del Monte Ida, en territorio pergameno, para lograr la expulsión de Aníbal. Es cierto que son los mismísimos libros sibilinos los que ofrecen la solución y que de esa manera es la propia tradición religiosa la que abre el camino para la introducción de la nueva diosa en Roma[7], pero el gesto en cierto modo desacredita las capacidades auxiliadores de los dioses ancestrales. Evidentemente era necesaria una negociación entre los agentes religiosos para evitar el conflicto derivado de la potencial suspicacia. Los recursos empleados fueron de distinta naturaleza según los momentos y las ocasiones. La marginación de los nuevos dioses o su persecución podría ser la respuesta que daban ciertos sectores impermeablemente anclados en el *mos maiorum* al interpretar la voluntad de sus dioses. Sin embargo, la realidad se fue imponiendo al dejar hueco, al menos en el catálogo de los *peregrina sacra*, a los advenedizos.

6 Recuérdese el famoso asunto de Bacchanalibus de 186 a. C. (CIL I^2, 2, 581, Liu. XXXIX, 8–19; J.A. NORTH: Religious toleration in Republican Rome, Proceedings of the Cambridge Philological Society 205 (1979), 85–103; E.S. GRUEN: Studies in Greek Culture and Roman Policy, Berkley-Los Angeles-London, U.C.P., 1996, 65–78; S.A. TAKACS: Politics and Religion in the Bacchanalian Affair of 186 B.C.E, Harvard Studies in Classical Philology 100 (2000), 301–310; H. I. FLOWER: Rereading the Senatus Consultum de Bacchanalibus of 186 BC: Gender Roles in the Roman Middle Republic, en: V. B. Gorman, E. W. Robinson (ed.), Oikistes. Studies in Constitutions, Colonies, and Military Power in the Ancient World Offered in Honor of A.J. Graham, Mnemosyne Suppl. 234, Leiden, 2002, 79–98), o las persecuciones padecidas por Isis y sus seguidores a finales de la República y comienzos del Imperio (H.R. MOEHRING: The Persecution of the Jews and the Adherents of the Isis Cult at Rome A.D. 19, Novum Testamentum, 3, No. 4, 1959, 293–304; L. HAYNE: Isis and Republican Politics, Acta Classica 35 (1992),143–149; E.M. ORLIN: Octavian and Egyptian Cults: Redrawing the Boundaries of Romaness, American Journal of Philology 129 (2008), 231–253). Una visión general del asunto en: E.M. ORLIN: Foreign Cults in Rome: Creating a Roman Empire, Oxford, O.U.P., 2010, p.168.

7 J. ALVAR: Escenografía para una recepción divina: la introducción de Cibeles en Roma, Dialogues d'Histoire Ancienne, 20.1, 1994, 149–169, con la bibliografía precedente.

Otras manifestaciones de carácter religioso no tuvieron la misma suerte, pues eran agrupadas bajo el despreciable rótulo de *superstitiones*, que las situaba al margen de lo tolerable y, en consecuencia, servían de instrumento contra el que ejercer violencia en caso de necesidad. En esta categoría fue incluido el cristianismo, cuyo énfasis en la existencia de un solo dios y, en consecuencia, su imposibilidad para ofrecer sacrificios a los dioses cívicos, lo situaba al margen de la ley, herramienta propicia para centrar la atención de todos, elemento central entre los "enemigos del orden romano"[8]. Sin embargo, la *superstitio christiana* es especialmente detestable: Tácito la califica de *superstitio exitiabilis* (*Ann.* 15.44); para Suetonio es *malefica* (*Nero*, 16); según Plinio es *prava, immodica* (*Epist. ad Trai.*, 96.8). Sus seguidores cometen crímenes abominables (*per flagitia invisos* dice Tac. *Ann.* 15.44 y *flagitia nomini cohaerentia*, según Plinio, *ídem*); el propio Tácito señala en el mismo pasaje que odian al género humano. Es precisamente en ese contexto en el que se puede comprender la razón de las acusaciones, el intercambio de argumentos, que son objeto de atención en esta recopilación de fuentes.

PRIMERAS ACUSACIONES

El origen de la culpabilidad de los cristianos no es claramente identificable. La acusación de ser responsables de todas las desgracias que asolaban el Imperio Romano, mucho antes incluso del momento histórico que identificamos como Caída del Imperio Romano, parece establecida en la época de Septimio Severo. Minucio Félix no se hace eco de ella; sin embargo, a partir de Tertuliano aparece con frecuencia: Orígenes (*Contra Cels.* 3.15), Arnobio (*Ad nat.* 1.13 ss.), Cipriano (*Epist.* 75.15; *Ad Demetr.* 2 y 3); Eusebio de Cesarea (*Hist. Eccl.* 6.3.4; 5.3; *Praep. evang.* 1.4.3); Agustín (*Civ. Dei*, 1.36; 2.3)[9].

Así pues, el inicio de esta exposición ha de situarse en el apologeta Tertuliano, que se cuenta entre los teólogos más importantes en lengua latina anterior a Agustín, adherido al cristianismo desde el año 193[10]. Tertuliano era buen conocedor de la cultura greco-romana y del Derecho, como pondría de manifiesto la circunstancia probable de haber sido citado varias veces en el *Digesto*. En dos de sus obras, *Apologeticum* y *Ad nationes*[11], fechadas verosímilmente en el año 197, se vio obligado a defender el cristianismo contra las acusaciones de ser la causa de las calamidades que azotaban al Imperio.

8 R. MACMULLEN: Enemies of the Roman Order: Treason, Unrest, and Alienation in the Empire, Londres, 1992.

9 Tertullien, Apologétique. Commentaire analytique, grammatical et historique par J.-P. Waltzing, París, 1984, p. 260.

10 La obra fundamental sigue siendo G. SCHÖLLGEN: Ecclesia sordida? Zur Frage der sozialen Schichtung frühchristlicher Gemeinden am Beispiel Karthagos zur Zeit Tertullians, Münster, 1985.

11 C. CASTILLO: Tertuliano. Apologético. A los gentiles, Leganés 2001.

En el *Apologético* (40.1-2)[12] se lee:

> Ahora bien, ese nombre de facción se acomoda mejor a quienes conspiran en el odio de los buenos y probos, aquellos que reclaman la sangre de los inocentes; alegan para justificar su odio, entre otras superficialidades, el considerar a los cristianos desde el inicio de los tiempos como causa de todos los desastres públicos, de todos los males del pueblo. Si el Tíber inunda las murallas, si el Nilo no inunda los campos, si el cielo se detiene, si la tierra tiembla; si hay hambre, si hay epidemias, enseguida: "cristianos al león". ¿Tantos a uno?[13]

Y continúa la refutación de forma sencilla y contundente (40.3):

> Antes de la venida de Cristo ¿Cuántas calamidades cayeron sobre el orbe y la urbe? Leemos que las islas de Hiera, Anafe y Delos y Rodas y Cos se hundieron con muchos miles de hombres. Platón cuenta también que un territorio mayor que Asia o África fue engullido por el mar Atlántico. Y también que un terremoto se tragó el mar de Corinto y que la fuerza de las olas, desgarrada Lucania, la convirtió en Sicilia. Ninguna de estas cosas se produjo sin daño para sus habitantes. ¿Dónde estaban entonces, no diré los cristianos que desprecian a vuestros dioses, sino vuestros propios dioses, cuando el diluvio destruía la tierra entera o solo, como creía Platón, las llanuras?[14]

La fuerza retórica conduce a Tertuliano a usar testimonios de su acervo clásico, como la cita del Timeo (22d), asuntos a los que se refirió también Plinio (*NH*, 2.89.202)[15]. Recuerda igualmente el apologeta otras calamidades anteriores a la aparición del cristianismo, como el fuego caído del cielo que cubrió Bolsena y el del Vesubio en Pompeya; la derrota aplastante del ejército romano por Aníbal en Cannas, año 216 a.C. Durante todas estas calamidades los dioses eran adorados y los cristianos no existían, ni cuando los galos senones ocuparon el Capitolio de Roma en 390 a.C. Las desgracias no procedían de los dioses, porque, igualmente, sus templos sufrieron la destrucción. No cabe otra conclusión, en la línea argu-

12 Sobre la estructura de la obra véase: T. GEORGES: Occultum and manifestum: Some Remarks on Tertullian's Apologeticum, en: J. Ulrich, A.-C. Jacobsen, M. Kahlos (ed.), Continuity and Discontinuity in Early Christian Apologetics. Early Christianity in the Context of Antiquity 5, Frankfurt am Main, 2009, 35–48, que la interpreta como un crescendo desde los crímenes ocultos de los cristianos a los públicos para concluir en la revelación de la verdad, como parte de la nueva fe.

13 "Et a contrario illis nomen factionis accommodandum est, qui in odium bonorum et proborum conspirant, qui adversus sanguinem innocentium conclamant, praetexentes sane ad odii defensionem illam quoque vanitatem, quod existiment omnis publicae cladis, omnis popularis incommodi a primordio temporum Christianos ese in causa. Si Tiberis ascendit in moenia, si Nilus non ascendit in rura, si caelum stetit, si terra movit, si fames, si lues, statim «Christianos ad leonem»! Tantos ad unum?"

14 "Ante Christi adventum, quantae clades orbem et urbem ceciderunt? Legimus Hieran, Anaphen et Delon et Rhodon et Co insulas multis cum milibus hominum pessum abisse. Memorat et Plato maiorem Asiae vel Africae terram Atlantico mare ereptam. Sed et mare Corinthium terrae motus ebibit et vis undarum Lucaniam abscisam in Siciliae nomen relegavit. Haec utique non sine iniuria incolentium accidere potuerunt. Ubi vero tunc, non dicam deorum vestrorum contemptores Christiani, sed ipsi dei vestri, cum totum orbem cataclysmus abolevit, vel, ut Plato putavit, campestre solummodo?"

15 Las cuatro islas enumeradas por Tertuliano como engullidas por el mar aparecen en la tradición clásica como ejemplos de islas emergidas: A. SCHNEIDER: Le premier libre Ad Nationes de Tertullien, Neuchâtel, 1968, p. 201.

mental de Tertuliano (40.11-13), que asumir que el dios irritado antaño y hogaño es el mismo y no es otro que el dios venerado por los cristianos. Y aún afirma que desde que Dios ha dado los cristianos al mundo, es necesario reconocer que las catástrofes han sido menores, pues interceden ante Él. Son, pues, los idólatras los responsables de la cólera divina.

En el tratado *Ad nationes* (1.9) Tertuliano ya había avanzado, de forma peor integrada que en el *Apologético*[16], redactado inmediatamente después que el *Ad nationes*[17], estos mismos argumentos contra las acusaciones, que considera fruto de la maldad y necedad (*malitia et stultitia*) de los paganos cuando pretenden echar a los cristianos la culpa de todas las calamidades y desastres públicos: *Si Tiberis redundavit, si Nilus non redundavit, si caelum stetit, si terra movit, si pestis vastavit, si famis afflixit, statim omnium vox: Christianorum meritum!*[18].

Tertuliano, a continuación, recuerda que se acusa a los cristianos por despreciar a los dioses paganos y vuelve a enumerar las ya citadas calamidades acaecidas con anterioridad a la aparición del cristianismo.

A las calumnias paganas anticristianas alude nuevamente Tertuliano en una tercera obra, *Ad Scapulam*, datada en el año 212. Escápula, procónsul de África (212-213), en la obra se hace referencia a las feroces persecuciones de los cristianos, sus condenas a las fieras y sus órdenes de quemarlos vivos. Como réplica, Tertuliano indica taxativamente: *Christianus nullius est hostis, nedum imperatoris*.

El argumento de la responsabilidad cristiana queda, pues, desvanecido, en opinión de Tertuliano, por la existencia de calamidades previas a la presencia de los cristianos que, en consecuencia, son perseguidos a pesar de su inocencia. Sin embargo, el fundamento de la polémica quedaba sólidamente establecido y se reproducirá con frecuencia a lo largo de los siglos siguientes.

ACUSACIONES DE DEMETRIANO

Cipriano, obispo de Cartago, hacia el año 252 escribió una epístola dirigida *A Demetriano*[19], personaje por lo demás desconocido. Posiblemente era un magistrado que, en virtud de su cargo, juzgó, castigó y atormentó a los cristianos, como se desprende de los párrafos 10.10 y 13 del tratado, en el contexto de las persecuciones del emperador Decio.

16 Schneider, op. cit., p. 197.

17 Waltzing, op. cit. (en nota 6), p. 4.

18 "Si el Tíber se desborda, si el Nilo no se desborda, si el cielo se detiene, si la tierra tiembla, si la peste devasta, si el hambre golpea, todos gritan al unísono: ¡culpa de los cristianos!". Ya hemos indicado cómo en el Apologético esta línea argumental concluye con una exclamación más manida: Christianos ad leonem! La identidad temática de la exclamación en el Ad nationes con nuestro propósito nos ha hecho escogerla como título para nuestra aportación.

19 J. Campos: Obras de San Cipriano, Madrid 1964, 272–293; M. Simonetti y C. Moreschini: Sancti Cypriani. Ad Demetrianum, Corpus Christianorum. Ser. Lat. IIIA. Pars II, Turnholtis, 1976; A. Brent: Cyprian and Roman Carthage, Cambridge, 2010, p. 99 ss.

Demetriano afirmaba que muchos eran los que se quejaban achacando a los cristianos la responsabilidad de que estallaran guerras, que causaban estragos, la peste y el hambre, o bien que había prolongadas sequías, que no llovía (*Ad Demetr.* 2). A estas quejas del magistrado regresa el autor en el párrafo 10: a las guerras de los ejércitos bárbaros, a la esterilidad y al hambre, a las sequías, a las importaciones de víveres, al alza de los precios, a la falta de lluvia, a la baja producción de frutos y a la peste. El cuadro que se desprende de las acusaciones de Demetriano es desolador; para él (3) todos estos males sucedían porque los cristianos no adoraban a los dioses paganos. Cipriano (3) refuta las acusaciones con un argumento nuevo, que el mundo ha entrado ya en su senectud, que no se mantiene ya con aquellas fuerzas que tenía antes, ni con aquel vigor y firmeza con que había florecido anteriormente. El mismo mundo lo está diciendo, aunque no lo digan los cristianos. No se alegan autoridades y predicciones sacadas de las Sagradas Escrituras, pues la decadencia de las cosas prueba que se aproxima el ocaso.

En el invierno no llueve tanto para la germinación de las semillas – escribe –, en el estío no hay el calor de antes para madurar los frutos, ni en primavera están risueños los sembrados por el buen clima, ni están fecundos los árboles en el otoño. No se sacan de las canteras removidas y agotadas tantos mármoles, ni dan tanta plata y oro las minas exhaustas y, cada día más depauperadas, tienen menos venas. En los campos disminuyen los labradores, en los mares los marinos, en los campamentos los soldados; no hay inocentes en los tribunales, ni justicia en las causas, ni unión entre los amigos, ni habilidad en las artes, ni orden en las costumbres ¿Crees tú acaso que puede haber en una cosa que declina a su vejez tanta fuerza como pudo tener en su vigorosa juventud? Necesariamente debe ir acabándose lo que se acerca a su fin y tiende a su muerte. Del mismo modo el sol, cuando está en su ocaso, lanza rayos menos brillantes y menos cálidos; lo mismo la luna en la declinación de su carrera disminuye y pierde de sus fases, y el árbol que había sido frondoso y fructífero, al secarse sus ramas, se vuelve estéril y descarnado de puro viejo, y el manantial que manaba abundantes aguas, agotado por el tiempo, apenas destila un hilo de agua. Este es el destino marcado al universo, ésta es la ley, que todo lo que nace debe morir, que lo que crece debe decrecer, y lo robusto debe debilitarse, y los grande ha de reducirse, y todo lo que así fuere decayendo y disminuyendo, se acabe.

Este párrafo es de gran importancia, pues indica que tanto Demetriano como Cipriano creen que hay una crisis general y no casos aislados, que abarcan – según el obispo de Cartago – a la totalidad de la cultura. La tesis de Cipriano es de gran novedad, pues añade aspectos específicos a la argumentación de Tertuliano. El mundo ha entrado en la vejez y todas estas calamidades no se pueden evitar. Sucede, como a la vida humana, que a un período de prosperidad sigue uno de vejez. Cipriano (5) admite que hay continuas guerras que aumentan la angustia, la escasez y el hambre; que la salud se quebranta, que arrecian las enfermedades; que la peste causa estragos en la humanidad ya estaba profetizado, que en el último tiempo aumentarían las calamidades. La causa no es que los cristianos no adoren a los dioses, sino al revés, que los paganos no rinden culto al verdadero Dios, que está irritado. A continuación, menciona otras calamidades, como que llueve rara vez, que la tierra se cubre de polvo, que produce hierbas miserables y descoloridas, que el granizo azota y debilita las vides, que el huracán destroza y derriba los olivos, que las fuentes se secan por la sequía, que el aire está infecto por la peste y que las enfermedades acaban con los hombres. De todos los males son causantes los paganos.

Es cierto que la peste fue una plaga tan funesta y fuerte que Cipriano se vio obligado a escribir un tratado sobre ella[20], animando a los cristianos a no temer a la muerte, que era la entrada al cielo, lo que se oponía a la opinión de los paganos. A la peste sus estragos alude también Dionisio (*Hist.* 7.21). En su tratado sobre la peste afirma el obispo de Cartago (15) que ha ocasionado muchos muertos. Describe las características físicas de la peste (14): un flujo incontenible del vientre, que destroza las entrañas; el fuego interior de la sangre, que enciende inflamaciones de garganta; los repetidos vómitos, que revuelven los intestinos; las inflamaciones de los ojos sanguinolentos; los pies o miembros de algunos que, gangrenados por la peste, hay que amputar.

También reitera Cipriano en este tratado (2) las acusaciones de ser los cristianos los causantes de las calamidades, de las guerras en muchos lugares, de las hambres, de los terremotos y de la peste. Todas estas calamidades están predichas al final de los tiempos, y más adelante del tratado (8) menciona a la tierra, que por su esterilidad no produce cosechas; al hambre, que nada perdona; al enemigo, que se apodera de las ciudades y de todos los habitantes, que quedan cautivos; a las nubes, que no envían agua, para todos hay sequía; a la nave, que encalla en los escollos y ninguno de los navegantes escapa del naufragio; al sufrimiento de los dolores de ojos; a las fiebres y a la indisposición de los miembros del cuerpo. Todas estas calamidades las sufren por igual cristianos y paganos.

Cuando menciona la pérdida de la justicia en los tribunales se refiere, presumiblemente, a los procedimientos inmorales e injustos seguidos por Demetriano contra los cristianos en los juicios (*Ad Demetr.* 10). La gravísima crisis moral (*Ad Demetr.* 11) se manifiesta en que, por todas partes, se roba, se apoderan de los bienes, se comete rapiña sin disimulo, como si fuera lícito y necesario, cada uno se da prisa en robar. Los ladrones escogen desfiladeros apartados y lugares solitarios para robar, de modo que las tinieblas de la noche los encubren. La avaricia se ensaña en público y se manifiesta la pasión a la luz pública. De aquí que sean tantos los falsarios, tantos los envenenadores, tantos los asesinos dentro de la ciudad, tan listos para cometerlo como impunes en el delito. El malvado comete el crimen y no hay persona honrada que lo castigue. No hay temor al acusador ni al juez. Los culpables logran la impunidad gracias al silencio de los buenos, al miedo de los cómplices y al soborno de los jueces. El panorama de pérdida de la moral pública no puede ser más dramático. Así pues, vemos cómo se añaden otros males a los ya mencionados en el tratado contra Demetriano.

Como se observa, el argumentario es circular, pues, independientemente de que se haga referencia a acontecimientos reales y recientes, lo cierto es que no se

20 J. CAMPOS, op. cit., 252–272.

puede dirimir si el castigo lo envían los dioses de antaño o el dios de los cristianos, irritado por las persecuciones de Decio, que habrían de acabar con la vida del propio Cipriano. Eso pone de manifiesto que la potencia discursiva en uno u otro sentido ha quedado anulada y la razón no puede ser otra más que la explicación de la realidad por esos medios resulta incontrastable. A pesar de ello, la acusación de responsabilidad persiste a lo largo del tiempo, pues cada cual se conforma con las respuestas de quien le resulta ideológicamente coincidente.

El contexto histórico que avalaría la construcción de un discurso catastrofista es bien conocido. En el año 248 se documentan las usurpaciones de Jotapiano en Capadocia y de Uranio Antonio en Siria; además, bandas de godos, de cárpatos, de vándalos y de taifales penetraron en Tracia hasta Marcianópolis (actual Devnya en Bulgaria). Por otra parte, en 249 el emperador Filipo el Árabe murió en la batalla de Verona frente a Decio, vencedor sobre los godos y proclamado emperador por el ejército.

En el año 250 los godos cruzaron el Danubio y vencieron a las legiones romanas en Berde, lo que les permitió apoderarse de Filipopólis (actual Plovdiv, Bulgaria). Entre las consecuencias de los terribles acontecimientos se produjo una epidemia de peste que duró 15 años. Mientras tanto, en 251, Decio y sus hijos emprendieron una nueva campaña contra los godos que se malogró por la traición del *dux Moesiae*, Treboniano Galo. Aunque el hijo mayor de Decio, Herenio Etrusco, logró vencer a los godos, murió en el combate. Su padre, Decio, decidió perseguir a los godos, pero fue vencido y muerto en los pantanos de Abritos, Dobrudja. La ocasión fue aprovechada por C. Vibio Treboniano Galo para proclamarse augusto en el mismo año 251. Para lograr más apoyos, asoció al poder al segundo hijo de Decio, Hostiliano Mesio, que, sin embargo, murió a causa de la peste. En tales circunstancias decidió asociar al trono como césar a su propio hijo Valdumniano Volusiano.

En 252 se produce un rebrote de la peste y Decio reemprende la persecución, que había comenzado en el año 249, con el objetivo de restaurar la unidad moral del Imperio. Todos sus habitantes estaban obligados a sacrificar a los dioses y obtener las correspondientes células acreditativas del sacrificio. Dos años más tarde, en 251, Decio suspendió temporalmente la persecución, que remprendió en 252. Este año los godos invadieron Asia Menor y efectuaron saqueos en Éfeso y Pesinunte.

Por si todos esos males fueran escasos, la frontera oriental se vio alterada por una nueva invasión persa. En 252, el rey sasánida Sapor I (240-272), manda matar a Tirídates II, rey de Armenia, y coloca en el trono a su propio hijo Hormidz. Este éxito lo envalentona y ocupa Antioquía, causando enormes deportaciones. Entretanto, en Mesia el ejército proclama emperador a M. Emilio Emiliano, de estirpe mora; los emperadores Treboniano y Volusiano son asesinados por sus propios soldados; no obstante Emiliano es también asesinado por sus huestes cerca de Spoleto tres meses más tarde.

A los gravísimos problemas políticos y militares se unen los económicos. Las minas hispanas, que habían sido las más importantes de todo el Imperio (Str. 3.2.8) por la cantidad y variedad de minerales habían dejado de producir mineral;

por ejemplo, las minas de Sierra Morena ya se habían abandonado a finales del siglo II y las de oro del noroeste hispano había dejado de estar activas en las postrimerías de la dinastía de los Severos, al no ser rentable la producción[21]. La situación era diferente en cada parte del Imperio, por lo que no se puede generalizar del modo en el que se hace con frecuencia. En realidad, esta consideración sobre la heterogeneidad en las minas es aplicable a la totalidad de los aspectos de la vida económica y social del siglo III, lo que ha dado lugar a un gran debate sobre la adecuación del concepto "crisis del siglo III", tan consolidado en la literatura histórica y, sin embargo, refutado por su inconsistencia desde la perspectiva de las particularidades regionales y, últimamente, recuperado por quienes analizan con macro ópticas que dibujan un hilo conductor continuo de decadencia desde la generalización de la crisis en el siglo III hasta la incompetencia de las elites para lograr la recuperación que se manifiesta finalmente con la desaparición de la entidad política[22]. Precisamente esa percepción continuista se sustenta en imágenes, tópicos y argumentos que se reiteran tanto en el siglo III, como en el V, dando la impresión de que la naturaleza de los asuntos a los que se aplica el mismo formulario son idénticos.

DEFENSA DE LOS CRISTIANOS DE ARNOBIO DE SICA

Arnobio fue un profesor de Retórica en Sica, África, y contó entre sus discípulos a Lactancio. Fue un pagano muy contrario al cristianismo, aunque más tarde se convirtió. Durante la persecución de Diocleciano (303-311) escribió *Adversus gentiles*[23], que es el contrataque más duro contra los cultos paganos contemporáneos.

Comienza el apologeta recogiendo las calumnias paganas contra los cristianos, que son de dos tipos, unas genéricas y otras específicas. Las acusaciones genéricas contra los cristianos son las siguientes. Comienza la obra con la refutación de las acusaciones paganas (1-3), la acusación principal y su gravedad. Contrataca Arnobio afirmando que desde la llegada del cristianismo el orden del mundo permanece inmutable. Nada ha cambiado en la vida de los animales ni de los hombres. Todas las calamidades que en la actualidad afligen a la humanidad, guerras, carestías, epidemias, se documentan con anterioridad, como lo prueba la Historia.

A continuación pasa Arnobio a las acusaciones concretas: "la pestilencia, la sequía, las guerras, la carestía, la plaga de langosta y de topos y otras calamidades por las que están perturbada la actividad humana" todo esto lo causan los dioses

21 J.Mª. BLAZQUEZ: Las explotaciones mineras en la España romana, Madrid, 2011, 129–191; Id., El impacto de a Hispania en la economía del Imperio Romano, Madrid, 2013, 1–81,83, 143; Id., Historia de España. II. España Romana (218 a.C. –414 d.C.), Madrid, 1982, 299–319, 365-382, 425-436,

22 A. GOLDSWORTHY: El ocaso de Occidente. Caída del Imperio Romano, Madrid 2009, 47–203; Y. LE BOHEC: Rome: le militaire au service du politique, en : J.-V. Holeindre y L. Testot (ed.), La guerre des origines à nos jours, Auxerre, 2014, p. 58–64.

23 H. LE BONSIEC: Arnobe. Contre gentiles, París 1982; B. AMATA: Arnobio. Difesa de la vera religione, Roma 2000.

desesperados de los ultrajes y de la ofensa de los cristianos. Arnobio ataca afirmando que estos males no fueron desconocidos y que han comenzado a arrasar la humanidad sólo al aparecer el cristianismo.

Si los cristianos son los responsables y si todas estas desventuras se han pensado para castigar el delito cristiano, ¿De dónde los antiguos han tomado los nombres de estas desgracias, de dónde han tomado el vocablo para llamar guerra? ¿Cómo llamar a la peste y al granizo? ¿Cómo han incorporado en el vocabulario estas voces? Si estas desgracias son recientes ¿cómo es posible que a tales sucesos aplicasen las palabras para indicar cosas de las que no tenían conciencia de haber experimentado, ni conocían que hubieran sucedido jamás en tiempos de los abuelos?

"La carestía y la penuria de alimento son más frecuentes". Jamás hubo generación en el pasado ni en la más remota Antigüedad que no fuera probada con estas dificultades inevitables. ¿Acaso los nombres de tales desastres no testimonian y gritan bien alto que jamás ninguno de los mortales fue inmune a tales males?

Si esta respuesta es poco creíble para los paganos, se pueden poner sobre la mesa los testimonios de los escritos para demostrar cuántas veces, cuán numerosas y qué pueblos han soportado el hambre más negra y han desaparecido por las continuas devastaciones. "Han sido frecuentísimas las tempestades de granizo que han arrasado Lido". ¿Acaso no vemos registrado en los antiguos documentos qué tempestades de pedrisco han devastado a regiones enteras?

"Las lluvias escasas han secado las mieses y vuelto estériles los campos". ¿Los antiguos se vieron libres de tales males? ¿No sabemos que incluso los grandes ríos se secan, al igual que los fondos limosos? "Epidemias y pestilencias consumen con la fiebre al género humano. Las descripciones de los anales redactados en las lenguas de diferentes pueblos enseñan que todas las naciones han quedado vaciadas de sus habitantes". "Todo tipo de cosecha se ha arruinado y roído por las langostas y los topos". Recordad nuestras historias y os daréis cuenta de cuántas veces las generaciones antiguas han sido golpeadas y reducidas a pobreza y miseria.

"Las ciudades están sacudidas por tremendos terremotos, vacilan y peligran hasta la destrucción total". ¿Qué? ¿Los tiempos pasados no han visto ciudades tragadas con los habitantes por las tormentas pavorosas? ¿Sus fortunas quedaban seguras de tales desastres? (*Ad gentiles* I.3).

Arnobio copia cada acusación (en el texto entre comillas) y la refuta a continuación. Recuerda el apologeta las calamidades míticas e históricas para demostrar que todas estas calamidades son anteriores al cristianismo. ¿Cuándo el mundo incandescente fue reducido a cenizas y pavesas? ¿No antes de los cristianos? ¿Cuándo fueron tragados por las olas del mar grandes ciudades? ¿No antes de los cristianos? ¿Cuándo se hicieron guerras contra las fieras y batallas contra los leones? ¿No antes de los cristianos? ¿Cuándo serpientes venenosas causaron la ruina de poblaciones enteras? ¿No antes de nosotros?

Arnobio echa en cara a los paganos que las causas de las guerras cruentas, de la destrucción de las ciudades, de las invasiones bárbaras y de las de los escitas;

sin embargo, la pasión por las calumnias, no permite profundizar en la exactitud de las afirmaciones (*Ad gentiles* I.4). Menciona después algunos ejemplos de conquistas y de guerras anteriores a la aparición del cristianismo, como la Atlántida, Platón (*Timeo* 25b). Cuando multitud de hombres armados destruyeron y arrasaron numerosas naciones, ¿eran la causa los cristianos? Cuando los asirios y Bactrianos bajo la guía de Nino y de Zoroastro combatieron, no sólo con armas y el ejército, sino también recurriendo a artes mágicas de las ciencias ocultas de los caldeos ¿se debió al odio contra los cristianos? Que Elena, raptada por iniciativa e instigación de los dioses, fue un destino cruel para su tiempo y el futuro ¿se debería echar la culpa a la religión cristiana? Que el inhumano Jerjes asaltó tierras y atravesó el mar ¿sucedió por el desdén suscitado por el nombre de los cristianos? Del hecho que un jovencillo, Alejandro Magno, salido de Macedonia, haya impuesto el yugo de la cautividad y de la esclavitud a reinos y pueblos del Oriente ¿son directamente responsables los cristianos?

Del hecho que hoy los romanos, como un río de fuego, han sumergido y enterrado todas las naciones ¿son de verdad los cristianos los culpables de haber excitado la cólera furibunda de los dioses? No se encuentra ninguno que se atreva a imputar al tiempo presente la causa de lo que ha sucedido hace mucho tiempo. ¿Cómo pueden ser los cristianos la causa de las desgracias presentes, desde el momento en que no sucede nada nuevo hoy en la actualidad, y estos males son viejos y no hay ninguna etapa de la Antigüedad que no las haya conocido?

Este argumento abunda y desarrolla el que ya había aparecido en Tertuliano cuando enumeraba algunas de las desgracias acaecidas con anterioridad al surgimiento del cristianismo. Podemos, pues, asumir que en el pensamiento de Arnobio se acusa la influencia del *Apologético* y de *A los gentiles* de Tertuliano.

Es importante señalar que Arnobio mezcla, para defender a los cristianos, sucesos fantásticos, como la Atlántida y la guerra de Troya, con otros históricos, como la invasión de Jerjes y las conquistas de Alejandro Magno. En el fondo se trata de echar mano de cuanto la propia tradición clásica podía proporcionar para insertar el discurso procristiano en una línea argumental comprensible para los anticristianos.

Ahora bien, quizá por la distancia cronológica que los separa, en Arnobio no hay ecos de los dos grandes ataques contra cristianismo de mayor calado filosófico, como el de Celso, entre 170 y 180, y el de Porfirio, hacia el año 270[24]. Tampoco hay mención a Hierocles, gobernador de Bitinia e instigador de la persecución de Diocleciano, quien presumiblemente escribió su obra con posterioridad al de Sica, con lo que éste solo podría acceder a las calumnias difundidas entre el vulgo que, en cierta manera, quedarían recogidas por Hierocles. Es preci-

24 La irreparable pérdida de sus obras está motivada en gran medida por el celo cristiano que se justifica por el primer título del código de Justiniano (C.I. 1.1.3) en el que explícitamente se ordena enviar al fuego los escritos de Porfirio. Cf. S. Acerbi: Intolerancia dogmática en el siglo V: un estudio de la legislación imperial anti-herética (CTh. XVI, 5, 66 – C.I. 1, 1, 3 – ACO II, III, 3), en: J. Fernández Ubiña y M. Marcos (eds.), Libertad e intolerancia religiosa en el Imperio Romano. Ilu. Revista de Ciencias de las Religiones. Anejos 18., Madrid, 2007, 127–144.

samente contra los ataques de carácter filosófico establecidos por este autor contra los que Lactancio redacta sus *Instituciones Divinas*[25], entre 304 y 313. En V.4.3-7 menciona los dos libros que refutan las acusaciones de ser el cristianismo la causa de los males del Imperio.

Ahora bien, siendo estos los pensadores anticristianos más sólidos, es extraño que Arnobio no refute sus argumentos o insidias, por lo que se ha supuesto que en realidad en las obras más serias de la tradición politeísta no se recogía la opinión vulgar que imputaba a los cristianos como responsables de todos los males del Imperio. Pudiera ser que sus autores no dieran pábulo a aquellos ataques y que, en consecuencia, no requirieran refutación. Sin embargo el asunto es mucho más complejo y requeriría contrastar la presencia de la *vox populi* en los textos de la intelectualidad anticristiana y los mecanismos de la construcción de su ideario y de su argumentación. Este asunto, lógicamente, es mucho mejor conocido en sus rivales porque la preservación de los textos ha permitido su análisis.

Lo que sí aparece como argumento innovador es la inculpación que Arnobio hace de los sacerdotes de los cultos tradicionales como creadores de las calumnias anticristianas, porque veían disminuir el número de sus seguidores y, consecuentemente, sus ingresos. Esto, obviamente, no se encuentra ni en Tertuliano, ni en Cipriano porque sus momentos históricos habían cambiado.

La obra de Arnobio se encuadra en la recuperación Tetrárquica, causante de una importante persecución que requería una reacción por parte de la intelectualidad cristiana.

LAS QUEJAS DE SÍMACO

El hispano Prudencio, uno de los exponentes de la poesía cristiana tardoimperial, en su *Contra Symmachum* (II, 210-919) redactado entre los años 402 y 403[26], recoge las calumnias de Símaco contra los cristianos con motivo del famoso conflicto suscitado a propósito de la retirada del Altar de la Victoria del Senado en Roma[27]. Esta controversia, sobradamente conocida, es un episodio adicional en el capítulo de acusaciones entre los de unos y otros cultos que se enmarca en una clara situación de regresión y acoso de los cultos tradicionales[28].

La última queja del *praefectus Vrbis*, con dolorido llanto acompañada, es que se niega la torta de barro a los altares de Palas, o el óbolo a las vírgenes vestales, y el alimento a los castos coros (de doncellas y niños); que el fuego de Vesta se ve privado de las acostumbradas subvenciones. De ahí, dice él, que nuestros campos produzcan más escaso fruto y se tornen estériles, que el hambre sombría ejerza su

25 E. SANCHEZ SALOR: Lactancio. Instituciones divinas. Libros IV-VII, Madrid 1990.

26 L. RIVERO: Prudencio. Obras. II, Leganés 1997.

27 F. y L. CANFORA: Simmaco-Ambrogio. L'Altare della Vittoria, Palermo, 1991.

28 C. MARTINEZ MAZA: Carmen contra paganos. Edición, traducción y comentario histórico, Huelva, 1999; M. KAHLOS en: J. Ulrich, A.-C. Jacobsen, M. Kahlos (ed.), Continuity and Discontinuity in Early Christian Apologetics. Early Christianity in the Context of Antiquity 5, Frankfurt am Main, 2009.

crueldad y que por todo el mundo palidecen los mortales, faltos de recursos y privados de pan. Qué hambre tamaña y tan aborrecida haya podido surgir en nuestro tiempo, cual aquella que provocó la cólera de Triptólemo y de Ceres para vengar la perdida manutención de la virgen vestal, yo no puedo recordarlo, ni siquiera rumor alguno susurra cosa parecida.

Más allá de la retórica, Prudencio y tantos otros, se hacen eco de lamentaciones culpabilizadoras que se han enquistado en la producción literaria como *topoi* inevitables, pero que en realidad apenas permiten ahondar en el conocimiento verdadero del funcionamiento de la inculpación, es decir, la construcción ideológica y su transferencia a la mentalidad colectiva.

DEFENSA DEL CRISTIANISMO DE AGUSTÍN

Agustín, obispo de Hipona[29], se enfrentó directamente a la acusación de ser el cristianismo la causa de todos los males que afligían el Imperio como consecuencia de la invasión en 410 de Alarico, cuyas huestes saquearon Roma durante tres días. Esta catástrofe hizo que en los círculos paganos rebrotasen los viejos argumentos de que el abandono de los dioses, que habían sido los valedores dela grandeza de Roma, había causado su irritación hasta el extremo de tolerar un castigo ejemplar para los romanos. La inculpación cristiana se había convertido, así, en el objetivo central de la atención intelectual de Agustín.

La realidad parecía desmentir la idea constantiniana, propagada por Lactancio, de que la llegada del cristianismo garantizaba que Roma quedara libre de los bárbaros. Los godos de Alarico hicieron padecer tanto a los cristianos como a los paganos.

Agustín busca la refutación de la *communis opinio* según la cual la invasión y saqueo de Roma había sido consecuencia del abandono de sus dioses, idea en su opinión falsa, como lo era también la que propugnaba que los dioses habían sido derribados mucho antes y que, sin embargo, aún derribados los dioses, los godos habían sido vencidos acaudillados por Radagaiso, el más cruel de todos los enemigos, antiguos o modernos (Or. 7.37.4). En este entramado de la explicación de la relación del dios cristiano o de los dioses del politeísmo con la justificación de los acontecimientos históricos, Orosio proclama que frente al pagano Radagaiso, Alarico suponía un instrumento divino para la expansión del cristianismo. Sin embargo, era necesario justificar por qué los buenos cristianos sufrieron tanto como los politeístas con la invasión de los godos que también eran cristianos.

Precisamente sería el rebrote de las antiguas calumnias anticristianas lo que movió a Agustín a redactar la monumental obra en 22 libros, titulada *La ciudad de Dios*, anunciada ya a finales del 412. Sus tres primeros libros, en los que se aborda estrictamente toda la argumentación inculpatoria y la correspondiente defensa, fueron publicados muy pronto, en el año 413. El resto de la obra se dedica a la refutación de la religión tradicional.

29 P. BROWN: Agustín, Madrid 2001.

En las *Retractationes*, escrita en 427, que es un resumen de las principales obras de Agustín, indica los fines que se propuso al redactarla. Los cinco primeros libros refutan a los que pretenden que la prosperidad de las cosas humanas requiere el culto de muchos dioses, aquellos a los que se veneraba antes del triunfo del cristianismo y cuyo culto había quedado proscrito. Aquí la argumentación agustiniana no es original, pues retoma la idea de que los males en Roma preceden al cristianismo. Quedaba, pues, la controversia abierta para nuevos requiebros retóricos.

EUNAPIO SOBRE LA IMPIEDAD CRISTIANA

En el mismo año morían Agustín y el historiador Eunapio, autor firmemente convencido de la responsabilidad de los cristianos en la decadencia del Imperio. Su preocupación mayor es de índole ideológica, frente a los argumentos políticos y económicos que son más poderosos en la obra posterior de Zósimo, a la que prestaremos atención más adelante. Uno de los caballos de frisa para Eunapio es la cuestión de los monjes, que aun teniendo un aspecto humano tenían una vida de puercos (*Edesio*, 11.7), asunto sobre el que se ha debatido mucho[30]. A los monjes atribuye Eunapio la responsabilidad del paso del Danubio por los godos, pues los bárbaros, conocedores de la inclinación de los romanos hacia los cristianos, para estimular convincentemente su conversión, hacían figurar entre sus filas hombres vestidos de obispos y de monjes (fr. 55 M. = 48.2.B)[31]. La fe cristiana, por tanto, es la responsable de que los bárbaros pudieran elaborar una estrategia que les abriera las puertas de la frontera danubiana.

En esa misma línea de pensamiento, en la *Vida de Máximo* (7.6.7-9), ensalza las virtudes teúrgicas del recto sabio que perece de forma abyecta por orden del gobernador de Asia, Festo, en el clima de terror generado en la etapa final del emperador Valente, cuya muerte a manos de los godos (llamados escitas en el texto de Eunapio, según la terminología de la época) contrapone como expresión de la voluntad de los dioses que vengan así la impiedad del emperador cristiano[32]

30 Comparten Libanio (Or. 30.12) y Zósimo (p. ej. 5. 23.4) la pésima imagen que de los monjes tiene Eunapio. L. CRACCO RUGGINI: Simboli di battaglia ideologica nel tardo ellenismo (Roma, Atene, Costantinopoli; Numa, Empedocle, Cristo), en: Studi Sorici in onore di O. Bertolini, Pisa, 1972, 177–300, esp. 289–290, 293–295; G. RINALDI: Obiezioni al monachesimo da parte dei pagani in area mediterránea, en: Cristianesimo e specifità regionali nel Mediterraneo latino (secc. IV–VI). XXII Incontro di studiosi dell'antichità cristiana. Roma 6-8 maggio 1993. Studia Ephemeridis "Augustinianum" 46, Roma, 1994, 31–82.

31 M. CIVILETTI: Eunapio. Vite di filosofi e sofisti, Milán 2007, n. 292, 431–432.

32 CIVILETTI, op.cit., pp. 542–548, notas 490–493.

ZÓSIMO, LA ÚLTIMA VOZ ANTICRISTIANA

Hacia el año 500 compone Zósimo, un abogado del fisco politeísta, su *Nueva Historia*[33] en la que pretende explicar, como Polibio había hecho con la edificación del imperio territorial, la disolución de ese poder (1.57.1)[34]. En 1.58.4 anuncia que dedicará una parte de su obra, una vez concluida la narración político-militar, a exponer las razones que permitan comprender las causas de la pérdida del Imperio. Por desgracia para el conocimiento historiográfico, esa parte jamás fue redactada. Sin embargo, podemos hacernos una idea de las líneas maestras de su explicación gracias a las pinceladas groseras que deja caer a lo largo de la descripción de los acontecimientos. En 1.6.1 señala que la introducción de las danzas pantomimas bajo Augusto habría de producir efectos muy perniciosos, pues aún en su época tales espectáculos desaniman a la población civil cultivada y anulan el espíritu bélico en la milicia; es así como introduce una dimensión ética en sus explicaciones históricas, que aflora intermitentemente en virtud de las necesidades de su discurso.

Por lo que respecta a nuestro propósito, Zósimo no es inmediatamente explícito en la inculpación del abandono del *mos maiorum* como causa de las desgracias de Roma en la justificación inicial de su obra, a pesar de la declaración de intenciones. Un anticipo esclarecedor se encuentra en 2.7.2, una explicación de la decadencia por la impiedad, puesta de manifiesto en la no celebración de los juegos seculares que hubieran debido tener lugar en 415: "Como esto no se observó, debieron nuestros asuntos llegar al estadio de infortunio en que ahora nos hallamos".

Al margen de este anuncio premonitorio, hay que ir viendo su tratamiento de los emperadores cristianos para observar la animadversión que su fe le genera. A pesar de ello, no carga demasiado las tintas en la conversión de Constantino[35], por ejemplo en 2.29.1, aunque no oculta su personal antipatía por él[36]. A propósito de este asunto es interesante constatar cómo Amiano Marcelino, que no entra directamente en la acusación anticristiana de la decadencia, con total sutileza desacredita la idea, consagrada ya en su época, desde el triunfo de Constantino en el Puente Milvio, de que la piedad cristiana conducía inexorablemente a la victoria militar[37] y todo ello en un contexto pesimista, pues el historiador (31, V. 5) está convencido, al igual que los autores cristianos, de que el Imperio está degradado porque la molicie ha corrompido los espíritus y que ahí radica la imposibilidad de recuperación, frente a lo que había ocurrido en otros momentos pretéritos de crisis.

33 A.D.E. CAMERON: The date of Zosimus New History , Philologus 113 (1969), 106–110.

34 W. GOFFART: Zosimus, the First Historian of Rome's Fall, AHR 76 (1971), 412–441.

35 A. ALFÖLDI: The Conversion of Constantine and Pagan Rome, Oxford, 1949.

36 G. ZUCHELLI: La propaganda anticonstantiniana e la falsificazione storica di Zosimo, en: M. Sordi (ed.), I canali della propaganda nel mondo antico, Milán, 1976, 229–251.

37 J. WEISWEILER: Christianity in War: Ammianus on Power and Religion in Constantius' Persian war, en: A. Cain, N. E. Lenski (eds.), The Power of Religion in Late Antiquity, Farnham, 2009, 383–396, esp. 388 y 391.

Pero regresemos a Zósimo. Expresada su animadversión al primero de los emperadores cristianos, se manifiesta claramente contrario a los sucesivos emperadores cristianos. En ese sentido, por contraposición, la imagen de Juliano adquiere una grandeza extraordinaria, mientras que de Teodosio proporciona una pésima imagen, tanto al inicio del relato de su gobierno, como a partir del triunfo sobre Máximo (4.50). En 4.59 relata cómo, tras la campaña contra Arbogastes de 394, Teodosio se instala en Roma y nombra a su hijo Honorio emperador. En tales circunstancias convoca al Senado "que perseveraba en las tradiciones patrias de antaño y mantenía aún el parecer de no dejarse llevar junto a quienes se habían inclinado al desprecio por los dioses", para que abandonara el extravío de sus creencias y adoptara la fe cristiana, capaz de perdonar todo error e impiedad. Teodosio no tuvo éxito en su exhortación. Zósimo introduce un breve excurso para justificar el buen criterio de los senadores:

> durante los ya casi mil doscientos años a lo largo de los cuales habían habitado la ciudad en observancia de aquellas (ancestrales tradiciones), ésta (Roma) no había sido saqueada, mientras que si ahora cambiaban dichas creencias por otras ignoraban qué sucedería (4.59.2, trad. Candau en BCG).

Ante la negativa del Senado, Teodosio señala la imposibilidad de que las arcas del estado mantuvieran las ceremonias y sacrificios. Y continúa Zósimo:

> Por esta razón cesaron entonces los ritos sacrificiales y, asimismo, quedaron descuidadas cuantas otras cosas concernían a las tradiciones patrias, con lo que el Imperio Romano, progresivamente disminuido, llegó a convertirse en morada de bárbaros e incluso, al fin, tras perder sus habitantes se vio reducido a tal estado que ni los lugares en que estuvieron las ciudades podían reconocerse (4.59.3).

Un nuevo testimonio de la convicción de Zósimo de que la persistencia del sistema residía en la correcta veneración de los dioses surge con motivo de la marcha de Alarico contra Atenas en 395. El objetivo inicial era la toma del Pireo para estrangular los abastecimientos de la ciudad, pero "la antigüedad de la plaza iba a atraer en su ayuda cierta salvaguarda divina gracias a la cual quedaría incólume" (5.5.8). Se deja llevar Zósimo por su entusiasmo. En realidad, Atenas padeció la acometida goda (Claudiano 5.191; Jerónimo, *epist. 50* 16; Filostorgio 12.2)[38]; sin embargo, para el propósito argumental de Zósimo era necesario minimizar los efectos en la capital del Ática:

> Merece la pena no dejar tampoco en silencio el motivo gracias al cual la ciudad fue salvada, motivo de índole divina y que suscita sentimientos de piedad al ser oído. Cuando Alarico marchaba con todo su ejército sobre la ciudad, vio que en torno a sus murallas paseaba Atenea Defensora; aparecía según se la puede contemplar en sus estatuas, armada y como dispuesta a enfrentarse a los atacantes, y el héroe Aquiles estaba a su lado con el aspecto bajo el cual hizo Homero que lo vieran los troyanos cuando luchaba enfurecido para vengar la muerte de Patroclo. Sin poder resistir semejante visión, renunció Alarico a toda maniobra contra la

38 Véase E. DEMOUGEOT: De l'unité a la division de l'Empire Romain (395-410). Essai sur le gouvernement impérial, Paris, 1951, 166–167; F. PASCHOUD: Zosime. Histoire Nouvelle. Texte établi et traduit par F. Paschoud, Paris, 1971–1989, V, n. 9; G. FOWDEN: City and Mountain in Late Roman Attica, JHS 108 (1988), 48–59, esp. 53–54.

ciudad y envió emisarios... se retiró dejando intacta la ciudad y el territorio entero del Ática (5.6.1-2).

A la vista de la defensa divina de la ciudad de Atenas, no puede caber duda de que Zósimo está convencido de que los dioses tradicionales son capaces de defender al Imperio ante las desdichas que lo acosan y, como contrapartida, el abandono de las obligaciones debidas a los dioses no puede acarrear más que funestos males. En consecuencia, es obvia la conexión que se establece entre la debilidad del Imperio y la expansión del cristianismo. La inculpación cristiana estaba, pues, íntimamente integrada en el pensamiento de los intelectuales que persistían en el politeísmo y servía como instrumento de propaganda ideológica en la lucha por contener su difusión.

Que se trata de una argucia retórica se pone de manifiesto porque a renglón seguido Alarico se dirige al Peloponeso y toma con violencia ciudades ancestrales, como Corinto, Argos o Esparta. Allí, los dioses tradicionales no pudieron mostrar su poder ante el comportamiento traicionero de los magistrados locales dispuestos a doblegarse ante los poderes extranjeros, así como por la ambición de los romanos que había esquilmado a las ciudades. Si en estos casos la razón por la que las ciudades sucumben ante el ímpetu godo es de orden económico y político, la razón ideológica expresada en el caso ateniense resulta doblemente llamativa. Atenas representa lo mejor del helenismo, por lo que es especialmente protegida por los dioses; como depositaria de la herencia cultural de la Hélade constituye también el baluarte más emblemático de la oposición a la impiedad que representa el cristianismo. Da igual, pues, que Atenas se viera o no afectada por la invasión goda; da igual que las demás ciudades fueran igualmente piadosas. En la mente del historiador bizantino es obvio que la responsabilidad de las desgracias radica en el abandono de los dioses tradicionales.

La esperanza depositada en la capacidad de tales dioses para acabar con los males se mantiene latente en la obra de Zósimo. Zeus y Atenea serán la salvaguarda de Constantinopla según se desprende de un emotivo excurso derivado de los tumultos ocasionados por los partidarios del obispo Juan Crisóstomo, exiliado por segunda vez de la capital oriental, cuando sus partidarios, o sus rivales, prendieron fuego la iglesia de Sta. Sofía, con grave riesgo para toda la ciudad (5.24.3-8). La sede del propio Senado se vio afectada por las llamas. Las estatuas de las Musas, cobijadas allí tras los saqueos de los templos de la época de Constantino fueron destruidas, lo cual, en palabras de Zósimo, "delata meridianamente la falta de trato con las Musas que había de invadir a todos" (5.24.6). Además, ante las puertas del edificio estaban las estatuas de Zeus y de Atenea, traídas respectivamente de Dódona y de Lindos, sobre las que cayeron los escombros del techo desplomado y el plomo que lo cubría, fundido por el incendio. Al parecer las estatuas quedaron calcinadas, pero "cuando el lugar quedó limpio y listo para la restauración pudo verse cómo lo único capaz de resistir aquella total destrucción habían sido las efigies de los dioses en cuestión. Lo cual permitió a todos los hombres cultivados alentar mejores esperanzas respecto a la ciudad, en el sentido de que estos dioses albergaban la voluntad de velar por ella. Pero en lo que respecta a tales cosas, sea el dictado divino quien decida" (5.24.8).

El veredicto divino aparece de forma casual en el relato, como por ejemplo, con ocasión de la muerte de Serena, esposa de Estilicón, resultado del sacrilegio que años atrás había cometido al hurtar en su santuario de Roma un collar de la Mater Magna en el contexto de la política antipoliteísta de Teodosio (5.38.2-5)[39]. Algo más adelante, al relatar la situación de Roma ante la presencia de Alarico en el año 408, Zósimo indica que se acuerda entregarle cinco mil libras de oro, tres mil de plata, cuatro mil túnicas de seda, tres mil pieles escarlatas y treinta mil libras de pimienta. Comprobada la incapacidad de las autoridades de la ciudad para alcanzar las sumas exigidas, decidieron emprender "la más desdichada de las acciones" (5.41.5). "Decidieron, en efecto, completar lo que faltaba mediante los adornos de que estaban revestidas las estatuas de los dioses, lo cual no suponía sino dejar sin vida ni efecto, menoscabando las prácticas de las ceremonias, imágenes erigidas con miras a las celebraciones sacras y provistas del boato que les era debido por guardar a la ciudad eternamente venturosa. Y puesto que de todas partes habían de concurrir los elementos de ruina para la ciudad, no sólo despojaron las imágenes sino que incluso fundieron algunas de las que estaban hechas de oro y plata, entre ellas también la del Valor, al que los romanos llaman *Virtus*: aniquilada la cual, se extinguió cuanto de valor y de excelencia había entre los romanos, en conformidad con lo que los hombre versados en el culto divino y las ceremonias ancestrales profetizaron para tiempos sucesivos a aquél" (5.41.6-7). Queda, pues, de este modo establecida la correlación entre el abandono de los cultos tradicionales y la decadencia moral de los romanos. No cabe duda, por consiguiente, de que en la visión de Zósimo la adopción creciente del cristianismo constituyó la causa de la decadencia de Roma. La sentencia con la que concluye el libro quinto lo expresa de forma tajante. Alarico propone unas ventajosas condiciones de paz, pero "Jovio y los que ejercían el poder junto al Emperador explicaban que la petición no tenía sentido desde el momento en que todos cuantos formaban parte del gobierno habían jurado no hacer la paz con Alarico: efectivamente, si fuera el caso que el juramento dado hubiese sido por la divinidad, entraría dentro de lo natural que lo pasasen por alto, confiando para el perdón de la impiedad en la bondad divina. Mas dado que habían jurado sobre la cabeza del Emperador, no les estaba permitido faltar a tamaña promesa. Hasta tal punto permanecía ciega la mente de los que a la sazón regían el Estado, abandonados de la divina Providencia" (5.51.1-2).

Como indicábamos al comienzo del análisis de la obra de Zósimo, no conocemos las consideraciones que hubiera podido hacer acerca de las circunstancias de la decadencia de Roma, pero a partir de las menciones recogidas a lo largo de

39 A. DEMANDT, G. BRUMMER: Der Prozess gegen Serena im Jahre 408 n.Chr., Historia 26 (1977), 477–502; M. KAHLOS: Vettius Agorius Praetextatus. Senatorial Life in Between. Acta Instituti Romani Finlandiae no. 26, Roma 2002, 67; A. CAMERON: The Last Pagans of Rome, Oxford, 2011.

su obra podemos hacernos una idea más o menos firme de su implicación en la estrategia de la inculpación cristiana[40].

En 4.36.1 ss. ofrece una interpretación sobre el origen del pontificado máximo notoriamente falsa, pues lo atribuye a influencia griega, en concreto tesalia, donde por vez primera se habrían colocado efigies divinas sobre un puente, antes incluso de que existieran los templos. La historia viene al paso de la renuncia al cargo de Graciano, el primer emperador que rechaza la vestimenta pontifical y corresponsable por ello del enojo de los dioses tradicionales, cuyo cuidado quedaba, con ese gesto, definitivamente abandonado por los emperadores.

EL RESURGIMIENTO DE LA INCULPACION.

Indicábamos al inicio de estas páginas que la moderna historiografía no recoge entre las causas de la caída del Imperio Romano la venganza del dios único o de los dioses tradicionales por no recibir culto adecuado[41]. Hemos visto cómo desde la segunda mitad del siglo II d.C. la culpabilización está presente como forma de responsabilizar al otro de los problemas que afectan al Imperio. En el contexto del sistema de creencias imperante es perfectamente comprensible que los politeístas vieran el crecimiento demográfico de los monoteístas como una alteración del orden establecido, una desafección de los dioses y, en consecuencia, los males no son más que un castigo divino.

Los argumentos de los cristianos eran sencillos. Los males que aquejaban al Imperio no eran más que la reproducción de otros males que ya habían aparecido con anterioridad al cristianismo, por lo que con dificultad podrían ser responsables de lo que ocurría. Y, anulada así la denuncia, quedaba el camino expedito para que formularan precisamente la misma acusación sobre los politeístas: el dios verdadero se había cansado ya de que no se le prestara la debida veneración y por ello, a pesar de las innumerables señales previas, los males presentes eran la indicación definitiva de que todos habían de convertirse a la religión verdadera. Es más, como el golpe final que había de acabar con el modelo político imperial fue la deposición de Rómulo Augústulo (476 d.C.), la venganza del dios verdadero se produjo usando el brazo armado de un bárbaro, pero cristiano, lo que venía a demostrar la superioridad del dios cristiano.

La recuperación de la argumentación politeísta por parte de Gibbon se antoja banal en su formulación inicial. Seguramente se vio arrastrado por los autores renacentistas que había reflexionado sobre el problema de la decadencia de Roma. En efecto, Löwenklav, como introducción a su traducción de Zósimo al latín de

40 Z. PETRE: La pensée historique de Zosime, StClas 7 (1965), 263–272. Sobre el contexto historiográfico general, véase, L. CRACCO RUGGINI: Publicistica e storiografia bizantine di fronte alla crise dell'Impero romano, Athenaeum 51(1973), 146–183.

41 A modo de ejemplo permítasenos aducir la estupenda síntesis de N. CHRISTIE: The Fall of the Western Roman Empire. An Archaeological and Historial Perspective, Londres-New York, 2011, con abundante bibliografía de referencia.

1576, escribió una Apología en defensa de Zósimo, que constituye el primer estudio historiográfico de la relación entre el auge del cristianismo y la caída del Imperio Romano. Ese estudio establece las bases de que la decadencia están en la conversión de Constantino y que el declive es continuo hasta la desaparición del Imperio a excepción del reinado de Juliano. Se abre a partir de ahí una línea historiográfica anticonstantiniana que culmina en el siglo XVII con la crítica a la autenticidad de la *Vida de Constantino* de Eusebio de Cesarea. Se quebraba allí la interpretación providencialista y hagiográfica de Constantino, reflejo de lo que de él había querido hacer la historiografía cristiana.

La reacción antagónica no se hizo esperar, de modo que se resucita el argumentario tardoimperial sobre las responsabilidades, las acusaciones y la intervención divina en los asuntos de los mortales. El jurista y escritor holandés Hugo Grozio (1583-1645), cofundador del iusnaturalismo, en su tratado *De veritate religionis Christianae*, publicado en París en 1627[42], en el libro II (p. 125 de la versión en línea) reconoce que los seguidores de otras creencias habían asumido la muerte en defensa de sus ideas, como los gimnosofistas o el propio Sócrates, pero que la muerte de los cristianos inocentes sirvió de fundamento para la difusión del cristianismo. En los libros III y IV retoma toda la argumentación relacionada con las diatribas anticristianas y las refutaciones de los autores cristianos; para explicar el asunto central de nuestro interés aquí, es decir, el de la potencial responsabilidad cristiana en la decadencia y caída del Imperio Romano, Grozio recurre a la laxitud de los cristianos tras el triunfo de la Iglesia, explicación complementaria a la culpabilización original de los escritores eclesiásticos que insistían en la persistencia de los cultos idolátricos, pero no que lograban justificar por qué su dios castigaba por igual a los idólatras y a sus seguidores. El éxito de esta neoinculpación, estrategia culturalmente muy judaica, se constata en los escritores posteriores que ahondan en ella.

Tal es el caso de Jean Le Sueur, autor de una historia de la Iglesia en 5 volúmenes, editados entre 1672 y 1677. En el prefacio del volumen cuarto, dedicado al siglo V, se lee[43]:

> Nous entrons dans un siècle fort fâcheux et remply de calamitez étranges. Dans le précédent, Dieu avoit suscité de bons Empereurs, qui avoient donné la paix et l'abondance à l'Eglise : mais les Chretiens en ayant abusé, l'ayant tournée en dissolution et s'estant abandonnez aux vices, le Souverain juge de l'Universe irrité de leur ingratitude et rébellion, leur fit sentir ses justes fleaux, et principalement celuy d'une guerre effroyable. Car les Nations étrangéres et barbares inondérent l'Empire Romain comme un Déluge, et en suite le déchirérent en piéces, sorte que chaque puissant Chef en prit sa portion et en établit un Royaume à part.

Así pues, aunque la Providencia había proporcionado todos los medios oportunos para que su reino terrenal gozase del mayor bienestar, lo cierto es que los propios

42 Hemos consultado en línea la edición londinense de 1755: https://archive.org/stream/hugogrotiusdeve00clergoog#page/n262/mode/2up

43 Utilizamos la edición en línea de la imprenta de Duillier, fechado en 1686: http://books.google.es/books?id=cgoPAAAAQAAJ&printsec=frontcover&hl=es&source=gbs_ge_summary_r&cad=0#v=onepage&q&f=false

cristianos abandonaron las leyes divinas y, en consecuencia, fueron castigados con múltiples calamidades, entre ellas, el fin del Imperio Romano. Ahora ya los seguidores de las religiones tradicionales brillan por su ausencia en la explicación de los fenómenos observados. La vieja polémica inculpatoria había dado paso a una historia exclusivamente cristiana en la que la perversión de las costumbres entre los miembros de la Iglesia conlleva el castigo divino[44].

El debate no se engrandece con una de las obras más eruditas de finales del siglo XVII. Nos referimos a las *Mémoires pour servir à l'histoire ecclésiastique des six premiers siècles justifiez par les citations des auteurs originaux* de Louis-Sébastien Lenain de Tillemont (1637-1698), cuyo primer volumen apareció en París en 1693. Como su propio título indica, Tillemont reúne citas textuales para la composición de su vastísima historia, una de cuyas principales innovaciones consiste en la narración de la Historia del Imperio Romano hasta el siglo VI, sin distinguir entre la parte occidental y la oriental, de manera que la fecha del 476 no significa para él ninguna ruptura, sino un episodio en su discurso que, al mismo tiempo, distingue claramente la historia de la Iglesia y la historia política[45]. Marcaba de esta manera un hito en la segregación de poderes y, como consecuencia de todo ello, no presta atención al problema de las responsabilidades de una caída que para él no tiene la dimensión referencial que se le ha otorgado a lo largo de toda la historiografía hasta la revisión modernizadora emprendida por Peter Brown y su concepción de la Antigüedad Tardía[46].

Un nuevo giro en la inculpación cristiana se produce en la obra de uno de los más agudos analistas de la evolución histórica del Imperio Romano, Charles Louis de Secondat, barón de Montesquieu (1689-1755), quien en su *Considérations sur les causes de la grandeur des Romains et de leur décadence* (1734), atribuye a la nueva religión un papel determinante en la decadencia del Imperio. Tras denostar la política de Constantino y ensalzar la figura de Juliano, Montesquieu, señala entre las causas de la decadencia la molicie de los gobernantes, la debilidad económica, la impotencia militar ante los bárbaros[47]. El comienzo del capítulo XIX reza así:

> Comme, dans le temps que l'empire s'affaiblissait, la religion chrétienne s'établissait, les chrétiens reprochaient aux païens cette décadence, et ceux-ci en demandaient compte à la religion chrétienne... Les païens ne cessaient de crier contre un culte nouveau, inouï jusqu'alors[48].

44 S. MAZZARINO: La fine del mondo antico. Le cause della caduta dell'Impero romano, Milán, 1959 (reed. Bollati Boringhieri, 2008), p. 115.

45 A. GRAFTON: Arnaldo Momigliano e la storia degli studi classici, Rivista storica italiana 107 (1995), 105.

46 P. BROWN: The World of Late Antiquity: AD. 150–750, Londres, 1971.

47 Manejamos la edición de FIRMIN DIDOT: Montesquieu, Grandeur et Décadence des Romains, Politique des Romains, Dialogue de Sylla et d'Eucrate, Lysimaque, et Pensées. Lettres Persanes et Temple de Gnide, París, 1853. A las causas mencionadas dedica los capítulos XVII y XVIII.

48 Idem, p. 137.

Se afirmaba de este modo un renacimiento de las posiciones de los pensadores del politeísmo tradicional en la explicación de las crisis y, en particular, de la que afectaba a la caída del Imperio Romano de Occidente. La tesis cuajaba en una intelectualidad claramente desafecta de la tradición católica, resultado de una larga historia de conflictos ideológicos y militares que había quebrado la cristiandad y que buscaba en las explicaciones del pasado argumentos para su presente. El máximo valedor de esta posición será Edward Gibbon, autor de una enorme *History of the Decline and Fall of the Roman Empire*, editada en seis volúmenes en Londres entre 1776 y 1789. Su apego a las fuentes, su rigor crítico y su capacidad analítica hicieron de él el verdadero primer historiador moderno del Imperio Romano y modelo de todos los estudiosos posteriores. Para Gibbon sería la pérdida de las virtudes cívicas de los romanos la causa de la decadencia de su Imperio. Y esa pérdida estuvo motivada por la molicie de sus costumbres y por la influencia del cristianismo que introdujo una nueva mentalidad derivada de la creencia en la vida de ultratumba, que aminoraba la entrega de los hombres en la defensa de lestado por su indiferencia hacia el presente, y derivada también de una notoria convicción pacifista, contraria a los fundamentos requeridos para la persistencia de un Imperio militar y territorial.

Obviamente, la argumentación de Gibbon no podía ser aceptada por la historiografía católica, que buscaba y rebuscaba en Agustín las refutaciones adecuadas a esa acusación. Sin embargo, la virtud de Gibbon radicaba en que no establecía, como hicieron los polemistas de los siglos II-V, las causas de los fenómenos históricos en una voluntad metahistórica, el rencor de un dios o de muchos, sino en las transformaciones de las mentalidades colectivas que situaban la acción política en una realidad radicalmente diferente, por más o menos cierta que sea su apreciación, a lo que había sido durante el período imperial politeísta[49].

Podemos discutir, cuál es el verdadero alcance de esa transformación en la acción política, tanto de los responsables del Imperio como de su ciudadanía. Los seguidores de Gibbon no siempre han estado atinados, por ejemplo, cuando se dice que el Estado se debilita con el auge del cristianismo porque éste ofrecía un

49 Una excelente contextualización de la obra de Gibbon se encuentra en el voluminoso estudio de J. G. A. POCOCK: Barbarism and Religion, 5 vols., Cambridge, 1999–2011 (hay una importante reseña de J.R. Ballesteros en Revista de Historiografía 15 (2011), 184–187, a quien agradecemos toda la información que nos ha proporcionado en este asunto). Pocock logra establecer el stemma de los autores conocidos por Gibbon y los argumentos empleados desde las diferentes versiones confesionales de la Ilustración. El propio Gibbon se presenta como un intelectual preocupado por las convicciones religiosas, lo que lo conduce a una búsqueda constante desde su anglicanismo familiar al deísmo y el librepensamiento, pasando por el catolicismo y el calvinismo; es obvio que estuvo muy influido por la polémica científica y erudita que en la Europa del siglo XVII sucedió a la controversia religiosa del siglo anterior. Su objetivo era plantear el problema del cristianismo primitivo al margen de las circunstancias propiamente religiosas del asunto, investigando lo que él llamó "causas secundarias" del éxito del cristianismo, es decir, los asuntos centrales de la polémica ilustrada en la que intervienen el pastor protestante Isaac de Beausobre, el luterano Johann Lorenz von Mosheim, el católico galicano (criptojesuita según sus enemigos) Richard Simon, el calvinista disidente Jean Le Clerc y tantos otros.

campo de acción política e intelectual más atractivo para las "mentes más creativas"[50], como si el ejercicio de la actividad en el seno de la Iglesia fuera irresistible para "los mejores", de modo que las decisiones políticas habrían quedado en manos de ineptos. Más allá de estas observaciones superficiales, lo cierto es que la metamorfosis que sufre el mundo romano a través del complejo proceso de cristianización es de tal envergadura que resulta difícil no identificar la modificación de la organización del Estado, las transformaciones sociales, el cambio de mentalidad y de costumbres que se reflejan en la reorganización de los espacios urbanos y también en gran medida rurales, precisamente en la implantación del cristianismo como religión única del Estado.

Caetera desunt. Feci quod potui, faciant meliora potentes

50 A. MOMIGLIANO: El cristianismo y la decadencia del Imperio Romano, en: A. Momigliano (ed.), El conflicto entre el paganismo y el cristianismo en el siglo IV, Madrid, 1989, 23-24 (= Pagan and Christian Historiography in the Fourth Century, en: The Conflict between Paganism and Christianity in the Fourth Century, Oxford, 1963, 79-99.); Marcos, loc. cit., p. 109.

(K)EIN FALL ROMS
DAS JAHR 476 IN DER ANTIKEN GESCHICHTSSCHREIBUNG

Manfred Clauss

„Der Falls Roms" lautet ein bekanntes Buch, in dem „die Auflösung des römischen Reiches im Urteil der Nachwelt", wie der Untertitel beschreibt, umfassend behandelt wird.[1] Der Titel ist zwar zutreffend, was die mittelalterliche und neuhistorische Sicht der Dinge betrifft, aber auf die Antike bezogen, kann politisch betrachtet allenfalls vom Fall Westroms die Rede sein.[2] Mochten auch die späteren Deuter des Jahres 476 im Laufe der folgenden Jahrhunderte insgesamt 210 unterschiedliche Faktoren für den Untergang Roms – die Demandt in alphabetischer Reihenfolge von Aberglaube bis Zweifrontenkrieg auflistet[3] – entwickeln, den Zeitgenossen und unmittelbaren Nachfahren blieb dies alles fremd. Warum bemerkten die antiken Geschichtsschreiber das Epochale des Jahres 476 nicht?

Der vielleicht wichtigste Grund liegt in der im letzten Viertel des 5. Jahrhunderts längst vollzogenen Trennung des römischen Reiches in ein östliches und ein westliches Imperium. Schon durch die Sprache waren die Teile seit Jahrhunderten geschieden, mochten auch selbst westliche Intellektuelle noch so sehr den Vorzug des Griechischen vor dem Lateinischen preisen. Diese Aufspaltung des Imperium Romanum in zwei Reichshälften war seit Beginn der Kaiserzeit angelegt. Es war schon kein Zufall, daß in der Auseinandersetzung um die Nachfolge Caesars der zunächst mächtigere der beiden Kontrahenten, Marc Anton, den wirtschaftlich stärkeren griechischen Osten zu seiner Machtbasis wählte. Allein der eher zufällige Sieg Octavians stärkte für längere Zeit die Rolle des lateinischsprachigen Reichsteils. Immer wieder wurde im Laufe der folgenden Jahrhunderte aber der Unterschied, wenn man so will das Trennende sichtbar – vor allem seit Diokletian und der Aufteilung der Herrschaft unter zwei Augusti und zwei Caesares. Eine förmliche Teilung von Reich und Heer fand im Jahre 364 zwischen Valentinian I. und Valens statt.[4] Es war ein Vorgang, der planmäßig und vollständig durchgeführt wurde. Zunächst wiesen die Kaiser die höheren Truppenführer dem östlichen oder westlichen Herrscher zu, danach teilten sie die militärischen Einheiten und schließlich folgte die Aufteilung des Hofstaates. Vom Jahre 364 an kann man

1 A. DEMANDT: Der Fall Roms. Die Auflösung des römischen Reiches im Urteil der Nachwelt, München, 1984.

2 So auch der zutreffende Titel des Buches von M. A. WES: Das Ende des Kaisertums im Westen des Römischen Reiches, ´s-Gravenhage, 1967.

3 DEMANDT: Der Fall Roms, 695.

4 D. HOFFMANN: Das spätrömische Bewegungsheer und die Notitia Dignitatum, Düsseldorf, 1970, Band 1, 117.

von einem weströmischen und oströmischen Reich sprechen. Mit den Auseinandersetzungen nach dem Tod Theodosius I. im Jahre 395 wurde diese Teilung erneut bestätigt, und der Gedanke zweier Teilreiche setzte sich endgültig im Bewußtsein der Menschen fest. Der Westen im geographischen Sinn hieß damals ‚Europa'. Als das Imperium zwischen Arcadius und Honorius aufgeteilt wurde, übernahm Honorius die Herrschaft über Europa.[5] Der ‚Fall Roms' war also auch der ‚Fall Europas' – zweifellos eine Anregung für politische Diskurse um die Zukunft dieses Kontinents seit der ‚Krise' von 2008.

Schon lange wurde also der West-Ost-Gegensatz damals von beiden Seiten gesehen. Vor allem im Westen aber verstärkte er sich im Laufe des 4. Jahrhunderts weiter, und dies führte dazu, daß die Begriffe ‚West' (*occidens*) und ‚Ost' (*oriens*) seither zum selbstverständlichen Vokabular gehörten. ‚Ost' und ‚West' waren zwar geographische Begriffe, gerieten aber immer stärker zu Beschreibungen von unterschiedlichen Denk- und Verhaltensweisen. Zur Vertiefung des Gegensatzes trugen die innerchristlichen dogmatischen Auseinandersetzungen des Jahrhunderts erheblich bei. Denn als sich die Kirche seit dem 4. Jahrhundert zur Reichskirche entwickelte, transportierte sie die ihr inhärenten Gegensätze zwischen Ost und West bereits mit.[6] Dann hat vor allem der arianische Streit, zunächst ein Streit des Ostens, West und Ost noch weiter entfremdet.[7] Im Westen dachte man sich das Glaubensgut statisch, was in bildhaften Ausdrücken wie *fundamentum* oder *murus* zum Ausdruck kam.[8] Von hier erfolgte der Vorwurf, häretisches Tun sei wie Philosophieren und ernähre sich aus der Philosophie. Ambrosius, Damasus, Innozenz, Leo oder Gelasius beschuldigten den Osten, sich mit der Philosophie einzulassen, diese aber – und damit bestritt man einen Kernbereich der dortigen Bildung – sei eine Feindin des Glaubens. „Die Herrschaft Gottes liegt in der Einfachheit des Glaubens, nicht im Wettstreit der Worte" – so stellte es Ambrosius kategorisch fest.[9] Später geschah die Abwertung des Ostens aus der Sicht Roms auch deshalb, weil man die eigene Position in kirchenpolitischer Hinsicht festigen wollte. Das entstehende Papsttum wandte sich gegen Ansprüche, welche die östliche Patriarchen erhoben, vor allem diejenigen des ‚Neuen Rom'. Der römische Bischof Damasus räumte zwar ein, daß Petrus und Paulus aus dem Orient in den Westen gekommen waren, aber nach ihrem Martyrertod waren sie Bürger der Stadt Rom geworden: „Wenn Du nach den Namen von Petrus und Paulus fragst, sollst Du wissen: Hier hatten die Heiligen früher ihre Wohnung. Der Osten sandte diese Jünger – das gestehen wir freiwillig zu – aber nachdem sie um des Verdienstes ihres Blutes willen und Christus über die Sterne hin

5 Theodoret, historia ecclesiastica 5, 25, 1 (CGS 19, 327).

6 G. GOTTLIEB: Ost und West in der christlichen Kirche des 4. und 5. Jahrhunderts, München, 1978, 8.

7 M. CLAUSS: Der Kaiser und sein wahrer Gott. Der spätantike Streit um die Natur Christi, Darmstadt, 2010, 50–72.

8 Zu zahlreichen Stellen vgl. GOTTLIEB: Ost und West,14–17.

9 Ambrosius, de fide 1, 5, 42 (CSEL 78, 18): „regnum enim dei in simplicitate fidei est, non in contentione sermonis."

folgend in den Schoß des Himmels und das Reich der Frommen gelangt sind, verdiente es Rom eher (als der Osten), sie als Bürger zu beanspruchen.“[10]

Der Osten bediente sich der heidnischen Bildung, vor allem der Philosophie, um christologische Probleme zu diskutieren und Begriffe schärfer zu fassen. Folglich verstand man dort das Glaubensgut dynamisch, was immer wieder differenzierte und differierende Ansichten zur Folge hatte. So kam es, daß der Westen die Begriffe ‚West‘ und ‚Ost‘ zeitweise fast synonym für ‚rechtgläubig‘ und ‚häretisch‘ verwandte.[11] Schließlich erschien vom Westen aus der Osten als das Reich des Bösen. Bei Hieronymus heißt es:[12] „Jetzt leuchtet im Westen die Sonne der Gerechtigkeit, im Osten aber hat Lucifer ... seinen Thron aufgerichtet.“ Umgekehrt sah man im Osten den Westen als dumm[13] und uninteressiert und verlor zunehmend das Interesse an diesem Reichsteil.

Ein zweiter Grund, weshalb der ‚Fall Roms‘ keine Rolle spielte, lag darin, daß ‚Rom‘ und sein Kaiser auch nach dem Ende des Kaisertums im Westen fortbestanden. Konstantin hatte aus den unterschiedlichsten Motiven heraus am Ort seines Sieges über den letzten Konkurrenten um die Alleinherrschaft eine neue Stadt gegründet, seine Stadt: Konstantinopel.[14] Von Anfang an stand fest, daß der Kaiser Konstantinopel als Neues Rom konzipiert hat; so schildert es jedenfalls Optatianus Porphyrius bereits im Jahre 326.[15] Ob Konstantin damit Rom ersetzen wollte oder nicht, spielt keine Rolle: Es geschah, weil der Kaiser seine Stadt zum Abbild Roms ausgestaltet hatte. Rom war mit einem Schlage nicht mehr allein die causa exemplaris jeder Reichsidee.[16] Interessant ist in diesem Zusammenhang

10 Damasus, epigramm 20: „hic habitasse prius sanctos cognoscere debes nomina quisque Petri pariter Paulique requiris. disicpulos Oriens misit, quod sponte fatemur; sanguinis ob meritum Christumque per astra secuti aetherios petiere sinus regnaque piorum. Roma suos potius meruit defendere cives.“

11 H. C. BRENNECKE: Hilarius von Poitiers und die Bischofsopposition gegen Konstantius II. Untersuchungen zur dritten Phase des arianischen Streites (337–361), Berlin, 1984.

12 Hieronymus, epistula 15, 1 (J. LABOURT: Saint Jérôme, Lettres, Paris, 1949, Band 1, 46): „nunc in occidente sol iustitiae oritur, in oriente autem lucifer ...posuit thronum suum.“

13 Beispiele bei F. J. DÖLGER: Rom in der Gedankenwelt der Byzantiner, Zeitschrift für Kirchengeschichte 56, 1937, 1–42, hier 28–29.

14 Eine umfassende Diskussion zu den Gründungsmotiven Konstantinopels bietet F. NTANTALIA: Die Bronzemedaillons unter Konstantin dem Großen und seinen Söhnen. Die Bildtypen der Constantinopolis und die kaiserliche Medaillonprägung von 330–363 n. Chr., Saarbrücken, 2001, 156–161.

15 Optatianus Porphyrius 4, 6 (altera Roma); 18, 33 (Roma soror). Man vergleiche auch die dem Konstantin zugeschriebene Bemerkung „Mein Rom ist Serdica“, als er sich dort von 316 bis 322 aufhielt: Excerpta de sententiis Nr. 190 (U. BOISSEVAIN, Berlin, 1906). Dazu K. OLBRICH: Constantiniana Daphne. Die Gründungsmythen eines anderen Rom?, Klio 88,2 (2006), 483–509. Er geht davon aus, „daß die Gründung Konstantinopels in zumindest erheblichem Maße auf die Befürchtungen zum Ende Roms zurückzuführen ist“ (491).

16 H.-G. BECK: Konstantinopel – das neue Rom, Gymnasium 71, 1964, 166–174, hier 167. Schon F. GREGOROVIUS: Geschichte der Stadt Athen im Mittelalter, Stuttgart, 1889, 25, bemerkte, daß die Gründung Konstantinopels „die Trennung des lateinischen Abendlandes vom griechischen Morgenlande“ besiegelt habe.

eine Formulierung des Laktanz, wonach der Untergang Roms bevorstehe.[17] Dann werde die Herrschaft an Asien zurückfallen, erneut werde der Orient herrschen, der Okzident dienen. Als Themistios die Stadt Konstantinopel erstmals, soweit wir wissen, tatsächlich das „Neue Rom" nannte,[18] läutete er, ohne dies zu wissen und zu wollen, den ‚Untergang' des ‚Alten Rom' beziehungsweise den Beginn der Bedeutungslosigkeit der Stadt am Tiber für weite Teile des Imperium Romanum ein.

Die Gründung von Konstantinopel hat ferner die Vorbehalte gegen Rom, die es im Osten latent immer gab, neu belebt, und die Ursache für die Schnelligkeit des Prozesses der Trennung ist in dem zu suchen, was H. Fuchs in seinem klassisch gewordenen Buch den „geistigen Widerstand" gegen Rom genannt hat.[19] Mit Konstantinopel erhielt der Osten des römischen Reiches, der schon immer unter dem Einfluß der hellenistisch-orientalischen Kultur stand, ein eigenes Zentrum.

Konstantinopels Bedeutung näherte sich derjenigen Roms immer mehr an, zog gleich und schließlich überflügelte die Stadt am Bosporus diejenige am Tiber. Folgerichtig stellte Johannes Philoponos im 6. Jahrhundert den Vorrang Konstantinopels vor Rom fest.[20] Und ein Jahrhundert später wurde diese Entwicklung als Plan Konstantins seit der Gründung interpretiert. So heißt es im Chronicon Paschale aus dem 7. Jahrhundert, Konstantin habe Konstantinopel erbaut, nachdem er ein Orakel erhalten hatte, das Reich Roms werde untergehen.[21] Dadurch, daß es das neue Rom gab, konnte man die Idee von der Ewigkeit Roms[22] aufrechterhalten, sollte letzten Endes weder das Jahr 410 noch 454 oder 476 für Untergangsszenarien eine Rolle spielen.[23] Es konnte kein Ende Roms geben, gleichgültig, was im Westen mit der Stadt oder dem Kaisertum geschehen mochte.

Der politischen Ersetzung Roms durch Konstantinopel folgte bald auch die kirchenpolitische. Während des Konzils von Konstantinopel im Jahre 381 stellte der dritte Kanon lapidar fest: „Der Bischof von Konstantinopel soll nach dem römischen Bischof den Ehrenprimat besitzen, denn diese Stadt ist das neue Rom."[24]

17 Laktanz, institutiones 7, 15.

18 Themistios, oratio 3, 42c.

19 H. FUCHS: Der geistige Widerstand gegen Rom in der antiken Welt, Berlin, 1938.

20 Johannes Philoponos in seinem Werk gegen das Konzil von Chalkedon bei Michael Syrus 8, 13 (J.-B. CHABOT, Band 2, 101).

21 CSHB 4, 517. Hierzu OLBRICH: Constantiniana Daphne, 488.

22 Vgl. hierzu W. GERNENTZ: Laudes Romae, Rostock, 1918, der die antiken Zeugnisse, heidnischer wie christlicher Provenienz, zusammenstellt, und O. SUERBAUM: Vom antiken zum frühmittelalterlichen Staatsbegriff. Über Verwendung und Bedeutung von res publica, regnum, imperium und status von Cicero bis Jordanis, Münster, [3]1977, 330–338, für die moderne Literatur.

23 K. CHRIST: Der Untergang des Römischen Reiches in antiker und moderner Sicht, in: ders. (Hrsg.), Der Untergang des Römischen Reiches, Darmstadt, 1970, 1–37, weist darauf hin, daß in den Quellen die Resonanz der Katastrophe von 410 ungleich größer war als die auf das Geschehen von 476 (3).

24 I. ORTIZ DE URBINA: Nizäa und Konstantinopel, Mainz, 1964, 244.

Die Begründung für diese recht unvermittelt auftauchende Feststellung war rein politischer Natur: Konstantinopel ist das neue Rom, oder anders formuliert, Konstantinopel ist auch eine Reichshauptstadt. Theodosius wollte sich auf diese Weise mit Hilfe ‚seines' Bischofs ein Werkzeug schaffen, das die Beaufsichtigung der kirchlichen Angelegenheiten und die Kontrolle anderer Bischöfe hätte erleichtern können. Es ging dem Kaiser vor allem darum, die Patriarchatssitze von Antiochia und Alexandria in den Hintergrund zu drängen. Allerdings hatte der Begriff ‚Neues Rom' mit der Aufnahme in die Akten des Konzils von Konstantinopel seine kirchliche Weihe erhalten und war im Wortsinn kanonisiert. Zugleich war mit dieser politischen Begründung des konstantinopolitanischen Ehrenprimats der Weg für weitere Schritte zu einer Gleichstellung des neuen Rom mit dem alten vorgezeichnet.[25]

Sie erfolgte auf dem Konzil von Chalkedon 451. In seinem berühmten Kanon 28 erkannte das Konzil dem Bischofsstuhl von Konstantinopel die gleichen Rechte zu wie demjenigen von Rom. Erneut argumentierten die in Chalkedon versammelten, aus dem griechischen Osten stammenden Bischöfe dabei ausschließlich politisch: „Die Väter (gemeint ist der eben erwähnte dritte Kanon des Konzils von Konstantinopel 381) haben dem bischöflichen Stuhl des alten Rom seine Vorrechte zu recht deswegen zugestanden, weil diese Stadt die Kaiserstadt ist. Aus demselben Grund haben die hundertfünfzig frommen Bischöfe (jetzt) die gleichen Vorrechte auch dem hochheiligen Bischofsstuhl des neuen Rom zuerkannt."[26]

Einen weiteren Strang gilt es aufzugreifen: Spätestens seitdem Cicero festgestellt hatte, daß die Römer sich von allen anderen Völkern vor allem durch ihre Religiosität unterschieden,[27] galt ein korrekt durchgeführter Kultvollzug und galten gemeinsame Kulthandlungen ‚aller' Bewohner des römischen Reiches als eine wesentliche Voraussetzung für die Existenz und das Wohlergehen des Staates. Diese Sichtweise war so sehr in das allgemeine Bewußtsein eingedrungen, daß auch die Christen sie nicht ignorieren konnten. Hierzu trug vor allem Konstantin bei, der seinen Zeitgenossen immer wieder eingehämmert hatte, die Missachtung der Religion beschwöre Gefahren für den Staat herauf, die Pflege der Religion bringe Segen.[28] Diese Einschätzung beförderte langfristig die innerchristlichen

25 Rom konterte, indem es den Rang des eigenen Bischofssitzes immer stärker auf die Bedeutung der Martyrien von Petrus und Paulus gründete, und den Gedanken der apostolischen Sukzession stärkte. Das oben zitierte Gedicht des Damasus betont die Rolle dieser Blutzeugen. „Indem Damasus die Heiligen nicht nur als ‚Ruhm der Gemeinde', sondern auch als ‚Bürger' der Stadt Rom stilisierte, machte er die Semantik des caput imperii auch für den Rang der römischen Gemeinde innerhalb der Reichskirche verfügbar," urteilt S. DIEFENBACH: Urbs und ecclesia. Bezugspunkte kollektiver Heiligenverehrung im Rom des Bischofs Damasus (366–384), in: R. Behrwald – C. Witschel (Hrsg.), Rom in der Spätantike, Stuttgart, 2012, 193–249, 237.

26 P.-T. CAMELOT: Ephesus und Chalcedon, Mainz, 1963, 182–183. Dagegen standen die ständig wachsenden Herrschaftsansprüche der römischen Bischöfe gegenüber Gesamtkirche wie Staat; dazu W. ULLMANN: Gelasius I. (492–496). Das Papsttum an der Wende der Spätantike zum Mittelalter, Stuttgart, 1981.

27 Cicero, de natura deorum 2, 318.

28 M. CLAUSS: Konstantin der Große und seine Zeit, München, ^{4}2009, 79.

Streitigkeiten um den wahren Glauben auf die staatliche Ebene, befeuerte aber zunächst aber vor allem die Diskussion, wer für Missstände im römischen Reich verantwortlich war: die Christen, weil sie die alte Religiosität ablehnten, oder die Heiden, weil sie den neuen Glauben nicht annehmen wollten.

Diese Diskussion führt nun direkt zum Problemfall Rom, denn im Jahre 410 geschah etwas, was den Glauben an das ewige Rom erschüttern konnte: die Einnahme und Plünderung der Stadt am Tiber durch Alarich und seine Truppen. Die Auseinandersetzung mit diesem Ereignis sowie die Diskussion der Schuldfrage bezeichnen den Höhepunkt in der heidnisch-christlichen Kontroverse. Auf die Vorwürfe heidnischer Geschichtsschreiber, die seit diesem Ereignis überzeugt waren, das Christentum habe den Ruin des Reiches besiegelt, weil die Christen nicht die richtigen Götter verehrten,[29] reagierten Prudentius, Augustinus und Orosius mit dem identischen Argument, Rom sei gefallen, weil die Heiden immer noch den falschen Göttern anhingen. Die Stellungnahmen der spätantiken Geschichtsschreiber beider Richtungen betrafen dabei ausschließlich die Frage des rechten Glaubens. Zur Staatsform der Monarchie, zur gesellschaftlichen Situation, auch zur Notwendigkeit des Krieges sah niemand eine Alternative. Es ging allein um die Religion, wenn sich die Frage erhob, wer an welchem Problem die Schuld trage.

Ob die Christen an Schwierigkeiten Schuld trugen oder die Heiden, entschieden schließlich nicht die Theoretiker eines Geschichtsverständnisses, sondern die Machthaber, also die christlichen Kaiser. Spätestens als Theodosius II. im Jahre 438 den Ausschluß aller Nicht-Katholiken aus dem Staatsdienst damit begründete, daß der Himmel grolle, war die Schuldfrage entschieden. Frühling, Sommer und Winter seien gestört, weil der falsche Gottesdienst die Natur aus dem Gleichgewicht bringe, verkündete der Kaiser und übernahm damit als höchste Autorität eine jahrhundertealte heidnische Religiosität für die Christentümer, genauer gesagt, für das von ihm favorisierte Christentum.[30]

Schließlich ist die spätestens seit Eusebius festgeschriebene christliche Tradition anzuführen, wonach das römische Reich die bis zum Weltende gültige Staatsform darstelle. Dies führte dazu, daß man längst in größeren Dimensionen als in Regierungszeiten einzelner Herrscher dachte. Die Idee der Weltreichsfolge war über hellenistische Vermittlung nach Rom gekommen, und seit der augusteischen Euphorie hatte sich die Annahme durchgesetzt, daß die Römer das letzte Weltreich besäßen. Das parallele Auftreten von Augustus und Jesus ließ die Christen diese römische Vorstellung für ihre eigene Heilsgeschichte übernehmen, allerdings mit einer zeitlichen Begrenzung: Roms Herrschaft werde bis zum Jüngsten Gericht andauern. Ambrosius von Mailand, um nur einen Kirchenvater zu nennen, sah das Christentum und damit die Entwicklung Roms als „Fortschritt zum besse-

29 DEMANDT: Der Falls Roms,49–50.
30 Codex Theodosianus, Novellae Theodosiani 3, 8.

ren".[31] Prudentius und wenig später Orosius zementierten diese Auffassung einer letzten Endes optimistischen Weltsicht.[32]

Dieses Konzept war für die christliche Sichtweise der geschichtlichen Entwicklung vor allem deshalb notwendig, weil christliche Gruppierungen seit dem ersten Jahrhundert das Ende der Welt mit dem Ende Roms in Zusammenhang gebracht hatten.[33] Im 5. Jahrhundert beförderten die Germanenkriege in Gallien, vor allem nach der Einwanderung der Germanen seit 407, oder der Übergang der arianischen Vandalen nach Nordafrika 429 sowie die andauernden Kämpfe der Christen gegeneinander immer wieder einmal die Erwartung des Weltendes. In dieses Szenario ordnete dann auch Eugipp um 510 in seiner *vita Sancti Severini* die Absetzung des Romulus Augustulus durch Odoaker im Jahre 476 ein. Eugipp spricht von der Zeit, „als das römische Reich noch bestand."[34] Für ihn und seine weitgehend auf Noricum zentrierte Sicht bestand das Imperium Romanum vor allem in Westrom und dieses existierte nicht mehr, seitdem es dort keinen Kaiser mehr gab. Aber mit dieser Ansicht stand der Mönch aus der nördlichen Provinz weitgehend isoliert. So fanden zwar die gelegentlich aufflackernden Endzeithoffnungen Nahrung in zeitbedingten Schwierigkeiten – wofür die Jahre 407, 410, 429 oder 476 stehen können –, aber der Glaube an die Dauer des römischen Reiches überwog.

Aus christlicher Sicht hatte somit jede politische Veränderung des Status der Stadt Rom schon länger jede Bedeutung verloren. Das Rom der Kaiser war weitgehend das heidnische Rom gewesen, geprägt von einer jahrtausende alten Erinnerung. Seit dem Ende des 5. Jahrhunderts jedoch mehren sich die Stimmen jener Christen, die Rom ein neues Gesicht geben wollen. Sicherlich ist die folgende Beobachtung des spanischen Dichters Prudentius sehr optimistisch, aber er zeichnet den Weg in eine christliche Zukunft des einstigen Hauptes der Welt vor:

> Du siehst, wie die Senatoren, die schönsten Leuchten der Welt, eine Versammlung von alten Männern vom Schlage eines Cato, sich in eine noch hellere Toga, das schneeweiße Gewand der Frömmigkeit, kleiden und die Gewänder der (heidnischen) Priester ablegen. Nur wenige bleiben auf dem tarpeischen Felsen zurück; schon eilen sie zu den reinen Heiligtümern der Männer aus Nazareth und zu den Taufstätten der Apostel.[35]

Bei Prudentius ersetzen die Stätten apostolischer Verehrung vor den Mauern Roms die Kurie, und auch bei Hieronymus sind die heidnischen Tempel halbzerfallen, von Ruß und Spinnweben bedeckt und das Kapitol starrt vor Schmutz,

31 Ambrosius, epistula 18, 23–30: profectus in melius.

32 Dazu DEMANDT: Der Fall Roms, 66–67.

33 M. CLAUSS: Christen – Bürger einer anderen Welt, Trier, 2008, 24–28.

34 Eugipp, vita sancti Severini 20,1: per idem tempus, quo Romanum constabat imperium. Dazu F. LOTTER: Severinus von Noricum. Legende und historische Wirklichkeit. Untersuchungen zur Phase des Übergangs von spätantiken zu mittelalterlichen Denk- und Lebensformen, Stuttgart, 1976, 204–210.

35 Prudentius, contra Symmachum 1, 544–550: „exultare patres videas, pulcherrima mundi lumina, conciliumque senum gestire Catonum candidiore toga niveum pietatis amictum sumere et exuvias deponere pontificales. iamque ruit, paucis Tarpeia in rupe relicits, ad sincera virum penetralia Nazareorum atque ad apostolicos."

während das Volk zu den Gräbern der Martyrer eilt.[36] Augustinus verwendet ähnliche Bilder, um den Wandel Roms von einer paganen zu einer christlichen Stadt zu versinnbildlichen.[37] C. Pietri hat schon vor langer Zeit von solchen Zeugnissen eine Kontinuitätslinie bis hin zu Leo gezogen, der in der Mitte des 5. Jahrhunderts die Apostel Petrus und Paulus als neue Gründer Roms pries und sie an die Stelle von Romulus und Remus setzte.[38] Nachdem sich solche Überlegungen durchgesetzt hatten, spielte die politische Funktion der Stadt am Tiber keine Rolle mehr.

Wenn in einer solchen christlichen Sicht auf das Ende Roms das Jüngste Gericht folgen sollte, konnte das Jahr 476 nicht das Ende Roms gewesen sein. Auf dem Hintergrund solcher Vorstellungen, wurde der später so stark herausgehobene Untergang Roms, der ohnehin nur der Untergang Westroms war, als Phänomen nicht wahrgenommen, geschweige denn als Problem empfunden. Für den Westen lag die Bedeutung Roms in seinem Selbstverständnis als christliche Metropole, welche die wichtigsten Martyrer überhaupt als ihre neuen Gründer verstand. Und für den Osten war der Fortbestand des römischen Reiches nie eine Frage.[39] Deshalb spielt für die antike Geschichtsschreibung das Jahr 476 weitgehend keine Rolle, fiel der Fall Roms aus.[40]

So bleibt zum Schluß auf zwei Stellen einzugehen, die dann doch von einem – wie auch immer gearteten – Ende berichten: Es war eine denkwürdige Tat, mit welcher der weströmische Kaiser Valentinian III. (425–455) versuchte, seine Herrschaft zu stabilisieren. Am 21. oder 22. September des Jahres 454 rief er den Heerführer Aëtius unter dem Vorwand, Finanzprüfungen durchführen zu müssen, in den Palast. Dort fügte er dem Heermeister eigenhändig schwerwiegende Verletzungen zu, bis ein anderer hoher Reichsbeamter dem Aëtius endgültig den Gar-

36 Hieronymus, epistula 107, 1: „auratam squalet Capitolium, fuligine et aranearum telis onia Romae templa cooperta sunt; movetur urbs sedibus suis et inundans populus ante delubra semiruta currit ad martyrum tumulos."

37 Dazu DIEFENBACH: Urbs und ecclesia, 198.

38 C. PIETRI: Concordia apostolorum et renovatio urbis (culte des martyrs et propaganda pontificale), MEFR 73, 1961, 275–322. Leo I., sermo 82, 1, bezeichnete die Apostelfürsten als die wahren Hirten Roms, welche die Stadt weitaus glücklicher gegründet hätten als das bis zum Brudermord zerstrittene Zwillingspaar: „isti sunt sancti patres tui verique pastores, qui te regnis caelestibus inserendam multo melius multoque felicius quam illi discordes usque ad parricidum gemini condiderunt."

39 G. PODSKALSKY: Byzantinische Reichseschatologie. Die Periodisierung der Weltgeschichte in den vier Großreichen (Daniel 2 und 7) und dem tausendjährigen Friedensreiche (Apok. 20). Eine motivgeschichtliche Untersuchung, München, 1972; L. CRACCO-RUGGINI: Come Bisanzo vide la fine dell'impero d'occidente, in: P. Brezzi – S. Calderone (Hrsg.), La fine dell'impero romano d'occidente, Rom, 1978, 69–82.

40 Die antiken Zeugnisse zum Jahr 476 diskutiert WES: Das Ende des Kaisertums, 52–88 ausführlich. Wie sehr das Jahr 476 auch bei ihm als ein modernes Phänomen die Arbeit prägt, zeigt seine Feststellung zu einem antiken Autor (67): „Es ist jedenfalls so viel deutlich, daß der Verfasser nichtsahnend an den Ereignissen des Jahres 476 vorüberläuft." Etwas umständlich, aber völlig korrekt vermerkte dagegen J. IRMSCHER: Das Ende des weströmischen Kaisertums in der byzantinischen Literatur, Klio 1978, 397–401: „Es nimmt daher nicht wunder, daß es in der byzantinischen chronographischen Literatur eine zahlenmäßig beachtliche Tradition gibt, welche das Ende Westroms überhaupt als unerheblich auslässt." (399)

aus machte. Es ist hier nicht der Ort, die wirre Geschichte des Westreichs zwischen 454 und 456, zwischen der Ermordung des Aëtius und dem Tod des Kaisers Avitus (455–456) nachzuerzählen. Längst war im Westen das Gesetz des Handelns, wenn man von einem solchen noch sprechen will, von den Kaisern auf die Heermeister übergegangen. Aber auch die Nachfolger des Aëtius waren nicht mehr in der Lage, die Rettung des Reiches zu gestalten. Daher kann man verstehen, daß der um 540 schreibende hohe Reichsbeamte Iustinians, Marcellinus comes, urteilte, mit der Ermordung des Aëtius sei das *hesperium regnum*, das Westreich, gefallen.[41] Es dürfte allerdings schwierig sein, das Jahr 454 als Datum des Untergangs des weströmischen Reiches durchzusetzen; gegen das Jahr 476 käme man nicht an.

Um 550 ging der Gote Jordanes ausführlich auf das Jahr 476 ein. Er berichtet, König Odoaker habe Italien erobert, den Patricius Orestes ermordet, dessen Sohn, den Kaiser Romulus, gestürzt und nach Kampanien verbannt. Dann zieht er daraus die Schlussfolgerung: „So ging das Westreich des römischen Volkes, das im 709. Jahre nach der Gründung der Stadt als erster Kaiser Octavianus Augustus zu beherrschen angefangen hat, mit diesem Augustulus im 522. Jahre der Herrschaft der Vorgänger unter."[42] Wenn Jordanes das Kaisertum auch mit Augustus beginnen läßt, heißt dies nicht, daß er das oströmisch-byzantinische Reich nicht als Fortsetzung dessen verstand, was Augustus einst begründete.[43] Untergegangen war für Jordanes wie für andere das *hesperium imperium.* Für den Osten hatte nur ein Teilreich sein Ende gefunden – und auch das nur vorläufig.[44]

41 Marcellinus comes = Chronica minora 1, 86 (MG AA 11, 60–104): „Aetius magna occidentalis rei publicae salus et regi Attilae terror a Valentiniano imperatore cum Boethio amico in palatio trucidatur, atque cum ipso Hesperium cecidit regnum."

42 Jordanes, Getica 242f.: „sic quoque hesperium Romanae gentis imperium, quod septingentesimo nono urbis conditae anno primus Augustorum Octavianus Augustus tenre coepit, cum hoc Augustulo periit anno decessorum prodecessorumve regni quingentesimo vicesimo secundo."

43 So LOTTER: Severinus von Noricum, 208.

44 Justinians Regierungsprogramm bestand zum Teil darin, den durch Unachtsamkeit verloren gegangenen Besitzstand der alten Römer wiederherzustellen (Novellae Iustiniani 30, 11) und nach den ersten militärischen Erfolgen in Italien erklärte er diese Gebiete wieder der „römischen Herrschaft und unserem Reich" einverleibt zu haben (Constitutio ‚Imperatoriam' 1).

LA SECUENCIA DEL ERROR ROMANO SEGÚN LA REFORMA

Clelia Martínez Maza (Universidad de Málaga)

La primera recuperación del paganismo tardoantiguo en la Europa Moderna surge al calor de los debates suscitados durante la Reforma. Se trata de uno de los instrumentos clave en la disputa religiosa para justificar la decisión de los protestantes de separarse de Roma. En su argumentación, los reformadores presentan la Iglesia romana como una institución modelada sustancialmente a partir de elementos paganos incorporados al ámbito doctrinal y litúrgico y completamente ajenos y contrarios a los dogmas y valores propugnados por el cristianismo primitivo[1]. Para demostrar esa degradación se rastrean en época tardoantigua prácticas cristianas para las que no existían indicios en los Evangelios y una vez localizadas, se denuncian como excrecencia ilegítima de la forma ortodoxa del culto:

> El argumento de la antigüedad se empleaba para otorgar valor a muchas cosas nada recomendables. Sobre todo en los registros de las primeras épocas, especialmente con relación a la fe y a las prácticas de la Iglesia mientras mantenía su pureza y esplendor... Hasta ese momento, las escrituras no habían sufrido un uso más fraudulento que éste: para aquéllos que durante mucho tiempo tuvieron en sus manos la custodia de las escrituras e inventaron nuevas doctrinas para nutrir y apoyar su riqueza y poder, su interés les obligó a corromper la genuina historia de la Iglesia, e inventar innumerables elementos espurios para hacer creer que los vicios eran apostólicos o al menos de orígenes primitivos. Y esto es hecho con mucho artificio hasta el punto que los lectores corren el peligro de quedar convencidos de que la iglesia romana es en todo conforme a la antigua de la que sin embargo difiere del día a la noche. Por eso hay que denunciar las falsificaciones[2].

Los usos cristianos antiguos criticados por la Reforma son, no casualmente, aquéllos que seguían ocupando un espacio fundamental en la Iglesia de la Contrarreforma: el culto a las imágenes, la genuflexión ante el altar, las procesiones, las letanías, expresiones religiosas que se entendían como ajenas a la tradición cristiana porque bebían directamente de fuentes paganas[3]. A modo de ejemplo, el

1 J. SOLE: Le debat entre protestants et catholiques français de 1598 à 1685, París, 1985, II, 700–730.

2 TH. COMBER: The church history clear'd from the Roman forgeries and corruptions found in the councils and Baronius: from the year 400, till the end of the fifth general council, An.Dom. 533: being the third and fourth parts of the Roman Forgeries, Londres, 1695, praef. Del título pueden inferirse las etapas que gran parte de los movimientos reformistas distinguían en la degeneración del cristianismo.

3 C. MARTÍNEZ MAZA: El argumento de la tradición filopagana en la iglesia reformada francesa, Revista de Historiografía, 3.II, 2005, 42–47.

excesivo protagonismo de las imágenes quedaba plenamente deslegitimado por su evidente similitud con el mismo uso pagano como denuncia P. du Moulin al declarar que "los paganos defendían el uso de sus imágenes con las mismas razones que la Iglesia romana defendía las imágenes de los santos. Que no son dioses sino efigies hechas a su imagen[4]". El argumento es una réplica casi exacta de las palabras de Juliano dirigidas al obispo de Roma en su defensa del culto a los *idola*: "pero estáis en un error, tomáis las estatuas más en serio que nosotros mismos. No son dioses sino monumentos elevados a su gloria"[5].

Mediante esta recuperación intencionada de la evolución de ritos e instituciones cristianos se pretendía condenar al mismo tiempo a la iglesia antigua y en consecuencia, a la contemporánea: a la antigua por tolerar y admitir prácticas ajenas a la enseñanza de Cristo y a la moderna por perpetuar y legitimar durante siglos esas variaciones corruptas por su origen o contacto con el mundo pagano. El movimiento protestante se presentaba entonces, no como un movimiento nuevo, sino como la restauración del cristianismo en su forma más genuina:

> Del título de Iglesia de Roma no debemos inferir la Iglesia católica: porque la Iglesia de Roma no es y no ha sido nunca la Iglesia católica. Una parte de la Iglesia católica continuó pura y sin mancha. Es cierto que otra parte se dejó corromper como una adúltera por invenciones y se cubrió de falsedades y mentiras. Y otras iglesias se esforzaron por oponerse a ella como la de África, Francia, Alemania, Grecia y otras iglesias orientales...Nuestra iglesia es la primitiva iglesia apostólica inspirada por el espíritu santo, aquella que enseñaba la palabra de Dios, que nos han dejado los cánones, las escrituras, las normas de fe y de vida, el símbolo de los apóstoles, el bagaje necesario para asegurar el bienestar cristiano. Nosotros,

4 P. DU MOULIN: Nouveauté de papisme opposée à l'antiquité du vray christianisme contre le livre de M. le cardinal Du Perron intitulé: Réplique à la response du Roy Jacques I, roy de la Grand Bretagne, Ginebra, 1627. La edición que he consultado ha sido la temprana traducción inglesa: The novelty of Poppery, opposed to the antiquity of true Christianity, Londres, 1662, 34, 5.3.Comparten esta denuncia A. RIVET: Catholicus Orthodoxus, oppositus Catholicus Papistae, In quattuor Partes seu Tractatus distinctus: in quibus continetur summa controversiarum de Religione, quae inter Orthodoxos & Pontificios agitantur, Ginebra, 1644, 336–337; J. DAILLE: De la creance des peres sur le fait des images, Lion, 1642, 315; PH. DE MARNIX: The beehive of the Romish Church. A worke of all good catholikes to be read and most necessary to bee understood wherein the Catholike religion is substantially confirmed, and the Heretikes finely fetch ouer the coales, Londres, 1623, 235.

5 Jul. a psMelito, 11. Lactancio pone en boca de un pagano esta misma réplica: "No tememos a las estatuas sino a aquellos a cuya imagen han sido hechas y a cuyos nombres están consagradas" (LACT. inst. 2.2.1 y 3). C. MARTÍNEZ MAZA: Los Misterios, Huelva, 2010, 23–27. El rechazo a las imágenes que promueven los movimientos protestantes se sustenta en la prohibición de adorar los idola que se difunde como rasgo distintivo en época paulina: J.T. SANDERS: Paul between Jews and Gentiles in Corinth, Journal for the Study of the New Testament, 65, 1997, 69–71. El mismo argumento antipapista fue esgrimido por M. LARROQUE: Histoire de l'eucharistie, Londres, 1684, 76–77; J. DAILLE: An apologie for the Reformed Churches wherein is shew'd the necessitie of their separation from the church of Rome: against those who accuse them of making a schisme in Christendome, Cambridge, 1653, 46.

que abrazamos esos principios y los mantenemos y defendemos y rechazamos toda invención humana, hacemos oídos sordos a esas voces extrañas[6].

El pasaje es obra de Philippe Mornay, señor du Plessis, (1549–1623), uno de los grandes intelectuales de la Reforma francesa del s. XVI y amigo del rey Enrique IV de Navarra. Profundamente comprometido con el movimiento hugonote y también con las soluciones políticas que surgen al calor de este movimiento[7], propone en todas sus obras de naturaleza religiosa el mismo marco cronológico, si bien éste aparece particularmente desarrollado en la obra publicada en 1611 en la capital hugonote, Saumur, bajo el descriptivo título de *Le Mystere d'iniquité, c'est à dire, l'histoire de la papauté: par quels progez elle est montee a ce comble & quelles oppositions les gens de bien lui ont faict de temps en temps: ou sont aussi defendus les droicts des empereurs, rois & princes chrestiens contre les assertions des cardinaux Bellarmin & Baronius.*

En líneas generales se observa cierta unanimidad en identificar el origen de la contaminación, esto es, el contacto e influencia del entorno pagano en el que sobrevive, se desarrolla y finalmente se extiende el cristianismo, pero no existe el mismo consenso en torno al momento en el que se sitúa la desviación de la verdadera doctrina apostólica, punto en el que se observa una mayor variedad de propuestas. Para algunos autores, y de manera particular para los luteranos, el proceso de corrupción se iniciaría incluso en el período paulino[8], según otros, en plena Edad Media[9]. No obstante, la opinión más extendida entre los pensadores reformistas sobre todo los hugonotes, presenta la perversión de la iglesia apostólica como el resultado de un proceso gradual que llevaba a los hombres hacia la destrucción culminada en el pontificado de Pablo V, el Papa de tiempos de la reforma protestante cuyo nombre y cargo son considerados como el anagrama del nombre de la Bestia[10]. El momento esencial en esa degeneración cristiana es el período iniciado con la caída del Imperio romano.

En este sentido llama la atención que para demostrar la degradación de la Iglesia romana se acuda a una interpretación *sui generis* de algunos pasajes bíblicos. Se trata de un argumento que, a mi juicio, resulta controvertido, en primer lu-

6 PH. MORNAY DU PLESSIS: Le Mystere d'Iniquité, c'est à dire, l'histoire de la papauté: par quels progez elle est montee a ce comble & quelles oppositions les gens de bien lui ont faict de temps en temps: ou sont aussi defendus les droicts des empereurs, rois & princes chrestiens contre les assertions des cardinaux Bellarmin & Baronius, Saumur, 1611, "to the friends and followers of the Church of Rome".

7 H. DAUSSY: Les huguenots et le roi: le combat politique de Philippe Duplessis-Mornay (1572–1600), Ginebra, 2002.

8 D. BLONDEL: Eclaircissements familiers de la controverse de l'eucharistie, tirez de la parole de dieu et des escrits des SS. Peres, Quevilly-Rouen, 1641, 1188–1190.

9 J. DAILLE: De cultibus religiosis latinorum libri novem. I. De baptismi caerimoniis. II. De confirmatione. Reliqui VII de eucharistiae ritibus, quibus demonstratur novitas caerimonium, quae ad duo sacramenta a christo instituta praesertim ad eucharistiam, in communione romana adjectae sunt. Opus posthumum, cum catalogo scriptorum hactenus ab autore editorum, Ginebra, 1671, lib. IX, 1188 y ss.

10 Fue este Papa (1550–1621) quien puso en práctica las decisiones tomadas en el concilio de Trento.

gar, porque parece impugnar el rigor científico del que hacen gala los pensadores reformistas, el compromiso de sus sínodos, los esfuerzos de los círculos intelectuales del momento por arrancar la Historia de la Iglesia de la tutela de la teología, y sobre todo porque parece invalidar las críticas lanzadas por la apologética protestante a los asaltos de la exégesis católica, tachada de inconsistente por su naturaleza dogmática y por ello de dudosa fiabilidad[11]. De todos modos, vemos en esta formulación que el movimiento protestante no escapa a la idea, que se respira sobre todo en toda la Europa calvinista a lo largo del XVII, de que la llegada del reino de Dios era inexorable, estaba próxima (gracias al renacer de la iglesia apostólica) y con ella, era inminente la caída final del Anticristo, identificado con el Papa Pablo V.

Como pauta general para explicar la perversión de la iglesia apostólica se toma del antiguo Testamento, el único referente sacro reconocido como válido por los protestantes, el sueño profético de Nabucodonosor interpretado por Daniel que recibe el nombre de la "doctrina de los cuatro imperios universales". Cierto es que no se alude de manera directa al modelo cronológico que propone esta profecía, pero me parece evidente su influencia en la formulación de la secuencia temporal del ocaso cristiano y no parece improbable, dado el frecuente uso del libro de Daniel en la defensa de las tesis reformistas. En el segundo libro dedicado al profeta queda recogido el sueño de Nabucodonosor, rey de Babilonia: una colosal estatua hecha de diferentes metales (la cabeza de oro, pecho y brazos de plata, muslos y vientre de bronce y los pies de una mezcla de arcilla y hierro). Una piedra cortada pero no por mano humana, dañó la imagen y así fueron desmenuzados todos los miembros del simulacro. Daniel es el único capaz de interpretar el sueño del monarca (Daniel II 26–45): la estatua simboliza la sucesión de diferentes reinos: de oro el primer reino, de plata el segundo, de bronce un tercero y el cuarto de hierro. Los pies simbolizan un reino dividido y la piedra, el reino de Dios que acabará con todos los reinos anteriores.

Como ya he mencionado, la cronología hugonote parece tener presente este pasaje pues sus autores sostienen que la perfecta pureza de la iglesia apostólica habría sido pervertida por las tradiciones de origen humano en cuatro épocas: la primera, identificada con el tiempo de los cristianos de Jerusalén, corresponde con el momento del cristianismo apostólico, ejemplo de vida perfecta y de ella nos

11 Queda implícita en este denuncia la crítica a los esfuerzos de la contrarreforma católica por defender, mediante el acopio de erudición, la autoridad de dogmas como la perpetuidad de la fe y la legítima posición de la iglesia católica como exclusiva depositaria del mensaje de Cristo y sus mandamientos. La labor realizada en este sentido queda plasmada en la obra de César Baronio (C. BARONIO: Annales ecclesiastici a christo nato ad annum 1198, Roma, 12 vols.,1588–1607). Para la polémica surgida en los circuitos intelectuales del período de la Contrarreforma: P. POLMAN: L'element historique dans la controverse religieuse du XVI siècle, Gembleaux, 1932, 152; C.K. PULLAPILLY: Caesar Baronius. Counter-Reformation Historian, Londres, 1975, 40–61; J. ALVAR, C. MARTÍNEZ MAZA: Los Misterios en la controversia católica-protestante, en: P. BARCELÓ–J.J. FERRER–I. RODRÍGUEZ (ed.): Fundamentalismo político y religiosos: de la Antigüedad a la Edad Moderna, Castellón de la Plana, 2003, 150–152.

informan los Evangelios. De todos modos, el germen del mal ya estaba presente aunque inactivo y oculto. Así lo sostiene Nicholas Vignier a partir del pasaje de Juan 4.3: "y todo espíritu que no confiesa que Jesucristo ha venido en carne, no es de Dios; y éste es el espíritu del Anticristo, el cual vosotros habéis oído que viene, y que ahora está en el mundo"[12].

Tras la muerte de los apóstoles se inicia la llamada conspiración del error: es el segundo período, el tiempo de las persecuciones. Sólo superan la crítica hugonote los mártires:

> Nuestra iglesia es ésta que continúa, aquélla que brilla con muchos y grandes milagros, que se tiñe de rojo con la sangre de muchos y gloriosos mártires. Éstos son los milagros que testimonian la verdad del Evangelio, los martirios que dan testimonio de Cristo, el único hijo de Dios, el único redentor de la Humanidad, único mediador, Salvador, el único que nosotros queremos rechazando a todos los demás, el único por el que estamos dispuestos a jurar con nuestra sangre: nuestros son estos milagros y estos martirios. ¿Están vuestras tradiciones confirmadas por tales milagros? ¿Podéis afirmar que los mártires han sufrido por el papado, por la doctrina papal, por la adoración de las imágenes, el culto a los santos, el tráfico del purgatorio, el sacrificio de la misa, la transubstanciación? ¿Por qué, entonces, os arrogáis los milagros y martirios de la Iglesia? ¿Qué razón si no es una equivocada tenéis para arrebatarnos el título de auténticos herederos de la fe? [13].

Para los teólogos calvinistas la Iglesia había perdido su pureza original durante los tres siglos que comprende este segundo período pues empiezan a gestarse entonces algunas de las ceremonias papistas como el uso de incienso, perfumes y velas, ceremonias ya denunciadas por los apologetas cristianos:

> con la excusa de atraer a judíos y gentiles a Cristo, estas buenas gentes, durante un tiempo nos introdujeron dulcemente el judaísmo y el paganismo en la Iglesia, aceptando sus ceremonias y su pompa externa, su superstición y su vanidad y, en consecuencia, como la gente queda atrapada por lo exterior, corremos el peligro de ser más judíos y gentiles que verdaderos cristianos, abusando del ejemplo de San Pablo que según decía, era judío para los judíos y gentil para los gentiles, todo por ganárselos para Cristo[14].

En este momento, la presencia de elementos adulterados es todavía muy tenue pero algunos autores ya reconocen la aparición de algunos rasgos extemporáneos y se detectan alteraciones a la doctrina. Entre las influencias consideradas nefastas se menciona el peso otorgado sobre todo a las escuelas filosóficas griegas que influyeron muy negativamente al alentar el surgimiento de la idea de un purgatorio como un lugar en el que después de la muerte, las almas esperaban el día del

12 N. VIGNIER: Theatre de l'Antechrist. Auquel est respondu au Cardinal Bellarmin au Siegneur de Remond, à Pererius, Ribera, Viegas, Sanderus et autres qui par leurs escrits condamnent la doctrina des eglises reformees sur ce subiect, La Rochelle, 1610, parte I cap.V.

13 MORNAY: Mystère, "to the friends".

14 PH. MORNAY: De l'Institution, usage et doctrine du sainct sacrement de l'Eucharistie en l'eglise ancienne. Ensemble, comment, quand par quels degrez la messe s'est introduire en sa place, La Rochelle, 1598, 52.

juicio final sin disfrutar de la visión de Dios[15]. Según Mornay, la fuente de autoridad de los obispos de Roma durante este período seguía siendo el Testamento y "no mostraban interés alguno por el poder mundano, sino que aceptaban sufrir la crueldad de los primeros príncipes"[16].

Para mostrar la presencia del error en un momento tan temprano, de nuevo se acude a una de las fuentes cuyo simbolismo va a ser utilizado con mayor frecuencia: el Apocalipsis. Los hugonotes emplean el libro decimotercero dedicado a las dos bestias e identifican la primera con el Imperio romano y la segunda, esto es el Anticristo, con el Papa. Así el pasaje apocalíptico: "se le dio autoridad (a la bestia) para actuar cuarenta y dos meses", sería, según Vignier, una alusión a la Gran persecución del principado de Diocleciano inaugurada con el edicto del 23 de febrero del 303 y que en Occidente tuvo su fin tres años y medio después en octubre del 306 (siendo Augustos, Constantino y Majencio)[17].

Por lo que respecta al tercer y cuarto período, corresponden respectivamente con la Iglesia del principado de Constantino y la fase inaugurada con la caída del Imperio romano y la llegada de los bárbaros:

> El período que comprende los cinco primeros concilios generales[18], es en el que se producen las más importantes modificaciones y perversiones que corrompieron la Iglesia y en el que los bárbaros acabaron con el Imperio romano. Los heréticos y los bárbaros hicieron que Roma perdiera su grandeza, iniciara su declive, una decadencia de sabiduría, piedad y buenas maneras que permitió que se introdujeran en el culto muchas supersticiones e irregularidades en la disciplina, aunque había muchos escritores sabios que lucharon por defender la fe y mantener la primitiva pureza y el buen orden[19].

En efecto, según la visión más extendida entre los intelectuales de la Reforma, a partir del s. IV, la Iglesia romana se desvía por completo de la verdadera doctrina apostólica. A los autores que establecen esta cronología les resulta difícil definir de manera característica cada una de las dos fases pues se encuentran estrechamente conectadas y las supersticiones del último período ya se perciben y comienzan a configurarse desde comienzos del siglo IV. Para los teólogos reformistas, la Iglesia durante la tercera fase queda definida fundamentalmente por un cambio fundamental: ya no es una iglesia perseguida. El emperador se hace cristiano y se consigue la conversión de un gran número de paganos deseosos de complacer al emperador. Además los obispos se enriquecen con la liberalidad mostrada por Constantino y llegan incluso a tener una jurisdicción distinta a la civil[20]. Por otro lado, para adquirir cierta sofisticación que permitiera superar la simplicidad que

15 Además se condenaba el decisivo influjo de estas escuelas en el sistema escolástico medieval: I. CAMERON: Traicte auquel sont examinez les prejugez de ceux de l'Èglise romaine contre la religion reformee, La Rochelle, 1618, 180.

16 MORNAY: Mystère, 84–85.

17 Apocalipsis, 13.5; Vignier, Theatre, part I. cap. IV.

18 Los únicos concilios admitidos por la Reforma que son el concilio de Nicea (325), los dos celebrados en Constantinopla (381 y 553), Éfeso (431) y Calcedonia (451).

19 COMBER: The church history, praef.

20 J. PORRÉE: Vitis degeneris or the degenerate plant: Being a treatise of antient ceremonies, trad. Ingl., Londres, 1668, Praef.

había mostrado el cristianismo durante los tres primeros siglos, se juzgó necesario que la religión se adornara con un número infinito de ceremonias a cual más ornamental y espléndida y por ello se toma como modelo la pompa y la magnificencia del paganismo[21]. La Iglesia se apropia así de un sinfín de ritos paganos con los que adornar su liturgia[22]. Es entonces cuando se detectan grandes variaciones en el bautismo, la comunión y la confirmación y cambia el significado otorgado a la eucaristía. Los teólogos hugonotes esgrimen para demostrar la nueva naturaleza de la eucaristía el hecho de que los autores cristianos de la segunda época no concebían este sacramento como sacrificio e incluso se vanagloriaban ante los paganos de no realizar prácticas sacrificiales de ningún tipo[23]. Es a partir del s. IV, siempre siguiendo la cronología reformista, cuando se inicia la adoración de la hostia para la que no hay indicios ni en Justino Mártir, Clemente de Alejandría, Tertuliano, Orígenes ni en Cipriano. Las primeras innovaciones se sitúan, por lo tanto, bajo el principado de Constantino quien auspicia además la construcción de grandes edificios de culto[24]. Se inicia así el período más nocivo para el cristianismo por ser el momento en el que se promueve con más fuerza esa contaminación del politeísmo sincrético, que afecta a la esencia misma del aparato ritual cristiano[25].

Con respecto a la cuarta y última época, que marca el principio del fin del cristianismo queda definida por un rasgo que no casualmente constituye uno de los motivos fundamentales de la controversia religiosa que enfrenta a católicos y protestantes: el gobierno del Papa del que ya se apuntan indicios en la tercera época. Este es el elemento esencial que anuncia el principio del fin de la iglesia cristiana. La Iglesia papista aparece como la principal beneficiaria de la caída del Imperio romano y habría tomado de éste el ideal de autocracia universal,

21 MORNAY: De l'Institution, 43–45, 91–93; VIGNIER: Theatre, part I cap. V.

22 MORNAY: De l'Institution, 201–213; 221; 239; 341; 393. En esta obra reconoce ya en época de Constantino ciertos excesos como la construcción de edificios cultuales demasiado suntuosos. MOULIN, Nouveauté, cap. 15.30; I. CAMERON, Traicte, cap. XXVIII, 180; P. MUSSARD: Les conformitez des ceremonies modernes avec les anciennes, où il est prouvé par des autoritez incontestables que les ceremonies de l'Èglise romaine son empruntées des payens, Leiden, 1667, 69.

23 P. JURIEU: Lettres pastorales adressées aux fidèles de France qui gémissent sous la captivité de Babylon [sic], où sont dissipées les illusions que Monsieur de Meaux dans sa lettre pastorale et les autres convertisseurs emploient pour séduire. Et où l'on trouvera aussi les principaux évènements de la présente persécution, Rotterdam, 1687, séptima carta pastoral, 173–174.

24 MORNAY: De l'Institution, 187–189; MOULIN: Nouveauté, cap. 7–19.

25 C. MIDDLETON: Poppery unmask'd being the substance of Dr Middleton's celebrated Letter from Rome: demonstrating an exact conformity between poppery and paganism, Londres, 1759, 133–155; J. DAILLE: Traité de l'emploi des saints pères pour le jugement des differences qui sont aujourd'hui, Londres, 1675, 17, 439, 443; J. H. HEIDEGGER: Historia papatus. Novissimo Historiae Luteranismi & Calvinismi fabro kata biaion reposita, qua ecclesia Romanae, septem Periodis distinctae, origo & progressus, ad nostra usque tempora, pertexitur, Amsterdam, 1684, 44; P. PELLISON – FONTENIER: Reflexions sur les differends de la religion avec les preuves de la tradition ecclesiastique par diverses Traductions des Saincts Peres, sur chaque Point contesté, París, 1686, sec. VIII cap. I, 66.

preservado y potenciado por el obispo de Roma durante este cuarto período. Los pensadores reformistas acuden a la propia visión que los cristianos más críticos ofrecían de su propio tiempo, una época sombría. En efecto, el mito del declive de la iglesia, acompañado por una idealización del período pre-constantiniano aparece de manera recurrente en las obras de autores del período[26]. No sólo se había enfriado el celo inicial, sino que la Iglesia además se corrompió por los pecados de avaricia y la ambición de sus líderes. Incluso el culto cristiano había quedado emponzoñado por el peso significativo de los nuevos miembros. Así lo recoge Cassiano:

> Cuando tras la muerte de los apóstoles, la multitud de creyentes comenzó a enfriarse y especialmente esa multitud que había llegado a la fe de Cristo desde distintas naciones extranjeras, aquéllos a quienes los apóstoles en consideración a su fe naciente y sus hábitos paganos profundamente arraigados, no les exigieron más que abstenerse de cosas como sacrificar a los ídolos, la fornicación y la sangre[27], de modo que la libertad que se les concedió a los gentiles a causa de la debilidad de su fe incipiente, había comenzado a pervertir la perfección de esa Iglesia que existía en Jerusalén, y el fervor de la fe inicial se enfrió debido al creciente número de indígenas y extranjeros, y no sólo aquellos que habían aceptado la fe de Cristo sino incluso aquéllos que eran líderes de la Iglesia relajaron la rectitud de antaño.

Los teólogos de la Reforma y muy especialmente los hugonotes de nuevo acuden a la Biblia para demostrar que la asimilación del Anticristo con el Papa ya había sido localizada y anunciada para esta cuarta época por Pablo como deja recogido en la segunda carta a los tesalonicenses considerada toda una alegoría de esta identificación. De gran simbolismo resultan sobre todo los versículos 6 al 10.

Tes.2.6: "Ahora sabéis qué lo detiene, a fin de que a su debido tiempo él sea revelado". 2.7: "porque ya está obrando el misterio de la iniquidad, solamente falta que desaparezca el que ahora lo detiene" 2.8: "y entonces se manifestará el Impío..." 2.9: La venida del Impío será provocada por la acción de Satanás y estará acompañada de toda clase de demostraciones de poder, de signos y falsos milagros. 2.10: y toda clase de engaños perversos, destinados a los que se pierden por no haber amado la verdad que los podía salvar".

Para Mornay, la epístola paulina anuncia el triunfo final del Anticristo, esto es el Papa, tras la destrucción del Imperio Romano[28]. La Bestia ya existía en las etapas anteriores, aunque oculta: "ya está obrando el misterio de la iniquidad, solamente espera". No casualmente todo el movimiento hugonote incorpora esta expresión -misterio de la iniquidad- como parte del vocabulario indispensable para definir la intervención diabólica en la persona del Papa. La Bestia se encontraba inactiva por la presencia de su primera manifestación ("el que ahora lo detiene: el Imperio romano). Su revelación sólo será posible cuando sea eliminada, la primera, esto es, el Imperio. Así pues, era necesaria la caída del Imperio para que el Anticristo pudiera aparecer pues su reino debía construirse y crecer sobre las

26 Cass. Collat. 18.5.23; Sulp. Sev., Crónicas 11.32; HYER. V. Malchi 1; Isidoro de Pelusium, epist. II.54 y 246 PG 78, 460D–461ª.

27 Act. Apost. 15.29.

28 MORNAY: Mystère, praef. 2–4.

ruinas del anterior. El fin de Roma anuncia, por lo tanto, el inicio de una cuarta época que se extenderá durante siglos hasta que la pureza del cristianismo evangélico salvaguardada por los auténticos cristianos, salga a la luz, cuando los protestantes triunfen sobre el poder papal. De todos modos, la intervención de la Iglesia romana era inexorable y requisito previo, según la interpretación hugonote al tercer versículo de la carta de San Pablo a los tesalonicenses "antes tiene que venir la apostasía y manifestarse el hombre impío, el Ser condenado a la perdición"[29].

Al proclamar la existencia de una sola Roma, gobernada en primer lugar por los paganos, la primera bestia, y en segundo lugar por el anticristo, la segunda, el poder papal queda asimilado al Imperio Romano con el que comparte atributos:

> El Papa ejerce todo el poder de la primera bestia, es decir, el estado romano pagano: es tirano, dictador perpetuo, tiene dos espadas por enseña como el *dictator*, dos hachas, *magister populi*, censor, padre de la patria[30], recibe honores superiores a cualquier otra persona; es cónsul, emperador por partida doble, a saber, general en jefe del ejército y príncipe soberano temporal del estado romano. Cumple las mismas funciones que el emperador como cabeza del estado romano tanto en los asuntos que atañen a la política como los relativos a la religión. Es augur, *pontifex*; y así como Julio César, también Gregorio XIII modificó el calendario[31].

La identificación de las dos bestias con el Imperio romano y el Papado y la certeza de que el reino del Anticristo debía levantarse sobre las ruinas de la Roma imperial quedan de nuevo confirmadas con una interpretación alegórica del Apocalipsis. 13.11: "Después vi a otra bestia que subía de la tierra 13.12: y ejerce toda la autoridad de la primera bestia en presencia de ella y hace que la tierra y los moradores de ella adoren a la primera bestia, cuya herida mortal fue sanada". Es decir, que la segunda bestia, (el papado) se arrogó el poder del Imperio y lo ejerció de tal modo que la herida de la primera pareció curarse. La Iglesia romana dio vida y palabra al Imperio y así tras su caída lo hizo revivir de nuevo[32].

Puesto que la caída del Imperio romano resultaba imprescindible en el desarrollo posterior de los acontecimientos, las causas de la ruina imperial no fueron ignoradas en la argumentación protestante porque permitían explicar los pilares sobre los que se había construido el reino del Anticristo. Entre los motivos esgrimidos se encuentran el hambre o las herejías, dado que la intervención de los obispos de Roma en las disputas heréticas que surgieron en la zona oriental y meridional del Imperio encumbró al Papa de simple árbitro en la resolución de tales

29 Tes.2.3.

30 MORNAY: Mystère, 289. Para este autor, el término Papa tiene su origen en la abreviatura del título otorgado a Julio César, pater patriae aunque recuerda que los católicos consideran que procede de pater patrum a imitación de la denominación que usaban los antiguos romanos para sus predecesores.

31 G. THOMPSON: La chasse de la beste romaine où est refuté le XXIII chap. du Catechisme & abregé des Controuerses de nostre temps touchant la Religion Catolique, La Rochelle, 1612, cap. XXVI p. 282–283.

32 MORNAY: Mystère, praef. 3–4.

conflictos a juez supremo[33]. Un tercer factor cuya influencia se destaca como fundamental, fueron las invasiones protagonizadas por los pueblos del Norte de Europa que asolaron Italia, expoliaron sus riquezas y debilitaron el poder imperial[34]. De importancia capital se considera la intervención de los lombardos que dominaron el panorama político del período[35].

La crítica protestante también esgrime los escritos de los padres de la Iglesia para demostrar que ya estos textos confirmaban que el momento de la revelación tendría lugar con la caída del Imperio romano, de cuyas ruinas se apropiaría más adelante el Anticristo, esto es, el Papa. Mornay recuerda que San Ambrosio, San Agustín, San Juan Crisóstomo ofrecen su misma interpretación a la carta de San Pablo[36]. En la argumentación protestante se recuerda también que el propio Tertuliano propone la misma interpretación a la carta a los tesalonicenses: la llegada del Anticristo tendrá lugar tras la caída del Estado romano. Se añade que este autor precisa que su gobierno se levantará sobre el Imperio una vez que éste quede dividido en diez reinos[37].

Esa fragmentación del Imperio es, por lo tanto, un paso previo que prepara la manifestación del Anticristo y los calvinistas recogen de nuevo la profecía de Daniel para avalar su interpretación: "La cuarta bestia tan diferente de las otras, espantosa en gran manera devoraba y desmenuzaba con diez cuernos en su cabeza. Y los diez cuernos significan que de aquel reino se levantarán diez reyes y tras ellos se levantará otro[38], el cual será diferente[39] de los primeros"[40].

Las invasiones bárbaras ocupan, por lo tanto, un papel destacado en la configuración de este cuarto período y en la definición de sus rasgos fundamentales. La llegada de los bárbaros provoca una decadencia moral y civil, una decadencia de sabiduría, piedad y buenas maneras que permitió que se introdujeran en el culto muchas supersticiones e irregularidades en la disciplina y que aumentara el número de cristianos débiles y corrompidos. Con esta decadencia a partir del asedio de Roma en el 410 se precipita el abandono del estudio y de las letras y se instala la superstición y la ignorancia.

Y así para el reformador suizo sucesor de Zwinglio, H. Bullinger (1504–1575), la difusión de la idolatría cristiana es consecuencia indirecta de la invasión de los hunos[41], puesto que con anterioridad tanto los primeros autores cristianos como las asambleas conciliares (como los sínodos celebrados en Elvira en el

33 MORNAY: Mystère, 653–654.
34 MORNAY: De l'Institution, 52: "La oleada bárbara fue la que siglos después (de la predicación de San Pablo) dio el golpe de mano y con ella las tinieblas de la ignorancia dominaron la cristiandad."
35 MORNAY: Mystère, 654.
36 MORNAY: Mystère, "to the friends".
37 Tert. de resurrectione carnis, 24.
38 El papado.
39 Pues no tiene jurisdicción política sino religiosa.
40 Daniel 7.20.
41 H. BULLINGER: De origine erroris libri duo, Zurich, 1539, folio 76r.

300[42]) mostraron su completo rechazo al culto a las imágenes. En el cataclismo general que provoca la invasión huna y devasta la iglesia en el siglo V, la mayor parte de los centros de producción intelectual fue destruida. Según la exégesis protestante, un buen número de obispos sólo recibieron a partir de entonces una formación rudimentaria por no decir inexistente y es en este ambiente de población mayoritariamente iletrada en el que se enfrentan dos grupos de prelados: los que recomendaban el culto de las imágenes con una finalidad didáctica y los que ordenaban destruirlas (como el obispo de Sereno de Marsella). Sobre todo se insiste en el uso degenerado de las imágenes a partir del año 500 pues su contemplación se convierte en iconolatría[43].

La ausencia de autoridad imperial consecuencia de las invasiones bárbaras también fue aprovechada por los papas para modelar el cristianismo en su propio beneficio:

> Por aquel tiempo en que los bárbaros se hicieron con el Imperio romano y lo saquearon en el oeste, el obispo de Roma, que podía hacer proselitismo entre los paganos, les permitió a éstos mezclar muchas de sus supersticiones con el cristianismo contentándose tan sólo con que cambiaran los nombres de sus falsos dioses por el de los benditos apóstoles o los mártires o confesores de la verdad"[44].

Según J. Porrée, el obispo de Roma ya entonces mostraba su autoridad, en parte por la dignidad de la ciudad donde residía y en parte por el título de arzobispo, adquirido ya en tiempos de Constantino el Grande.

La cuarta época se considera especialmente funesta por la introducción y consolidación de un buen número de supersticiones, el abandono de los usos evangélicos y la completa renovación de la liturgia avalada por el propio Papa con objeto de alentar la devoción de los fieles y la conversión de los gentiles: de ahí el protagonismo de templos, altares, etc. Particularmente severo fue el ataque dirigido al culto a los santos, porque se les rinde respeto bajo formas cultuales equivalentes a las que deben estar reservadas exclusivamente a Dios[45].

Pero, sin duda alguna, el acto litúrgico más desacreditado y objeto de la crítica más feroz por ser el centro del aparato ritual católico, fue la misa. Mornay dedica tres libros de *l'Institution de l'eucharistie*[46] a reconstruir la evolución de esta ceremonia y sitúa en este cuarto período el origen de la transubstanciación junto a otras intervenciones efectuadas por los Papas que hicieron de la eucaristía una amalgama ritual con enormes diferencias frente a la cena primitiva que consistía, tal y como se conmemoraba en la Reforma, en la distribución de pan entre los fieles, y lecturas y cánticos procedentes de los libros sagrados.

Como ya he mencionado, un elemento esencial que no podía quedar impune en la controversia y que recibió las condenas más severas de los teólogos refor-

42 BULLINGER: De origine, folio 79.

43 Philippe de Mornay imputa la difusión de esta práctica al Papa Gregorio Magno: MORNAY: De l'Institution, 220–221.

44 PORREE: Vitis degeneris, praef.

45 JURIEU: carta XXIV; VIGNIER: Theatre, 586.

46 MORNAY: De l'Institution.

mistas fue la autocracia papal. Desconocida en los primeros siglos del cristianismo, se consolida en la cuarta etapa como uno de los rasgos fundamentales de la Iglesia de Roma, potenciada por el vacío de poder tras la caída del Imperio y por la intervención de los propios pontífices romanos que introducen signos y ritos paganos ajenos al mensaje cristiano para su propio engrandecimiento. Para este nuevo gobierno del Anticristo los protestantes acuñan un término muy ilustrativo: paganopapismo. Es a partir de ahora cuando el obispo de Roma se arroga los títulos y honores de los emperadores: derecho a la canonización (o lo que es lo mismo para los reformistas, la divinización), la proskínesis, se adoptan calificativos que designan al Papa como "dios en tierra" *divina maiestas*[47], y el colegio cardenalicio toma los usos y privilegios de la jerarquía pagana presidida por los pontífices[48]. Algunos autores ubican en el pontificado de León Magno el momento en el que instituye la primacía del obispo de Roma. Fue entonces cuando este Papa (440–461), supo tomar ventaja de la presencia de los hunos, de su intervención en las disputas monofisitas y su labor en la reconstrucción de una Roma arrasada por Atila. En este ambiente convulso asumió el título de Papa de la Iglesia católica de la ciudad de Roma, y el de obispo universal.

> A partir del s. V, la autoridad de un hombre, que desprecia la palabra de Dios, a la manera de un príncipe se hizo con la iglesia de Roma, hizo y deshizo leyes a su capricho prefiriendo las invenciones humanas a los designios, sus decretos a los cánones conciliares, novedad frente antigüedad, lo profano antes que lo santo, prefiriendo lo prestado que lo propio, lo adulterado a lo legal, la superstición a la religión, todo el adorno del paganismo frente a la simplicidad del cristianismo, y todo ello hizo que la Iglesia cayera en la corrupción y se fuera consumiendo... En medio de esta confusión, una parte de nosotros logró sobrevivir aunque corrupta y cubierta con arcilla y madera y sujeta a los destinos del Papa, pero otra parte, la más pura, de hombres célebres en cada nación por su piedad, salió a la luz, surgiendo de la oscuridad, y rompieron en lamentos llenando cielo y tierra de testigos contra los papas y sus seguidores[49].

Y más adelante el pensador hugonote continúa:

> Los papas no han sido tal y como los adoras ahora. Los ministros del evangelio, prelados, obispos, arzobispos y patriarcas sufrieron crueles persecuciones bajo los príncipes paganos y también por los cristianos aunque también fueron beneficiados con riquezas aquellos que obedecían con prontitud. Pero más tarde, comenzaron a mostrar una gran ambición, en particular tras la muerte de Focas se convirtieron en obispos universales y príncipes seglares en Italia, y no contentos con retirar (*scl.* a los emperadores de Oriente) la obediencia debida, absolvieron a nobles y pueblo del juramento de alianza con el que estaban unidos. Mezclaron y confundieron lo sagrado con lo profano. Sembraron la discordia entre los reyes y éstos acabaron arruinándose los unos a los otros y a causa de esta ruina vieron aumentar su poder. Coronaron emperadores, hicieron y deshicieron a su antojo, poniéndolos a sus pies. Ellos ahora son al mismo tiempo papas y emperadores, señores y monarcas del mundo, más altos que los ángeles iguales al mismo Dios, grandes y omnipotentes, revocando las órdenes del Altísimo,

47 P. Viret, con tono irónico define al papa como nuevo Plutón rey de los infiernos del limbo y del purgatorio. Vid. P. VIRET: Deux dialogues. L'alcumie du Purgatoire. L'homme natural, Lausanne, 1971.

48 MORNAY: Mystère, 23; MOULIN, Nouveauté, cap. 15.23; MUSSARD: Les conformitez, 25–40.

49 MORNAY: Mystère, "to the friends".

> modelaron a su gusto al mismísimo Dios. Compara los dos extremos del proceso: un ministro de Dios, en ocasiones, prelado de la iglesia, ahora convertido en Dios, sentado en su trono, usando a Dios a su antojo, como su siervo. A veces se muestra humilde y gentil, el mayor de los sirvientes, guardando obediencia a cualquiera de los príncipes, y en otras ocasiones orgulloso y cruel, el más grande de los príncipes: antes glorioso de la santidad de su vida, sufriendo con alegría en el nombre de Cristo todos los tormentos y torturas, y ahora profano, encumbrado por un título vano de santidad, borracho con la sangre de los santos. ¿Qué razón y qué motivo hay para extremos tan diferentes, tan repugnantes? Satanás se hace visible bajo la máscara de San Pedro[50].

Esta crítica a la soberanía ejercida por el papado y a su responsabilidad directa en la degeneración cristiana durante el cuarto período permite comprobar que en el origen del movimiento reformista no subyace una cuestión exclusivamente religiosa, sino también una tensión eminentemente política entre el emperador, fiel a la causa romana y los príncipes y nobles, partidarios de la Reforma. Las iglesias nacionales se beneficiarán de la pérdida de prestigio del pontificado, de la tendencia a la autonomía promovida desde los sínodos protestantes, pues la nueva iglesia evangélica quedó en manos de las autoridades civiles. Y una vez que dejó de ser tabú la crítica a las creencias y ritos católicos, la identificación del papismo con el paganismo adquirió también el significado de acto patriótico porque al desautorizar a la Iglesia romana la ruptura quedaba plenamente justificada. La estrecha colaboración en Francia entre el poder civil y religioso, insiste en la independencia de la Iglesia francesa, derivada de su propia historia y de una teología centrada en una iglesia nacional, que manifiesta además su deseo de controlar y limitar las intervenciones de la curia romana para afirmar y asegurar su propia autonomía. Y así, cuando en Francia se volvió a abrazar el catolicismo, los teólogos galicanos también acudirán para sustentar ideológicamente el regalismo francés al mismo argumento[51]: la tiranía espiritual del obispo de Roma no responde al genuino carácter de la Iglesia primitiva sino que es heredera de los siglos de dominación bárbara que siguieron la caída del Imperio y esa tiranía papal es la principal responsable de impedir la contemplación y el ejercicio de la pureza que había caracterizado la Iglesia apostólica.

50 MORNAY: Mystère, “to the friends”.

51 H. DAUSSY: Les huguenots et le roi: le combat politique de Pnilippe Duplessis-Mornay (1572–1600), Ginebra, 2002.

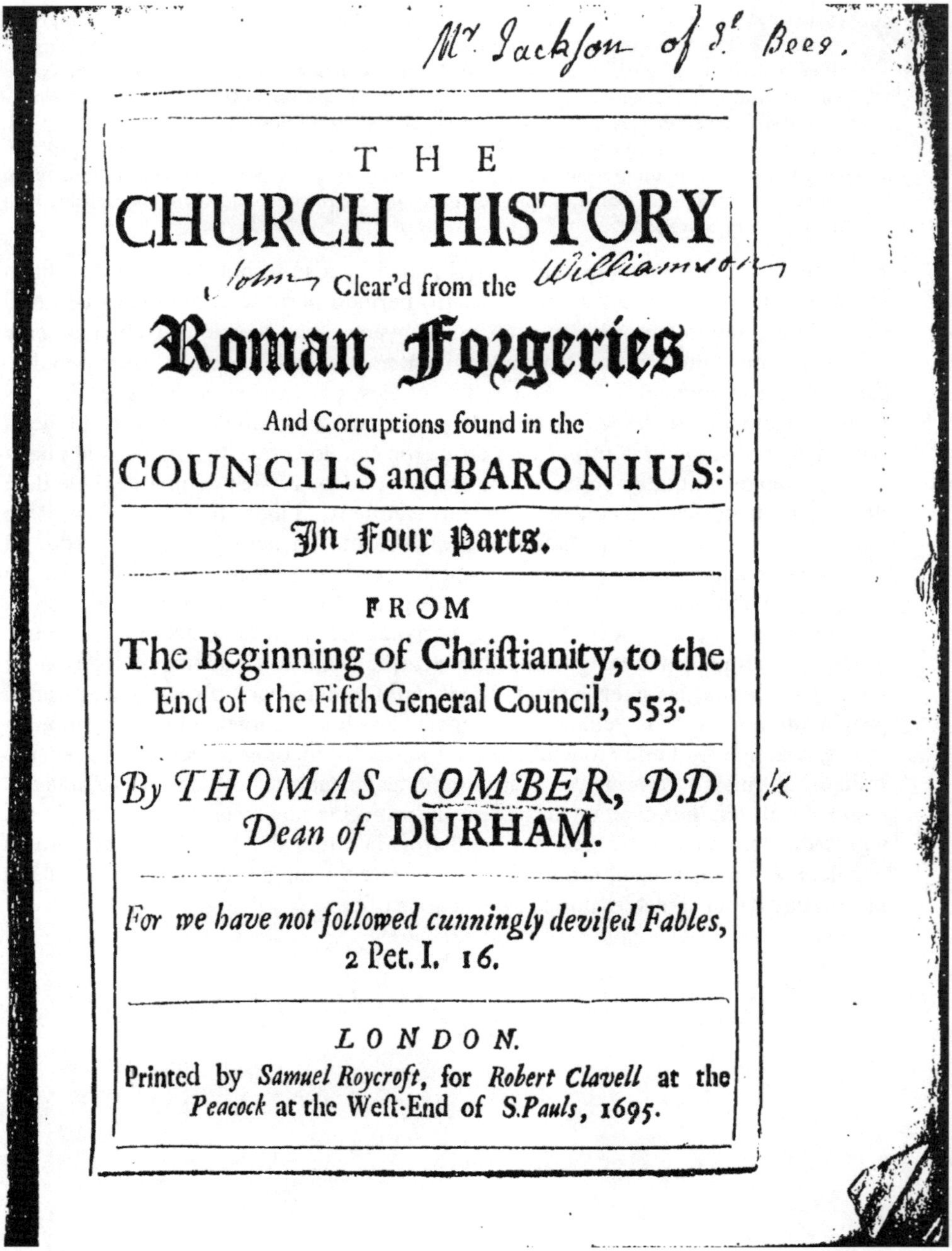

Mr. Jackson of St. Bees.

THE

CHURCH HISTORY

John Clear'd from the Williamson

Roman Forgeries

And Corruptions found in the

COUNCILS and BARONIUS:

In Four Parts.

FROM

The Beginning of Chriſtianity, to the End of the Fifth General Council, 553.

By *THOMAS COMBER*, *D.D.*

Dean of DURHAM.

For we have not followed cunningly deviſed Fables, 2 Pet. I. 16.

LONDON.

Printed by *Samuel Roycroft*, for *Robert Clavell* at the *Peacock* at the Weſt-End of *S.Pauls*, 1695.

IMAGEN 1. TH. COMBER: The church history clear'd from the Roman forgeries and corruptions found in the councils and Baronius: from the year 400, till the end of the fifth general council, An.Dom. 533: being the third and fourth parts of the Roman Forgeries, Londres, 1695.

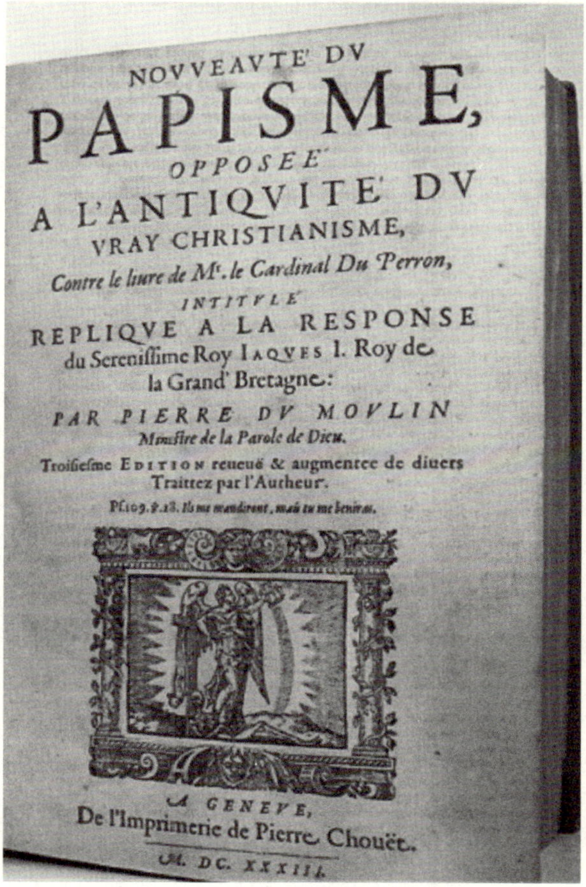

NOVVEAVTE' DV
PAPISME,
OPPOSEE'
A L'ANTIQVITE' DV
VRAY CHRISTIANISME,
Contre le liure de Mr. le Cardinal Du Perron,
INTITVLE'
REPLIQVE A LA RESPONSE
du Sereniſſime Roy IAQVES I. Roy de
la Grand' Bretagne:
PAR PIERRE DV MOVLIN
Miniſtre de la Parole de Dieu.
Troiſieſme EDITION reueuë & augmentee de diuers
Traittez par l'Autheur.
Pſ.109.v.28. Ils me maudiront, mais tu me beniras.
A GENEVE,
De l'Imprimerie de Pierre Chouët.
M. DC. XXXIII.

IMAGEN 2. P. DU MOULIN: Nouveauté de papisme opposée à l'antiquité du vray christianisme..., Ginebra, 1627.

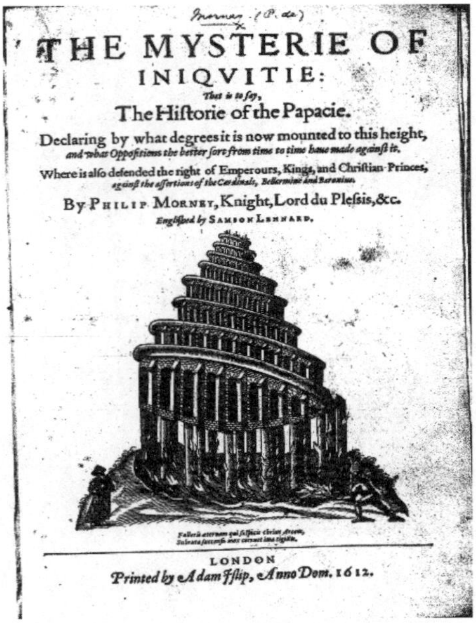

THE MYSTERIE OF INIQVITIE:
That is to say,
The Historie of the Papacie.
Declaring by what degrees it is now mounted to this height, and what Oppositions the better sort from time to time have made against it.
Where is also defended the right of Emperours, Kings, and Christian Princes, against the assertions of the Cardinals, Bellarmine and Baronius.
By PHILIP MORNEY, Knight, Lord du Plessis, &c.
Englished by SAMSON LENNARD.

LONDON
Printed by Adam Islip, Anno Dom. 1612.

IMAGEN 3. PH. MORNAY DU PLESSIS: Le Mystere d'Iniquité, c'est à dire, l'histoire de la papauté..., Saumur, 1611.

To the Reader.

Pope Paule the fift caused himselfe to be pourtrayed in the first page of diuers Bookes dedicated vnto him, printed at Rome and at Bolognia; as hath beene sayd in the Preface: The first words of the Latine inscription are, PAVLO V. VICEDEO; take the numerall letters and you shall find the number of the Beast, Apocal. c. 13. v. 18.

PAVLO V. VICEDEO.
5. 50. 5. 5. 1. 100. 500.

5.
50.
5.
5.
1.
100.
500.

666.

IMAGEN 4: El nombre del Papa como anagrama del nombre de la Bestia, según Mornay: Le Mystere d'Iniquité, praef.

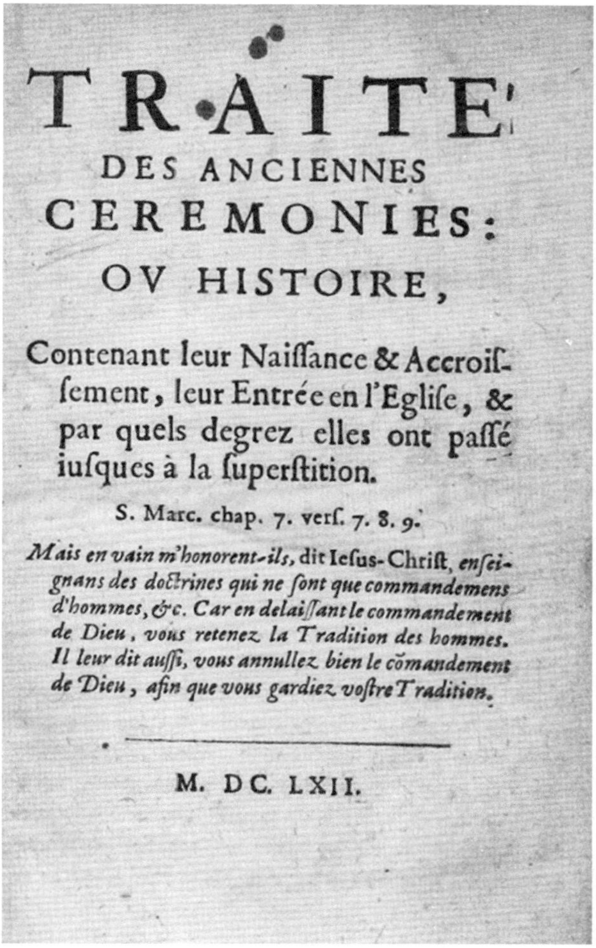

TRAITÉ
DES ANCIENNES
CEREMONIES:
OV HISTOIRE,

Contenant leur Naiſſance & Accroiſſement, leur Entrée en l'Egliſe, & par quels degrez elles ont paſſé iuſques à la ſuperſtition.

S. Marc. chap. 7. verſ. 7. 8. 9.

Mais en vain m'honorent-ils, dit Ieſus-Chriſt, *enſeignans des doctrines qui ne ſont que commandemens d'hommes, &c. Car en delaiſſant le commandement de Dieu, vous retenez la Tradition des hommes. Il leur dit auſſi, vous annullez bien le cõmandement de Dieu, afin que vous gardiez voſtre Tradition.*

M. DC. LXII.

IMAGEN 5. J. PORREE: Traité des anciennes ceremonies ou histoire, contenat leur naissance et accroissment, leur entrée en l'eglise, et par quels degrez elles ont passé iusques a la superstition, 1667.

GIBBON EN LA ESPAÑA DE LOS SIGLOS XVIII Y XIX *

Mirella Romero Recio (Universidad Carlos III de Madrid)

The History of the Decline and Fall of the Roman Empire de Edward Gibbon es sin duda alguna la obra clave en la historiografía sobre la caída del Imperio romano pues su concepción sobre este acontecimiento histórico dio un vuelco a las teorías imperantes hasta el siglo XVIII hasta el punto de condicionar aún la visión que los historiadores tenemos de la Antigüedad tardía[1]. Aunque se publicó en seis volúmenes entre 1776 y 1788 y desde el primer momento tuvo un éxito pavoroso, como el propio autor recoge en sus Memorias[2], la obra de Gibbon no se tradujo al español hasta bien avanzado el siglo XIX. Apareció en Barcelona con el título *Historia de la decadencia y ruina del Imperio Romano* entre los años 1842 y 1847 traducida por José Mor de Fuentes. Los primeros 5 volúmenes fueron editados por Antonio Bergnes, mientras que los tres últimos los sacó a la luz Don Juan Oliveres[3].

Antonio Bergnes de las Casas fue un personaje destacado de la Barcelona del siglo XIX[4]. Su extraordinaria facilidad para las lenguas le acercó al griego que, al

* Este trabajo se inscribe en el proyecto de investigación HAR 2011-27540 financiado por el Ministerio de Economía y Competitividad.

1 La bibliografía sobre Gibbon es abundantísima pues ha suscitado el interés de los más prestigiosos historiadores como A. Momigliano (Gibbon's Contribution to Historical Method, Historia, 2, 1954, 450–463). Puede verse un reciente artículo de J.A. DELGADO, donde se hace una nueva revisión de la publicación y las ediciones de la obra del autor inglés y se recoge la mayor parte de la bibliografía: Leer a Gibbon. El texto de The History of the Decline and Fall of the Roman Empire, Espacio, Tiempo y Forma. Historia Antigua, 25, 2012, 463–488.

2 J. MURRAY (ed.): The Autobiographies of Edward Gibbon. Londres, 1896, 311.

3 Impresor de S.M., calle de Monserrate, núm.10. Los tres primeros volúmenes se publicaron en 1842, el IV en 1843, el V y el VI en 1846, y el VII y el VIII en 1847.

4 En los últimos años se ha abundado en el estudio de la figura de Bergnes. Además de la conocida obra de S. OLIVÉS CANALS: Bergnes de las Casas, helenista y editor, 1801–1879, Barcelona, 1947, puede encontrarse una buena recopilación de los trabajos más recientes en J. A. CLÚA: Antonio Bergnes de las Casas, en Catalogus Philologorum classicorum. Università di Genova http://www.aristarchus.unige.it/cphcl/index.php, 14/01/2011. Entre ellos, es interesante destacar por su relación con la labor editorial de Bergnes: A. CAMÓS: Antoni Bergnes de las Casas (1801–1879) difusor de la cultura científica y del transformismo lamarkista, Llull, 21 = 42, 1998, 633–651; J. A. CLÚA: Bergnes de las Casas, helenista del sexenio liberal español: Semblanza intelectual, EClás., 92, 1987, 59–71; idem: El Humanismo en Cataluña en el siglo XIX: A. Bergnes de las Casas (1801–1879), Madrid, Ediciones Clásicas, 1995; J. PÓRTULAS: Antoni Bergnes de las Casas, hel.lenista, il.lustrat i liberal, AAVV.: Del Romanticisme al Noucentisme. Els grans mestres de la Filologia catalana i la Filologia Clàssica a la Universitat de Barcelona, Barcelona, 2004, 11–25; P. HUALDE: Bergnes de las Casas, crítico literario: entre el helenismo y el romanticismo, en: M. CANTOS CASENAVE

parecer, aprendió prácticamente solo, con la guía de un profesor nativo que vivía en Barcelona y algunas gramáticas en alemán que tuvo a su alcance. Liberal, progresista y simpatizante de las ideas de los cuáqueros como otros coetáneos, Luis de Usoz y Río por ejemplo, se encargó de la cátedra de griego en la Universidad de Barcelona en 1841 (un año antes de la publicación del primer volumen de la traducción de la obra de Gibbon) que ganaría en propiedad el mismo año en que apareció el octavo volumen, 1847. En su carrera académica ocupó los cargos más destacados pues fue nombrado Decano de la Facultad de Filosofía y Letras en 1857 y Rector de la Universidad de Barcelona en 1868. Compatibilizó esta tarea con sus labores como editor y director de dos revistas que trataron de divulgar la ciencia en España. *La Abeja,* muy dirigida a la difusión de la cultura alemana, y *Museo de Familias,* orientada hacia las teorías científicas, especialmente la evolucionista de Lamarck, aunque sin descuidar otros ámbitos de conocimiento como la Historia, la Arqueología o las Bellas Artes[5].

En la línea de promoción de la regeneración cultural del país que llevaron a cabo otras editoriales como La España Moderna[6], Bergnes publicó las obras de algunos historiadores de prestigio escasamente leídos en nuestras fronteras. Además de encargar la traducción de ciertas monografías, entre ellas la de Gibbon, él mismo tradujo obras de gran interés, como la *Historia de España* de Charles Romey, con la intención de "hacer un servicio eminente a la nación española", tal y como indica en el Prólogo del primer volumen[7]. Ese "servicio" no siempre fue juzgado de utilidad, pues hubo autores que se pronunciaron contra la visión liberal de Romey o contra sus críticas hacia historiadores importantes en su momento pero ya ampliamente superados como el padre Mariana[8].

(ed.): Redes y espacios de opinión pública. De la Ilustración al Romanticismo. Cádiz, América y Europa ante la Modernidad.1750–1850. XII Encuentro, Cádiz, 3, 4 y 5 de noviembre de 2004, Cádiz, 2006, 237–248.

5 CAMÓS: Antoni Bergnes de las Casas, 638 ss.

6 M. ROMERO RECIO: Traducciones y ediciones de la obra de Mommsen en España (1876–1905), en: J. MARTÍNEZ PINNA (ed.): En el centenario de Theodor Mommsen (1817–1903). Homenaje desde la Universidad española, Málaga-Madrid, 2005, 135–152; eadem: Las publicaciones sobre Mundo Antiguo a finales del XIX y comienzos del XX en España: la labor de José Lázaro Galdiano, Revista de Historiografía, 6, 2007, 52–66; eadem: Les traductions sur le monde antique aux Éditions La España Moderna,en: CH. AVLAMI, J. ALVAR, M. ROMERO RECIO (ed.): Historiographie de l'antiquité et transferts culturels. Les histoires anciennes dans l'Europe des XVIIIe et XIXe siècles, IFAVL 145, Amsterdam–Nueva York, 301–316.

7 C. ROMEY: Historia de España, desde el tiempo primitivo hasta el presente, adornada con notas críticas y etimológicas, y adornada con treinta hermosas láminas que representan los pasos más notables de la Historia española, los monumentos más grandiosos, y los bustos de los varones que más han influido en la suerte de la nación, 4 vols., Barcelona, A. Bergnes, 1839–1849.

8 M. ESTEBAN DE VEGA: La Historia de España de Romey y su recepción en la historiografía española, en: J.R. AYMES, M. ESTEBAN DE VEGA (ed.): Francia en España, España en Francia. La Historia en la relación cultural hispano-francesa (siglos XIX–XX), Salamanca, 2003, 93–125. La Historia General de España de Juan de Mariana, publicada por primera vez en latín en 1591, era la más reeditada y leída todavía en el siglo XIX: J.A. MARTÍNEZ MARTÍN:

Precisamente su preocupación por la difusión de las corrientes historiográficas imperantes en Europa llevaron a Bergnes a publicar una obra como la de Gibbon, cuyo primer volumen había aparecido 66 años atrás (en febrero de 1776 en Londres) y que había tenido un impacto tan profundo que se tradujo al francés, al italiano y al alemán antes de finalizar el siglo XVIII. El encargado de realizar la traducción al español fue José Mor de Fuentes que dominaba varios idiomas y había conseguido ir malviviendo de las traducciones que realizaba para Antonio Bergnes, quien le acogió como un amigo cuando se asentó en Barcelona en 1833[9]. Antes había servido en la Marina y había pasado una breve temporada en París, pero nada de lo que hizo le permitió obtener unas rentas que le garantizasen una vida relativamente holgada. Murió en la miseria el 11 de diciembre de 1848 en su pueblo natal, Monzón (Huesca), con ochenta y cinco años[10].

Mor de Fuentes tradujo del inglés, del francés y del alemán, pero también del latín y el griego. Su actividad fue frenética aunque no siempre dispuso, según él mismo indica en su autobiografía, de demasiados medios:

> Vino por fin el arranque, inspiración, flujo u lo que fuere, de meterme a escritor, y así como los aficionados suelen echar mano para sus estrenos de las comedias de más difícil desempeño, yo también quise empezar por la cumbre, y fue traduciendo, por una coincidencia bien extraña, el autor que ha merecido tantos desvelos al ínclito literato que solicita estos apuntes. Con efecto tenía en mi poder una edición de Viena (otra casualidad particularísima) de Tucídides con el texto escueto y mondo, sin versión latina, sin comentario, y por otra parte me hallaba destituido de todo auxilio de diccionario y de gramática, sin que hubiese tales libros en Cartagena, pueblo todo marino y militar[11].

Además de la obra de Tucídides, Mor de Fuentes tradujo a Homero, Hesíodo, Horacio, Salustio, Tácito o Lucrecio lo que, añadido a la lectura de los estudios sobre la Antigüedad más difundidos en nuestro país, le permitió tener un conocimiento lo bastante aproximado de la Historia de Grecia y Roma como para afrontar con optimismo e ilusión la traducción de la *Historia de la decadencia y ruina del Imperio romano*. Según su biógrafo, Cáseda Teresa, “no es extraño que Mor tomara con agrado la tarea de traducir esta obra, que resultaba un buen ejemplo de ensayo e investigación dieciochesca, eminentemente volteriana”[12].

Efectivamente, el traductor abrió el primer volumen de la obra de Gibbon con un prólogo, que precedía al de la edición inglesa del reverendo Henry Hart

Lectura y lectores en el Madrid del siglo XIX, Madrid, 1991, 117, 145–146; J. ÁLVAREZ JUNCO: Mater dolorosa. La idea de España en el siglo XIX, 5ª ed. (1ª ed. 2001), Madrid, 2003, 91, 97; E. GARCÍA HERNÁN: Construcción de las historias de España en los siglos XVII y XVIII, en: R. GARCÍA CÁRCEL (coord.): La construcción de las historias de España, Madrid, 2004, 127 ss.

9 OLIVÉS CANALS, Bergnes de las Casas, 116.

10 Sobre este autor: J. CÁSEDA TERESA: Vida y obra de José Mor de Fuentes, Monzón, 1994; C. FRANCÍ: Reflexiones en torno a la traducción de la Historia de la decandencia y ruina del Imperio Romano, de Edward Gibbon, por José Mor de Fuentes, Saltana, http://www.saltana.org/1/tsr/51.html.

11 J. MOR DE FUENTES: Bosquejillo de la vida y escritos de José Mor de Fuentes, Zaragoza, 1981 (editado por primera vez en Barcelona, 1836), introducción y notas de Manuel Alvar.

12 CÁSEDA TERESA: Vida y obra, 448.

Milman – la usada por Mor de Fuentes y cuya primera edición se publicó entre 1838 y 1839-, donde daba rienda suelta a su fascinación por los estudios del autor inglés:

> Si me es dado manifestar mi opinión acerca de esta obra, la conceptúo absolutamente la más instructiva y provechosa de toda la literatura antigua y moderna. Moral, política, elocuencia, todo se encumbra hasta la esfera más eminente que puede abarcar el entendimiento humano [...].
>
> ¡Ojalá que el desempeño del traductor (en el idioma de suyo más entonado, mas histórico y más oratorio de Europa) corresponda colmadamente a sus deseos, y ante todo al mérito del original! [13].

Ahora bien, la admiración de Mor por Gibbon, que le lleva a definirle como el "REY DE LOS HISTORIADORES" (con mayúsculas), en el Prólogo del volumen I, no le impidió matizar sus palabras, teniendo en cuenta que la obra habría de ser necesariamente criticada en España por las aseveraciones que el autor vertía contra el cristianismo y añadió:

> Quizá no todas las opiniones del autor merecerán la aprobación de algunos; pero el conjunto de obra tan grandiosa y tan sublime triunfará siempre de la censura y de los reparos de lectores más o menos preocupados.
>
> Quizás adolece a trechos de la propensión irónica de Voltaire, ajena de la gravedad de un historiador imparcial; pero prescindiendo de este lunar, el raudal siempre grandioso de la narración, los vivos retratos de sus personajes, la filosofía profunda, las contraposiciones poéticas de sus cuadros sublimes y por fin la elocuencia de sus cláusulas: todo la constituye magnífica, excelente, incomparable [14].

De "débil reproche" juzgará irónicamente este comentario mucho tiempo después el escritor catalán Joan Perucho en *Los laberintos bizantinos. Un viaje con espectros*, donde integra al autor británico en un viaje imaginario:

> Legamos a las primeras calles de la ciudad [Trebizonda] a pesar de la niebla. Mor de Fuentes, natural baturro de Monzón, y desde muchos años afincado en Barcelona al lado de don Antonio Bergnes de las Casas, nos llamaba la atención con sus reiteradas admiraciones por Gibbon. En el prólogo que escribió después de los elogios, añadía, curándose en salud, que "quizá adolece a trechos de la propensión irónica de Voltaire, ajena a la gravedad de un historiador imparcial". Débil reproche. No le llegó nunca a Lausana, pueblo de Suiza, donde se retiró para dar forma a su inmortal intento [15].

Tanto la versión inglesa como la francesa de la *Historia de la decadencia y ruina del Imperio romano* aparecían en el *Índice General de los libros prohibidos* [16]. El

13 P. 6. El Prólogo está firmado en Barcelona, 1º de Julio de 1842.

14 P. 6.

15 Madrid, 1989, 36.

16 Indice General de los libros prohibidos: Compuesto del índice último de los libros prohibidos y mandados expurgar hasta fin de Diciembre de 1789..., de los suplementos del mismo, que alcanzan hasta 25 de agosto de 1805, y además de un Index Librorum Prohibitorum iuxta exemplar romanum jussu SS. D.N. Editum anno MDCCCXXXV, en el que van intercalados en sus respectivos lugares los prohibidos hasta fin de 1842, D. José Félix Palacios Editor, 1842, 325 (decr. 26 septiembre 1783).

veto se extendió incluso a aquellos que tenían licencia para leer libros prohibidos a través de un edicto publicado por el Inquisidor general en Madrid a 11 de febrero de 1806 "por contener doctrinas erróneas, heréticas, impías, injuriosas a la religión católica, y a sus divinos misterios, a los Padres de la Iglesia, y a los Concilios, contrarias a la disciplina eclesiástica y a los santos Sacramentos"[17]. Ahora bien, las prohibiciones no impidieron que destacados intelectuales de la época leyeran con gran interés a Gibbon. Este es el caso de Gaspar Melchor de Jovellanos que anotó cuidadosamente en sus diarios las jornadas que había dedicado a repasar la obra del autor inglés a lo largo de 1794[18]. También dan fe de ese interés por la *Historia de la decadencia y ruina del Imperio romano* los catálogos de Bibliotecas, pues es evidente que el hecho de que la obra se tradujera tarde no significa que no fuera consultada en España con anterioridad. Sabemos que, por ejemplo, aparece en los fondos de la Biblioteca de la Universidad Complutense cuando esta institución aún estaba en Alcalá[19]. Los volúmenes de la traducción al francés de Septchênes están incluidos en el Catálogo elaborado por Zacarías de Luque para la Biblioteca de esta institución en el año 1799[20].

Pero precisamente porque las críticas al cristianismo habían sido un obstáculo para que la *Historia de la decadencia y ruina del Imperio Romano* tuviese difusión en España, la elección de la traducción de Milman por parte de Bergnes y Mor de Fuentes no parece casual. El reverendo se había esforzado en incluir un nutrido cuerpo de notas en las que trataba de explicar los errores de Gibbon a la hora de abordar el cristianismo y, además, había introducido las anotaciones críticas que, en la misma línea, había publicado François Guizot en la segunda edición de la traducción francesa[21]. Así pues, al editor le debió parecer más oportuno traducir al español una versión que matizaba e incluso criticaba abiertamente las partes más escabrosas o, cuando menos, delicadas, de la obra de Gibbon, como se hace constar reiteradamente en el prólogo de Milman que también se incluye en la traducción:

> Los Cristianos como Mr. Guizot y nosotros mismos verán a muy diversa luz los idénticos objetos o individuos en el historiador de la *Decadencia y Ruina*. Nos condoleremos de aquella

17 Antes de ser prohibida, había sido detenida el 25 de agosto de 1805. C. Gómez Álvarez, G. Tovar: Censura y revolución. Libros prohibidos por la Inquisición de Méjico (1790–1819), Madrid, 2009, 170.

18 Obras de D. Gaspar Melchor de Jovellanos. Diarios (Memorias íntimas) 1790–1801, Madrid, 1915, 13/02/1794, p. 127; 15/02/1794, p. 128; 20–27/02/1794, pp. 129–130; 22–23/06/1794, p. 153; 21/08/1794, p. 168; 12 y 14/09/1794 p. 172; 24/10/1794, p. 179; 16/11/1794, p. 182.

19 The History of the decline and fall of the Roman Empire. A new edition, Basilea, J. J. Tourneisen, 1787; y varias ediciones en francés, por ejemplo, Histoire de la décadence et de la chute de l'empire romain, trad. N. de Septchênes, Moutard & Le Tellier, París, 1788–1795.

20 Biblioteca Complutense ó Catalogo de sus libros impresos. Dispuesto por orden de materias por el Dr. D. Zacarias de Luque, Bibliotecario Mayor por S.M. Año de 1799, 2 vols. (Biblioteca Histórica „Marqués de Valdecilla" de la UCM, Ms. 330–331), t. II, p. 84.

21 Histoire de la decadence et de la chute de l'Empire romaine, 13 vols. París, 1828. Cf. Delgado, Leer a Gibbon, 481–483. Sobre Guizot : A. Coco, François Guizot, Nápoles, 1983, especialmente el primer capítulo „Dall'Idéologie all'edizione di Gibbon; L'approdo alla storiografia", 11–60.

dirección desacertada, nos precaveremos de toda asechanza para descaminarnos, y ansiaremos el precaver igualmente a los demás de tamaño escollo [...] El desentono con que se rasguean los progresos del cristianismo, en cotejo con lo demás de obra tan esplendorosa y en extremo engalanada, es la nulidad fundamental de la *Decadencia y Ruina*. Solo el Cristianismo no recibe ningún atavío de la magia del habla de Gibbon; yerta asoma su fantasía para aquella dignidad moral, apeándola al contrario de su asiento con un raudal de encono, o desairándola con la exposición trabajosa de una temporada lóbrega y bastarda. Hay pasos sin embargo donde su humanidad ardiente y acendrada, cuando allá su benéfico influjo lo avasalla y entona, prorrumpe en los ímpetus acostumbrados; pero generalmente se aletarga de nuevo; aparentando una *imparcialidad* ostentosa, va zahiriendo los yerros del cristianismo con escarnio malicioso; y mal de su grado, con excepciones y reservas, llega tal vez a celebrarlo [...]

La edición presente es correctiva y suplementaria: las enmiendas van con notas (conceptuándolas desapasionadas y candorosas, al intento de venir a despejar la verdad) sobre las equivocaciones o desaciertos que se van advirtiendo, particularmente en orden al Cristianismo, para contrarrestar así en cuanto alcance la corrección, el embate impropio y opuesto a la religión que hayan podido hacer; y en cuanto a los aumentos, añadiendo aquel caudal de especies que ha suministrado al editor su lectura, por documentos y libros originales, ignorados en tiempo de Gibbon[22].

Hubiese sido el cristianismo criticado injustamente por Gibbon o no, su traductor al español no pudo reprimir la fascinación que había sentido al trabajar con la obra del inglés y al final del volumen VIII le dedicó una larga Oda que comienza con una apasionada declaración:

Almo loor al ínclito portento,
Loor sin fin al inmortal dechado,
Que en el ámbito inmenso de su Historia,
Cifró lo sumo del saber humano".

Aunque mencionaba algún "lunar" que podría haber enturbiado la belleza del conjunto, Mor trató de recalcar en su Oda la importancia de que al fin se hubiese publicado en español esta importantísima obra internacionalmente reconocida:

Mas la Crítica sabia allá rastrea
Algún lunar en el inmenso cuadro,
Y con afán solícito acabala,
La suma perfección y el logro ansiado:
Y al par entonces fervorosas todos
Desfogan su ardientísimo entusiasmo.

La Europa entera, en sus modernas hablas
Fue la excelsa presea atesorando;
La España sola, con la augusta pompa
De su grandioso idioma castellano,
En tan indigna privación yacía...
Salga, ya es hora, del baldón aciago;
Arroje allá tan vergonzoso sueño;

22 Vol. I, 13, 15, 16.

Salga por fin, con esplendor galano,
De esa oficina activa y descollante
Que tanto escrito ameno, culto y sabio,
Con redoblado afán y fausto tino,
A la pública luz está mostrando".

La Oda a Gibbon de Mor de Fuentes apareció también publicada en un artículo sin firma de la *Revista Barcelonesa* el 25 de octubre de 1846[23]. Curiosamente, aunque el último volumen de la *Historia de la decadencia y ruina del Imperio romano* lleva como fecha de edición el año 1847, en este artículo se anuncia que los ochos volúmenes pueden encontrarse ya a la venta en la librería de D. Juan Oliveres. Lo más probable es que fuera escrito por el propio Mor de Fuentes – pues aparece la Oda- para dar difusión a su traducción y a sus "dotes poéticas". Se trata de una breve noticia literaria donde el autor destacó su admiración por "la obra tal vez más portentosa del ingenio humano [...] desempeñado todo con la maestría más cabal y asombrosa que se vio jamás en pluma alguna, antigua ni moderna" y denunció el retraso de la publicación en español por culpa de su inclusión en el *Índice,* algo que no se atrevió a hacer en el Prólogo de la traducción aparecido en el volumen I en 1842:

Se tradujo, desde su publicación a fines del siglo anterior, en todas las lenguas de Europa, menos en la castellana, pues el tribunal tenebroso y apagador de toda chispa filosófica e instructiva, le declaró guerra implacable, lastimado con aquel raudal de luces que arrollaba, hasta en sus cimientos la bárbara ignorancia[24].

Un año después de haber salido a la luz estos comentarios en la *Revista Barcelonesa*, la publicación incluyó en el nº 27, correspondiente al 3 de enero de 1847, un artículo de Antonio Benavides que ya había sido publicado algunos años atrás en la *Revista Enciclopédica de la civilización europea*[25]. Se trata de las "Reflexiones sobre las diferentes escuelas históricas desde la Antigüedad hasta nuestros días" donde el político e historiador – que fue Director de la Real Academia de la Historia entre 1862 y 1881- hacía hincapié en la importancia de esta disciplina, repasaba las corrientes historiográficas más notables y se detenía en la obra de Gibbon, de quien decía: "no podemos menos de pronunciar su nombre con veneración, al acordarnos del monumento que su inmenso saber ha levantado, y que durará mientras exista en los hombres el gusto por las letras y la afición a la lectura"[26]. Pero su reconocimiento a la tarea del autor inglés no le impedía considerar que, en relación con los asuntos religiosos, su discurso se acercaba a Voltaire, lo cual venía a significar que criticaba en exceso el cristianismo o, cuan-

23 Nº 13, 200–202.

24 P. 200–201.

25 París, II, 1843, 21–54. También había aparecido en la mejicana El Tiempo, 5/03/1846. Cf. E. PLASENCIA, Reflexiones sobre las diferentes escuelas históricas desde la Antigüedad hasta nuestros días. Antonio Benavides, Estudios de Historia Moderna y Contemporánea de México, 13, 1990, 231–251.

26 Revista Barcelonesa, 21, 20/12/1846, 321–326; Continuación, 22, 27/12/1846, 341–342; Conclusión, 23, 3/01/1847, 355–359. Habla de Gibbon en la Conclusión.

do menos, infravaloraba su misión universal. Aunque Benavides no llega a sostener que este juicio desluciera la obra de Gibbon, sí piensa que se trata un grave defecto que falseaba la realidad y la historia por lo que su comentario a la *Historia y decadencia y ruina del Imperio romano* no pasa de ser una defensa a ultranza del cristianismo sin detenerse en otro tipo de valoraciones historiográficas:

> Su vista alcanza tan poco, que no le permitió ver en el Cristianismo, en aquel ligero soplo que empezaba en los tiempos de Augusto, la formidable institución que iba a salvar al mundo de la inminente ruina que le amenazaba; que iba a vengar a la humanidad de tantos ultrajes como había sufrido y sufría bajo el imperio de un Nerón y de un Calígula; que iba, en una palabra a volver por la dignidad del hombre abatida y humillada por la esclavitud en que yacía, y por la tiranía que con él ejercían los que se llamaban sus amos. A los ojos de Gibbon, los cristianos son unos revoltosos, a los cuales hacían bien en castigar, y bajo este concepto celebra las sangrientas ejecuciones de los procónsules, y la aprobación que a ellas daban los emperadores. Su inmensa erudición no le sirve en ciertos pasajes más que para argüir falsamente sobre muchos puntos históricos; y la ironía y el amargo sarcasmo con que se burla de aquellos que sabían morir por sus creencias y por su fe, indisponen contra él al hombre que estima en algo la grandeza y libertad del pensamiento, y la verdadera dignidad de la especie humana[27].

Efectivamente, el lastre de un catolicismo extremadamente conservador impidió no sólo una adecuada difusión de la obra de Gibbon en España, sino también una correcta comprensión de las teorías expuestas en la *Historia de la decadencia y ruina del Imperio romano,* como se observa en la primera reseña, y también la más extensa, que encontramos del libro en una publicación periódica española, el *Espíritu de los mejores diarios literarios que se publican en Europa*. La revista había sido fundada casi un año antes por un clérigo ilustrado, Cristóbal Cladera Company, que, inspirado por *L'esprit des journaux français et étrangers* pretendía difundir el pensamiento enciclopedista proporcionando un espacio a los estudios sobre derecho, medicina, química, botánica, historia, literatura o artes que se estaban desarrollando en Europa[28]. Aunque el proyecto era ambicioso y contó con suscriptores de gran talla intelectual como Jovellanos o Campomanes, su espíritu no fue lo suficientemente aperturista y reformador como para mostrarse favorable a las teorías de Gibbon, razón por la cual, la reseña que se publicó de su obra en 1788, traducida del *Diario eclesiástico* (Pisa), se centró en rebatir las teorías anticristianas del autor vertidas en los capítulos XV y XVI[29]. Se trata de un tra-

27 Conclusión, 23, 3/01/1847, 355.

28 S. JÜTTNER: Espíritu de los mejores diarios literarios que se publican en Europa (1787–1791). Índices (onomástico y de fuentes, de obras y toponímico), Frankfurt am Main, 2009. Véase la bibliografía citada.

29 Saggio di confutazione de due Capi XV y XVI di Gibbon spettanti all esame del Christianismo. Ensayo de refutación de los Capítulos 15 y 16 de Gibbon, relativo al examen del Christianismo, Espíritu de los mejores diarios literarios que se publican en Europa, 125, 21/04/1788, 21–24; 126, 28/04/1788, 25–28; 135, 30/06/1788, 116–117; 136, 07/07/1788, 142–144; 137, 14/07/1788, 167–168. Según S. Jüttner (Espíritu de los mejores diarios literarios, 269, 274), los artículos donde se indica "Diario eclesiástico" proceden del Journal ecclésiastique, ou bibliothèque raisonnée des sciences ecclésiastiques, pero en este caso parece poco probable pues se trata de una adaptación de un comentario a los capítulos de XV y XVI de la obra de Gibbon publicado en Pisa. Véase siguiente nota.

ducción libre y resumida del *Saggio di confutazione de' due capi XV. e XVI. di Gibbon spettanti all'esame pel Cristianesimo* de Nicola Spedalieri publicado en la *Istoria della decadenza e rovina dell'Impero Romano* aparecida entre 1779 y 1786 en Pisa[30].

Con estas airadas palabras comienza la reseña en la que se irán rebatiendo las acusaciones de Gibbon contra los cristianos:

> ¿Quién creería que en una obra apreciable por muchos motivos y cuyo título no anuncia otra cosa, sino la Historia de la decadencia y ruina del Imperio romano se habían de hallar más de 200 páginas en 8, muy ajenas a la obra, y cuyo único objeto es trastornar la Historia del establecimiento del Cristianismo, hacer odiosa su doctrina, inutilizar y destruir todas las pruebas que saca de la protección especial del Cielo, de la fuerza de la constancia, del número de sus Mártires, y de la muchedumbre y grandeza de sus triunfos? He aquí a lo que se reducen los dos Capítulos, cuya refutación anunciamos[31].

Una vez más, un autor que carga contra la obra de Gibbon por su visión del papel del cristianismo en la caída del Imperio, encuentra gran parte de la responsabilidad en la influencia de Voltaire. “Repite gran número de impiedades vomitadas antes por los Frerets y los Voltaires” señala antes de comenzar a ensalzar las bondades del cristianismo[32] y subraya al final de la refutación cargando contra las doctrinas de “los Bayles, Rousseau, Diderot, Voltaire, esto es, en unas doctrinas condenadas a contradecirse perpetuamente”[33]. La responsabilidad recaía, por tanto, también sobre los ilustrados franceses, en buena medida culpables de la visión anticristiana de Gibbon, rebatido con “fuerza y energía” por Spedalieri, según el autor de la reseña publicada en el *Espíritu de los mejores diarios literarios que se publican en Europa*[34]. Éste iba enumerando las premisas planteadas en los capítulos XV y XVI (“El celo y la intolerancia de los cristianos fueron una de las causas naturales del establecimiento de su religión”, “el dogma de la inmortalidad fue la segunda causa de los progresos del cristianismo”, etc.) y rebatiéndolas con más pasión que sólidos y objetivos argumentos. Con “la historia desmiente a Mr. Gibbon, y la evidencia de los hechos le humilla”, cerraba una de las partes de la refutación en la que también menciona las ideas contrarias a los cristianos de Middleton, aunque matizando que posteriormente se habría arrepentido de sus errores y declarado “que su intención jamás fue impugnar los milagros de la Iglesia primitiva”[35].

Gibbon – calificado peyorativamente como “sofista”- aparece, por tanto, en esta publicación periódica como un farsante y calumniador capaz de manipular deliberadamente la documentación con el fin de atacar a los inocentes cristianos y a la sagrada obra de la Iglesia católica levantada con celo y sacrificio sobre la sangre de sus mártires. Los enemigos de los seguidores de la nueva fe, como Nerón y

30 [trad. por A. Fabbroni y Foggi], 9 vols.
31 Espíritu de los mejores diarios literarios que se publican en Europa, 125, 21/04/1788, 21–22.
32 125, 21/04/1788, 22.
33 137, 14/07/1788, 168. Vuelve sobre la acusación a Voltaire en 135, 30/06/1788, 116.
34 125, 21/04/1788, 23.
35 126, 28/04/1788, 26, 28.

Domiciano, son calificados de monstruos y los capítulos comentados erróneos de principio a fin.

Más adelante, en 1790, el *Espíritu de los mejores diarios literarios que se publican en Europa,* publicó otra reseña de los volúmenes IV–VI de la obra de Gibbon aparecida en *Critical Review. Montly Review* (Londres) donde se señalaba que, puesto que ya habían sido impugnados los errores del autor en los tomos anteriores, únicamente se ocuparían de describir el contenido de estos volúmenes -que no afecta a la implantación del cristianismo- sin entrar en demasiados pormenores[36]. Ahora bien, ante la crítica que Gibbon había realizado hacia los sacerdotes latinos acusándoles de vivir distraídos "con los placeres de una vida mundana y militar" frente a los griegos, centrados en la educación de la juventud, el autor de la reseña defendía los progresos de los latinos en las ciencias e incluso llegaba a afirmar, en una defensa a ultranza de los herederos del Imperio romano de occidente, que "la última clase de las soberanías de Italia manifestaba más actividad e industria, que todo el Imperio Bizantino"[37].

Decíamos más arriba que Jovellanos había apreciado la obra de Gibbon, si bien no sabemos hasta qué punto, y es que comentarios explícitos en los que se valore abiertamente la *Historia de la decadencia y ruina del Imperio romano* eran escasos todavía en la segunda mitad del siglo XIX aunque no inexistentes. Las Memorias de Joaquín María Sanromá, economista liberal y krausista que formó parte del Consejo de Instrucción en 1885, mencionan la lectura de Gibbon entre los años 1846 y 1850. "Gibbon me inició en los secretos de aquellos tiempos tan calumniados antes de él, y sin embargo tan característicos" [38], indica con admiración después de señalar que tuvo la fortuna de poder consultar ésta y otras obras sobre la Edad Media, frente a la escasez de monografías útiles y actualizadas que tratasen la Antigüedad:

> Tocante a historias particulares de épocas o de sucesos, llegué a la juventud demasiado pronto para alcanzar, más a tiempo, los grandes historiadores contemporáneos que han tratado las civilizaciones antiguas. Una buena historia del oriente era cosa desconocida en España; éralo asimismo una buena historia de la antigüedad clásica, de Grecia, de Roma. Hasta los nombres ignorábamos de Duncker y de Grote. Curtius, el último helenógrafo, había de tardar mucho. Ya podía darme por satisfecho con leer *El viaje del joven Anacarsis*, por Barthélémy, cuyo libro me atraía con todo el interés de una novela y seducía mi imaginación con lo pintoresco de los cuadros y la riqueza del lenguaje. Los profundos estudios modernos de los Mommsen, de los Friedlaender, Ampère, Gaston Boissier y Víctor Duruy, o no habían aparecido, o si empezaban a publicarse, no habían traspuesto el Pirineo. De novedades histórico-críticas pude rastrear algo en varios fragmentos de Niebuhr; algo también de egiptología en otros de Champollión Figeac; pero, en general, mi repertorio sobre grandes ciclos históricos, era ve-

36 The History of the decline and fall of the Roman Empire, & c. Historia de la decadencia y ruina del Imperio romano, por Mr. Gibbon, escudero. Tomos 4, 5, y 6, en 4os", 231, 03/05/1790, 1–9.

37 P. 7.

38 Mis memorias. Tomo I. 1825–1852, Madrid, 1887, 110–111.

tusto, o incompleto, o sistemático; la *Historia Romana*, de Rollín; la *Grandeza y decadencia de los Romanos*, por Montesquieu; los *Estudios o discursos históricos*, de Chateaubriand[39].

Sanromá no sólo no criticó abiertamente la imagen del cristianismo que proyectó Gibbon, dedicando un breve comentario a las sensaciones percibidas con la lectura de su obra -"Cada héroe, cada gigante desfilaba, ante mi imaginación, con la magia y los colores de su respectiva leyenda…"-, sino que debió haberse sentido seducido por sus teorías más críticas como se transluce en los comentarios que realiza de su admirado Tácito:

> Mi afición a Tácito vino a rayar casi en manía. Un año entero anduvieron los *Anales* por mis bolsillos [...] mas yo añadía en Tácito una calidad que han poseído pocos ingenios: el don del presentimiento. ¡Singular intuición de los hombres superiores! Veía a Plinio con el Cristianismo y veía a Tácito con el Imperio. La carta de Plinio es la de un talento miope, que no acierta a descubrir el alcance de las primeras propagandas cristianas. Ved qué ciegos. Él y los de su estilo no distinguen las nuevas fórmulas morales, ni el camino que llevan hasta acabar con la sociedad antigua, a dejar reducido el paganismo a sus templos, como pudo decir Tertuliano. Mas lo de Tácito fue de notar, porque vio muy claro en la cuestión del Imperio. No es de los que se hacen ilusiones con los grandes tamaños, de los que juzgan de la solidez y duración de las instituciones por lo que tengan de voluminosas. No cree en los cetros inmortales; y, con sólo pintarnos la decadencia moral de *sus* romanos, predice la caída del Imperio, hasta señalando con el dedo aquellos pueblos que han de ser instrumento material de su ruina[40].

No podemos concretar si Gibbon fue muy leído, pero sí que estuvo en boca de algunos de los intelectuales más relevantes del siglo XIX. Juan Valera, escritor, diplomático y político, citó su obra en el discurso pronunciado en el Congreso de los Diputados oponiéndose a la aprobación del Título II de la Ley de Imprenta de 1862 que establecía que no se publicaría "impreso alguno sobre dogma de nuestra santa religión, sobre Sagrada Escritura o moral cristiana, sin la previa censura del diocesano y con arreglo a las leyes vigentes del reino" [41]. Para defender sus argumentos, trataba de poner como ejemplo algunas publicaciones contrarias al cristianismo aparecidas desde hacía tiempo. Valera es probablemente el autor de un artículo publicado un año antes en *El Contemporáneo* – revista que funcionó como principal órgano del partido moderado y en la que llegó a ser redactor principal-, donde se utilizan prácticamente las mismas tesis que en el discurso del Congreso de los diputados, incluyendo la mención de la obra de Gibbon:

> ¿No está traducida en castellano, sin el menor correctivo tal vez, la *Historia de la decadencia y caída del Imperio romano*, de Gibbon, escrita en odio del cristianismo? ¿No anda en manos de todos la *Historia de la civilización de Europa*, de Guizot, tan contraria al espíritu católico? ¿No podríamos citar mil libros más, que se oponen a la moral y al dogma, y que circulan y seguirán circulando probablemente, a pesar de lo que establece el nuevo proyecto de ley de

39 SANROMÁ: Mis memorias. Tomo I, 109.
40 SANROMÁ: Mis memorias. Tomo I, 131.
41 J. VALERA: Discursos políticos (1861–1876). Congreso y Senado, Madrid, 1929, Sesión del 8 de mayo de 1862, 65. Digitalizados en: http://www.bibliotecavirtualdeandalucia.es.

> imprenta? Es pues, a nuestro entender, no sólo inútil, sino hasta perjudicial la previa censura para todo[42].

El famoso autor de *Pepita Jiménez* – su novela más conocida- conocía bastante bien la bibliografía sobre mundo antiguo y no desperdiciaba la ocasión de recurrir al pasado en cuanto le era posible, como en los discursos de la Real Academia Española donde se mostraba, ante todo, como un admirador del mundo griego[43]. Valera había vivido fuera de España muchos años, gracias a lo cual pudo conocer las nuevas corrientes de pensamiento que estaban circulando por Europa. Sus viajes le habían permitido tener una mentalidad más abierta que le llevaría a defender ante los diputados una mayor tolerancia en la publicación de obras:

> "Yo desearía también, y no tengo ningún recelo en decirlo, yo desearía que hubiera más tolerancia en estas cosas, porque hemos llegado a una época en que no puede menos de ser así; y digo que no tengo recelo, que no temo que se me acuse de irreligioso al ser tolerante, porque no hay nada más erróneo que entender que un hombre que quiere la tolerancia, que desea la libre discusión, que está convencido de que se ganan las almas por medio de la predicación y no por la fuerza, sea por eso irreligioso. Muy a menudo se ha visto lo contrario[44].

Si Valera citaba esta obra es porque no era del todo desconocida, al menos su fama de anticristiana que es la que se ocupó de propagar la prensa que, por otro lado, también anunciaba la venta de la traducción al castellano[45] o su inclusión entre los libros más apreciados por un intelectual multidisciplinar como John Lubock[46]. "Gibbon no tenía principios fijos en moral, en política, ni en economía pública", señalaba ácidamente José María Prellezo, además de acusar al autor (otro más) de volteriano y egoísta[47]. Sus "insultos" a los mártires y su "extravío" prefiriendo a los paganos frente a los cristianos no le impedían, sin embargo, reconocer sus profundos conocimientos del pasado romano. Esa erudición, sin embargo, no podría nunca excusar o matizar unos defectos que un catedrático de

42 El Contemporáneo, 7/05/1861, 1. Sin firma.

43 Sobre Valera y las Humanidades y, especialmente, su vinculación con la Arqueología y la Antigüedad: F. García Jurado, P. Hualde: Juan Valera, Madrid, 1998; R. Olmos: La visión de la arqueología en la obra de Juan Valera (I). La evocación del mundo clásico, La visión de la arqueología en la obra de Juan Valera (II). La evocación de Oriente y La visión de la arqueología en la obra de Juan Valera (III). La invención de la Prehistoria, Revista de Arqueología, 241–242–243, 2001, 40–51 y 50–57, 34–41; M. Romero Recio, J. Alvar: A través del espejo alemán. La Hélade en la España del siglo XIX, en: S. Rebenich, B. von Reibnitz, Th. Späth (eds.): Translating Antiquity: Antikebilder im europäischen Kulturtransfer, Basilea, 2010, 45–72; M. Romero Recio: El amor por Grecia en España: Tucídides en los manuales de Historia de la literatura griega, en Dialéctica histórica y compromiso social. Homenaje a Domingo Plácido, Zaragoza, 2010, 1627–1640; eadem: Ecos de un descubrimiento. Viajeros españoles en Pompeya (1748–1936), Madrid, 2012, 103–109.

44 Sesión del 8 de mayo de 1862, 73.

45 P. ej. El clamor público, 8/06/1851, 4.

46 La Época, 22/10/1893, 2.

47 Prosistas ingleses, La América, 8/10/1882, 12. El artículo es un extracto de Apuntes de Historia literaria, Habana, 1882.

renombre especialista en Historia de las ideas y de la literatura, Marcelino Menéndez Pelayo, también subrayaría en su *Historia de los heterodoxos españoles:*

> "No sólo a Francia, no sólo a los países latinos, Italia y España, se extendió el contagio. La misma Inglaterra, que había dado el primer impulso, se convirtió en humilde discípula de la impiedad francesa, y le dio discípulos que valían más que los maestros. Así el escéptico David Hume, cuya filosofía tiene mucha semejanza con lo que llaman ahora neo-kantismo, y el historiador Gibbon, ejemplo raro de erudición en un siglo frívolo. ¡Lástima que quien tanto conoció los pormenores, no penetrase nunca el alto y verdadero sentido de la historia, y que, adorador ciego de la fuerza bruta y de la monstruosa opulencia y del inmenso organismo del Imperio Romano, sólo tuviera para el Cristianismo palabras de desdén, sequedad y mofa![48].

Ésta es, en definitiva, la percepción mayoritaria de la obra de Gibbon en la España decimonónica. Una publicación heredera de los enciclopedistas franceses y opuesta al cristianismo, al que desdeña, pero dotada de una innegable erudición. Los historiadores, intelectuales, críticos o, sencillamente, aficionados a la Historia, españoles no podían ni ignorar ni ocultar el prestigio adquirido por la obra de Gibbon, la admiración que había despertado en todo el mundo y el revulsivo que había significado su publicación en el ámbito de la historiografía sobre el Bajo Imperio, pero tampoco podían permanecer ajenos a las críticas contra el cristianismo. El peso de la Iglesia católica en España impidió no sólo una adecuada difusión de la obra, sino también una objetiva interpretación de la misma para aquellos que se acercaron a ella o al menos para quienes se decidieron a escribir sobre ella. Dado que la lectura de Gibbon está medianamente presente en la España de los siglos XVIII y XIX, es probable que quienes pudieron haber hecho una crítica constructiva de la *Historia de la decadencia y ruina del Imperio romano* prefirieran abstenerse para no entrar en conflicto con la doctrina imperante, por lo que hemos de conformarnos con conocer únicamente la opinión mayoritaria que censuraba los detalles sin por ello dejar de admirar la obra en su conjunto.

48 M. MÉNENDEZ PELAYO: Historia de los heterodoxos españoles, II, Madrid, 1992 (1ª ed. 1880–1882), libro V, 461.

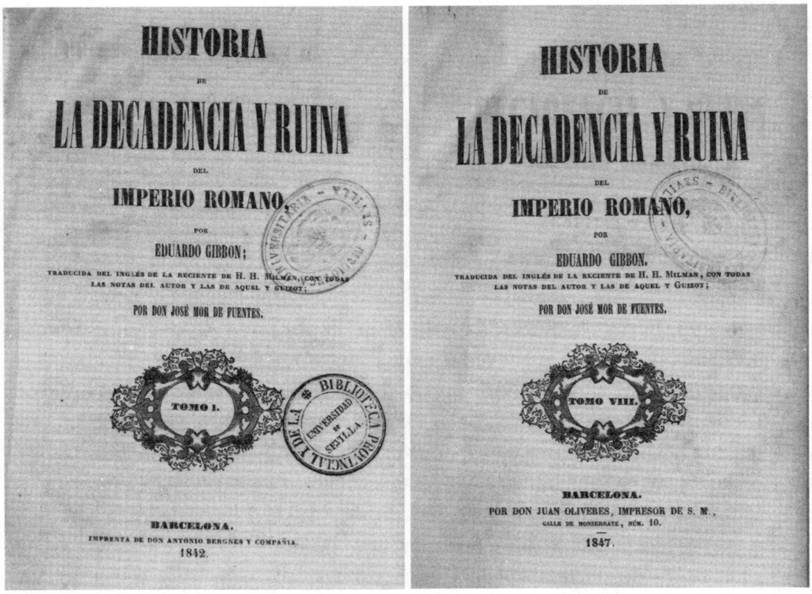
HISTORIA
DE
LA DECADENCIA Y RUINA
DEL
IMPERIO ROMANO,
POR
EDUARDO GIBBON;
TRADUCIDA DEL INGLÉS DE LA RECIENTE DE H. H. MILMAN, CON TODAS LAS NOTAS DEL AUTOR Y LAS DE AQUEL Y GUIZOT;
POR DON JOSÉ MOR DE FUENTES.
TOMO I.
BARCELONA.
IMPRENTA DE DON ANTONIO BERGNES Y COMPAÑÍA.
1842.

HISTORIA
DE
LA DECADENCIA Y RUINA
DEL
IMPERIO ROMANO,
POR
EDUARDO GIBBON.
TRADUCIDA DEL INGLÉS DE LA RECIENTE DE H. H. MILMAN, CON TODAS LAS NOTAS DEL AUTOR Y LAS DE AQUEL Y GUIZOT;
POR DON JOSÉ MOR DE FUENTES.
TOMO VIII.
BARCELONA.
POR DON JUAN OLIVERES, IMPRESOR DE S. M.,
CALLE DE MONSERRATE, NÚM. 10.
1847.

Fondo Antiguo de la Biblioteca de la Universidad de Sevilla.

«IL N'EST DÉCIDÉMENT PAS ASSEZ *MONSIGNORE*» MOMMSEN Y LA ANTIGÜEDAD TARDIA

Sabine Panzram (Deutsches Archäologisches Institut Berlin/Madrid)

No es facil conocer con exactitud la postura de Mommsen respecto a la fe de sus antepasados. Mommsen, hijo de un pastor protestante de Schleswig-Holstein, siendo aún adolescente prefería que le llamasen Jens antes que Theodor, por considerar que su nombre de pila tenía una connotación demasiado cristiana: él no quería ser un "regalo de Dios".[1] Parece que su actitud de rechazo hacia el cristianismo se extendió a la actividad científica que llevó a cabo en torno a esta creencia religiosa; se refería a ella como "religión plebeya",[2] hablaba de una "fe ciega"[3] y calificaba a sus fieles de "secta judía acabada".[4] Entre las líneas que escribió a mediados de la década de los ochenta del siglo XIX todavía hoy se cree ver aquel "desprecio culto y cosmopolita" hacia el dios de los cristianos que según él habrían profesado "parte de los mejores hombres" ya en el siglo cuarto.[5] En vista de tales afirmaciones, no resulta extraño que un historiador eclesiástico y filólogo como el Abbé Louis Duchesne constatase que: "Il entre dans l'érudition ecclésiastique comme un rhinocéros dans un champ de vigne, écrasant à droite et à gauche, sans s'émouvoir du dégat. Il n'est décidément pas assez *monsignore*."[6]

Pero Mommsen recibió también otros juicios más benignos. Así, el teólogo e historiador eclesiástico Adolf von Harnack manifestó a Mommsen su satisfacción porque este hubiese profundizado tanto en la teología. La réplica de Mommsen a

1 L. WICKERT: Theodor Mommsen. Eine Biographie. Bd. 1: Lehrjahre 1817–1844, Frankfurt am Main, 1959, esp. 19, 28–29, 98–104; Idem: Theodor Mommsen. Eine Biographie. Bd. 4: Größe und Grenzen, Frankfurt am Main, 1980, 180–183; E. BAMMEL: Judentum, Christentum und Heidentum: Julius Wellhausens Briefe an Theodor Mommsen 1881–1902, ZKG 80 (1969), 221–254 resp. en general S. REBENICH: Theodor Mommsen. Eine Biographie, München, 2007, 7–42 [1ª ed. München 2002].

2 T. MOMMSEN: Trimalchios Heimath und Grabschrift, Hermes 13 (1878), 106–121, aquí 188; Idem: Römische Kaisergeschichte. Nach den Vorlesungsmitschriften von Sebastian und Paul Hensel, hrsg. von B. und A. DEMANDT, München, 1992, 496.

3 MOMMSEN, Römische Kaisergeschichte, 500.

4 Cosima Wagner und Houston Stewart Chamberlain im Briefwechsel 1888–1908. Herausgegeben von P. PRETZSCH, Leipzig, 1934, 579–580, aquí 580: Carta de fecha de 27 de noviembre de 1899 a C. Wagner.

5 MOMMSEN: Römische Kaisergeschichte, 532: "Daneben gab es neutralen Boden, auf dem ein Teil der besten Männer der Zeit stand, mit gebildeter, weltmännischer Verachtung, sowohl des Christengottes als auch des Mithras, z.B. Ammian."

6 Correspondance de Giovanni Battista de Rossi et de Louis Duchesne (1873–1894), établie et annotée par P. SAINT-ROCH, Rom, 1995, nº 559/p. 687–688, aquí 688 (= Collection de l'École Française de Rome; 205): Carta de fecha de 13 de noviembre de 1892 a G.B. de Rossi.

este cumplido ("ojalá la teología se adentrase más en mí"[7]) deja patente su gran capacidad de autocrítica, que también la tenía. Respecto a su trabajo para la comisión sobre los Padres de la Iglesia de la Real Academia Prusiana de las Ciencias de Berlín, dijo que él "había llegado a este círculo como Saúl entre los profetas", añadiendo, con ironía, que "cada una de las comisiones debía contar con *un* miembro que no supiese nada del objeto de estudio".[8] Al llamarse *homo minime ecclesiasticus*[9] transmitía una percepción realista de sí mismo. Cuando se ocupaba de cuestiones relativas al cristianismo era consciente de sus carencias en materia de teología e historia eclesiástica, puesto que no cumplía el requisito de ser "un poco *monsignore*".[10] En ese sentido no sorprende que se rumorease que no estaba escribiendo el cuarto volumen que faltaba para completar su *Historia de Roma* porque se veía incapaz de aprehender la época que tenía que estudiar o porque sus correligionarios protestantes no veían con buenos ojos sus opiniones personales, ni siquiera los más progresistas de Berlín.[11] Por otro lado, se comentaba que él mismo había dicho que de haber conocido antes a Harnack habría terminado su *Historia de Roma*, llegándose incluso a decir que Mommsen era un "buen harnackiano".[12] Siempre podía acudir a él porque "estaba al tanto de todos los asuntos cristianos",[13] y el estrecho vínculo entre ambos le llevó probablemente a disponer también que fuese Harnack la única persona autorizada a pronunciarse en su funeral religioso ("y en el cementerio, n a d i e").[14]

7 E. SCHWARTZ: Gesammelte Schriften. Bd. 1: Vergangene Gegenwärtigkeiten, Berlin, 1938, Rede auf Theodor Mommsen (1904), 281–297, aquí 292: "(…) auf das Kompliment eines Kirchenhistorikers, daß er so tief in die Theologie hineinkäme, erwiderte er: „wenn nur die Theologie mehr in mich hineinkäme."

8 A. ZAHN-HARNACK: Adolf von Harnack, Berlin, [2]1951, 286 [1ª ed. Berlin, 1936].

9 T. MOMMSEN (Hrsg.): Gestorum pontificum Romanorum. Vol. I: Liber pontificalis. Pars prior, Berlin, 1898, VIII/nota 1 (= Monumenta Germaniae Historica. Gestorum Pontificum Romanorum; 1): (…) *Mei labores quod non iam imperfecti evaserunt quam expectandum fuit in libro ecclesiastico ab homine minime ecclesiastico recensito, eo effectum est, quod eundem Harnackium in magnis minutisque perpetuo consulere potui.*

10 Ludwig Freiherr von Pastor (1854–1928): Tagebücher – Briefe – Erinnerungen. Herausgegeben von W. WÜHR, Heidelberg, 1950, 385: nota de 20 de marzo de 1902: "Mittags bei Msgr. Duchesne, der interessant von Mommsen erzählte. Mommsen habe ihm gesagt, er möchte gern noch ein zweites Leben der Erforschung des Übergangs der alten Welt in die mittelalterliche widmen, aber dafür müsse man "un poco Monsignore" sein. Mommsen fühlt selbst, dass er kirchliche Dinge nicht versteht."

11 Ludwig Freiherr von Pastor (1854–1928), Tagebücher – Briefe – Erinnerungen, ibid; O. SEECK: Zur Charakteristik Mommsens, Deutsche Rundschau 118 (1904), 75–108, aquí 106–107.

12 C.A. WILKENS: Aus den Tagebüchern eines evangelischen Pfarrers (Otium Kalksburgense). Auswahl aus hundert Bänden, Gütersloh, [2]1919, nota 747/p. 144 con el título "Der Harnack-fromme Mommsen".

13 S. REBENICH: Theodor Mommsen und Adolf Harnack. Wissenschaft und Politik im Berlin des ausgehenden 19. Jahrhunderts. Mit einem Anhang: Edition und Kommentierung des Briefwechsels, Berlin – New York, 1997, nº 45/p. 657–658, aquí 657: Carta de fecha de 13 de octubre de 1894 a A. Harnack.

14 Theodor Gomperz. Ein Gelehrtenleben im Bürgertum der Franz-Josefs-Zeit. Auswahl seiner Briefe und Aufzeichnungen, 1869–1912, erläutert und zu einer Darstellung seines Lebens

En cualquier caso, las anécdotas, como tales, no reúnen los requisitos necesarios para atribuirles credibilidad histórica. El análisis sintético de todas ellas, junto con las citas extraídas de apuntes de sus clases, informes de sesiones, publicaciones y cartas permite concluir, sin demasiada certeza, que Mommsen se propuso cumplir su objetivo a toda costa, pese a conocer sus limitaciones. Es obvio que el "oscuro paso de la Antigüedad a la Edad Moderna" despertaba en él un enorme interés, puesto que lo veía como una unidad cronológica diferenciada y estaba convencido de que requería una dedicación científica más intensiva, cuando todavía no se había acuñado el término "Antigüedad Tardía".[15] Tal interés fue formulado ya en el año 1893 con total pragmatismo como sigue: "(...) a ella la ciencia se enfrenta como los ingenieros a la construcción de un túnel: se colocan a ambos lados dispuestos a perdonarse sus insuficiencias mutuamente y a alegrarse si se llegan a encontrar."[16] Y él, que "venía de la Antigüedad" se atuvo a hacer eso, como se demostrará posteriormente. A pesar de sus reservas personales acerca del cristianismo, empezó la edición del *Liber pontificalis* y del *Codex Theodosianus* o de la *Prosopografía de la Antigüedad tardía,* y se dedicó al estudio de los historiadores de la Antigüedad Tardía y los cronógrafos bizantinos, pero también a las primeras actas conciliares de la Iglesia. Sus motivaciónes se podrán entender observando su trabajo de edición de los Padres de la Iglesia, que presentamos a continuación a modo de ejemplo. Su relación con Harnack, a quien había conocido a finales de los años ochenta en Berlín y con el que estuvo unido desde entonces por lazos de amistad, tiene en este contexto una gran relevancia, tal y como ha postulado más que una vez Stefan Rebenich.[17] La idea que resultó determinante para toda la obra científica de Mommsen desde que volvió de Italia a finales de los años cuarenta era, sin embargo, el concepto de *Corpus*.

verknüpft von H. GOMPERZ. Neubearbeitet und herausgegeben von R.A. KANN, Wien, 1974, 365–366, aquí 366 (= Sitzungsberichte der Österreichischen Akademie der Wissenschaften. Philosophisch-historische Klasse; 295): Postal de fecha de 4 de noviembre de 1903 a su mujer; E. MENSCHING: Die "Vossische Zeitung" über Theodor Mommsens Erkrankung und Tod, en: Idem, Nugae zur Philologiegeschichte 7, Berlin, 1994, 60–87.

15 A. DEMANDT: Der Fall Roms. Die Auflösung des Römischen Reiches im Urteil der Nachwelt, München, 1984, 180–181.

16 T. MOMMSEN: Die Bewirthschaftung der Kirchengüter unter Papst Gregor I., en: Gesammelte Schriften. Bd. 3: Juristische Schriften, Berlin, 1907, 177–191, aquí 177–178 [1ª ed. Zeitschrift für Sozial- und Wirtschaftsgeschichte 1 (1893), 43–59]: „Indes habe ich andererseits immer gesagt und so viel ich vermochte auch dazu gethan, dass die dunkle Scheidezeit zwischen Alterthum und Neuzeit von beiden Seiten zu beleuchten ist und dass die Wissenschaft davor steht wie die Ingenieure vor dem Tunnelbau: man setzt an beiden Seiten an und nimmt sich beiderseitig vor Unzulänglichkeiten einander zu verzeihen und etwanigen [sic] Begegnens sich zu erfreuen."

17 Así, por ejemplo, S. REBENICH: Der alte Meergreis, die Rose von Jericho und ein höchst vortrefflicher Schwiegersohn: Mommsen, Harnack und Wilamowitz, en: K. NOWAK, O.G. OEXLE (Hrsg.), Adolf von Harnack. Theologe, Historiker, Wissenschaftspolitiker, Göttingen, 2001, 39–69 (= Veröffentlichungen des Max-Planck-Instituts für Geschichte; 161).

LAS CONDICIONES NECESARIAS: EL MARCO INSTITUCIONAL

En el año 1858 Mommsen fue elegido miembro numerario de la Königlich Preußischen Akademie der Wissenschaften de Berlín. En su discurso de investidura de 8 de julio expuso su concepción teórico-científica ejemplificada en el *Corpus Inscriptionum Latinarum* iniciado y organizado por él: en primer lugar, se había tenido que superar la estéril y tradicional "fragmentación del trabajo" reinante entre la investigación histórica, filológica y jurídica.[18] En la "fusión de historia y jurisprudencia" se habían visto los fundamentos para acercarse debidamente al "material epigráfico romano", una "materia azotada por una marea de innumerables falsificaciones y cuatrocientos años de trabajo de aficionados" (36). Para ello hacía falta un proyecto promovido por la Academia acogido en el Instituto Arqueológico de Roma y en Berlín y provisto de "importantes medios económicos" estatales (37). Bajo estas condiciones de organización científica, la Filología Clásica podía dar resultados como hasta entonces sólo habían obtenido las Ciencias Naturales. Mommsen estableció que su función era ordenar "los archivos del pasado" y la denominó "fundamento de la ciencia histórica". Su objetivo era "conocer lo sucedido a partir de sus testimonios mediante la comprensión de las leyes del devenir" (199).[19] Acercándose a Otto Jahn, no diferenciaba "si la transmisión se ha producido en bronce, pergamino o papel" (459). Bautizó su propio método como "método filológico estricto", es decir, "fiel y sin concesiones, con lo grande o con lo pequeño, sin miedo a cualquier esfuerzo, sin descartar ninguna duda, sin empastar ningún hueco de la tradición o del propio conocimiento y siempre con responsabilidad ante uno mismo y ante los demás".[20]

18 T. MOMMSEN: Reden und Aufsätze. Herausgegeben von O. HIRSCHFELD, Berlin, 1905, Akademische Antrittsrede (8. Juli 1858), 35–38: "Es kann auch nicht geleugnet werden, daß namentlich in der klassischen Altertumsforschung, (...) eine gewisse Arbeitszersplitterung vorgeherrscht hat (...). Die erste Bedingung organischer Behandlung der römischen Dinge war die Verschmelzung von Geschichte und Jurisprudenz, welche sich knüpft an die beiden Namen N i e b u h r und S a v i g n y. Diese neue römische Wissenschaft war nun wohl fähig dem römischen Inschriftenstoff gerecht zu werden (...). Aber um das durch den Wust zahlloser Fälschungen und vierhundertjähriger Dilettantenarbeit gleichsam verschüttete Gebiet der lateinischen Epigraphik aufzuräumen, (...). (36) (...) wenn sie die für dieselbe erforderlichen bedeutenden Geldmittel von der wohlberatenen Königlichen Munificenz teils bereits erhalten haben, teils deren Bewilligung mit Zuversicht erwarten dürfen, so ist damit doch wohl ein Beweis mehr geliefert, daß, wie auf dem Felde der Naturwissenschaften und der neueren Geschichte, so auch auf dem der klassischen Philologie die wissenschaftliche Organisation ihre Resultate liefert. (37) (...) Es ist die Grundlegung der historischen Wissenschaft, daß die Archive der Vergangenheit geordnet werden."

19 MOMMSEN: Reden und Aufsätze, Antwort auf die Antrittsrede des Akademikers Nitsch (3. Juli 1879), 199–200, aquí 199: "(...) daß unsere Geschichtswissenschaft dies aprioristische Moment, dies Erkennen des Gewesenen aus dem Gewordenen mittels der Einsicht in die Gesetze des Werdens, niemals ablehnen kann und wird (...)."

20 MOMMSEN: Reden und Aufsätze, Nachruf Otto Jahn (September 1869), 458–461, aquí 459: „(...) es machte keinen Unterschied für ihn, ob die Überlieferung durch Erz und Marmor vermittelt war, oder durch Pergament und Papier. (...) indem er die sogenannte streng philologische Methode, das heißt einfach die rücksichtslos ehrliche, im großen wie im kleinen

Mommsen daba por supuesto que la situación de la transmisión de un texto debía ser aclarada mediante compilaciones. Se ocupó de indicar la totalidad de material manuscrito de forma clara y ordenada de una edición; se abstuvo de intervenir en el propio texto. Como representante de unas ciencias de la Antigüedad globales y formadas por diferentes disciplinas individuales integradas, se prohibió la limitación a un solo periodo o grupo de fuentes dentro de la Antigüedad romana.

En un principio estaban las inscripciones. Su interés por la epigrafía latina procedía de la amplia transmisión epigráfica de los testimonios jurídicos. Así, se había ido a Italia en el año 1844 para preparar una nueva edición comentada de los documentos júridicos romanos. Por este proyecto habían abogado su profesor, el filólogo clásico, arqueólogo e historiador de la música Otto Jahn, y miembros dirigentes de la Academia, como August Boeckh, el experto en derecho Friedrich Carl von Savigny y el filólogo Karl Lachmann. Mommsen había permanecido primeramente algún tiempo en París para estudiar manuscritos antes de pasar por el sur de Francia y por la Toscana, y finalmente se había dirigido a Roma, donde se instaló en el Istituto di Corrispondenza Archeologica, en el Capitolio mismo.[21] Le había ofrecido su apoyo científico al filólogo e historiador Wilhelm Henzen, quien había sido nombrado sucesor de Olav Kellermanns en el área de epigrafía, y pronto se integró en el círculo internacional dedicado al estudio de la antigua Roma. El encuentro con Bartolomeo Borghesi (en la República de San Marino), quien había sido el primero en reconocer la importancia de la epigrafía como auxiliar de la investigación histórica y estaba considerado como una autoridad indiscutible en cuestiones epigráficas y numismáticas, había dejado huella en él: "el Viejo de la Montaña" le había reforzado en su intención de formar un *Corpus* de inscripciones fundamentado en la autopsia y de mostrar las virtudes de este método y de una recopilación sistemática tomando como ejemplo las inscripciones de una región como el Reino de Nápoles.

Como consecuencia de su proverbial metamorfosis – pues se fue a Italia como jurista y volvió convertido en historiador[22] –, en enero de 1847 Mommsen había presentado en la Königlich Preußische Akademie der Wissenschaften de Berlín su *Plan y realización de un Corpus Inscriptionum Latinarum.*[23] En su opinión, la ne-

vor keiner Mühe scheuende, keinem Zweifel ausbiegende, keine Lücke der Überlieferung oder des eigenen Wissens übertünchende, immer sich selbst und anderen Rechenschaft legende Wahrheitsforschung, auf Gebiete übertrug, die von dem liederlichen und verlogenen Dilettantismus bis dahin als ihre eigene Domäne betrachtet wurden und von Phrase und Schwindel überwuchert dalagen."

21 A. Andreae: Kurze Geschichte des Deutschen Archäologischen Instituts in Rom. Dargestellt im Wirken seiner leitenden Gelehrten, MDAI(R) 100 (1993), 5–41.

22 C. Hülsen: Zum Gedächtnis Theodor Mommsens. Rede gehalten in der Institutssitzung am 11. Dezember 1903, MDAI(R) 18 (1903), 177–184, aquí 178, véase L. Wickert: Theodor Mommsen. Eine Biographie. Bd. 2: Wanderjahre. Frankreich und Italien, Frankfurt am Main, 1964, 198, que puso en duda la autenticidad de la cita. Según su alumno Hülsen, Mommsen debió de haber incluido esta afirmación en el discurso que dio cuando cumplió 60 años o sea, el 30 de noviembre de 1877.

23 A. Harnack: Geschichte der Königlich Preußischen Akademie der Wissenschaften zu Berlin. Bd. 2: Urkunden und Actenstücke zur Geschichte der Königlich Preußischen Akademie

cesidad de una recopilación de todas las inscripciones latinas no precisaba justificación alguna; surgía de un "profundo sentimiento" (522), como demuestran sus signos evidentes, la iniciativa de Olav Kellermanns – desafortunadamente interrumpida al poco tiempo – y el Proyecto de París, que terminó aún más rápido de lo que empezó. Menciona como objetivos, además de la concentración en un *Corpus*, la compilación "cómodamente ordenada" (523), la exclusión de las piedras falsificadas, la reproducción del texto respetando las estrictas reglas de la crítica textual y, finalmente, la facilidad de su manejo gracias a índices exactos. Habría que proceder como sigue: tras una valoración sistemática de toda la bibliografía correspondiente, de las *schedae* del Vaticano y de las monografías de estudiosos locales, para que "por fin se diera un uso cabal de este *totum revolotum* de papel en lugar de utilizarlo como se venía haciendo desde siempre" (524); había que volver a los originales mismos. No en vano, la nueva colección se iba a diferenciar de las anteriores por su tratamiento crítico; toda crítica "que no se remonte a la última fuente" es inconsistente, así que los "principales lugares de hallazgo" deberían ser visitados personalmente por el editor (526–527). Éste no deberá copiar nuevamente cada piedra, pues la experiencia ha demostrado que es más fácil cometer fallos al copiar que realizar una corrección errónea al compilar, sino "recopilar por completo los datos impresos sobre la provincia que se va a visitar y tenerlos a mano para usarlos con comodidad" (528). Estos viajes no tendrían como objetivo primordial el "descubrimiento", sino la recolección, la clasificación y el control de lo ya hallado y comúnmente conocido. Además habría que desarrollar criterios unívocos y comprobables para diferenciar lo verdadero de lo falso y sólo los datos de las inscripciones resultantes de la autopsia deberían ser determinantes a la hora de emitir un juicio; incluso el informador más fidedigno no sustituye en este caso al epigrafista en su disciplina. El mismo principio tiene validez en la "constitución del texto": el editor necesitaría "estar habituado a la lectura de las piedras" (534). La clasificación de las inscripciones debía obedecer a criterios geográficos en primer lugar, y luego a criterios de contenido, ya que sólo un *Corpus* que estuviera organizado en virtud del "método topográfico" (529), es decir, por unidades administrativas romanas, iba a poder ser continuado por editores posteriores.

En este contexto, Mommsen se plantea la cuestión de la acotación temporal del material – "¿dónde terminan las inscripciones romanas y comienzan las medievales?" (523) – y pone como ejemplo el Proyecto de París: los franceses habían establecido la frontera temporal al final del siglo VI, lo cual tenía sentido porque los consulados, que debían quedar incluidos por completo, habían finalizado ya en dicha fecha. Y continúa así: "Se ha dicho que la colección completa de las inscripciones latinas podría prescindir de las cristianas. No debemos dejar de preguntarnos por qué hay que medir con distinto rasero estas inscripciones, al fin y al

der Wissenschaften, Hildesheim – New York, 1970 [reimp. Berlin 1900], n° 216/p. 522–540: Über Plan und Ausführung eines Corpus Inscriptionum Latinarum von Theodor Mommsen, Doctor der Rechte (Januar 1847) [Impreso como separata para los miembros de la Real Academia Prusiana de las Ciencias de Berlín. Archivo Académico.].

cabo tan romanas como las demás y que, en ciertos ámbitos, son la fuente principal de los resultados más importantes del C.I.L., como en el caso de los fastos consulares."[24] En ningún caso negaba que el tratamiento de esta clase de inscripciones exigiría conocimientos y estudios que distaban infinitamente de los imprescindibles, y que la arbitrariedad e incorrección de su paleografía presentarían dificultades de impresión. Pero la casualidad había querido "que precisamente ahora Pío IX le haya proporcionado al *scrittore* de la Vaticana Cav. Rossi los medios para la edición de una colección de todas las inscripciones cristianas de la ciudad de Roma" (523). Éstas podrían ser consideradas como los preparativos para el *Corpus* o incluso pasar a formar parte de él. Otro argumento se puede extraer de la afirmación escrita (pues Mommsen se refiere aquí de forma explícita a las inscripciones etruscas y euganeas) de que los viajes y los estudios previos serían los mismos y que supondría poco esfuerzo y escasos costes añadidos el transcribir también las inscripciones cristianas cuando se visitasen ciudades para recoger sus inscripciones latinas. También sería posible trabajar con esta perspectiva sobre las obras insdispensables de consulta, de manera que sería muy recomendable el seguimiento simultáneo de ambos planes.

La irrefutable argumentación de Mommsen declaraba el fracaso de otro proyecto de la Academia antes incluso de su culminación: Desde el año 1815 había surgido, por iniciativa de August Boeckh, filólogo clásico de la Academia, un *Corpus* de todas las inscripciones griegas para el que los testimonios se copiaban de las publicaciones anteriores y no de las piedras.[25] No se había tomado en consideración la necesidad de una autopsia. Durante los siete años siguientes, Boeckh y otros defensores del *Corpus Inscriptionum Graecarum*, y también rivalidades políticas y personales, consiguieron que a Mommsen le fueran denegados los medios materiales que habría necesitado para financiar su gran empresa. Pero finalmente concluyeron las negociaciones. En el año 1852 publicó las *Inscriptiones Regni Neapolitani Latinae*; el volumen estaba dedicado a Borghesi,

24 HARNACK: Geschichte der Königlich Preußischen Akademie der Wissenschaften zu Berlin. Bd. 2, 523: „Die Sammlung soll alle römischen Inschriften umfassen. Wo hören diese auf und wo fangen die mittelalterlichen an? (...) Man hat die Ansicht geäußert, dass aus der vollständigen Sammlung der lateinischen Inschriften doch die c h r i s t l i c h e n wegbleiben könnten. Es ist indes nicht abzusehen, weshalb man gegen diese, die doch ebenso gut römische Inschriften und für manches der wichtigsten Resultate des C.I.L. wie z. B. für die Konsularfasten, Hauptquelle sind, ein Exceptionalgesetz in Anwendung bringen will."

25 Para la historia del *Corpus* véase A. HARNACK: Geschichte der Königlich Preußischen Akademie der Wissenschaften zu Berlin. Bd. 1.2: Vom Tode Friedrich's des Großen bis zur Gegenwart, Hildesheim – New York, 1970 [reimp. Berlin 1900], 668–669, 772–774, 900–913 y 1027–1028; WICKERT: Theodor Mommsen. Eine Biographie. Bd. 2: Wanderjahre así como Idem: Theodor Mommsen. Eine Biographie. Bd. 3: Wanderjahre. Leipzig – Zürich – Breslau – Berlin, Frankfurt am Main, 1969, 123–142 y 255–272; M. G. SCHMIDT: Corpus Inscriptionum Latinarum, Berlin, 2001; G. ALFÖLDY: Theodor Mommsen und die römische Epigraphik aus der Sicht hundert Jahre nach seinem Tod, Epigraphica 66 (2004), 217–245; REBENICH: Theodor Mommsen. Eine Biographie, 43–52 y 80–85.

magister, *patronus* y *amicus*,[26] y centraba su atención en la importancia que podría alcanzar este grupo de fuentes, una vez liberadas de las limitaciones de la investigación detallista anticuaria y por tanto también de la historia local y regional, combinadas con la transmisión literaria en la investigación del Imperio Romano. Finalmente, Eduard Gerhard, quien según Jahn debía ser considerado el fundador de la arqueología como disciplina científica,[27] intentaría llevar a la práctica el plan de Mommsen: con acierto táctico y determinación, en primer lugar sacó a relucir las carencias de los trabajos del *Corpus* realizados hasta la fecha y a continuación se unió al filólogo Friedrich Ritschl, que deseaba publicar una colección de inscripciones latinas arcaicas con la ayuda de la Academia (*Monumenta Priscae Latinitatis*). Ritschl rehusó colaborar con el responsable de filología Karl Gottlob Zumpt, ya que se había dedicado durante los últimos cinco años a resumir la literatura especializada y a diseccionar antiguos tomos de inscripciones para llegar a una nueva colección de inscripciones latinas, o sea, porque trabajaba siguiendo el método de Boeckh. Gerhard se remitió en repetidas ocasiones al avance científico que permitiría garantizar un *Corpus* que se basara por igual en la transmisión amanuense y en los originales. La mayoría de Boeckh se desvanecía.

Durante las negociaciones para la aprobación fue aumentando la importancia de la colaboración del clérigo, arqueólogo y epigrafista Giovanni Battista de Rossi.[28] Mommsen lo había conocido durante su estancia en Roma y ya le había hablado a Jahn de la "influencia" del "*Scrittore* de la Vaticana": por mediación personal del Papa, de Rossi tenía acceso a los manuscritos epigráficos tan poco accesibles.[29] Propuso ponerse en contacto con él, ya que ello facilitaría cualquier paso en Roma y quizás cederle las *Christianae*. Jahn y Henzen también estuvieron de acuerdo con él. Henzen había reconocido con claridad que Rossi, como "hombre muy eficiente y con buenos contactos" y con una "experiencia admirable con los códices" podía hacer una colección que sólo podría resultar beneficiosa para el

26 T. MOMMSEN (Hrsg.): Inscriptiones Regni Neapolitani Latinae, Hildesheim (et al.), 1999 [reimp. Leipzig, 1852], V–XVI, aquí V: *Septimus fere annus labitur, optime Borghesi, ex quo primum ascendi Sancti Marini montem Appenninum Tuam domum petiturus, quam artis nostrae quasi quoddam sanctuarium reddidisti*; véase también la reproducción del texto en CIL X, V–XVI, aquí V.

27 ANDREAE: Kurze Geschichte des Deutschen Archäologischen Instituts in Rom, 10–11.

28 Véase WICKERT: Theodor Mommsen. Eine Biographie. Bd. 3: Wanderjahre, 255–279; S. REBENICH: Giovanni Battista de Rossi und Theodor Mommsen, en: R. STUPPERICH (Hrsg.), Lebendige Antike. Rezeptionen der Antike in Politik, Kunst und Wissenschaft der Neuzeit. Kolloquium für W. Schiering, Mannheim, 1995, 173–186.

29 Theodor Mommsen – Otto Jahn. Briefwechsel 1842–1868. Herausgegeben von L. WICKERT, Frankfurt am Main, 1962, n° 22/p. 34–37, aquí 35: Carta de fecha de 29 de junio de 1845 dirigida a O. Jahn: "(...) er scheint Einfluß zu haben, denn er ist hingedrungen wo sonst kein Mensch z. B. in den Verschluß wo die in S. Paolo beim Bau neu gefundenen Inschriften bewahrt werden – wie er sagt durch persönliche Intervention des Papstes. Dabei ist er *Scrittore* auf der Vaticana und hat freien Zugang zu den so schwer erreichbaren epigraph. Msk., selbst zu Marinis Papieren."

Corpus.[30] Por consiguiente, se preocupó de que Rossi fuese elegido "Membro Onorario della Direzione" del Instituto de Roma e insistió al mismo tiempo en su nombramiento como miembro no numerario de la Academia, pues "sin él no vamos a poder hacer nada".[31] Por su parte, Mommsen determinó en Berlín que la intervención de Henzen y Rossi era *conditio sine qua non* del *Corpus* que iba a dirigir. No obstante, gracias a una carta suya a Henzen, se sabe que veía a Rossi sólo como "colaborador parcial".[32] En la sesión celebrada el 6 de junio de 1853, la Philosophisch-historische Klasse de la Academia sometió el *Corpus* a votación y eligió miembros no numerarios a Mommsen, Henzen y Rossi. Por aquél entonces parece que no estaba del todo decidido cuál iba a ser la participación de Rossi, quien exigía tener la misma categoría que el resto del equipo.[33] Le hizo saber a Henzen que nada más finalizar sus inscripciones cristianas, el Papa iba a proporcionarle todos los medios para publicar también las inscripciones paganas de Roma.[34] No se alcanzó un consenso hasta poco antes de que el pleno de la Academia aprobase el 13 de febrero de 1854 la solicitud para un *Corpus* dirigido por Mommsen: Mommsen pudo entonces comenzar a elaborar un *corpus plenum et absolutum*. Oficialmente, el proyecto tenía tres directores.[35] Pero "hay uno que sabe dirigir a estos codirectores".[36] "Ese uno" transmitió a la Academia en un

30 H.-G. KOLBE (Hrsg.): Wilhelm Henzen und das Institut auf dem Kapitol. Eine Auswahl seiner Briefe an Eduard Gerhard, Mainz, 1984, 51–52, aquí 50 (= Das Deutsche Archäologische Institut. Geschichte und Dokumente; 5): Carta de fecha de 20 de diciembre de 1849: "Mein Grundsatz ist, die Italiener, wenn ihre Arbeiten gut, möglichst viel heranzuziehen und De Rossi ist ein sehr tüchtiger Mensch von bedeutenden Konnexionen, der mit der Zeit in Rom eine Rolle als Gelehrter spielen wird" y p. 102: Carta de fecha de 29 de octubre de 1853: "(…) denn natürlich gehört dazu die gewaltige Praxis in Codicibus, die De Rossi sich seit Jahren angeeignet hat."

31 KOLBE: Wilhelm Henzen und das Institut auf dem Kapitol, 88–90: Carta de fecha de 12 de abril de 1852 y p. 99–100, aquí 99: Carta de fecha de 13 de agosto de 1853.

32 WICKERT: Theodor Mommsen. Eine Biographie. Bd. 3: Wanderjahre, 264: Carta de fecha de 29 de abril de 1853 dirigida a G. Henzen: „Ich weiß nicht, wie weit Sie mit Rossi über diese Sache sprechen; sollten Sie es nötig finden, so wäre es wohl gut ihm natürlich alle Titelehren und was er sonst nur irgend billig verlangen kann in Aussicht zu stellen, aber ihn doch nur als Partialkollaborator zu traktieren"; HARNACK, Geschichte der Königlich Preußischen Akademie der Wissenschaften zu Berlin. Bd. 1.2, 911–912.

33 KOLBE: Wilhelm Henzen und das Institut auf dem Kapitol, 94–96: Carta de fecha de 3 de julio de 1853 y p. 101–102, aquí 101: Carta de fecha de 29 de septiembre de 1853.

34 KOLBE: Wilhelm Henzen und das Institut auf dem Kapitol, 96–97: Carta de fecha de 4 de julio de 1853.

35 KOLBE: Wilhelm Henzen und das Institut auf dem Kapitol, 105: Carta de fecha de 1 de febrero de 1854; M. BUONOCORE: Giovanni Battista de Rossi e l'Istituto Archeologico Germanico di Roma (Codici Vaticani Latini 14238–295), MDAI(R) 103 (1996), 295–314 resp. Idem: Theodor Mommsen e gli studi sul mondo antico. Dalle sue lettere conservate nella Biblioteca Apostolica Vaticana, Neapel, 2003, 65–270 (= Pubblicazioni dell'Istituto di Diritto Romano e dei Diritti dell'Oriente Mediterraneo; 79).

36 Hermann Diels – Hermann Usener – Eduard Zeller. Briefwechsel. 2 Bde. Herausgegeben von D. EHLERS, Berlin, 1992, nº 285/p. 467: Carta de fecha de 1 de noviembre de 1893 de H. Usener dirigida a H. Diels: "(…) Mommsen, CB de Rossi, Henzen; der eine hat auch mit diesen mitdirectoren [sic!] zu herrschen gewusst."

informe "profundamente indignado" que, de los resúmenes que había hecho Zumpt, sólo le era de utilidad el dorso en blanco.[37] A lo largo de la colaboración con de Rossi, éste, por sus conocimientos específicos seguramente le remetió a testimonios cristianos que pudieron despertar su interés. De Rossi realizó conscientemente el estudio de la Antigüedad cristiana como disciplina independiente y no como ciencia auxiliar de la teología que tuviese como función constatar la expresión de pureza y permanencia de la doctrina y el dogma eclesiásticos desde la Edad de Bronce pasando por la Edad Media hasta la Edad Moderna. Insistía, por un lado, en que *archeologum, non theologum facio*, pero, por otro lado, no veía la contradicción escribiendo que a la arqueología cristiana le correspondía la tarea de "prepara[re] nuovi trionfi alla verità ed alla fede".[38] En sus pioneros estudios metodológicos, como por ejemplo la obra *La Roma sotterranea cristiana*, de la que se publicaron tres volúmenes entre los años 1864 y 1877, defendía postulados y principios tradicionales: para él, la dedicación al legado del cristianismo era en cierto modo el fin que justificaba los medios.

En las décadas siguientes, Mommsen intentó cumplir con su intención categórica de clasificar todo el legado de la Antigüedad romana y unificarlo en una edición crítica, basándose en una expansión de proyectos académicos: convirtió la Academia de Berlín en una "gran empresa de ciencias".[39] La Academia pasó de albergar el discurso teórico a convertirse en una institución garante de los requisitos para una "gran empresa de investigación" basada en el trabajo en equipo. La concepción científica positivista de Mommsen le permitió con un esfuerzo sin parangón iniciar "proyectos a largo plazo" considerados estandartes del avance científico. Para ello necesitaba numerosos ayudantes, llamados "ragazzi" o "giovani", que prestaban sus servicios como "jornaleros": "escribiendo fichas y sirviendo como mozos de almacén". El "trabajo de jornalero" comprendía el trabajo duro y poco valorado de un trabajador asalariado; el termino alemán, "Karren", significaba en origen "carretero".[40] Mommsen se consideraba organizador y "jornalero" al mismo tiempo; no tenía ningún reparo en encargarse personalmente de la tarea más exigente de recopilación y edición. Precisamente, para él la investigación histórica se caracterizaba por no ser "enseñable ni

37 WICKERT: Theodor Mommsen. Eine Biographie. Bd. 3: Wanderjahre, 270: Carta de fecha de 2 de febrero de 1855 dirigida a C. Ludwig: "(...) das einzige, was an diesen Zetteln brauchbar ist, die weiße Rückseite zu benutzen (...). (...) Unser Bericht macht Furore. Er war von mir und derb gepfeffert."

38 G.B. DE ROSSI: Prefazione, Bullettino di Archeologia Cristiana 1 (1863), sin página; véase también F.W. DEICHMANN: Einführung in die Christliche Archäologie, Darmstadt, 1983, 14–45, hier 20–23; M. MAIER ALLENDE: Aureliano Fernández–Guerra, Giovanni Battista de Rossi y la arqueología paleocristiana en la segunda mitad del siglo XIX, en: J. BELTRÁN FORTES – B. CACCIOTTI – B. PALMA VENETUCCI (Hrsg.), Arqueología, coleccionismo y antigüedad. España e Italia en el siglo XIX, Sevilla, 2006, 299–349.

39 S. REBENICH: Die Erfindung der „Großforschung". Theodor Mommsen als Wissenschaftsorganisator, en: H.-M. VON KAENEL, M.R. ALFÖLDI, U. PETER (Hrsg.): Geldgeschichte versus Numismatik. Theodor Mommsen und die antike Münze, Berlin, 2004, 5–20, aquí 6.

40 REBENICH: Theodor Mommsen und Adolf Harnack, 55–94; REBENICH: Theodor Mommsen. Eine Biographie, 208–211.

instructiva" (10) y carecer de toda teoría.[41] Junto a la "seguridad adivinatoria del juicio" (11) el historiador se hace sobre todo con "ejercicios prácticos", ya que nadie llega a maestro sin haber practicado con tesón durante mucho tiempo. Los proyectos de la Academia, por tanto, eran esenciales para la formación y la promoción de la nueva generación de científicos. Un colaborador que hubiera realizado la tesis doctoral podía optar a una posición importante en el sistema científico alemán, sobre todo teniendo en cuenta que el Vortragende Rat und Hochschulreferent Friedrich Althoff pertenecía a la Abteilung IIa der Behörde im Preußischen Kultusministerium, responsable de las universidades e instituciones científicas, el estamento más alto de la enseñanza, el arte y las artes industriales.[42] A partir de 1882 el "bon diable", con el que Mommsen disfrutó tanto estar vinculado como recíprocamente, iba a ejercer gran influencia sobre la política científica y cultural evitando la transparencia y el control público e implantando una política estatal autoritaria y autocrática. No obstante, hacer carrera en la universidad solía resultar bastante difícil: al bajo sueldo y falta de perspectivas se le unía a menudo el escaso reconocimiento.

EL PROYECTO: LA "EDICIÓN DE LOS PADRES DE LA IGLESIA"

En el año 1888, Adolf Harnack, que ejercía como profesor en Marburg, fue llamado a ocupar la Cátedra de Historia Eclesiástica de la Facultad de Teología en la Universidad Friedrich-Wilhelm de Berlín.[43] No obstante, la lista final de can-

41 MOMMSEN: Reden und Aufsätze, Rede bei Antritt des Rektorates (15. Oktober 1874) [Über das Geschichtsstudium], 3–16, aquí 10: "Die Elemente der historischen Wissenschaft sind, man möchte sagen, noch einfacher und noch selbstverständlicher als die der Sprachwissenschaft und die der Mathematik; und eben darum weder lehrbar noch lehrhaft. (...) Daß Zeugen vom Hörensagen nur so viel gelten, wie der Gewährsmann des Hörenden gilt, ist so ziemlich der einzige Lehrsatz, den die Quellenforschung aufzuweisen hat; und die divinatorische Sicherheit des Urteils, die den eminenten Historiker bezeichnet, ist in neun Fällen unter zehn nichts als eine unbewußte Anwendung dieses Lehrsatzes auf komplizierte Probleme. (11) (...) Ohne Zweifel ist für den künftigen Historiker die schon in früher Zeit wohlgeleitete Übung auf seinem Forschungsgebiet von wesentlichem Nutzen; die Übung allein macht freilich den Meister nicht, aber noch niemand ist anders Meister geworden als nach langer und harter Übung"; en cuanto a su "falta de teoria" véase J. DEININGER: Zweierlei Geschichte des Altertums: Max Weber und Theodor Mommsen, en: A. DEMANDT, A. GOLTZ, H. SCHLANGE-SCHÖNINGEN (Hrsg.): Theodor Mommsen. Wissenschaft und Politik im 19. Jahrhundert, Berlin – New York, 2005, 259–281.

42 B. VOM BROCKE: Hochschul- und Wissenschaftspolitik in Preußen und im Deutschen Kaiserreich 1882–1907: Das "System Althoff", en: P. BAUMGART (Hrsg.): Bildungspolitik in Preußen zur Zeit des Kaiserreichs, Stuttgart, 1980, 9–118; Idem (Hrsg.): Wissenschaftsgeschichte und Wissenschaftspolitik im Industriezeitalter. Das "System Althoff" in historischer Perspektive, Hildesheim, 1991 y REBENICH, Theodor Mommsen und Adolf Harnack, 94–116; REBENICH: Theodor Mommsen. Eine Biographie, 145–151.

43 Véase al respecto K. NOWAK (Hrsg.): Adolf von Harnack als Zeitgenosse. Reden und Schriften aus den Jahren des Kaiserreichs und der Weimarer Republik. Bd. 1: Der Theologe und

didatos se encontró con la oposición férrea del Consejo Superior Eclesiástico Protestante del Ministerio, que tenía derecho a expresar sus objeciones en cuanto a la materia impartida y la confesionalidad de los candidatos: la concepción que el candidato Harnack tenía del canon del Nuevo Testamento sobre la resurrección de Cristo y el sacramento del bautismo fueron las causantes del escándalo. Pero Harnack encontró en Althoff un defensor influyente y que no se rendía fácilmente. Para éste, las implicaciones teológicas del conflicto tenían una importancia secundaria; al responsable de las universidades e instituciones científicas le interesaba mucho más que el estado garantizase libertad de cátedra e investigadora y por ello actuó en favor de la independencia científica frente a la injerencia del ámbito eclesiástico y confesional en la autonomía universitaria. El canciller imperial, Otto von Bismarck, autorizó la conducta del Ministerio de Enseñanza de forma expresa y el emperador Guillermo II terminó por refrendar personalmente la convocatoria a Harnack desde Berlín a mediados de septiembre. Éste comenzó su actividad sucediendo a Karl Semisch durante el primer semestre del curso 1888/89.

Harnack elevó la historia eclesiástica concebida como metodología histórico-crítica a la categoría de disciplina teológica principal. Exigía que todo historiador eclesiástico se sintiese "como en casa" en el ámbito de la "historia *antigua*". Todo dependía, en su opinión, de que "el estudiante supiera cómo *surgió* el catolicismo, cuál era su relación con el cristianismo original, cómo *surgieron* el dogma, el culto, la norma, para saber juzgarlos en consecuencia."[44] Su plasmación histórica radical del Evangelio y del paleocristianismo condujo a Harnack a defender una helenización continua del cristianismo, ya que entendía el dogma "en su concepción y difusión" como una "obra del espíritu griego construida sobre el suelo del Evangelio".[45] Esta relativización de la historia del dogma debió de ser sentida como una provocación por los tradicionalistas eclesiásticos de tendencia conservadora, puesto que su enfoque histórico-crítico exigía precisamente una re-

Historiker, Berlin – New York, 1996, 1–46; REBENICH: Theodor Mommsen und Adolf Harnack, 45–55 y 116–128.

44 ZAHN-HARNACK: Adolf von Harnack, Denkschrift an das preußische Unterrichtsministerium vom 27. September 1888, 129–131, aquí 130: "Da *alle* unsere *entscheidenden* Probleme in der Kirchengeschichte auf dem Gebiet der *alten* Geschichte liegen, so muß man von dem Kirchenhistoriker, und zwar von jedem, verlangen, daß er hier zu Hause ist. (...) Für den theologischen Unterricht kommt alles darauf an, daß der Student weiß, wie ist der Katholizismus *entstanden*, wie verhält er sich zum ursprünglichen Christentum, wie ist das Dogma, der Kultus, die Verfassung *entstanden* und wie sind sie demgemäß zu beurteilen."

45 A. HARNACK: Lehrbuch der Dogmengeschichte. Bd. 1: Die Entstehung des kirchlichen Dogmas, Tübingen, [5]1931, 20 [1[a] ed. Tübingen, 1886]: "Das Dogma ist in seiner Conception und in seinem Ausbau ein Werk des griechischen Geistes auf dem Boden des Evangeliums." Véase al respecto, por ejemplo, G.W. GLICK: The Reality of Christianity: A Study of Adolf von Harnack as a Historian and a Theologian, New York, 1967, 122–176; y, en general, en cuanto a sus posturas K. NOWAK, O.G. OEXLE, K.-V. SELGE (Hrsg.): Adolf von Harnack. Christentum, Wissenschaft und Gesellschaft. Wissenschaftliches Symposium aus Anlass des 150. Geburtstages. Berlin, 2001, Göttingen, 2003 (= Veröffentlichungen des Max-Planck-Instituts für Geschichte; 204).

visión de las opiniones teóricas y las estructuras anticuadas. Por tanto, las controversias que habían rodeado a su llamamiento persistieron en el tiempo. Harnack estaba empeñado en "argumentar" científicamente el cristianismo a través de una teología de orientación casi exclusivamente histórica; gracias al método histórico-crítico, los estudios del cristianismo podrían ir a la par de la ciencia moderna. Para ello reaccionó, al igual que Mommsen, ante los cambios institucionales, estructurales y organizativos del sistema científico alemán de su tiempo.

Aún no habían transcurrido dos años cuando el 10 de febrero de 1890 Harnack fue nombrado miembro numerario de la Academia Prusiana de las Ciencias. En el discurso de investidura que pronunció el 3 de julio, sostuvo que la investigación sobre la historia del cristianismo y de las instituciones eclesiásticas se remonta a Gottfried Wilhelm Leibnitz, al que denominó fundador de una "historiografía eclesiástica crítica e imparcial".[46] Explicó que, al seguir sus pasos, se hubo de enfrentar al problema "¿Cómo se han desarrollado el catolicismo y la confesionalidad católica imperial y estatal a partir de la palabra del Evangelio?" (977) Para responder a esta cuestión, según Harnack, era procedente realizar una comparación entre todas las manifestaciones de la vida eclesiástica en la Antigüedad y las correspondientes de la vida pagana, a fin de rastrear hasta el fondo sus orígenes y su historia. Aquí la labor del historiador de las religiones era mucho más relevante que la del historiador político, puesto que tenía que delimitar qué había "dimanado del espíritu propio y original" de la historia de la religión y qué elementos eran meras "asimilaciones" de la religión (978). Pero las investigaciones todavía estaban en una fase inicial, ya que todavía se había trabajado relativamente poco siguiendo una planificación histórico-filológica completa: "Desde la época de los sabios benedictinos y jansenistas, el análisis de la literatura patrística ha avanzado notablemente sólo por lo que respecta al siglo segundo y a los autores latinos. Todavía quedan vastos territorios en los que esta literatura se asemeja más a una selva virgen donde da pavor entrar que a un jardín bien cuidado."[47] Esta consideración también tendría validez, según él, para la historia de las instituciones eclesiásticas. A modo de *desiderata*, hizo mención a una historia de la normativa canónica en el contexto de una historia de las institutiones en general, una historia crítica y comparativa del culto eclesiástico y una historia de los efectos sociales del cristianismo.

46 A. HARNACK: Antrittsrede in der Preußischen Akademie der Wissenschaften, en: K. NOWAK (Hrsg.), Adolf von Harnack als Zeitgenosse. Bd. 2: Der Wissenschaftsorganisator und Gelehrtenpolitiker, Berlin – New York, 1996, 976–982, hier 976 [1ª ed. Sitzungsberichte der Königlich Preußischen Akademie der Wissenschaften zu Berlin 34 (1890), 788–791].

47 HARNACK: Antrittsrede in der Preußischen Akademie der Wissenschaften, 977: "Wie hat sich aus der Predigt des Evangeliums der Katholizismus und die katholische Reichs- und Staatskirche entwickelt? (…) (979) Die Durchforschung der patristischen Litteratur hat seit den Tagen der gelehrten Benedictiner und Jansenisten nur in Bezug auf das zweite Jahrhundert und die lateinischen Schriftsteller erhebliche Fortschritte gemacht. Noch immer gleichen weite Strecken dieser Litteratur nicht einem gepflegten Garten, sondern einem Urwalde, den man sich zu betreten scheut."

Dado que había desaparecido la valla que "separaba el campo de la historia eclesiástica del de la historia general" gracias a la actividad a la que Mommsen y Edouard Zeller habían consagrado sus vidas, ya era posible llevar a cabo estas nuevas tareas. Mommsen le respondió en calidad de secretario del Departamento de Filosofía e Historia de la Academia y expresó su alegría al poder llamar miembro de la academia al "autor de la Historia de los Dogmas".[48] Sus estudios, que completan y hacen revivir la investigación histórica, habrían hecho comprensible "el modo en el que la civilización greco-romana se ha convertido en un componente necesario de la actual, precisamente por su fusión con elementos casi siempre opuestos de la fe cristiana de origen oriental".[49] Ahora se trataba, gracias a la aportación de Harnack, de poder tener "colaboradores más jóvenes para que el grupo de trabajo fuera más fructífero", de seguir haciendo lo mismo a mayor escala, es decir, de dirigir una "gran empresa de ciencias". Si ello iba a ser posible y en qué circunstancias, dependía sin embargo de la obtención del capital necesario para poder llevar a cabo la empresa, ya que si este no estaba disponible, la Academia sería entonces un marco "meramente ornamental", un elemento decorativo, y podría llegar a ser considerada como algo superfluo (982).

El discurso y su réplica se pueden entender como una anticipación de la petición al Ministerio que Harnack presentó el 22 de enero de 1891 en la Academia, en la que proponía la edición de los monumentos literarios del cristianismo antiguo, desde su nacimiento hasta la fundación de la iglesia imperial por Constantino. Esta edición no contemplaría el Nuevo Testamento ni las fuentes redactadas en latín, esto es, constituiría un *Corpus* de escritores griegos cristianos de los primeros tres siglos o – dicho brevemente – una "edición de los Padres de la Iglesia".[50] Harnack declaró que este *Corpus* sería una edición nacional, para

48 T. MOMMSEN: Erwiderung, en: K. NOWAK (Hrsg.): Adolf von Harnack als Zeitgenosse. Bd. 2: Der Wissenschaftsorganisator und Gelehrtenpolitiker, Berlin – New York, 1996, 980–982, aquí 980 [1ª ed. Sitzungsberichte der Königlich Preußischen Akademie der Wissenschaften zu Berlin 34 (1890), 791–793].

49 MOMMSEN: Erwiderung, 981: "In wie hohem Grade gerade Ihre Studien, Herr Harnack, ergänzend und belebend in diejenige Geschichtsforschung eingreifen, welche uns die Gegenwart verständlich macht, wie die griechisch-römische Zivilisation eben durch ihre meistenteils gegensätzliche Verschmelzung mit dem im Orient wurzelnden Christenglauben zu einem notwendigen Bestandteil der heutigen geworden ist, das mit einem Wort zu bezeichnen muß heute genügen (…)."

50 Véase al respecto y en lo siguiente S. REBENICH: Die Altertumswissenschaften und die Kirchenväterkommission an der Akademie. Theodor Mommsen und Adolf Harnack, en: J. KOCKA (Hrsg.): Die Königlich Preußische Akademie der Wissenschaften zu Berlin im Kaiserreich, Berlin, 1999, 199–233 (= Interdisziplinäre Arbeitsgruppen. Forschungsberichte. Herausgegeben von der Berlin-Brandenburgischen Akademie der Wissenschaften; 7); más detalladamente Idem, Theodor Mommsen und Adolf Harnack, 129–222; cf. también J. IRMSCHER: Die Kommission für spätantike Religionsgeschichte im Rahmen des Instituts für griechisch-römische Altertumskunde der Deutschen Akademie der Wissenschaften zu Berlin, Byzantinobulgarica 3 (1969), 247–254; U. TREU: Die Kirchenväter-Kommission, en: J. FONTAINE, R. HERZOG, K. POLLMANN (Hrsg.): Patristique et Antiquité tardive en Allemagne et en France de 1870 à 1930. Influence et échanges. Colloque franco-allemand. Chantilly, 1991, Paris, 1993, 227–235 (= Collection des Études Augustiniennes. Série Moyen Age-Temps

marcar deliberadamente una diferencia con el *Corpus* vienés de literatura patrística latina: se trataba de un "deber honorable" de la ciencia alemana, en tanto principal responsable del "esclarecimiento de la protohistoria de la religión cristiana", "que esta fuera también la encargada de sacar a la luz los originales más antiguos de la religión, de la forma más accesible posible, y por tanto contribuyese al desarrollo de la investigación en historia de las religiones."[51] Johannes Vahlen ya había reclamado en el año 1864 desde Viena una reedición de todos los Padres que escribieron en latín hasta entrado el siglo VII, debido al estado insuficiente y obsoleto que presentaba la edición confeccionada en el siglo XVII por la congregación benedictina de San Mauro. Un aparato crítico sucinto pero con una estructura metódica y desarrollado de forma consecuente sería una *conditio sine qua non* de esta edición. Hasta comienzos de los años noventa se publicaron 25 libros.[52] En Berlín, Harnack supuso que necesitaría un plazo de sólo 15 años y calculó que el coste ascendería a 75.000 marcos. Como no podían financiarse con los medios corrientes de la Academia, intentó, junto con Mommsen, granjearse el apoyo de Althoff. La subvención llegó en forma de adjudicación especial del Ministerio de Enseñanza y, además, a través de la Fundación Wentzel-Heckmann,[53] de manera que la edición de los Padres de la Iglesia se pudo instituir como proyecto editorial de gran envergadura en la Academia en el año 1896. Harnack recibió la resolución del Consejo de patrocinar la serie de ediciones patrísticas con 80.000 marcos en quince años "como una liberación".[54]

Modernes; 27); NOWAK: Adolf von Harnack als Zeitgenosse. Reden und Schriften aus den Jahren des Kaiserreichs und der Weimarer Republik. Bd. 1, 46–64.

51 Archiv der Akademie der Wissenschaften Berlin-Brandenburg, Kommission für spätantike Religionsgeschichte 1891–1931, II–VIII, 167, Bl. 1, citado según REBENICH: Die Altertumswissenschaften und die Kirchenväterkommission an der Akademie, 214: „Es ist eine Ehrenpflicht der deutschen Wissenschaft, die für die Aufhellung der Urgeschichte der christlichen Religion das Meiste gethan hat, daß sie auch die ältesten Urkunden der Religion in der erreichbar besten Gestalt vorlegt und damit der religionsgeschichtlichen Forschung zu weiteren Fortschritten verhilft."

52 J. VAHLEN: Zum Wiener Corpus Scriptorum Ecclesiasticorum, en: Gesammelte Philologische Schriften. Erster Teil: Schriften der Wiener Zeit 1858–1874, Hildesheim – New York, 1970, 647–651 [reimp. Leipzig – Berlin, 1911] [1ª ed. Sitzungsberichte der Wiener Akademie 45 (1864), 385–388]. R. HANSLIK ofrece una lista de los tomos publicados: 100 Jahre Corpus Scriptorum Ecclesiasticorum Latinorum, AAWW 101 (1964), 21–35, aquí 32–35; véase también M. ZELZER: Ein Jahrhundert (und mehr) CSEL. Evaluation von Ziel und Veröffentlichungen, SEJG 38 (1998), 75–99.

53 En cuanto a los proyectos de la fundación: G. DUNKEN: Zur Geschichte der akademischen Stiftungen: Die Wentzel-Heckmann-Stiftung, Monatsberichte der Deutschen Akademie der Wissenschaften zu Berlin 2.10 (1960), 637–643; H. SCHLANGE-SCHÖNINGEN: Das Betriebskapital der Großwissenschaft: Elise Wentzel-Heckmann und die Kirchenväter-Edition der Preußischen Akademie der Wissenschaften, Jahrbuch der Berliner Wissenschaftlichen Gesellschaft 1996, 281–295.

54 Archiv der Akademie der Wissenschaften Berlin-Brandenburg, Heckmann-Wentzel-Stiftung, II–XI, 47, Bl. 5: Brief an den Vorsitzenden des Kuratoriums, A. Auwers, citado según REBENICH: Die Altertumswissenschaften und die Kirchenväterkommission an der Akademie, 215.

Esta empresa reflejaría como ninguna otra el éxito de la cooperación académica, política y científica de Mommsen y Harnack.

A lo largo de los años formaron parte de la comisión especialistas en historia antigua como Otto Hirschfeld y Otto Seeck, expertos en patrística como Hans Lietzmann y filólogos clásicos como Hermann Diels, Ulrich von Wilamowitz-Moellendorff, yerno de Mommsen, Werner Jaeger y Eduard Schwartz, pero también orientalistas como August Dillmann.

Fueron incluidos también algunos representantes científicos del catolicismo reformista alemán por iniciativa de Harnack. Por ejemplo, el historiador de la iglesia católica Albert Ehrhard editó las actas de los mártires, con el objetivo de "promocionar nuestro proyecto en los círculos católicos".[55] Ahora bien, la colaboración interdisciplinar no tuvo siempre un tono cordial; en cuestión de principios, el discurso estaba dominado por la controversia entre filólogos y teólogos sobre quién era verdaderamente competente para editar los textos antiguos cristianos. En particular, Wilamowitz se enfrentaba a Harnack reprochándole el no saber griego, ante lo cual Harnack asentía como sigue: "Considero ese juicio totalmente acertado; como he tenido que ocuparme de tantas otras cosas, pero no del griego, en la práctica sé menos de lo que debería en la posición que ocupo".[56] No creía que esta "desnudez" fuese un obstáculo, pero su audaz franqueza no le ayudaba, puesto que los filólogos, como por ejemplo Schwartz, creían poder demostrar que él era el vivo ejemplo de cómo la parcialidad metódica y la incapacidad filológica de los teólogos cerraban el paso al avance de la ciencia.[57] Harnack tuvo que reconocer con los años que esta *fama* en realidad se dirigía a su posición general dentro del ámbito investigador y degeneró en una "guerra enérgica" contra sus trabajos.[58] Dejando a un lado estas desavenencias, a la hora de apoyar la edición de los Padres de la Iglesia los miembros de la comisión estaban de acuerdo en un supuesto teórico-científico, independientemente de la

55 Archiv der Akademie der Wissenschaften Berlin-Brandenburg, Kirchenväterkommission Nr. 1, Bl. 28: Rundschreiben an die Kommissionsmitglieder vom 21. November 1897, citado por REBENICH: Die Altertumswissenschaften und die Kirchenväterkommission an der Akademie, 217: "Ehrhard ist Katholik, aber ich glaube nicht, dass das der Ausgabe schädlich ist – im Gegenteil, ich zweifle nicht, dass er und die Mitarbeiter, die er heranziehen wird, sich besondere Mühe geben werden, und dass es unser Unternehmen in katholischen Kreisen empfehlen wird, dass wir die Martyrien einem Katholiken anvertraut haben." Véase también G. MARON: Harnack und der römische Katholizismus, ZKG 80 (1979), 176–193.

56 Universitätsbibliothek Marburg, Nachlass Jülicher, MS. 695/382: Carta de fecha de 5 de abril de 1889 a A. Jülicher, citada por REBENICH: Theodor Mommsen und Adolf Harnack, 238: "Ich halte dieses Urtheil für ganz richtig; denn ich habe außer dem Griechischen so vieles Andere treiben müssen, dass ich in der That weniger davon verstehe, als ich in meinem Amte verstehen müsste."

57 E. SCHWARTZ: Gesammelte Schriften. Bd. 2: Zur Geschichte und Literatur der Hellenen und Römer, Berlin, 1956, 6; A. REHM: Eduard Schwarz' wissenschaftliches Lebenswerk, München, 1942, 5–75, 29 (= Sitzungsberichte der Bayerischen Akademie der Wissenschaften. Philosophisch-historische Abteilung; 4).

58 A. ZAHN-HARNACK: Adolf von Harnack, Berlin, 1936, 263: Carta de fecha de 4 de julio de 1915 a K. Holl.

disciplina desde la que abordasen sus estudios: la concepción de la teología como ciencia histórica: Las obras cristianas debían ser tratadas como "d o c u m e n t o s", la historia de la literatura paleocristiana sólo era admisible en su vertiente de "h i s t o r i a d e l o s d o c u m e n t o s". Los Padres de la Iglesia habían reunido lo judeo-cristiano con la Antigüedad en una sola creencia, una visión del mundo, una ética y un orden vital individual, y por ello enturbiaron durante muchos siglos el conocimiento de "lo que realmente pertenece a la antigüedad y lo que tiene origen realmente cristiano".[59] Ahora se deslindaba el contenido intrínseco de la religión cristiana, o sea, del Evangelio de Jesucristo liberado de la transmisión antigua: la nueva serie editorial iba a facilitar la reconstrucción científicamente fiable de la historia del cristianismo primitivo y de su condicionamiento teológico-dogmático. Su éxito hablaba por sí mismo: en el año 1916, es decir, un cuarto de siglo después, ya se habían impreso 27 volúmenes, otros 8 estaban en imprenta y 13 en preimpresión.[60]

Este logrado plan fue completado desde 1901 con otro proyecto a gran escala: la *Prosopographia Imperii Romani saec. IV.V.VI.*, que debía dar continuación a la *Prosopographia Imperii Romani saec. I.II.III.* desde la toma de posesión de Diocleciano, en el 284, hasta la muerte de Justiniano en el 565, puesto que "el viejo maestro de la ciencia histórica" había declarado que había llegado la hora de "rescatar la historia de los siglos IV a VI del abandono en el que se halla sumida", como lo expresó Harnack en una carta dirigida a todos los historiadores de la

59 A. HARNACK: Was verdankt unsere Kultur den Kirchenvätern? (1910), en: K. NOWAK (Hrsg.): Adolf von Harnack als Zeitgenosse. Bd. 2: Der Wissenschaftsorganisator und Gelehrtenpolitiker, Berlin – New York, 1996, 1233–1254, aquí 1245–1246 [1ª ed. Aus Wissenschaft und Leben. Bd. 2, Gießen, 1911, 1–22]: "Es ist nicht schwer, anzugeben, was uns die eigentümliche Art, wie wir die Grundlagen unserer Kultur erhalten haben, diese paradoxe, segensreiche und verhängnisvolle Verbindung von Antike und Christentum, gekostet hat. Sie hat uns zunächst für viele Jahrhunderte die Verdunkelung der Erkenntnis gekostet, was nun wirklich Antike und was wirkliches Christentum im Ursprung gewesen ist; denn, indem sie zusammengeschlossen wurden, ist nur ein Teil der Gedanken, umgebogen, verdünnt und zum Teil entleert, verschmolzen worden."

60 A. HARNACK: Die Ausgabe der griechischen Kirchenväter der ersten drei Jahrhunderte. Bericht über die Tätigkeit der Kommission 1891–1915, en: K. NOWAK (Hrsg.): Adolf von Harnack als Zeitgenosse. Bd. 2: Der Wissenschaftsorganisator und Gelehrtenpolitiker, Berlin – New York, 1996, 1077–1085 [1ª ed. Sitzungsberichte der Königlich Preußischen Akademie der Wissenschaften zu Berlin, 1916, 104–112; una lista de los tomos se da exclusivamente en esta publicación en las páginas 110–112]; A. HARNACK: Bericht über die Ausgabe der griechischen Kirchenväter der ersten drei Jahrhunderte (1916–1926), en: K. NOWAK (Hrsg.): Adolf von Harnack als Zeitgenosse. Bd. 2: Der Wissenschaftsorganisator und Gelehrtenpolitiker, Berlin – New York, 1996, 1127–1134 [1ª ed. Sitzungsberichte der Preußischen Akademie der Wissenschaften. Philosophisch-historische Klasse 1927, xxvi–xxx]. Cf. ahora también C. MARKSCHIES, S. REBENICH (Hrsg.): Adolf von Harnack: Protokollbuch der Kirchenväter-Kommission der Preußischen Akademie der Wissenschaften 1897–1928, Berlin – New York, 2000; sobre la pervivencia del proyecto, J. IRMSCHER: Die Griechischen Christlichen Schriftsteller 1945–1985, GB 14 (1987), 261–279.

iglesia protestante.[61] El proyecto que habría de poner remedio a esa carencia incluiría el análisis personalizado los dignatarios cristianos y paganos en su conjunto y por tanto ofrecería un instrumento de investigación apropiado para examinar las complejas relaciones del paganismo y el cristianismo. Harnack propuso en nombre de Mommsen que cada uno se comprometiese a reunir tres volúmenes de fuentes de historia eclesiástica en un período de dos años. La recompensa sería un ejemplar gratuito de la obra completa. La resonancia fue enorme. Casi 50 historiadores eclesiásticos se ofrecieron a colaborar de forma no remunerada hasta finales de 1901 y comenzaron a confeccionar el correspondiente archivo de fichas. Mientras tanto, Harnack y Mommsen consiguieron que el proyecto se instalase en la Academia y que la Fundación Wentzel-Heckmann lo financiase. La "plantilla permanente" contaba con los filólogos clásicos Wilamowitz y Diels, los historiadores eclesiásticos Friedich Loofs, Oskar von Gebhardt y Adolf Jülicher y con Otto Hirschfeld, especialista en historia antigua y ex-alumno de Mommsen.[62] A pesar de la competencia científica de estas personalidades, que disponían de toda la experiencia organizativa necesaria para poder ejecutar una tarea semejante, y, por ejemplo, habían dispuesto una redacción histórica profana y otra eclesiástica para economizar los recursos laborales, se tuvieron que enfrentar a múltiples dificultades como la ingente cantidad de fuentes literarias cristianas o la falta de ediciones con aparato crítico. A largo plazo, el proyecto nunca pasó de la fase de trabajos preliminares. La Academia de Berlín prestó el material de forma gratuita a la Academia Británica durante un largo período (1965–1982) para la elaboración de la *Prosopography of the Later Roman Empire*, vinculada a su vez con los editores de la *Prosopographie chrétienne*.[63] Finalizada esta estancia británica y una excursión a Francia, las aproximadamente 75.000 fichas regresaron a Berlín, donde se quedaron en la Academia de las Ciencias de Berlín-Brandenburgo esperando a ser consultadas.

61 K.-P. JOHNE: 100 Jahre Prosopographia Imperii Romani, Klio 56 (1974), 21–27. – REBENICH: Theodor Mommsen und Adolf Harnack, nº 165/p. 806–808, aquí 806–807: Carta de fecha de 12 de marzo de 1901 a Mommsen, a la cual el circular para los historiadores eclesiásticos alemanes estaba adjuntado; en general 247–326; cf. también F. WINKELMANN: Prosopographia Imperii Romani saec. IV.V.VI., en: J. IRMSCHER (Hrsg.): Adolf Harnack und der Fortschritt in der Altertumswissenschaft. Zu seinem 50. Todestag, Berlin, 1981, 29–34 (= Sitzungsberichte der Akademie der Wissenschaften der DDR. Gesellschaftswissenschaften; 10).

62 Universitätsbibliothek Marburg, Nachlass Jülicher, MS. 696/398: Carta de fecha de 25 de mayo de 1901 a A. Jülicher, citado por REBENICH: Theodor Mommsen und Adolf Harnack, 277: "Unser Generalstab ist so gut, wie ich nicht hoffen durfte."

63 Véase S. REBENICH: Mommsen, Harnack und die Prosopographie der Spätantike, en: E.A. LIVINGSTONE (Hrsg.): Papers presented at the Twelfth International Conference on Patristic Studies held in Oxford, 1995, Löwen, 1997, 109–118, esp. 109–111 y 117–118 (= Studia Patristica; 29). Despúes de la muerte de Mommsen se hizo responsable de los lemata de la historia secular el historiador Otto Seeck, de Greifswald, véase S. REBENICH: Otto Seeck, Theodor Mommsen und die "Römische Geschichte", en: P. KNEIẞL, V. LOSEMANN (Hrsg.): Imperium Romanum. Studien zu Geschichte und Rezeption. Festschrift für K. Christ zum 75. Geburtstag, Darmstadt, 1998, 582–607.

Junto a este proyecto de la "gran ciencia que no resulta del trabajo de uno solo, pero por uno solo ha de ser dirigida",[64] también hubo otros proyectos individuales. Mommsen publicó en los años noventa diversos artículos sobre historia paleocristiana,[65] además de ediciones patrísticas como la *vita Severini* de Eugipo o el *Liber pontificalis*.[66] No le preocupaba que Duchesne estuviese trabajando en una edición de las *vitae* de los papas; este hecho sólo se menciona en una ocasión en toda la correspondencia entre ambos.[67] La edición de Duchesne, que también incluía las secuelas de la Baja y Plena Edad Media hasta el siglo IX, se publicó en dos tomos, en 1886 y 1892;[68] la de Mommsen, que finalizaba en el año 715, en 1898. Las dos partían de la existencia de dos versiones: una primera de la que se conservaban sólo extractos y otra que fue la definitiva del *Liber pontificalis*. No obstante, diferían en cuanto a su datación en un siglo, ya que Duchesne suponía que la primera se redactó en época de Hormisdas (514–523) y la segunda se finalizó en época de Vigilio (537–555), mientras que Mommsen sostuvo que ninguno de estos dos textos había sido escrito antes de Gregorio I, es decir, del año 604. Si bien la versión de Duchesne se extendió[69] y su edición fue mas utilizada por lo completa que era y por el comentario que incluía -si bien éste se repartía entre los numerosos capítulos de la obra-, la edición de Mommsen era

64 MOMMSEN: Erwiderung, 981.

65 T. MOMMSEN: Der Religionsfrevel nach römischem Recht, en: Gesammelte Schriften. Bd. 3: Juristische Schriften, Berlin, 1907, 389–422 [1ª ed. HZ 64 (1890), 389–429]; Idem: Der Prozess des Christen Apollonius unter Commodus, en: Gesammelte Schriften. Bd. 3: Juristische Schriften, Berlin, 1907, 447–454 [1ª ed. Sitzungsberichte der Königlich Preußischen Akademie der Wissenschaften zu Berlin, 1894, 497–503]; Idem: Die Rechtsverhältnisse des Apostels Paulus, en: Gesammelte Schriften. Bd. 3: Juristische Schriften, Berlin, 1907, 431–446 [1ª ed. ZNTW 2 (1901), 81–96]; Idem: Papianisches, en: Gesammelte Schriften. Bd. 3: Historische Schriften, Berlin, 1910, 566–569 [1ª ed. ZNTW 3 (1902), 156–159]; Idem: Die Pilatus-Acten, en: Gesammelte Schriften. Bd. 3: Juristische Schriften, Berlin, 1907, 423–430 [1ª ed. ZNTW 3 (1902), 198–205].

66 T. MOMMSEN (Hrsg.): Eugippi: Vita Severini, Berlin, 1898 (= Monumenta Germaniae Historica. Scriptores Rerum Germanicarum in Usum Scholarum; 26). – T. MOMMSEN (Hrsg.): Gestorum Pontificum Romanorum. Vol. I: Liber pontificalis. Pars prior, Berlin, 1898 (= Monumenta Germaniae Historica. Gestorum Pontificum Romanorum; 1).

67 Véase B. CROKE: Theodor Mommsen and the Later Roman Empire, Chiron 20 (1990), 159–189, esp. 184–185; B. WACHE: Monseigneur Louis Duchesne (1843–1922). Historien de l'église, directeur de l'École Française de Rome, Rom, 1992, 65–93 y 277–297 (= Collection de l'École Française de Rome; 167).

68 L. DUCHESNE (Hrsg.): Le liber pontificalis. Texte, introduction et commentaire. 2 Vols., Paris, 1886–1892. En el año 1955 se publicó una reimpresión de esta tirada; además, se editó otro tomo más dando a conocer los *addenda*: L. DUCHESNE (Hrsg.): Le liber pontificalis. Texte, introduction et commentaire. Vol. 3: Additions et corrections, publiée par C. VOGEL, Paris, 1957.

69 Véase, por ejemplo, C. VOGEL: Le «Liber Pontificalis» dans l'édition de Louis Duchesne. État de la question, en: Monseigneur Duchesne et son temps. Colloque internationale. Rome, 1973, Rom, 1975, 99–127 (= Collection de l'École Française de Rome; 23) y, recientemente, a manera de síntesis R. DAVIS (Hrsg.): The Book of Pontiffs (Liber Pontificalis). The Ancient Biographies of the First Ninety Roman Bishops to AD 715, Liverpool, ²2000, xi–l (= Translated Texts for Historians; 6).

mejor; así lo reconocío el propio Abbé en una recensión muy detallada de su obra, que concluía con la observación de que, básicamente, estaba de acuerdo con Mommsen. Mommsen, a su vez, en el *prefatio* había apuntado que: *"(...) et in summa re haec mea editio Duchesnianam non reformat, sed comprobat et confirmat.*"[70] Este prefacio, por cierto, es con sus 139 (!) páginas uno de los más extensos de todos los que acompañan a los *Monumenta.* En modo alguno Duchesne habría estado de acuerdo con el juicio de Wilamowitz de que el "libro de los papas" [sic] de Mommsen no era "nada".[71] En el contexto de las ediciones textuales, la opinión que Duchesne había manifestado hacía ya seis años de que "Mommsen definitivamente no era lo suficiente *monsignore*" carecía ya de toda importancia.[72]

CONCLUSIÓN: "NUNCA HA TENIDO UNA OPINIÓN MAGNÁNIMA DE SÍ MISMO"

La contribución de Mommsen a la investigación de la Antigüedad Tardía no tuvo eco. En él se ha querido ver al historiador de la República de Roma, de modo que las consideraciones acerca de su obra han obviado sus investigaciones sobre cuestiones del estado tardorromano, y por ende implícitamente del cristianismo primitivo.[73] Se han alzado algunas voces aisladas, como la de Brian Croke, quien se refirió a los estudios de Mommsen sobre el Edicto sobre Precios de Diocleciano y a ediciones como la del *Liber Pontificalis* o las *Chronica minora.* Croke también destacó el hecho de que las asignaturas impartidas por Mommsen siempre abarcaban hasta la época de Honorio y que supo transmitir su entusiasmo por esa época a alumnos como Otto Seeck o Ludo Hartmann.[74] Entre los juicios de la

70 MOMMSEN: Liber pontificalis. Pars prior, CX, véase L. DUCHESNE: La nouvelle édition du Liber Pontificalis, MEFRA 18 (1898), 381–417, aquí 417.

71 W.M. CALDER III: The Correspondance of Ulrich von Wilamowitz-Moellendorff with Werner Jaeger, en: Idem (Hrsg.): Ulrich von Wilamowitz-Moellendorff. Selected Correspondence 1869–1931, Neapel, 1983, 167–211, aquí nº 23/p. 210–211 (= Antiqua; 23) [1ª ed. HSPh 82 (1978), 303–347]: Carta de fecha de 15 de diciembre de 1928 a W. Jaeger: "Mommsens Rufin ist überhaupt keine Leistung und hat den Euseb zwecklos verteuernd, weil Mommsen darauf bestand, den Text neben den griechischen zu setzen. Mommsens Pabstbuch [sic] ist auch nichts."

72 Correspondance de Giovanni Battista de Rossi et de Louis Duchesne, 688.

73 Así lo hizo "su" biógrafo WICKERT: Theodor Mommsen. Eine Biographie, passim, pero también, por ejemplo, para SCHWARTZ: Rede auf Theodor Mommsen (1904), 281–297, G.P. GOOCH: Mommsen und die römische Geschichte, en: Idem: Geschichte und Geschichtsschreiber im 19. Jahrhundert, Frankfurt am Main, 1964, 523–544, esp. 532–53 [1ª ed. London, 1913] o K. CHRIST: Von Gibbon zu Rostovtzeff. Leben und Werk führender Althistoriker der Neuzeit, Darmstadt, 1972, 84–118.

74 T. MOMMSEN: Das Edict Diocletians de pretiis rerum venalium vom Jahre 301, en: Gesammelte Schriften. Bd. 2: Juristische Schriften, Berlin, 1905, 292–311 [1ª ed. Berichte der Königlich Sächsischen Gesellschaft der Wissenschaften. Philosophisch-historische Classe 3 (1851), 42–62]; Idem: Das diocletianische Edict über die Waarenpreise. [C.I.L. III p. 1910 f. 1923. 1924], en: Gesammelte Schriften. Bd. 2: Juristische Schriften, Berlin, 1905, 323–340

posteridad y los prejuicios sobre su actitud frente al cristianismo derivados de su *fama* se revela la realidad de un área de investigación de la "Antigüedad Tardía *avant la lettre*", que se había caracterizado por una productividad típica de Mommsen únicamente, y que había sido el resultado de su alcance global y metódico a la Historia de Roma.

Muy impresionado por el nuevo potencial que adquiría el análisis del desarrollo histórico del cristianismo en el contexto de la historia del Imperio Romano, Mommsen era plenamente consciente de los enormes esfuerzos filológicos que eran necesarios para analizar en profundidad las fuentes mal editadas y poco estudiadas de esos siglos. Su relación con de Rossi le ayudó a entender que además de la crítica textual moderna, también eran necesarias las mismas "disciplinas afines" a las que recurría la historia estrictamente secular: la epigrafía y la arqueología. El "new path of classicism" discutido por Diels, Wilamowitz y Schwartz en el Berlín de los años setenta,[75] facilitaba la incorporación de documentación cristiana al dominio tradicional de la Filología Clásica. Por consiguiente, a Mommsen le parecía una obviedad científica la aplicación del método histórico-crítico en el estudio de los textos cristianos, lo cual se convertiría en su aportación a la "construcción del túnel" entre las distintas épocas.[76]

También Harnack había hecho suyo este método, precisamente en su crítica histórica del dogma; entendía la religión como historia y se dedicó a escribir la historia del cristianismo.[77] Mommsen defendió su entrada en la Academia como historiador eclesiástico en lugar de como teólogo. Para él la teología era importante sólo en su función de herramienta para reconstruir la historia de su objeto de estudio. El éxito de la colaboración político-académica y científica permitió a uno registrar otro estadio de las fuentes del mundo antiguo y al otro dar con el instrumento decisivo para la reconstrucción históricamente fiable de la "capa paleontológica" del cristianismo, es decir, la "edición de los Padres de la Iglesia".[78] Al respeto mutuo por la valía científica, la diligencia infatigable y su incuestionable metodología se sumaba, sin duda, una gran simpatía personal que, a pesar de la diferencia de edad de más de treinta años, hizo que entre ambos se

[1ª ed. Hermes 25 (1890), 17–35]; T. MOMMSEN (Hrsg.): Chronica minora saec. IV.V.VI.VII. 3 Vols., Berlin, 1892–1898 (= Monumenta Germaniae Historica. Auctores Antiquissimi; 9 / 11 / 13). – B. CROKE: Mommsen and Byzantium, Philologus 115 (1985), 274–285; Idem, Theodor Mommsen and the Later Roman Empire, 159–189.

75 A. MOMIGLIANO: New Paths of Classicism in the Nineteenth Century, Middletown (Conn.), 1982, 33–64 (= History and Theory. Studies in the Philosophy of History; 21.4 / Beiheft; 21).

76 MOMMSEN: Die Bewirthschaftung der Kirchengüter unter Papst Gregor I., 177–178.

77 G. MAY: Das Konzept "Antike und Christentum" in der Patristik von 1870 bis 1930, en: J. FONTAINE, R. HERZOG, K. POLLMANN (Hrsg.): Patristique et Antiquité tardive en Allemagne et en France de 1870 à 1930. Influence et échanges. Colloque franco-allemand. Chantilly, 1991, Paris, 1993, 3–19 (= Collection des Études Augustiniennes. Série Moyen Age-Temps Modernes; 27).

78 HARNACK: Die Ausgabe der griechischen Kirchenväter der ersten drei Jahrhunderte. Bericht über die Tätigkeit der Kommission 1891–1915, 1079. Para el proyecto de Viena, sin embargo, los argumentos decesivos habían sido los codicológicos y los filológicos.

forjase una "fiel amistad".[79] Mommsen veía esta amistad como una "suerte inesperada", y para Harnack, la "comunión de sus espíritus" era "(...) uno de los recuerdos más apreciados de su vida".[80] Ambos presentaron publicaciones conjuntas,[81] que dejaron patente su concepto teorético-científico unificador. Mommsen llegó a planteamientos concretos de la historia eclesiástica guiado por Harnack, mientras que Harnack aprendió de la mano de Mommsen a incluir en sus estudios la esfera del contexto vital. Su inspiración y/o dependencia era mutua: Mommsen dependía de Harnack como *rerum ecclesiasticarum imprimis peritus et adiutor acerrimus studiorum etiam a suis alienorum* y Harnack de Mommsen, que en contrapartida leía capítulo a capítulo su *Misión y expansión del cristianismo en sus primeros tres siglos.*[82] Pero su intercambio se limitaba a la temática científica y de la organización científica (al margen de las manifestaciones de carácter privado). Harnack encarnaba para Mommsen la "teología como ciencia" que respetaba el "carácter religioso";[83] por su parte, Harnack le reconocía a Mommsen que su interés por la historia paleocristiana -como cualquier otro ámbito de la historia de Roma- tuviese una perspectiva jurídica, histórica y ante todo filológica. En última instancia, el "concepto de *Corpus*" exigía la aplicación del método histórico-crítico "a la totalidad del legado de la Antigüedad".

El deseo que Mommsen habría expresado al final de sus días de que si se le concediera una segunda vida, se la dedicaría a la época entre Diocleciano y Justiniano, a la transición entre el mundo antiguo y el medieval[84] – parece casi una ironía a la luz de su significativa prestación en este campo. Pero lo decía en serio,

79 REBENICH: Theodor Mommsen und Adolf Harnack, nº 230/p. 900–901, aquí 901: Carta de fecha de 29 de noviembre de 1904 a A. Harnack: „Ihre treue Freundschaft ist mir ein innerlicher Halt und ich brauche ihn." Poco tiempo después de que Harnack se mudase a Berlin en el año 1889, Mommsen escribió a su yerno: „Harnack gefällt mir überhaupt gut." („Aus dem Freund ein Sohn". Theodor Mommsen und Ulrich von Wilamowitz-Moellendorff. Briefwechsel 1872–1903. Bd. 2. Herausgegeben und kommentiert von W.M. CALDER III und R. KIRSTEIN, Hildesheim, 2003, nº 288/p. 487–488: Carta de fecha de 28 de abril de 1889 a U. von Wilamowitz-Moellendorff).

80 ZAHN-HARNACK: Adolf von Harnack, 196. – REBENICH: Theodor Mommsen und Adolf Harnack, nº 136/p. 772: Carta de fecha de 11 de noviembre de 1898 a Mommsen.

81 A. HARNACK, T. MOMMSEN: Zu Apostelgeschichte 28,16 (στρατοπεδάρχης = princeps peregrinorum), en: T. MOMMSEN: Gesammelte Schriften. Bd. 3: Historische Schriften, Berlin, 1910, 546–554 [1ª ed. Sitzungsberichte der Berliner Akademie, 1895, 491–503]; Idem: Der gefälschte Brief des Bischofs Theonas an den Oberkammerherrn Lucian, en: T. MOMMSEN: Gesammelte Schriften. Bd. 3: Historische Schriften, Berlin, 1910, 649–652 [1ª ed. Texte und Untersuchungen zur Geschichte der altchristlichen Literatur. Neue Folge 9.3 (1903), 109–113].

82 T. MOMMSEN (Hrsg.): Chronica minora saec. IV.V.VI.VII. Vol. 3, Berlin, 1898, 424 (= Monumenta Germaniae Historica. Auctores Antiquissimi; 13). – A. HARNACK: Die Mission und Ausbreitung des Christentums in den ersten drei Jahrhunderten. Bd. 1: Die Mission in Wort und Tat, Leipzig, ⁴1924, 954/nota 1 [1ª ed. Leipzig, 1902].

83 ZAHN-HARNACK: Adolf von Harnack, 196.

84 W.M. RAMSAY: Pauline and other Studies in Early Christian History, London, 1906, 393; Ludwig Freiherr von Pastor (1854–1928): Tagebücher – Briefe – Erinnerungen, 385.

pues nunca había pensado en términos "magnánimos" sobre su persona[85] y por tanto era muy consciente de que las ediciones textuales y las prosopografías no eran suficientes por sí mismas. Y además para llegar a ser "un poco *monsignore*", ¡un agnóstico como Mommsen hubiera necesitado una segunda vida![86]

85 A. HARNACK: Theodor Mommsen (1903), en: K. NOWAK (Hrsg.): Adolf von Harnack als Zeitgenosse. Bd. 2: Der Wissenschaftsorganisator und Gelehrtenpolitiker, Berlin – New York, 1996, 1530–1539, aquí 1538 [1ª ed. Aus Wissenschaft und Leben. Bd. 2, Gießen, 1911, 323–332]: „Nie hat er groß von sich gedacht. Hoch standen seine Aufgaben über ihm, er hat sich selbst nie genug getan; er glaubte nicht einmal an wirkliche Früchte, die er geschaffen." Cf. también A. MOMMSEN: Mein Vater. Erinnerungen an Theodor Mommsen, München, 1992, 110–111 [1ª ed. Berlin, 1936].

86 Ludwig Freiherr von Pastor (1854–1928): Tagebücher – Briefe – Erinnerungen, 385.

CONTAR EL FINAL DE ROMA
LOS CONTEMPORÁNEOS Y NOSOTROS*

Santiago Castellanos (Universidad de León)

En un ámbito académico como el Instituto de Historiografía "Julio Caro Baroja", y en un coloquio sobre el final del Imperio Romano, es pertinente proponer algunas reflexiones precisamente historiográficas sobre el problema histórico (el final del Imperio Romano) que nos reúne en la Universidad Carlos III de Madrid. Sobre la base de la evidencia empírica disponible y de un densísimo debate académico, he optado por seleccionar algunos datos y ciertos puntos de discusión, de un modo intencionadamente breve.

LA "CAÍDA" DE ROMA. UN *BOOM* HISTORIOGRÁFICO, UN PROBLEMA DOCUMENTAL

La "caída" de Roma. A partir de este momento, y pensando en la comodidad del lector, elimino las comillas. Pero las he situado ahora puesto que quería remarcar que la desarticulación de un sistema político, administrativo, cultural, jurídico... no es producto de un hito momentáneo, de una "caída". Es cierto que, por mucho que insistamos en que hubo continuidades, el imperio romano sí desapareció. Sí, Rómulo Augústulo fue depuesto, y Julio Nepote murió un poco después... Todo eso es cierto. Pero no lo es menos que todo eso corresponde al nivel áulico de un proceso muy complejo. La producción académica que se ha ocupado del final del imperio romano es casi inabarcable. Y, además, durante los últimos años se han publicado varios libros al respecto, algunos de los cuales irán siendo citados aquí. Diríase que ha habido una suerte de *boom* editorial al respecto, siempre dentro de los parámetros con los que habitualmente medimos los índices de frecuencia de tratamiento de temas en nuestra profesión. Sí, desde esa perspectiva es un cierto *boom*. Y no estoy seguro de que sea una consecuencia directa de la crisis estructural que viven las sociedades occidentales, cuyo repunte se fecha especialmente a partir de 2008. Más bien fue 2005 el año en el que podríamos marcar el punto de inflexión, con la aparición de varios libros en el Reino Unido con gran impacto académico. Pero todos los que aquí estamos creo que somos conscientes de que el interés universitario por el tema de este coloquio no empezó en 2005. Hay una larga, larguísima trayectoria académica al respecto, de la que,

* Este trabajo se ha realizado en el marco del Proyecto de Investigación HAR 2010–18991 del Ministerio de Economía y Competitividad.

no se asusten, no haré ahora un repaso exhaustivo, aunque sí quisiera anotar algunos hitos historiográficos.

Como concepto, la idea según la cual Roma "cayó" en un momento determinado ha tenido un enorme éxito historiográfico, como también lo ha tenido la versión contraria, la que ha apostado por una continuidad de las formas y estructuras romanas más allá de su desaparición política en Occidente. Hace años, con bastante ironía, Chris Wickham escribía una reseña al libro de Jean Durliat sobre las finanzas públicas desde Diocleciano a Carlomagno[1]. El título de la reseña de Wickham ("La caída de Roma no tendrá lugar" en la versión en español), insisto que irónicamente, jugaba con la idea de la continuidad que Durliat y otros historiadores atribuyeron a no pocas de las estructuras romanas en fases posteriores, las de los reinos bárbaros, e incluso con Carlomagno.

La ironía ya había sido utilizada nada menos que por Momigliano en el Warburg Institute de Londres a finales de los años cincuenta del siglo XX, en la que anunció a su auditorio que podía tomarse como certeza histórica que, efectivamente, el imperio romano sí había desaparecido[2]. Las ironías de Momigiliano y, años después, de Wickham, no son brindis al sol o un puro artificio retórico. Entre una y otra transcurrieron unas décadas, pero el hecho histórico del final del imperio ha sido relativizado y aun oscurecido dentro de un magma de continuidades. Sin embargo, la idea de "caída", en sí misma, no explica absolutamente nada. Frente a ella se levantó Pirenne, que relativizaba el final de Roma como imperio, y optaba por una continuidad hasta la expansión del Islam. En una línea similar se ha de comprender la propuesta de Mazzarino sobre una "democratización de la cultura" en la Antigüedad tardía[3]. Y, desde luego, sucede lo mismo con las obras de Peter Brown, que consiguió subsumir las discusiones sobre tal o cual emperador, o sobre las etiquetas de "decadencia" y "caída", en el estudio de los cambios culturales y del análisis de la religión como fenómeno social y propiamente histórico[4].

1 C. WICKHAM: La chute de Rome n'aura pas lieu, Le Moyen Âge, 99 (1993), 107–126, hay traducción española, La caída de Roma no tendrá lugar, La Edad Media a debate, Madrid, 2003, 80–101.

2 La colección de conferencias se publicó luego en inglés; la versión española: A. MOMIGLIANO (ed.): El conflicto entre el paganismo y el cristianismo en el siglo IV, Madrid, 1989.

3 Además de lo expuesto por H. I. MARROU: ¿Decadencia romana o antigüedad tardía?, Madrid, 1980; las referencias de Pirenne y Mazzarino en: H. P. MARROU: Mahoma y Carlomagno, Madrid, 1978 y S. MAZZARINO: Il basso impero. Antico, Tardoantico ed èra costantiniana, 1, Bari, 1974, 74–98. Sobre esta última idea debe verse el monográfico que dedicó la revista Antiquité Tardive, 9 (2001).

4 Entre la abundante producción de Peter Brown creo que deben citarse, por su influencia, dos de sus libros, The Making of Late Antiquity. From Marcus Aurelius to Muhammad, Londres, 1971, traducido al español en 1989, y The Cult of the Saints, Chicago, 1981. Sobre algunos problemas de la Antigüedad tardía como período histórico y ámbito historiográfico, G. W. BOWERSOCK: The Vanishing Paradigm of the Fall of Rome, Bulletin of the American Academy of Arts and Sciences, 49 (1996), 29–43. Debe verse, con enfoques ciertamente críticos sobre el apartamiento de la idea de decadencia, W. LIEBESCHUETZ: Late Antiquity and the Concept of Decline, Nottingham Medieval Studies, 45 (2001), 1–11, o sobre el asunto de las

Criticar el modelo dominante de una historiografía puramente narrativa y positivista ha producido, al menos en algunos casos, el efecto contrario. No sólo ha sucedido esto con el asunto del llamado *decline and fall* "gibboniano", sino también con los ejes del barbarismo y religión, que ya también el propio Gibbon ponía sobre la mesa de los procesos básicos de lo que él llamaba, precisamente, la caída de Roma. Sin embargo, abordar otros aspectos no implica prescindir de semejantes dos temas, como resaltaba recientemente Clifford Ando[5].

Es bien sabido que la historiografía ha elaborado numerosas propuestas sobre las eventuales causas del final de Roma. Algunos autores las han cuantificado, y son decenas – más bien centenares- las que se han esgrimido en medios académicos[6]. En el amplio abanico historiográfico hay posiciones casi para todos los gustos, por ejemplo con respecto al concepto de "final". Durante mucho tiempo primó la idea de un auténtico "final", en un momento preciso y concreto, bien se tomara la deposición de Rómulo Augústulo en 476, bien la muerte de Julio Nepote hacia 480. De hecho, en Europa se celebraron varios coloquios en 1976 para conmemorar el "evento".

Más recientemente, sin embargo, se abrieron camino ideas de tipo continuista. En un magma académico muy disperso, ganó terreno la propuesta según la cual a pesar del final político, de la desaparición del imperio romano occidental, fueron muchas las continuidades romanas en el Occidente en el que cristalizaron los *regna* bárbaros. A modo de ejemplo, creo muy gráfico el caso del proyecto de investigación titulado *The Transformations of the Roman World*, financiado por la Unión Europea en los 1990ss. Naturalmente que el amplio listado de autores que participaron en aquel brillante proyecto fue muy heterogéneo y algunos de ellos, en particular Peter Heather y Bryan Ward-Perkins, han regresado a la idea de la lectura de la narrativa de las fuentes escritas para presentar el final del imperio romano con interpretaciones en clave de crisis general de corte catastrofista, justamente en ese año 2005 en el que, como decía al comienzo, se publicaron varios textos que aquí nos interesan[7]. Mientras que otros autores que también participaron en el proyecto publicaron libros en una clave bien distinta a las defendidas por los dos anteriores[8]. En fin, dentro de lo que Andrea Giardina ha llamado *Esplosione di Tardoantico*, se ha prestado una especial atención a los cambios, transformaciones, crisis, los bárbaros, los emperadores, el campesinado,

periodizaciones, A. GIARDINA: Esplosione di Tardoantico, Studi Storici, 40 (1999), 157–180 y A. MARCONE: A Long Late Antiquity? Considerations on a Controversial Periodization, Journal of Late Antiquity, 1.1 (2008), 4–19.

5 C. ANDO: Decline, Fall, and Transformation, Journal of Late Antiquity, 1.1 (2008), 30–60.

6 A. DEMANDT: Der Fall Roms, Munich, 1984.

7 P. HEATHER: La caída del Imperio romano, Barcelona, 2006; B. WARD-PERKINS: La caída de Roma y el fin de la civilización, Madrid, 2007.

8 C. WICKHAM: Framing the Early Middle Ages, 400–800, Oxford, 2005, versión española como Una historia nueva de la Alta Edad Media. Europa y el mundo mediterráneo, 400–800, Barcelona, 2008.

el cristianismo, el fisco, todas aquellas cuestiones que de una u otra manera han sido relacionadas, siquiera cronológicamente, con el final del imperio romano[9].

Han sido muchas las propuestas causales específicas que se han hecho sobre el final de Roma y sus posibles explicaciones. Si hacemos caso de los exactos cálculos de Alexander Demandt, necesitaríamos bastantes años dedicándonos en exclusiva a semejante tarea. Dicho esto, sí les propongo aquí una mínima revisión de algunos de esos planteamientos, y una suerte de juego de conexiones entre los textos, es decir, los *contemporáneos*, y *nosotros*, esto es, la historiografía actual.

Como en tantas otras cosas, Arnaldo Momigliano escribió líneas magistrales sobre el asunto que nos ocupa. Antes he aludido a una de sus ironías. En otra ocasión desarrolló un ensayo sobre la *caduta senza rumore* del imperio, apelando al escaso eco que en las fuentes del periodo tuvo la caída de Roma[10]. Insistió además en que, en cierto modo, la atención de los occidentales hacia el fin de Roma estaba planteada sobre la base de sus propios miedos hacia la repetición de un fenómeno similar[11]. Es muy probable que esto sea así, y afectaría al *nosotros*. Pero, ¿y los *contemporáneos*, nuestras fuentes? Debo decir que, hasta donde conozco, en los textos de la segunda mitad del siglo V no hay ninguna referencia a lo que *nosotros*, por utilizar una parte del título de mi ponencia, llamamos el final del imperio romano, la "caída" del imperio como tal hecho histórico. No la hay. La más temprana equiparación de la deposición de Rómulo Augústulo en 476 con el final del imperio se escribió nada menos que en Constantinopla y ya entrado el siglo VI, en la época de Justiniano. Quien lo hizo era el cronista que conocemos como el *comes* Marcelino, que redactó una crónica en latín en varias ediciones y fases, y que señaló que con aquel hecho había terminado el *Hesperium imperium*[12]. También en siglo VI, Cassiodoro dejó consignado en su crónica que Odoacro lo que hizo fue "asumir el título de rey"[13]. Realmente fue el cronista Marcelino el primero en vincular los acontecimientos de la deposición de Rómulo, que tenemos ilustrados también desde Oriente por los fragmentos de Malco, en griego, en los que da cuenta de las embajadas que llegaron al emperador Zenón y de la toma de posición de éste, digamos, por asumir los hechos consumados, no sin una clara recriminación a los senadores de Roma por no haber apoyado a Nepote[14]. La referencia de Marcelino se difundió en el momento en el que Justiniano había embarcado al imperio romano de Oriente en una serie de campañas militares hacia Occidente, con la idea de "recuperar" para el imperio romano (de Oriente,

9 Vid. n. 4.

10 A. MOMIGLIANO: La caduta senza rumore di un impero nel 476 d.C., en Sesto contributo alla storia degli studi classici e del mondo antico, Roma, 1980, 159–179.

11 Además de „La caduta", véanse por ejemplo sus trabajos: Edward Gibbon fuori e dentro la cultura italiana, Ann. S. Norm. Sup. Pisa, 6 (1976), 77–95 y Tra due anniversari: 376–476, en: P. BREZZI et al.: La fine dell'impero romano d'Occidente, Roma, 1978, 171–180.

12 Marcell. Chron. 476.2, ed. T. MOMMSEN, MGH AA, 11, Berlín, 1894 ahora recogido, con traducción y comentario, por B. CROKE: The Chronicle of Marcellinus, Sydney, 1995.

13 Cass. Chron. 1303.

14 Malco, fr. 14, ed. R. C. BLOCKLEY: The Fragmentary Classicising Historians of the Later Roman Empire, Liverpool, 1981.

claro) la mayor cantidad de regiones posible. La idea de la caída de Roma en un momento dado y concreto (la deposición de Rómulo) era así presentada como la clave de otra idea, la de la recuperación de algo que se había perdido, "por su negligencia", como señala en una de sus disposiciones legales el propio emperador, en alusión a los últimos emperadores de Occidente[15]. Unos años antes de que Marcelino, bajo el gobierno de Justiniano, anotara en su crónica la ecuación entre el final del imperio occidental y la caída de Rómulo, Eugipio, en un texto hagiográfico, consignaba esta frase: "*En aquella época, en la que aún existía el imperio romano*"[16]. La *Vita Severini* que escribió estaba dedicada a un "hombre santo" que vivió en el Nórico hasta el año 482. El texto está redactado en los primeros años del siglo VI, y para entonces Eugipio, y previsiblemente su audiencia cultivada, tenían claro que el imperio era algo del pasado. De hecho, en aquella zona el mismo autor deja claro que las guarniciones militares romanas desmantelaron sus posiciones cuando la paga comenzó a no llegar.

En general, puede decirse que los textos occidentales del siglo V no hacen mención alguna al final de Roma como imperio. En otro lugar me he ocupado con detenimiento de los textos de finales del siglo V e incluso de inicios del VI a este respecto. Ni siquiera autores como Sidonio Apolinar, de los que conservamos un denso elenco documental, deja entrever semejante idea, por más que pululen en sus cartas alusiones a los difíciles momentos en los que tuvo que vivir, o que en Hidacio hallemos la apocalíptica introducción a su crónica (en el sentido amplio pero también en el específico), o que la idea de un mundo en crisis se perciba en la crónica gala de 452... Ruricio de Limoges, del que también disponemos de un interesante *corpus* epistolar, datado en su mayor parte en los años posteriores al final del imperio, no hace alusión alguna a esa idea del final de Roma en un momento dado, que escribiría años después el *comes* Marcelino. Remontándonos algo más en el tiempo, Salviano de Marsella pinta un cuadro devastador de la Galia, y Paulino de Pella, en primera persona, cuenta las desgracias de quien, perteneciendo a lo más granado de la aristocracia romana, había perdido la mayor parte de su patrimonio por las circunstancias de Occidente. Quodvultdeus de Cartago, por poner otro ejemplo, dibuja un panorama tétrico en sus discursos sobre la entrada de los vándalos en África[17]. Aflora en los textos del siglo V, por lo tanto, lo que *nosotros* llamaríamos la idea de crisis. Pero no hay ni una sola referencia que yo conozca al *final* del imperio romano, ni mucho menos a la ecuación de primer grado entre ese final y la deposición de Rómulo. Habrá que esperar a Eugipio y su *Vita Severini*, puesto que, como he dicho, habla del imperio romano como algo del pasado. Aunque el protagonista murió a finales del V, el

15 De todo esto me he ocupado en „La mirada de Constantinopla. La desaparición del imperio romano occidental", en: J. M. Cortés Copete, E. Muñiz Grijalvo, R. Gordillo Hervás (coords.): Grecia ante los imperios, Sevilla, 2011, 371–376. Debe verse B. Croke: Count Marcellinus and his Chronicle, Oxford, 2001.

16 Eug. Vita Sever. 20.1, ed. P. Régerat: Eugippe. Vie de Saint Séverin, París, 1991.

17 He recogido las referencias en En el final de Roma, Madrid, 2013.

texto está escrito a inicios del siglo VI. Y, sobre todo, habrá que esperar a un cronista justinianeo, el *comes* Marcelino.

Por lo tanto los contemporáneos, al menos en los textos que han llegado hasta nosotros, no elaboraron una historia del final de Roma. Más aún. Ni siquiera aludieron a semejante cosa. En apariencia hay una contradicción entre la evidencia empírica textual y la discusión historiográfica, que son los dos polos sobre los que gira esta ponencia. Puesto que, si miramos sólo al año 2005 y siguientes, se han publicado varios libros de enjundia sobre el tema, a cargo de especialistas como Chris Wickham, Peter Heather, Bryan Ward-Perkins, Matthew Innes, Guy Halsall, y, saliéndonos del ámbito británico, cabe citar el coloquio celebrado en Poggibonsi en 2007 y publicado en 2010. Y esto por anotar sólo unos pocos, poquísimos ejemplos. Pudiera parecer que vivimos un *boom* de los estudios académicos sobre el final del imperio romano. En cierto modo así es, pero realmente esa línea de trabajo se inscribe en un contexto historiográfico más amplio, el de los estudios sobre la Antigüedad tardía que tantos frutos han dado. Y precisamente porque desde los pioneros en la investigación académica en este terreno se han labrado muchos campos, se hace complicado pensar hoy que el final de Roma fue el producto de una mera caída. La cuestión historiográfica se ha ido centrando más en discusiones sobre la propiedad de la tierra, el colonato, la militarización, los bárbaros, la fiscalidad y la burocracia, los cambios funcionales en las ciudades y en el campo, la cristianización, los cultos tradicionales, por citar sólo una mínima selección de temas.

Dicho en otros términos, "el final de Roma" como tal hecho histórico, entendido como hito, no existe en los textos contemporáneos al mismo, y sin embargo abunda en la producción historiográfica. La búsqueda, con distintos enfoques, de los fundamentos de un proceso político en los cambios estructurales, en las transformaciones de base, es probablemente la clave que explica semejante éxito académico, naturalmente además de los miedos a los que se refería Momigliano o, si se prefiere una lectura más prosaica, al morbo que a las sociedades occidentales ha provocado acercase al final de Roma como imperio.

Quizás uno de los temas en los que mejor se observan las contradicciones, a veces las conexiones, entre la evidencia empírica y la discusión historiográfica en el asunto que nos ocupa es el del papel de los bárbaros.

UN LABORATORIO HISTORIOGRÁFICO. LOS BÁRBAROS.

El papel que los bárbaros tuvieron en el final de Roma ha sido objeto de debate intenso. Las posiciones han estado (y, como veremos, están) muy enconadas. Desde quienes, como Bury, pensaban que en Roma no cayó nada porque no había ya nada que pudiera caer, hasta la versión que sostenía que el imperio romano desapareció "asesinado" por los bárbaros[18]. Probablemente en el asunto de los bár-

18 J. B. BURY: History of the Later Roman Empire, I, Londres, 1923, 408, y A. PIGANIOL: L'Empire chrétien, 325–395, París, 1947.

baros es en el que mejor se percibe, en una perspectiva historiográfica, hasta qué punto los nacionalismos, las guerras contemporáneas o la geopolítica influyen en la investigación académica. Y esto se percibe incluso en algunos de los libros de referencia sobre el tema. Se comprende así que, cuando Courcelle escribió su estupendo libro sobre los bárbaros, lo articulara sobre la base de la reciente experiencia de Francia en la Segunda Guerra Mundial, de tal manera que hallamos en sus páginas bloques tales como "L'invasion", "L'occupation", y "La libération"[19]

El origen helénico no sólo de la palabra "bárbaro", sino también de sus connotaciones intelectuales e ideológicas, es evidente. En cualquier caso, desde un punto de vista historiográfico, la "nueva" puesta en circulación de la obra de Tácito sobre los germanos a finales del siglo XV exaltó algunos ánimos académicos y políticos. En Francia, por ejemplo, para la Revolución era útil detectar en aquellos pueblos bárbaros de la historia final romana unos ideales de igualdad que podían buscarse precisamente desde Tácito, sin tener en cuenta la finalidad moralista, los clichés manejados por el gran historiador romano que trataba de hacer una lectura crítica de su propia sociedad. Como hijo de la Revolución, pero también como constructor de una autocracia imperialista, Napoleón también halló elementos útiles en el mundo bárbaro, en particular en los francos, en quienes se buscaba un pasado glorioso. La mitología sobre el conglomerado germánico terminó derivando en ecuaciones de primer grado entre los grupos que aparecían en las fuentes romanas y los germanos de la época Moderna y Contemporánea. La dicotomía entre romanos y germanos era así explotada por intereses políticos y nacionales, como sucede con la relación que Fichte estableció entre los franceses de su época y los romanos, por un lado, y los germanos como pueblo histórico, por otro. La linealidad entre un supuesto pueblo germánico y los germanos del siglo XIX es clave para comprender la fundación, en 1819, de la Sociedad para el Conocimiento de la Historia Antigua Alemana, *Gesellschaft für ältere deutsche Geschichtskunde* (recuérdese el papel de los hermanos Grimm o de Savigny, entre otros), y la edición de los *Monumenta Germaniae Historica*, que alcanzará su máximo apogeo a finales de aquel siglo, y que trataba de recopilar y editar todos aquellos textos que avalaran la grandeza del supuesto pueblo germánico, que había logrado imponerse sobre Roma. La lengua, y luego los artefactos buscados en el registro arqueológico, eran puestos al servicio de la idea de una continuidad entre lo que se conocía como "pueblos" bien definidos (vándalos, suevos, burgundios, francos, lombardos, alamanes, sajones, entre otros) y los intereses alemanes de la época contemporánea[20].

19 P. COURCELLE: Histoire littéraire des grandes invasions germaniques, París, 1948.

20 Entre la extensa bibliografía, quiero destacar los trabajos de P. GEARY: The Myth of Nations. The Medieval Origins of Europe, Princeton, 2002; I. N. WOOD: Barbarians, Historians, and the Construction of National Identities, Journal of Late Antiquity, 1.1 (2008), 61–81. Sobre los Monumenta hay mucha bibliografía, pero puede verse como síntesis D. KNOWLES: Great Historical Enterprises. Problems in Monastic History, Toronto, 1963.

La idea de *Volkërwanderung*, las migraciones bárbaras, contribuía desde la perspectiva historicista a explicar no sólo la caída de Roma, sino la distribución de pueblos en Europa y el norte de África, y por descontado proporcionaba una supuesta legitimidad a las aspiraciones germanas de los siglos XIX y XX. Habrá que anotar, sin embargo, que la explicación invasionista de la presencia de los bárbaros en el proceso del último tramo del imperio romano occidental no es exclusiva de autores en lengua alemana. La bibliografía es amplia, pero por citar un solo libro con notable difusión en los ámbitos académicos, la obra de Lucien Musset sobre las invasiones puede ser un buen ejemplo de la referencia del modelo invasionista como eje explicativo de los siglos III a VI.[21].

Ha habido ataques muy enjundiosos a todo esto; citaré algunos de inmediato. En términos generales, creo que tales ataques tienen razón en criticar ese modelo historiográfico como excesivamente rígido y mediatizado por la impronta nacionalista. Ni los bárbaros fueron una unidad, ni los llamados "pueblos" tampoco, ni el binomio romanos/bárbaros responde a una fractura, a dos mundos que sólo entraron en relación a través de las invasiones. La arqueología da cuenta de las relaciones entre el imperio romano y el mundo bárbaro del norte de Europa, con contactos comerciales en los que las exportaciones romanas permitieron a las jefaturas bárbaras asumir una buena parte de la simbología romana, de los artefactos que servían para indicar rango y poder[22].

Guy Halsall ha planteado recientemente que las invasiones fueron no tanto la causa del final de Roma como sistema político en Occidente, sino más bien una consecuencia de la progresiva erosión de las estructuras administrativas y militares imperiales[23]. Es un punto de vista contrario al modelo invasionista. Dentro de las opciones historiográficas en esa línea, una de las últimas obras de Walter Goffart ha apostado por una retórica de combate historiográfico, reduciendo el papel de los bárbaros en el final del imperio romano. En su libro de 1981, Goffart proponía que varios de los asentamientos de pueblos bárbaros (llamémosles así) en el período tardorromano no habían operado sobre la base del acceso directo a la tierra, sino a las rentas e impuestos (en su caso) que de las tierras se derivaban[24]. Esta explicación era un misil en la línea de flotación de la historiografía tradicional, que sostenía lo contrario, que los lotes (que era como se interpretraba el término *sortes* para ese contexto) eran la tierra misma, y no el ingreso derivado de la misma. No entro ahora en este asunto, que ha dado para un debate académico que sería objeto de otra ponencia.

Hay autores, como Jean Durliat, que han conectado sobremanera con los postulados goffartianos, y pretenden que los reinos bárbaros del siglo V, pero también los de los siglos VI y VII, y aun el sistema carolingio, eran básicamente una con-

21 L. MUSSET: Las invasiones. Las oleadas germánicas, Barcelona, 1982.

22 G. HALSALL: Barbarian Migrations and the Roman West, 376–568, Cambridge, 2007, 57 ss.

23 G. HALSALL: Barbarian Migrations, y más específicamente en su The Barbarian Invasions, en: P. FOURACRE (ed.): The New Cambridge Medieval History, I, c. 500–700, Cambridge, 2005, 35–55.

24 W. GOFFART: Barbarians and Romans. The Techniques of Accommodation, A.D. 418–584, Princeton, 1980.

tinuidad de la potencia fiscal romana[25]. A todo esto se refería la ironía de Chris Wickham a la que he aludido al inicio de esta ponencia. Sobre esa idea de continuidad, que Goffart aplicó en su libro de 1981 sobre las técnicas de asentamiento bárbaro en el imperio tardorromano, se fue edificando el edificio historiográfico de una continuidad romana que, necesariamente, marginaba cualquier papel bárbaro en los procesos históricos del final de Roma y de la fase posterior. Creo que la máxima deriva radical de sus posiciones llega con su libro *Barbarian Tides*, aparecido en 2006. En la introducción de dicha obra, que luego por otra parte revisita la polémica del asentamiento, y cuestiones de gran interés, Goffart anuncia que va a desmontar al nacionalismo germánico de la discusión académica sobre los bárbaros, y alude directamente a la llamada "escuela de Viena", esto es, a autores como Herwig Wolfram y Walter Pohl. Las críticas de Goffart son, en mi opinión, muy radicales[26].

La teoría sobre la etnogénesis de los bárbaros hunde sus raíces en una obra de Wenskus. Pero el desarrollo último de la misma ha venido de la mano de Wolfram y de Pohl. La idea sustancial es que los relatos sobre los orígenes de cada uno de los pueblos bárbaros que se recogen en textos romanos que han llegado hasta nosotros no son una mera invención. No quiere decir que sean ciertos, sino que su uso responde a la formación de unos núcleos de tradición, *Traditionskern*, forjados en el seno de las elites guerreras y políticas de cada *populus* bárbaro. Serían por lo tanto relatos puestos al servicio de esas mismas elites, que les permitieron justificar su hegemonía en un supuesto pasado, definido en esas leyendas, que se iba consolidando de generación en generación. La distancia fundamental entre estas ideas y las expuestas por Goffart, por ejemplo en su libro sobre algunos autores tardoantiguos y altomedievales, es que, pongamos por caso, Goffart ve en los relatos de Jordanes sobre los orígenes de los godos un mero juego literario, mientras que Wolfram interpreta que hay toda una carga de tradiciones centenarias que han sobrevivido como consecuencia del afianzamiento de las jefaturas godas, finalmente convertidas en monarquías territoriales[27]. Las críticas de Goffart y otros autores, como Gillet o Amory, entre otros, a esta versión tienen una base en la confianza que se pone en los relatos disponibles. Téngase en cuenta que Jordanes escribe desde Constantinopla en el siglo VI, que la versión de Cassiodoro, determinante a su vez en la de Jordanes, se ha perdido, que Gregorio de Tours acumula mucha información contradictoria, y, en fin, que

25 J. DURLIAT: Les finances publiques de Dioclétien aux Carolingiens, 284–889, Sigmaringen, 1990.

26 W. GOFFART: Barbarian Tides. The Migration Age and the Later Roman Empire, Philadelphia, 2006. En una línea similar, P. AMORY: People and Identity in Ostrogothic Italy, 489–554, Cambridge, 1997. Puede verse un compendio de trabajos ilustrativos de las distintas posiciones en: A. GILLETT (ed.): On Barbarian Identity. Critical Approaches to Ethnicity in the Early Middle Ages, Turnhout, 2002.

27 Los términos de ambos planteamientos en: W. GOFFART: The Narrators of Barbarian History (A.D. 550–800). Jordanes, Gregory of Tours, Bede, and Paul the Deacon, Princeton, 1988 y H. WOLFRAM: Origo et religio. Ethnic traditions and literature in Early Medieval texts, Early Medieval Europe, 3.1 (1994), 19–28.

Isidoro es incluso más tardío, lo cual es más evidente aún en los casos de Beda el Venerable y Paulo Diácono. Incluso desde posiciones historiográficas que defienden el agente bárbaro como catalizador principal de los procesos de base en los que cuajó el final del Imperio Romano (como es el caso de Heather) se ha puntualizado recientemente la atención que hay que prestar a esos desfases cronológicos, por ejemplo en la distancia que hay entre Tácito y Amiano Marcelino, y por lo tanto en sus referencias a los bárbaros[28].

Sin embargo, las puntualizaciones que en los últimos años ha hecho Walter Pohl al propio modelo de la etnogénesis creo que son muy útiles y operativas, y elevan a injustas – como señalaba unas líneas más arriba- las apreciaciones de Goffart en la introducción a su libro *Barbarian Tides*. Pohl aclara que los relatos sobre los orígenes no pertenecen a pueblos específicos, bien definidos y con una historia lineal. Ésa era la interpretación de la historiografía tradicional centroeuropea, que no es compartida en este aspecto al menos por Pohl. Y recalca las ideas ya expuestas por Wenskus y por Wolfram de que los mitos sobre los orígenes eran eso, paquetes míticos, no basados en hechos concretos, sino versátiles y al servicio de las elites en los procesos nada homogéneos de amalgama de grupos que en los textos aparecen como pueblos. En fin, creo que Pohl ha dejado bien claro que las aportaciones del modelo de la etnogénesis no proponen la vieja idea de los pueblos de foto fija, homogéneos y con una historia lineal rastreable en mapas con flechas, sino hipótesis mucho más complejas y que, creo, encajan bien en la idea de comprender que los pueblos bárbaros eran muy heterogéneos dentro de la aparente simplicidad de las etiquetas y nombres que han llegado hasta nosotros a través de Roma, por una parte; y también con una segunda idea, y es que dichos grupos estaban organizados sobre la base de oligarquías, unas cuantas familias que copaban los puestos dirigentes, y que probablemente controlaron un discurso histórico, que nosotros llamamos leyendas, que sirvió a los efectos de justificar su propia preeminencia[29].

Otro de los puntos en los que la discusión sobre los bárbaros es particularmente interesante es el de la eventual relación entre ciertos registros arqueológicos y los grupos humanos. En concreto, desde hace mucho tiempo se ha venido suponiendo que algunas hebillas y broches, entre otros artefactos, suponían una vinculación directa con tal o cual pueblo. De manera que era factible trazar líneas y flechas en los mapas, y señalar contornos con la ubicación exacta de los

28 P. HEATHER: Empires and Barbarians, Londres, 2009, 37ss; hay versión en español, con una modificación en el título, Emperadores y Bárbaros, Barcelona, 2010.

29 De entre la extensa producción de Pohl, me parece que los trabajos en los que más clara queda su defensa frente a los ataques de Goffart son W. POHL: El concepto de etnia en los estudios de la Alta Edad Media, en: L. K. LITTLE, B. H. ROSENWEIN (eds.): La Edad Media a debate, Madrid, 2003, 35–48; Aux origines d'une Europe ethnique: Identités en transformation entre antiquité et moyen âge, Annales: Histoire, Sciences sociales, 60.1 (2005), 183–208 y, más recientemente, "Il V secolo e la trasformazione del mondo romano", en: P. DELOGU, S. GASPARRI (ed.): Le trasformazioni del V secolo. L'Italia, I barbari e l'Occidente romano, Turnhout, 2010, 741–760. Véase además, entre otros de sus trabajos, Le origini etniche dell'Europa. Barbari e Romani tra antichità e medioevo, Roma, 2000.

ostrogodos, de los visigodos, o de los francos, por poner algunos ejemplos. La arqueología actual se encuentra muy dividida. Entre los arqueólogos de más prestigio hay quienes consideran factible profundizar en esa vía y quienes creen se debe desechar tal camino. En el primer modelo encajarían los trabajos de Kazanski y Périn y, en cierto modo, también de Paul Van Ossel para la Galia[30]. Para Italia, autores como Brogiolo, entre otros, argumentan en favor de la ecuación entre los poblados de *Grubenhauser* con los bárbaros[31]. Para Hispania habría que señalar los estudios de Gisela Ripoll, que recientemente ha planteado sus dudas al respecto[32]. En contra de este vínculo entre artefactos y tipologías de hábitats con respecto a determinados grupos bárbaros (anglos y sajones en Britania, ostrogodos y luego lombardos en Italia, visigodos en Hispania…) se han alzado varias voces, también desde el terreno arqueológico. Entre ellas, Quirós, Vigil Escalera, Von Rummel, entre otros[33].

A mi modo de ver esta discusión está dentro de otra más amplia aún, que toca con el punto anterior de esta ponencia, es decir, el enfoque historiográfico e intelectual sobre el final de Roma. El papel que se ha dado a los bárbaros está en ocasiones mediatizado por el nacionalismo, pero no siempre. Los autores actuales que proyectan la idea de un papel esencial de los bárbaros en el final de Roma, y que avalan por lo tanto la vieja idea de la caída, no lo hacen por los mismos motivos que algunos historiadores del siglo XIX o del XX. Más bien entiendo que subyace la idea de que hubo un final violento, una ruptura repentina, mientras que otros abogan por el largo recorrido que implica el concepto "transformación".

30 M. KAZANSKI, P. PÉRIN: Archéologie des Wisigoths en Gaule?, Zona Arqueológica, 11 (2002), 123–133, y sobre todo Identité ethnique en Gaule à l'époque des Grands Migrations et des Royaumes Barbares: étude de cas archéologiques, Antiquités Nationales, 39 (2008), 181–216; P. VAN OSSEL: Transformations et continuités aux contacts de trois cultures: les campagnes de la Gaule septentrionale au Ve siècle, en: P. DELOGU, S. GASPARRI (ed.): Le trasformazioni del V secolo, 579–600, trabajo en el que se defiende que el aumento del hábitat rural agrupado es el resultado de las infiltraciones „germánicas", en alusión a los francos y especialmente a la hegemonía de la época de Clodoveo.

31 Entre sus abundantes trabajos, véase por ejemplo G. P. BROGIOLO: Immigration and Urban Transformation in the Capitals of the West in the 5th century, en: P. DELOGU, S. GASPARRI (ed.): Le trasformazioni del V secolo, 215–236. Una síntesis de los argumentos en un trabajo escrito con A. CHAVARRÍA: Dai Vandali ai Longobardi: Osservazioni sull'insediamento barbarico nelle campagne dell'Occidente, en: G. M. BERNDT, R. STEINACHER (ed.): Das Reich der Vandalen und seine (Vor-)Geschichten, Viena, 2008, 261–281.

32 G. RIPOLL: The archaeological Characterisation of the Visigothic Kingdom of Toledo: the Question of the Visigothic Cemeteries, en: M. BECHER, S. DICK (ed.): Völke, Reiche und Namen im frühen Mittelalter, Münich, 2010, 161–179.

33 J. A. QUIRÓS CASTILLO (ed.): The Archaeology of Early Medieval Villages in Europe, Vitoria, 2009; A. VIGIL-ESCALERA Paisajes rurales del centro y noroeste de España durante el siglo V, en: P. DELOGU, S. GASPARRI (ed.): Le trasformazioni del V secolo, 601–638. Ver además G. HALSALL: Cemeteries and Society in Merovingian Gaul, Leiden-Boston, 2010. Sobre los vándalos ha de verse la revisión crítica que Philip von Rummel hace de la tradicional detección de grupos vándalos sobre la base de tal o cual artefacto arqueológico, P. VON RUMMEL: The Archaeology of 5th century Barbarians in North Africa, en: P. DELOGU, S. GASPARRI (ed.): Le trasformazioni del V secolo, 157–181.

Guy Halsall resumía ambas posturas en el binomio de los *movers* y los *shakers*, respectivamente[34]. Ambas posturas terminan derivando hacia la monocausalidad. Que los bárbaros tuvieron algo que ver en el final de Roma me parece difícilmente discutible, como también lo es la necesidad de que la arqueología ofrezca evidencias empíricas de calidad. Además, la etnicidad, de haber existido como categoría política e histórica, no fue algo fijo ni inmutable, sino precisamente cambiante, en constante adaptación a las circunstancias, pese a lo que pueda parecer desde una lectura presentista de los textos o del material arqueológico. En este sentido, las revisiones recientes de Pohl al propio modelo de la etnogénesis que él ha contribuido a explicar creo que son muy aclaratorias. Los signos de la etnicidad eran, en todo caso, instrumentales, servían para que la elite de cada conglomerado bárbaro afianzara su hegemonía, negociara con Roma, aglutinara más apoyos, y definiera su poder[35].

*

El final del Imperio Romano es un hito historiográfico en sí mismo. La evidencia empírica deja entrever que para 476 el imperio apenas controlaba Italia y poco más, que a duras penas había logrado conservar franjas de la Galia meridional durante los últimos años, y que la sucesión de emperadores en el poder era el reflejo de la desarticulación geopolítica experimentada desde comienzos del siglo V en Britania y la Galia septentrional, y en otras zonas en los años siguientes. Sin embargo, el problema de "476" como "final del imperio" alberga una enjundia que tiene que ver con las proyecciones ideológicas de la corte de Justiniano en el siglo siguiente, el VI. Y el papel de los bárbaros como "invasores", al mismo tiempo, parte de la evidencia según la cual nosotros manejamos la etiquetas con las que las fuentes romanas identificaron a grupos que, en la práctica, eran muy heterogéneos pese a que en nuestros textos aparezcan como "alamanes", "francos" o "vándalos". En esta ponencia he optado, como señalaba al principio, por un enfoque historiográfico. He tratado de insistir en la contradicción constante entre la imagen que las fuentes proyectaron tanto de "476" como de los bárbaros en el final de Roma y las discusiones actuales entre los especialistas. Que las fuentes respondían a los intereses de Justiniano (así el *comes* Marcelino o Jordanes, entre otros), o que los bárbaros jugaban un papel activo en la delimitación de la actuación de la divinidad en los asuntos terrenales (Orosio, Hidacio, Próspero, por citar tres casos) provoca un estímulo suficiente como para que la discusión sobre ambos puntos esté, creo, lejos de cerrarse.

34 G. Halsall: Movers and Shakers: the Barbarians and the Fall of Rome, Early Medieval Europe, 8.1 (1999), 131–145.

35 Vid. n. 29 Además, W. Pohl: Telling the Difference: signs of ethnic identity, en: W. Pohl, H. Reimitz (eds.): Strategies of Distinction. The Construction of Ethnic Communities, 300–800, Leiden, 1998, 17–69.

¿DECADENCIA ROMANA Y ANTIGÜEDAD TARDÍA? LOS TÉRMINOS DEL DEBATE HISTORIOGRÁFICO ACTUAL*

María Victoria Escribano Paño (Universidad de Zaragoza)

El debate historiográfico sobre el final del Imperio romano es en buena medida una discusión sobre la utilidad de las periodizaciones[1], que como tales están sometidas a la precariedad de la provisionalidad derivada de la cambiante percepción del pasado propia de cada época – el Constantino de Burckhardt no es el mismo que el de Barnes[2]-, a su vez condicionada por circunstancias políticas, preferencias ideológicas y tendencias sociales asimismo contingentes: ninguna es objetiva, todas, desde la Antigüedad, implican una interpretación. En el último siglo, la elaboración de la categoría cronológica e historiográfica de Antigüedad Tardía y su transformación en disciplina ha sido un acontecimiento historiográfico de los más relevantes en el ámbito de las periodizaciones, con la suma de una nueva época a las edades convencionales, y en particular de la Historia Antigua, al prolongar su duración reduciendo los 1000 años de 'decadencia' definidos por los Humanistas del Renacimiento como Edad Media[3].

Sin embargo, puesto que la organización del espacio y el tiempo en períodos no es solamente una cuestión formal ajena a la investigación histórica, sino que puede constituir el planteamiento mismo de la indagación – no es lo mismo interpretar el 476 como vértice de la decadencia del Imperio romano que como parte de un proceso de transformación- su concepto, límites cronológicos y geográficos han sido objeto de debate desde los decimonónicos días de Alois Riegl[4]

* Este trabajo forma parte del proyecto de investigación HAR2013-41470-P, financiado por la Subdirección General de proyectos del Ministerio de Economía y Competitividad.

1 Vid. a propósito A. MARCONE: La tarda antichità o della difficoltà delle periodizzazioni, Studi Storici 45, 2004, 25–36.

2 J. BURCKHARDT: Die Zeit Constantins des Grossen, Basel, 1853; cfr. última monografía sobre Constantino de T.D. BARNES: Constantine, Dinasty, Religion and Power in the Late Roman Empire, Oxford, 2011.

3 Flavius Biondus, Historiarum ab inclinatione Romanorum imperii decades tres, 1483, fue el primero en transformar en fórmula historiográfica la idea de decadencia – *inclinatio* – que tiene su matriz en la propia Antigüedad. Vid. sobre el concepto de decadencia/declive P. BURKE: Tradition and Experience: The Idea of Decline from Bruni to Gibbon, Daedalus 105, 1976, 137–152; Cfr. J.H.W.G. LIEBESCHUETZ: Late Antiquity and the Concept of Decline, Nottingham Medieval Studies 45, 2001, 1–11.

4 Como es sabido, utilizó el término Spätantike en un catálogo de tejidos egipcios: A. RIEGL: Die ägyptischen Textilfunde im K.k. Österreich. Museum, allgemeine Charakteristik und Katalog, Wien, 1889; Id.: Die Spätrömische Kunstindustrie nach der Funden in Österreich-Ungarn, Wien, 1901, 1923. Sobre el uso posterior del término vid. E. JAMES: The Rise and

y, más aún, desde que Peter Brown publicara *The World of Late Antiquity. From Marcus Aurelius to Muhammad*[5] en 1971, cuyas innovadoras y optimistas propuestas, en lo que a concepto, tiempo y espacio se refieren, están bien sintetizadas en el título. La perspectiva tradicional gibboniana, centrada en las nociones de crisis, decadencia, declive[6], y la consiguiente interpretación pesimista del final del mundo antiguo parecían expulsadas definitivamente del territorio historiográfico y sustituidas por la dilatación cronológica y espacial, el abandono de la periodización convencional, la preferencia por lo cultural como objeto de indagación y la anacrónica adopción de la "retórica de la modernidad" – expresión ésta de Giardina- para una época caracterizada por la innovación y el cambio[7]. En efecto, la discusión se ha intensificado en la primera década de nuestro siglo, en parte estimulada por el artículo de Andrea Giardina sobre la *Esplosione di tardoantico* de 1999[8], exponente de la tradición historiográfica italiana, a propósito de los excesos de la nueva ortodoxia tardoantigua sobre la "continuidad" y la "transformación" de matriz browniana, que prima las fuentes orientales en detrimento del Occidente latino[9], sacrifica los aspectos políticos, institucionales o económicos a la hipertrofia de los fenómenos socio-culturales y religiosos, con una fuerte impostación antropológica y psicológica, y desdibuja los límites cronológicos de la Antigüedad en una constante e incierta prolongación. De hecho, aunque el concepto de "the 'long' late antiquity" defendido por Averil Cameron mantiene su

Function of the Concept Late Antiquity, JLA 1, 2008, 20–30; S. REBENICH: Late Antiquity in Modern Eyes, en: Ph. Rousseau (ed.): A Companion to Late Antiquity, Oxford, 2009, 77–96.

5 P. BROWN: The World of Late Antiquity: From Marcus Aurelius to Muhammad, London, 1971; reeditado en 1989, devino The World of Late Antiquity, AD 150–750. Previamente había publicado The Making of Late Antiquity, Cambridge Mass., 1978. Vid. discusión de P. Brown sobre el libro con G. W. BOWERSOCK, A. CAMERON, E. A. CLARK, A. DIHLE, G. FOWDEN, P. HEATHER, P. ROUSSEAU, A. ROUSSELLE, H. TORP y I.N. WOOD, en: The World of Late Antiquity Revisited, y Comments to Peter Brown, en: Symbolae Osloenses 72, 1997, 5–30 y 31–69.

6 E. GIBBON: The History of the Decline and Fall of the Roman Empire, D. WOMERSLEY, (ed.): 6 vols. London, 1994. Sobre la Dekadenzidee vid. A. DEMANDT: Das Ende des Altertums in Metaphorischer Deutung, Gymnasium 87, 1980, 178–204; Id.: Der Untergang Roms als Menetekel, Archiv für Kulturgeschichte 61, 1979, 272–291; Id.: Der Fall Roms. Die Auflösung römischen Reiches im Urteil der Nachwelt, München, 1984; Id.: Die Spätantike, Römische Geschichte von Diocletian bis Justinian 284–565, München, 1989.

7 Vid. G. W. BOWERSOCK: The Vanishing Paradigm of the Fall of Rome, Bulletin of the American Academy of Arts and Sciences 49, 1996, 29–43 = Id., Selected Papers in Late Antiquity, Bari, 2000, 187–197.

8 A. GIARDINA: Esplosione di tardoantico, in G. MAZZOLI, F. GASTI (ed.): Prospettive sul Tardoantico. Atti del Convegno di Pavia 27–28 novembre 1997, Como 1999, 9–30 = Studi Storici 40, 1999, 157–180. Tres años antes había planteado la cuestión desde presupuestos considerados marxistas A. SCHIAVONE: La storia spezzata, Roma/Bari, 1996; Cfr. G. FOWDEN: Elefantiasi del tardoantico?, JRA 15, 2002, 681–686 defensor de la larga duración.

9 De los más de 40 libros publicados por la Universidad de California en la serie The Transformation of the Classical Heritage bajo la égida de Peter Brown, menos de la tercera parte conciernen al Occidente latino.

predicamento, con el primer Islam como parte integrada, la propia estudiosa ha manifestado algunas dudas al respecto[10].

Las reflexiones sobre el 'tardoantico' reunidas en el volumen 45 de la revista *Studi Storici* en 2004[11] o los tres artículos sobre periodización contenidos en el primer volumen del *Journal of Late Antiquity* de 2008[12] son una buena muestra de la vitalidad de la controversia. Por otra parte, el desarrollo del proyecto *The Transformation of the Roman World* de la *European Science Foundation* (desde 1993), la continuidad de las conferencias del programa *Shifting Frontiers in Late Antiquity*, estimuladas por la propuesta browniana de "the shifting and re-definition of the boundaries of the classical world"[13] -desde la primera, celebrada en la Universidad de Kansas en 1995 y editada al año siguiente por Ralph W.Mathisen y Hagith S. Sivan, hasta la última publicada en 2012[14]-, la creación del *Oxford Centre for Late Antiquity* (*OCLA*) en 2007, la exitosa consolidación de revistas especializadas en el período como *Antiquité tardive,* -órgano de la *Association pour l'Antiquité Tardive (APAT,* Paris*),* desde su creación en el Congreso de Lyon de 1986-, o la más reciente *Journal of Late Antiquity*, editada por The Johns Hopkins University Press desde 2008, y la continuidad de la napolitana *Associazione di Studi Tardoantichi* (*AST* Napoli) a partir de 1975 pueden interpretarse como indicios de que los estudios sobre la que Marrou definió como "otra Antigüedad", otra civilización distinta de la clásica, con autonomía metodológica y entidad propia[15], no están en *decadencia,* aunque sí sometidos a una severa revisión crítica. En estos casos se opta por la larga duración de la Antigüedad Tardía, si bien no hay coincidencia plena en la fijación de los límites. El

10 A. CAMERON: The Perception of crisis, en Morfologie sociali e culturali in Europa fra tarda antichità e alto medioevo, Settimane di Studio del Centro Italiano di Studi sull'Alto Medioevo 45, Spoleto 1998, 9–34; Ead. The 'long' late antiquity. A late-twentieth century model?, in T.P. WISEMAN (ed.): Classics in Progress, British Academy Centenary volume, Oxford 2002, 165–191.

11 E. LO CASCIO: Gli «spazi» del Tardoantico. Premessa, Studi Storici 45, 2004, 5–6; G. BOWERSOCK: Riflessioni sulla periodizzazione dopo «Esplosione di Tardoantico» di Andrea Giardina, ibid. 7–13; L. CRACCO RUGGINI: Come e perché è «esploso» il tardoantico?, ibid. 15–23; MARCONE: La tarda antichità, ibid. 25–36; A. SCHIAVONE: Piccolo esperimento mentale in tre sequenze, ibid. 37–40 y A. GIARDINA: Tardoantico: appunti sul dibattito attuale, ibid. 41–46.

12 A. MARCONE: A long late antiquity? Considerations on a controversial periodization, JLA 1, 2008, 4–19; E. JAMES: The Rise and Function of the Concept Late Antiquity, ibid., 20–30; C. ANDO: Decline, Fall and Transformation, ibid. 31–60.

13 BROWN: The World of Late Antiquity, 19.

14 R. W. MATHISEN, H. S. SIVAN (ed.): Shifting Frontiers in late Antiquity, Aldershot, 1996; D. BRAKKE, D. DELIYANNIS, E. WATTS (ed.): Shifting Cultural Frontiers in Late Antiquity, Farnham, 2012. La próxima reunión tendrá lugar en Otawa, Canadá, en marzo de 2013 sobre The Transformation of Literary and Material Genres in Late Antiquity.

15 H. I. MARROU: Décadence romaine ou Antiquité tardive? IIIe–VIe siècle, Paris, 1977. Suponía la introducción de la Late Antiquity en el vocabulario francés. Antes en Saint Augustin et la fin de la culture antique aparecido en 1938 y reeditado en Paris en 1949 con la famosa *Retractatio* ya había subrayado el interés de los valores culturales como objeto historiográfico.

programa *Shifting Frontiers* en 1995 entendía por *Late Antiquity* los años comprendidos entre 260 y 640; en la página web de presentación del *OCLA* figuran los años 250–750 como hitos de apertura y clausura del período; la revista *Antiquité Tardive* se autodefine como *Revue Internationale d'histoire et Archéologie (IVe–VIIIe s.);* el *JLA* afirma que "One of the primary goals of the journal is to highlight the status of Late Antiquity (250–800) as a discrete historical period in its own right" y, finalmente la *AST* cubre los ss. II–VIII como objeto de interés. Sin embargo, la *Cambridge Ancient History* (*CAH*) opta por el 600 como fecha final, mientras el *Blackwell Companion to Late Antiquity* (Oxford) y el *Oxford Handbook of Late Antiquity* (*OHLA*) ponen el punto final en 650–700. La discordancia de fechas es indicativa de que el paradigma de la continuidad no implica unanimidad en la medida de la duración y que los límites de la "transformación" están afectados de incertidumbre.

Por el contrario, los dos volúmenes dedicados a la *Età tardoantica* como colofón de la *Storia di Roma* dirigida por Aldo Schiavone y publicada por Einaudi (Torino, 1993) se detienen en el s. V, optando por *il termine breve*, lo que demuestra que la cronología de la Antigüedad tardía, como su geografía y ámbito temático, inescindibles entre sí, siguen siendo cuestiones controvertidas y no resueltas[16]: entre el principado de Marco Aurelio (161–180) y la coronación de Carlomagno como *Imperator Augustus* por el papa León III en la Navidad del año 800 el Imperio romano como estructura de poder unitaria de Britania al Éufrates había desaparecido y había sido sustituido por una variedad inestable de formaciones políticas, y, por otra parte, los cultos tradicionales romanos habían cedido su lugar al cristianismo, pero no hay acuerdo sobre cuándo y cómo. Surgen preguntas a propósito de si la desaparición del emperador de Occidente puede ser relegada a la categoría de no-acontecimiento o las invasiones germánicas considerada una leve interrupción[17] y se hace explícito el temor a que la *long Late Antiquity* pueda disolver la periodización misma.

La Antigüedad tardía como campo de estudio es, en buena medida, un producto de la erudición anglo-americana de las dos últimas generaciones, sin

16 MARCONE: A Long Late Antiquity, 5, n. 3 señala el contraste entre el artículo de Lellia Cracco Ruggini al comienzo del vol I, esencialmente optimista en la línea historiográfica de Brown, y el pesimista de Andrea Carandini en la apertura del vol 2. Vid. L. CRACCO RUGGINI: Il Tardoantico: Per una tipologia dei punti critici, en: A. SCHIAVONE (dir.): Storia di Roma, vol.3, 1, L'età tardoantica, Crisi e trasformazioni, Torino, 1993, 33–44; A. CARANDINI: L'ultima civiltà sepolta o del massimo oggetto desueto, secondo un archeologo, ibid. 3,2, I luoghi e le culture, 11–38. Más allá del contraste, resumen dos posiciones vivas en la historiografía italiana. Sobre la geografía de la Antigüedad tardía vid. H. INGLEBERT: Interpretatio Christiana. Les mutations des savoirs (cosmographie, géographie, ethnographie, histoire) dans l'Antiquité chrétienne (30–630 après J.-C.). Paris, 2001, 25–108; Id. Atlas des Romains et des barbares : la fin de l'empire romain d'Occident Paris, 2009.

17 Vid. JAMES: The Rise and Function 27, comentando afirmaciones como la formulada por la misma A. CAMERON: The Perception of Crisis, 11: "It does not any longer seem appropriate to pose our problems in terms of political change or the fall of Empire".

menospreciar las tradiciones francesa, alemana e italiana[18], y se configura como reacción a la narrativa de la idea de decadencia de la Ilustración y sus epígonos y a la historia política, institucional y militar[19] que confluyen en la *History of the Decline and Fall of the Roman Empire* de Gibbon (desde 1776). A partir de estos considerandos, resulta lógico que la crítica reciente a la larga duración y a la pancontinuidad provenga de la provincia anglófona y se enmarque en un contexto de crisis en el que han vuelto a ser relevantes los dilemas del Imperio romano, en contra de lo que sostenía Brown en 1982[20], y las expresiones de decadencia y caída, que habían sido desterradas del vocabulario de los historiadores- basta fijarse en el título del proyecto de la *ESF* centrado exclusivamente en la noción de 'transformation'-, se han vuelto a oír en el contexto historiográfico[21], contradiciendo la afortunada metáfora de la *caduta senza rumore* del Imperio creada por Momigliano, maestro de Peter Brown[22]. La prevalente indagación socio-cultural y religiosa que prima la parte oriental frente al Imperio romano de Occidente, bien representada en el volumen *Late Antiquity* de 1999 de Bowersock, el mismo Brown y Grabar[23], que empezó a ser cuestionada ya en los años 90, como se ha dicho[24], está siendo objeto de distanciamiento escéptico, resistencia militante, cuando no ataque abierto en la última década, sobre todo desde el ámbito metodológico de la arqueología. Puede decirse que las más fecundas aproximaciones a

18 C. ANDO: Decline, Fall, 31–60; Id.: Narrating Decline and Fall, en: P. ROUSSEAU (ed.): A Companion to Late Antiquity, Oxford, 2009, 59–76.

19 Vid. C. Ando: The Palladium and the Pentateuch: Towards a Sacred Topography of the Later Roman Empire, Phoenix 55, 2001, 369–410, sobre los límites ideológicos, temáticos y cronológicos de la Antigüedad tardía.

20 P. BROWN: Society and the Holy in Late Antiquity, London, 1982, 62: "The problem of the decline and fall of the Roman Empire may not be relevant to western man's image of himself and his society."

21 Vid. al respecto A. MARCONE: La Tarda Antichità e le sue periodizzazioni, Rivista storica italiana, 112, 2000, 318–334; Id.: La caduta di Roma all'inizio del III millennio, en: P. DESIDERI, M. MOGGI, M. PANI (ed.): Antidoron. Studi in onore di Barbara Scardigli Forster, Pisa, 2007, 267–280; Id. La periodizzazione storiografica e i suoi problemi, en: E. BIASIN, R. MENARINI, F. ZECCA (ed.): Le età del cinema cinema, Udine, 2008, 23–29; Id. A Long Late Antiquity? 4–19.

22 A. MOMIGLIANO: La caduta senza rumore di un impero nel 476 d.C., en: Ann. Sc. Norm. Pisa, III serie, 3, 1973, 397 [= in Sesto contributo alla storia degli studi classici e del mondo antico, I, Roma, 1980, 159].

23 G. W. BOWERSOCK, P. BROWN, O. GRABAR (eds.): Late Antiquity: A Guide to the Postclassical World, Cambridge Mass. 1999.

24 Ya en 1993 A. CAMERON advertía en The Mediterranean World in Late Antiquity, 395–600, London, 1993, 6, a propósito del descuido de las cuestiones políticas y administrativas predominante en el modelo browniano: "Late Antiquity is in danger of having become an exotic territory, populated by wild monks and excitable virgins and dominated by the clash of religions, mentalities, and lifestyles". En el mismo año A. CARANDINI, desde la experiencia de la que denominaba reciente filología estratigráfica (no la vieja arqueología monumental), reivindicaba la idea de decadencia y catástrofe: "La catastrofe del mondo antico non è una ideologia ma un fatto"; "L'idea del declino ha dunque un suo fundamento oggetivo – come cercheremo di dimostrare – né è il riflesso di idee radicali soggetive e transeunti"; Vid. CARANDINI: L'ultima civiltà sepolta, 12.

este territorio historiográfico de límites cambiantes se han hecho desde la disciplina arqueológica, que se ha asomado a la Antigüedad tardía, tanto desde la orilla antigua como la medieval, con entusiasmo.

Wolfgang Liebeschuetz ha sido considerado el leader de los que J. J. O'Donnell[25] ha denominado los 'Counter-Reformers'. En 2006, en el artículo final de una colección de 17 trabajos publicados, con excepción del primero, entre 1993 y 2004[26], discutía los conceptos de continuidad, cambio, decadencia y multiculturalismo y el uso que los estudiosos de la Antigüedad tardía han hecho de estos conceptos en las tres últimas décadas. Pone en relación la concentración de los 'reformadores' en el fenómeno del multiculturalismo con un interés generalizado en el presente por lo que denomina la "harmonious coexistence of different cultures'" y sentencia: "The outlawing of the concept of decline is merely a radical application of multiculturalism". Concluye que son razones políticas e ideológicas las que impiden a los historiadores de hoy utilizar la palabra decadencia para referirse a los fenómenos experimentados por las estructuras políticas e institucionales romanas como consecuencia de las invasiones bárbaras y defiende la validez de los términos *Decline* y *Fall* para el análisis histórico, siempre que se utilicen con propiedad y sin abusos. El propio Liebeschuetz los había empleado en su estudio sobre la decadencia de la ciudad romana: basándose en análisis regionales y evidencias materiales sostenía el colapso de determinadas ciudades, más en Occidente que en Oriente, entre el s. V y VII, gradual en unos casos, repentino en otros, si bien, señalaba el historiador de Nottingham, "the decline involved not only the end of one kind of city, but also the beginning of another, and indeed of several other kinds of city"[27].

Por su parte, en 2005, el eminente arqueólogo Bryan Ward-Perkins, director del *OCLA*, llevó al título de su obra, publicada por la universidad de Oxford, su diagnóstico sobre el proceso histórico que marca el final de la Antigüedad y en el que resuena el eco gibboniano: *The Fall of Rome and the End of Civilization* de 2005. Censura con datos la desatención hacia el Imperio romano de Occidente en la obra emblemática del paradigma browniano, la mencionada *Late Antiquity*, que los autores presentaban como "a guide ... not an encyclopedia, a dictionary, or a lexicon"[28], para el estudio de una larga antigüedad, definida como la "época de las

25 Bryn Mawr Classical Review 2005.07.69: "The Counter-Reformation in late antique studies is well under way".

26 J.H.G.W. LIEBESCHUETZ: Decline and Change in Late Antiquity: Religion, Barbarians and their Historiography. Aldershot, 2006, 644. Vid. también Id. The Uses and Abuses of the Concept of 'Decline' in Later Roman History or was Gibbon politically incorrect? con las respuestas de A. CAMERON, B. WARD-PERKINS, M. WHITTOW y L. LAVAN en: L. LAVAN (ed.): Recent Research in Late-Antique Urbanism, JRA suppl. vol. 42, Portsmouth, Rhode Island, 2001, 233–245; Id. Late antiquity, the Rejection of Decline and Multiculturalism, AARC 14, 2003, 639–652

27 J.H.W.G. LIEBESCHUETZ: The Decline and Fall of the Roman City, Oxford, 2001, 415; Id. Late Antiquity and the Concept of Decline 4 señala a propósito de la reluctancia a aplicar la categoría de decadencia en la historiografía reciente: "Historians have become reluctant to admit that anything ever becamesmaller, or less effective, or worse in any way".

28 BOWERSOCK, BROWN, GRABAR: Late Antiquity, A Guide, 12.

religiones y los imperios", del 250 al 800, del Atlántico a Afganistán. Las cifras son elocuentes: de 183 entradas, de los Abásidas a Zurvan, sólo 62 se refieren a Occidente. Mientras faltan voces para Anglo-sajones, Bretones, Francos y Visigodos, pululan por doquier en el libro ángeles, demonios, el cielo, el infierno, el paraíso. Entre la plegaria y la pornografía, no hay un artículo dedicado al prefecto del pretorio que era una especie de vice-emperador[29]. Esta opción temática, que antepone los tópicos socio-culturales, religiosos y etnográficos a los políticos, institucionales y militares, imposibilita el análisis de fenómenos económicos definitivos para la suerte del Imperio y que causaron el final de una determinada civilización. En concreto, desde una perspectiva romanocéntrica y con base en el análisis de la cultura material conservada en registros arqueológicos, Ward-Perkins desarticula la tesis minimalista de la pacífica integración de los Germanos apuntando que la cesión de rentas fiscales a los bárbaros, en la medida en que comportaba la ruptura de sistema romano, implicó el final del Imperio como estructura unitaria, aunque el proceso de diferenciación regional había comenzado antes, como señala Wickham[30]. Aunque no intentaban destruir la sociedad romana por vía militar, al provocar el colapso de su economía con la desaparición de industrias y redes comerciales, el desmantelamiento de un determinado sistema productivo, con sus consiguientes efectos materiales y culturales, y el debilitamiento de las estructuras políticas y burocráticas, los Germanos provocaron cambios cualitativos en las condiciones de vida de una sociedad sofisticada que retornó a niveles pre-romanos[31]. Los registros materiales así lo indican. Obviamente los cambios no fueron uniformes: no afectaron por igual a todas las partes del Imperio, ni al mismo tiempo. Sobrevivió mejor Oriente, que incluso conoció un notable desarrollo en los ss. V y VI, sólo interrumpido a partir del 600. En Occidente, Britania fue la primera en caer, iniciando su declive a comienzos del s. V. Italia eludió el deterioro irreversible hasta el 600, mientras los registros de Africa proporcionan indicios de un lento empeoramiento hasta el s. VII. Desde estos suspuestos, Ward-Perkins es taxativo:

29 B. WARD-PERKINS: The Fall of Rome and the End of Civilization, Oxford, 2005, 170, 172. Vid. comentario en JAMES: The Rise and Function, 26. La crítica podría hacerse extensiva, por las mismas razones, al más reciente Blackwell Companion to Late Antiquity de 2009.

30 C. WICKHAM: Studing Long-term in the West, A.D. 400–800, en: L. LAVAN (ed.): Theory and Practice in Late Antique Archaeology, Leiden, 2003, 385–403.

31 WARD-PERKINS: The Fall of Rome, 137: "The post-Roman world reverted to levels of economic simplicity, lower even than those of immediately pre-Roman times with little movement of goods, poor housing, and only the most basic manufactured items. The sophistication of the Roman period, by spreading high-quality goods widely in the society, had destroyed the local skills and the local networks that, in pre-Roman times, had provided lower-level economic complexity. It took centuries for people in the former empire to reacquire the skills and the regional networks that would take them back to these pre-Roman levels of sophistication."

> I defend the right of historians to use difficult words like 'civilisation' and 'crisis'; I have used 'decline' in this negative sense, very explicitly, because I believe a great deal was lost with the end of ancient sophistication[32].

El mismo vocablo, 'Fall' con connotaciones más descriptivas, comparece en el provocador título de la obra de otro historiador británico, Peter Heather: *The Fall of the Roman Empire: a New History*[33]. Ha sido discípulo de John Matthews y colaborador del proyecto *The Transformation of the Roman World* de la European Science Foundation, aunque su metodología, en la que prima 'los hechos' sobre 'las representaciones', y su preferencia por la historia militar del Occidente romano lo distancian del paradigma de la 'transformation'. Atribuye la caída de Roma, recuperando la data tradicional de 476 y omitiendo la perspectiva contextual, a una causa exógena: la llegada de los Hunos al Oeste euroasiático habría dado lugar a una serie concatenada de empujes de pueblos que llevaron a los más próximos al *limes* romano a forzar sus fronteras y a buscar refugio en el interior del Imperio. El daño infligido a las provincias romanas de Occidente por la guerra continua, con períodos críticos álgidos en torno a 376–378 y 408–410, la pérdida de territorios, la consiguiente disminución de ingresos en las cajas imperiales y la desintegración del aparato político-militar del Imperio condujeron a su caída en un proceso en el que la violencia fue un factor constante.

Recientemente, la inconsistencia del 476 como fecha simbólica del final del Imperio romano[34] ha sido argumentada por Orazio Licandro en una *Lezione* dada en la sede napolitana de la *AST* en febrero de 2011 bajo el título *476 A.D. L'Impero vive ancora ...,* La destitución del pequeño Rómulo Augustulo por el hérulo Odoacro se inscribe en un siglo y medio de conjuras, relevos, efímeras usurpaciones (Constantino III, Jovino, Geroncio) y acontecimientos convulsos que les restan el carácter excepcional que se le ha reconocido en la historiografía moderna[35]. En el 455 Roma había sido expoliada de sus tesoros por el vándalo

32 WARD-PERKINS: The Fall of Rome 182. Cfr. W. GOFFART: Barbarians and Romans. The Techniques of Accomodation, Princeton, 1987; Id.: Barbarian Tides: The Migration Age and the Later Roman Empire, Philadelphia, 2006; J. DURLIAT: Le salaire de la paix sociale dans les royaumes barbares, en: H. WOLFRAM, A. SCHWARCZ (ed.): Anerkennung und Integration: Zu den wirtschaftlichen Grundlagen der Völkerwanderungszeit (400–600), Wien, 1988, 21–72 y el comentario de MARCONE: A Long Late Antiquity? 9.

33 P. HEATHER: The Fall of the Roman Empire: a New History, London, 2005. Cfr. J.W. ERMATINGER: The Decline and Fall of the Roman Empire, London, 2004.

34 Ya en 1993 Av. CAMERON: Le società romano-barbariche e le società dell'Oriente bizantino: continuità e rotture, en: A. SCHIAVONE (dir.): Storia di Roma. III. L'età tardoantica. I. Crisi e trasformazioni, Torino, 1993,991–1016: 1013, dudaba del carácter epocal atribuido al 476: "Anche dopo il 476, non fu chiaro cosa significasse in termini costituzionali il governo di Odoacre, e Teodorico, che lo rovesciò nel 488 stabilendo in Italia un comando ostrogoto, agì sotto gli auspici dell'imperatore orientale Zenone e, come i re merovingi in Gallia, assunse verso Costantinopoli un atteggiamento in apparenza deferente. Fu forse conveniente lasciare in certo modo in sospeso la questione se l'Impero occidentale fosse, o no, realmente perso." Vid. también A. BALDINI: L'impero romano e la sua fine, Bologna, 2008, 12.

35 V. NERI: Il 476 nella storiografia moderna, Felix Ravenna, 1976, 247–267; G. TODESCHINI: Per una semantica storiografica del 476, ibid. 269–292; S. CALDERONE: Alle origini della 'fi-

Genserico; en 461 el *magister militum* visigodo Ricimero había asesinado a Mayoriano; en el 465 había sido eliminado Livio Severo, al que Constantinopla no había reconocido; en 472 Ricimero había depuesto a Antemio y había sido proclamado Anicio Olibrio; en el 473 Gundebado, *patricius* y *magister militum*, había promovido a Glicerio; en el 474 Julio Nepote, *magister militum*, destituyó a Glicerio y ocupó su lugar. Finalmente en el 475 Orestes depuso a Julio Nepote y sentó en el trono a su hijo Romulo Augustulo, pero la corte de Constantinopla siempre consideró a Nepote el emperador legítimo hasta su muerte en el exilio de Dalmacia en 479 o 480. En consecuencia, como señala Licandro, Odoacro destituyó a un usurpador a los ojos del emperador constantinopolitano. A estos hechos hay que sumar el escaso eco que el episodio de Rómulo Augústulo tuvo en la historiografía, en nada comparable a los efectos atribuidos al saco de Roma por las tropas de Alarico en 410, fecha elegida por Zósimo para poner fin a su historia de la decadencia romana[36]. El análisis de las fuentes del 476 muestra que sólo Jordanes y el *comes* Marcellinus, asocian la destitución de Rómulo Augústulo con la caída del Imperio romano de Occidente[37].

De acuerdo con esta secuencia, el 476, cuyo significado institucional y político no debe soslayarse en términos absolutos, sobre todo si se pone en relación conmemorativa con el desastre de Adrianópolis en 378, no fue el hito decisivo para los contemporáneos, para quienes el triunfo del cristianismo o el saco de

ne' del'impero romano d'Occidente, en La fine dell'impero romano d'Occidente, Roma, 1978, 27–48; A. DEMANDT: Der Fall Roms, 62–73.

36 W. GOFFART: The First Historian of Rome's Fall, AHR 1971, 412–441, aunque el título resulta cuestionable.

37 Iord., Rom. 344–345: *Parte vero Esperia Nepotem imperatorem Orestes fugatum Augustulum suum filium in imperium conlocavit. Sed mox Odoacer genere Rogus Thorilingorum Scirorum Herolorumque turbas munitus Italiam invasit Augustulumque imperatorem de regno evulsum in Lucullano Campaniae castello exilii poena damnavit. [345] Sic quoque Hesperium regnum Romanique populi principatum, quod septingesimo nono urbis conditae anno primus Augustorum Octavianus Augustus tenere coepit, cum hoc Augustulo periit anno decessorum regni imperatorum quingentesimo vicesimo secundo: Gothorum dehinc regibus Romam tenentibus; Get. 46.242–243: Augustulo vero a patre in Ravenna imperatore ordinato non multum post Odoacer Torcilingorum rex habens secum Sciros, Herulos diversarumque gentium auxiliarios Italiam occupavit et Orestem interfectum Augustulum filium eius de regno pulsum in Lucullano Campaniae castello exilii poena damnavit. [243] Sic quoque Hesperium Romanae gentis imperium, quod septingentesimo nono urbis conditae anno primus Augustorum Octavianus Augustus tenere coepit, cum hoc Augustulo periit anno decessorum prodecessorumve regni quingentesimo vicesimo secundo, Gothorum dehinc regibus Romam Italiamque tenentibus. Marcell., Chron., ad a. 476, 2: Hesperium Romane gentis imperium, quod DCCIX urbis conditae anno primus Augustorum Octavianus Augustus tenere coepit, cum hoc Augustulo periit, anno decessorum regni imperatorum DXXII, Gothorum dehinc regibus Romam tenentibus.* Vid. L. CRACCO RUGGINI: Come Bisanzio vide la fine dell'impero d'Occidente, en La fine dell'impero romano, 69–82; B. CROKE: The Manufacture of a Turning Point, Chiron 13, 1983, 81–119 y el trabajo fundamental de G. ZECCHINI: Il 476 nella storiografia latina tardoantica, Aevum 59, 1985, 3–23 = Ricerche di sttoriografia latina tardoantica, I, Roma, 1993, 65–90, donde analiza las fuentes relativas a los hechos resumidos y la interrelación entre Símaco, Casiodoro y Jordanes. Para ZECCHINI el cap. 20 de la Vita S. Severini de Eugippius contiene el más antiguo enunciado de la *finis Romae*.

Roma tuvieron mayor impacto, pero sí se inscribe en la larga serie de turning points que conducen a la fragmentación del Imperio romano[38]. Por otro lado, como apuntaba Chris Wickham en el mismo 2005, ninguno de los estados que se formaron en el solar del Imperio romano, competidores entre ellos, llegó a alcanzar su fortaleza en las estructuras económicas y políticas. Llegaba a esta conclusión desde la margen medieval y en un estudio económico – una aportación brillante en una provincia historiográfica lastrada por la escasez de historia económica, como es la Antigüedad tardía- que relativizaba la problemática de la continuidad o ruptura atendiendo a los cambios en la estructura agraria y el sistema productivo y teniendo en cuenta la diversidad regional, sin dejar de reconocer la importancia de la política para la economía[39].

Finalmente, otro medievalista de la universidad de Dublin, Edward James, en 2008, en el primer volumen del *Journal of Late Antiquity*, publicó lo que puede ser considerado un alegato contra los riesgos de distorsión histórica implícitos en lo que denomina "the project of late Antiquity" del que *The World of Late Antiquity* de Peter Brown habría sido el manifiesto y matriz temática y metoológica para los "tardoantiquistas"[40], si bien, advierte: "My piece is, however, ethnocentric: it is concerned not with Spätantike but with "Late Antiquity," in the English-speaking world". El análisis de las paradojas de dicho proyecto, del que es heredero, en parte, el europeo *The Transformation of the Roman World*, le lleva a identificar la ideología que ambos representan, el presentismo, es decir, la proyección del presente en el pasado forzando las coincidencias para buscar en la Antigüedad tardía las raíces de la modernidad, y – en este punto coincide con Liebeschuetz- el multiculturalismo, más evidente en el TRW:

> It is not about decline or barbarian invasions, but about assimilation and integration, about the construction of new ethnicities, and so on. Discussions of the Late Roman Empire in terms of the destruction of a civilization by (largely Germanic-speaking) barbarians, or the revitalization of a stagnating empire by the fresh and vigorous inhabitants of the German world, did in the past offer many opportunities for replaying present antagonisms in the past. Such displays of national fervour are hardly suitable within the European Union, which is dedicated to peaceful collaboration and multiculturalism[41].

38 ANDO: Decline, Fall, 41

39 C. WICKHAM: Framing the Early Middle Ages: Europe and the Mediterranean 400–800, Oxford, 2005, donde analiza las evoluciones sociales en el marco de Europa, Bizancio y el califato. Cfr. defensa de la continuidad, en: Id.: La chute de Rome n'aura pas lieu, Le Moyen Age 99, 1993, 107–126; M. MCCORMICK: Origins of the European Economy. Communication and Commerce, A.D. 300–900, Cambridge, 2001. Vid. A. MARCONE: La caduta di Roma all'inizio del terzo millennio o delle difficoltà delle periodizzazioni, Lezione tenuta a Napoli presso l'Associazione di Studi Tardoantichi il 7 ottobre 2008, 14.

40 JAMES: The Rise and Function, 20–30: 20: "Once upon a time, back in the 1960s, we were early Medievalists, Byzantinists, classicists, scholars of patristics, of the Late Roman Empire, or of the Migration Period. Now many of us would describe ourselves as scholars of Late Antiquity. Through a process akin to ethnogenesis, we have acquired a new identity."

41 JAMES: The Rise and Function, 28; LIEBESCHUETZ: Late Antiquity, 7. Cfr. A. BARBERO: Barbari. Immigrati, profughi, deportati nell'impero romano, Roma-Bari, 2006, un claro ejem-

Sin embargo, lejos del itinerario, también ideológico, de James, los editores de los *Essays for Peter Brown* en 2009 manteniendo el espíritu de escuela, definieron cuál era la esencia de la *Late Antiquity* al identificar el objeto del libro: "the taking on of a heritage, the variety of changes induced within it, and the handing on of that legacy to new generations. Our contributors suggest, from different standpoints, that this dynamic represented the essence of Late Antiquity"[42]. Por el contrario, Peter Brown, en su monografía-balance de 2012 centrada en su preferida materia religiosa, incorpora la palabra proscrita *Fall* al parabólico título de la obra que también incluye *Wealth*, se concentra en Occidente y establece como límites de su estudio los años 350–550 frente al expansionismo cronológico habitual en su obra: *Through the Eye of a Needle, Wealth, the Fall of Rome, and the Making of Christianity in the West, 350–550 AD*. El libro no puede leerse como una *retractatio* – aunque las referencias cronológicas, que introducen fases en la transformación, son constantes en los títulos de los capítulos y los provisionales e indefinidos límites de *The World of late Antiquity* han cedido ante dos siglos de perfiles definidos-, pero el sabio de Princeton define el marco de estudio incorporando y respondiendo de manera sutil a algunas de las sugerencias formuladas por los críticos, de Giardina a Liebeschuetz y Ward-Perkins: la importancia documental de las fuentes literarias y arqueológicas, además de su dimensión representativa, es tenida en cuenta, se aboga por la investigación multidisciplinar y se reconocen los riesgos de la superespecialización:

> In this book I intend throughout to keep together the study of religion and the study of what in now often called (in tones that invite unquestioning approval) "material culture". To maintain the joining of these disciplines has become more difficult every year. The astinishing expansion of late Roman Studies has brought with it a danger of over-specialization... Yet we must struggle to maintain this unitary vision. Rigid distinctions between disciplines are not helpful. They bear little relation to the actual experience of research in the field. We soon learn that all aspects of the history of the later empire are difficult of acces. From the most seemingly ethereal theological texts to the most seemingly concrete archaeological surveys, each body of evidence, each in its different way, is a fragil bridge to the past. None offers unambiguous results. In all our efforts, we are left peering over the edge of an abyss that drops into an unimaginably distant world [43].

El capítulo 24 lleva por subtítulo "The Crisis of the West in the Fifth Century" y al anticipar sus contenidos, Brown proporciona una visión hasta cierto punto

plo de presentismo al proyectar problemas europeos actuales en la interpretación de la problemática del Imperio romano tardío.

42 Ph. ROUSSEAU, M. PAPOUTSAKIS, (ed.): Transformations of Late Antiquity, Essays for Peter Brown, Farnham, 2009, IX. La contrapartida a la severa crítica de James contra la disolvente influencia que ha tenido la reorientación temática y metodológica propuesta por Brown se puede leer en el entusiasta R. MARKUS: "Between Marrou and Brown: Transformations of Late Antique Christianity", ibid. 1–13.

43 P. BROWN: Through the Eye of a Needle, Wealth, the Fall of Rome, and the Making of Christianity in the West, 350–550 AD Princeton-Oxford, 2012, XXIX. Cfr. con la perspectiva arqueológica de N. CHRISTIE: The Fall of the Western Roman Empire: an Archaeological and Historical Perspective. Historical Endings. London, New York, 2011, que combina el paradigma de la decadencia con el de la continuidad y la transformación.

alejada de la optimista continuidad, en la que los acontecimientos históricos o el concepto de crisis, minimizados en la historiografía browniana, reaparecen:

> This chapter will deal with the general crisis of the western empire throughout the fifth century AD. It will describe the onser of the crisis that reduced the empire, within a generation, to a shell of its former self. Il will then linger on the adjustements the wealthy of the provinces most affected by this crisis were forced to make ...in an increasingly regionalized world. It will end by pointing to the survival of the empire in some of these regions and to the loyalty it could still inspire in many figures before the empire itself vanished from the West, leaving some of its most vocal supporters in a fragmented world depived, for the first time in half millenium, of an imperial core[44].

En consecuencia, la hegemonía de la perspectiva socio-cultural y, por tanto, las elecciones temáticas, cronológicas y geográficas de Brown se mantienen en esta especie de balance de las propias investigaciones, a pesar de que la realidad ha golpeado duramente el optimismo historiográfico americano que dejaba a la vieja Europa la carga de la decadencia. No obstante, las preguntas fundamentales perduran. ¿Existe un cuadro institucional y político propio de la Antigüedad tardía? ¿Existe la Antigüedad tardía como realidad histórica o se trata de una representación conceptual contemporánea[45]? En el panorama historiográfico actual, el paradigma interpretativo de la continuidad -frente al de la decadencia de Montesquieu y Gibbon-, que resulta difícilmente cuestionable en el plano cultural y religioso – aunque considerar la cristianización un fenómeno central de la Antigüedad tardía implica hurtar un elemento propio al mundo clásico[46]- es predominante. Basta consultar el índice del *Oxford Handbook of Late Antiquity* publicado en 2012, en el que las temáticas culturales y religiosas son el objeto preferente, aunque sin la necesaria jerarquización que demandaba Giardina en 1999 y con la discordancia conocida entre geografía y cronología: Los Balcanes, Armenia, Siria, Egipto, el Asia central y la ruta de la seda, comparecen junto a bárbaros, físicos y metafísicos, Agriculture and Other 'Rural Matters', el monasticismo y la herencia filosófica y Muhammad and the Qur'an. Sin embargo, dicho paradigma no puede aplicarse sin cautelas a los aspectos estrictamente políticos e institucionales, en los que las discontinuidades, en plural, son mayores, aunque se eliminen las barreras cronológicas tópicas. Por otro lado, la estructura de poder del Imperio romano, la existencia de una organización unitaria, había tenido un impacto decisivo sobre el sistema productivo, los intercambios comerciales y, en última instancia, sobre el entramado social, de modo que su disolución no puede obviarse en el análisis del proceso de transformación del mundo antiguo por temor a distanciarse de la ortodoxia minimalista en la valoración del factor político. Las periodizaciones son arbitrarias desde la misma Antigüedad y no obligatorias, pero se necesitan períodos en la historia para pensar

44 BROWN: Through the Eye of a Needle, 385.

45 Vid. H. INGLEBERT: Late Antique Conceptions of Late Antiquity, en: S. Johnson (ed.): The Oxford Handbook of Late Antiquity, Oxford, 2012, Introduction.

46 ANDO: Decline, Fall, 33.

la historia[47]. Lo cierto es que entre Rostovtzeff, para quien la Antigüedad terminaba en el s. III, y Pirenne, que admitía la decadencia generalizada en Occidente desde el s. III, pero negaba el valor de cesura epocal a la caída del Imperio romano y sostenía que sólo se había producido con el advenimiento del Islam en el s. VII[48], la Antigüedad terminó. Cómo y cuándo, por este orden, seguirán siendo cuestiones abiertas al debate, un debate que debe tener en cuenta que las fuentes no son sólo representaciones ideológicas, también proporcionan información histórica debidamente tratadas; que la dimensión temática, cronológica y geográfica de la Antigüedad tardía debe ser redefinida de manera global y coherente teniendo en cuenta las tres dimensiones y no de manera segmentada; que en la eliminación de fronteras temáticas, cronológicas y geográficas entre lo antiguo y lo medieval es preciso diferenciar entre continuidad y permanencia y moderar el fecundo recurso a la analogía con la modernidad como método de razonamiento histórico[49]. La perspectiva analítica y la política no son excluyentes y, sin volver a la tradicional jerarquía de los temas de interés historiográfico, es preciso buscar una aproximación más equilibrada[50]. A título de ejemplo, el *Codex Theodosianus*, una de las realizaciones jurídicas, culturales y políticas más innovadoras de la Antigüedad tardía, que contiene más de 2600 leyes[51], emitidas por la cancillería imperial de Constantino a Teodosio II sobre las más diversas materias ordenadas en 16 libros[52], incluye, sin duda, materiales de la continuidad y de la transformación, pero también de la decadencia, en este caso, no como idea filosófica, sino como realidad social. Los títulos elegidos por los editores para agrupar las leyes dentro de los libros – de los *coloni* y los *decuriones* a los *dessertores* y los *malefici*, sin que falte uno dedicado a *de officio praefectorum praetorio*[53]- pueden tomarse como guía auxiliar para el estudio de una parte

47 Reflexión de Burckhardt evocada por G. BOWERSOCK: Riflessioni sulla periodizzazione, 8 al criticar las periodizaciones como construcciones artificiales.

48 M. ROSTOVTZEFF: The Social and Economic History of the Roman Empire (1926), segunda edición de P. M. FRASER, Oxford1957; H. PIRENNE: Mahomet et Charlemagne, Paris1937.

49 Vid. GIARDINA: Tardoantico: appunti, 46. Cfr. G.W. BOWERSOCK, P. BROWN, O. GRABAR (ed.): Interpreting Late Antiquity: Essays on the Postclassical World, Cambridge Mass., 2001, 9 donde los editores afirmaban: "The essays in this volume... share the frank assumption that the time has come for scholars, students, and the educated public in general to treat the period between around 250 and 800 as a distinctive and quite decisive period of history that stands upon its own" al considerar la Antigüedad tardía como un período de la civilización europea.

50 CRACCO RUGGINI: Come e perché è esploso il tardoantico, 16.

51 Aproximadamente 2.777 fragmentos derivados de 2.307 constitutiones originales según A.J.B. SIRKS: The Theodosian Code: A Study, Friederichsdorf, 2007, 84–85.

52 Sobre el Codex vid. J. HARRIES, I. WOOD (ed.): The Theodosian Code. Studies in the Imperial Law of Late Antiquity, London, 1993 y J.F. Matthews, Laying down the law: a study of the Theodosian Code, New Haven, 2000. El contexto histórico en el que se gestó ha sido reconstruido por F. MILLAR: A Greek Roman Empire. Power and Belief under Theodosius II (408–450), Berkeley-Los Angeles-London, 2006.

53 Vid. G. BASSANELLI SOMMARIVA: L'uso delle rubriche da parte dei commissari teodosiani, AARC 14, 197–239. Los compiladores encontraron ejemplos en los codices Gregorianus y Hermogenianus, pero también introdujeron nuevas rúbricas, en particular para la legislación posterior a estos códices.

sustancial de la temática de la *Late Antiquity;* más aún si se tiene en cuenta que el *Codex* incorpora un libro entero, el último con 11 títulos[54], dedicado exclusivamente a cuestiones religiosas -en este ámbito recoge la profunda transformación de los decisivos siglos IV y V[55]- y, por otra parte, sitúa a la persona en un plano singular con disposiciones relativas al derecho privado y familiar[56]. En cualquier caso, no parece que la caída de Roma sea una cuestión irrelevante desde el punto de vista historiográfico[57].

54 1: *De fide catholica*. 2: *De episcopis, ecclesiis et clericis*. 3: *De monachis*. 4: *De his qui super religione contendunt.* 5: *De haereticis*. 6: *Ne sanctum baptisma iteretur*. 7: *De apostatis*. 8: *De iudaeis, caelicolis et samaritanis*. 9: *Ne christianum mancipium iudaeus habeat*. 10: *De paganis, sacrificis et templis*. 11: *De religione*.

55 Vid. M.R. SALZMANN: Superstitio in the Codex Theodosianus and the Persecution of Pagans, Vchr, 41, 1987, 172–188.

56 Vid. estudios recientes recogidos en J. AUBERT, PH. BLANCHARD (ed.): Droit, religion et société dans le Code Théodosien, Genève, 2009; S. CROGIEZ-PETREQUIN, P. JAILLETTE (ed.): Société, économie, administration dans le Code Théodosien, Lille, 2012.

57 Basta consultar el título del Prix Goncourt 2012 para comprender que el revisionismo historiográfico transciende el ámbito de la Historia Antigua: J. FERRARI: Le sermon sur la chute de Rome, Paris, 2012.

VON DER DEMÜTIGUNG ZUR DEMUT

Anmerkungen zu Deutung und Wirkung der Mailänder Kirchentürszene in der deutschen Historiographie

Matthias Sandberg (Universität Potsdam, FU Berlin)

> Wo das Symbol sich […] in seiner eigentümlichen Form selbständig ausbildet, hat es im allgemeinen den Charakter der Erhabenheit, weil zunächst überhaupt nur die in sich noch maßlose und nicht frei in sich bestimmte Idee zur Gestalt werden soll und deshalb in den konkreten Erscheinungen keine bestimmte Form zu finden imstande ist, welche vollständig dieser Abstraktion und Allgemeinheit entspricht. In diesem Nichtentsprechen aber überragt die Idee ihr äußerliches Dasein, statt darin aufgegangen oder vollkommen beschlossen zu sein.[1]

SPÄTANTIKE UND CHRISTENTUM

Die Frage nach den Erosionsprozessen der Spätantike ist keineswegs erst im 19. Jahrhundert gestellt worden, und es war auch nicht der Historismus, der die ersten quellenkritischen Arbeiten zu dieser Epoche hervorbrachte. Es waren die Gelehrten des Humanismus und deren erwachtes historischen Interesse an dem Untergang des klassischen Altertums, denen erste säkulare Werke zur spätantiken Geschichte und kritische Ausgaben spätantiker Literatur zu verdanken sind.[2] Dabei war der Forschungsantrieb kein unmittelbarer; es war die Wertschätzung der Klassik, von der sich die Frage nach ihrem Verfall ableitete; ihre Aktualität hat sie bis heute bewahrt.

Der Anfang einer Deutungsgeschichte zum Fall des Römischen Reiches muss bereits im Altertum gesucht werden, und viele Namen zählt die Liste derer, die sich im Laufe der nachfolgenden Jahrhunderte mit diesem historischen Phänomen befassten. Die (Wieder-)Entdeckung der Antike im Zuge des Historismus ist als Wegmarke, nicht als Ausgangspunkt zu sehen, die die Erforschung der Spätantike zu passieren hatte. Mit der Lostrennung von der Literarizität und dem am humanistischen Vorbild orientierten Rückbezug auf die Quellen erfuhr die quellenkritische Erforschung der Antike einen beträchtlichen Aufschwung.[3] Und wenngleich

1 G.W. F. HEGEL: Vorlesungen über die Ästhetik, II. Teil: Entwicklung des Ideals zu der besonderen Form des Kunstschönen, in: Bassenge, F. (Hrsg.): Georg Friedrich Wilhelm Hegel: Ästhetik, Berlin, 1955, 312.

2 Ein Überblick ist zu finden bei: A. DEMANDT: Geschichte der Spätantike. Das Römische Reich von Diocletian bis Justinian 284–565 n. Chr, 2. Aufl., München, 2008, XIV–XV.

3 S. JORDAN: Theorien und Methoden der Geschichtswissenschaft, Paderborn, 2009, 41–42. Analog zur säkularen Historiographie verhielt sich die Kirchengeschichtsschreibung. Sie begann sich in der zweiten Hälfte des 19. Jahrhunderts verstärkt auf die Geschichte der Alten

die Flut der modernen Literatur in keinem Verhältnis zu den Darstellungen vorangegangener Jahrhunderte steht – ein Interesse an den Erosionsprozessen im Innern des Römischen Reiches hat es bereits seit der Spätantike gegeben.

Dabei wurde die Spätantike lange Zeit entweder als Ausgang des Klassischen Altertums oder Beginn des Mittelalters, als Übergangszeit also, nicht jedoch als eigenständige Epoche, wahrgenommen.[4] Erst mit der Blüte des Historismus in Deutschland erfuhr die Spätantike die Beachtung als eine Epoche „unmittelbar zu Gott".[5] Es war der Wiener Kunsthistoriker Alois Riegl, der in seiner *Spätrömischen Kunstindustrie* von 1901 die Phase der späten römischen Kaiserzeit als eigene, auch progressive Epoche der Kunst begriff, und nicht als einen tiefen Fall, wie es Johann Winckelmann noch im ausgehenden 18. Jahrhundert tat.[6] Die Rolle, die die historistische Geschichtsschreibung dem (wieder-) entdeckten Forschungsfeld beimaß, war die eines Lehrstückes; sie galt der *fin-de-siécle*-Mentalität der ausgehenden Epoche als äquivalente Krisenzeit.[7] Die Vorstellung der *dekadenten Spätantike* war dabei keineswegs neu; bereits Machiavelli meinte einen Zusammenhang zwischen Üppigkeit und Verfall des Römischen Reiches erkennen zu können.[8] Wenig positiver nahmen sich die zeitgenössischen Urteile über diese späte römische Epoche aus: Neben dem 1853 erstmalig erschienen Werk des Schweizer Althistorikers Jakob Burckhardt, *Die Zeit Constantins des Großen*, das den Begriff „spätantik" als Synonym für das Ende alles Klassischen prägte, belegt die sechsbändige *Geschichte des Untergangs der antiken Welt*

Kirche zu fokussieren. Vgl. dazu: G. BESIER: Kirche, Politik und Gesellschaft im 19. Jahrhundert, München 1998, 56. Ein Überblick über die wichtigsten Arbeiten zur Alten Geschichte bis auf das späte 19. Jahrhundert findet sich bei: WACHSMUTH, C.: Einleitung in das Studium der Alten Geschichte, Leipzig, 1895, 1–66.

4 M. GELZER: Altertumswissenschaft und Spätantike. Vortrag, gehalten am 26. Mai 1926 auf der 2. Fachtagung der klassischen Altertumswissenschaft zu Weimar, in: Historische Zeitschrift, Bd. 135, 2 (1927), 173–187, hier 173–174. Vgl. dazu die Vorworte Jakob Burckhardts, die der Erst- und Zweitauflage (1853/1880) seines Werks vorangestellt sind: J. BURCKHARDT: Die Zeit Constantins des Großen, Leipzig, 1880, 6, 8.

5 L. VON RANKE: Über die Epochen der neueren Geschichte. Vorträge dem Könige Maxmillian II. von Bayern im Herbst 1854 zu Berchtesgaden gehalten, Vortrag vom 25. September 1854, Historisch-kritische Ausgabe, Schieder, T. / Berding H. (Hrsg.), München, 1971, 60.

6 A. RIEGL: Die spätrömische Kunstindustrie nach den Funden in Österreich-Ungarn, 2 Bde., Wien, 1901 u. 1923. Dagegen seinerzeit noch J.J. WINCKELMANN: Geschichte der Kunst des Altertums, Dresden, 1764, 329–330.

7 R. HERZOG: Wir leben in der Spätantike. Eine Zeiterfahrung und ihre Impulse für die Forschung, in: Habermehl, P. (Hrsg.): Spätantike. Studien zur römischen und lateinisch-christlichen Literatur, Göttingen, 2002, 321–348, hier 336; A. DEMANDT: Spengler und die Spätantike, in: Ders. (Hrsg.): Geschichte der Geschichte. Wissenschaftshistorische Essays, Köln, Weimar, Wien, 1997, 39–59, hier 40. Zur Mentalität des ausgehenden 19. Jahrhunderts in Deutschland siehe: W. RATHENAU: Zur Kritik der Zeit. Mahnung und Warnung, Berlin, 1912; H. DELBRÜCK: Die gute alte Zeit, Preußische Jahrbücher 71 (1893), 1–28; G. STEINHAUSEN: Verfallsstimmung im kaiserlichen Deutschland, Preußische Jahrbücher 194 (1923), 153–185.

8 A. DEMANDT: Der Untergang Roms als Menetekel, in: Ders. (Hrsg.): Geschichte der Geschichte. Wissenschaftshistorische Essays, Köln [u.a.], 1997, 39–59, hier 40.

(1895–1920) des Mommsen-Schülers Otto Seeck die Auffassung, die Spätantike sei eine Zeit des Alterns, Welkens und Vergehens. Wenig kann es da verwundern, wenn viele deutschsprachige Publikationen kaum über die Zeit Diocletians oder Constantins hinausreichen.[9] So endet Mommsens *Abriss des römischen Staatsrechts* (1907) mit den diocletianischen Reformen, und sein Resümee, dass dem Prinzipat nun der „Herbstfrühling" des Dominates folgte, gleichsam eines „Trümmerbaus", der der „dieser Epoche angemessenen Verrohung" entsprach, war mehr als eisig.[10] Auch die nobelpreisprämierte *Römische Geschichte* (1854–1885) gehört ohne die späte römische Kaiserzeit zu den – von Mommsen wohl nicht ungewollt – unvollendeten Größen deutscher Historiographie.[11]

Erst zu Beginn des 20. Jahrhunderts begann die historische Forschung die Spätantike mehrheitlich nicht mehr (lediglich) als Zeit des Verfalls zu sehen; der schweizerisch-deutsche Althistoriker Matthias Gelzer sprach auf der Fachtagung der klassischen Altertumswissenschaft zu Weimar im Jahre 1926 davon, „statt vom ‚Untergang' der Kultur […], von ihrer ‚Metamorphose'" zu sprechen.[12] Doch bei der Bewertung der Spätantike herrscht bis heute noch keine Einigkeit. Ebenso wenig geklärt ist die Frage nach den Ursachen dieses Prozesses. Unbestreitbar scheint auch dem Autor der vorliegenden Untersuchung, dass die religiösen Wandlungsprozesse einen nicht unerheblichen internen Faktor bei der Erosion des römischen Imperiums dargestellt haben.[13]

Gleich, wie man die Rolle der christlichen Religion und der sich entspinnenden theologischen Konflikte des 4. Jahrhunderts bewertet, dass sie einen erheblichen Anteil an der Verwandlung der Mittelmeerwelt hatten, ist wohl kaum ernstlich in Zweifel zu ziehen; offen bleibt die Deutung. Nicht erst mit Nietzsches *Antichrist* (1888) setzte eine kritische Sicht auf die Rolle des Christentums in der Spätantike ein.[14] Bereits Voltaire meinte in der christlichen Religion einen gewichtigen Grund für den Niedergang des römischen Zeitalters zu erblicken, ihm folgte auch Edward Gibbon in seiner *History of the Decline and Fall of the Roman Empire* (1782–86).[15] Bis in das Altertum zurück reicht dieser Standpunkt: (Neu-)Platoniker wie Celsus, Porphyrios und auch Kaiser Julian gehörten zu den

9 GELZER: Altertumswissenschaft und Spätantike, 173.

10 T. MOMMSEN: Abriss des römischen Staatsrechtes, Leipzig, 1907, 351–352.

11 T. MOMMSEN: Römische Geschichte, Bd. 3: Von Sullas Tod bis zur Schlacht von Thapsus, Berlin, 1956; W. NIPPEL: „Rationeller Fortschritt" auf dem „antiquarischen Schauplatz". Mommsen als Architekt des römischen Staatsrechts, in: Demandt, A. / Goltz, A. / Schlange-Schöningen, H.: (Hrsg.): Theodor Mommsen. Wissenschaft und Politik im 19. Jahrhundert, 249–258, hier 255.

12 GELZER: Altertumswissenschaft und Spätantike, 184.

13 Umfassend zur Deutung von Roms Fall: A. DEMANDT: Der Fall Roms. Die Auflösung des Römischen Reiches im Urteil der Nachwelt, München, 1984.

14 F. NIETZSCHE: Der Antichrist. Versuch einer Kritik des Christentums, Leipzig, 1888.

15 F. VOLTAIRE: Essai sur l'histoire générale et sur les mœurs et l'esprit des nations, in: Moland, L. (Hrsg.): Oeuvres Complètes, Bd. 17, Paris, 1878, ND 1967, 15–18; E. GIBBON: Verfall und Untergang des römischen Imperiums, Bd. 4, ND Berlin, 2007, 162–163.

entschiedensten Kritikern des Christentums.[16] Sie sahen in ihm die Ursache des Zerfalls der zivilisatorischen Blüte Roms, weil das christliche Taufverständnis und die Idee der Sündenvergebung die gesellschaftliche Ordnung wegen der vermeintlichen Aufhebung der moralischen Eigenverantwortlichkeit des Individuums unterminierte. Für sie war „Christus das Ende des Gesetzes", wie es der Römer-Brief besagt.[17]

Schon lange stellt sich die Frage nach dem Stellenwert des Christentums im turbulenten Zeitalter des ausgehenden Imperiums. Eine abschließende Antwort gibt es nicht, dazu ist die Rolle der Religion zu vielschichtig. Und wer auch immer im Christentum einen Grund für die Erosion des Römischen Reiches zu erblicken meint, kann sich der Tatsache nicht verschließen, dass doch ausgerechnet das Christentum seiner Rom-Idee eine bemerkenswert lange Dauer verliehen hatte; erst als Zentrum des katholischen Christentums wurde die Stadt am Tiber zur *urbs aeterna*.[18]

Wie immer nun die ambivalente Rolle des Christentums bewertet wird, unstrittig ist, dass ab dem vierten Jahrhundert vor allem in Fragen der Religion bedeutende Weichenstellungen vorgenommen wurden. Constantin und Theodosius gehörten dabei sicherlich zu den einflussreichsten Akteuren der religiösen Metamorphose. Der eine hatte als erster Kaiser das Christentum angenommen, der andere dem Nicaenum zu weitreichender Geltung verholfen, beide hatten maßgeblichen Anteil an der Genese des christlichen Kaisertums.[19] Doch an die Seite der Kaiser traten nun neue Protagonisten: die Bischöfe. Erschienen die alten Götter – auch divinisierte Kaiser – noch als *dei praesentes*, hatte sich der Gott der Christen der irdischen Welt entzogen.[20] Das Himmlische Reich der Christen überwucherte das Pantheon der römischen Götter, dessen Oberaufsicht die christlichen Kaiser nun nicht mehr für sich beanspruchen konnten. Es waren die Bischöfe, die zunehmend als Mittler des göttlichen Willens auftraten. Sie wurden, zusammen mit den Kaisern, zu den maßgeblichen Akteuren des religiösen Wandels. Die Interaktionen zwischen dem Kaiser und den Bischöfen – bald von Konsens, bald von Konflikt bestimmt – glichen praktischen Verhandlungen über die Rolle der christlichen Religion im Römischen Reich. Sie verliehen der Spätantike eine besondere Dynamik. Dabei gilt für die antike wie die moderne Debatte, dass „die Christiani-

16 J. STENGER.: Hellenistische Identität in der Spätantike, Berlin, 2009, 388; J. TLOKA: Griechische Christen, christliche Griechen, Tübingen, 2005, 211. Zur Kritik der spätantiken Philosophen am Christentum siehe: W. SCHRÖDER: Athen und Jerusalem. Die philosophische Kritik am Christentum in Antike und Neuzeit, Stuttgart, 2011.

17 Röm. 10, 4; Iul. c. Gal. 319.

18 J. PETERSON: Romidee I (Westliches Abendland), in: Lexikon des Mittelalters. Bd. 7, Sp. 1007–1009. Zur spätantiken Romidee siehe: M. FUHRMANN: Die Romidee der Spätantike, in: Historische Zeitschrift Bd. 207 (1968), 529–561, hier 532–533.

19 Zum Wandel der christlichen Kaiserideologie siehe: H. BELLEN: Christianissimus Imperator. Zur Christianisierung der römischen Kaiserideologie von Constantin bis Theodosius, in: Schumacher, L. (Hrsg.): Politik – Recht – Gesellschaft. Studien zur Alten Geschichte, Historia 115 (1997), 151–166.

20 Dazu jüngst: P. BARCELÓ: Das römische Reich im religiösen Wandel der Spätantike. Kaiser und Bischöfe im Widerstreit, Regensburg, 2013.

sierung nicht die Spätantike von den früheren Epochen des Altertums [trennt], sondern […] als ein wesentlicher Bestandteil hinein in die antike Kulturentwicklung gehört."[21]

Ein Ereignis ist dabei geradezu sinnbildlich für die religionspolitischen Herausforderungen, die diese Kulturentwicklung an das römische Kaisertum herantrug: die Mailänder Kirchenbuße, die Kaiser Theodosius dem Bischof Ambrosius von Mailand im Jahr 390 leistete. Lange galt die Unterwerfung des Kaisers unter die kirchliche Bußgewalt als Chiffre für die Erosion kaiserlicher Macht in Fragen des Kultes. Tatsächlich war es ein Ereignis mit besonderer Symbolwirkung, dem im Urteil der Nachwelt nicht selten der Charakter einer Entscheidung im Verhältnis zwischen *imperium* und *sacerdotium* beigemessen wurde.[22]

Dem Kuriosum ging ein Aufstand der Thessalonicenser Bevölkerung voraus, bei dem der gotische *magister militum* Butherich vom Pöbel erschlagen wurde, nachdem dieser einen beliebten Wagenlenker inhaftiert hatte.[23] Theodosius konnte der Lynchmord an einem hohen Militär, zumal im unruhigen Balkanraum, nicht unbekümmert lassen. Dass in den Vorfall Goten verwickelt waren und damit ein besonders sensibler Bereich der theodosianischen Politik berührt wurde, lässt sich nicht von der Hand weisen, ebenso, dass der kaiserliche Strafbefehl der Tragweite des Vergehens angemessen sein musste.[24] Eingedenk der Tatsache, dass der Regierungsantritt und die ersten Herrschaftsjahre des Theodosius überschattet wurden von den unmittelbaren Folgen der Schlacht bei Adrianopel 378, musste Theodosius energisch reagieren, um die ohnehin fragilen Beziehungen zu den

21 GELZER: Altertumswissenschaft und Spätantike, 185.

22 Zur Mailänder Buße des Kaisers u.a.: J. ERNESTI.: Princeps christianus und Kaiser aller Römer. Theodosius der Große im Lichte zeitgenössischer Quellen, Paderborn [u.a.], 1998, 174–192; K. GROSS-ALBENHAUSEN: Imperator christianissimus. Der christliche Kaiser bei Ambrosius und Johannes Chrysostomos, Frankfurt a. M., 1999, 113–119; H. VON CAMPENHAUSEN: Ambrosius von Mailand als Kirchenpolitiker, Berlin, Leipzig, 1929, 235–241; C. BAUR: Zur Ambrosius-Theodosius-Frage, in: ThQ 90 (1908), 401–409; H. KOCH: Die Kirchenbuße des Kaisers Theodosius des Großen in Geschichte und Legende. Ein Vortrag, in: HJB 28 (1907), 257–277; F. KOLB: Der Bußakt von Mailand. Zum Verhältnis von Staat und Kirche in der Spätantike, in: Boockmann, H. / Jürgensen, K. / Stoltenberg, G. (Hrsg.): Geschichte und Gegenwart. Festschrift für Karl Dietrich Erdmann, Neumünster, 1980, 41–74; MCLYNN, N.: Ambrose of Milan. Church and Court in a Christian Capital, Berkeley [u.a.], 1994, 315–330; F. HOMES DUDEN: The Life and Times of Saint Ambrose, Bd. 1, 381–392; H. LEPPIN: Theodosius der Große, Darmstadt, 2003, 153–161.

23 Darstellungen dazu finden sich bei: Ambr. Ep. 11 e.c. [PL 51]; Ambr. obit. Theod. 34; Ruf. hist. eccl. 11, 18; Paul. Med. vita Ambr. 24; Soz. hist. eccl. 7, 25; Theod. hist. eccl. 5, 17; Aug. civ. 5, 26. Genauer zum Blutbad von Thessalonike: C. LARSON: Theodosius and the Thessalonian Massacre Revisited – Yet Again, in: StudPatr 10 (1970), 297–301.

24 O. SCHMIDT: Der „Gotensieg" von Tomi. Verlauf und Hintergründe, Historia 46 (1997), 379–384. Wie delikat die Tatsache war, dass an dem Vorfall Goten beteiligt waren, veranschaulicht der Hinweis auf den Übergriff der römischen Truppen des Gerontius, wohl 387, auf eine gotische Einheit, die vor den Toren der Stadt Tomi am Schwarzen Meer lagerte. Gerontius hatte enorme Bestechungen vornehmen müssen, um der von dem aufgebrachten Theodosius angeordneten Hinrichtung zu entgehen. Dazu: Zos. Hist. 4, 40.

gotischen *foederati* nicht über Gebühr zu strapazieren.[25] So ordnete der Augustus strengste Bestrafungen an. Bereits einige Jahre zuvor hatte der Kaiser so reagiert, und zwar wegen eines Aufstandes in Antiochia, und wie dort milderte der Augustus seinen Beschluss ab, nicht ahnend, dass der ursprüngliche Befehl bereits ausgeführt worden war.[26] Ohne Zögern hatte die gotische Garnison, voller Zorneseifer ob des Mordes an ihrem Befehlshaber, die Bestrafungsaktion bereits vollstreckt, angeblich indem sie tausende Einwohner in das Hippodrom lockte und niedermetzelte.[27] Die Kirchengeschichte des Theodoret gibt 7.000 Tote an.[28] Auch wenn sich die genaue Zahl der Erschlagenen nicht zweifelsfrei klären lässt, spiegelt die Angabe Theodorets doch die enorme Tragweite wider; die Situation in Thessalonike war außer Kontrolle geraten und daran hatte der Kaiser seinen Anteil.[29]

ZUR DEUTUNG DER BUSSE

Dem Ausmaß der Katastrophe entsprachen die Konsequenzen, die sich im Anschluss daran in Mailand überstürzenden Ereignisse sind nicht selten Gegenstand der Legendenbildung gewesen. Für dieses Vorgehen forderte Ambrosius von Theodosius die Kirchenbuße und der Herrscher leistete sie, soweit die Tatsachen. Doch war die Buße eines Kaisers ein zu außergewöhnliches Ereignis, dessen Suggestivkraft bis heute nur wenig an Reiz verloren hat. Immerhin verband sie als Akt staatssymbolischer Kommunikation religiöse und rechtlich-politische Funktion vor einem öffentlichen Hintergrund untrennbar miteinander.[30] Der Kaiser bedurfte der Buße, verstanden im Sinne der Wiedergewährleistung des *salus publicae* durch seine Person. Der Mailänder Bischof, der sich berufen fühlte, die

25 Vom Zorn Theodosius‘ wegen der Ermordung Butherichs berichten: Soz. hist. eccl. 7, 25 und Theod. hist. eccl. 5, 17. Zum Germanenproblem: A. LIPPOLD: Theodosius der Große und seine Zeit, München, 1980, 138–153. Zum Einfluss der Schlacht von Adrianopel auf die spätantiken Berichte: J. STRAUB: Die Wirkung der Niederlage bei Adrianopel auf die Diskussion über das Germanenproblem in der spätrömischen Literatur, Philologus 95 (1943), 225–286.

26 H. LEPPIN: Theodosius der Große, 153; D. FRENCH: Rhetoric and Rebellion of A. D. 387 in Antioch, Historia 47 (1998), 468–484; H. LEPPIN: Steuern, Aufstand und Rhetoren: Der Antiochener Steueraufstand in heidnischer und christlicher Sicht, in: H. Brandt (Hrsg.): Gedeutete Realität. Krisen, Wirklichkeiten, Interpretationen (3.–6. Jh. n. Chr.), Historia Einzelschriften 134 (1999), 103–123.

27 Paul. Mediol. vita Ambr. 24, 1; Soz. hist. eccl. 7, 25; Theod. hist. eccl. 5, 17.

28 Theod. hist. eccl. 5, 17.

29 Zur Frage der Anzahl der Ermordeten siehe: G. RAUSCHEN: Jahrbücher der christlichen Kirche unter dem Kaiser Theodosius dem Grossen. Versuch einer Erneuerung der Annales Ecclesiastici des Baronius für die Jahre 378–395, Freiburg i. Br., 1897, 319 mit Anm. 1.

30 K. SCHREINER: Nudis pedibus. Barfüßigkeit als religiöses und politisches Ritual, in: Althoff, G. (Hrsg.): Rituale, Zeichen, Bilder. Formen und Funktionen öffentlicher Kommunikation im Mittelalter, Stuttgart, 2001, 125–206, hier 181; K. SCHREINER: Gerechtigkeit und Frieden haben sich geküsst (Ps 84,11), in: Althoff, G. (Hrsg.): Rituale. Zeichen, Bilder. Formen und Funktionen öffentlicher Kommunikation im Mittelalter, Stuttgart, 2001, 65–124, hier 99.

gesamte lateinische Kirche zu vertreten, forderte Zeichen der Reue zur Erfüllung der Pflicht des *princeps christianus* gegenüber seiner Kirche.[31] So wurde der Mailänder Bußakt, über die Jahrhunderte angereichert mit vielen ungelösten Fraugen, zu einem Symbol für den Suprematie-Anspruch der Kirche und schnell überragte die Idee von der Mailänder Herrscherbuße ihr äußerliches Dasein, um das vorangestellte Zitat aufzugreifen.[32] Wie schwierig sich die Dechiffrierung seit jeher erwies, belegt Augustinus, der schrieb, dass Theodosius in einer Weise Buße geleistet habe, „dass das für ihn bittende Volk darüber trauerte, dass es die kaiserliche Majestät in solcher Erniedrigung" sah, obgleich der Augustus das „wunderbarste Schauspiel durch seine fromme Demut" gab.[33] Demut und Demütigung lagen im Rückblick nicht beieinander, das hatte der Bischof von Hippo Regius verstanden, und je nach Perspektive und Intention des Betrachters ergab sich in den folgenden Jahrhunderten ein zweckgefärbtes Bild des Mailänder Bußsymbols, das es der Nachwelt schwierig machen sollte, eine differenzierte Bewertung des Vorganges zu liefern. Dies spiegelt sich recht eindrucksvoll auf bildlichen Darstellungen des 17. und 18. Jahrhunderts wider, etwa bei Peter Paul Rubens bzw. seinem Schüler Antonis van Dycks *„Der heilige Ambrosius und Theodosius"* (1617–18/1619–20, Abb. 1, Abb. 2) oder bei Pierre Subleyras' *„Kaiser Theodosius vor dem heiligen Ambrosius"* (1745, Abb. 3); sie zeigen den römischen Kaiser in devotem Habitus, niedergeworfen vor dem Bischof. Doch während Subleyras den Akt der Vergebung durch Ambrosius darstellt, liefern uns Rubens und – noch um einiges stärker – sein Schüler, den Beleg für die lange Fortdauer einer erdachten Szenerie, wonach Ambrosius den Kaiser mit geharnischten Worten fortgejagt habe, als dieser daran war, die Mailänder Bischofsbasilika zu betreten, um an der Messe teilzunehmen.[34]

Die Episode von der Demütigung des Kaisers bildete bis zur vorletzten Jahrhundertwende den Kristallisationspunkt nicht eben weniger historischer Abhandlun-

31 P. E. SCHRAMM: Herrschaftszeichen und Staatssymbolik. Beiträge zu ihrer Geschichte vom 3. bis 16. Jahrhundert, in: MGH Schriften 13, III, Stuttgart [u.a.], 1956, 1067.

32 Eus. hist. eccl. 6, 34 berichtet zwar davon, dass Kaiser Philipp Arabs (244–249), als er an der Ostervigil teilnehmen wollte, von dem Ortsbischof nicht eher zugelassen wurde, bis er seine Sünden bekannt und sich bei den Büßern aufgestellt hätte. Jedoch gehört diese Geschichte in das Reich der Legende. Dass R. SCHIEFFER: Von Mailand nach Canossa. Ein Beitrag zur Geschichte der christlichen Herrscherbuße von Theodosius dem Großen bis zu Heinrich IV., in: Deutsches Archiv 28 (1972), 333–370, hier 337–338, die Eusebius-Passage als Beleg für die Vorstellbarkeit der Buße eines christlichen Herrschers weit vor Constantin heranzieht, ändert nichts an dem Umstand, dass zwischen Vorstellung und Geschehen ein beträchtlicher Unterschied in der Außenwirkung besteht.

33 Aug. civ. 5, 26.

34 Soz. hist. eccl. 7, 25, Theod. hist. eccl. 5, 18. Zu den Berichten der Kirchenhistoriker Socrates, Sozomenus und Theodoret über die Kirchenbuße siehe: H. LEPPIN: Von Constantin dem Großen zu Theodosius II. Das christliche Kaisertum bei den Kirchenhistorikern Socrates, Sozomenus und Theodoret, Göttingen, 1996, besonders 114–118; H. LEPPIN: The church Historians. Socrates, Sozomenus, and Theodoretus, in: Marasco, G. (Hrsg.): Greek & Roman Historiography in Late Anticuity. Forth to sixth century A. D., Leiden, 2003, 219–254; KOCH: Die Kirchenbuße, 257–277.

gen zur Mailänder Kirchenbuße; dass die Resultate den überzeichneten Quellen entsprachen, kann kaum verwundern.[35] Immer wieder ist dies Symbol von der Nachwelt aufgegriffen worden, wenn das Verhältnis von Kirche und Staat zur Disposition stand.[36] Man denke nur an drei der populärsten Fälle, so etwa an die Bußen Ludwigs des Frommen in Attigny, Compiégne und Soissons im 9. Jahrhundert, den Investiturstreit zwischen Papst Gregor VII. und Heinrich IV. im 11. oder den Kulturkampf des ausgehenden 19. Jahrhunderts zwischen dem Königreich Preußen und der *cathedra petri*. Nicht grundlos bezeichnet der anonyme Biograph Kaiser Ludwigs des Frommen, Astronomus, den büßenden Theodosius als *imperatoris exemplum* des Karolingers.[37] Auch nahm Papst Gregor in zwei Schreiben an den Bischof Herrmann von Metz nicht zufällig Bezug auf das Mailänder Vorbild des büßenden Herrschers.[38] Und wenn Reichskanzler Otto von Bismarck am 14. Mai 1872 den Mitgliedern des Reichstages zu verstehen gab: „Seien Sie ohne Sorge, nach Kanossa gehen wir nicht – weder körperlich noch geistig", dann steht das vermittelte Bild der Buße König Heinrichs IV. nach Meinung einiger Arbeiten des 19. Jahrhunderts auch in der Tradition eines bestimmten Bildes des Mailänder Bußaktes, von dem eine gerade Linie nach Canossa gezogen wurde.[39]

Erst gegen Ende des vorletzten Jahrhunderts und im Zuge der historistischen Stärkung der Quellenkritik hat sich die Erkenntnis durchgesetzt, dass die demütigende Zurückweisung des Kaisers durch den Mailänder Bischof ins Reich der Legende gehört. Es waren die Arbeiten von Förster (1884), Rauschen (1897), Amati (1897), van Ortroy (1897, 1904), Koch (1900, 1907) und Baur (1908), die die Legende von der Zurückweisung des Kaisers an der Kirchentür im Zuge einer grundlegenden Quellendiskussion dekonstruierten.[40] Durch ihre Ergebnisse ge-

35 Einen aufschlussreichen Einblick in die Forschungs-Diskussion um die Wende zum 20. Jahrhundert liefert mit seinen Anmerkungen KOCH: Die Kirchenbuße, 257–277.

36 Grundlegend zum Geschichtsbild der Mailänder Kirchenbuße ist: SCHIEFFER: Von Mailand nach Canossa, 333–370.

37 Astronomus, Vita Hludowici imp. c. 35. in: MGH SS rer. Germ. 64, 407.

38 Vgl.: Die Briefe Papst Gregors VII. an Herrmann von Metz vom 25. August 1076 und vom 15. März 1081 in: MGH Epp. Sel. 2, 1 (1920) und MGH Epp. Sel. 2,2 (1923) wonach es heißt: „Et beatus Ambrosius licet sanctus, non tamen universalis ecclesiae episcopus, pro culpa quae aliis sacerdotibus non adeo gravis videbatur, Theodosium magnum imperatorem excommunicans ab ecclesia exclusit."

39 A. MILATZ (Hrsg.): Otto von Bismarck. Werke in Auswahl, Bd. 5, Teil 1, Darmstadt, 1973, Text 119, Rede in der 21. Sitzung des Deutschen Reichstages am 14. Mai 1872, 192–198, hier 193. Zur Perspektive auf die Kirchenbuße im 19. Jahrhundert siehe beispielsweise: KOCH: Die Kirchenbuße, 258. Eine Kontinuität zwischen Mailand und Canossa meinte noch H. LIETZMANN: Das Problem Staat und Kirche im weströmischen Reich, Berlin 1940, 10, ND in: Ders.: Kleine Schriften I, Berlin, 1958, 223 entdecken zu können. Umfassend dazu SCHIEFFER: Von Mailand nach Canossa, 333–370.

40 T. FÖRSTER: Ambrosius Bischof von Mailand. Eine Darstellung seines Lebens und Wirkens, Halle, 1884, 64–69; RAUSCHEN: Jahrbücher der christlichen Kirche, 317–322; A. AMATI: A series of Studies on Ambrose, in: Rendiconti. Reale Istituto Lombardo di Scienze e Lettere, Bd. III,2, Mailand, 1897, 605–608; F. VAN ORTROY: Les Vies grecques de Ambroise et leurs sources, Mailand, 1897; gegen van Ortroy: A. DE BROGLIE: Saint Ambroise, Paris, 1899; eine

langte die Geschichtswissenschaft zu weniger dramatischen Urteilen über die Mailänder Herrscherbuße von 390. Vor allem der 51. Brief des Mailänder Bischofs an Kaiser Theodosius sollte fortan als Grundlage einer historisch sachgerechten Bewertung der Kaiserbuße dienen.[41] Charakter und Ton des persönlichen Schreibens des Bischofs liefern ein anderes Bild als jenes, das Rubens und sein Schüler auf ihren Gemälden entworfen haben – ihr Vorbild entstammte dem Osten des Römischen Reiches, wie nachfolgend geschildert werden wird.

ENTSTEHUNG UND WIRKUNG DER KIRCHENTÜRLEGENDE

Von einem Bischof, der dem Kaiser den Zutritt zur Kirche verwehrt, weiß Rufinus – dessen Kirchengeschichte auf kurz nach 403 datiert wird – noch nichts zu berichten.[42] So heißt es im Anschluss an die Schilderung der Ereignisse in Thessalonike:

> Da der Kaiser deswegen von den Bischöfen Italiens beschuldigt wurde, erkannte er sein Vergehen, bekannte unter Tränen seine Schuld, leistete öffentliche Buße im Angesicht der ganzen Kirche und verharrte während der ihm zugemessenen Zeit geduldig ohne kaiserliche Insignien.[43]

Der schlichte Bericht des Rufinus ist – abgesehen von den Darstellungen des Ambrosius – die älteste Quelle zum Mailänder Bußakt. Da seine Kirchengeschichte die Szenerie an der Kirchentür nicht erwähnt, muss deren Ursprung an anderer Stelle gesucht werden. Lange meinte man diesen in der auf Augustinus' Veranlassung hin verfassten *vita S. Ambrosii* des Paulinus zu entdecken, auf sie hätten sich die nachfolgenden Berichte des Sozomenos und Theodoret bezogen.[44] Dazu hieß es bei van Ortroy noch: „Que si l'on recherche l'origine de la version

Replik auf de Broglie bei: F. VAN ORTROY: Saint Ambroise et l'empereur Théodose, in: Analecta Bollandiana 23 (1904), 417–426; zusammenfassend: KOCH: Die Kirchenbuße, 257–277; Ergänzend dazu: BAUR: Zur Ambrosius-Theodosius-Frage, 401–409.

41 Ambr. Ep. 11 e.c. [PL 51]. Zur Überlieferung der Ambrosius-Briefe, besonders der an die Kaiser adressierten, siehe: R. KLEIN: Die Kaiserbriefe des Ambrosius. Zur Problematik ihrer Veröffentlichung, in: Athenaeum NF 48 (1970), 335–371.

42 Zur Datierung der Kirchengeschichte Rufninus' siehe: J. LIEBESCHUETZ: Ecclesiastical historians on their own times, in: Ders. (Hrsg.): Decline and Change in Late Antiquity. Religion, Barbarians and their Historigraphy, Cornwall, 2006, 151–163, hier 152.

43 Rufin. hist. eccl. 11, 18: „Ob hoc cum a sacerdotibus Italiae argueretur, agnovit delictum culpam que cum lacrimis professus publicam paenitentiam in conspectu totius ecclesiae exegit et in hoc sibi tempus adscriptum absque regali fastidio patienter implevit. “

44 FÖRSTER: Ambrosius Bischof von Mailand, 67; M. IHM: Studia Ambrosiana, in: Jahrbücher für klassische Philologie, Suppl.-Bd. 17, Leipzig, 1890, 1–124, hier 52 mit Anm. 287. Zur vita Ambrosii siehe: E. ELM: Die Macht der Weisheit. Das Bild des Bischofs in der Vita Augustini des Possidius und anderen spätantiken und frühmittelalterlichen Bischofsviten, (= Studies in the History of Christian Thought Bd. 109), Boston [u.a.], 2003, 90–99. Die genaue Datierung der Vita Ambrosii ist nach wie vor umstritten. Als mögliche Zeit kommen die Jahre 412/13 oder 422 in Frage.

accréditée par Théodoret, il semble que le grand coupable, mais involontaire sans doute, ait, été Paulin lui-même, le plus ancien biographe de S. Ambroise."[45]

Der Bericht des Mailänder Diakons Paulinus, der die letzten drei Lebensjahre des Bischofs als dessen Sekretär und *notarius* erlebte (394–397), entspricht dem hagiographischen Typus einer Bischofsvita mit ihren topischen Zügen. Zur Buße Theodosius' heißt es dort:

> Nachdem dies aber geschehen war und der Bischof es erfahren hatte, verweigerte er dem Kaiser den Zutritt zur Kirche, und er sollte nicht eher wieder des Betretens der Kirche oder auch des Empfangens der Heiligen Kommunion für wert befunden werden, bis dieser öffentlich die Buße geleistet hätte.[46]

Lange Zeit ging man davon aus, dass Paulinus' Schilderung den Grundstein für die spätere Ausgestaltung des Mailänder Bußaktes zugunsten der Kirchentürszene darstellen würde,[47] doch ist diese Annahme zu Beginn des 20. Jahrhunderts durch die Arbeiten von Koch (1907) und Baur (1908) korrigiert worden.[48] Erster wies zu Recht darauf hin, dass der sonst so gut informierte Paulinus bei seiner Darstellung nicht zwangsläufig von einer Szene an der Pforte der Bischofskirche spricht, sondern vielmehr so zu verstehen sei, dass der Bischof den Kaiser lediglich von dem Kirchenausschluss in Kenntnis gesetzt hatte; dies würde auch den Schilderungen des Bischofs entsprechen.[49] Ein weiteres Argument gegen die Annahme, der Mailänder Diakon sei der Urheber der Kirchentürszene, lieferte Baur, indem er anführte, dass eine Übernahme des missverständlichen Passus durch Sozomenos und Theodoret eher unwahrscheinlich sei, und zwar wegen der späten Übersetzung der Vita ins Griechische; eine solche ließe sich mit Sicherheit erst im 8. oder 9. Jahrhundert nachweisen.[50] Damit scheiden Rufinus und – höchstwahrscheinlich – auch Paulinus als Urheber der Kirchentürszene aus. Es wird sich zeigen, dass erst die griechischen Kirchengeschichten mit einem übermächtigen Ambrosius aufwarten, der den Kaiser vor der Kirchentür gedemütigt und verjagt habe. Dabei ist die Tatsache, dass diese Geschichte im griechischen Reichsteil entstand, kaum ein Zufall. Immerhin versuchten die Ostkaiser nicht selten, in die dogmatisch uneinige Ostkirche hineinzuregieren, was ihnen zuweilen die Opposition einiger durchaus konfliktbereiter Kirchenmänner einbrachte. Für eben solche lieferte die öffentliche Unterwerfung eines Kaisers unter die Disziplinargewalt der Kirche einen willkommenen Präzedenzfall gegen die kaiserliche Einmischung in Kirchen-

45 VAN ORTROY: Les Vies grecques, 1897) 424. Ebenso: KOCH: Die Kirchenbuße, 276.

46 Paul. Mediol. vita Ambr. 24, 2: „Quo facto ubi cognovit sacerdos, copiam imperatori ingrediendi ecclesiam denegavit, nec prius dignum iudicavit coetu ecclesiae vel sacramentorum communione quam publicam ageret poenitentiam."

47 So z.B. noch: FÖRSTER: Ambrosius Bischof von Mailand, 67; C. WEYMAN: Ambrosiana, in: HJB 19 (1898), 399 und H. KOCH: Die Büßerentlassung in der alten Abendländischen Kirche, in: ThQ 82 (1900), 481–533, hier 499.

48 Literatur wie Anm. 22.

49 KOCH: Die Büßerentlassung, 498–499; KOCH: Die Kirchenbuße, 268.

50 BAUR: Zur Ambrosius-Theodosius-Frage, 401–409, hier 403; A. PAPADOPOULOS-KERAMEUS: Paulini vita sancti Ambrosii Mediolanensis episcopi, in: Ανάλεκτα Ιεροσολυμιτικής Σταχυολογίας, Bd. I, St. Petersburg 1891, 27–88.

fragen. Und während die lateinische Kirchengeschichte des Rufinus nur recht knapp von der Buße berichtet und die des Socrates das Ereignis sogar gänzlich übergeht, findet sich bei Sozomenos die entsprechende Passage, die die Zurückweisung des Kaisers am Portal der Basilika ausführlich beschreibt:[51]

> Als er [Theodosius] vor der Kirchentür erschien, traf er auf Ambrosius, den Bischof Mailands, der den Kaiser an seinem Purpurmantel festhielt, und ihm vor der Menge sagte: ‚Weiche! Ein Mann, befleckt mit Sünde und an dessen Händen das sträflich vergossene Blut klebt, ist es nicht wert, dass er ohne Buße diesen heiligen Boden betreten oder an den heiligen Sakramenten teilnehmen darf.‘ Der Kaiser, erstaunt vor der Verwegenheit des Bischofs, begann über seine Handlungen nachzudenken, und bedauerte sein Handeln mit großer Reue. [...] Also wies Ambrosius den Kaiser ab, verbot ihm, die Kirche zu betreten, und exkommunizierte ihn. Theodosius gestand darauf hin seine Sünde in der Kirche und legte während der Zeit der Buße seine kaiserlichen Insignien ab. Außerdem erließ er ein Gesetz, dass diejenigen, die mit der Ausführung kaiserlicher Mandate betraut waren, eine erlassene Todesstrafe erst nach Ablauf von 30 Tagen, nachdem sie erlassen worden ist, vollstrecken sollen, um Zeit zu haben, den Zorn des Kaisers zu besänftigen, und die Möglichkeit zu haben, Gnade und Vergebung zu üben.[52]

In dieser Passage ist die aufsehenerregende Episode der Abweisung an der Kirchenpforte das erste Mal fassbar. Sogar nach dem kaiserlichen Purpur lässt Sozomenos den Bischof greifen. Dies ist der Ursprung der Legende von der Demütigung des Kaisers an der Pforte der Bischofskirche in Mailand. Diese Szene wird dergestalt wohl nie stattgefunden haben. So lautete das Ergebnis der Arbeiten von Förster, Rauschen, van Ortroy und Koch, die – unter Bezugnahme auf den 51. Brief des Ambrosius – nachwiesen, dass die Kirchentürszene des Sozomenos nicht den historischen Tatsachen entspricht.[53] Darüber hinaus hat Chrysostomus Baur in seiner Arbeit einige wertvolle Hinweise zu einer möglichen Übertragung einer solchen Szene geliefert.[54] Bei van Ortroy (1897) hieß es dazu noch: „L'explication naturelle est celle-ci. Sozomène s'est représenté une situation ordinaire dans l'ingnorance où il était de l'attitude antérieure d'Ambroise vis à vis de Théodose et de la lettre confidentielle qu'il venait de lui addresser."[55] Doch während van Ortroy vordergründig den Wahrheitsgehalt der Kirchentürszene hinterfragte, lieferte Baur einige mögliche Erklärungen für die Ursachen der Legendenbildung. Demnach sei es nicht unwahrscheinlich, dass Sozomenos das Motiv des Antiochener Bischofs Babylas aufgegriffen habe, der laut Johannes Chrysostomos einem nicht weiter bekannten Kaiser den Zugang zur Kirche verweigert haben

51 Zur Kirchengeschichte des Sozomenos siehe: LEPPIN: Von Constantin dem Großen, 115. mit Anm. 75. Die Kirchengeschichte des Socrates wird meist auf 439 oder etwas später datiert, nach Leppin sprechen gute Gründe für die Jahre zwischen 444 und 446, vgl.: LEPPIN: Von Constantin dem Großen, 273–279 mit Anm. 10 und 11.

52 Soz. hist. eccl. 7, 25. Bei der Kirchengeschichte des Sozomenos plädiert Leppin für eine Datierung kurz vor 449, vgl.: LEPPIN: Von Constantin dem Großen, 279–281.

53 Literatur wie Anm. 40.

54 BAUR: Zur Ambrosius-Theodosius-Frage, 402–403.

55 VAN ORTROY: Les Vies grecques, 33.

soll.[56] Baur sah diese Passage darüber hinaus in einem möglichen Zusammenhang mit dem fantasievollen Bericht des Eusebius von Caesarea über den vermeintlich christlichen Kaiser Philippus Arabs, dem die Buße zur Auflage vor der Teilnahme an der Ostervigil gemacht worden sei.[57] Demzufolge sei es wahrscheinlicher, dass Sozomenos bzw. Theodoret nicht die Worte des Lateiners Paulinus zu missverstehen brauchten, sondern es sich um eine Übertragung der älteren Buß-Szene nach Johannes Chrysostomos bzw. des Eusebius handelt, die den griechisch schreibenden Kirchenhistorikern wohl bekannt gewesen sein dürfte.[58] Ganz gleich, ob nun Sozomenos Paulinus missverstanden, die Kirchentürszene übertragen oder sie erdacht hat, klar ist, dass er der Urheber der Legende ist.

Auch in der Kirchengeschichte des Bischofs Theodoret von Cyrus findet sich besagte Episode, wonach Ambrosius sich dem Kaiser vor der Kirche in den Weg gestellt habe. Doch während in Sozomenos‘ Darstellung die anschließende Buße des Kaisers schleunig abgehandelt wird, erweist sich die Schilderung Theodorets als deutlich umfangreicher.[59] Dass seine Kirchengeschichte tendenziös ist, kann kaum ernstlich angezweifelt werden.[60] Erst recht wird man dies von der Darstellung eines so herausragenden Ereignisses wie der wohl ersten Buße eines christlichen Kaisers erwarten dürfen.[61] So bekommt Ambrosius bei Theodoret gleich mehrmals die Möglichkeit, den Kaiser mit ebenso eindringlichen wie herabsetzenden Worten zu belehren:[62]

> Als nun der Kaiser die Residenz zu Mailand bezog, und, wie er's gewohnt war, das Gotteshaus besuchen wollte, trat ihm Ambrosius beim Eingang zum Vorhof entgegen und verwehrte

56 Joh. Chrys. De sancto Babyla contra Iulianum et Gentiles c. 6, 30. Dazu: BAUR: Zur Ambrosius-Theodosius-Frage, 404.

57 Eus. hist. eccl. 6, 34; dazu: BAUR: Zur Ambrosius-Theodosius-Frage, 404. Für den Beleg dafür, dass diese Episode erdichtet worden ist, siehe: K. GIRARDET: Die konstantinische Wende. Voraussetzungen und geistige Grundlagen der Religionspolitik Konstantins des Großen, Darmstadt 2006, 21–27., zuvor erschienen in: Kneissel, P. / Losemann, V. (Hrsg.): Imperium Romanum. Studien zu Geschichte und Rezeption. Festschrift für Karl Christ zum 75. Geburtstag, Stuttgart, 1998, 288–310.

58 BAUR: Zur Ambrosius-Theodosius-Frage, 406–409. Als Beleg für die häufige Übertragung dieser Geschichte durch die griechischen Hagiographen führt Baur mehrere Beispiele im Zusammenhang mit Theodor von Trimithus, Georg von Alexandrien und den Viten des Heiligen Johannes Chrysostomos und des Heiligen Epiphanius von Cypern an.

59 Soz. hist. eccl. 7, 25. Das Gesetz nennen außerdem Rufin. hist. eccl. 11, 18 und Theod. hist. eccl. 5, 18. Es wird damit wohl Cod. Theod. IX, 40,13 (= Cod. Iust. IX, 47, 20) gemeint sein. Dazu: ERNESTI: Priceps christianus, 184 mit Anm. 146. Theodorets Kirchengeschichte entstand wahrscheinlich zwischen 448 und 490/50, vgl.: LEPPIN: Von Constantin dem Großen, 281–282 mit Anm. 58, 59, 70.

60 J. Liebeschuetz bemerkt zur Kirchengeschichte des Theodoret: „The narrative is more anecdotal and it includes at least a few speeches and passages of dialogue which seem to have been composed by the historian following the convention of classical historiography. In other words it has less secular subject matter, but employs a wider range of classical literary techniques to emphasize its ecclesiastical lessons. Among the ecclesiastical historians Theodoret is the only writer of high literature.“ LIEBESCHUETZ: Ecclesiastical historians, 156.

61 Siehe dazu Anm. 32.

62 Theod. hist. eccl. 5, 18.

ihm den Eintritt in die Säulenhalle mit den Worten: ‚Oh Kaiser, Ihr habt, wie mir dünkt, keine rechte Vorstellung von der Schwere der Blutschuld, die ihr auf Euch geladen habt. Euer Zorn ist verraucht, aber noch hat ruhige Überlegung den Frevel nicht bedacht. Mag sein, daß die aristokratische Höhe der kaiserlichen Gewalt nicht allzugern über Sünden nachdenkt und daß das Bewusstsein der Macht ruhigem Überlegen nicht hold ist. [...] Nicht darf uns blenden die leuchtende Farbe des kaiserlichen Purpurs, daß wir vergäßen der nackten Schwäche, die sich in seiner Hülle verbirgt. [...] Wie, diese Hände wollt ihr betend ausbreiten? Sie tropfen ja noch vom Blut der ruchlosen Mordtat! Wie wagt Ihr, auf solchen Händen den allerheiligsten Leib des Herrn zu empfangen? Und das kostbare Blut zu trinken mit dem Mund, der mit verwegenem Befehl so viel unschuldiges Blut vergossen hat? Nein, kehrt um, wagt nicht neue Schuld auf die unvergebene zu häufen! Ihr seid im Bann, und Gott, aller Dinge Herr, spricht mit mir im Himmel droben das gleiche Urteil.[63]

Hervorzuheben ist, ganz abgesehen von dem Tonfall, die Tatsache, dass Theodorets Darstellung die einzige ist, die Ambrosius als den Urheber des besagten Gesetzes über die 30-tägige Aussetzungsfrist von Hinrichtungsbefehlen darstellt; hier scheint der Bischof einflussreicher und der Kaiser devoter als in jeder anderen Darstellung. Selten hatte ein Augustus „eine so klägliche Rolle zu spielen, wie sie ihm von Theodoret zugedacht wird", wie Hugo Koch 1907 mit Recht bemerkte.[64]

Tatsächlich ist der Bericht des Theodoret mehr Bühnenstück als Realität. Das erkannte bereits Theodor Förster, dessen Ambrosius-Biographie von 1884 im Sinne des 51. Briefs und der Totenrede des Mailänder Bischofs argumentierte und damit die Schilderung des Bischofs von Cyrus dekonstruierte.[65] Seine Einschätzung teilten die nachfolgenden Arbeiten, und so gelangte man zu der Ansicht, dass die – den Kaiser demütigende – Szene an der Mailänder Kirchentür wohl nie stattgefunden hatte.[66] Van Ortroy resümierte dazu in seiner Arbeit zu den Quellen der griechischen Ambrosius-Vita von 1897: „Ainsi il faut bien reconnaître que la narration de Théodoret mérite peu de créance, qu'elle dérive de quelque écrivain aujourd'hui perdu, ou qu'elle soit la mise en oeuvre immédiate d'une tradition orale, singulièrement exagérée de la réalité."[67]

Zusammen mit den Ergebnissen von Koch und Baur ergibt sich darüber hinaus eine schlüssige Erklärung der Ursachen dieser historischen Übermalung. Immerhin muss bedacht werden, dass Theodorets Kirchengeschichte in der Mitte des 5. Jahrhunderts im griechischen Reichsteil entstand, wo das kaiserliche Regiment in Kirchenfragen ein ganz anderes war, als das im lateinischen Westen, wo die Bischöfe von Rom zunehmenden Handlungsspielraum erhielten. Und dies hatte

63 Der ganze Bericht findet sich in Übersetzung bei: H. RAHNER: Kirche und Staat im frühen Christentum. Dokumente aus acht Jahrhunderten und ihre Deutung, München 1961, 192–201.

64 KOCH: Die Kirchenbuße, 272.

65 FÖRSTER: Ambrosius Bischof von Mailand, 68. So auch: RAUSCHEN: Jahrbücher der christlichen Kirche, 318 und VAN ORTROY: Saint Ambroise, 424.

66 Einzig der Herzog de Broglie verteidigte den Bericht Theodorets. Siehe dazu: DE BROGLIE Saint Ambroise und Ders.: Les Pères Bollandistes et la Pénitence de Théodose, in: Le Correspendant vom 20. August 1900, 643–661; Die Antwort auf de Broglie bei: VAN ORTROY: Saint Ambroise, 417–426. Zusammenfassend: KOCH: Die Kirchenbuße, 257–259.

67 VAN ORTROY: Les Vies grecques, 37.

der Bischof von Cyrus am eigenen Leib erfahren müssen. So war ihm, als Anhänger der Lehren des Nestorius, von Theodosius II., dem Enkel des in Mailand büßenden Kaisers, verboten worden, auf der sogenannten Räubersynode von Ephesos zu erscheinen, die unter anderem auch seine Absetzung als Bischof von Cyrus beschlossen hatte.[68] Schnell ist erklärt, warum der exilierte Bischof in seiner Kirchengeschichte die Mailänder Buße derartig überzeichnet darstellt: Die Zurechtweisung des Kaisers durch den Mailänder Bischof sollte den Leser über die Unterordnung kaiserlicher Macht unter die Diktion der Kirche und ihrer Vertreter belehren. Weder Sozomenos noch Theodoret ließen – anders als Paulinus, Rufinus und Ambrosius selbst – Zweifel daran aufkommen, dass Theodosius' Handeln in seiner alleinigen Verantwortung läge. Die Tatsache, dass beide ausdrücklich nicht den lateinischen Beschreibungen folgten, die schlechten Beratern oder – wie bei Rufinus – gar Dämonen die Schuld an der Anordnung der blutigen Bestrafung der Aufständischen von Thessalonike gaben, belegt abermals die Absicht, dem Bischof religiöse Handhabe über den Kaiser zuzubilligen.[69] Hinzu kommt der Umstand, dass sowohl Sozomenos als auch Theodoret das spätere Hinausweisen des Kaisers aus dem Altarraum nennen.[70] Doch während sich bei Sozomenos kein inhaltlicher Zusammenhang zwischen der Buße und dem Verweis des Kaisers ergibt, stehen diese beiden Ereignisse bei Theodoret in einem konkreten Zusammenhang mit der Entlassung des Theodosius aus dem Stand der Pönitenten, der wie gewohnt seinen Platz unter dem Klerus nehmen wollte, dabei aber durch den Bischof unter die Laien verwiesen wurde, und dieses akzeptiert habe, indem er erkannt hätte „τίνα μὲν τῶν ἱερέων, τίνα δὲ τῶν βασιλέων ἴδια".[71] Auch dieser Umstand entspricht der zuvor bestimmten Intention des Bischofs von Cyrus, die kirchliche Macht über die des Kaisers zu erheben. Daher ist der Theodosius, den Theodoret der Nachwelt schildert, nicht nur ein großer, weil frommer Kaiser, sondern – und auch in diesem Punkt wirkt er wie ein Gegenentwurf zu seinem gleichnamigen Enkel – hütet sich vor allzu großen kaiserlichen Eingriffen in Kirchenfragen; ein Umstand, der bekanntermaßen an der Wirklichkeit vorbeigeht.

Die lange historische Halbwertzeit dieses Berichtes belegt der erneute Blick auf das Gemälde des Rubens-Schülers van Dyck (Abb. 2). Auf seinem Bild ist ein Hund zu Füßen des Theodosius dargestellt. Als einen solchen habe – laut Theodoret – Ambrosius den kaiserlichen *magister officiorum*, Rufinus, gescholten, als dieser für seinen Herrn um Einlass in die Kirche bitten wollte.[72] Dabei ist Theodoret der einzige, der von dem Eingreifen des kaiserlichen Beamten berichtet, wohl um seiner Geschichte mehr Effekt zu verleihen; immerhin habe Ambro-

68 Zur Synode von Ephesos: M. CLAUSS: Der Kaiser und sein wahrer Gott. Der spätantike Streit um die Natur Christi, Darmstadt, 2010, 95–103; W. DE VRIES: Das Konzil von Ephesos 449. Eine "Räubersynode"?, in: OCP 41 (1975), 357–398; R. HARREITHER: Die Synoden von Ephesos, in: Mitteilungen zur christlichen Archäologie 8 (2002), 78–94. Zur Abfassung der Kirchengeschichte des Theodoret siehe: LIEBESCHUETZ: Ecclesiastical historians, 156.

69 Ruf. hist. eccl. 11, 18.

70 Theod. hist. eccl. 5, 18; Soz. hist. eccl. 7, 25.

71 Theod. hist. eccl. 5, 18

72 Theod. hist. eccl. 5, 18.

sius dem kaiserlichen Amtsträger seine Bereitschaft zum Martyrium erklärt, und das, obwohl – nach all dem, was wir wissen – weder der Kaiser noch der in seinem Namen bittende Rufinus Drohungen gegen den Bischof ausgesprochen haben.[73] Der Umstand, dass van Dyck mit seinem Gemälde auch dieser Schilderung entsprach, bezeugt den langen Nachhall, den Theodorets Bericht besaß, und begründet zugleich, warum die perspektivische Verschiebung von der Demut zur Demütigung eine so große Veränderung bedeutete.[74] Dass ausgerechnet diese Geschichte von solcher Wirkung war, dass sie bis in das 19. Jahrhundert hinein die Historiker dazu verleitete, in der Mailänder Herrscherbuße eine epochemachende Entscheidung zwischen Staat und Kirche zu sehen, hat zwei Gründe: Zum einen hat die Darstellung Theodorets eine wesentlich breitere Überlieferung erfahren als die Kirchengeschichte des Rufinus oder die Vita des Paulinus, etwa durch die Kirchengeschichte Cassiodors, die die Kirchentürszene aus dem Altertum in das Mittelalter überlieferte und ihr so zu einer *longue durrée* verhalf.[75] Zum anderen blieb der wichtige 51. Kaiserbrief des Ambrosius lange Zeit fast gänzlich unbekannt, denn seine Kaiserbriefe haben eine nur sehr schmale und nicht immer vollständige Überlieferung.[76] Gerade der für den Mailänder Bußakt wichtige Ep. 51, der von Ambrosius *extra collectionem* herausgegeben worden war, fehlt selbst in den mittelalterlichen Ambrosius-Editionen sehr häufig.[77] Der Mailänder Bischof hatte – womöglich aus politischer Rücksichtnahme auf den Kaiser – bestimmte Briefe zurückgehalten.[78]

Eine derartige Überlieferungslage in Verbindung mit der Tatsache, dass sich erst im 19. Jahrhundert eine umfassende kritische Auseinandersetzung mit den zur

73 Sogar der Theodoret-Verteidiger de Broglie war bereit, diese Geschichte als Fiktion anzuerkennen: DE BROGLIE: Saint Ambroise, 223.

74 Zitiert nach: KOCH: Die Kirchenbuße, 271.

75 Cassiodor, historia tripartia 9, 30, (PL 69), 1145–1148. Zur Bedeutung der Kirchengeschichte Cassiodors für das Mittelalter siehe: F. BRUNHÖLZL: Geschichte der lateinischen Literatur des Mittelalters, Bd. 1: Von Cassidor bis zum Ausklang der karolingischen Erneuerung, München, 1975, 42. Zur Überlieferung der Historia tripartita siehe: J. WALTER: Die handschriftliche Überlieferung der sogenannten Historia tripartita des Epiphanius-Cassiodor, Berlin, 1954.

76 So fehlen zum Beipiel bei J. AMERBACH: Sancti Ambrosii episcopi opera omnia, 3. Bde., Basel, 1492, viele der wichtigen Kaiserbriefe, was durch D. ERASMUS: Divi Ambrosii Episcopi Mediolanensis opera omnia. Accuratissime revisa. In tres partes nitidissime excus, Basel, 1517; und J. GILLOT: Divi Ambrosii Episcopi Mediolanensis omnia opera, Basel, 1555, nicht behoben wurde. Erst F. DE MONTE ALTO: Sancti Ambrosii opera, 5 Bde., Rom, 1579–1587, stellte eine umfassende Sammlung der ambrosianischen Briefe zusammen, jedoch in einer recht unübersichtlichen Reihenfolge. Diese wurde sodann von J. DU FRITSCHE / N. LE NOURRY: Sancti Ambrosii opera, 2. Bde., Paris, 1686–90, umgestellt, jedoch in ihrer Anordnung nicht zum Besseren. Diese nahm J. MIGNE: Sancti Ambrosii Mediolanensis episcopi opera omnia, 2. Bde., Paris, 1866, zur Grundlage seiner Edition der Kaiserbriefe des Ambrosius. Schließlich sind die Briefe durch O. FALLER: Sancti Ambrosii opera. Pars Decima. Epistulae et Acta, Bd. 1: Epistularum libri I–IV, Wien, 1968, CSEL 86, in der Reihenfolge angeordnet worden, wie sie Ambrosius selbst wohl vorgesehen haben dürfte. Siehe dazu: KLEIN: Die Kaiserbriefe, 336–342.

77 KLEIN: Die Kaiserbriefe, 344–345.

78 KLEIN: Die Kaiserbriefe, 344.

Verfügung stehenden Quellen etablierte, machen es nachvollziehbar, dass nicht wenige damalige Urteile über die Bedeutung der Mailänder Herrscherbuße ganz anders ausfielen als in der modernen Geschichtswissenschaft. Vielen galt Ambrosius – angeregt durch die Überzeichnung der tatsächlichen Ereignisse – als „ein stolzer Hierarch, der die kaiserliche Würde mit Füßen tritt."[79]

So hielt Friedrich Christoph Schlosser die Abweisung des Kaisers an der Kirchentür in seiner Universalgeschichte der Alten Welt von 1832 für den Beleg, dass „die ganze innere Bewegung im Staate und die Möglichkeit, sie zu erregen, auf die Kirche und auf die Geistlichkeit überging, [und dass] die Erweiterung der Macht des christlichen Klerus" dem Mailänder Bischof zu verdanken sei.[80] Der Schulmeister Franz Fiedler meinte – sich in seiner eher literarisch orientierten Darstellung römischer Geschichte von 1836 eindeutig auf Theodoret stützend – in der vermeintlichen Zurückweisung des Kaisers an der Kirchentür zu erkennen, „wie bedeutend die Herrschaft des Klerus oder die Hierarchie im Zeitalter des Theodosius gestiegen war, [dies beweise] die Demüthigung des rechtgläubigen Kaisers."[81] Auch der evangelische Theologe Karl von Hase resümierte in seiner Kirchengeschichte von 1858 dazu:

> Auf solche Weise ward die Kirche in einer Zeit schrankenloser Willkür zum Horte der Volksfreiheit und Heilige übernahmen die Rolle von Volkstribunen. Die Bischöfe erhielten zuweilen königliche Ehren. [...] Aus der Wahrheit, daß Himmlisches mehr ist als Irdisches, wurde der Satz abgeleitet, daß Priesterthum größer sei als Königthum, und in dem Bereiche irdischen Ranges geltend gemacht.[82]

Nicht anders nahm sich die Darstellung des Heidelberger Historikers und Klassischen Philologen Georg Weber aus, dessen *Allgemeine Weltgeschichte* (1857–1880) trotz ihres populärwissenschaftlichen Charakters zu den international weitverbreitetsten Universalgeschichten des 19. Jahrhunderts gehörte; auch er sah in der Mailänder Buße ein neues Machtverhältnis zwischen Kaiser und Kirche:

> War der geistliche Machtspruch ein Beweis, zu welcher Höhe die Episcopalgewalt damals bereits gestiegen war, so lag in der edlen Demuth, [...] die Anerkennung der geistigen und sittlichen Macht des Christenthums, das [...] der Herrschergewalt eine undurchdringliche Schranke [setzte], indem es lehrte, Gott mehr zu gehorchen als den Menschen [...]. Selbst un-

79 KOCH: Die Kirchenbuße, 272. Bei der folgenden Darstellung der zeitgenössischen Bewertung der Mailänder Kirchenbuße wird keinesfalls ein Anspruch auf die vollständige Auflistung aller Arbeiten erhoben; dies liegt schon in der kurzen Natur eines Aufsatzes begründet. Die Auswahl der nachfolgend genannten Literatur orientiert sich dabei an dem Vorhaben, einen chronologischen und möglichst breit gefächerten Eindruck von den zeitgenössischen Stimmen zur Buße zu vermitteln.

80 F. C. SCHLOSSER: Universalhistorische Übersicht der Geschichte der Alten Welt und ihrer Kultur, Frankfurt a. M., 1832, 263.

81 F. FIEDLER: Geschichte der Römer, ihrer Herrschaft und Kultur. Von der Erbauung Roms bis zum Ende des weströmischen Reiches zur allgemeinen Belehrung und Unterhaltung, Leipzig, 1836, 421.

82 K. VON HASE: Kirchengeschichte. Lehrbuch zunächst für akademische Vorlesungen, Leipzig, 1858, 152–153 mit Anm. g.

ter dem rechtgläubigen Theodosius galt sein [Ambrosius'] Wort mehr als die Gebote des Kaisers.[83]

Als eine ebensolche definitive Klärung der Machtverhältnisse sah die *Geschichte der Alten Kirche* des evangelischen Theologen und Kirchenhistorikers Philipp Schaff von 1869 die Kirchenbuße an; er gelangte darüber zu dem Urteil: „Am imponirendsten [sic!] erscheint unser Bischof als Vertreter der Kirchenzucht, der Humanität und der Interessen der Hierarchie gegenüber der weltlichen Gewalt."[84]

Auch dass der Straßburger Professor Edgar Loehning in seiner zweibändigen *Geschichte des deutschen Kirchenrechts* (1878) durch Ambrosius die gelasianische Zweigewaltenlehre vorweggenommen sah, ist erklärbar, nennt er doch wenig überraschend als Quelle für die Mailänder Ereignisse die Kirchengeschichte des Bischofs Theodoret von Cyrus.[85]

Am bemerkenswertesten war der Klassische Philologe Albert Güldenpenning, dessen Hallenser Dissertation *Die Quellen zur Geschichte des Kaisers Theodosius des Grossen* zusammen mit derjenigen Julius Iflands 1878 veröffentlicht wurde. Das Ergebnis war *Der Kaiser Theodosius der Große. Ein Beitrag zur römischen Kaisergeschichte*, die wichtigste seinerzeitige deutschsprachige Arbeit zu Theodosius.[86] Sie erstaunt deshalb, da sich die Autoren ganz der intensiven Quellendiskussion verschrieben hatten. Daher überrascht es umso mehr, dass das Urteil über den Mailänder Bußakt sich mehr als deutlich an Theodorets Schilderung anlehnt, ihn sogar wörtlich zitiert. Gesteigert werden kann das Erstaunen über diese unkritische Haltung nur noch durch den Zirkelschluss Güldenpennings: „Ich folge hier dieser Quelle [Theodoret], weil die ganze Art des Benehmens des Ambrosius mit seinem Charakter vollständig übereinstimmt."[87]

Der Hallenser Althistoriker und spätere Kollege Eduard Meyers, Gustav Friedrich Hertzberg, hielt sich in seiner *Geschichte des römischen Kaiserreiches* (1880) zwar bei der Bewertung der Mailänder Buße zurück, doch belegt die Tatsache, dass er die Ereignisse exakt nach Theodoret wiedergibt, dass selbst in den 1880er Jahren die *Zeugnisse des Mailänder Bischofs selbst* noch weitestgehend unbekannt waren.[88]

Nirgends konnte man so deutlich von der vermeintlichen Macht eines Ambrosius lesen, wie in der *Geschichte der römischen Kaiserzeit* (1887) des Gießener

83 G. WEBER: Allgemeine Weltgeschichte mit besonderer Berücksichtigung des Geistes- und Culturlebens der Völker und mit Benutzung der neueren geschichtlichen Forschungen für die gebildeten Stände bearbeitet, Bd. IV., Leipzig, 1863, 575–576, 597.

84 P. SCHAFF: Geschichte der alten Kirche. Von Christi Geburt bis zum Ende des sechsten Jahrhunderts, Bd. 3, 2: Von Constantin dem Großen bis zu Gregor dem Großen. 311–590, Leipzig, 1869, 1194.

85 E. LOEHNING: Geschichte des deutschen Kirchenrechts, Bd. 1, Straßburg 1878, 72–75, 277 sowie Bd. 2, Straßburg, 1878, 32.

86 A. GÜLDENPFENNING / J. IFLAND: Der Kaiser Theodosius der Große. Ein Beitrag zur römischen Kaisergeschichte, Halle 1878, ND Hildesheim, 2006.

87 A. GÜLDENPFENNING / J. IFLAND: Der Kaiser Theodosius, 187 mit Anm. 16.

88 G. HERTZBERG: Geschichte des römischen Kaiserreiches, Bd. 2, Berlin, 1880, 830–831.

Ordinarius Hermann Schiller, der meinte, dass Ambrosius den Kaiser vollends beherrschte:

> Am bedeutendsten von allen Priestern [...] griff Ambrosius, Bischof von Mailand, in die Zeitgeschichte ein: Er hat das Kaisertum zur Demütigung vor dem Kirchenfürsten gezwungen, [...] indem er die kaiserliche Gewalt seinen Absichten dienstbar zu machen wusste. [...] Er war Hierarch genug, um die Theorien aufstellen und durchführen zu können, welche den Staat der Kirche unterwerfen sollten, und seine imponierende Persönlichkeit [...] überwand das Selbstbewusstsein des Theodosius und seinen Herrscherstolz in wahrhaft beschämender Demütigung.[89]

Das Resümee Schillers hätte deutlicher nicht ausfallen können, wenn er schrieb:

> Der römische Staat war zu Ende, der christliche begann. Wie die Hierarchie mitherrschte, zeigte das Beispiel des Ambrosius in lehrreicher Weise; er leitet zwei Kaiser im Abendlande, demütigt den morgenländischen und zwingt den abendländischen, seinen Forderungen nachzugeben [...]. Damit war eine höhere Gewalt über dem absoluten Kaiser anerkannt, damit war die Abdankung der Imperatoren eingeleitet.[90]

Dabei wiegt das Fehlen so wichtiger Quellen wie des Ambrosius-Briefes umso schwerer, da es bereits vereinzelte Arbeiten gab, die den Wahrheitsgehalt der Schilderung Theodorets deutlich anzweifelten, so z. B. die *Allgemeine Kirchengeschichte* von Anton Friedrich Gfrörer, deren zweiter Band von 1842 die Schilderung Theodorets bereits für eine „fabelhafte Ausschmückung" hielt.[91] Gfrörer verwies dabei sogar auf „einige ächte [sic!] Aktenstücke", die zwar nicht genannt werden, wobei es sich allerdings um die Beschreibungen des Mailänder Bischofs handeln dürfte.[92] Und bereits 1824 hatte Michael Morgenbesser sich im ersten Band seiner *Geschichte der christlichen Kirche* neben Theodoret ebenfalls – allerdings auch ohne ihn explizit zu nennen – auf den Kaiser-Brief des Ambrosius bezogen, ohne diesem jedoch das verdiente Gewicht beizumessen.[93]
Eine kritische, ganz aus den Quellen gearbeitete Bewertung der Mailänder Buße, die die Zeugnisse des Mailänder Bischofs gebührend berücksichtigte, fehlte bis in die 1890er Jahre immer noch.[94] Erst im ausgehenden 19. Jahrhundert und aufgrund der oben genannten Arbeiten konnte sich ein anderes Bild der Herrscherbuße durchsetzen, und man gelangte zu der Einsicht, dass vor allem die Selbstzeugnisse des Bischofs die effektvollen Inszenierungen Sozomenos' und Theodorets als Legende enttarnen.[95]

89 H. SCHILLER: Geschichte der römischen Kaiserzeit, Bd. 2, Gotha, 1887, 413–416.

90 SCHILLER: Geschichte der römischen Kaiserzeit, 436.

91 A. GFÖRER: Allgemeine Kirchengeschichte. Geschichte der christlichen Kirche vom vierten bis zum siebenten Jahrhundert, Bd. 2, 2. Abt., Stuttgart, 1842, 617.

92 GFÖRER: Allgemeine Kirchengeschichte, 617.

93 M. MORGENBESSER: Geschichte der christlichen Kirche, Bd. 1, Breslau, 1824, 88.

94 In einigen Darstellungen, wie z. B. G. SIEVES: Studien zur Geschichte der römischen Kaiser, Berlin, 1870, fehlt in dem Theodosius behandelnden Kapitel sogar jedwede Bemerkung über die Buße.

95 Ambr. Ep. 11 e. c. [PL 51]. In lateinischer und deutscher Form ist der Brief zu finden bei: RAHNER: Kirche und Staat, 184–193. Zu Ambr. obit. Theod. 40, siehe: M. BIERMANN: Die

DIE DEKONSTRUKTION DER LEGENDE

Die griechischen Kirchenhistoriker machten aus Ambrosius einen rabiaten Anwalt des Glaubens, doch das Gegenteil war der Fall.[96] Da die einschlägige Quelle – der Brief des Ambrosius an Kaiser Theodosius – mittlerweile zur Genüge analysiert und bewertet wurde, scheint dem Autor eine ausführliche Diskussion seines Inhaltes für den Zweck dieses Aufsatzes nicht notwendig.[97]

Worauf Hugo Koch – vollkommen zu Recht – hinwies, ist, dass nicht Rigorosität, sondern Behutsamkeit das unmittelbare Handeln des Bischofs bestimmte.[98] Um der Brisanz aus dem Weg zu gehen, in Anwesenheit des sündigen Kaisers die Messe halten zu müssen, begab Ambrosius sich nach Aquileia, von wo aus er dem Kaiser einen persönlichen Brief schrieb. Die Reaktion des Mailänder Bischofs bezeugte sein abwägendes Handeln: Man erinnere sich zurück an den Konflikt um den Altar der Victoria: Als 381 eine senatorische Delegation unter Symmachus Mailand aufsuchte, um Kaiser Gratian von der Wiederaufstellung des Altars in der Senatskurie zu überzeugen, war Ambrosius dank seines römischen Informanten Damasus in seiner Reaktion schneller als die Bittsteller selbst; er reagierte zügig und rigoros.[99] Wenn er allerdings im Jahr 390 Mailand verließ, tat er dies in dem Wissen um die Besonderheit der Situation und um zu verhindern, in einen unbesonnen ausgetragenen Konflikt mit dem Kaiser zu geraten. Demensprechend ist auch der Brief an Theodosius zu bewerten.[100] In dem Schreiben fand der Bischof zu einem Ton, der sein Bewusstsein für die delikate Situation bezeugte. Koch sah in der Reaktion des Bischofs „[…] feinen Takt, seelsorgerische Klugheit und gebührende Rücksichtnahme auf des Kaisers Majestät."[101] Auch Rauschen sprach sich gegen die Darstellung Theodorets aus, wenngleich seine Beurteilung des Briefes etwas weniger harmlos ausfiel, wenn er feststellte: „Der Kaiser konnte in

Leichenreden des Ambrosius von Mailand. Rhetorik. Predigt. Politik, Hermes Einzelschriften 70 (1995).

96 Dabei schoss Hugo Koch über die Tatsachen hinaus: „Aus der Ferne aber richtete er an den Kaiser einen Brief, der zum Schönsten gehört, was Ambrosius je geschrieben. Es rauscht darin seine ganze große Seele, die Verehrung des Untertanen gegenüber dem Herrscher, die Liebe zum kaiserlichen Freund, dessen Herzensgüte er kennen lernen, dessen Huld er erfahren, dessen Wohltaten er andern vermitteln durfte, dessen Schwäche und Leidenschaft ihm aber auch nicht verborgen sind, Schmerz und Sorge des Priesters, des Hirten, der um eine verirrte und gefährdete Seele bangt, furchtlose und offene Anklage, ernste Warnung und Bußmahnung – das alles, ohne die kaiserliche Majestät auch nur leise zu verletzen, mit Takt und Pastoralklugheit, in ergreifenden Herzenstönen." KOCH: Die Kirchenbuße, 261.

97 Eine ausführliche Diskussion und Bewertung des Briefes findet sich bei: ERNESTI: Princeps christianus, 175–187 sowie bei: GROSS-ALBENHAUSEN: Imperator christianissimus, 115–118.

98 KOCH: Die Kirchenbuße, 260–261.

99 Zum Streit um den Victoria-Altar siehe: R. KLEIN: Der Streit um den Victoriaaltar. Die dritte Relatio des Symmachus und die Briefe 17, 18 und 57 des Bischofs Ambrosius von Mailand. Einführung, Text und Erläuterungen, Darmstadt, 1972; K. ROSEN: Fides contra dissimulationem. Ambrosius und Symmachus im Kampf um den Victoria-Altar, in: JAC 37 (1994); GROSS-ALBENHAUSEN: Imperator christianissimus, 64.

100 Ambr. Ep. e.c. 11 [PL 51].

101 KOCH: Die Kirchenbuße, 264 und bereits früher: KOCH: Die Büßerentlassung, 499–500.

dem Briefe des Ambrosius mit aller Deutlichkeit lesen, daß sein Versuch aussichtslos sein werde und er erkannte den unbeugsamen Willen seines bischöflichen Freundes zur Genüge."[102] Nichtsdestotrotz hegte auch Rauschen an der konzilianten Haltung des Bischofs keinen Zweifel. Hinzu kommt, dass Ambrosius schließlich selbst dafür gesorgt hatte, dass der entscheidende Kaiserbrief gesondert herausgegeben wurde, wahrscheinlich um den Kaiser nicht öffentlich bloßzustellen; dazu passt zugleich der Umstand, dass Ambrosius den Brief *manu sua* verfasst hat.[103]

Ambrosius beginnt seinen Brief mit einer *captatio benevolentiae*, wenn er den Kaiser mit *augustissimus imperator* anspricht und die zweifelhafte Freundschaft zwischen beiden Männern bemüht.[104] Darüber hinaus betonte der Bischof, dass es sein Recht und seine Pflicht als priesterlicher Freund sei, dem sonst so frommen Kaiser die Sündhaftigkeit seiner Taten vor Augen zu führen, was Ambrosius zuvor hätte tun müssen, mit Rücksicht auf den Kaiser jedoch nicht tat.[105] Der Bischof müsse den Kaiser mahnen, dieser wiederum dem Bischof Gehör schenken.[106] Dann kommt der Brief auf die eigentlichen Tatsachen zu sprechen, und Ambrosius erklärt, dass das Blutvergießen in Thessalonike nicht nur beispiellos gewesen sei, sondern, dass es von keinem Menschen und nur durch Gott vergeben werden könne.[107] Dies sei die feste Übereinkunft der kurz zuvor tagenden Synode der gallischen Bischöfe gewesen; sie seien nur durch die Buße des Kaisers zu beruhigen.[108] Unter Bezugnahme auf den büßenden König David betonte Ambrosius die herausragende Stellung Theodosius'; gleichzeitig forderte er die Buße des Kaisers nach dem biblischen Vorbild.[109] Der Vergleich mit König David diente dazu, Theodosius ausdrücklich nicht als gewöhnliches Gemeindemitglied zu be-

102 RAUSCHEN: Jahrbücher der christlichen Kirche, 318–320 mit Anm. 1.

103 Ambr. Ep. e.c. 11 [PL 51], 14.

104 Ambr. Ep. e.c. 11 [PL 51], 1: „Et ueteris amicitiae dulcis mihi recordatio est. "

105 Ambr. Ep. e.c. 11 [PL 51], 5, 16.

106 Ambr. Ep. e.c. 11 [PL 51], 2; 3; 4; 5.

107 Ambr. Ep. e.c. 11 [PL 51], 6: „Factum est in urbe Thessalonicensium quod nulla memoria habet, quod revocare non potui ne fieret, immo quod ante atrocissimum fore dixi, cum totiens rogarem, et quod ipse sero revocando grave factum putasti, hoc factum extenuare non poteram."

108 Ambr. Ep. e.c. 11 [PL 51], 6: „Quando primum auditum est, propter adventum Gallorum episcoporum synodus convenerat, nemo non ingemuit, nullus mediocriter accepit, non erat facti tui absolution in Ambrosii communion, immo etiam amplius commissi exaggeraretur invidia si nemo diceret dei nostri reconciliationem fore necessariam."

109 Ambr. Ep. e.c. 11 [PL 51], 7: „Beschämt es Dich, o Kaiser, zu tun, was einst David tat, der König, [...] und gemäß seinem Fleische Vorfahr der Familie Christi? David [...] erkannte, dass er sich versündigt hatte [...] und er sprach: ‚Ich habe mich gegen den Herren versündigt.' Verzeihe daher, wenn man Dir sagt: ‚Du hast getan, was David durch den Propheten [Nathan] geheißen wurde getan zu haben.' Wenn Du aufmerksam darauf hörst und sprichst:‚Ich habe gegen den Herren gesündigt', wenn Du das königliche und prophetische Wort wiederholst: ‚Kommt, lasst uns Ihn preisen, lasst uns vor Ihm auf die Knie fallen, lasst uns weinen vor den Augen des Herrn, unseres Schöpfers', dann wird Dir geheißen: ‚Weil Du Buße tatest, wird Dir der Herr Deine Sünde vergeben und Du wirst nicht vergehen [2. Sam. 12.]." Vgl. dazu: Ambr. De apologia David ad Theodosium Augustum.

handeln, hielt ihm aber gleichzeitig vor Augen, dass selbst Könige fehlbar seien.[110] Nach Ambrosius' Verständnis war der getaufte Kaiser der kirchlichen Bußpraxis ebenso unterworfen wie jeder andere Gläubige – der Kaiser stand in Ambrosius' Denken bekanntermaßen in, nicht über der Kirche.[111] Für ihn war klar, dass der Kaiser sündigt, wenn er tötet; auch Könige stünden nicht über dem göttlichen Gesetz.[112] Schließlich betonte der Bischof ausdrücklich – wohl um die mögliche Außenwirkung seiner Forderung wissend –, dass es nicht sein Wille sei, den Kaiser zu demütigen, forderte jedoch zugleich dessen Buße durch Selbsterniedrigung und Tränen.[113] Der Höhepunkt des Briefes war erreicht, als Ambrosius neben seinen priesterlichen Pflichten auch noch ein göttliches Verbot bemühte: Der Bischof berichtet von einem Traum, der ihm von Gott eingegeben worden sei, um ihm den Vollzug des Messopfers für den Kaiser zu verbieten.[114] Hugo Koch bemerkte dazu, dass das göttliche Verbot – entgegen der Darstellung Theodorets – nicht der Absicht des Bischofs entspricht, den Kaiser von der Kirchentüre zu verjagen, sondern, dass es Ambrosius „[...]in des Wortes eigentlicher Bedeutung nicht im Schlafe einfiel, den Kaiser aus der Kirche auszuweisen."[115] Dies passt zu der oben beschriebenen Tatsache, dass der Bischof sich nicht nur in seine Residenz zurückzog, sondern sogar die Stadt verließ, um jedweder Konfrontation mit dem Augustus aus dem Wege zu gehen.

Auf der anderen Seite jedoch konnte Ambrosius als einer der wichtigsten Bischöfe des Westens in solch einem außergewöhnlichen Fall kaum schweigen. Schließlich betonte er mit beharrlicher Redundanz, dass ihn seine priesterliche Pflicht zwinge, sich einzumischen.[116] Dementsprechend forderte Ambrosius den

110 Ambr. Ep. e.c. 11 [PL 51], 7–10.

111 Ambr. Ep. 75a (Sermo contra Auxentium) [PL 21a], 36.

112 Ambr. Ep. e.c. 11 [PL 51], 10: „Quia etsi rex erat peccabat tamen si occideret innocentem." Die Begrenztheit kaiserlicher Macht in Kirchenfragen hatte Ambrosius bereits häufiger geäußert: Man denke zurück an die aufgeladene Spannung, die Mailand im Streit um seine Basiliken im den Jahren 385 und 386 erfasst hatte: Einem Höfling, der Ambrosius vom universellen Anspruch des Kaisers zu überzeugen suchte, entgegnete er: „Quae dei deo, quae Caesaris Caesari." Ambr. Ep. 76 [PL 20], 19.

113 Ambr. Ep. e.c. 11 [PL 51], 11; 12: „Ich habe Dir diese Dinge geschrieben, nicht um Dich zu erniedrigen, sondern damit das Beispiel eines Königs dazu führt, die Bürde der Sünde von Deiner Herrschaft zu heben. Und Du wirst sie entfernen, indem Du Deine Seele vor Gott erniedrigst. [...], Sünden können nicht anders getilgt werden, als durch Tränen und Buße. Ich empfehle, fordere, ermuntere und warne Dich, denn ich bin erfüllt von Gram, dass Du, der Du einst ein beispielloses Vorbild an Frömmigkeit warst, der Du der Gipfel der Milde warst, Der es nicht zuließ, dass Menschen einer Gefahr ausgesetzt waren, [...] nicht das Schicksal der Vernichtung so vieler Unschuldiger bedauerst. Obwohl Du in Schlachten so erfolgreich warst, obwohl Du auch in anderen Dingen stets Ruhmvolles leistetest, war die Krone Deiner Erfolge doch immer die Milde."

114 Ambr. Ep. e.c. 11 [PL 51], 14: „Ita me dominus ab omnibus tribulationibus liberet, quia non ab homine neque per hominem sed aperte mihi interdictum adverti.[...] Multifaria dues noster admonet: signis caelestibus, prophetarum praeceptis."

115 KOCH: Die Büßerentlassung, 500–501, ebenso: KOCH: Die Kirchenbuße, 263–264 dazu: Ambr. Ep. e.c. 11 [PL 51], 13.

116 Ambr. Ep. e.c. 11 [PL 51], 3.

getauften Kaiser wie jeden anderen Sünder zur Buße, und zwar dergestalt, wie er in seiner Schrift *De paenetentia* beschrieben hatte: weinend, niedergeworfen, im Büßergewand bzw. ohne Rangabzeichen und öffentlich um Absolution bittend.[117]

Zwar ist die Aufforderung zur Buße des Kaisers etwas unerhört Neues und nur möglich durch dessen frühe Taufe, doch besteht ein großer Unterschied zwischen der Wahrnehmung pastoraler Pflichten und der Demütigung und dem Verweis des Kaisers durch einen Bischof. Und tatsächlich findet sich in den lateinischen Zeugnissen keinerlei Beleg dafür, dass Ambrosius dem Kaiser den Zutritt zur Kirche versperrt, geschweige denn, ihn vom Portal der Basilika verjagt habe. Hugo Koch hatte bereits 1900 in seinem Aufsatz *Die Büßerentlassung in der alten abendländischen Kirche* festgestellt, dass Ambrosius lediglich den Empfang der Eucharistie durch einen reulosen Sünder zu verhindern suchte; eine Szene am Portal der Bischofsbasilika sei gänzlich unwahrscheinlich.[118] Zudem ist für die Buße Theodosius‘ eine eher kurze Dauer anzunehmen. Denn dass Theodosius Buße tun musste, stand für Ambrosius fest, allerdings auch, dass der Vollzug derselben vom Bischof für den Sünder angepasst werden konnte; so berichtet es auch Sozomenus.[119] Sowohl Rauschen als auch Koch gingen – unter Bezugnahme auf den Bericht Theodorets, wonach Theodosius am Weihnachtstag 390 wieder zur Teilnahme an der Eucharistie zugelassen worden sei – von einer achtmonatigen Buße aus, obgleich es sich nach den Erkenntnissen von Palanque wohl eher um zwei Monate gehandelt haben wird.[120] Doch ganz gleich, ob nun acht oder zwei Monate ins Land gingen, schon Koch hatte richtigerweise festgestellt, dass selbst eine achtmonatige Buße für die enorme Blutschuld des Kaisers eine relativ kurze Zeit war, konnte es doch bis zur Rekonziliation selbst im Normalfall mehrere Jahre, wenn nicht das ganze Leben dauern; und dass in Thessalonike eine solch große Sünde begangen worden war, daran lassen die Worte des Ambrosius keinen Zweifel aufkommen.[121] Auch dass Ambrosius den Kaiser bereits zu Weihnachten wieder zur Eucharistie zuließ, spricht für die besondere Behandlung des büßenden Kaisers – immerhin war Gründonnerstag üblicherweise der Tag der Rekonzi-

117 Ambr. De paenetentia, II. 5, 9, 10: „Wir sehen hier, wie die Buße geübt werden, in welchen Worten und wie sie in Tränen Ausdruck finden muss; wir hören, dass die Tage der Sünde Tage der Schmach genannt werden. […] Dann magst du sie vielleicht sehen, wie sie in rasch gewechseltem Kleide einherschreiten, während sie trauern und seufzen sollten, weil sie das Kleid des Taufbades und der Gnade befleckt haben. […] Denn wie es nur eine Taufe gibt, so gibt es auch nur eine Buße, sofern sie öffentlich geübt wird.“

118 KOCH: Die Büßerentlassung, 497–498.

119 Soz. hist. eccl. VII,16. Vgl.: ERNESTI: Princeps christianus, 184 mit Anm. 143.

120 RAUSCHEN: Jahrbücher der christlichen Kirche, 320-321; KOCH: Die Kirchenbuße, 275. J.-R. PALANQUE: Saint Ambroise et l'empire romain. Contribution à l'histoire des rapports de l'Église et de l'État à la fin du quatrième siècle, Paris 1933, 537. Dazu: GROSS-ALBENHAUSEN: Imperator christianissimus, 184–185 mit Anm. 147.

121 Ambr. Ep. e.c. 11 [PL 51], 6: „Factum est in urbe Thessalonicensium […] quod nulla memoria habet.“ Zur Kürze der Buße mit einem Katalog der entsprechenden Synodalbeschlüsse: KOCH: Die Kirchenbuße, 275 mit Anm. 2.

liation.[122] Darüber hinaus lieferte Koch ein weiteres Argument für die Unglaubwürdigkeit Theodorets: Nach seiner Kirchengeschichte hätte Ambrosius Theodosius direkt nach dem Erlass des Gesetzes zur 30-tägigen Aussetzung von Hinrichtungsbefehlen wieder zum Gottesdienst zugelassen, die Buße also übersprungen; dies wiederspräche jedoch der Bußdisziplin und sei absolut unwahrscheinlich.[123] Schließlich führte Förster ein zusätzliches Indiz gegen die Glaubwürdigkeit der Kirchentürszene an, wenn er zu Recht darauf hinwies, dass Ambrosius in seinem Brief einen so wichtigen Vorgang sicherlich nicht verschwiegen hätte, handelte es sich doch „um einen Triumph der Sache."[124]

Zusammenfassend betrachtet und übereinstimmend mit den Ergebnissen der Ambrosius-Forschung des ausgehenden 19. Jahrhunderts, bezeugen die relativ kurze Dauer der Buße sowie Charakter und Ton des Briefes von einer Behandlung, die einem Kaiser angemessen war; doch zeigt der Brief einen Hergang, der sich von der Szenerie Sozomenos' und besonders Theodorets grundlegend unterschied. Der Mailänder Bischof hatte bewiesen, dass er den angespannten Charakter der Situation zu deuten wusste, indem er auf Einhaltung der kirchlichen Bußpraxis bestanden hatte, zugleich jedoch zwischen dem einfachen Menschen und dem *princeps christianus* zu unterscheiden wusste. Eine demütigende Zurückweisung des Kaisers an der Kirchentür, die mit Sicherheit als öffentliche Erniedrigung des Kaisers vor der Bußgewalt des Mailänder Bischofs wahrgenommen worden wäre, hat nie stattgefunden. Dementsprechend würdigte Ambrosius den Kaiser für seine Bußfertigkeit in der Trauerrede anlässlich des Hinscheidens des Augustus, der am 17. Januar 395 in Mailand gestorben war:

> Er legte alle seine Herrschaftszeichen ab, beweinte vor der Öffentlichkeit in der Kirche seine Sünden […] und erbat mit Stöhnen und Tränen die Gnade des Herrn. Dessen, wessen sich die einfachen Männer schämten, schämte sich der Kaiser nicht, nämlich öffentlich Buße zu tun.[125]

Ambrosius lobte den Glauben des Kaisers, wenn er sagt, jener habe eine Größe besessen, die seinen Untertanen fehlen würde – als reumütiger Christ Buße zu tun. Wollte man dem Bischof in diesen Worten mangelnde Aufrichtigkeit unterstellen, schrieb Koch zu Recht, dürfe man nicht vergessen, dass Ambrosius den Kaiser wohl kaum dergestalt gelobt hätte, wenn der Bischof wenige Jahre zuvor die Buße vor den Augen der Gemeinde hätte erzwingen müssen.[126]

Im Hinblick auf die historisch-wissenschaftliche Wende in der Beurteilung der Mailänder Herrscherbuße markiert die Arbeit von Koch gewissermaßen den Wendepunkt einer Diskussion, in deren Verlauf sich die Mailänder Kirchentür-

122 J. A. JUNGMANN: Die lateinischen Bußriten in ihrer geschichtlichen Entwicklung, Innsbruck 1932, 74–109.

123 KOCH: Die Kirchenbuße, 274

124 FÖRSTER: Ambrosius Bischof von Mailand, 68.

125 Ambr. De obitu Theodosii 34: „Stravit omne, qou utebatur, insigne regium, deflevit in ecclesia publice peccatum suum, quod ei aliorum fraude obrepserat, gemitu et lacrimis oravit veniam. Quod privati erubescunt, non erubuit imperator, publicam agree paenitentiam."

126 KOCH: Die Kirchenbuße, 265.

szene als wesentlich weniger dramatisch und vor allem als wesentlich weniger demütigend für den Kaiser herausstellte. Als Kaleidoskop der sachgerechten Bewertung der Herrscherbuße wurde das Mailänder Bußsymbol, dessen Idee die Tatsachen im Laufe der nachfolgenden Jahrhunderte unter maßgeblichem Anteil der griechischen Kirchengeschichtsschreiber überragt hatte, endgültig disqualifiziert und hatte der Erkenntnis zu weichen, dass:

> nach all' dem man wohl die Erzählung [die Kirchentürszene des Sozomenos und des Theodoret] in das Reich der Legende [wird] verweisen müssen. Diejenigen, welche es bedauern möchten, daß dieser Vorgang, der sich auf der Leinwand so großartig ausnimmt, durch die leidige Kritik aus der Geschichte gestrichen wird, [seien daran erinnert], daß was auf diese Weise an dramatischem Effekte verloren geht, die ethische Bedeutung des wie ein Prophet auftretenden Ambrosius gewinnt.[127]

Ganz ähnlich urteilte bereits Förster etwa zwei Dekaden zuvor, kam jedoch nicht umhin festzustellen, dass, obwohl die Abweisung an der Kirchentür nie stattgefunden hat, „[...] der Vorwurf hochmütiger hierarchischer Anmaßlichkeit nicht ganz von ihm [Ambrosius] abgewiesen werden kann."[128] Erstaunlicherweise schenkte Förster – nur einige Zeilen weiter – einer Passage aus Theodorets Kirchengeschichte Glauben, in der er Theodosius über die Buße sagen ließ, er habe nur schwerlich „[...] den Unterschied zwischen Kaiser und Priester gelernt, denn schwer fand ich einen Lehrer der Wahrheit. Nur einen Mann kenne ich, der den Namen Bischof mit vollem Recht führt: das ist Ambrosius."[129] Da Theodosius II. nicht nur seinen Anteil an der Verbannung des Bischofs von Cyrus 449 gehabt hatte, sondern zugleich der Enkel des in Mailand büßenden Kaisers war, bedarf die Intention Theodorets hier keiner weiteren Erklärung.

Die Tatsache, dass Koch und Förster, obwohl beide die Kirchentürszene als Legende enttarnten, dennoch in der Bewertung der Herrscherbuße deutlich auseinanderliegen, belegt einmal mehr die Schwierigkeit, das Symbol der Mailänder Buße angemessen zu deuten; zumindest ist Förster dem Reiz der effektvollen Kirchengeschichte Theodorets zu einem Teil erlegen. Dahingehend ist abermals Augustinus zuzustimmen, der sich der Ambivalenz des Ereignisses bewusst war, wenn er an der Buße des Kaisers dessen Frömmigkeit lobte, zugleich jedoch zugab, dass die Buße in den Augen der gemeinen Zuschauer durchaus als Demütigung verstanden werden konnte.

VON DER DEMÜTIGUNG ZUR DEMUT

Die Diskussion um die Historizität der Demütigung des Kaisers durch den Bischof an der Kirchentür wie sie Sozomenos und Theodoret überlieferten, kann – begonnen von Förster, Rauschen, Amati und van Ortroy – spätestens mit den Bei-

127 KOCH: Die Büßerentlassung, 501.
128 FÖRSTER: Ambrosius Bischof von Mailand, 68.
129 Theod. hist. eccl. 5, 18. Die Passage findet sich griechisch und deutsch bei: RAHNER: Kirche und Staat, 200.

trägen von Koch und Baur zu Beginn des 20. Jahrhunderts als abgeschlossen gelten.[130] Sogleich haben die Ergebnisse Eingang in eines der frühen modernen Hauptwerke zur Geschichte der Spätantike gefunden, namentlich der *Geschichte des Unterganges der antiken Welt* (1896–1920) von Otto Seeck.[131] Einleitend zu den Ausführungen über die Mailänder Buße heißt es bei ihm ausdrücklich, Ambrosius habe „den Kaiser nicht, wie eine schlechte Quelle erzählt und das schöne Gemälde von Rubens es darstellt, von der Kirchentüre zurückgewiesen."[132] Generell war Seeck weder Theodosius noch Ambrosius zugetan; in dem einen meinte er fehlende Männlichkeit und Unaufrichtigkeit zu entdecken, in dem anderen kirchliche Herrschsucht.[133] Seine abwertende Haltung gegenüber der späten römischen Kaiserzeit und besonders ihrer Augusti, lässt daher auch der Kommentar zur Mailänder Kirchenbuße erkennen:

> Wozu war denn die Kirche da, wenn nicht um dem reuigen Sünder Gnade zu gewähren? Und auf ein bisschen mehr oder weniger Reue kam es Theodosius nicht an. Als ihm Ambrosius wegen der Bluttat von Thessalonica eine öffentliche Busse auferlegte, hat er sich ihr nicht nur unterworfen, sondern es wahrscheinlich gern und freudig getan. Die 7000 Ermordeten liessen sich damit freilich nicht zum Leben erwecken, aber der Kaiser fühlte sich von ihrem Blute gereinigt und mit seinem Gott versöhnt [134]

Bei Seeck war bereits klar, dass der Buße Theodosius' weit weniger Entscheidungscharakter im Hinblick auf das normative Verhältnis zwischen Kaiser und Bischof zukam. Allein, dass er dem Mailänder Bußakt keine strukturelle Größenordnung zugebilligt hat, entspricht den von seinen Kollegen festgestellten Tatsachen. So kann Seecks Darstellung als Schlusspunkt der Idee gelten, wonach der Mailänder Bischof seinen Kaiser nicht nur fortgejagt, sondern gedemütigt hatte. Denn auch wenn Seeck der persönlichen Frömmigkeit des Theodosius, nach all dem was wir wissen, zu wenig Rechnung trug und in der Mailänder Herrscherbuße lediglich eine Art von politischem Wiedergutmachungs-Mechanismus sah, so trifft sein Kommentar doch im Kern ins Schwarze. Die Buße als Ausdruck kaiserlicher Demut erlaubte Theodosius eine Läuterung, wo sie sonst nicht möglich gewesen wäre. So war die Reue über die blutige Tragödie nicht nur Ausdruck seines Glaubens und der Aufrichtigkeit seines christlichen Kaisertums, sondern bot dem christlichen und – noch entscheidender – dem getauften Kaiser eine Möglichkeit zur Umkehr. Schließlich hatten Ambrosius' Worte selbst, spätestens aber der Kommentar Augustinus' belegt, dass es sich um einen Akt der persönlichen Frömmigkeit des Augustus handelte, nicht um den Ursprung einer endgültigen strukturellen Vormundschaft der Kirche und ihrer Bischöfe über die christlichen Kaiser.

Dementsprechend hat Hans von Campenhausen in seiner bis heute lesenswerten Ambrosius-Biographie von 1929 die Legende von der Demütigung des Kai-

130 Literatur wie Anm. 40.

131 O. SEECK: Geschichte des Unterganges der antiken Welt, Bd. 1–6, Stuttgart, 1896–1920.

132 O. SEECK: Geschichte des Unterganges der antiken Welt, Bd. 5, Stuttgart, 1913, 229.

133 SEECK: Geschichte des Unterganges, Bd. 5, 180, 194.

134 SEECK: Geschichte des Unterganges, Bd. 5, 180–181.

sers unter Hinweis auf die Ergebnisse von Hugo Koch und Chrysostomus Baur verworfen, nicht ohne jedoch Seeck vollkommen zu Recht dafür zu kritisieren, dass dieser zwar der persönlichen Abweisung des Kaiser durch Ambrosius keinen Glauben mehr schenkte, in allen anderen Punkten jedoch der Geschichte Theodorets folgte.[135] Und auch einige spätere Arbeiten meinten noch, Ambrosius sei der *spiritus rector* der kaiserlichen Religionspolitik gewesen, und „das Canossa damit schon fertig [sei]. Was sechs Jahrhunderte später der deutsche Kaiser Heinrich IV. in Canossa auf sich nahm, der Sieg des Papstes Gregor VII., war schon damals durch Ambrosius errungen."[136] Doch kann dies nur als Überrest einer dato bereits überholten Idee der Mailänder Buße gelten. Insofern verläuft auch die eingangs erwähnte Linie von der Mailänder Bischofsbasilika zur Burg Mathildes von Tuszien, die Hans Lietzmann noch 1940 erkannt haben will, an den historischen Tatsachen, vor allem aber an den Ergebnissen der seinerzeitigen Ambrosius-Forschung vorbei.[137]

Ganz gleich, welche Wirkmacht man schließlich der Kirchenbuße des Kaisers beimisst, es darf dabei nicht übersehen werden, dass die Ereignisse in ihrem Innersten nicht das Kaisertum, sondern die Person des getauften Kaisers betrafen und Ambrosius wohl zuvorderst pastoral agierte. Insofern dürfte der Mailänder Bußakt in der Tat zukunftsweisend gewesen sein, doch darf über diesen Umstand nicht vergessen werden, dass Theodosius seinen Anteil daran hatte – seine Buße als christlicher Kaiser fügte sich den Prinzipien seiner Religionspolitik. Bischof Ambrosius von Mailand war ein Teil der christlichen Gesamtkonzeption kaiserlicher Religionspraxis, jedoch weder der wichtigste noch der einflussreichste. Und ebenso, wie einst Eusebius die constantinische Herrscherideologie mit christlichem Gehalt füllte, kam dem Mailänder Oberhirten – wenngleich nicht ganz freiwillig – ein nicht unerheblicher Stellenwert bei der christlichen Interpretation der theodosianischen Kaiserideologie zu.[138] Nicht grundlos war Ambrosius der erste, der das Epitheton *christianissimus* als kaiserliche Anrede verwandte, das seit der Mitte des 5. Jahrhunderts zur Titulatur der byzantinischen Kaiser gehören sollte.[139] Mit dem Kaisertum Theodosius' und unter maßgeblichem Anteil des Mailänder Bischofs Ambrosius hatte sich die *humilitas* als wichtige Dimension des

135 VON CAMPENHAUSEN: Ambrosius von Mailand als Kirchenpolitiker, 239 mit Anm. 2.

136 T. BIRT: Charakterbilder Spätroms und die Entstehung des modernen Europa, Leipzig, 1919, 335. In der Bewertung Canossas geht man heute mehrheitlich davon aus, dass Papst Gregor VII. keinesfalls einen Sieg gegen Heinrich IV. errungen hatte, sondern dass vielmehr Heinrich sich ganz pragmatisch für die Lösung vom Bann durch die Buße entschieden hatte und die Buße damit als probates Mittel kaiserlicher Politik in Religionsangelegenheiten wahrnahm.

137 LIETZMANN: Das Problem Staat und Kirche, 223.

138 E. EWIG: Das Bild Constantins des Großen in den ersten Jahrhunderten des abendländischen Mittelalters, in: HJ 75 (1956), 1–46, hier 3; J. STRAUB: Vom Herrscherideal in der Spätantike, Stuttgart, 1939, 139; BELLEN: Christianissimus Imperator, 152. Zur Wirkung des eusebianischen Werkes auf das Bild Constantins siehe: E. ELM: ‚Du bist wie jener Gott'. Die Darstellung Kaiser Konstantins in der Vita Constantini des Eusebius von Caesarea, in: Graecolatina Pragensia 19 (2002), 55–66.

139 BELLEN: Christianissimus Imperator, 152.

christlichen Kaisertums zu etablieren vermocht; sie war eben keine Demütigung, sondern Demut und gehörte zu den wichtigsten Tugenden des *princeps christianus*.[140] An der Demut des Kaisers, die Ambrosius in *de obitu Theodosi* lobt, lässt sich das gewandelte christliche Kaisertum von dem Constantins deutlich unterscheiden.[141] Constantins Demut galt – analog zu seiner herausgehobenen Stellung als erster christlicher Kaiser – Gott, nicht den Bischöfen der Kirche.[142] Die Demut, die der Mailänder Bischof an Theodosius lobt, galt dagegen seiner Kirche.[143] Insofern kann die Mailänder Buße des Theodosius als ein vorläufiger Schlusspunkt der von Constantin begonnenen Christianisierung des römischen Kaisertums gelten. Schließlich kann man sich der – deutlich polemisch formulierten – Einsicht nicht verschließen, dass, „hätten sie [die Bischöfe] diesen Fürsten [Constantin] behandelt, wie nachher Ambrosius Theodosius d. Gr., so hätte er ihnen den Kopf vor die Füsse legen lassen."[144]

Es ist denn auch die neue, von Theodosius praktizierte *humilitas*, die die zeitgenössischen Zeugnisse bei der Schilderung des Mailänder Bußaktes betonen; auch dies belegt der ansonsten recht kurze Kommentar des Augustinus. Doch überdies behielt Augustinus Recht mit seiner Feststellung, dass man die Demut des Theodosius nur allzu leicht mit einer Demütigung verwechseln konnte – eine Erkenntnis, die auch manch modernem Urteil über die Mailänder Herrscherbuße leicht entgeht.

140 STRAUB: Vom Herrscherideal, 140–142; F. KOLB: Herrscherideologie in der Spätantike, Tübingen, 1999, 132–138.
141 KOLB: Herrscherideologie, 71–72, 133–136.
142 KOLB: Herrscherideologie, 72.
143 Genauer zur *humilitas*, wie sie Ambrosius darstellt: ERNESTI: Princeps christianus, 213–217.
144 SCHILLER: Geschichte der römischen Kaiserzeit, 217.

Abb. 1: P. P. RUBENS: Ambrosius und Theodosius, Öl auf Leinwand, 362x246cm, 1617–1618, Kunsthistorisches Museum, Wien.

Abb. 2: A. VAN DYCK: Ambrosius und Theodosius, Öl auf Leinwand, 149x113,2 cm, 1619–1620, National Gallery, London.

Abb. 3: P. SUBLEYRAS: Kaiser Theodosius vor dem heiligen Ambrosius, Öl auf Leinwand, 40,9x26cm, Alte Pinakothek, München.

POTSDAMER ALTERTUMSWISSENSCHAFTLICHE BEITRÄGE

Herausgegeben von Pedro Barceló, Peter Riemer, Jörg Rüpke und John Scheid.

Franz Steiner Verlag ISSN 1437-6032

1. Christoph Batsch / Ulrike Egelhaaf-Gaiser / Ruth Stepper (Hg.)
Zwischen Krise und Alltag / Conflit et normalité
Antike Religionen im Mittelmeerraum / Religions anciennes dans l'espace méditerranéen
1999. 287 S. mit 18 Abb., kt.
ISBN 978-3-515-07513-8

2. Ulrike Egelhaaf-Gaiser
Kulträume im römischen Alltag
Das Isisbuch des Apuleius und der Ort von Religion im kaiserzeitlichen Rom
2000. 668 S., 20 Taf., geb.
ISBN 978-3-515-07766-8

3. Christiane Kunst / Ulrike Riemer (Hg.)
Grenzen der Macht
Zur Rolle der römischen Kaiserfrauen
2000. X, 174 S., kt.
ISBN 978-3-515-07819-1

4. Jörg Rüpke (Hg.)
Von Göttern und Menschen erzählen
Formkonstanzen und Funktionswandel vormoderner Epik
2001. 200 S., kt.
ISBN 978-3-515-07851-1

5. Silke Knippschild
„Drum bietet zum Bunde die Hände"
Rechtssymbolische Akte in zwischenstaatlichen Beziehungen im orientalischen und griechisch-römischen Altertum
2002. 223 S. mit 23 Abb., geb.
ISBN 978-3-515-08079-8

6. Christoph Auffarth / Jörg Rüpke (Hg.)
Ἐπιτομή τῆς οἰκουμένης
Studien zur römischen Religion in Antike und Neuzeit. Für Hubert Cancik und Hildegard Cancik-Lindemaier
2002. 284 S. mit 11 Abb., kt.
ISBN 978-3-515-08210-5

7. Ulrike Riemer / Peter Riemer (Hg.)
Xenophobie – Philoxenie
Vom Umgang mit Fremden in der Antike
2005. XI, 276 S., geb.
ISBN 978-3-515-08195-5

8. Patricia Just
Imperator et Episcopus
Zum Verhältnis von Staatsgewalt und christlicher Kirche zwischen dem 1. Konzil von Nicaea (325) und dem 1. Konzil von Konstantinopel (381)
2003. 251 S., kt.
ISBN 978-3-515-08247-1

9. Ruth Stepper
Augustus et sacerdos
Untersuchungen zum römischen Kaiser als Priester
2003. 275 S., kt.
ISBN 978-3-515-08445-1

10. Alessandro Barchiesi / Jörg Rüpke / Susan Stephens (Hg.)
Rituals in Ink
A Conference on Religion and Literary Production in Ancient Rome held at Stanford University in February 2002
2004. VIII, 182 S., kt.
ISBN 978-3-515-08526-7

11. Dirk Steuernagel
Kult und Alltag in römischen Hafenstädten
Soziale Prozesse in archäologischer Perspektive
2004. 312 S. mit 6 Abb., 26 Plänen und 12 Taf., kt.
ISBN 978-3-515-08364-5

12. Jörg Rüpke
Fasti sacerdotum
Die Mitglieder der Priesterschaften und das sakrale Funktionspersonal römischer, griechischer, orientalischer und jüdisch-christlicher Kulte in der Stadt Rom von 300 v. Chr. bis 499 n. Chr.
Teil 1: Jahres- und Kollegienlisten
Teil 2: Biographien
Teil 3: Beiträge zur Quellenkunde und Organisationsgeschichte / Bibliographie / Register
2005. 3 Bde. mit insg. 1860 S. und CD-ROM, geb.
ISBN 978-3-515-07456-8

13. *erscheint nicht*
14. Dorothee Elm von der Osten / Jörg Rüpke / Katharina Waldner (Hg.)
Texte als Medium und Reflexion von Religion im römischen Reich
2006. 260 S., kt.
ISBN 978-3-515-08641-7
15. Clifford Ando / Jörg Rüpke (Hg.)
Religion and Law in Classical and Christian Rome
2006. 176 S., kt.
ISBN 978-3-515-08854-1
16. Corinne Bonnet / Jörg Rüpke / Paolo Scarpi (Hg.)
Religions orientales – culti misterici
Neue Perspektiven – nouvelles perspectives – prospettive nuove
2006. 269 S. mit 26 Abb., kt.
ISBN 978-3-515-08871-8
17. Andreas Bendlin / Jörg Rüpke (Hg.)
Römische Religion im historischen Wandel
Diskursentwicklung von Plautus bis Ovid
2009. 199 S., kt.
ISBN 978-3-515-08828-2
18. Virgilio Masciadri
Eine Insel im Meer der Geschichten
Untersuchungen zu Mythen aus Lemnos
2007. 412 S. mit 6 Abb., kt.
ISBN 978-3-515-08818-3
19. Francesca Prescendi
Décrire et comprendre le sacrifice
Les réflexions des Romains sur leur propre religion à partir de la littérature antiquaire
2007. 284 S., kt.
ISBN 978-3-515-08888-6
20. Dorothee Elm von der Osten
Liebe als Wahnsinn
Die Konzeption der Göttin Venus in den *Argonautica* des Valerius Flaccus
2007. 204 S., kt.
ISBN 978-3-515-08958-6
21. Frederick E. Brenk
With Unperfumed Voice
Studies in Plutarch, in Greek Literature, Religion and Philosophy, and in the New Testament Background
2007. 543 S. mit 39 Abb., kt.
ISBN 978-3-515-08929-6
22. David Engels
Das römische Vorzeichenwesen (753–27 v. Chr.)
Quellen, Terminologie, Kommentar, historische Entwicklung
2007. 877 S., geb.
ISBN 978-3-515-09027-8
23. Ilinca Tanaseanu-Döbler
Konversion zur Philosophie in der Spätantike
Kaiser Julian und Synesios von Kyrene
2008. 309 S., kt.
ISBN 978-3-515-09092-6
24. Günther Schörner / Darja Šterbenc Erker (Hg.)
Medien religiöser Kommunikation im *Imperium Romanum*
2008. 148 S. mit 15 Abb., kt.
ISBN 978-3-515-09188-6
25. Helmut Krasser / Dennis Pausch / Ivana Petrovic (Hg.)
Triplici invectus triumpho
Der römische Triumph in augusteischer Zeit
2008. 327 S. mit 25 Abb., kt.
ISBN 978-3-515-09249-4
26. Attilio Mastrocinque
Des Mystères de Mithra aux Mystères de Jésus
2008. 128 S. und 7 Taf. mit 15 Abb., kt.
ISBN 978-3-515-09250-0
27. Jörg Rüpke / John Scheid (Hg.)
Bestattungsrituale und Totenkult in der römischen Kaiserzeit / Rites funéraires et culte des morts aux temps impériales
2010. 298 S. mit 64 Abb., kt.
ISBN 978-3-515-09190-9
28. Christoph Auffarth (Hg.)
Religion auf dem Lande
Entstehung und Veränderung von Sakrallandschaften unter römischer Herrschaft
2009. 271 S. mit 65 Abb., kt.
ISBN 978-3-515-09347-7
29. Pedro Barceló (Hg.)
Religiöser Fundamentalismus in der römischen Kaiserzeit
2010. 250 S. mit 26 Abb., kt.
ISBN 978-3-515-09444-3
30. Christa Frateantonio / Helmut Krasser (Hg.)
Religion und Bildung
Medien und Funktionen religiösen Wissens in der Kaiserzeit
2010. 239 S. mit 8 Abb., kt.
ISBN 978-3-515-09690-4
31. Philippe Bornet
Rites et pratiques de l'hospitalité
Mondes juifs et indiens anciens

2010. 301 S., kt.
ISBN 978-3-515-09689-8

32. Giorgio Ferri
Tutela urbis
Il significato e la concezione della divinità tutelare cittadina nella religione romana
2010. 266 S., kt.
ISBN 978-3-515-09785-7

33. James H. Richardson / Federico Santangelo (Hg.)
Priests and State in the Roman World
2011. 643 S. mit 24 Abb., kt.
ISBN 978-3-515-09817-5

34. Peter Eich
Gottesbild und Wahrnehmung
Studien zu Ambivalenzen früher griechischer Götterdarstellungen (ca. 800 v.Chr. – ca. 400 v.Chr.)
2011. 532 S., kt.
ISBN 978-3-515-09855-7

35. Mihály Loránd Dészpa
Peripherie-Denken
Transformation und Adaption des Gottes Silvanus in den Donauprovinzen (1.–4. Jahrhundert n. Chr.)
2012. X, 312 S. und 13 Taf. mit 35 Abb., kt.
ISBN 978-3-515-09945-5

36. Attilio Mastrocinque / Concetta Giuffrè Scibona (Hg.)
Demeter, Isis, Vesta, and Cybele
Studies in Greek and Roman Religion in Honour of Giulia Sfameni Gasparro
2012. 248 S. mit 48 Abb., kt.
ISBN 978-3-515-10075-5

37. Elisabeth Begemann
Schicksal als Argument
Ciceros Rede vom „fatum“ in der späten Republik
2012. 397 S., kt.
ISBN 978-3-515-10109-7

38. Christiane Nasse
Erdichtete Rituale
Die Eingeweideschau in der lateinischen Epik und Tragödie
2012. 408 S., kt.
ISBN 978-3-515-10133-2

39. Michaela Stark
Göttliche Kinder
Ikonographische Untersuchung zu den Darstellungskonzeptionen von Gott und Kind bzw. Gott und Mensch in der griechischen Kunst
2012. 360 S. und 32 Taf. mit 55 Abb.
ISBN 978-3-515-10139-4

40. Charalampos Tsochos
Die Religion in der römischen Provinz Makedonien
2012. 278 S. und 44 Taf. mit 58 Abb., 5 Ktn. und 3 Plänen, kt.
ISBN 978-3-515-09448-1

41. Ioanna Patera
Offrir en Grèce ancienne
Gestes et contextes
2012. 292 S. mit 22 Abb., kt.
ISBN 978-3-515-10188-2

42. Vera Sauer
Religiöses in der politischen Argumentation der späten römischen Republik
Ciceros Erste Catilinarische Rede – eine Fallstudie
2012. 299 S., kt.
ISBN 978-3-515-10302-2

43. Darja Šterbenc-Erker
Die religiösen Rollen römischer Frauen in „griechischen“ Ritualen
2013. 310 S., kt.
ISBN 978-3-515-10450-0

44. Peter Eich / Eike Faber (Hg.)
Religiöser Alltag in der Spätantike
2013. 293 S. mit 24 Abb., kt.
ISBN 978-3-515-10442-5

45. Nicola Cusumano / Valentino Gasparini / Attilio Mastrocinque / Jörg Rüpke (Hg.)
Memory and Religious Experience in the Greco-Roman World
2013. 223 S. mit 24 Abb., kt.
ISBN 978-3-515-10425-8

46. Veit Rosenberger (Hg.)
Divination in the Ancient World
Religious Options and the Individual
2013. 177 S. mit 11 Abb., kt.
ISBN 978-3-515-10629-0

47. Francesco Massa
Tra la vigna e la croce
Dioniso nei discorsi letterari e figurativi cristiani (II–IV secolo)
2014. 325 S. mit 23 Abb., kt.
ISBN 978-3-515-10631-3

48. Marco Ladewig
Rom – Die antike Seerepublik
Untersuchungen zur Thalassokratie der res publica populi romani von den Anfängen bis zur Begründung des Principat
2014. 373 S. mit 12 Abb., 2 Tab. und 2 Ktn., kt.
ISBN 978-3-515-10730-3

49. Attilio Mastrocinque
Bona Dea and the Cults of Roman Women
2014. 209 S. mit 16 Abb., kt.
ISBN 978-3-515-10752-5

50. Julietta Steinhauer-Hogg
Religious Associations in the Post-Classical Polis
2014. 189 S. mit 18 Abb., kt.
ISBN 978-3-515-10646-7

51. Eike Faber
Von Ulfila bis Rekkared
Die Goten und ihr Christentum
2014. 300 S. mit 5 Abb., kt.
ISBN 978-3-515-10926-0

52. Juan Manuel Cortés Copete / Elena Muñiz Grijalvo / Fernando Lozano Gómez (ed.)
Ruling the Greek World
Approaches to the Roman Empire in the East
2015. 192 S., kt.
ISBN 978-3-515-11135-5